AF435639

LEAN MANUFACTURING

Paso a paso

Luis Socconini

Colección: GESTIONA
Director: David Soler

LEAN MANUFACTURING. PASO A PASO
1.ª edición, 2019

© 2019, Luis Vicente Socconini Pérez Gómez
© de esta edición, ICG Marge, SL

Edita: Marge Books
València, 558 – 08026 Barcelona
Tel. 931 429 486 - marge@margebooks.com
www.margebooks.com

Gestión editorial: Adrià Gibernau
Edición: Ester Vidal Cayró
Compaginación: Mercedes Lara
Impresión: Prodigitalk, SL (Martorell, Barcelona)

ISBN edición impresa: 978-84-17903-03-9
ISBN edición digital: 978-84-17903-04-6
Depósito Legal: B 15849-2019

El papel empleado en este libro no ha sido blanqueado con cloro elemental (CI_2).

Índice

Parte VI. Herramientas para mejorar la calidad

Parte VII. Herramientas para control de materiales y de producción

Parte VIII. Integración y control de la información

Parte IX. Herramientas para la reducción de energía

El autor

LUIS SOCCONINI

Es ingeniero industrial por el ITESM, campus Guadalajara. Tiene una maestría en Calidad y Productividad y es Master Black Belt.

Está Certificado en *Strategic Management* por la Universidad de Stanford, en *Leading Product Innovation* por la Universidad de Harvard y en *Industry 4.0* por el MIT.

Ha trabajado para la escuela de negocios de Wharton (Pensilvania), como consultor de empresas; en la Cervecería Grolsch, en Holanda, como ingeniero de procesos, y en IBM, como ingeniero de manufactura.

Como director de Lean Six Sigma Institute, desarrolla proyectos de alto impacto en empresas como Abbott Laboratories, Kraft Heinz, Coca Cola, BMW, Bimbo y Fender, entre otras. Desarrolla constantemente aplicaciones de productividad en sectores como la construcción, la minería, la agricultura, la administración pública, la energía, los servicios, etc.

Ha sido catedrático distinguido en varias universidades de prestigio en México.

Es autor de los libros:
- *Lean Company. Más allá de la manufactura*
- *Lean Manufacturing. Paso a paso*
- *El proceso de las 5 S en acción*
- *Certificación Lean Six Sigma Green Belt para la excelencia en los negocios*
- *Certificación Lean Six Sigma Yellow Belt para la excelencia en los negocios*

Es asimismo coautor de:
- *Lean Six Sigma. Sistema de gestión para liderar empresas*
- *Lean Energy. Guía de implementación.*

Agradecimientos

A mi madre, que me ha enseñado el camino del bien y me ha apoyado en todos mis proyectos.

A mi esposa Marce y mi hija Sofi por ser mis fuentes de inspiración y apoyarme en todo momento.

A Áurea Delgado, Marco Barrantes, Javier Masini, Roberto Hernández y muchas otras personas que me han enseñado y ayudado con su conocimiento a entender mejor la manera de aplicar muchos de los conceptos descritos en este libro.

A mi compañero y amigo Juan Pablo Martín Gómez por aportar información muy valiosa en el tema del ahorro de energía.

A Diego Reyes y Francisco Zaldívar por apoyarme en la revisión.

A mis clientes por confiar en mis consejos y permitirme entrar en un mundo de retos y nuevo conocimiento para mí.

A mis maestros por tener la paciencia de enseñar y mostrarme la manera de aprender por mí mismo, y muy especialmente a todos mis alumnos de distintas universidades por mantenerme siempre aprendiendo y por darme la oportunidad de compartir momentos inolvidables de reflexión y conocimiento.

A mi equipo de trabajo por darme la oportunidad de convivir juntos en un ambiente competitivo, lleno de retos y responsabilidades.

A las siguientes empresas y personas que permitieron utilizar materiales fotográficos y gráficos para la elaboración de este libro:

Javier Masini.
Rexroth de Bosch Automation.
Flexim México.

A las cámaras y asociaciones como Careintra, Canaco, Coparmex, Caintra, Cámara del Tequila, Cadelec, etc., por permitirme acercarme a las empresas y por su fuerte compromiso en la mejora de la competitividad.

A las universidades que me han permitido crecer y han otorgado su reconocimiento a logros trascendentes: Tecnológico de Monterrey, Universidad Panamericana, Universidad del Valle de México, Universidad Autónoma de Guadalajara y Universidad del Valle de Atemajac.

Parte I

Las bases para el liderazgo y la cultura de clase mundial

Capítulo 1

Introducción

Antecedentes de la manufactura

El inicio de la evolución de la manufactura moderna lo marcó James Watt con la invención de la máquina a vapor de doble acción, en 1776. Con este hecho se estaba poniendo en marcha la Revolución Industrial. Más adelante, la propuesta de Eli Whitney con su ingeniosa maquinaria de piezas intercambiables, en 1798, dio un mayor ímpetu a la producción masiva, sembrando con ello las bases de lo que hoy se conoce como estandarización.

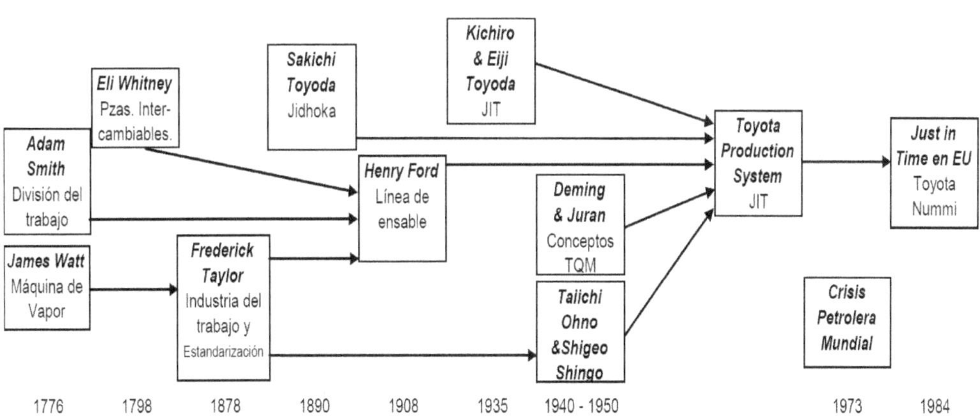

Figura 1.1

Frederick Taylor (1856-1915) cambió totalmente el enfoque de la manufactura al convertir la administración de la misma en una ciencia. Con sus detallados estudios del trabajo institucionalizó el sistema de producción con lotes y propuso la división en departamentos que centran sus esfuerzos en actividades muy específicas. Este sistema recibió el nombre de Administración Científica y se convirtió en un modelo para la industria occidental. Taylor propuso la estandarización del trabajo.

Por su parte **Henry Ford,** originario de Greenfield Township, Michigan, completó su primer automóvil, el cuadriciclo, y lo condujo por las calles de Detroit en 1896. En 1908 inició la manufactura de su famoso modelo T, del cual se fabricaron 15 millones de unidades. Entonces, aplicando los principios expuestos por Adam Smith en el siglo XVIII, en los que afirma que el trabajo debería dividirse en tareas específicas, en 1913 Ford creó su línea de ensamble y revolucionó la manera de trabajar en la manufactura.

Breve historia del sistema de producción Toyota

La historia de Toyota empieza con Sakichi Toyoda, inventor y pensador japonés nacido en 1867 cerca de la ciudad de Nagoya, Japón. De niño aprendió el oficio de carpintero como herencia de su padre, y más adelante, en 1890, aplicaría esos conocimientos en la invención de sus telares automáticos.

En este largo camino de esfuerzo y trabajo duro, Toyoda trabajaba arduamente durante largas jornadas y logró varios inventos. Hubo un invento destacado en esta historia, que consistía en un dispositivo que hacía que el telar se detuviera si un hilo se rompía, avisando con una señal visual al operador de que la máquina se había detenido y necesitaba atención. Este invento lleva por nombre *jidhoka,* que significa autonomización de los defectos o automatización con enfoque humano, la palabra original es *jidoka* que significa automatización, y se le agrega la «h» para denotar que influye sobre las personas (humano). Este invento fue uno de los más importantes que consiguió. Todo esto hizo que Sakichi Toyoda fuera considerado un gran ingeniero y el rey de los inventores de Japón.

En 1894 nació su hijo Kiichiro Toyoda, quien más adelante empezaría a trabajar en la fábrica de Sakichi, Toyoda Loom Works, donde aplicó un enfoque muy técni-

Telares en Toyoda Loom Works.

co en la mejora de los telares de su padre y logró que los equipos siguieran trabajando ininterrumpidamente sin paros por fallos durante largos lapsos de tiempo. Así, en 1924, Kiichiro completó el diseño de la máquina de hilados tipo G, que podía trabajar varios turnos sin interrupción.

En 1929, Kiichiro viajó a Inglaterra para negociar la venta de las patentes de su invento «a prueba de errores» a los hermanos Platt, quienes pagaron 100 000 libras esterlinas por el invento. Con este capital Kiichiro inició la Toyota Motor Corporation, en 1933 (Fujimoto, 1999).

El sistema de producción de Toyota, popularmente conocido como *just in time* o justo a tiempo, tiene su origen en Japón, dada la gran necesidad de hacer funcionar una economía de posguerra en una nación devastada por la Segunda Guerra Mundial. Al finalizar esta, los japoneses sustituyeron sus grandes esfuerzos por destacar y tratar de impresionar al mundo con la fuerza bélica por un nuevo giro en la «batalla» por la competitividad mundial y el resurgimiento de un nuevo espíritu de lucha, ahora por el liderazgo económico. Fue entonces cuando los industriales japoneses se propusieron dirigir sus esfuerzos hacia la competitividad en sus empresas.

Kiichiro Toyoda, entonces presidente de Toyota, se dio cuenta de que la competitividad de los obreros japoneses era casi tres veces menor que la de los trabajadores alemanes y casi diez veces menor que los norteamericanos, por lo que decidió iniciar

Toyota City, ubicada en Nagoya, Japón.

un camino hacia la competitividad con la creación de un sistema que le asegurara rentabilidad y una sana participación en un mercado fuertemente competitivo.

Después de Kiichiro, Eiji Toyoda tomó el mando de la compañía y al lado de Taiichi Ohno la llevó al éxito internacional, apoyándose en su ingenioso sistema de producción, el *just in time*. Eiji era hijo de Heihachi Toyoda, el hermano de Sakichi Toyoda, fundador de Toyoda Loom Works. Fue un prominente industrial, responsable en gran medida del desarrollo del *just in time*, así como del exitoso despegue de la Toyota Motor Company en rentabilidad y reconocimiento internacional. Históricamente, destacó en su estrategia el establecimiento de una sociedad con GM, y juntos crearon la planta Nummi en Freemont, California (EEUU). En esta planta aún hoy en día se ensamblan automóviles para ambas compañías con un interesante sistema híbrido de administración entre japoneses y estadounidenses. Eiji se mantuvo como CEO de Toyota hasta 1994.

La influencia occidental

Después de la Segunda Guerra Mundial, Japón se enfrentaría a enormes dificultades para reconstruir sus ciudades y empresas. Estados Unidos y los aliados no querían que las fuerzas militares resurgieran. Bajo esta condición, el general Douglas MacArthur, comandante de las fuerzas estadounidenses, estableció el objetivo de

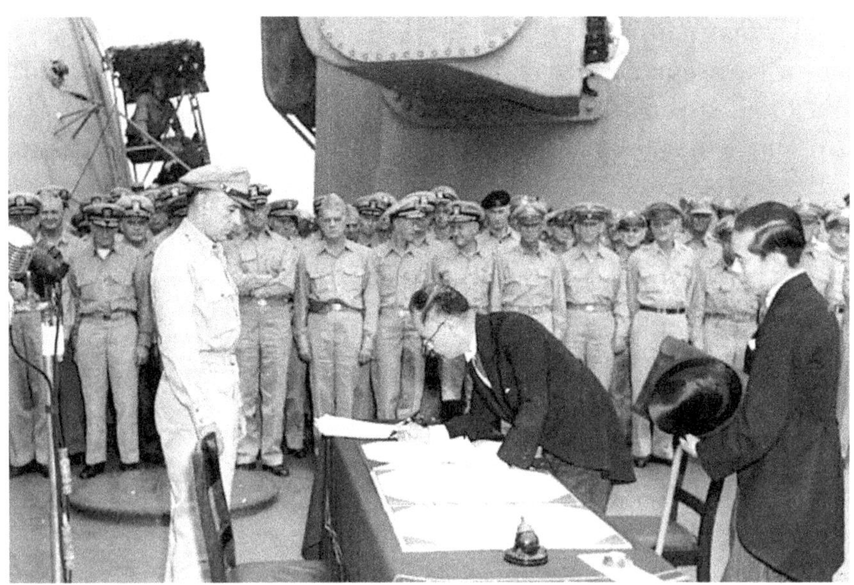

General Douglas McArthur. comandante de las fuerzas estadounidenses.

reconstruir la economía y la infraestructura controlando que la fuerza militar no lo hiciera. MacArthur consiguió que algunos expertos ayudaran a la reconstrucción e invitó a personalidades como Homer Sarasohn, ingeniero del Instituto Tecnológico de Massachussets (MIT). Él fue responsable de la reconstrucción del sistema de comunicaciones en Japón, en una época en la que el punto de vista de la sociedad japonesa era que Estados Unidos seguía siendo un enemigo ocupando su territorio.

Desafortunadamente, no existían aparatos de radio para poder enviar esos mensajes al pueblo japonés, y por ello se promovió la fabricación de radios. Los primeros aparatos eran de muy mala calidad y poco fiables. Se estableció entonces un laboratorio de pruebas para inspeccionar su calidad. Si bien esto ayudó, no era una solución a largo plazo, por lo que se adoptó la estrategia de capacitar a los directivos japoneses en técnicas de administración, entre las que se incluía el control estadístico del proceso originado del trabajo, ideado por Walter Shewhart.

La Sección de Comunicación Civil (CCS), junto a la Unión de Científicos e Ingenieros Japoneses (JUSE), fue responsable de la educación técnica y vocacional. La JUSE quería más entrenamiento en control estadístico y pidió a la CCS que le recomendaran a un experto para continuar con el aprendizaje. Walter Shewhart era la mejor opción, pero no estaba disponible; la siguiente opción fue un profesor de la Universidad de Columbia, que había aprendido y aplicado las metodologías de Shewhart, llamado Edwards Deming. Así pues, por recomendación de Homer

Sarasohn, Deming entró en la historia de la manufactura japonesa. Deming ya era conocido en Japón, pues en 1947 había hecho una visita previa en una misión de censo. En 1950, la JUSE pidió a Deming realizar una formación muy exhaustiva durante dos meses, en los que enseñó a muchas personas de las áreas de ingeniería y gerencia y a estudiantes.

Joseph M. Juran también fue invitado a impartir algunas lecciones y enfatizó en la responsabilidad de la dirección para liderar las mejoras en la calidad. Un elemento clave fue definir la política de calidad y asegurar que todos la entendieran y apoyaran.

Taiichi Ohno y Shigeo Shingo: los pioneros de Lean Manufacturing

En tiempos de Eiji Toyoda, Ohno decía que quería convertir una bodega en un taller de máquinas y quería ver a todos trabajando y siendo reentrenados para tal propósito. No decía cómo hacerlo, simplemente ponía las bases y las órdenes, ya que tenía el poder y la autoridad; se entendía que lo que decía se tenía que cumplir. Fue indiscutiblemente un líder con mucho carácter y decisión, y se enfrentó al gran reto de convertir una fábrica de automóviles en uno de los negocios más rentables. Esto resultó ser un pilar fundamental en la creación de lo que hoy es Lean Manufacturing.

Taichi Ohno nació en Manchuria, China, en 1912 y se licenció en la escuela técnica de Nagoya. Empezó a trabajar para Toyota en el año 1932. En la década de 1940 y principios de la de 1950, Taiichi Ohno fungió como gerente de ensamble, y desarrolló muchas mejoras. En esos años Toyota estuvo al borde de la bancarrota y no pudo hacer grandes inversiones, lo que hizo que utilizara su ingenio para lograr los grandes avances que se dieron, dada la necesidad de mejorar sin muchos recursos económicos.

A partir de la década de 1940, Taiichi Ohno y Shigeo Shingo vivieron experiencias inolvidables en la transformación de la planta y creación de su estrategia de manufactura; lo que actualmente conocemos como Lean Manufacturing. La carrera de Ohno creció gracias a los grandes éxitos demostrados en la planta de ensamble y fue promovido a vicepresidente ejecutivo en 1975. A principios de la década de 1980, Ohno se retiró para convertirse en presidente de Toyota Gosei, una de las compañías del grupo y proveedora de Toyota Motors. Murió en 1989 en la ciudad de Toyota.

Por su parte, el Dr. Shingo fue posiblemente uno de los genios más brillantes en manufactura que el mundo ha visto jamás, ya que era capaz de resolver cualquier problema de manufactura que se le presentaba. Taiichi Ohno reconoce a tres grandes maestros en su vida: Kiichiro Toyoda, quien puso en él una gran visión de futuro y de negocio; Henry Ford, que demostró que podía construir un automóvil a partir de acero y conseguir un producto terminado en solo cuatro días; y, finalmente, el Dr. Shingo, quien fue su consultor, compañero y maestro.

El Dr. Shingo era un ingeniero industrial que estudió exhaustivamente a Frederik Taylor en relación a la administración científica del trabajo, así como a Frank Gilbreth y sus estudios de tiempos y movimientos. Fue capaz de entender las diferencias entre los procesos y las operaciones, y de estudiarlos como un flujo que puede transformarse en flujos continuos con el mínimo de interrupciones, con el fin de llevar al cliente solo lo que necesita sin necesidad de hacer grandes lotes ni generar inventarios innecesarios. Entendió perfectamente que los procesos son cadenas de flujo que pueden optimizarse cuidando algunos detalles como la estandarización del trabajo y las mediciones de capacidad y de demanda, además de hacer flujos continuos y sin interrupciones, de manera que hagan fluir la producción solo cuando el cliente lo requiere y a la velocidad que dicta la demanda.

Además, para allanar el camino hacia la mejora continua, Shingo desarrolló los estímulos en las personas, basándose en la idea de que mejorar en el trabajo les ayudaba también como personas. Demostró apertura en su filosofía al afirmar que hay muchas maneras de mejorar y resolver problemas, así como hay muchas maneras de escalar una montaña.

Entre sus aportaciones a la manufactura, destaca la creación de los dispositivos *poka yoke*, que eliminan defectos al eliminar errores. Estos mecanismos eran antes conocidos como *baka-yoke* (a prueba de tontos), pero Shingo afirmaba que este término ofendía a las personas y, además, había que reconocer que todas las personas, incluso las más inteligentes, cometen errores; por ello cambió el nombre por el término *poka yoke*, que significa «a prueba de errores».

En 1955 inició su relación con Toyota como consultor, cargo que también desempeñó en otras empresas. En 1959 fundó su propia empresa de consultoría y logró disminuir los tiempos de preparación en prensas de 1000 toneladas desde 49 horas hasta 3 minutos para cambiar de un producto a otro; creando lo que hoy conocemos como SMED *(single minute exchange of die)* o «cambio de troqueles en minutos de un solo dígito». En la década de 1970 viajó por todo el mundo para enseñar sus técnicas. Escribió 14 libros y actualmente se entrega, en su honor, el premio Shigeo Shingo a quienes participan en la excelencia de la manufactura, como un tributo a su genio y creación. Falleció en 1990.

Shigeo Shingo nació en la ciudad de Saga, Japón, en 1909. Estudió en la Escuela Técnica de Saga. Trabajó inicialmente para la Taipei Railway Company y en 1943 trabajó para la planta de manufactura Amano en Yokohama. Estuvo relacionado durante muchos años con la Asociación Japonesa de Gerentes, y trabajó para mejorar la industria en muchas plantas de manufactura.

¿Qué es Lean Manufacturing?

Lean Manufacturing (manufactura esbelta) es el nombre que recibe el sistema justo a tiempo *(just in time)* en occidente. También se denomina manufactura de clase mundial y sistema de producción Toyota.

Se puede definir como un proceso continuo y sistemático de identificación y eliminación del desperdicio o excesos, entendiendo como exceso toda aquella actividad que no agrega valor en un proceso, pero sí costo y trabajo. Esta eliminación sistemática se lleva a cabo mediante trabajo con equipos de personas bien organizadas y capacitadas. Debemos entender que Lean Manufacturing es una tarea incansable e ininterrumpida para crear empresas más efectivas, innovadoras y eficientes (Bodek).

El verdadero poder de Lean Manufacturing radica en descubrir continuamente las oportunidades de mejora que esconde toda empresa, pues siempre existirán desperdicios que podrán ser eliminados. Se trata de crear una forma de vida en la que se reconozca que los desperdicios existen y siempre serán un reto para aquellos que estén dispuestos a encontrarlos y eliminarlos.

> Hiroshi Okuda, CEO y Director de Toyota Motors dijo: «Quiero que todos en Toyota cambien, o al menos no sean un obstáculo para que los demás cambien. También quiero que todos escriban sus planes de cambio para el año».

Una empresa lean, esbelta o ágil, que quiere obtener el mejor beneficio dadas las condiciones cambiantes de un mundo globalizado, debe ser capaz de adaptarse rápidamente a cambios, utilizando las excelentes herramientas de mejora, prevención, solución de problemas y administración disponibles, y contando con hábitos que influyen en la cultura y con una administración congruente con el liderazgo que motive el cambio y el autocrecimiento. Por eso, en este libro, trataremos temas que no solo sirven para implementar mejoras, sino que también se tratará sobre herramientas que han demostrado obtener un equilibrio entre las diferentes necesidades comunes de las organizaciones y que deben ser parte de su caja de herramientas para lograr un desempeño sobresaliente.

Modelo estratégico

Cuando se habla del *just in time*, se menciona erróneamente que el objeto de estudio de este sistema es principalmente el inventario y su reducción es el objetivo final, llegando incluso a usarse sinónimos como «inventario cero» para simplificar esta idea. Esto no es más que un mito originado por un malentendido, como puede verse en el modelo que la misma Toyota diseñó para el sistema. Obsérvese que, como en cualquier actividad empresarial, podemos apreciar que el objetivo que hay que conseguir es el deleite del cliente y la rentabilidad sostenida. Este mensaje de la meta de la compañía denota un claro interés en que los clientes no solamente deben obtener

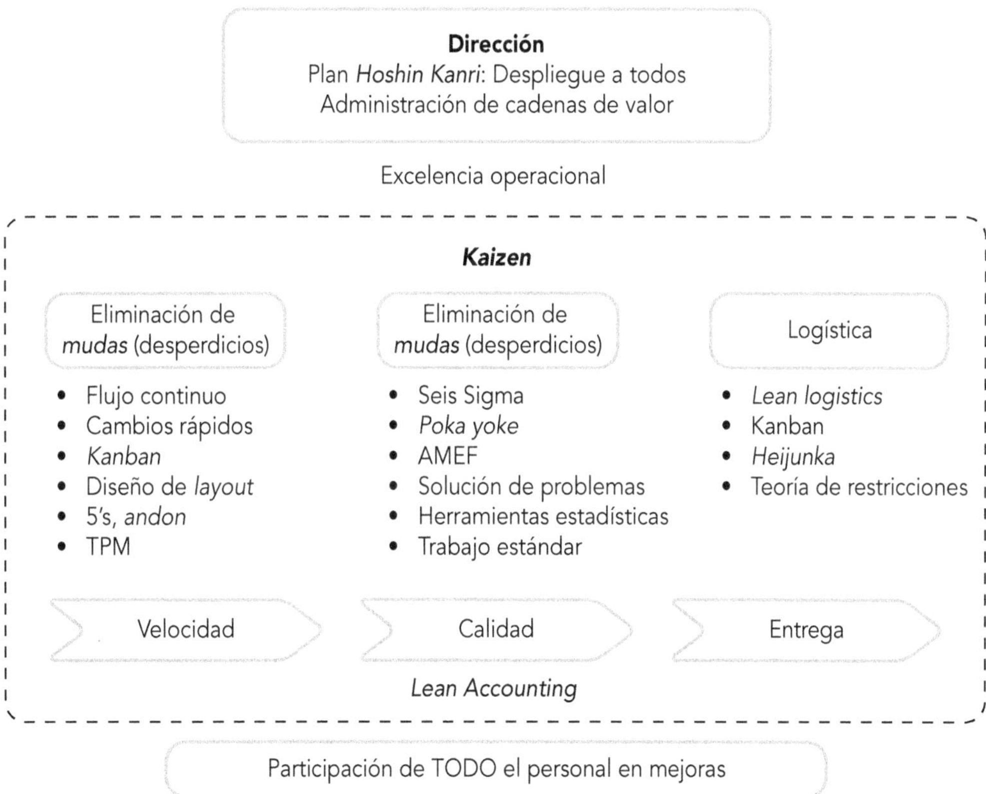

Figura 1.2

sus requerimientos, sino ir mucho más allá, buscando un verdadero deleite. Además, ese deleite del cliente debe lograrse de manera económica, sin derrochar los recursos que los accionistas de la empresa han depositado en ella. Así pues, la rentabilidad se refiere a que todos aquellos relacionados tanto con el producto como con la marca, así como clientes, proveedores, trabajadores y accionistas, buscan que la actividad de la empresa genere beneficios.

La efectividad en las operaciones y los procesos de producción deben formar parte de una estrategia. Existen muchos casos de empresas que han implementado desde herramientas muy sencillas hasta sistemas de administración o costosos sistemas de información, sin que esto formara parte de una estrategia de medio a largo plazo. Cuando las herramientas, las mejoras, la capacitación, la compra de maquinaria y las otras implementaciones no forman parte de una estrategia, la historia ha demostrado que esos esfuerzos, en la gran mayoría de los casos, están destinados al fracaso.

En el cuadro de la administración podemos observar un enfoque estratégico basado en la filosofía de la compañía, la cual es desplegada a todos los niveles utilizando administración y comunicación de políticas mediante *hoshin kanri;* haciendo llegar a cada persona la parte del plan y estrategia que le corresponde para lograr los objetivos de la compañía. La administración está basada principalmente en el valor generado para los clientes y en los procesos que así lo llevan a cabo; en ello radica la importancia de realizar un análisis de valor (véase el capítulo 4).

En los mercados actuales, los clientes y consumidores requieren soluciones cada vez más ágiles a sus necesidades. Desde la espera para la entrega de pizzas a domicilio hasta el tiempo que un banco tarda en autorizar un crédito a un cliente, el mercado cada vez está menos dispuesto a esperar. Junto a esta realidad, y como se verá a lo largo de este libro, Lean Manufacturing ha identificado una fuerte relación entre la velocidad de respuesta y la rentabilidad del negocio. En otras palabras, se entiende que un proceso que tarda mucho tiempo puede estar ocultando una serie de desperdicios costosos, como esperas o errores en la planificación de la producción, descomposturas en las máquinas, producción en lotes grandes, transportes, etc.; la mayoría invisibles para la gerencia. Estos desperdicios ocultos dejan casi siempre una huella que puede ayudar a encontrarlos: el tiempo. Los largos tiempos de respuesta normalmente serán una evidencia clara de la presencia de otro tipo de problemas recurrentes, por esto en manufactura se deben buscar procesos con mínimo tiempo de ciclo, es decir, con menos desperdicios y con un sistema de flujo continuo de producción.

Por su parte, la calidad de los productos y los procesos se deberá lograr en las operaciones mismas que los generan, y no solo medirla o evaluarla al final mediante un muestreo. Dicho muestreo solo puede descubrir una parte de los defectos, ya que estos fueron generados, pero difícilmente previene los defectos. La calidad en la fuente significa que los operadores y su equipo contribuyen en sus procesos a lograr una calidad excelente desde la primera vez que se realiza el trabajo.

No es suficiente con ser capaz hacer un trabajo de excelente calidad si la máquina con la que se opera está descompuesta, por ello en este sistema de manufactura esbelta es indispensable la máxima eficiencia en la maquinaria para lograr también optimizar su eficacia. Esto se logra haciendo que el operador se ocupe del cuidado de su equipo mediante actividades diarias de limpieza, lubricación, revisiones generales y pequeños ajustes. Esto es parte fundamental de Lean Manufacturing, que basa el sistema en la participación activa del personal y en las mejoras por iniciativa propia. Este enfoque se logra facultando a las personaslas personas a participar en las mejoras y permitiéndoles tomar decisiones sobre lo que, para la producción y sus procesos, es relevante en la creación de valor.

Finalmente, el control visual es parte importante de Lean Manufacturing, ya que permite a cualquier persona detectar anomalías y tomar decisiones sobre estas simplemente con ayudas visuales como avisos, luces, guías y procedimientos. El reto consiste en crear fábricas para «sordomudos», donde no sea necesario gritar, buscar, explicar, etc., sino que sean una organización dedicada a generar valor con el mínimo de desperdicio.

La crisis del petróleo

Con la crisis del petróleo de 1973 muchas empresas en todo el mundo tuvieron que cerrar sus puertas debido a la baja rentabilidad causada por los altos costos de la energía, su materia prima principal. Sin embargo, a pesar de la adversidad, existieron algunas empresas que lograron subsistir en estas condiciones, lo que hizo que la atención se centrara en ellas.

No siendo Japón un país productor de petróleo, sino consumidor, las empresas niponas padecieron esto en una escala mucho mayor que sus contrapartes norteamericanas. Sin embargo, el caso especial de la Toyota Motor Company llamó mucho la atención al mundo, pues no solo no sufría problemas mayores ante esta restricción de la economía mundial, sino que además aún generaba beneficios. Este hecho fue el que hizo que el gobierno japonés pidiera a Toyota que «abriera sus puertas» al mundo de la industria y mostrara qué técnicas y estrategias estaba utilizando. Fue así como Toyota inició su compromiso con la industria internacional para mostrar las técnicas que la llevaron a sorprendentes resultados en productividad y competitividad.

Figura 1.3

Implicaciones del éxito

A veces pensamos que solo introduciendo nuevas metodologías y herramientas las empresas lograrán cambios significativos, pero cuando parece que estos esfuerzos no han dado los resultados deseados, nos preguntamos: ¿Qué habrá faltado para tener los resultados esperados?

En una empresa de clase mundial es válido considerar que no solo se trata de implementar herramientas, sino de una actitud de liderazgo, trabajando para crear una nueva cultura.

El reto realmente consiste en modificar la cultura positivamente, no solo en introducir nuevas estrategias, herramientas o planes.

El liderazgo que emprenda la dirección es fundamental, porque establece las metas y objetivos a corto, mediano y largo plazo, consigue los medios para la realización, genera y monitorea planes de trabajo y se asegura de que estos planes se conozcan y realicen, aportando los recursos y supervisando la ejecución.

Las herramientas son muy valiosas, pero no son suficientes si no se implementan bajo un buen liderazgo; de este depende que las personas se comprometan y no solo se involucren. El liderazgo es la mecha que enciende el vigor de un cambio radical en las organizaciones.

La cultura es simplemente la manera de ser, pensar y actuar de una sociedad, que puede ser una nación, una empresa o una familia. La base de la cultura son los hábitos, y estos, aunque pueden ser buenos o malos (virtudes o vicios), se forman a base de realizar acciones constantemente. Existen dos cosas que son realmente difíciles a la hora de formar hábitos: iniciarlos y dejar de hacerlos.

En el concepto de los hábitos radica la esencia de la resistencia al cambio que muchas personas tienen hacia nuevas formas de operar los negocios, esta resistencia es la manera de expresar un miedo hacia lo desconocido, o a lo que puede sacarlos de una zona de comodidad a la que han llegado, sin hacer más que lo absolutamente necesario para mantenerse trabajando.

¿Por qué algunos pueden y otros no?

Las empresas que logran cambios tienen una combinación ganadora de esfuerzos, tales como:

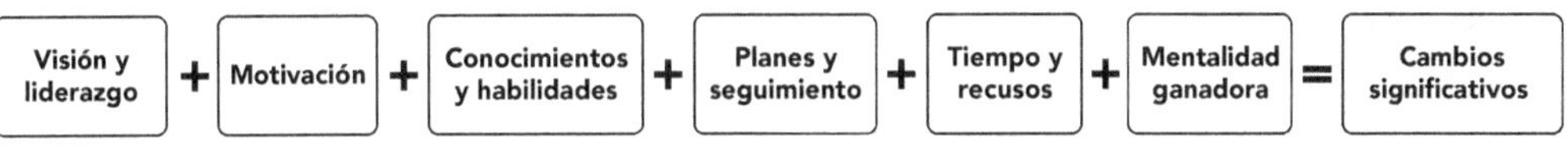

Figura 1.4

Ante la ausencia de alguno de estos componentes, es muy probable que los cambios duren poco o no obtengan los resultados esperados.

Si no existe visión y liderazgo, habrá incertidumbre ante los nuevos retos que afronta la empresa; sin motivación, los cambios tardarán mucho en llegar; sin el conocimiento y las habilidades para poner en marcha las iniciativas, se produce un sentimiento de frustración al tener todos los elementos. pero no saber cómo concretarlos; sin planes y su debido seguimiento, tendremos solamente salidas en falso, y los programas tarde o temprano quedarán olvidados como otro proyecto más; sin el tiempo y los recursos, solamente veremos buenas intenciones pero no tendremos el poder de cambiar las cosas; y, finalmente, sin una mentalidad ganadora, con la que podamos imaginar el futuro de la empresa antes de empezar con cambios significativos, será difícil conseguir resultados extraordinarios. Es necesario que se impregne una mentalidad ganadora en todas las personas, y que se lleven a cabo proyectos apoyados en personas que creen en sí mismas y que sienten.

Calidad personal

Esta es la base de todas las calidades. Para poder pensar en la calidad de nuestros productos primero se necesita calidad en las personas, con eso habrá calidad en los departamentos, y con esto se logrará calidad en los procesos. Entonces, la calidad en los productos o servicios será el resultado de todo este ciclo. Tendremos calidad solo si la exigimos, y es por eso que este gran esfuerzo debe iniciar en las personas.

Si se quieren empresas ganadoras, es necesario contratar personas con esa mentalidad, gerentes sanos y fuertes que irradien esa vitalidad en los demás. La experiencia es un componente necesario, pero aún lo es más el sentido común y la capacidad de tomar buenas decisiones con la información disponible. La edad no es lo importante, sino la creatividad y el entusiasmo por aprender y dar lo mejor de sí en esa gran empresa que es el trabajo, que es donde vivimos la tercera parte de nuestra vida laboral.

Aplicaciones de los conceptos Lean

Se han desarrollado diversas aplicaciones, no solo en la manufactura, sino en los servicios.

Actualmente se desarrollan casos de éxito en las siguientes aplicaciones de todos estos conceptos y herramientas:

- Lean Manufacturing (manufactura ágil).
- Lean Government (administraciones públicas ágiles).
- Lean Office (oficinas ágiles).
- Lean Healthcare (hospitales ágiles).
- Lean Hotel (hoteles ágiles).
- Lean Design (diseño ágil).
- Lean Logistics (logística ágil).
- Lean Accounting (contabilidad ágil).

Las aplicaciones específicas van en el sentido de mejorar procesos, cualquiera que estos sean, y de eliminar prácticas desperdiciadoras que existen casi en cualquier proceso.

Compromiso

Estamos en una época de alta competitividad en las actividades empresariales, donde grandes corporaciones desaparecen solo por descuidos en la manera de pensar y ejecutar, y también donde empresas pequeñas encuentran la forma de ser las mejores gracias a esa mentalidad y forma de trabajo. Nos damos cuenta de que solamente la velocidad con calidad puede realmente construir economías fuertes y sólidas, que nacen de productos y servicios diseñados con creatividad. Por esto el compromiso de los que toman decisiones todos los días, decisiones que marcan el rumbo de nuestras empresas y nuestros países, es fundamental en este mundo competitivo y global.

Capítulo 2

Limitantes de la productividad

La productividad

Aunque en la actualidad se habla mucho sobre productividad, en realidad muy pocos son los que conocen su significado y, sobre todo, cómo medirla para poder mejorarla.

En un mundo global, donde la competitividad se ha convertido en la mayor arma estratégica, muchas empresas se esfuerzan por aumentar sus ventas, disminuir sus costos y mejorar su imagen, pero son pocas las que realmente están logrando resultados tangibles.

En este capítulo analizaremos los principales limitantes de la productividad y estableceremos formas para detectarlos y combatirlos. También se revisará la manera en que las restricciones de un sistema productivo limitan la consecución de los objetivos.

Modelo de productividad

En toda actividad empresarial, sea una empresa de transformación o de servicios, se cuenta con una serie de insumos que se resumen en cinco grandes grupos básicos: los materiales, las máquinas, la mano de obra, los métodos y el medio ambiente. Muchos autores han coincidido en referirse a ellos como las 5 M. Es importante reconocer que cada uno de estos grupos es muy diferente a los otros, pero existe un factor común inherente a todos ellos: el dinero. Es tan evidente que todo lo anterior implica un costo, que muchas empresas con problemas de liquidez tratan de reducir ese costo «recortando» las 5 M: despidiendo personal,

Figura 2.1

reduciendo la calidad de los materiales, reduciendo el mantenimiento de la maquinaria, etc. Sin embargo, ha quedado plenamente demostrado que estos recortes a las 5 M solo producen un impacto inmediato en el estado de resultados, pero no resuelven el problema a mediano plazo. Recordemos que la principal fuente de pérdidas en los procesos son los desperdicios, y estos no se resuelven simplemente despidiendo personal; por el contrario, a veces esto genera nuevos desperdicios y los costos respectivos.

Si seguimos la cadena de valor, dentro de la empresa estas 5 M (digamos «lo que entra al negocio») se combinan y transforman en productos o servicios mediante procesos definidos. Estos procesos deberán ser estandarizados por medio de parámetros específicos que describan claramente la forma de obtener el desempeño deseado de cada proceso, permitiendo así el control del mismo. Como resultado de los procesos se generan varias salidas (es decir, «lo que sale del negocio»): los productos que se elaboran, la calidad de los mismos, su costo, el tiempo necesario para elaborarlos, los accidentes o no accidentes que ocurren como consecuencia de los procesos, la motivación de las personas, así como el impacto de los procesos en el medio ambiente. La relación entre dichas salidas y los insumos es lo que conocemos como productividad. La mejora de la productividad es la obtención de mejores resultados de un proceso. En pocas palabras: «hacer más con menos».

De acuerdo con este modelo, es evidente la importancia de los procesos en la productividad y, por ende, en la implementación de Lean Manufacturing. La productividad, como vimos, es la relación entre los resultados y los insumos, y en los procesos los insumos se transforman en resultados. Es aquí donde se hace evidente la importancia del dominio de los procesos, entendiendo que lograr ese dominio implica conocerlos, controlarlos y mejorarlos.

Cómo medir la productividad

$$\textbf{Productividad} = \frac{\text{Salidas}}{\text{Entradas}}$$

En esta fórmula las salidas corresponden a los productos que se generan y las entradas a la cantidad de recursos que entran en el sistema.

La productividad es un indicador importante y se debe medir constantemente para conocer el verdadero estado de las mejoras.

Ejemplo

Se quiere conocer la productividad en una empresa que produce 332 650 piezas por mes, y cuyos costos son los siguientes:

Mano de obra = 50 000 $.
Maquinaria =   10 000 $.
Métodos =   2 000 $.
Materiales = 20 000 $.

$$\textbf{Productividad} = \frac{332\ 650\ \text{unidades}}{82\ 000\ \$} = \textbf{4,05 unidades/\$.}$$

Si en el siguiente periodo la empresa produce lo mismo o más, pero invirtiendo menos recursos, entonces la productividad estará aumentando.

Los grandes desperdicios y sus generadores

«No hay nada más inútil que hacer eficiente
algo que no debería serlo.»

Los mercados actuales se están fortaleciendo mediante la formación de grandes bloques comerciales, eliminando en muchos casos barreras arancelarias entre países y mejorando los costos y el tiempo de respuesta del transporte de mercancías y de la transferencia de información. En pocas palabras, los cambios de las economías se están produciendo a una velocidad vertiginosa. En estos ambientes de competencia, «perder el tiempo» en la empresa es impensable. Por ello, es vital que la dirección y los empleados inviertan sus esfuerzos todos los días únicamente en actividades que agreguen valor para los clientes, dejando a un lado lo que represente costosos desperdicios.

Para muchos resultará una sorpresa saber que, en la mayoría de los casos, solo del 5 al 10 % de todas las actividades que se desarrollan en las empresas agregan valor; el resto es desperdicio. Si somos capaces de eliminar progresivamente estos desperdicios, se comprenderá el éxito de las empresas que marcan la diferencia en cuanto a competitividad.

El gran problema es que estos desperdicios son la razón principal de la baja competitividad de aquellas empresas que en la actualidad están cerrando, y no se dan cuenta de ello. Buscan superar sus problemas de liquidez despidiendo personal o modificando la calidad de sus insumos, pero no atacan los desperdicios. La causa de estos desperdicios radica generalmente en políticas y formas de pensar ancladas en el pasado que no han sido revisadas, y menos mejoradas.

Una vez que se aprenda a observar y descubrir los desperdicios, la cultura de la empresa irá eliminando paulatinamente estas pérdidas de tiempo, retrasos, esfuerzos adicionales y costos elevados. Por ello, quienes inicien esta gran tarea se verán ampliamente recompensados, tanto en el futuro de sus empresas como en su vida personal.

Como consecuencia de los desperdicios en los procesos, es común que se deriven otras pérdidas, siendo estas más evidentes que los mismos desperdicios. Entre las pérdidas más comunes se encuentran la pérdida de tiempo, la pérdida de capacidad, la pérdida de recursos y, finalmente, la pérdida de oportunidades.

Requisitos para la eliminación del desperdicio

- Tener un fuerte liderazgo.
- Tener la convicción de que hay que apoyar la capacitación continua.
- Contar con un equipo de gerentes adecuado a la realidad actual.
- Tener una visión clara del futuro de la organización.
- Contar con una administración participativa.
- Tener planes y estrategias bien definidos.
- Difundir las estrategias entre todo el personal.
- Tomar conciencia de cuáles son los desperdicios que afectan a la empresa.

- Reconocer el impacto que esos desperdicios tienen sobre la empresa.
- Convencer plenamente a todo el personal sobre la importancia de eliminar sistemáticamente los desperdicios.

Tres limitantes de la productividad

En un proceso se utilizan materiales, personas, recursos naturales, tecnología y recursos financieros que dan como resultado un producto o servicio. En todo proceso se realizan ciertas actividades de transformación, cuya eficacia se mide por sus indicadores de productividad, tal como se explicó en párrafos anteriores.

Sin embargo, en los negocios, la productividad no es infinita. Esta se ve afectada por una gama muy amplia de problemas que limitan los resultados que se pueden obtener a partir de los recursos disponibles. Los ingenieros japoneses han clasificado estos limitantes en tres grupos a los que llamaron las 3 «Mu» , debido a que todas empiezan con la sílaba mu:

MURI = Sobrecarga
MURA = Variabilidad
MUDA = Desperdicio

Figura 2.2

Sobrecarga o muri

La productividad de las actividades empresariales y las personas disminuye cuando se les impone una carga de trabajo que rebasa su capacidad. Si a los operadores se les exige que produzcan por arriba de sus límites normales, o cuando a las máquinas se les hace producir por encima de su capacidad, se provoca un agotamiento de los recursos más valiosos de la organización, disminuyendo así la productividad.

Figura 2.3

Variabilidad o mura

Se refiere a la falta de uniformidad generada desde los elementos de entrada de los procesos, como los materiales, las especificaciones, el entrenamiento, las habilidades, los métodos y las condiciones de la maquinaria; esto produce, a su vez, una falta de uniformidad en los procesos, lo que se traduce en la generación de productos o servicios que tampoco son uniformes, es decir, muestran variabilidad. Esta variación puede o no causar problemas a nuestros clientes, por lo que es importante reconocer el tipo de variación y si esta es natural. Cuando la varia-

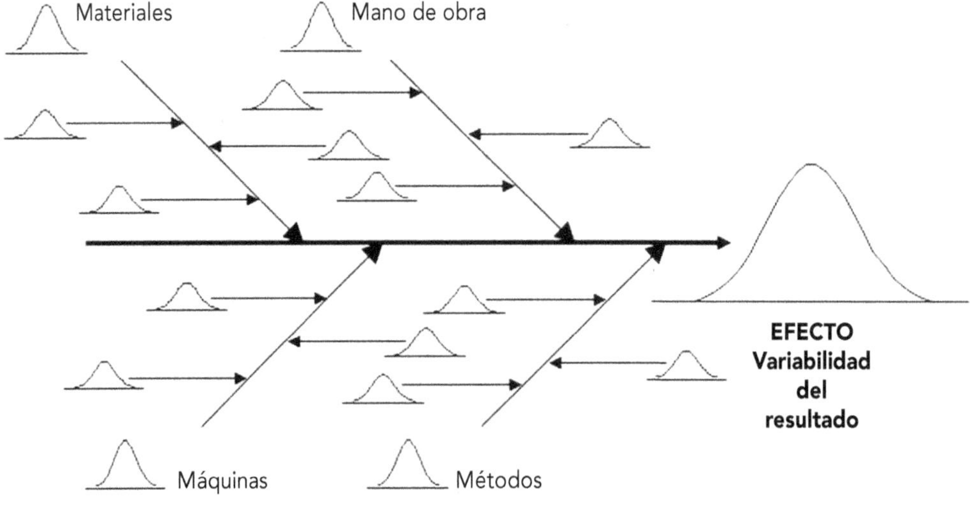

Figura 2.4

bilidad de un cierto proceso y de sus resultados es natural, se dice que el proceso está controlado. Pero si se introduce una fuente de variación nueva al proceso, entonces se dice que el proceso salió de control. La variabilidad es el tema central de estudio y control de metodologías estadísticas como el control estadístico de procesos o Six Sigma.

Desperdicios o mudas

La mejor traducción de la palabra japonesa *muda* debería ser «exceso». Los siete tipos de desperdicio que afectan negativamente la productividad deben ser bien entendidos, detectados y eliminados o minimizados todos los días en empresas e instituciones. Uno de los principales objetivos de Lean Manufacturing es conocer, detectar y eliminar sistemáticamente todos los desperdicios en la industria, ya que reducen diariamente la capacidad de las empresas y representan un reto para administradores, gerentes y empleados en general.

Para entender lo que es un desperdicio, es conveniente explicar primero qué son las actividades que agregan valor (VA por sus siglas en inglés). Las VA son aquellas que producen directamente un cambio que el cliente desea, al grado que esté dispuesto a pagar por ese esfuerzo. Desperdicio o exceso será cualquier otro esfuerzo realizado en la empresa que no sea absolutamente esencial para agregar valor al producto o servicio tal como lo requiere el cliente. Estos esfuerzos aumentan los costos y disminuyen el nivel de servicio, con lo cual afectan los resultados obtenidos por la empresa. Toyota clasifica en siete grandes grupos los desperdicios o *mudas*:

1. *Muda* de sobreproducción.
2. *Muda* de sobreinventario.
3. *Muda* de productos defectuosos.
4. *Muda* de transporte de materiales y herramientas.
5. *Muda* de procesos innecesarios.
6. *Muda* de espera.
7. *Muda* de movimientos innecesarios del trabajador.

1. Sobreproducción

Sobreproducir significa básicamente:

- Producir más de lo necesario.
- Producir más rápido de lo requerido.
- Manufacturar productos antes de que se necesiten.

Características de la sobreproducción

- Inventario acumulado.
- Exceso de equipo de gran capacidad.
- Flujo desequilibrado de material.
- Espacio excesivo para almacenamiento.
- Más mano de obra de la necesaria.
- Administración compleja de inventarios.
- Demasiada capacidad instalada/inversión.
- Grandes espacios en la planta.
- Problemas ocultos.
- Sensación de ambiente de trabajo inseguro.
- Obsolescencia de los materiales.
- Lotes de fabricación de un tamaño excesivo.
- Fabricación anticipada.

Causas de la sobreproducción

- La producción se adelanta «por si acaso» *(just in case)*.
- La comunicación entre departamentos o con el cliente es mala o inexistente.
- La optimización de las máquinas se hace de forma individual, sin tener una visión global de la cadena de valor.
- Automatización de operaciones que no lo requieren.
- Cambios y reajustes muy lentos.
- Prácticas de contabilidad de costos inadecuadas para la toma de decisiones en la planta.
- Insuficiente mantenimiento preventivo.
- Falta de consistencia en la programación de la producción.
- Enfoque en las expectativas optimistas de los pronósticos de venta.
- Procesos con capacidad potencial muy baja.

2. Sobreinventario

El sobreinventario es cualquier material, producto en proceso o productos terminados que exceden a lo que se necesita para satisfacer la demanda del cliente.

En general, los inventarios se generan para evitar las siguientes ineficiencias:

- Pronósticos erróneos sobre la demanda esperada.
- Desequilibrio en la producción.
- Poca confianza en que no haya descomposturas en la maquinaria empleada para la producción.

- Desconocimiento de la capacidad real de producción.
- Producir para aumentar la eficiencia de equipos o áreas individuales.
- Procesos o máquinas separados por grandes distancias.
- División del trabajo por lotes, lo que ralentiza el proceso.
- Productos defectuosos que hay que sustituir mediante un aumento en la producción.
- Campañas masivas de retrabajo cuando los defectos salen a flote.
- Tiempos muy altos para cambio de producto o preparación de máquinas.
- Distribución inadecuada de la planta.
- Altos colchones de producto sin plan de producción entre los procesos, con lo cual se ocultan los problemas.

Características de los sobreinventarios

- Espacios grandes en el andén de recepción de materias primas.
- Permanencia de las primeras entradas, en lugar de aplicar el principio «primero en entrar, primero en salir».
- Grandes cantidades de producto a la espera de ser procesado.
- Grandes áreas destinadas al almacenamiento de producto (materias primas, materiales, producto en proceso y producto terminado).
- Tiempos prolongados de proceso cuando se implementan cambios de ingeniería.

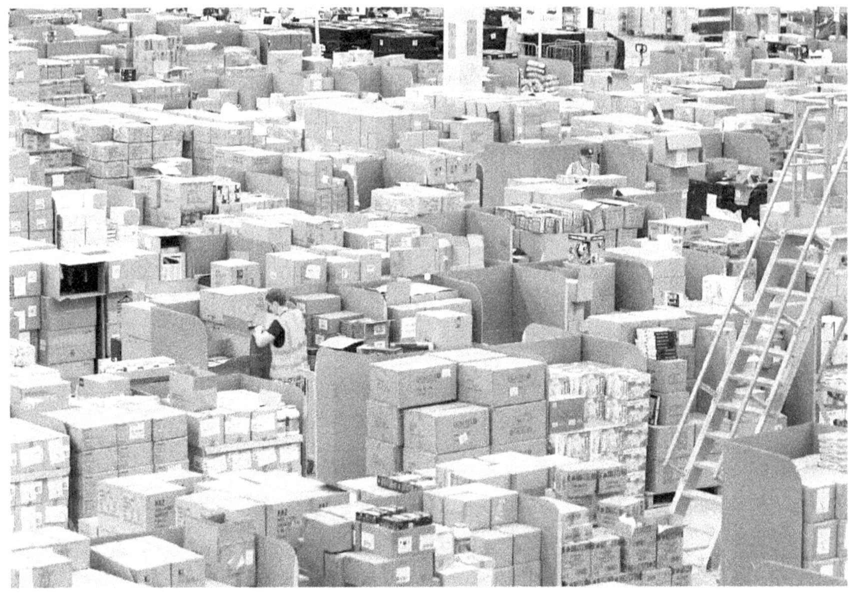

- Necesidad de recursos adicionales para el manejo de los materiales (personal, equipo, estantes, almacenes, espacios, sistemas).
- Baja rotación de inventarios.

Causas de los sobreinventarios

- Escaso conocimiento de la velocidad con la que se presenta la demanda real.
- Procesos inadecuados para satisfacer los requerimientos y especificaciones de los clientes.
- Cuellos de botella sin control.
- Capacidad insuficiente de las empresas proveedoras.
- Programación excesiva de tiempo extra.
- Malas decisiones administrativas.
- No se logra la optimización del trabajo de las personas y de los centros de trabajo.
- Bonos de productividad mal aplicados.

3. Productos defectuosos

Esta *muda* se refiere a la pérdida de los recursos empleados para producir un artículo o servicio defectuoso, ya que se invirtieron materiales, tiempo de la máquina y, lo más importante, tiempo de una persona para realizar un trabajo que, a fin de cuentas, no sirvió para agregar valor al cliente. Es algo similar a lo que ocurre cuando se quema un pastel al hornearlo: se desperdician ingredientes, gas y el trabajo de los cocineros; todo acaba en la basura, incluidos el tiempo y dinero invertidos.

Aquí también entran las repeticiones de tareas, ya que, si bien el defecto puede ser corregido, la repetición implica realizar una o más tareas dos o más veces, incurriendo así en más gastos y en la pérdida de disponibilidad de los recursos de la empresa.

Características que generan los defectos

- Exceso de personal dedicado a inspeccionar, retrabajar o reparar.
- Inventario acumulado específicamente para ser retrabajado.
- Flujo complejo del producto dentro de la planta.
- Producto o servicio de calidad cuestionable.
- Errores en los embarques y en las entregas.
- Poca interacción entre cliente y empresas proveedoras.
- Pocas ganancias debido a las repeticiones de tareas, los desechos y los costos por primas de fletes urgentes y devoluciones.
- La organización se vuelve reactiva: se «apagan fuegos».

Causas de los defectos y repetición de tareas

- Procesos ineficientes.
- Variación excesiva en el proceso de producción.
- Incapacidad de las empresas proveedoras.
- Falta de control del proceso.
- Falta de control de los errores del personal.
- Decisiones administrativas inadecuadas.
- Capacitación inadecuada.
- Equipo y herramientas inadecuados.
- Distribución inadecuada de la planta o manejo excesivo de los materiales.
- Altos niveles de inventario.
- Malas condiciones ambientales.
- Falta de cultura de calidad.
- Falta de liderazgo en el tema de la calidad.
- Desconocimiento de las causas de los problemas.

4. Transporte de materiales y herramientas

Esta *muda* consiste en todos aquellos traslados de materiales que no apoyan directamente el sistema de producción. Mover los productos de un lado a otro de la planta no se traduce en un cambio significativo para el cliente, pero sí implica un costo, e incluso pone en riesgo la integridad del producto. Cabe aclarar que nos referimos en este caso al transporte dentro de las instalaciones de la empresa, y no a la entrega del producto a los clientes o centros de distribución.

Características del transporte

- Exceso de equipo para transportar materiales en carretillas o montacargas.
- Exceso de bandas transportadoras, rampas o tuberías.
- Demasiados sitios de almacenamiento.
- Exceso de estantes para materiales.
- Deficiente administración de los inventarios.
- Inadecuado diseño y aprovechamiento de las instalaciones.
- Deficiente control de los inventarios.
- Demasiado personal para el transporte de materiales.
- Distancias largas entre procesos y almacenes.

Causas del transporte

- Fabricación de lotes de producción muy grandes.
- Programas de producción inconsistentes y con muchos cambios.

- Falta de programas de producción.
- Falta de organización en el lugar de trabajo.
- Distribución inadecuada de las instalaciones.
- Cambios en los productos sin hacer los cambios correspondientes en los procesos.
- Adquisición de máquinas más eficientes de lo necesario.
- Inventario excesivo de productos en proceso.
- Inversión en horas extras de producción sin contar con un programa definido.

5. Procesos innecesarios

Si bien dentro de la empresa se pueden encontrar siempre muchos procesos bien estandarizados, estos no siempre agregan directamente valor para el cliente. Muchos de los trabajos son consecuencia de las necesidades del taller (como el cambio de un troquel de una prensa), de la calidad de la manufactura (como la inspección de un artículo antes de enviarlo a la siguiente estación) o de la mala planificación de las entregas (como desembalar la materia prima antes de iniciar la producción). La gestión adecuada de este tipo de desperdicio incluye su eliminación total, su combinación con otro proceso que sí agregue valor, su reducción o incluso su simplificación. Los ingenieros de planta se refieren a este proceso como ECRS (eliminación, combinación, reducción, simplificación).

Características de los procesos innecesarios

- Presencia de cuellos de botella en el proceso.
- Falta de especificaciones claras por parte del cliente.
- Exceso de inspecciones o verificaciones.
- Falta de equipos con dispositivos a prueba de errores.
- Algunas estaciones permanecen paradas mientras se hace trabajo administrativo.
- Información excesiva (en el proceso se cuenta con muchos documentos que no se utilizan).

Causas de los procesos innecesarios

- Mala comprensión de los procesos.
- Se realizan cambios en ingeniería sin efectuar los cambios correspondientes en el proceso.
- Tecnología nueva mal utilizada.
- Toma de decisiones a niveles inadecuados.
- Políticas y procedimientos inadecuados.
- Falta de información de los requerimientos del cliente, así como de sus especificaciones.
- No se cuenta con una definición del proceso productivo, ni del flujo del proceso.

6. Espera

Esta *muda* se refiere al tiempo que se pierde cuando un operador espera a que la máquina termine el trabajo, cuando las máquinas se detienen para esperar que el operador haga algún ajuste, o incluso cuando tanto el operador como la máquina están a la espera de materiales, herramientas o instrucciones. Todo esto implica un consumo de tiempo que no agrega valor, y constituye el más común de todos los desperdicios en la industria.

Características de la espera

- El operador espera a que la máquina termine su ciclo de procesamiento.
- La máquina espera a que la persona termine su ciclo.
- Los tiempos necesarios para el cambio de un producto o para la preparación de una máquina obligan a esperar a las personas.
- Una persona espera a otra para poder empezar o terminar su trabajo.
- La persona y la máquina están a la espera de instrucciones, de un programa o de materiales.
- Despreocupación por los errores de los equipos.
- Paros inesperados de equipo.

Causas de la espera

- Mala programación de la producción.
- Poco control de la producción.

Espera improductiva.

- Desequilibrio de las operaciones.
- Falta de programación de los cambios de producto.
- Programación inadecuada de tiempos extras.
- No se cuenta con la maquinaria adecuada.
- Se emplea demasiado personal.
- El trabajo se organiza por departamentos y existe demasiada especialización.
- Falta de programas de capacitación en multihabilidades.
- Falta de capacitación de los operadores.

7. Movimientos innecesarios de las personas

Esta *muda* se refiere al traslado de personas de un punto a otro en su lugar de trabajo o en toda la empresa, sin que ello sea indispensable para aportar valor al producto y sin que contribuya a la transformación o beneficio del cliente. Si observamos con cuidado cada ciclo de un trabajador, se encontrará fácilmente este tipo de desperdicio: si contamos los pasos o seguimos las rutas (algo a lo que no estamos acostumbrados) se descubre que muchas veces la persona camina más de lo necesario. Otro ejemplo muy común de este desperdicio son las búsquedas de herramientas, materiales o información. Todos esos movimientos, además de los indispensables para el cliente, hacen perder tiempo y, por ende, reducen la productividad de los procesos.

Muda de movimientos innecesarios del trabajador.

Características de los movimientos innecesarios de las personas

* Se emplea mucho tiempo en localizar materiales.
* Se emplea mucho tiempo en localizar personas e instrucciones.
* Se emplea mucho tiempo en localizar herramientas.
* Se realizan movimientos innecesarios al agacharse o caminar.
* Se realizan esfuerzos para alcanzar las herramientas o materiales en cada ciclo de trabajo.

Causas de los movimientos innecesarios de las personas

* Distribución inadecuada de la planta.
* Mala organización del área de trabajo.
* Métodos de trabajo mal definidos o sin actualizar.
* Lotes de producción grandes.
* Los equipos o las personas no trabajan a su máxima capacidad.
* Poco control de la producción.

Otros grandes desperdicios

Además de los siete grandes grupos de desperdicios propuestos por Toyota, es importante presentar otros cuya detección también puede ser de utilidad en las empresas, ya sean industriales o de servicios.

* Desperdicio de energía (sea electricidad, combustibles o vapor).
* Gastos excesivos por falta de liderazgo y control.
* Mala administración financiera.
* Desperdicio en el diseño: se elaboran productos que cuentan con más funciones de las necesarias.
* Mala comunicación.
* Desperdicio de talento.
* Políticas erróneas u obsoletas.

Desperdicio de energía

Es muy común que las empresas desperdicien energía sin darse cuenta. La energía generalmente es un fluido que se transforma en trabajo y puede ser electricidad, gases, combustibles, etc.

Características del desperdicio de energía

* Muchas fugas de aire en la planta.
* Instalación inadecuada de las máquinas, cableados, redes, etc.

- Tierras físicas mal instaladas o ausentes.
- Mala sincronización del arranque de los equipos.
- Mala iluminación de los espacios de trabajo.
- Utilización de luz eléctrica durante días soleados.
- Uso indiscriminado de equipos sin ser necesario.
- Fugas de agua que requieren constante bombeo.

Causas del desperdicio de energía

- Instalaciones deficientes u obsoletas.
- Falta de mantenimiento en el sistema de distribución de energía.
- Falta de mantenimiento en el equipo de soporte y maquinaria de procesos.

Gastos excesivos por falta de liderazgo y control

La falta de control debido a un liderazgo pobre genera un enorme desaprovechamiento de talento, recursos, etc. Por ello, se requieren líderes que realmente sepan escuchar a los clientes, empleados y proveedores, que conozcan los procesos y la problemática de las empresas y, sobre todo, que aporten conocimiento, motivación y confianza.

Características de los gastos excesivos por falta de liderazgo y control

- Personal sin puestos de trabajo definidos.
- Mala selección de personal competente.
- Resultados pobres en el desempeño operacional y financiero.
- Personal insatisfecho.
- Nulo conocimiento.

Causas de los gastos excesivos por falta de liderazgo y control

- Calidad ética y profesional deficiente en los líderes de la empresa.
- Mala salud integral de los gerentes.
- Poca preparación para tomar decisiones.
- Información poco fiable para la toma de decisiones.

Administración financiera deficiente

La contabilidad tradicional a veces se utiliza solo para satisfacer requisitos con la autoridad fiscal o con los gerentes y accionistas, por lo que no se reconoce la gran importancia que tienen los indicadores financieros, administrativos y operacionales para la toma de decisiones.

Características de la administración financiera deficiente

* Poco conocimiento de los procesos y sus variantes.
* Sensación de que se vende más, pero se gana menos.
* Las cuentas pendientes de pago superan a las cuentas pendientes de cobro.
* Información incompleta para la toma de decisiones.

Causas de la administración financiera deficiente

* Personal incompetente en las áreas de administración y finanzas.
* Sistema de información poco útil o inexistente.

Desperdicio en el diseño

Características del desperdicio en el diseño

* Se producen demasiados cambios de producto en la fase de producción.
* Proceso muy complicado debido a un diseño poco manufacturable.
* Altos costos de proceso debido a un mal diseño.

Causas del desperdicio en el diseño

* Falta de técnicas de diseño para manufactura.
* Diseño pensado solo para lucir, no para fabricar.
* Poca interacción entre ingenieros, cliente y diseñadores.

Mala comunicación

En muchas organizaciones existen diversos medios tecnológicos para mejorar la comunicación, como internet, telefonía móvil, etc. Sin embargo, esto no necesariamente garantiza una buena comunicación, pues es posible constatar que muchas veces se trabaja para obtener resultados apoyándose en información incorrecta, incompleta o falsa, y en muchas ocasiones se ha perdido el contacto directo con las personas y ya no es posible interactuar con ellas.

Características de la mala comunicación

* Personal que no tiene claras sus funciones.
* Objetivos que no conocen todos los miembros de la organización.
* Malas relaciones humanas.
* Incertidumbre en la toma de decisiones.
* Falta de información para la toma de decisiones.

Causas de la mala comunicación

* Poca habilidad gerencial para comunicar objetivos.
* Deficiente diseño de los medios de comunicación.

* Medios inadecuados para integrar la comunicación.
* Poca comunicación directa entre las personas (solo se usa la tecnología).

Desperdicio de talento

No siempre se aprovechan adecuadamente los conocimientos de las personas, las valiosas experiencias que han ido acumulando a lo largo de su vida profesional, su creatividad, ni sus ideas innovadoras.

Características del desperdicio de talento

* El personal siente que se le tiene poco en cuenta.
* Inseguridad a la hora de proponer ideas nuevas.
* Pocas o ninguna sugerencia de mejora al año por parte del personal.
* Ambiente de inestabilidad y alta rotación.

Causas del desperdicio de talento

* No se tienen en cuenta las opiniones de las personas.
* No existe un sistema adecuado de sugerencias.
* Los líderes toman las sugerencias como algo personal, lo que las convierte en quejas.
* Poca capacidad receptiva y de liderazgo en la dirección.

Políticas erróneas u obsoletas

Esta es una de las áreas de oportunidad más grandes y menos costosas para la mejora de una empresa, ya que revisando constantemente las políticas de trabajo se evita que se vuelvan obsoletas o limiten la productividad.

Características de las políticas erróneas u obsoletas

* Decisiones basadas en políticas establecidas y no en necesidades reales.
* El personal toma decisiones sin estar totalmente convencido de que sean las mejores.
* Se requiere demasiado tiempo para resolver los problemas.
* El personal gerencial invierte demasiado tiempo en reuniones.

Causas de las políticas erróneas u obsoletas

* No hay una revisión fundamental de las políticas ni de la razón de su existencia.
* Los directivos caen en la costumbre y la ceguera de taller.
* Falta de interés por cambiar las formas de hacer las cosas.
* Se hace poco análisis de las mejores prácticas de la industria.

El peor de todos los desperdicios: la sobreproducción

Desde el principio, Lean Manufacturing partió de la premisa de que el peor de todos los desperdicios es la sobreproducción. Esto puede ejemplificarse con un río en cuyo fondo hay grandes rocas, como se muestra en la figura 2.5. Este ejemplo permite visualizar el impacto de la sobreproducción y el sobreinventario en los resultados de una actividad empresarial. En la figura se observa un barco que está atravesando el río. Para que este barco pueda navegar hacia el faro, la profundidad del agua medida desde el fondo deberá ser mayor que la altura de las rocas. Pues bien, ofrecer un nivel de servicio satisfactorio para el cliente equivale a que el bote logre cruzar el río, porque cada roca representa un problema de productividad. En otras palabras, para evitar que los problemas de productividad afecten el nivel de servicio al cliente, es necesario mantener un inventario que amortigüe el impacto que pudiera generar a nivel de servicio una máquina descompuesta o un error en un pronóstico, por ejemplo.

Aunque la solución lógica parece ser mantener el río lo suficientemente profundo, en realidad tiene por lo menos dos inconvenientes. El primero –pero no el más importante– es que el mantenimiento de los inventarios (la profundidad del agua)

Figura 2.5

es bastante costoso, además de que estanca los recursos de la empresa, incrementa el apalancamiento financiero y requiere espacio, seguros, administración y manipulación de los artículos. Pero esa lista, según los ingenieros de Toyota, no es el principal problema. El mayor problema generado por la sobreproducción y el sobreinventario es que a la larga ocultan los problemas importantes.

Es natural que en las empresas se considere «normal» la existencia de cierto nivel de inventario. Si seguimos con el ejemplo del río y las rocas, un navegante que siempre ha cruzado el río sin chocar nunca con las rocas, después de cierto tiempo dejará de prestarles atención (si es que alguna vez lo hizo) y acabará por considerarlas parte natural del paisaje. Lo mismo sucede con los problemas de productividad, pues, al no impactar directamente en el nivel de servicio al cliente, se crea la falsa idea de que no hay problemas en la empresa o de que estos son parte natural del «paisaje» de la actividad. Lo que hay que tener presente es que esos problemas de productividad (las rocas), lejos de ser inofensivos, implican un elevado costo económico, así como costos en cuanto a oportunidades.

Este modelo presentado por Toyota fue la causa de que muchos autores hayan interpretado erróneamente el justo a tiempo como un sistema de administración de inventarios que busca reducirlos a cero. Si se analiza adecuadamente el modelo, se ve que el inventario es solo un indicador de la cantidad de problemas presentes en los procesos, pero no es el objeto de estudio del sistema. El objeto de estudio son los problemas en sí, es decir, las rocas. Se trata de mejorar la productividad eliminando los problemas presentes en los procesos (sacando rocas del río), lo que se traducirá en costos más bajos, mejor calidad y respuestas más rápidas al cliente.

Qué hacer para eliminar estos desperdicios

Para detectar los desperdicios generados, es necesario que la empresa haga un análisis exhaustivo de cada uno de ellos, utilizando la guía de detección de desperdicios para determinar las áreas de oportunidad de manera general. Esto debe hacerse visitando directamente el sitio real donde se hace el trabajo (los japoneses lo llaman *gemba*, que significa «lugar de los hechos»). La guía servirá para documentar los desperdicios encontrados a simple vista y en colaboración con el personal que trabaja en cada área. Por ello, es muy importante que se explique a todos el análisis que se llevará a cabo.

Programa de sugerencias de todo el personal

Para que un proceso de eliminación de prácticas desperdiciadoras y el efecto de Lean Manufacturing se manifiesten en una reducción de costos y tengan éxito, es necesario que todos los empleados de la organización aporten ideas de mejora en todas las áreas de la empresa y que la responsabilidad sea compartida.

Para entender mejor este concepto sería útil preguntarnos cuántas mejoras propone cada empleado al año, al mes o a la semana. Es aquí donde radica el verdadero secreto de las organizaciones que crecen más allá de los límites establecidos por las prácticas comunes de administración de empresas. Basta con poner en práctica un programa de sugerencias en el que cada empleado aporte como mínimo una sugerencia de mejora al mes durante el primer año, dos al mes en el segundo y así sucesivamente. Si multiplicamos 12 sugerencias por el número de empleados, serán de 1 200 a 12 000 sugerencias de mejora al año en una empresa, que entonces tendrá un enorme potencial convertido en realidad.

Es importante procurar que las mejoras propuestas no necesariamente impliquen gastos y que sean motivadas por la creatividad y la autosatisfacción de aportar algo bueno para el lugar de trabajo. Ello se traducirá en una mayor satisfacción para el trabajador, que no tendrá la sensación de realizar un trabajo monótono y sin retos.

Para poner en práctica esta sugerencia, recomendamos implementar un sistema visual que permita observar las sugerencias en el lugar mismo donde estas se encuentran. Para ello se usa una tarjeta de oportunidad y se coloca el talón correspondiente en el tablero de sugerencias que se muestra en la figura 2.6.

Figura 2.6

Este ejemplo consta de un tablero de resultados que contiene secciones para calidad, costo, entrega y actividades relacionadas con el personal. También hay un espacio para pegar las tarjetas de oportunidad recibidas y otro donde se colocan las que han sido aprobadas.

El principio de reducción de costos

En la mayoría de las empresas que utilizan un modelo tradicional de trabajo es normal que solo del 3 al 5 % de sus actividades agregue valor. Lo anterior representa una gran oportunidad para generar proyectos de alto valor. Como se sabe que la presión para reducir costos es una prioridad de la dirección, y que es más fácil decirlo que hacerlo, el proceso tradicional de reducción de costos se limita a despedir personal y reducir gastos que supuestamente son superfluos.

En el sistema tradicional para fijar el precio normalmente se parte del costo y se le agrega un margen de beneficio deseado. Cuando el costo aumenta, simplemente se aumenta el precio y se mantiene el margen de beneficio.

En el caso de la Manufactura de Clase Mundial, hay que tener en cuenta que ahora es el mercado el que fija los precios, y en vez de aumentar, estos tienden a disminuir. Por ello es necesario diseñar un programa poderoso de reducción de costos

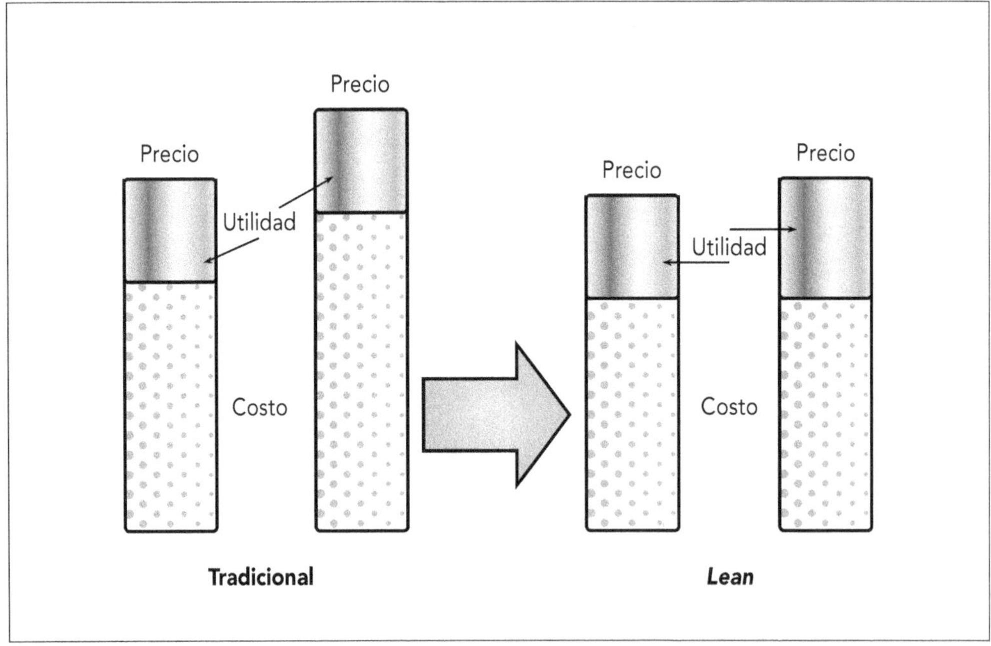

Figura 2.7

que permita mejorar el beneficio sin subir los precios. La única manera de mantener competitiva a una empresa es tener un control detallado de los costos y esforzarnos continuamente por reducirlos, o al menos no permitir que aumenten.

Ejercicio de aplicación

Para detectar y documentar los grandes desperdicios y oportunidades sugerimos utilizar las tarjetas de oportunidad (véase la tabla 6.2 del capítulo 6), donde se detalla el tipo de desperdicio y se documenta la clasificación (A, B, C).

Es recomendable formar equipos multidisciplinarios y hacer con regularidad visitas al lugar de los hechos en compañía de esos equipos para identificar los desperdicios y fuentes de variación y riesgo antes descritos.

Una vez que los miembros del equipo identifican los desperdicios, se procede a hacer un plan para la eliminación de estos. Para ello se pueden utilizar las hojas de actividades (véase la tabla 6.3). Lo más valioso de este ejercicio es que se convierte en un hábito mediante el cual todos contribuyen a la detección de los limitantes de la productividad.

Capítulo 3

Diagnóstico e implementación

Presentación

En este capítulo analizaremos el proceso de implementación de Lean Manufacturing en empresas de manufactura. Como siempre es más probable fracasar que tener éxito, el propósito de este capítulo es aclarar el panorama de la implementación, los factores de éxito y los de riesgo.

Normalmente las empresas que deciden emprender actividades de Lean Manufacturing tienen el firme propósito de lograr una transformación exitosa, o cuando menos de obtener resultados significativos que permitan valorar si estos esfuerzos serán de utilidad para la compañía.

Es muy importante considerar tres elementos clave para el éxito de la implementación:

1. Lean Manufacturing es un proyecto estratégico.
2. La estructura organizacional debe estar preparada para trabajar con las herramientas Lean.
3. Todos los empleados deben estar comprometidos con la implementación.

1. Lean Manufacturing es un proyecto estratégico porque tendrá fuerte impacto en los gastos y, por ende, en los resultados financieros de las empresas. Por ello, deberá estar incluido en el plan estratégico de la compañía. Además, para elaborar un buen plan es preciso conocer a fondo el nivel de madurez de los procesos con respecto a una empresa Lean. Normalmente, este tipo de proyectos es producto de una moda: el proyecto del mes o del año, y no necesariamente está vinculado con los objetivos estratégicos ni con los objetivos de la empresa. Por tal motivo, aquellas compañías que no se gestionen estratégicamente, irremediablemente terminarán siendo un proyecto fallido más.

2. La estructura organizacional representa un gran reto para la implementación porque normalmente las empresas tienen una organización de tipo funcional, es decir, por departamentos, cada uno de los cuales se encarga de realizar ciertas funciones ajenas a las de otro departamento. En los procesos productivos, las áreas se mantienen divididas de acuerdo con sus procesos, por lo que hay que respetar las líneas de autoridad para no afectar intereses de otras áreas. La departamentalización genera un exceso de burocracia, de modo que parece que hay competencia entre departamentos, en vez de que la competencia sea entre las empresas. Además, las personas se centran en los resultados de sus departamentos y en quedar bien con los jefes de las áreas, más que en la obtención de resultados globales en la empresa.

3. Todos los empleados deben estar comprometidos con la implementación. Cuando en la implementación solo se tiene en cuenta a gerentes, jefes o ingenieros, es muy probable que esta tarde demasiado en completarse, dado que la responsabilidad de la misma es asumida solo por unas cuantas personas, y no por todo el personal. Aunque iniciar la implementación con un grupo de personal clave es muy importante, habrá que considerar la integración gradual de todos los niveles de la organización.

La necesidad de entender los números

Cuando se pone en marcha un proyecto de superación empresarial, a veces cuesta saber si los esfuerzos emprendidos realmente están cumpliendo su objetivo, porque es difícil entender todo lo que pasa en una organización, dada la gran cantidad de variables implicadas y la diversidad de métodos usados para interpretar los datos. Por ello, es muy importante definir los indicadores que servirán para interpretar lo más importante que sucede en una organización. En el siguiente capítulo se presentará un método para elaborar planes estratégicos. Al definir cuantificadores de las directrices y de las estrategias de dichos planes, se estará definiendo precisamente los indicadores clave que permitirán conocer el comportamiento de nuestras acciones, proyectos, decisiones, etc. Por lo tanto, la correcta definición de un cuadro de indicadores clave será el inicio de un proceso de aprendizaje continuo y de la toma de decisiones mediante la interpretación a corto plazo del significado de las mediciones efectuadas. Este proceso se esquematiza en la figura 3.1.

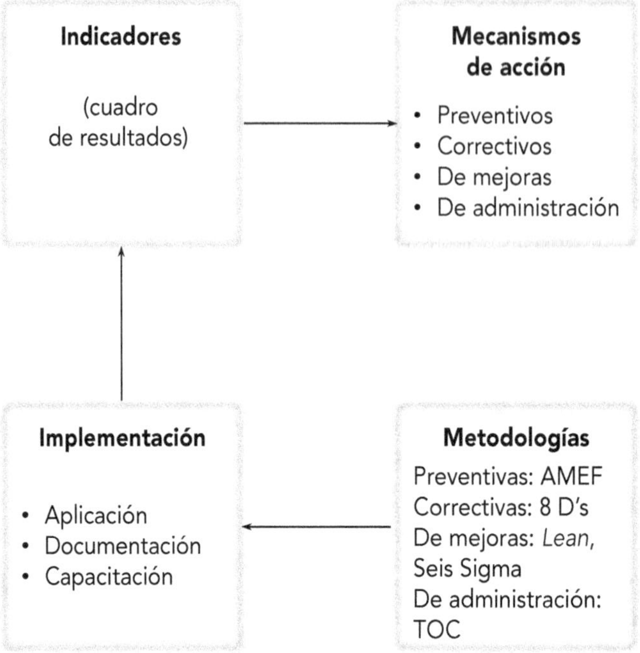

Figura 3.1

En este modelo podemos ver que la definición de los indicadores clave del negocio (véase el capítulo 4) permitirá tomar decisiones basadas en información relevante y actual. Tomemos como ejemplo un indicador: entregas a tiempo (véase la figura 3.2). Este indicador muestra la tendencia, y en el periodo comprendido entre la semana 8 y la 11 se presentó un problema, pues las entregas se salieron de la tendencia y se produjeron varios retrasos.

En este caso se aplica primero el mecanismo de acción correctiva, pues como existe una desviación en las entregas, es necesario restablecer la situación a la normalidad. Para ello se puede aplicar la metodología de las 8 disciplinas (8 D). Una vez corregida la desviación, se puede utilizar un mecanismo preventivo para evitar que vuelva a suceder.

La acción de mejora se usa cuando se observa que el objetivo no se ha alcanzado y se requiere un esfuerzo adicional para lograrlo. En este caso, las herramientas Lean se utilizan para mejorar los niveles de resultados. La acción de administración consiste en mantener las mejoras o los resultados.

Una vez elegidas la metodología y las herramientas, lo más importante será implementarlas siguiendo un plan, trabajando en equipo, documentando las ac-

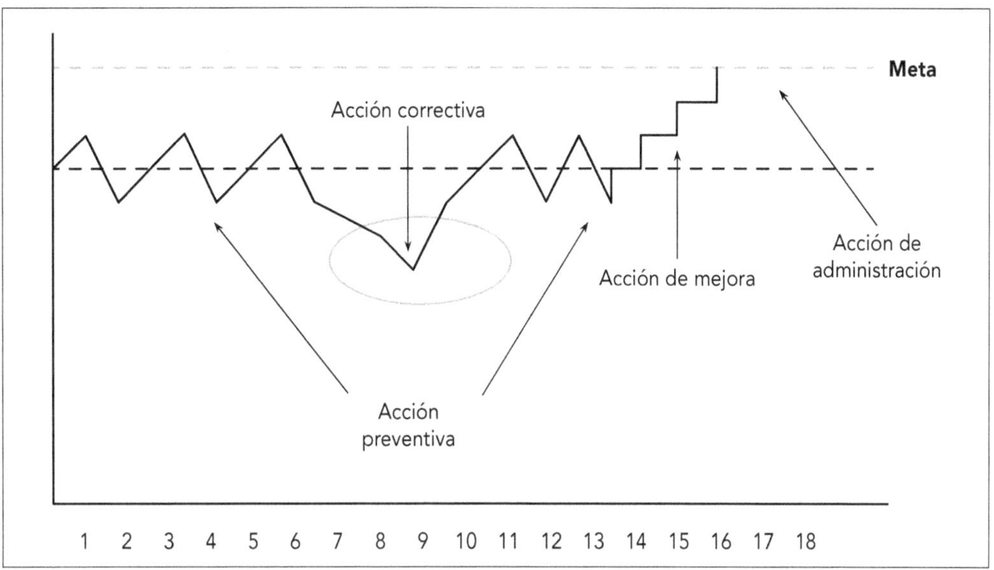

Figura 3.2

tividades y sus resultados y enseñando lo aprendido a los encargados de hacer el seguimiento de estas acciones. Después hay que volver al indicador para saber si los resultados obtenidos en la tabla de resultados indican la existencia de cambios y nuevas conductas.

Diagnóstico Lean

Antes de hacer un plan para la implementación de Lean Manufacturing, es muy importante establecer las condiciones actuales de todos los procesos clave de la organización mediante un diagnóstico que comprende las siguientes etapas:

1. Estrategia de la compañía.
2. Estructura.
3. Diseño.
4. Logística.
5. Operaciones.
6. Contabilidad y finanzas.

Este diagnóstico deben realizarlo directivos de la compañía y personal clave que conozcan a fondo la realidad de cada uno de los escenarios que se presentan. Participarán varias personas que consultarán sus dudas con quien tenga un mejor conocimiento de la realidad. Si es necesario, la información será corroborada por personas que también estén relacionadas con el tema.

En cada una de estas etapas se analizan con detalle los siguientes conceptos:

1. Estrategia
   - Planificación.
   - Comunicación.
   - Seguimiento.
   - Control.

2. Estructura
   - Organización.
   - Personal.
   - Información.

3. Diseño
   - Necesidades del cliente.
   - Diseño del producto.
   - Diseño del proceso.
   - Diseño del control del proceso.

4. Logística
   - Proveedores.
   - Clientes.
   - Inventario.
   - Planificación de producción.

5. Operaciones
   - Prevención.
   - Solución de problemas.
   - Mejora continua.
   - Orden y limpieza.
   - Control visual.
   - Flujo de proceso.
   - Cambios de producto.
   - Mantenimiento.
   - Calidad.

- Control de material.
- Control de producción.
- Medición del desempeño.

6. Contabilidad y finanzas
   - Contabilidad financiera.
   - Contabilidad administrativa.
   - Contabilidad operacional.

Interpretación y uso del diagnóstico

El diagnóstico permitirá establecer un punto de partida en la implementación, así como la estrategia correspondiente. La interpretación consistirá simplemente en observar, en cada punto del diagnóstico, donde estamos en un momento dado y cuál es el siguiente paso. Es importante mencionar que no se trata de avanzar muy rápidamente de un punto al mejor, sino de ir haciéndolo gradualmente hasta madurarlo y llegar a la meta, sin tropiezos ni salidas en falso. El resultado del diagnóstico se utilizará para formular los planes y estrategias que se abordarán en el siguiente capítulo, que trata sobre la estrategia *hoshin kanri*.

Fases de la implementación de un proyecto Lean

Fase 0. Tradicional: preparación.
Fase 1. Aplicación: crear un flujo continuo en áreas piloto.
Fase 2. Administración por cadenas de valor.
Fase 3. Organizaciones Lean: pensamiento esbelto.

El camino Lean requiere un claro entendimiento de la situación actual y que haya un buen plan estratégico y un equipo directivo comprometido y bien preparado. La etapa piloto sirve para darnos cuenta de lo que implica la implementación, para adquirir un primer aprendizaje a escala de los errores, para conocer realmente la personalidad de la organización y para que todos en la organización vean el poder de la transformación. En la etapa de cadenas de valor, la estructura organizacional se convierte en la base de la implementación, ya que se establece una forma de trabajar administrada por procesos y no por departamentos funcionales, se aplica lo aprendido en todas las áreas de la organización, se implementa la logística, y la contabilidad Lean apoya el proceso ofreciendo indicadores y criterios para una toma de decisiones basada en resultados e información relevante. La etapa final se carac-

Figura 3.3

teriza por lograr el compromiso de todos, por tener el conocimiento como uno de los mayores valores y por establecer un sistema de administración de conocimiento que le permita a la organización tener el control documental de problemas, mejoras, medios de prevención y todo lo que sea relevante para su correcta operación. Además, en una empresa Lean las condiciones laborales a todos los niveles reflejan el firme compromiso de aportar valor a la sociedad. En la siguiente explicación se verá un esquema en el que se muestran en rectángulos punteados el concepto y la secuencia de implementación, y en rectángulos continuos las actividades específicas.

Fase 0. Tradicional: preparación

Duración: 1-3 meses.

Actividades principales:
- Realización de diagnóstico Lean.
- Entrenamiento en las metodologías Lean.

- Entrenamiento inicial en Lean Accounting.
- Establecimiento de responsables y equipos de inicio.
- Establecimiento de la capacidad de los procesos.
- Realización del mapa de la cadena de valor.
- Establecimiento del plan estratégico *(hoshin kanri)*.
- Establecimiento del plan de implementación.
- Establecimiento de las bases e inicio de las 5 S.
- Mapeo de los procesos *(value stream map)*.
- Comunicación de la estrategia Lean a todo el personal.

Figura 3.4

Participantes:
- Dirección general.
- Dirección de los departamentos funcionales.
- Responsables de recursos humanos.
- Líderes de implementación.
- Personal elegido para los equipos de inicio.

Principales obstáculos:
- Resistencia al cambio por parte de algunos directivos.
- Miedo a lo desconocido.
- Postergación de los planes y del inicio.

Principales ventajas:
- Reto al cambio.
- Necesidad de aprender algo nuevo.
- Nueva dinámica de negocio y cambio.

Fase 1. Aplicación: crear un flujo continuo en áreas piloto
Duración: 4-6 meses.

Actividades principales:
- Establecimiento de proyectos piloto con la metodología Lean.
- Aplicación de las 5 S en la empresa.
- Preparación de la estructura para recibir el pensamiento Lean.
- Implementación de trabajo estandarizado.
- Aplicación piloto de mantenimiento productivo.
- Aplicación piloto de manufactura celular.
- Equilibrio de trabajo.
- Aplicación piloto de cambios rápidos.
- Aplicación piloto del sistema a prueba de errores.
- Aplicación piloto de *kanban*.
- Aplicación de Lean Accounting de esta etapa.
- Inicio de programas de certificación:
- De proveedores.
- De empleados.
- Inicio de entrenamiento multitareas a operadores.
- Inicio de la logística Lean entre proveedores y clientes.

Participantes:
- Dirección general.
- Dirección de los departamentos funcionales.
- Contables y financieros.
- Responsables de recursos humanos.
- Líderes de implementación.
- Patrocinadores.
- Operadores.

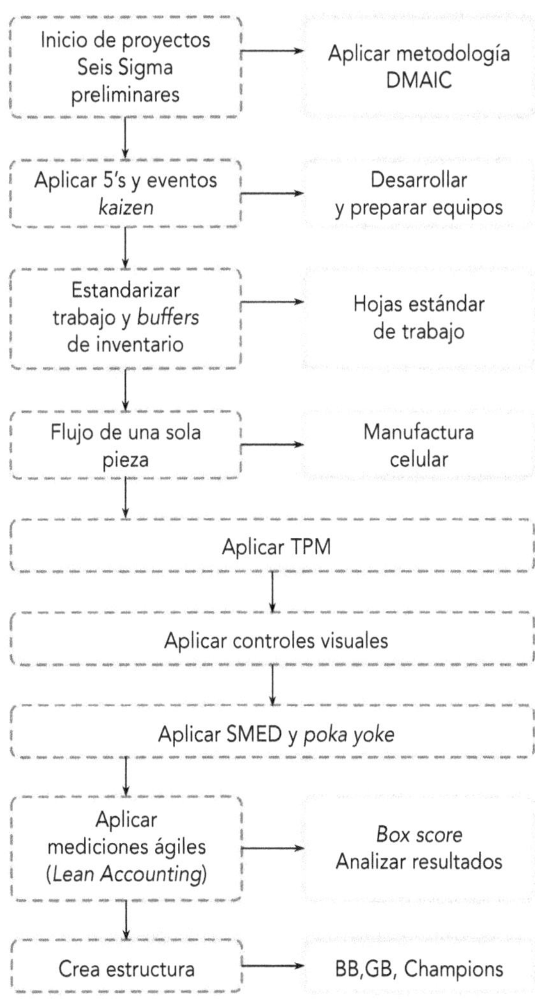

Figura 3.5

* Ingenieros de procesos y calidad.
* Personal de mantenimiento.
* Planificación.

Principales obstáculos:
* Resistencia al cambio del personal en general.
* Mala aplicación de los conocimientos.
* No se dedica el tiempo necesario.

Principales ventajas:
* Se empiezan a ver algunos resultados positivos.
* Inicia la competitividad interna por entregar mejores resultados.
* Mejora el trabajo en equipo.
* Existe un mejor entendimiento de las técnicas y la estructura.
* Los resultados despiertan un mayor interés por parte de la dirección.

Fase 2. Administración por cadenas de valor: fase inicial
Duración: 12 meses.

Actividades principales:
* Análisis de los resultados logrados.
* Uso pleno de producción jalar.
* Desarrollo común de eventos *kaizen*.
* Inicio de proyectos de Six Sigma para variación.
* Lean Accounting contempla:
* Contabilidad administrativa.
* Contabilidad financiera.
* Contabilidad operacional.
* Introducción del gerente de cadena de valor.
* Modificación del organigrama a cadenas de valor.
* Asignación de personal a las cadenas de valor.
* Uso común del control estadístico.
* DMAIC en todos los proyectos de mejora.
* Introducción de Lean Office.
* Integración de la contabilidad de costos a la cadena.
* Integración de planificación financiera a ventas y cadenas.
* Certificación.
* Integración de nuevos métodos de incentivos.

- Integración de logística con proveedores y clientes.
- Aportación de mejoras al proceso por parte de todos.
- Introducción de la tabla de resultados *(box score)*.
- Implementación de Lean en las oficinas.

Participantes:
- Todos.

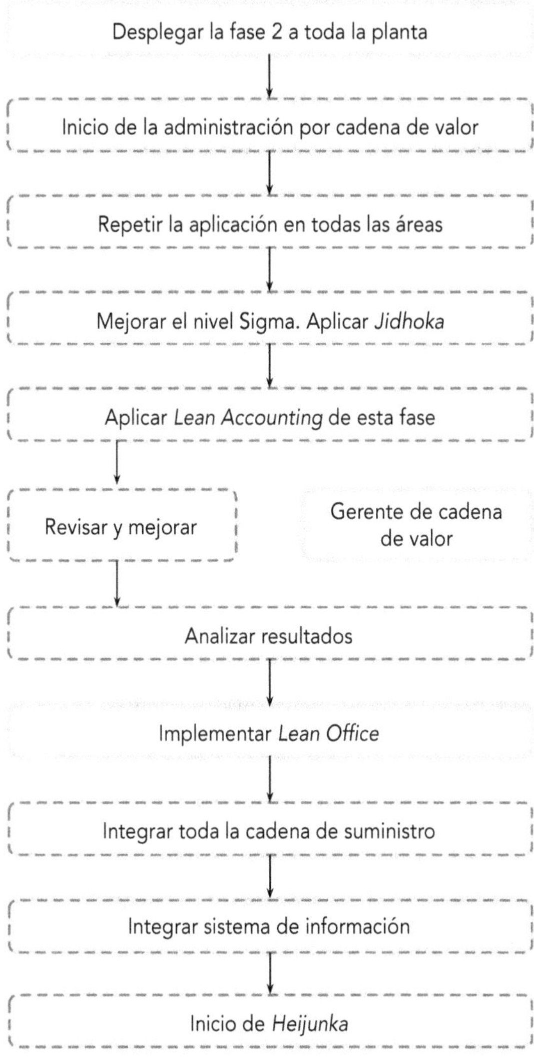

Figura 3.6

Principales obstáculos:
- Falta de integración entre contabilidad y operaciones.
- La fábrica de información no está conectada con las operaciones.
- Posible uso de métodos de control anteriores.
- Resistencia debido a una posible pérdida de autoridad.
- Posible detección de falta de capacidad para el liderazgo.
- Conflictos de intereses entre departamentos.
- Limitaciones de autoridad en la toma de decisiones.

Principales ventajas:
- Los resultados muestran una evidente reducción de costos.
- Mejor comunicación y entendimiento entre las personas.
- El trabajo en equipo permite mejorar las relaciones interpersonales.
- Existe un mejor entendimiento del camino a seguir.
- La información es más clara y fácil de utilizar.
- Se comunica el nuevo lenguaje de negocios y operaciones a todo el personal.

Fase 2. Administración por cadenas de valor: fase madura
Duración: 12-24 meses.

Actividades principales:
- Inicio de un replanteamiento del *layout* completo.
- Redistribución de planta y equipos.
- La aplicación se extiende al diseño de productos.
- Se utiliza el *box score* como base para tomar decisiones.
- Uso de la contabilidad Lean en todos los procesos.
- Inicio del programa de desarrollo de proveedores.
- La producción se nivela con la velocidad de compra.
- Se integran clientes y proveedores.
- Se reestructuran anualmente los planes *hoshin*.
- La estructura organizacional es propicia para Lean.
- Todo el personal participa activamente en las mejoras.
- Se comparte información de proyectos.

Participantes:
- Todos.

Principales obstáculos:
- Resistencia al cambio por parte de las empresas proveedoras.
- Resistencia al cambio por parte de los clientes.
- Temor interno a extender la aplicación.
- Falta de planes concretos para integrar la cadena completa.

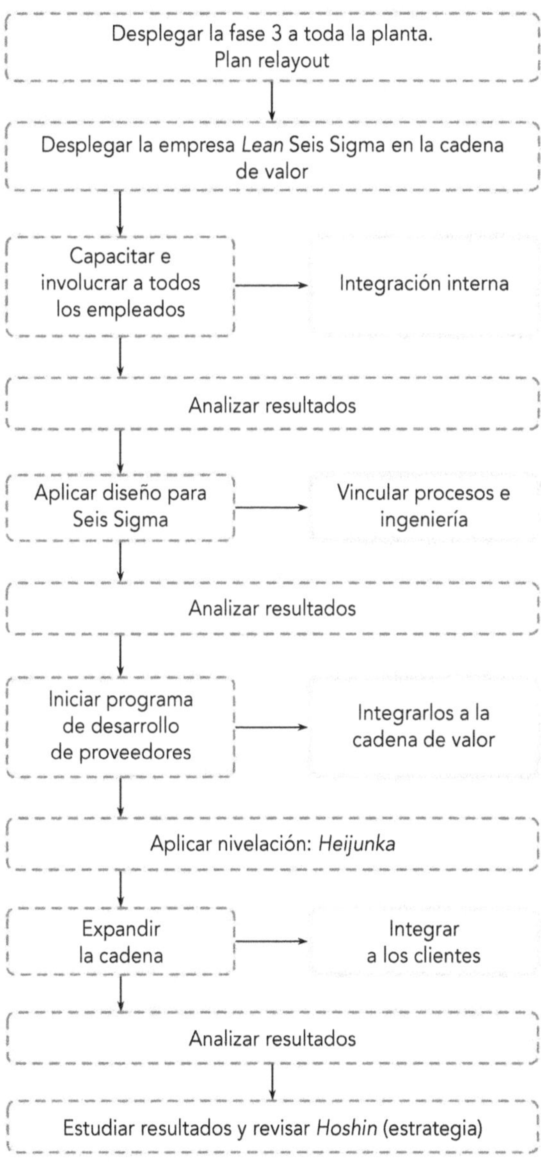

Figura 3.7

* Proveedores que carecen del conocimiento necesario.
* Clientes que carecen del conocimiento necesario.
* Intención de copiar modelos de otras empresas.

Principales ventajas:
* Necesidad de mejorar más rápido.
* Estructura clara y bien integrada.
* Las personas piensan y viven con las herramientas.
* Lean se convierte en una forma de pensar y en una filosofía.
* Se abren muchas puertas comerciales y de competitividad.
* Se cuenta con muy buenas bases para la continuidad del negocio.
* El enfoque se centra en proyectos y reducción de costos.

Fase 3. Organizaciones Lean: pensamiento esbelto
Duración: permanente.

Actividades principales:
* Revisión continua de flujos de producción.
* Rotura continua de paradigmas.
* Aplicación de tecnología de predicción.
* Uso de nuevas tecnologías de desarrollo y producción.
* Publicación de resultados operativos y financieros.
* Ser el mejor de su clase.
* Establecimiento de proyectos Lean como base de mejora.
* Solución inmediata de problemas.
* Sistema de calidad estable y de mejora continua.

Participantes:
* Todos.

Principales obstáculos:
* No esforzarse por buscar nuevos objetivos de mejora.
* Conformarse con lo logrado hasta el momento.
* Incertidumbre en el ambiente mundial de negocios.
* No seguir aplicando las estrategias logradas y conformarse con el éxito alcanzado.
* No renovar a tiempo las estrategias de producto y de operaciones.

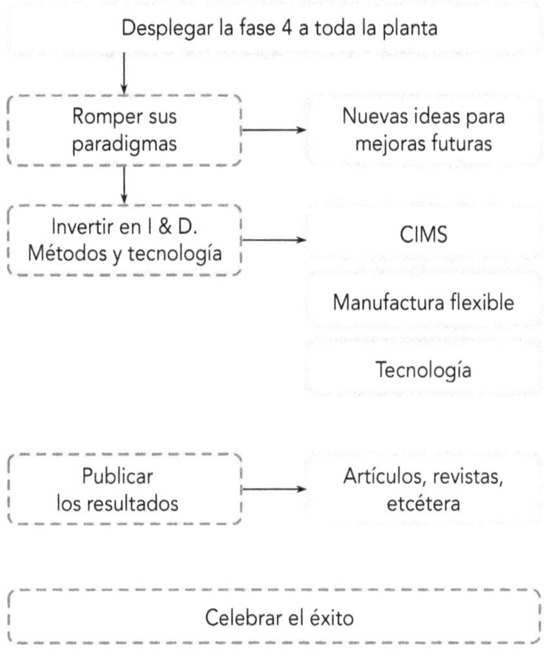

Figura 3.8

Principales ventajas:

- Una cultura laboral renovada y siempre lista para el cambio.
- Un liderazgo compartido.
- Todos tienen las herramientas y el conocimiento adecuados.
- Claro y constante entendimiento de metas y objetivos.
- La manufactura esbelta es una forma de pensar.

Modelo de trabajo

La filosofía del modelo Lean Manufacturing se basa en el amor al conocimiento y al trabajo como una forma de vivir y crecer. Además, la estandarización, el orden, la limpieza, el mantenimiento productivo y el control visual son los puntales que permiten avanzar y combatir los grandes limitantes de la productividad. Como pilar del sistema justo a tiempo se utiliza la manufactura celular para establecer un flujo continuo y eliminar el trabajo por lotes; el sistema *kanban* para controlar el material y el flujo de producción; los cambios rápidos como recurso elemental de la flexibilidad, y la logística integrada como fortaleza en las operaciones. El pilar *jidhoka* muestra la faceta de la calidad en los procesos para generar productos de calidad. En

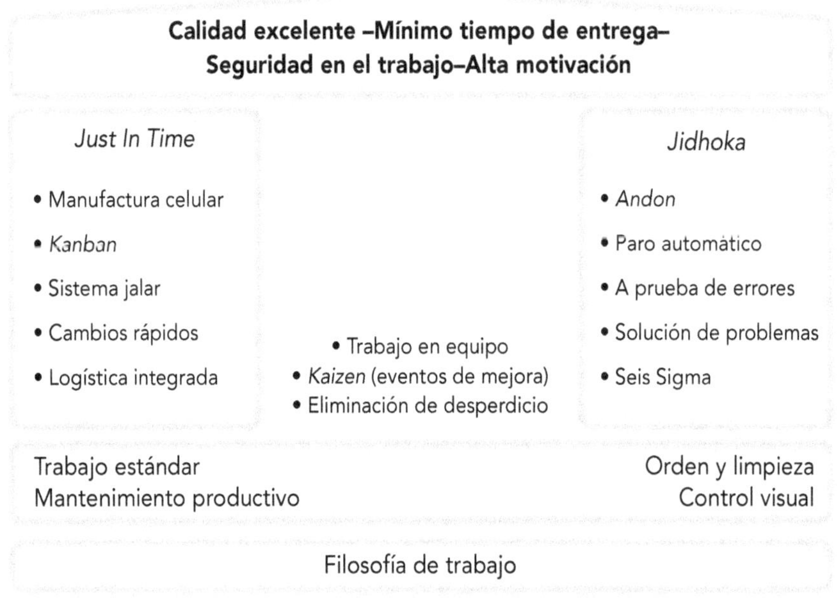

Figura 3.9

este pilar se utilizan señales visuales para descubrir cuándo hay defectos y emprender acciones inmediatas para eliminarlos, como paros automáticos y mecanismos a prueba de errores; asimismo, se establecen métodos para solucionar problemas y se utilizan metodologías para reducir las variaciones, como Six Sigma.

El elemento que hace funcionar esta maquinaria de manufactura o estos procesos de servicio es el trabajo en equipo, por medio de eventos de mejora planeados con un propósito claro y de objetivos alcanzables. Su principal objetivo es la eliminación de prácticas desperdiciadoras (*mudas*).

Todo lo anterior tiene como fin definitivo lograr una calidad sobresaliente, con mínimos tiempos de entrega para los clientes, seguridad en el trabajo y alta motivación para las personas que trabajen en empresas que, al lograr sus objetivos, contribuyan a construir naciones más prósperas y economías competitivas a nivel mundial.

Factores clave de éxito para el cambio

1. Debe haber un propósito muy claro.
2. Debe haber un buen plan.
3. Liderazgo efectivo y comprometido.
4. Garantizar que todos se comprometan a esforzarse al máximo.

5. Comprometerse a invertir tiempo y esfuerzo.
6. Conocimiento profundo de las herramientas.
7. Crear una cultura empresarial basada en buenos hábitos.
8. Paciencia desde el principio hasta el final.
9. Asegurarse de que todos entiendan los conceptos.
10. Dedicar tiempo y recursos.
11. Establecer funciones cruzadas y eliminar el departamentalismo.
12. No pensar que se trata solo del programa del mes.
13. Implementar reglas para el trabajo en equipo y la transformación.
14. Lograr que se involucre el personal de todos los niveles.
15. Tratar de no copiar implementaciones de otras empresas o culturas.
16. Facultar al personal de planta para aportar y tomar decisiones.
17. Comprender que existe la necesidad de aprender y enseñar.
18. Conseguir que todos en la compañía tengan una profunda confianza en sí mismos.
19. Establecer planes bien fundamentados.
20. Hacer un seguimiento de los planes en cuanto a actividades y resultados.

Estructura organizacional

En una empresa ágil, la estructura de la organización es un elemento clave para el éxito. En un esquema tradicional resulta imposible administrar mejoras en toda la organización, porque cada directivo busca obtener resultados y mejoras para su área, algo que no necesariamente conlleva una mejora global. Por ello, en una empresa Lean la estructura organizacional se administra tal como representa la figura 3.10.

Desaparecen los departamentos concebidos como una administración funcional. En su lugar se administran las cadenas de valor (VSM por sus siglas en inglés). Estas se centran en la mejora desde el principio hasta el final de la cadena, y no por departamentos.

Las cadenas de valor son unidades de negocio que procesan de principio a fin un grupo de partes que llamaremos familia de productos. La naturaleza de las cadenas son aquellas operaciones mediante las cuales se transforma un producto o información, y que siguen un proceso para convertir una materia prima en un producto terminado. A cada cadena de valor se le asigna un gerente o un coordinador de cadena de valor, quien se centrará en el diseño y la mejora de principio a fin, hasta entregar resultados claros y tangibles como unidad de negocio.

A cada cadena de valor se integra personal de producción, de calidad, de mantenimiento de los equipos que operan en cada cadena, de ingeniería y, en algunos casos,

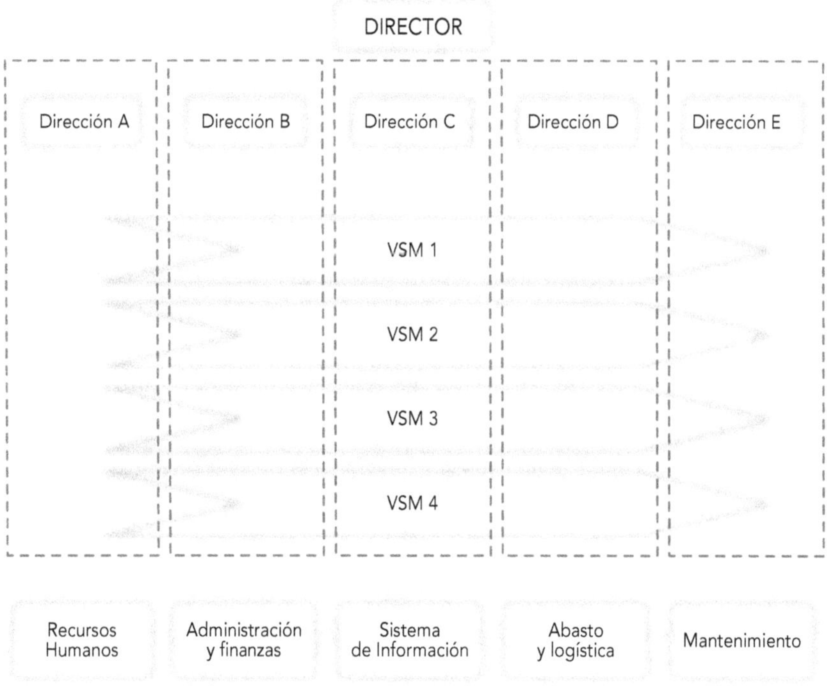

Figura 3.10

del área comercial. Lo más importante de este concepto es el enfoque de que todos forman un equipo y tienen una misión muy específica: lograr que su cadena de valor funcione y eliminar barreras departamentales, lo cual permitirá compartir información, conocimiento y experiencias para el trabajo en equipo y el bien común.

Las gerencias funcionales representadas en el esquema como comercial, calidad, producción, ingeniería y contabilidad se convierten en áreas de conocimiento y diseño de estrategias dentro de la especialidad e influyen directamente en el conocimiento, la eliminación de problemas, etc., en cada cadena de valor.

Finalmente, los departamentos mostrados en la parte inferior de la figura 3.10 son el soporte para las cadenas de valor. Su objetivo es brindar el apoyo necesario en su área de responsabilidad, para que las cadenas de valor solo se dediquen a agregar valor y no sufran interrupciones ni procesos burocráticos que distraigan su atención, y puedan centrarse en satisfacer la demanda con rapidez y calidad.

Cabe resaltar que la autoridad de las cadenas de valor recae ahora en los gerentes o coordinadores de cadenas de valor, por lo que las gerencias funcionales participarán aportando conocimiento y dirección en sus áreas de especialidad.

Es recomendable aplicar este organigrama administrado por cadenas de valor una vez concluida la etapa piloto, puesto que para entonces ya se habrán obtenido resultados.

Roles y responsabilidades

Dirección de planta

Es el líder en la creación del cambio, establece la dirección de la compañía, elimina la resistencia al cambio, mantiene un enfoque constante en cuanto a los tiempos para lograr las mejoras y objetivos, y se asegura de que cada integrante de la organización conozca su rol y reciba la capacitación necesaria.

Expectativas:
- Lograr que en todos los niveles se acepte la responsabilidad de liderar la transformación de la cultura y la estructura de la planta.
- Establecer y desarrollar los indicadores de la planta, áreas y zona de producción.
- Elaborar informes, establecer objetivos y asignar personal para la ejecución de programas específicos.
- Reforzar el uso de metodologías y herramientas para realizar proyectos de mejora, resolver problemas y prevenirlos.
- Establecer una fuerte presencia en la planta de producción para liderar el cambio; analizar los indicadores de planta en el área misma de producción.
- Desarrollar planes detallados de la planta para apoyar los objetivos de la compañía y de negocios.
- Establecer las directrices del plan *hoshin kanri* junto con accionistas o propietarios.

Dirección/gerencias funcionales

Son los campeones de la transformación de programas concretos con técnicas y herramientas específicas que requieren comunicación efectiva.

Dan seguimiento a los indicadores de desempeño en áreas que son de su responsabilidad.

Destraban conflictos o restricciones a los proyectos.

Expectativas:
- Participar activamente en la transformación de la cultura y la estructura de sus áreas de responsabilidad.
- Establecer los programas y lograr que en sus áreas se acepte la responsabilidad.

- Incrementar sus capacidades y las del personal y volverse expertos en la transformación y el manejo de las herramientas.
- Facilitar la capacitación en el manejo de las nuevas herramientas.
- Desarrollar metas para sus áreas de responsabilidad y participar en el plan *hoshin*, generando las estrategias del negocio.
- Convertirse en maestros, y enseñar en vez de supervisar.
- Hacer un seguimiento de las actividades de los proyectos.
- Dedicar gran parte del tiempo al apoyo directo a la planta.

Operadores

Apoyan intensamente el desempeño exitoso de la cultura mediante la mejora diaria de los métodos de trabajo. Apoyan también a sus compañeros en las mejores prácticas y optimizan todos los aspectos del ambiente laboral.

Expectativas:
- Aceptar la transformación de los programas de trabajo.
- Desarrollar la aplicación de las iniciativas con sus equipos de trabajo.
- Ser una parte importante de los equipos de mejora.
- Aportar continuamente ideas para las iniciativas Lean Six Sigma.
- Utilizar las herramientas en el trabajo y en los problemas cotidianos.
- Eliminar constantemente el desperdicio y apoyar los cambios controlados.

Gerencia / coordinación de la cadena de valor

Son responsables de la cadena de valor y su objetivo principal es mejorarla de principio a fin. Tienen la autoridad sobre toda la operación de su cadena de valor y toman decisiones sobre cualquier aspecto que afecte el resultado operativo, de capacidad y financiero de la cadena de valor.

Expectativas:
- Participar activamente en la transformación de la cultura y la estructura de sus cadenas de valor.
- Conocer a fondo los procesos y tener la autoridad para diseñarlos o rediseñarlos.
- Facilitar la capacitación y la ejecución de los eventos *kaizen.*
- Desarrollar metas para sus áreas de responsabilidad y participar en el plan *hoshin* a través de la elaboración de las estrategias del negocio.
- Convertirse en maestros, y enseñar en vez de supervisar.
- Hacer un seguimiento de las actividades de los proyectos.
- Brindar apoyo directo y constante a la planta.

Áreas de soporte

Son las responsables de dar el soporte necesario a las cadenas de valor según su enfoque. Son proveedores de servicios e información útiles para que las cadenas de valor no se distraigan en la generación de valor y mantengan sus recursos centrados en la consecución de los objetivos de la empresa en sus áreas de especialidad.

Expectativas:
- Participar directamente en la transformación de la cultura.
- Conocer los procesos y aportar sus conocimientos y habilidades a las cadenas de valor.
- Incrementar sus capacidades y las del personal, y convertirse en expertos en la transformación y las herramientas.
- Desarrollar objetivos para sus áreas de responsabilidad.
- Hacer un seguimiento de las actividades de los proyectos en que estén involucrados.
- Brindar apoyo directo y constante a la planta.

Resistencia al cambio

La resistencia al cambio es el mayor obstáculo en la implementación, y es provocada por el miedo a lo desconocido y a perder autoridad.

Es muy importante tener en cuenta que la resistencia al cambio existe y estará siempre presente en este tipo de proyectos. Por ello, es muy importante:

- Plantear una buena visión.
- Motivar al personal para asumir estos nuevos cambios.
- Capacitar al personal para vencer al enemigo de la incertidumbre.
- Contar con los recursos necesarios para realizar los cambios.
- Tener planes bien establecidos.

La mejor manera de vencer la resistencia al cambio es demostrando lo beneficioso que puede ser para la supervivencia de las empresas.

Ética laboral

En este proceso de transformación de empresas tradicionales a empresas de clase mundial es muy importante considerar el aspecto ético de directivos, gerentes y del personal en general. Ningún esfuerzo por lograr mejoras en la productividad dará frutos si no existe un interés genuino por parte de las personas, además de un respeto por el trabajo honesto. Por ello, la dirección debe predicar con el ejemplo y demostrar un sentido ético en sus acciones cotidianas, como la toma de decisiones, el respeto hacia las opiniones de los demás, el lenguaje que utiliza con compañeros y clientes, los comentarios sobre los demás y, principalmente, la creación de un ambiente de trabajo donde no haya burla, desconfianza, pereza, pérdidas de tiempo, etc.

En este proceso de cambio mediante el cual se pretente conseguir el progreso no solo de las empresas sino también de la sociedad, será muy importante el cuidado personal, de la salud y de los actos cotidianos para poder enfrentarse a las situaciones adversas y los compromisos que implica un cambio de esta naturaleza.

El poder del trabajo en equipo

Lean Manufacturing se apoya en la filosofía de la necesidad indispensable del trabajo en equipo para poder dar resultados más que sobresalientes. Hay que aprender que la competencia nunca debe ser interna, es decir, no debe haber luchas de poder o control, ni competencia interdepartamental o personal por aspirar a mejores puestos en la compañía. La globalización hace que las organizaciones actuales compitan con empresas de todo el mundo, lo que ha contribuido a aumentar la oferta en nuestros mercados y, en ocasiones, a restringir nuestra participación en ellos. La implementación exitosa de Lean Manufacturing se verá reflejada en la consecución de objetivos, la satisfacción del cliente y la rentabilidad, teniendo en mente que la competencia se debe dar siempre fuera de los muros de la organización.

Resumen

Tener en cuenta que el proceso de implementación es un factor decisivo para el éxito de esta estrategia de negocios. El desarrollo de un diagnóstico inicial permite sentar las bases de un inicio documentado, realista y con un conocimiento del proceso general del desarrollo de las etapas de implementación.

Capítulo 4

Estrategia *hoshin kanri*

Antecedentes

El general chino Sun Tzu escribió *El arte de la guerra* cinco siglos antes de nuestra era. Es el libro más antiguo que se ha escrito sobre estrategia y sigue siendo una lectura vigente después de tanto tiempo. Es, sin duda, el mejor libro sobre generación de estrategias y ha servido de inspiración a los grandes escritores del tema, contemporáneos y de la antigüedad. Proporciona enseñanzas tan valiosas como «la mejor victoria es vencer sin combatir», y muchos de los términos de guerra que contiene simplemente se adaptan a lo que actualmente es la planificación estratégica y su ejecución.

El diseño de la estrategia *hoshin kanri* también tiene sus antecedentes en las enseñanzas de un guerrero samurái que nunca perdió un solo combate. En *El libro de los cinco anillos*, Miyamoto Musashi explica que la estrategia es la base de la victoria.

El doctor Yoji Akao, profesor del departamento de ingeniería industrial de la Universidad de Tamagawa, fue uno de los principales diseñadores de metodologías de control de calidad, despliegue de la función de calidad y *hoshin kanri*.

Los japoneses adoptaron y adaptaron las técnicas de Deming y Juran con los conceptos de administración por objetivos y comenzaron así la planificación estratégica para la calidad. Cada compañía creaba su propio plan estratégico.

Con la institución del premio Deming a la Calidad, en 1957, se empezaron a difundir las prácticas de calidad y planificación, a partir de lo cual las compañías japonesas evolucionaron considerablemente.

En 1965, la compañía de llantas Bridgestone publicó un análisis sobre las compañías ganadoras del premio Deming, donde se ponía especial énfasis en la planificación estratégica llamada *hoshin kanri*. Para entonces, el concepto era ampliamente aceptado en Japón.

La aplicación de *hoshin kanri* en Estados Unidos se inició en la década de 1980, en compañías relacionadas con las que habían ganado el premio Deming, como Yokogawa Hewlett-Packard Division (YHP), Fuji-Xerox, Texas Instruments y otras.

Hasta principios de la década de 1990 se reconoció que las compañías que utilizaban *hoshin kanri* llevaban una amplia ventaja competitiva sobre las que no lo hacían.

Definición

Hoshin kanri es una técnica que ayuda a las empresas a centrar sus esfuerzos y a analizar sus actividades y sus resultados.

Es un acercamiento sistemático para identificar, ordenar y resolver actividades que requieren un cambio drástico o una mejora.

La traducción literal de *ho* es «dirección», y *shin* significa «aguja», como la dirección a la que apunta una brújula.

La palabra *Kanri* se puede dividir en dos partes: *Kan*, que significa control, y *ri*, que significa razón o lógica.

Hoshin Kanri significa entonces «dirección y control de la organizción apuntando hacia un enfoque».

方針

Hoshin = dirección de aguja.

管理

Kanri = administración, control.

Figura 4.1

¿Para qué se implementa hoshin kanri?

Hoshin kanri es una herramienta para la planificación estratégica efectiva y facilita:

- Identificar objetivos clave.
- Evaluar restricciones.
- Establecer mediciones de desempeño.
- Desarrollar planes de implementación.
- Llevar a cabo reuniones de revisión periódicas.

El concepto del modelo de planificación estratégica es simple: es un sistema administrativo que se alinea con la organización. Traduce la visión y la misión de una institución en un arreglo comprensible de objetivos estratégicos, para los cuales define indicadores de desempeño y los transforma en un marco de trabajo basado en proyectos.

- Provee un enfoque claro a toda la organización.
- Implica la coordinación entre los diversos departamentos y funciones.
- Evita la duplicación de esfuerzos y acciones que no contribuyan a la consecución de los objetivos organizacionales.

Elementos clave de los planes *hoshin kanri*

Todos los esfuerzos se deben centrar en alcanzar la misión y la visión de la compañía.

- Fase 1. Definición del plan estratégico.
- Fase 2. Administración estratégica.

Estos dos elementos son documentos vivos, es decir, se modifican constantemente.

Beneficios de utilizar hoshin kanri

- Mejora el enfoque de la organización.
- Mejora el enlace organizacional.
- Mejora la contabilidad administrativa.
- Mejora la venta de ideas.
- Mejora la comunicación.
- Mejora la implicación del personal.

¿Cuándo se utiliza *hoshin kanri?*

Hoshin kanri se utiliza cuando deseamos realizar la planificación estratégica de la compañía a largo plazo y establecer las actividades específicas y los proyectos en todos los niveles de la organización para cumplir con los objetivos de la misma.

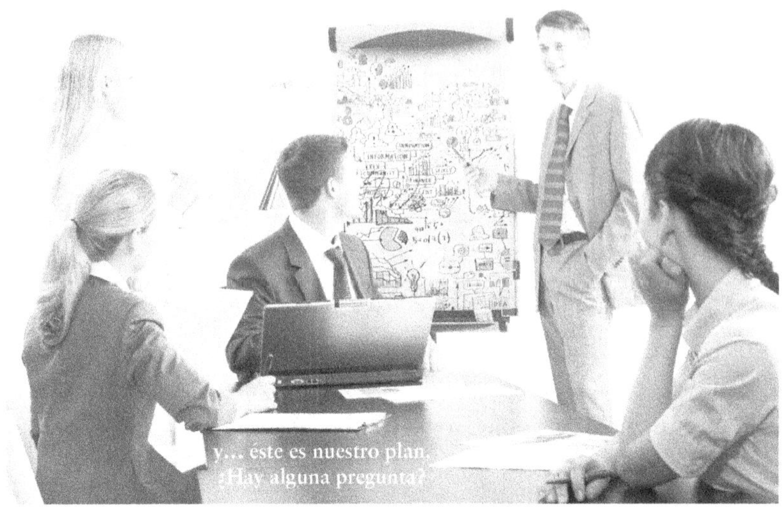

El plan de la compañía se debe revisar y establecer anualmente, repitiendo el procedimiento de implementación.

¿Cuánto tiempo se tarda en realizar el plan *hoshin kanri?*

La realización del plan fundamental tarda de dos a tres semanas. Cada semana se hace un seguimiento de los resultados y actividades.

Procedimiento para llevar a cabo el plan *hoshin kanri*

1. Establecer la filosofía de la empresa

- ¿Quiénes somos y para qué existe la organización? (Misión).
- ¿Hacia dónde se dirige la organización? (Visión).
- ¿Cómo llegar hasta donde se dirige la empresa? (Objetivos estratégicos).
- ¿Cómo lograr los objetivos declarados? (Estrategias).
- ¿Qué buscan los clientes? (Factores clave de éxito).
- ¿Cómo lograr los factores clave de éxito? (Áreas de resultados clave).

Misión

- La misión describe la razón de ser de la organización.
- Proporciona a los miembros de la empresa una unidad de dirección que trasciende las necesidades individuales, locales y transitorias.
- Promueve un sentimiento de expectativas compartidas.

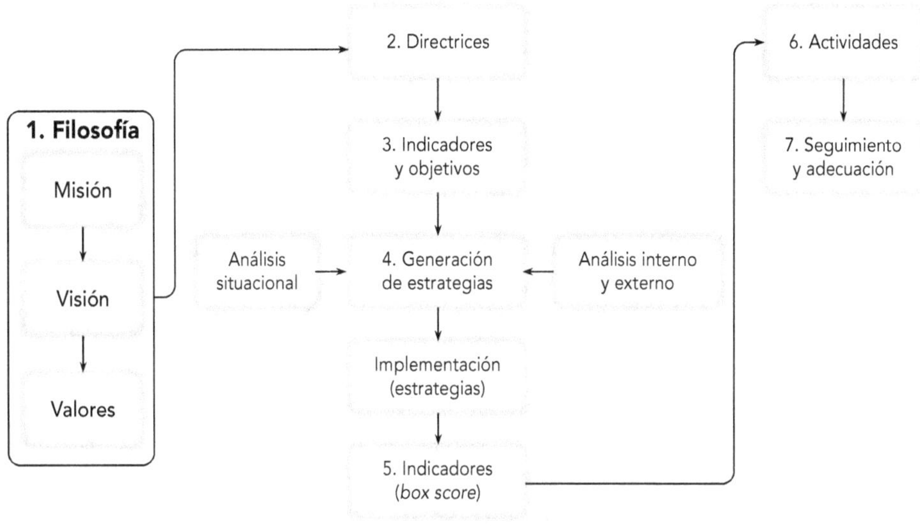

Figura 4.2

- Proyecta un sentimiento de valor y propósito hacia los diferentes grupos de interés.
- Afirma el compromiso de la empresa en relación con su existencia, crecimiento y rentabilidad.
- Obliga a contestar las preguntas:
- ¿Cuál es nuestro negocio?
- ¿Por qué razón existe la organización?

Visión

- La visión es una declaración del estado futuro posible y deseable de la organización.
- La principal fuerza de la visión no radica en la descripción anticipada del futuro deseado, sino en un proceso mediante el cual el sueño o las indicaciones de una persona se convierten en los deseos factibles y compartidos de un colectivo.
- Esta concepción fortalece el liderazgo, compartiendo el consenso que expresa los anhelos, deseos e intereses colectivos.
- Obliga a contestar la pregunta: ¿Qué queremos llegar a ser?

Valores

- Los valores de una compañía son, dentro de su conjunto de creencias, los que esta considera más importantes o valiosos. Los valores ayudan a formar los consensos básicos de la convivencia social y proporcionan a la comunidad un

sentimiento de pertenencia e identidad; esta empatía es la base de la confianza, la cual es un factor importante para el progreso y desarrollo de las personas.
- La consolidación y el éxito de la empresa están íntimamente relacionados con sus valores como institución, ya que estos rigen sus acciones cotidianas.

Los valores son principios que marcan el camino que la humanidad debe seguir para que todas las personas se desarrollen plenamente y convivan en armonía. Por ello, son ideales que hay que alcanzar y marcan retos para la vida diaria, en cada actividad que realizamos y en cada relación que establecemos con los demás (véase la tabla 4.1).

2. Establecer directrices (qué)
- En esta etapa se identifican aquellas categorías funcionales de la organización que son esenciales para un mejor funcionamiento. Asimismo, proporciona una base para identificar los temas clave que se deben analizar antes de establecer objetivos a corto plazo, en el marco de la visión de futuro y de los objetivos a largo plazo.
- Es necesario contestar las preguntas:
- ¿Qué propuesta de valor esperan nuestros clientes que les demos?
- ¿Qué resultados espera de nosotros la corporación?
- ¿Qué debemos hacer para construir el estado futuro que deseamos?

3. Establecer objetivos estratégicos (cuántos qué)
- En esta etapa se establecen los objetivos que se pretenden alcanzar para cada uno de los indicadores definidos. Los objetivos representan los resultados que se esperan al aplicar ciertas estrategias y proporcionan dirección, permiten la sinergia, ayudan en la evaluación, establecen prioridades, reducen la incertidumbre, disminuyen los conflictos, estimulan un mejor desempeño y ayudan en la distribución de recursos.
- Se establece el objetivo que se debe alcanzar para cada indicador, tomando en consideración la línea base que represente mejor el desempeño actual. Los objetivos deben ser específicos, cuantificables, realistas y alcanzables dentro de un plazo de tiempo establecido.

4. Generar estrategias (cómo)
Para establecer las estrategias es muy recomendable basarse en el diagnóstico Lean.

- Las estrategias son las acciones que se llevarán a cabo para conseguir los objetivos a largo plazo. La estrategia define una estructura conceptual o marco de referencia para orientar las acciones.

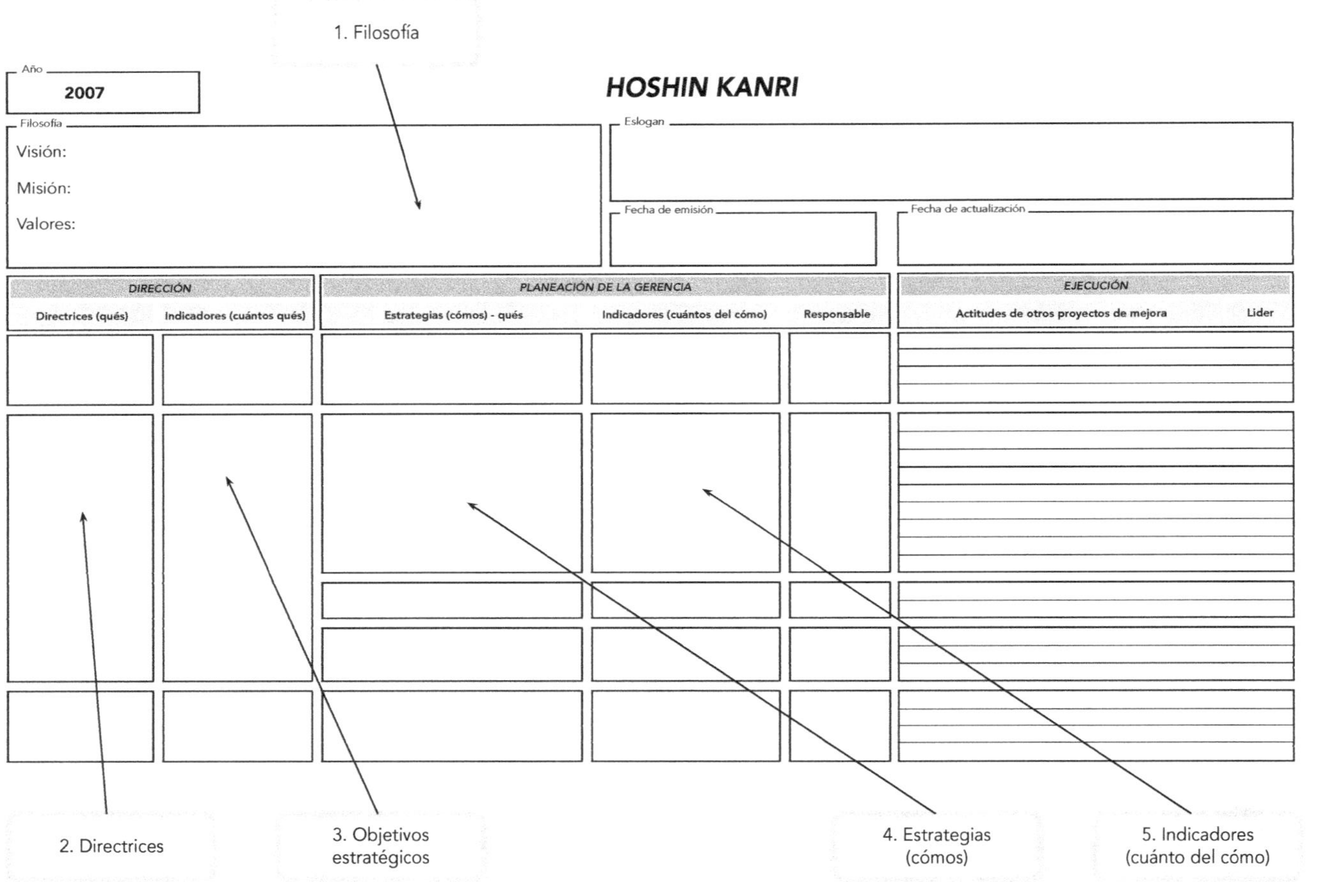

1. Filosofía
Año
2007
HOSHIN KANRI
Filosofía
Eslogan
Visión:
Misión:
Valores:
Fecha de emisión
Fecha de actualización
DIRECCIÓN
Directrices (qués)
Indicadores (cuántos qués)
PLANEACIÓN DE LA GERENCIA
Estrategias (cómos) - qués
Indicadores (cuántos del cómo)
Responsable
EJECUCIÓN
Actitudes de otros proyectos de mejora
Líder
2. Directrices
3. Objetivos estratégicos
4. Estrategias (cómos)
5. Indicadores (cuánto del cómo)

Tabla 4.1

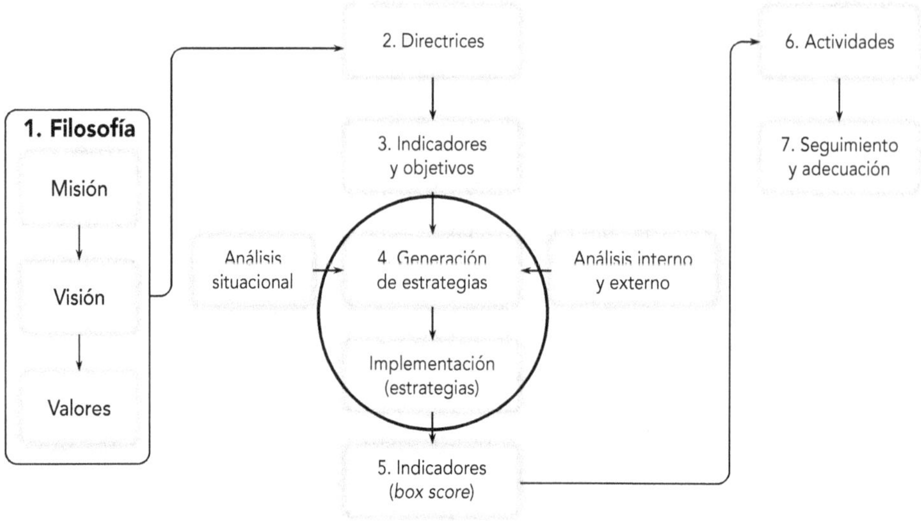

Figura 4.3

- Una estrategia refleja hasta qué punto la empresa entiende las relaciones clave entre acciones, contexto y desempeño organizacional, y orienta a los numerosos encargados de la toma de decisiones para que emprendan acciones que sean congruentes con su visión.
- Los resultados de los análisis situacionales, interno y externo, se toman como base para generar estrategias que conviertan las debilidades de la empresa en fortalezas, y esas fortalezas en capacidades distintivas para mitigar las amenazas que enfrenta la organización y aprovechar las oportunidades que ofrece la industria, con el fin de fortalecer las competencias estratégicas de la compañía para que logre sus objetivos.

5. Establecer indicadores (cuántos cómo)

- Los indicadores ayudan a entender el funcionamiento real del sistema, pues sirven como un traductor de lo que pasa en la operación y nos dicen si las estrategias conducen a un objetivo establecido.
- Es recomendable revisar estos indicadores semanal o diariamente para conocer los resultados a corto plazo y tener la posibilidad de reaccionar ante un cambio o desviación de los objetivos.
- Para llevar esto a cabo, se puede utilizar una tabla de resultados donde se establezcan los cuántos y cómos operativos, de capacidad y financieros.

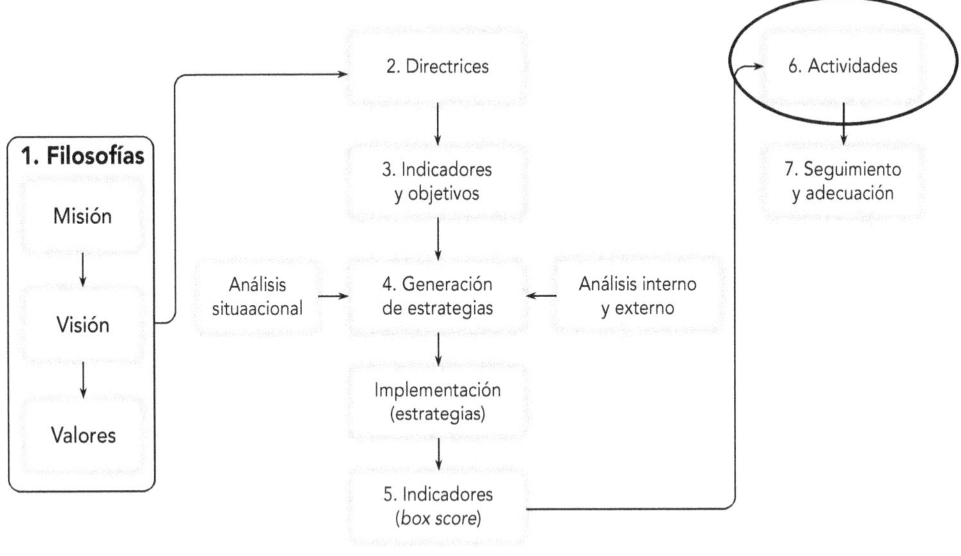

Figura 4.4

- Operativos: son indicadores que ayudan a entender la operación y a darle seguimiento, y muestran si las estrategias tienen un rumbo bien definido.
- De capacidad: estos indicadores ayudan a entender cómo se utilizó la capacidad del sistema en un periodo específico.
- Financieros: se establecieron en los cuántos de las directrices en el plan *hoshin* y ayudan a entender el avance de la empresa en sus objetivos financieros.

(Véase la tabla 4.2. en la página siguiente).

6. Establecer actividades

- Para entender a fondo las estrategias y cumplir los objetivos establecidos y medidos en los indicadores, es muy importante describir claramente las actividades específicas que se deben desarrollar.
- También es muy importante aclarar y describir quiénes son los responsables de ejecutar las actividades y estrategias, dando con esto un enfoque y la responsabilidad de cumplirlas.
- Para establecer las actividades es muy importante preguntarnos si con una ejecución adecuada podremos cumplir realmente las estrategias o si faltan o sobran actividades.

Box Score

BOX SCORE	Objetvo	Cumplimiento	1 07-Ene	2 14-Ene	3 21-Ene	4 28-Ene	5 04-Feb	6 11-Feb	7 13-Feb	8 25-Feb	9 04-Mar	10 11-Mar
Unidades por persona			15.18	5.63	14.70	15.91	15.90	15.40				
Envios a tiempo			100 %	100 %	100 %	100 %	100 %	100 %				
Tiempo de entrega (días)												
Días de puerta en puerta			6									
Calidad a la primera			80 %	80 %	80 %	85 %	85 %	85 %				
Niveles Sigma												
Costo de no calidad												
Costo promedio del producto			$ 343	$ 337	$ 362	$ 338	$ 337	$ 325				
Valor del inventario												
Vuelta del inventario												
Costo de mantenimiento												
Evaluación 5's												
OEE												
Tiempo de lanzamiento NP			42	42	42	42	37	37				
Productiva			29 %	29 %	29 %	28 %	28 %	28 %				
No productiva			54 %	54 %	54 %	52 %	52 %	52 %				
Capacidad disonible			17 %	17 %	17 %	20 %	20 %	20 %				
Ingreso			$ 470.900	$ 484.750	$ 455.050	$ 490.050	$ 487.910	$ 525.635				
Costo de material			$ 172.085	$ 175.385	$ 178.685	$ 181.935	$ 184.685	$ 187.010				
Costo de conversión			$ 119.584	$ 119.584	$ 119.584	$ 119.584	$ 142.584	$ 152.584				
Utilidad bruta del value stream			$ 179.231	$ 189.781	$ 157.673	$ 188.531	$ 160.641	$ 186.041				
Retorno de la cadena			38.06 %	39.15 %	34.58 %	38.47 %	32.92 %	35.39 %				

De acuerdo con el objetivo planeado

Cerca del objetivo planeado

Lejos del objetivo planeado

Tabla 4.2

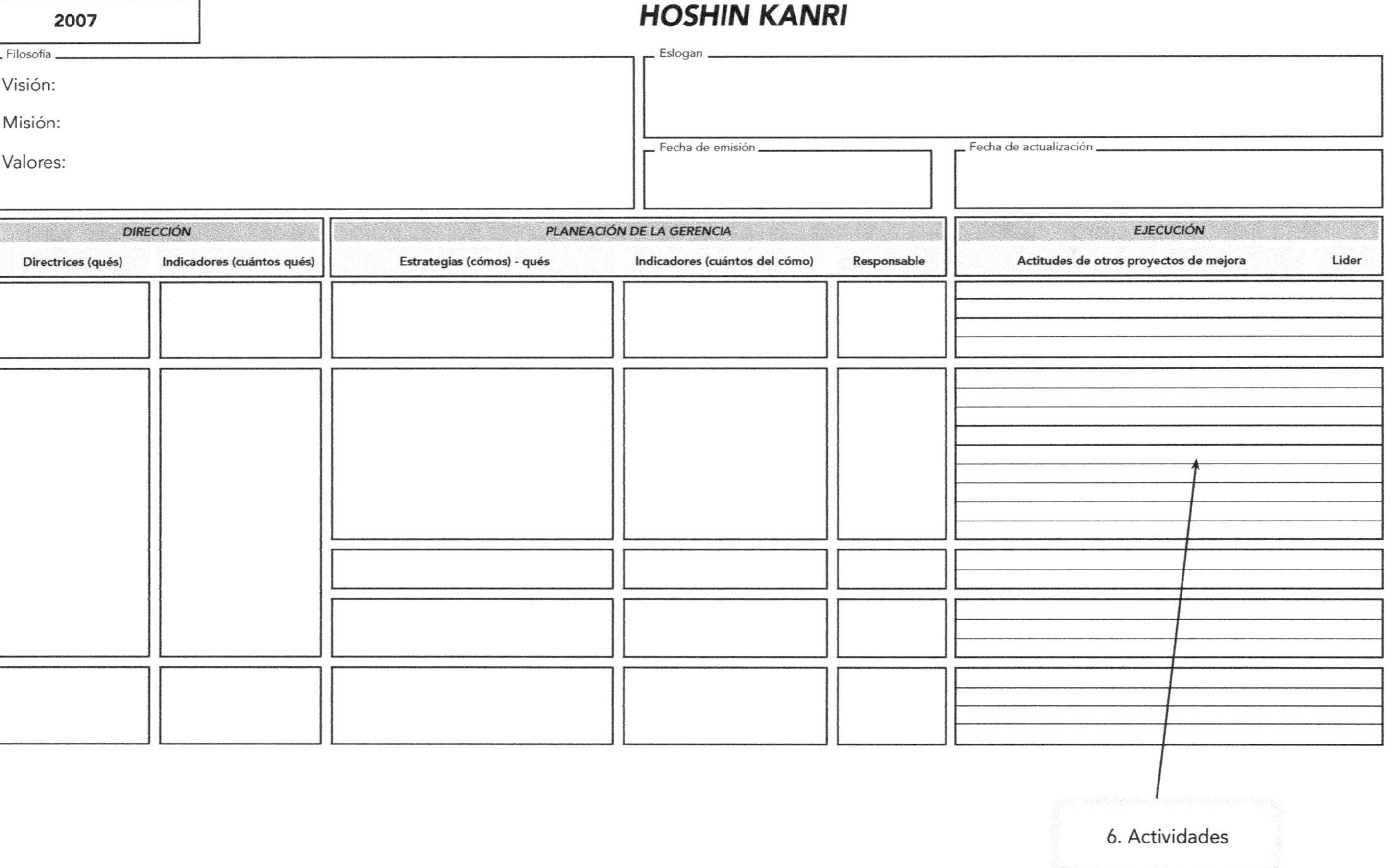

Año
2007
HOSHIN KANRI
Filosofía
Visión:
Misión:
Valores:
Eslogan
Fecha de emisión
Fecha de actualización
DIRECCIÓN
Directrices (qués)
Indicadores (cuántos qués)
PLANEACIÓN DE LA GERENCIA
Estrategias (cómos) - qués
Indicadores (cuántos del cómo)
Responsable
EJECUCIÓN
Actitudes de otros proyectos de mejora
Líder
6. Actividades

Tabla 4.3

DESARROLLO DE PROYECTOS

Semanas del año

ACTIVIDADES	Responsable	Avance
1.1.1 Diseñar paquetes de servicio al cliente	J.P.M	100 %
1.1.2 Analizar frecuencia de compra y detectar tendencias	L.S	40 %
1.1.2 Visitas a clientes que dejaron de comprar		
1.3.1 Introducir ingeniería concurrente y DFSS		
2.1.1 Entrenamiento a oersonal de Seis Sigma		
2.1.2 Certificación de BB y GB		
2.1.3 Proyecto para reducir desperdicios en Urdido		
2.1.2 Reducir tiempos de cambio de Hilatura < 20 min.		
2.1.2 Certificar al personal de multihabilidades		
2.1.3 Reducir defectos en producto D		
2.1.4 Reducir los gastos de energía		
2.1.5 Implementar TPM en Hilatura		
2.1.6 Implementar TPM en Urdido		
2.2.1 Realizar auditorias internas		
2.2.2 Realizar todas las acciones correctivas		
2.3.1 Realizar diagnóstico		
2.3.2 Capacitar al personal en industria limpia		
2.3.3 Implementar mejoras para lograr certificación		
3.1.1 Hacer diagnóstico de clima organizacional		
3.1.2 Establecer programa de sugerencias y presentarlo		
3.1.3 Lanzamiento y capacitación a todo el personal del programa		
3.1.4 Realizar auditorías de seguimiento		

Completado   En risgo de retardo
Tarde   Planeado

Tabla 4.4

7. Seguimiento y adecuación

El seguimiento se realiza directamente sobre las actividades descritas en el paso anterior, utilizando un diagrama de Gantt para revisar visualmente el avance de los proyectos y las actividades más importantes del plan estratégico. Este seguimiento de actividades debe realizarse cada semana para llevar un control estricto de las mismas, avances, obstáculos, etc., y así poder anticiparse o responder a corto plazo (véase la tabla 4.4).

8. Revisión periódica

Para asegurar el éxito de cada misión, se debe realizar el seguimiento de las estrategias utilizando la tabla 4.5, «Revisión periódica».

Esta revisión periódica debe realizarse en lapsos semanales o quincenales para no perder de vista las actividades y resultados relevantes.

Presentación de resultados

Una vez definidos los cuántos del cómo, es decir, los indicadores de cumplimiento de las estrategias, y una vez que se establecen estas en la tabla de resultados *(box score),* se pueden presentar los resultados en la tabla de cuatro cuadrantes que hay en la figura 4.5.

Es recomendable que los resultados obtenidos se presenten de una manera documentada y sencilla para que todos entiendan los logros o retrocesos.

En el primer cuadrante (arriba a la izquierda) se encuentra la gráfica de tendencias del indicador para observar el comportamiento de las mediciones en un periodo determinado. En la gráfica de Pareto (arriba a la derecha) se presentan los principales contribuyentes al resultado de las mediciones para separar a los pocos vitales de los muchos triviales y tener un enfoque más preciso. En el tercer cuadrante (abajo a la izquierda) se sitúan las causas probables o hipótesis de la situación para entender la causa raíz o las variables significativas que influyen en el resultado del indicador. Finalmente, en el recuadro (abajo a la derecha) se presentan las acciones a seguir, indicando la semana en la que se realizan (primera columna), que se relaciona con la gráfica de las tendencias para ubicar en el tiempo la acción realizada. En la siguiente columna se especifica el mecanismo de acción tomado, que puede ser:

- Acción correctiva: se utiliza cuando se tiene un problema.
- Acción preventiva: se utiliza para prevenir problemas.
- Acción de mejora: se utiliza para alcanzar objetivos.
- Acción de gestión: se utiliza para mantener lo ganado.

Revisión periódica

Ubicación	Fecha
Descripción del objetivo	Mediciones del proceso
Estrategias	Mediciones del proceso
Resultados esperado	
Resultados actuales	
Análisis de desviaciones	
Implicaciones futuras	
Resultados esperados en el siguiente periodo	
Notas	

Tabla 4.5

Seguimiento y documentación de las reuniones

Una vez generado el plan estratégico, el paso más importante es el seguimiento, por lo que será vital realizar reuniones de monitoreo frecuentes (semanal o quincenalmente), las cuales deben tener un objetivo bien definido y conocido por todos. Se debe documentar la fecha, el lugar y la hora de las reuniones, establecer una agenda y distribuirla con anticipación a todos los invitados, llevar un control del tiempo asignado a cada tema para cumplir con el horario especificado y, algo que es muy

Tabla de 4 cuadrantes

Actual | Semanal 10 | **Métrico:** Efectividad Total de los Equipos (OEE)

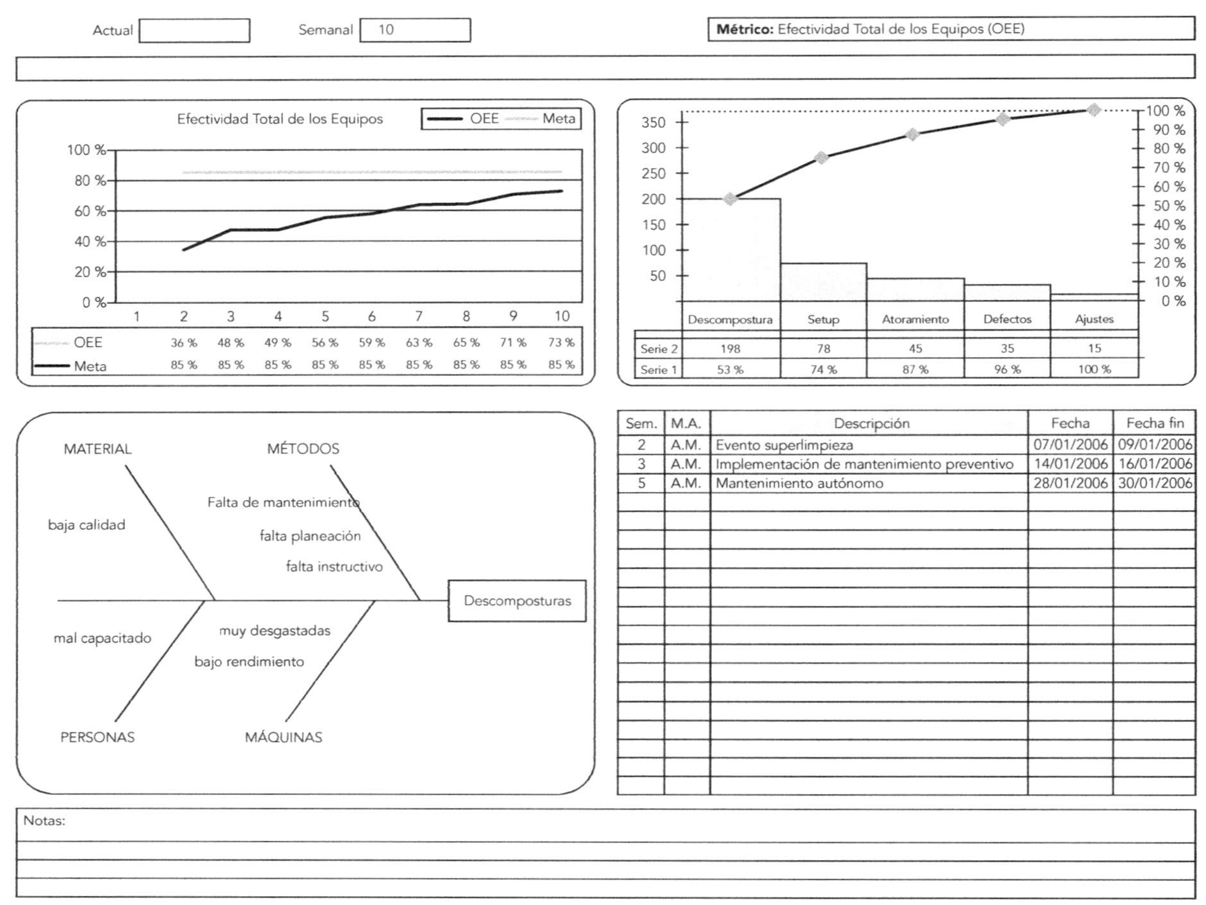

	1	2	3	4	5	6	7	8	9	10
OEE		36 %	48 %	49 %	56 %	59 %	63 %	65 %	71 %	73 %
Meta		85 %	85 %	85 %	85 %	85 %	85 %	85 %	85 %	85 %

	Descompostura	Setup	Atoramiento	Defectos	Ajustes
Serie 2	198	78	45	35	15
Serie 1	53 %	74 %	87 %	96 %	100 %

Sem.	M.A.	Descripción	Fecha	Fecha fin
2	A.M.	Evento superlimpieza	07/01/2006	09/01/2006
3	A.M.	Implementación de mantenimiento preventivo	14/01/2006	16/01/2006
5	A.M.	Mantenimiento autónomo	28/01/2006	30/01/2006

Notas:

Figura 4.5

Minuta de reunión

Hora programada		No. de junta	
Hora de inicio		Fecha	
Hora de cierre		Lugar	

Tema de la junta

Objetivo

Invitados		Agenda		
Nombre	**Asistió**	**No**	**Tema**	**Tiempo**
	09.00 ☐	1		☐
	09.00 ☐	2		☐
	09.00 ☐	3		☐
	09.00 ☐			☐
	09.00 ☐			☐
	09.02 ☐			☐
	09.02 ☐			☐
	09.02 ☐			☐
	09.04 ☐			☐
	09.04 ☐			☐
	No. ☐			☐
	09.00 ☐			☐

Acuerdos

Número de tema	Fecha	Estatus	Acuerdo	Responsables
I				
I				
I				
I				
I				

Siguiente junta

Fecha	Lugar:	Hora:

Comentarios y observaciones

Tabla 4.6

importante, escribir todos los acuerdos de los temas tratados en cada reunión, asignando responsables y tiempos. La tabla 4.6 puede ser útil si se es disciplinado en el seguimiento de las reuniones de estrategia o de cualquier otra reunión.

En esta tabla quedan documentadas todas las acciones a seguir, así como los acuerdos logrados en la reunión.

La organización durante el desarrollo de las reuniones es un elemento clave para aprovechar el tiempo. Uno de los grandes desperdicios en las tareas de gestión y liderazgo es el tiempo que tardan las reuniones, especialmente porque no hay un objetivo bien definido y conocido, los invitados llegan tarde, no hay una agenda de temas a tratar, los miembros salen y entran para contestar llamadas y atender otros asuntos, no hay un enfoque bien definido, no se lleva la información necesaria, solamente se tratan opiniones y no información con fundamento, etc.

Por estos motivos, y porque las reuniones son un asunto de todos los días y de todas las áreas, debe haber una metodología para llevar a cabo la reunión. Hay que nombrar a un secretario que dé lectura a los objetivos, pase lista, anote la hora de llegada de los participantes y dé inicio a la reunión, indique el tiempo asignado a cada tema y escriba los acuerdos a los que se va llegando. Se estima que una buena reunión, con personas bien informadas, preparadas con anticipación y comprometidas realmente con su trabajo en el objetivo planteado, debe durar como mucho una hora.

Consideraciones importantes

Cada etapa debe desarrollarse en equipo. Todo empieza con el equipo directivo, y a partir de este se van realizando los planes del nivel de gerencia y por departamentos hasta completar todo el despliegue de las directrices, estrategias y actividades contenidas en el *hoshin*.

El éxito de la planificación estratégica depende principalmente del establecimiento de buenos planes, así como del seguimiento de las actividades y de los resultados.

Parte II

Conocimiento detallado de los procesos

Capítulo 5

Mapeo del valor

Antecedentes

Los mapas de valor se utilizan para conocer a fondo el proceso tanto dentro de la planta como en la cadena de suministro.

Esta herramienta ha permitido entender por completo el flujo y, principalmente, detectar las actividades que no agregan valor al proceso; además, ha sido uno de los pilares para establecer planes de mejora con un objetivo y un enfoque muy precisos.

Como punto de partida, establezcamos algunos aspectos de las operaciones que debemos contestar al realizar un mapa de valor.

1. ¿Cuál es la capacidad del sistema de producción?
2. ¿Cuál es el cuello de botella?
3. ¿A qué velocidad compra el cliente?
4. ¿Cuál es el porcentaje de capacidad disponible?
5. ¿Nuestras restricciones son internas o externas?
6. ¿Cuáles son los limitantes para los objetivos de nuestra empresa?
7. ¿Cómo diseñar nuestro sistema para cumplir los compromisos?

El análisis de valor puede aportar información muy valiosa para responder a estas preguntas y, sobre todo, para diseñar un sistema que se adapte a las fluctuaciones de la demanda, dadas las cambiantes necesidades del cliente.

En esta época de competitividad internacional solamente prevalecerán las empresas cuyos objetivos primarios sean la velocidad de entrega y la calidad. Ya no determinan el rumbo las grandes corporaciones, sino las compañías más innovadoras y rápidas en la respuesta al cliente.

Definición

Un mapa de valor es una representación gráfica de elementos de producción e información que permite conocer y documentar el estado actual y futuro de un proceso, es la base para el análisis del valor que se aporta al producto o servicio, y es la fuente del conocimiento de las restricciones reales de una empresa, ya que permite visualizar dónde se encuentra el valor y dónde el desperdicio.

En el mapa de valor se purfr observar y entender el flujo de la información y el flujo de los materiales, ya que una empresa de manufactura no solo fabrica bienes, sino que también produce información.

¿Qué es una cadena de valor?

Son todas las operaciones que transforman productos de la misma familia y son necesarias para ofrecerle al cliente un producto desde el concepto o diseño, hasta la producción y el envío. En una cadena de valor existen elementos tangibles e intangibles, como equipo, personas, materiales, métodos, conocimiento, habilidades diversas, energía, etc.

El mapeo de la cadena de valor consiste en ver plasmados todos esos elementos en un dibujo para entenderlos y mejorarlos, y no solo para saber que existen.

Tipos de mapas

- Mapa del estado actual.
- Mapa del estado futuro.

El mapa del estado actual será un documento de referencia para determinar excesos en el proceso y documentar la situación actual de la cadena de valor.

En este mapa se puede observar los inventarios en proceso e información para cada operación relacionada con su capacidad, disponibilidad y eficiencia. Además, proporciona información sobre la demanda del cliente, el modo de procesar la información del cliente a la planta y de la planta a las empresas proveedoras, la forma en que se distribuye al cliente y la distribución por parte de dichas empresas y, finalmente, la manera en que se suministra la información a los procesos. Un mapa de valor es una herramienta valiosa para el análisis de información, pues en una sola hoja de papel o en una pantalla se puede ver:

- La demanda del cliente y la manera de confirmar los pedidos.
- La demanda a las empresas proveedoras y el modo de confirmar los pedidos.
- La forma de planificar la producción y las compras.
- El proceso de entregas de las empresas proveedoras y al cliente.
- La secuencia de las operaciones de producción.
- La información relevante de cada operación.
- Los inventarios de materia prima, proceso y producto terminado.
- El tiempo que agrega valor y el que no agrega valor.
- Los tiempos de entrega desde la materia prima hasta el producto terminado.

Un mapa de la cadena de valor es una herramienta muy útil que permite visualizar las actividades que agregan y las que no agregan valor a los procesos,

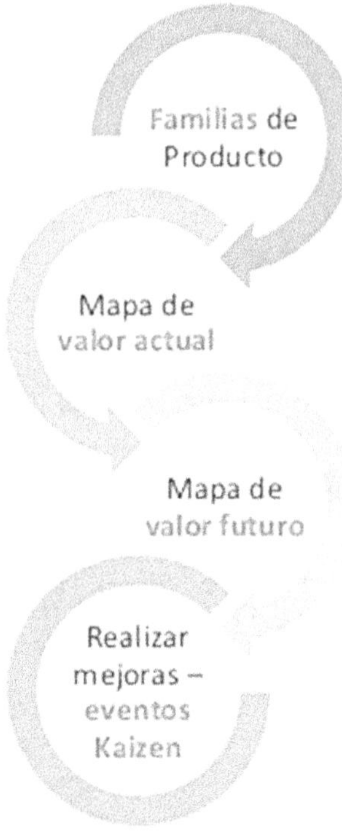

Figura 5.1. Implementación del mapa de la cadena de valor.

para poder detectar los cuellos de botella y los puntos clave del proceso, y es un instrumento básico para saber dónde enfocar los esfuerzos de mejora y no tratar de aplicar herramientas de mejora Lean deliberadamente en cualquier parte de la cadena de valor.

El mapa de valor futuro presenta la mejor solución a corto plazo para la operación, teniendo en cuenta las mejoras que se van a incorporar al sistema productivo. Es importante observar que los mapas futuros presentan sistemas jalar, a diferencia de los mapas actuales, que muestran sistemas de empuje.

El mapa futuro representa parte del plan de acción para implementar las herramientas Lean, dada una situación previamente analizada. Las herramientas Lean que se muestran en este mapa como un relámpago representan la serie de eventos *kaizen* que debe realizar el equipo y que se describirán en cada tema según sea necesario.

Es importante aclarar que no todas las mejoras se implementan al mismo tiempo, sino que se presenta un plan de ataque y una priorización de actividades. El mapa del estado futuro es el plan de inicio para la construcción de un nuevo esquema de trabajo y debe ser claro, de manera que todo el equipo hable un lenguaje común y sea consciente de los cambios y mejoras que se introducirán en el proceso. Además, el mapa del estado futuro constituye la base para una implementación Lean.

Mediciones importantes

Tiempo de ciclo

a) **Tiempo de ciclo individual:** es el tiempo que dura cada operación individual, como pintar una pieza, esmerilar o embalar.

   El tiempo de cada operación individual se puede dividir a su vez en elementos específicos, como tomar materiales, mover piezas, realizar ensamblajes, etc. Este nivel de detalle se documentará en el cuadro combinado de operaciones estandarizadas que se proporciona en el capítulo 18, «Trabajo estándar».

b) **Tiempo de ciclo total:** es el tiempo que duran todas las operaciones y se calcula sumando el tiempo de ciclo individual de cada operación en un proceso determinado.

Tiempo takt

El tiempo *takt* es la velocidad a la que compra el cliente y es el tiempo al que el sistema de producción debe adaptarse para satisfacer las expectativas del cliente.

Fórmula: tiempo disponible / demanda.

Ejemplo

$$\text{Tiempo disponible por día}$$
$$= 8 \text{ horas} - 30 \text{ minutos de comida y descanso} = 450 \text{ minutos.}$$

$$450 \text{ min./turno} \times 1 \text{ turno} \times 60 \text{ seg./min.} = 27\ 000 \text{ seg.}$$

$$\text{Demanda mensual} = 7\ 510 \text{ piezas.}$$
$$\text{Demanda diaria} = 7\ 510 \text{ piezas} = 22 \text{ días hábiles} = 341 \text{ piezas diarias.}$$

$$\text{Tiempo } takt = 27\ 000 \text{ seg.} \div 341 \text{ piezas} = 79 \text{ seg./pieza.}$$

Esto significa que el cliente está dispuesto a comprar una pieza cada 79 segundos (véase la hoja de cálculo de la tabla 5.1).

En la imagen se puede observar la tendencia de la demanda y ver el cálculo del tiempo *takt* para una demanda mensual de 7 510 unidades y un tiempo disponible diario de 27 000 segundos, lo que da como resultado un tiempo *takt* de 79 segundos por pieza.

¿Para qué sirve un mapa de valor?

Estas son algunas de las utilidades de un mapa de valor:

- Establecer un método gráfico para entender toda la cadena de suministro en un solo documento.
- Visualizar todas las operaciones e información de una familia de productos.
- Detectar áreas de oportunidad.
- Conocer la aportación de valor directo a los productos.
- Reconocer formas de desperdicio.
- Conocer detalladamente el proceso.
- Detectar cuellos de botella.

¿Cuándo se utiliza un mapa de valor?

Realizamos un mapa de valor cuando vamos a iniciar un proceso de mejora en una familia específica de productos y necesitamos enfocarnos en las herramientas que utiliza-

Enero	Febrero	Marzo	Abril	Mayo	Junio	Julio	Agosto	Septiembre	Octubre	Noviembre	Diciembre
7920	6340	5255	7344	9210	8714	9456	6940	5679	6710	8710	7840

				Demanda mensual		7510
Días laborales	22	Tiempo disponible	27000	seg.		
Horas por turno	8	Demanda diaria	341		7920	
Turnos	1					0
Descansos por turno (min)	30	Tiempo *takt*	79	seg./pza.		

El cliente esta dispuesto a comprar una pieza cada   79   segundos

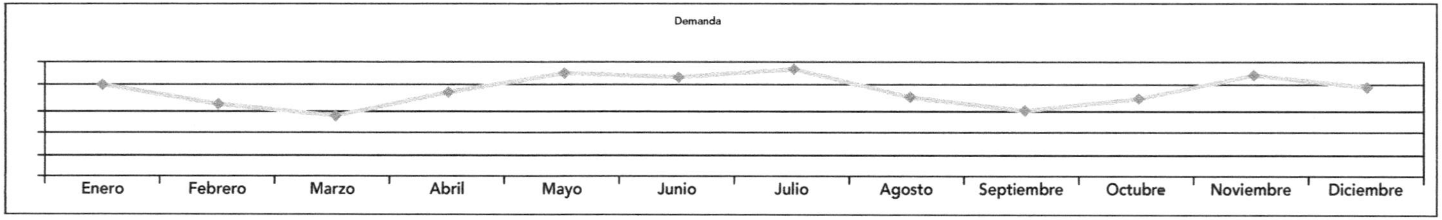

Demanda

Tabla 5.1

remos para encontrar los puntos de mayor impacto y centrar en ellos nuestros esfuerzos. Estos puntos pueden ser cuellos de botella, puntos clave, áreas con potencial, etc.

¿Cuánto tiempo se tarda en realizar un mapa de valor?

La realización de un mapa de valor tarda entre cuatro y siete días.

Símbolos que se utilizan en un mapa de valor

Fuentes externas: representa clientes y proveedores.

Flecha de traslado del proveedor a planta o de planta al cliente.

Transporte mediante camión de carga.

Transporte por tren.

Transporte por avión.

Operación del proceso.

Casillero de datos que se coloca debajo de las operaciones. En él se incluye información como tiempo de ciclo, tiempo de cambio entre productos, fiabilidad del equipo, tiempo disponible por turno, *yield*, etc.

Flecha de empuje que se utiliza para conectar operaciones en las que el material se mueve mediante un sistema empujar.

Enlace de operaciones basado en la secuencia «primeras entradas, primeras salidas».

Relámpago *kaizen*. Sirve para dar a entender que en este punto de la cadena de valor se debe realizar un evento de mejora dirigido a implementar la herramienta Lean que contenga el relámpago.

Procedimiento para realizar un mapa de valor

- Establecer familias de productos.
- Crear el mapa de valor actual.
- Crear el mapa de valor futuro.
- Realizar mejoras mediante la aplicación de eventos *kaizen*.

Para ilustrar el concepto, realizaremos un ejemplo de mapa de valor y del procedimiento para llevarlo a cabo.

Ejemplo

La compañía Lean Shop fabrica tableros para el control de producción e indicadores. Los modelos de tablero que fabrica son los siguientes:

AX - 1	Tablero básico
AZ - 2	Tablero de control remoto
WB - 3	Tablero WEB
XR - 4	Tablero colors
MN - 5	Manual estándar
MN - 6	Manual financiero
MN - 7	Manual global

Establecer familias de productos

Para establecer las familias de productos, se deben listar todos los números de parte e indicar las operaciones por las que pasa un producto, así como anotar el tiempo de ciclo para cada operación.

Tiempo de ciclo = tiempo que transcurre desde que empieza una operación hasta que termina.

En la tabla de la figura 5.3 se puede observar que los primeros cuatro productos pasan por el mismo número de operaciones, mientras que los tableros manuales

Productos / Operaciones		Cortar piezas	Pintar	Perforar	Ensamble electrónico	Cargar software	Ensamble de módulo de control	Ensamble final	Pruebas	Empaques	Total
Modelo	Descripción										
AX-1	Tablero básico	25	45	12	45	22	34	114	35	55	**387**
AZ-2	Tablero de control remoto	35	45	14	62	22	56	134	56	66	**490**
WB-3	Tablero WEB	28	45	19	56	22	44	121	33	49	**417**
XR-4	Tablero colors	22	45	11	50	22	32	119	44	51	**396**
MN-5	Manual estándar	15	45	5	x	x	x	123	47	48	**291**
MN-6	Manual financiero	10	45	15	x	x	x	123	49	45	**286**
MN-7	Manual global	6	45	15	x	x	x	123	52	42	**282**

Figura 5.2

Productos / Operaciones		Cortar piezas	Pintar	Perforar	Ensamble electrónico	Cargar software	Ensamble de módulo de control	Ensamble final	Pruebas	Empaques	Total
Modelo	Descripción										
AX-1	Tablero básico	25	45	12	45	22	34	114	35	55	**387**
AZ-2	Tablero de control remoto	35	45	14	62	22	56	134	56	66	**490**
WB-3	Tablero WEB	28	45	19	56	22	44	121	33	49	**417**
XR-4	Tablero colors	22	45	11	50	22	32	119	44	51	**396**

Figura 5.3

no pasan por tres de las operaciones. En este momento hay dos familias identificadas.

Una familia es un grupo de números de parte que pasan por el mismo número de operaciones y cuyo tiempo total agregado no excede del 30 % sobre el rango.

Crear el mapa de valor actual

Para este ejemplo realizaremos el mapa de la familia de los tableros electrónicos. Para realizar el mapa se necesita lo siguiente:

- Obtener los datos del tiempo de ciclo para cada operación del proceso.
- Obtener los datos de disponibilidad de cada equipo del proceso (véase el capítulo 9).
- Obtener el tiempo de cambio de producto en cada operación del proceso (véase el capítulo 11).
- Determinar los inventarios observados en cada etapa de proceso, empezando con el de materia prima, después los inventarios en proceso y finalmente el de producto terminado.
- Conocer la demanda del cliente, la manera en que pide y las cantidades que solicita.
- Determinar cómo se preparan los pronósticos de compra, la forma de pedir y las cantidades que se piden a las empresas proveedoras.
- Comprender la secuencia de flujo del proceso y de la información.
- Dibujar el símbolo correspondiente al cliente y conectarlo con el símbolo de control de proceso mediante las flechas de información.
- Escribir MRP, si la compañía utiliza MRP para la planificación de los materiales.
- Dibujar las flechas de información hacia la empresa proveedora.
- Conectar al proveedor con el almacén de materiales.
- Dibujar la secuencia de proceso y considerar los inventarios intermedios.
- Dibujar el símbolo del proceso de control de información.
- Usando las casillas de proceso, hacer el siguiente segmento del mapa: procesos básicos de producción.
- Sumar los plazos de cada proceso y de cada triángulo de inventario en el flujo de material para obtener una estimación bastante precisa del plazo de entrega de la producción total.
- Sumar el tiempo de cada proceso de valor agregado o de transformación de la cadena de valor y compararlo con lo obtenido en el punto anterior.

Se obtienen los siguientes datos:

Inventario de materia prima: 4 días.

Operación 1: cortar piezas.
Máquinas: cortadoras semiautomáticas con alimentación manual de materiales.
Tiempo de ciclo: 22 segundos.
Tiempo de cambio entre productos: 25 minutos.
Fiabilidad del equipo: 80 %.

Operadores por equipo: 1.
Inventario en proceso: 712 piezas.

Operación 2: pintar.
Cabinas de pintura individuales con mecanismo de horneado automático.
Tiempo de ciclo: 45 segundos.
Tiempo de cambio entre productos: 5 minutos.
Fiabilidad del equipo: 95 %.
Operadores por equipo: 1.
Inventario en proceso: 450 piezas.

Operación 3: perforar.
Taladros de pedestal con capacidad para una broca.
Tiempo de ciclo: 19 segundos.
Tiempo de cambio entre productos: 0 minutos (todas las perforaciones son estándar).
Fiabilidad del equipo: 95 %.
Operadores por equipo: 1.
Inventario en proceso: 632 piezas.

Operación 4: ensamble electrónico.
Mesa de ensamble con capacidad para almacenar los componentes.
Tiempo de ciclo: 63 segundos.
Tiempo de cambio entre productos: 0 minutos (actividades solamente manuales).
Fiabilidad del equipo: 100 %.
Operadores por estación: 1.
Inventario en proceso: 310 piezas.

Operación 5: cargar *software*.
Ordenador personal con dispositivo de carga de *software* a chip.
Tiempo de ciclo: 22 segundos.
Tiempo de cambio entre productos: 0 minutos (solo seleccionar el archivo).
Fiabilidad del equipo: 98 %.
Operadores por estación: 1.
Inventario en proceso: 110 piezas.

Operación 6: ensamble de módulo de control.
Mesa de ensamble con capacidad para almacenar los componentes.
Tiempo de ciclo: 32 segundos.

Tiempo de cambio entre productos: 0 minutos (actividades solamente manuales).
Facilidad del equipo: 100 %.
Operadores por estación: 1.

Operación 7: ensamble final y pruebas.

Mesa de ensamble con capacidad para almacenar los componentes.
Tiempo de ciclo: 134 segundos.
Tiempo de cambio entre productos: 0 minutos (actividades solamente manuales).
Fiabilidad del equipo: 100 %.
Operadores por estación: 1.
Inventario en proceso: 217 piezas.

Operación 8: embalaje.

Mesa de embalaje.
Tiempo de ciclo: 49 segundos.
Tiempo de cambio entre productos: 0 minutos (actividades solamente manuales).
Fiabilidad del equipo: 100 %.
Operadores por estación: 1.
Inventario en proceso: 1456 piezas.

Dibujo del mapa actual

1. Para dibujar el mapa actual, iniciamos colocando el símbolo del cliente en la esquina superior del papel de doble carta y conectamos el flujo de la información con el control de producción, el cual a su vez manda los requerimientos al proveedor con las previsiones de material.

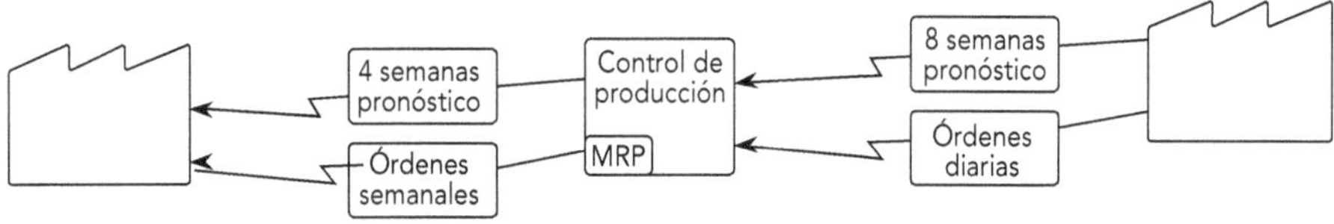

2. Dibujamos los transportes de las empresas proveedoras.

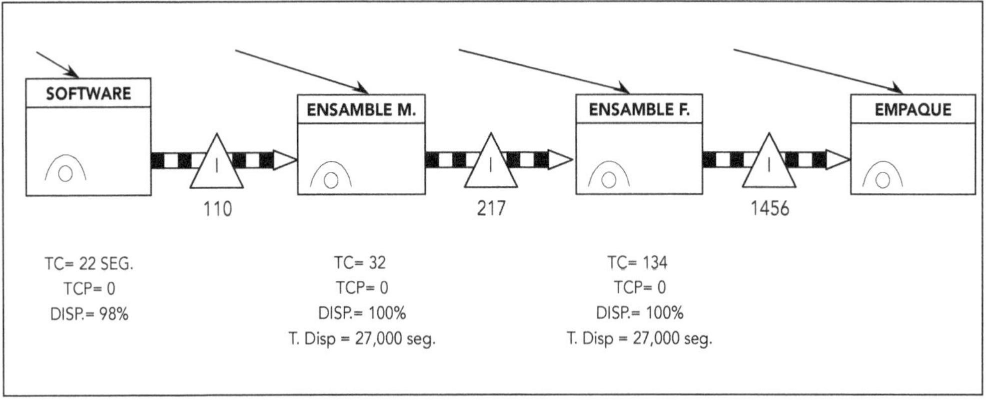

Figura 5.4

3. Dibujamos la secuencia de las operaciones estableciendo el tiempo de cada operación, el tiempo de cambio de productos, la disponibilidad de los equipos, el tiempo disponible y los inventarios en proceso.
4. Conectamos la fábrica de la información con la de los productos mediante las flechas que indican que el programa de producción se realiza para cada operación (véase la figura 5.5).
5. Integramos todo el mapa y evaluamos el tiempo que agrega valor (véase la figura 5.6).

   En la parte inferior dibujamos una escalera; en los escalones inferiores se coloca el tiempo que agrega valor y en los superiores el tiempo que no agrega valor. En este caso convertimos los inventarios a días, dividiendo cada inventario entre la demanda diaria (341).
6. Calculamos el tiempo *takt*.
   Tiempo disponible = 27 000 segundos diarios.
   Demanda = 341 tableros diarios.

$$\text{Tiempo } takt = 27\ 000 \text{ seg.} \div 341 \text{ piezas} = 79 \text{ seg./pieza.}$$

Eso significa que el cliente está dispuesto a comprar un tablero cada 79 segundos, por lo que ese será nuestro objetivo de producción.

Detalle de los cálculos:
   Tiempo total = 8 horas = 480 minutos.
   Tiempo de comidas = 30 minutos.
   Tiempo disponible = 450 min. ÷ 60 seg./min. = 27 000 seg.

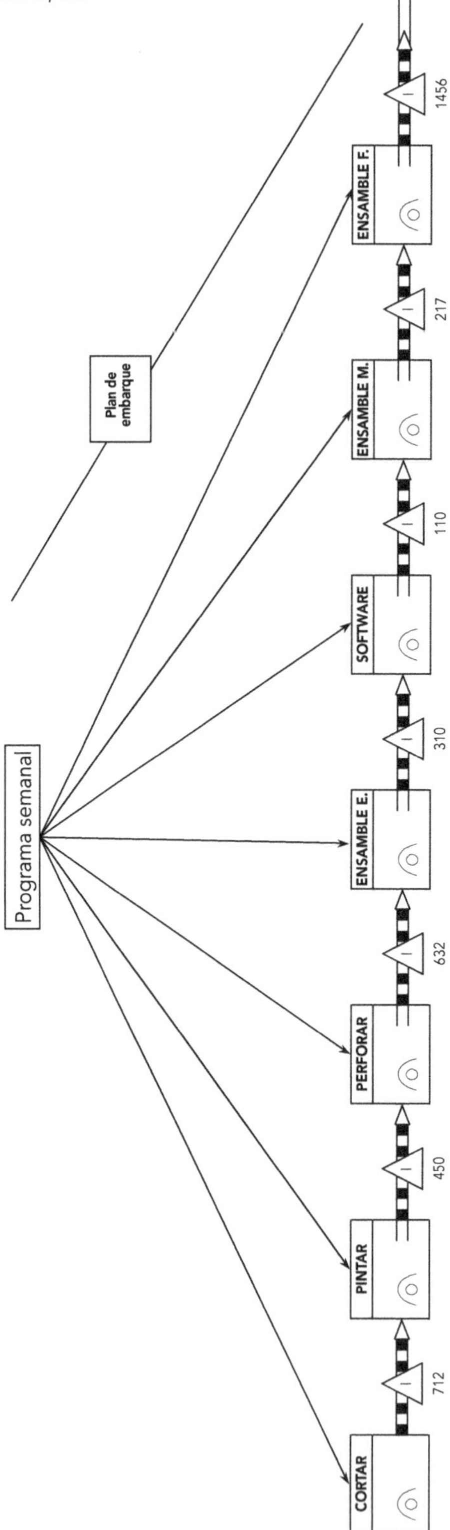

Figura 5.5

8 semanas pronóstico
Órdenes semanales
4 semanas pronóstico
Órdenes semanales
Control de producción
MRP
Plan de embarque
Programa semanal
CORTAR
TC = 22 seg.
TCP = 25 min.
DISP. = 80%
PINTAR
TC = 45 seg.
TCP = 5 min.
DISP. = 95%
PERFORAR
TC = 19 seg.
TCP = 0 min.
DISP. = 95%
ENSAMBLE E.
TC = 63 seg.
TCP = 0
DISP. = 100%
SOFTWARE
TC = 22 seg.
TCP = 0
DISP. = 98%
ENSAMBLE M.
TC = 32 seg.
TCP = 0
DISP. = 100%
ENSAMBLE F.
TC = 134 seg.
TCP = 0
DISP. = 100%
EMPAQUE
712
450
632
310
110
217
1456
3
22
2.1
45
1.3
450
632
63
0.9
22
0.3
32
0.6
134
4.3
14.4 DÍAS
337 SEGUNDOS

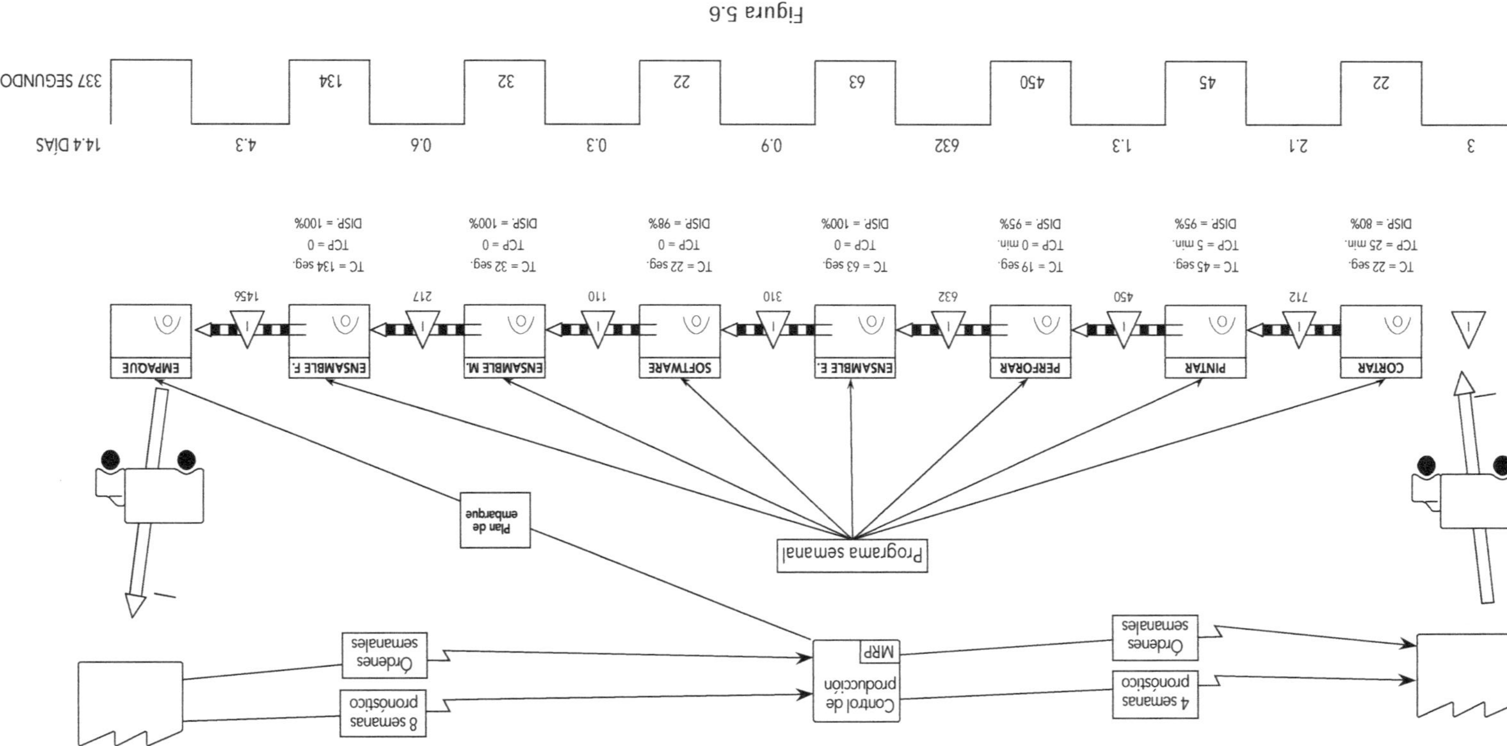

Figura 5.6

Demanda mensual = 7 510 unidades.
Días laborables = 22.
Demanda diaria = 7 510 unidades ÷ 22 = 341 unidades.

Crear el estado futuro

Para dibujar el mapa del estado futuro se deben considerar los siguientes factores:

a) Desarrollar un flujo continuo siempre que las operaciones puedan estar una inmediatamente después de la otra.

b) Cuando no se puedan juntar las operaciones por alguna razón, introducir supermercados para unir los flujos discontinuos.

c) Proponer eventos *kaizen* para aplicar las herramientas Lean conforme se necesiten.

d) Dibujar el mapa del estado futuro.

e) Dibujar el plano de la planta en el estado futuro.

a) Desarrollar un flujo continuo (véase el capítulo 10, «Manufactura celular»)

Para ilustrar el ejemplo, primero uniremos todas las operaciones que permitan establecer un flujo continuo para crear una célula de producción y lo representaremos en el mapa futuro. En este caso se unirán todas las operaciones en un solo flujo, procurando mover materiales de una estación a otra.

b) Crear supermercados

Como fue posible agrupar todas las operaciones sin ninguna restricción, entonces se procede a establecer los supermercados, uno en el almacén de materiales y el otro en el almacén de producto terminado.

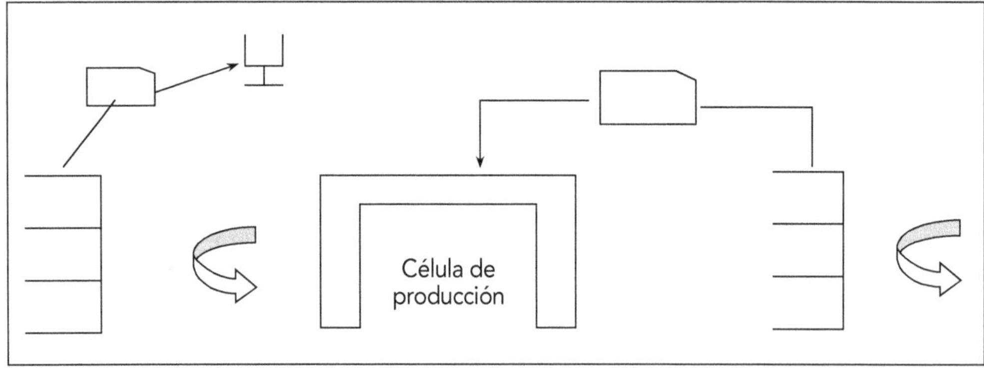

Figura 5.7

En este esquema se puede observar que, cuando se retira un producto del supermercado de producto terminado, se retira una tarjeta de *kanban* de ese producto y se manda a la célula para indicarle que tiene que producir para reponer el producto o conjunto de productos que retiró el cliente; como la célula requiere materiales, los retira del supermercado y simplemente se manda la tarjeta a compras para pedir que las empresas proveedoras surtan los materiales correspondientes en el supermercado de materiales.

c) Realizar mejoras mediante la aplicación de eventos *kaizen*

Los relámpagos en el mapa del estado futuro indican que se realizarán eventos de mejora para llevar a la práctica todas las modificaciones en el proceso. En el capítulo 6 se explica detalladamente la realización de los eventos *kaizen*.

El primer evento *kaizen* consistiría en establecer actividades y tiempos para los operadores que conformarían el equipo de la célula (véase el capítulo 10).

El segundo evento *kaizen* podría consistir en implementar mantenimiento productivo total para mejorar la disponibilidad de los equipos, especialmente de la máquina de corte, pero sin olvidar que los otros equipos también tengan su plan de mantenimiento diario (se verá con más detalle este tema en el capítulo 9 «Mantenimiento productivo total»).

El tercer evento *kaizen* consistiría en implementar cambios rápidos para hacer varios modelos en el mismo día, con el fin de tener mayor flexibilidad ante cualquier cambio en la demanda (se verá este tema con más detalle en el capítulo 11, «Cambios rápidos de productos»). En el capítulo 6 se expondrá la manera de preparar, realizar y hacer un seguimiento de los eventos de mejora.

¿Qué eventos deben realizarse primero?

La secuencia de los eventos *kaizen* la determinan las prioridades observadas en el análisis del mapa futuro. Generalmente se inicia con flujo continuo o manufactura celular, si el proceso tiene maquinaria, se sigue con un evento de mantenimiento productivo total, cambios rápidos y *poka yoke*. Esta secuencia depende de las prioridades de cada empresa.

Para llevar a cabo el mapa futuro, primero debemos preguntarnos si la planta implementará un *kanban* en producto terminado o enviará directamente el producto al cliente, sin almacenarlo. En caso de Lean Shop, se decide implementar un supermercado de producto terminado de cuatro días para empezar y posteriormente calcular el tamaño del *kanban* correcto en la medida que se aprende del sistema y se logra el flujo continuo entre las operaciones de la célula.

En el mapa del estado futuro se puede observar que ahora, aunque se sigue utilizando la información del cliente para trabajar, el flujo se ha convertido to-

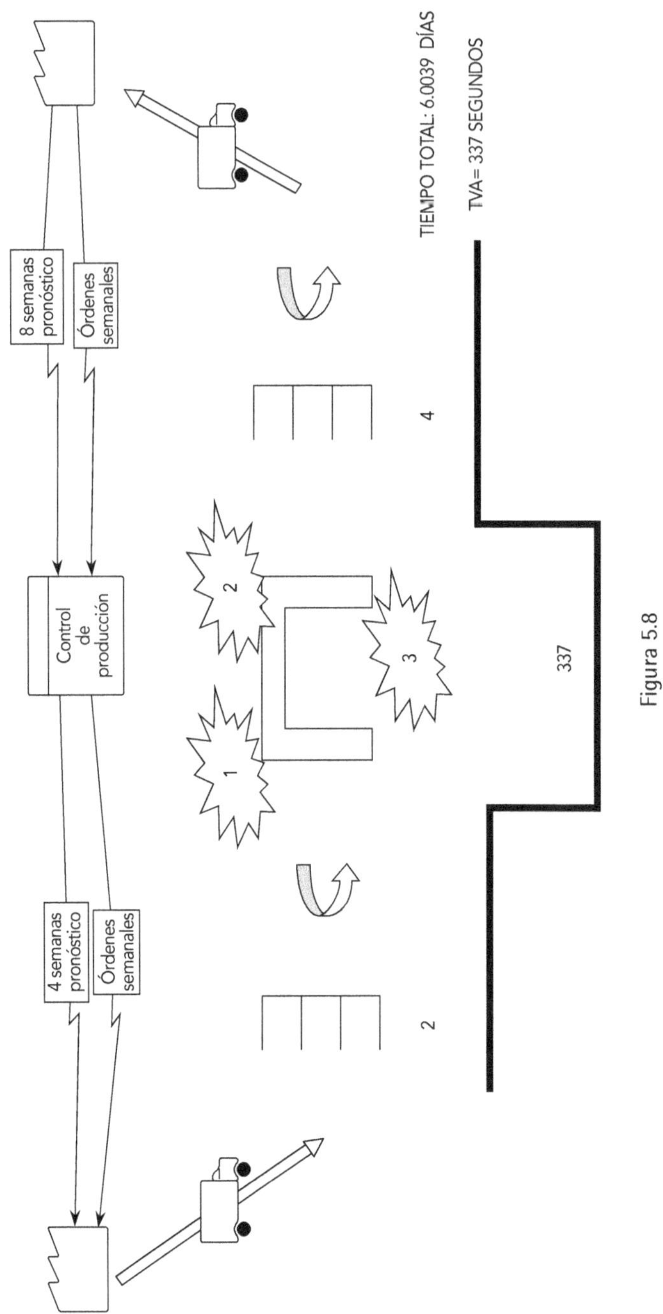

Figura 5.8

talmente en jalar en lugar de empujar, como era en el concepto anterior. Ahora, cuando el cliente compra, una tarjeta *kanban* avisa inmediatamente al proceso anterior, es decir, a la célula, que debe reponer lo que el cliente retiró; el proveedor debe resurtir el material que la célula utilizó para mantener el supermercado surtido con los materiales necesarios para no parar la producción, y así sucesivamente.

Se puede observar que la planificación de la producción y el control de los materiales ahora dependen completamente del sistema *kanban* y se reprograma automáticamente la producción (se verá una explicación detallada de este sistema en el capítulo 16, «*Kanban* para control de materiales y de producción»).

d) Dibujar el plano de la planta en el estado futuro

Cuando realizamos el dibujo de la distribución del nuevo esquema de trabajo, se ve claramente que el flujo ya es continuo y que hemos liberado gran cantidad de espacio. Además, ahora se dispone de tres células, cada una de las cuales puede realizar tres modelos diferentes al mismo tiempo. La distancia de recorrido total es de 185 metros para cada tablero que se produce en esta planta.

Logros alcanzados hasta el momento

Con algunos cambios que se han realizado, principalmente en políticas como la secuencia de producción, el modo de planificar la producción, el método de control de materiales, la combinación de trabajos entre los operadores y las mejoras *kaizen* propuestas, los resultados son los siguientes:

	ANTES	DESPUÉS	AHORRO
Área utilizada (metros cuadrados)	1259	640	**619**
Números de operadores	10	5	**5**
Distancia recorrida	185	92	**93**
Tiempo de puerta a puerta (días)	14.4	6.004	**8.396**
Inventario de material (días)	3	2	**1**
Inventario de proceso (días)	7.1	0	**7.1**
Inventario terminado	4.3	4	**0.3**
Vueltas de inventario	16.7	40.0	**23.3**

Figura 5.9

Estos resultados indican grandes logros en un periodo muy corto y, sobre todo, que la empresa se hace más flexible ante los mercados continuamente cambiantes y con exigencias cada vez mayores.

Es muy importante no realizar las mejoras sin haber realizado previamente el mapeo actual y futuro, ya que, si se hacen directamente las mejoras sin hacer un análisis profundo y detallado, no existirá un enfoque definido y será un motivo probable de fracaso en la implementación Lean. Cuando dibujamos utilizando papel y lápiz, se llevan a cabo procesos de pensamiento y entendimiento profundos que no deben ser sustituidos por computadoras. Una vez que se ha realizado manualmente el mapa y hemos comprendido dónde está el valor y dónde el desperdicio, se puede utilizar un *software* especializado, o bien la hoja de cálculo con los símbolos para realizar el mapa informatizado.

Herramientas y conceptos útiles para la aplicación

- Conocer el ritmo de la demanda (tiempo *takt)*.
- Determinar en qué elementos se puede introducir un flujo continuo.
- Establecer los supermercados utilizando tarjetas *kanban*.
- Detectar el punto que marca la restricción en el sistema.
- Introducir la nivelación de producción.
- Introducir mejoras en el proceso por medio de eventos de mejora.

Parte III

Herramientas básicas

Capítulo 6

Eventos *kaizen* para aplicar las mejoras al proceso

Antecedentes

Kaizen es una palabra japonesa que significa «mejora». Sin embargo, solo recibió el término de «continua» hasta que sus principios empezaron a ser adoptados por organizaciones occidentales. En la cultura japonesa todos tienen claro (por tradición) que al hablar de mejora se habla de cambios constantes, mientras que en occidente se tiene la costumbre de especificar lo que se necesita. Así pues, hoy en día todos relacionamos el concepto de *kaizen* con «mejora continua».

«Sabio no es aquel que sabe mucho, sino el que aplica lo poco que sabe.»

Kaizen es una manera poderosa de hacer mejoras en todos los niveles de la organización, y hoy en día la practican las corporaciones líderes de todo el mundo. Su principal utilidad radica en una aplicación gradual y ordenada, que implica el trabajo conjunto de todas las personas en la empresa para hacer cambios sin grandes inversiones de capital.

Para entender el poder de la mejora continua debemos preguntarnos cuántas mejoras aporta cada uno de nosotros a la organización en la que trabaja. Por ejemplo, si cada trabajador aportara tan solo diez propuestas al año, serían 10 000 mejoras al año en una compañía de 1000 empleados. Como consecuencia, tendríamos un sinfín de cambios y nuevas oportunidades de ser más productivos. No se necesitan cambios espectaculares, sino mayores del 1 %, pero hay que hacerlos todos los días.

«En una ocasión a una gallina le pidieron que pusiera 30 huevos en un mes, lo cual le molestó mucho y le hizo pensar que estaban abusando de su capacidad. Sin embargo, después le pidieron que pusiera un solo huevo al día, y ella contestó gustosa: "Siendo así, pongo hasta dos huevos diarios sin ningún problema".»

Definición

Un evento *kaizen* es una cadena de acciones realizadas por equipos de trabajo cuyo objetivo es mejorar los resultados de los procesos existentes. Mediante estas acciones, los dueños de los procesos y los operadores pueden realizar mejoras significativas en su lugar de trabajo que se traducirán en beneficios de productividad (y, en consecuencia, de rentabilidad) para la empresa.

¿Para qué sirven los eventos *kaizen?*

Los eventos *kaizen* resultan extremadamente efectivos para mejorar rápidamente un proceso mediante la implementación de herramientas que ayudan a:

- Reducir los desperdicios (menos *mudas).*
- Mejorar la calidad y reducir la variabilidad (menos *muras).*
- Mejorar las condiciones de trabajo (menos *muris).*

En la implementación de estos eventos *kaizen* surgirá la necesidad de utilizar algunas herramientas Lean mencionadas en este libro, dependiendo de los objetivos que cada organización quiera alcanzar.

Implementación de eventos kaizen.

¿Cuándo se utilizan los eventos kaizen?

Por lo general, la aplicación de eventos de mejora se lleva a cabo cuando:

- Existe un problema de calidad.
- Se quiere mejorar la distribución de las áreas.
- Es necesario reducir el tiempo de preparación de las máquinas.
- Necesitamos disminuir el tiempo de entrega a los clientes (internos o externos).
- Se desea reducir los gastos de operación.
- Se necesita mejorar el orden y la limpieza.
- Se quiere reducir la variabilidad de una característica de calidad.
- Deseamos hacer un uso más eficiente de los equipos.

¿Qué se puede lograr con los eventos kaizen?

- Mejoras rápidas en el desempeño de procesos específicos de producción o celdas de manufactura.
- Tiempos muy cortos de cambio de productos.
- Mejores distribuciones de planta.
- Mejor desempeño de la maquinaria.
- Mejora en orden y limpieza.
- Mejor calidad al primer intento.
- Mejor comunicación entre los operadores.
- Mayor capacidad de producción.
- Condiciones de trabajo más seguras y ergonómicas.

Como se puede ver en la figura 6.1, en una empresa con un enfoque tradicional las actividades que no agregan valor superan por mucho a las que sí lo hacen, y son las principales causas de los problemas de competitividad.

Resultados esperados después de un evento kaizen

El objetivo de un evento *kaizen* es que, al finalizar cada proyecto de mejora, la empresa aprecie cambios en los resultados de los procesos porque va eliminando sus fuentes de pérdida *(muri, mura, muda)*. El desperdicio en el trabajo total de un proceso debe ser cada vez menor, con lo cual se aprovechan mejor los recursos de la empresa y se incrementa su rentabilidad y respuesta al cliente.

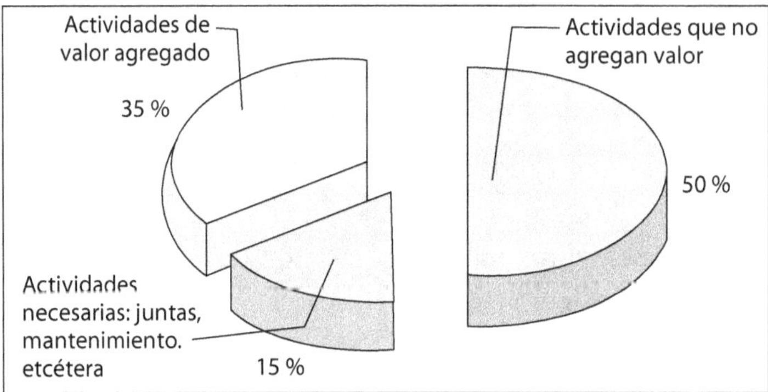

Figura 6.1

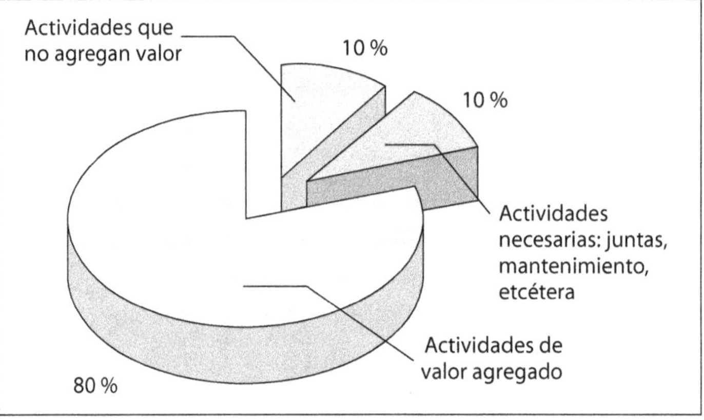

Figura 6.2

¿Cuánto tiempo se tarda en realizar un evento kaizen?

Dependiendo del impacto en el proceso y la dificultad del mismo, normalmente se necesitan entre uno y cinco días para llevar a cabo cada evento *kaizen*. Es importante tener claro que este rango no es al azar; esto significa que cada equipo debe tener bien definida la agenda de trabajo antes de iniciar el evento. Así pues, se debe conocer con anterioridad si se dedicará un día, dos o cinco, ya que todos los miembros del equipo deben programar muy bien la agenda de trabajo para que puedan dedicarse de manera ininterrumpida al evento, sin que las tareas diarias los distraigan del mismo.

Si cuantificamos el tiempo efectivo que hemos dedicado a un trabajo que se ha tardado meses en realizar y que ha producido cambios significativos, nos daremos cuenta que no son más de 40 o 48 horas efectivas. El problema es que, como siempre estamos ocupados resolviendo problemas a corto plazo, no dedicamos tiempo efectivo a la mejora.

> «El sabio no enseña con palabras, sino con actos.»
>
> Lao Tse

Procedimiento para llevar a cabo un evento kaizen

Antes de realizar el evento kaizen

Los eventos *kaizen* se planean con una anticipación de hasta dos meses. En esta etapa de planificación se realiza lo siguiente:

1. Se proponen y descubren las oportunidades para llevar a cabo un evento. Estas oportunidades las plantean gerentes, clientes o cualquier otra persona que pueda visualizarlas.
2. Se elige al líder del equipo (persona con capacidad de liderazgo y conocimiento del tema).
3. Se elige al patrocinador del evento (persona con autoridad y capaz de tomar decisiones para apoyar las propuestas del equipo).
4. Se elige al equipo. Es recomendable que sean entre 7 y 10 participantes en total, incluyendo operadores, ingenieros, personal administrativo y de calidad, a veces incluso participan clientes o proveedores.
5. Se prepara la logística del evento (sala de juntas, área, producción, etc.).
6. Se comunica a los participantes.
7. Se rellena la tabla 6.1, «Definición del evento *kaizen*».
8. Se prepara la documentación necesaria de acuerdo con cada tipo de evento. Esta documentación viene incluida en cada uno de los temas de aplicación en los capítulos 7 a 17.

Líder del evento kaizen

Cada evento *kaizen* debe ser liderado por un facilitador. Este debe ser un miembro de la empresa que conozca muy bien tanto las herramientas como la metodología para que pueda dirigir las actividades de los miembros del equipo hacia la consecución de les objetivos dentro del tiempo establecido.

Definición del evento *kaizen*

Proyecto		Proyecto	
Objetivos		Alcance	

Patrocinador	Nombre	Teléfono
Líder		
Colíder		

	Fechas
Fecha fin	

AVANCE

20%	40%	60%	80%	100%

Métrico	Actual	Meta	Logrado	Ahorro

Recurso	Cantidad

Resumen de ahorros

Concepto	Ahorro	Validador

Inversiones realizadas

Concepto	Fecha	Costo
Total		

Resumen de acciones realizadas

Acción	Fecha	Resultado

Comentarios

Tabla 6.1

El facilitador es un canal indispensable para conectar los resultados del evento kaizen con los objetivos de la empresa planteados por la alta dirección (véase el capítulo 4, «Estrategia *hoshin kanri»).* Los facilitadores de equipos que han dado buenos resultados cuentan con las siguientes características:

- Tienen habilidades como capacitadores y de gestión de personal.
- Son reconocidos y respetados por los miembros del grupo; las personas confían en ellos.
- Tienen claro que no son los responsables del evento *kaizen* ni de su resultado. Solo funcionan como un apoyo para los miembros del equipo.
- No pertenecen necesariamente al área o departamento que lleva a cabo el evento *kaizen*, ya que son expertos en la metodología y herramientas del mismo, pero los miembros del equipo son los expertos en el proceso a mejorar.
- Su papel resulta indispensable para mantener el enfoque del equipo en el tema del evento, como fuente de información y como soporte del entusiasmo de los miembros.

Durante el evento kaizen
Primer día

El primer día se hace una reunión de apertura con todo el equipo, la dirección o gerencia, y se realiza la siguiente propuesta de agenda:

Agenda propuesta

1. El director dirige unas palabras (5 minutos) al grupo explicando la razón del evento de mejora y recalcando la necesidad de los cambios.
2. El líder del equipo presenta a todo el equipo (sus lugares de trabajo, habilidades y fortalezas) y proporciona los objetivos, el alcance, la agenda, las reglas y los entregables del evento (15 minutos).
3. Se realiza una introducción sobre el tema del evento: según el propósito del evento y la herramienta Lean que se va a aplicar, se lleva a cabo una presentación sencilla sobre el tema, donde se explican:

   - Los antecedentes.
   - La definición de la herramienta; por ejemplo, TPM, *kanban*, SMED, etc.
   - Las mediciones importantes.
   - Los beneficios de la implementación.
   - El tiempo de implementación.
   - El procedimiento para llevarla a cabo.

- Las actividades que va a realizar el equipo durante el evento.
- Las consideraciones importantes de la implementación.

4. Se establece la situación actual. Se analiza el mapa de la cadena de valor (*value stream map*) y se destacan las entradas y salidas de los procesos. También puede establecerse la situación mediante la revisión de las gráficas de tendencia de la situación que motivaron la realización del evento, como la fiabilidad de los equipos, los tiempos de cambio, los defectos de calidad, los problemas debidos a grandes inventarios, etc.

5. Se realiza una visita al área para detectar oportunidades. Es muy importante que todo el equipo visite el área en la que se llevará a cabo el evento de mejora, ya que el lugar de los hechos es el punto de partida para resolver un problema, mejorar cualquier situación, o realizar cualquier análisis. En esta visita a las áreas es muy importante preguntar al personal cómo perciben la situación, cómo realizan el trabajo actualmente o si tienen sugerencias de mejora. Asimismo, la observación será un elemento decisivo en la detección de oportunidades.

6. Se identifican las oportunidades. El equipo inicia la identificación de oportunidades, las cuales pueden estar en cualquiera de los limitantes de la productividad que se presentaron en el capítulo 2 y se deben documentar en las tarjetas de oportunidad (véase la tabla 6.2).

Durante los días del evento se proponen ideas y se llevan a cabo aquellas que puedan ejecutarse en ese mismo evento, las cuales se clasifican normalmente como A, B y C. Las ideas A son de aplicación inmediata (1 a 4 días), las B se pueden llevar a cabo durante el evento o un poco después (una a dos semanas) y las C requieren un poco más de tiempo (no más de dos meses), ya que pueden necesitar autorizaciones especiales, inversiones, etc.

La parte superior de la tarjeta se pega en el sitio donde se encontró la oportunidad, mientras que el talón inferior, que contiene la misma información, se lo lleva el equipo para transcribirlo en la tabla 6.3, «Actividades a realizar en el evento *kaizen*».

Desarrollo de los siguientes días

Cada evento tiene un tema y un objetivo particular, pero la finalidad siempre es aportar ideas para mejorar y aplicarlas.

Para el desarrollo e implementación de cada aplicación, consulte los capítulos siguientes:

<table>
<tr><td colspan="2" align="center">TARJETA DE OPORTUNIDAD</td></tr>
<tr><td>Fecha:</td><td>Folio:</td></tr>
<tr><td colspan="2">Área:</td></tr>
<tr><td colspan="2">Oportunidad detectada: (muda, muri, mura)</td></tr>
<tr><td>Actividad por realizar:</td><td>Clasificación</td></tr>
<tr><td colspan="2">Equipo:</td></tr>
<tr><td colspan="2">Observaciones:</td></tr>
<tr><td>Fecha:</td><td>Folio:</td></tr>
<tr><td colspan="2">Área:</td></tr>
<tr><td colspan="2">Oportunidad detectada: (muda, muri, mura)</td></tr>
<tr><td>Actividad por realizar:</td><td>Clasificación</td></tr>
<tr><td colspan="2">Equipo:</td></tr>
</table>

Clasificación

Tabla 6.2

- Capítulo 7, «Las 5 S para orden y limpieza».
- Capítulo 8, «Control visual».
- Capítulo 9, «Mantenimiento productivo total».
- Capítulo 10, «Manufactura celular».
- Capítulo 11, «Cambios rápidos de productos».
- Capítulo 12, «Prevención con AMEF».
- Capítulo 13, «A prueba de errores *poka yoke*»
- Capítulo 14, «Solución de problemas con las 8 D».

Actividades por realizar en el evento *kaizen*

No.______ Hoja______ de______   Fecha______

Respuesta/ tarjeta núm.	Descripción	Avance 25% 50% 75% 100%	Responsable	Clasificación	Observaciones

Tabla 6.3

- Capítulo 15, «Six Sigma para reducción de la variación».
- Capítulo 16, «*Kanban* para control de materiales y de producción».
- Capítulo 17, «*Heijunka* para la secuenciación de la producción».

En cada uno de los capítulos encontrará formas o archivos para la aplicación del evento *kaizen*.

Además, debe llenar la tabla 6.3, «Actividades a realizar en el evento *kaizen*».

En esta tabla se detalla el número de la propuesta o tarjeta, se describen las actividades, el avance en la ejecución de la mejora, el responsable de llevar a cabo la actividad, la clasificación de la misma y las observaciones necesarias en cada propuesta.

Este documento debe estar en un lugar visible para todos en el área donde se esté aplicando el evento para que todos puedan hacer un seguimiento de las mejoras.

Último día del evento

En el último día del evento se terminan los detalles de la aplicación y se hace una presentación a los directivos en la que participan todos los miembros del equipo. Esta presentación debe contener los siguientes puntos:

1. La situación que encontraron.
2. Las acciones que llevaron a cabo.
3. Los resultados que obtuvieron.

En esta presentación se muestran fotos y el listado de las oportunidades que encontró el equipo, así como las acciones que se pudieron llevar a cabo durante el evento, las que se iniciaron y las que quedaron pendientes. Después se presentan los resultados tanto cuantitativos como cualitativos y se comparan con los objetivos establecidos en la tabla 6.1.

Después del evento kaizen

Finalmente, durante las siguientes cuatro semanas se hace un seguimiento de las mejoras para que los dueños del proceso las lleven a cabo de manera cotidiana.

Conceptos aplicables para los eventos kaizen

Sistema de sugerencias

Es recomendable que la compañía cuente con un sistema de sugerencias para que, independientemente de la ejecución de los eventos *kaizen*, se puedan llevar a cabo mejoras en todas las áreas con la participación entusiasta de todo el personal.

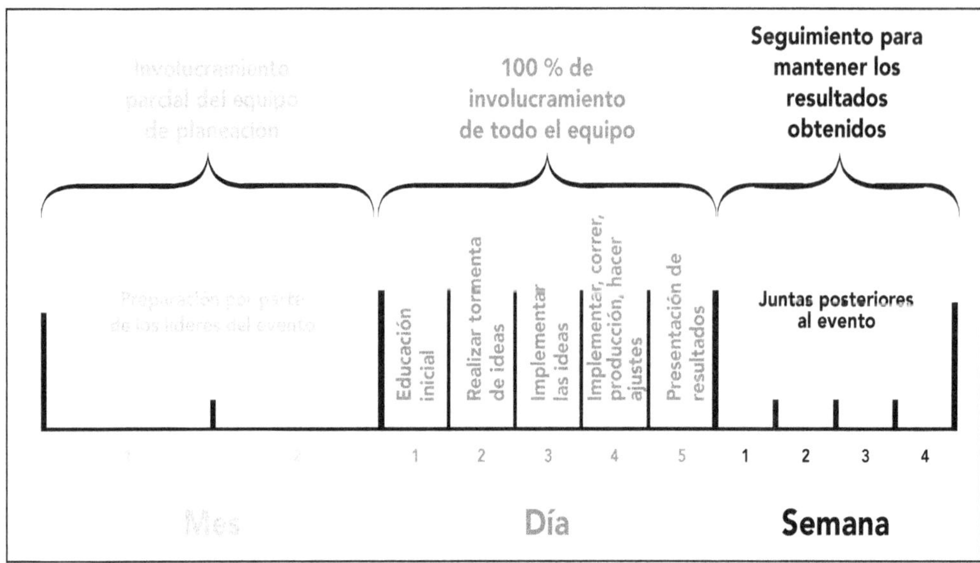

Figura 6.3

El concepto de las mejoras continuas también se puede utilizar siempre que alguien encuentre una oportunidad de mejora en cualquier parte y área de la empresa. Por ello se sugiere como método para motivar la generación de ideas prácticas que se puedan llevar a cabo y que produzcan resultados tangibles en poco tiempo. Este sencillo concepto puede sustituir a los buzones de sugerencias, los cuales no necesariamente captan oportunidades, sino más bien quejas.

Guía para el sistema de sugerencias

- Primero, recuerde que un sistema de sugerencias es un componente necesario para un programa de mejora continua. De él pueden originarse eventos *kaizen* futuros, al mismo tiempo que ayuda a mejorar la motivación del personal al permitirles aportar sus ideas.
- Integre completamente el sistema de sugerencias al sistema gerencial, incluyendo el sistema de desempeño.
- Elija un campeón de desarrollo del programa, quien debe tener claro que los programas de sugerencias no pueden ser dictatoriales ni impuestos, sino una labor de amor y compromiso.
- Reconozca solamente las ideas implementadas. No basta con tener ideas, hay que implementarlas.

- Sea eficiente y eficaz al otorgar premios a la implementación. Hágalo de manera inmediata y realice celebraciones de reconocimiento para aquellos que han implementado más ideas o han logrado mayores ahorros.
- Mantenga los formatos de sugerencias simples y fáciles de comprender para cualquier empleado.

Reglas del evento kaizen

Siempre que participe en un evento *kaizen,* recuerde los siguientes aspectos:

- Mantenga la mente abierta para realizar cambios.
- Mantenga una actitud positiva incluso ante las cosas negativas.
- Nunca se reserve sus desacuerdos.
- Ayude a crear un ambiente de cooperación.
- Procure que haya un respeto mutuo.
- Trate a los demás como le gustaría que lo trataran.
- Todos los votos tienen la misma importancia, independientemente de la posición jerárquica de quién vota.
- No se permiten las preguntas silenciosas; es decir, si tiene una duda, ¡pregunte!

Consideraciones importantes

- Los eventos son solo la estructura para la aplicación de cualquier herramienta Lean.
- Es recomendable tener una base de datos de proyectos que contenga todos los detalles de los eventos. Esta base de datos será un gran apoyo para una persona que tenga las mismas necesidades que alguien que haya desarrollado un evento *kaizen* exitoso.

Programa de sugerencias

Los programas de mejora continua no dependen solamente de eventos *kaizen* o de mejora que se realizan de manera planeada. También debe implementarse un sistema continuo de sugerencias para que todos los empleados, cuando encuentren una mejora de productividad, costos, aprovisionamiento de materiales, seguridad, calidad, etc., la documenten inmediatamente para su evaluación y puesta en práctica. Si esto se convierte en un hábito, el personal de toda la empresa se hará responsable de sus resultados.

Para este programa debe establecerse un sistema de documentación de las ideas de mejora para que cualquier empleado pueda aportar, en cualquier momento, una idea. Las tarjetas de oportunidad sirven para este propósito. Estas tarjetas se pegan

TARJETA DE OPORTUNIDAD	
Fecha: 13-May-06	**Folio:** **001**
Área: Línea 4 de montaje	
Oportunidad detectada: (*Muda, Muri, Mura*) Se escucha una fuga de aire comprimido en el manómetro en el filtro de aire	
Actividad por realizar: Apretar cople	**Clasificación** A
Equipo: Prensa 4	

Tabla 6.4

en un casillero donde cualquier empleado pueda tomarlas. Cuando se ha generado la idea, una parte de la tarjeta se pega en el lugar donde se sugirió la idea para que quede a la vista.

Un programa de mejora solo será exitoso si todos los empleados aportan sugerencias y si la dirección se las toma en serio. Esta idea puede crear un universo de posibilidades para la creación de propuestas de valor, ya que integra la creatividad, la facultad, la pasión por el trabajo bien hecho y, sobre todo, fomenta la iniciativa de las personas. Creo firmemente que las empresas donde todas las personas, además de cumplir con una responsabilidad definida, aportan algo para el bien común, mejoran cien veces más rápido que las empresas en las que la iniciativa viene solamente de la dirección.

Señal de prioridad

La señal de prioridad es una manera de combatir las mudas en cualquier momento. Consiste en colocar un botón conectado a una bombilla y una bocina. Cuando surge un problema, quien lo detecta oprime el botón e inmediatamente suena la bocina y se enciende la bombilla. Un equipo, ya sea directivo o gerencial, debe atender la petición con extrema prioridad. Debe aclararse que el sistema será utilizado para problemas relacionados con calidad, servicio, seguridad, etc. La llamada solo se detiene cuando se ha solucionado el problema. Este sistema hará que siempre se tomen medidas preventivas para impedir problemas y dar una señal de liderazgo en la prioridad de solicitudes de acción rápida.

Capítulo 7

Las 5 S para orden y limpieza

Antecedentes

Las herramientas Lean constituyen un gran avance para la implementación de las mejoras en los procesos que generan valor en una empresa. Sin embargo, uno de los elementos de gran importancia para esto tiene que ver con la cultura y los hábitos desarrollados a lo largo del tiempo. Por ello, al hablar aquí de orden y limpieza, consideramos no solo la aplicación de una herramienta básica sino el desarrollo de buenos hábitos de orden y limpieza que establezcan bases más consistentes y apreciables para la edificación y aplicación de muchas de las herramientas que se verán más adelante.

El método de las 5 S fue desarrollado por Hiroyuki Hirano y representa una de las piedras que enmarcan el inicio de cualquier herramienta o sistema de mejora. Por ello, se dice que un buen evento de mejora es aquel que se inicia con las 5 S.

A este sistema se le conoce como las 5 S porque cada una de las palabras originales (en japonés) de la metodología empieza con la letra «s»:

Seiri	Seleccionar
Seiton	Organizar
Seiso	Limpiar
Seiketsu	Estandarizar
Shitsuke	Seguimiento

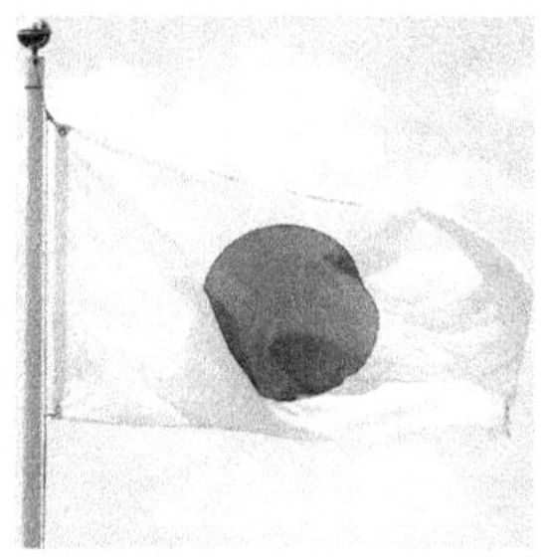

Definición

Las 5 S constituyen una disciplina para lograr mejoras en la productividad del lugar de trabajo mediante la estandarización de hábitos de orden y limpieza. Esto se logra implementando cambios en los procesos en cinco etapas, cada una de las cuales servirá de fundamento a la siguiente, para así mantener sus beneficios a largo plazo.

Se dice que si en una empresa no ha funcionado la implementación de las 5 S cualquier otro sistema de mejora de los procesos está destinado a fracasar. Esto se debe a que no se requiere tecnología ni conocimientos especiales para implementarlas, solo disciplina y autocontrol por parte de cada uno de los miembros de la organización.

Este autocontrol organizacional adquirido en estas cinco etapas será el cimiento de sistemas más complejos, de mayor tecnología y mayor inversión.

Un programa de 5 S se construye mediante el desarrollo de las siguientes etapas:

Etapa 1: *Seiri*	Etapa 2: *Seiton*	Etapa 3: *Seiso*	Etapa 4: *Seiketsu*	Etapa 5: *Seitsuke*
Seleccionar	**Organizar**	**Limpiar**	**Estandarizar**	**Seguimiento**
Es remover de nuestra área de trabajo todos los artículos que no son necesarios.	Es ordenar los artículos necesarios para nuestro trabajo estableciendo un lugar específico para cada cosa.	Es básicamente eliminar la suciedad.	Es lograr que los procedimientos y actividades se ejecuten constantemente.	Es hacer un hábito de las actividades de 5's. para asegurar que se mantengan las áreas de trabajo

«Uno de nuestros propósitos al implementar 5 S es que nuestra fábrica esté siempre impecable, que parezca una sala de exhibiciones, para mostrarles a las personas que nos visitan dónde y cómo hacemos nuestros productos.

Sabemos que la gente que conoce cómo llevamos a cabo nuestras operaciones confía más en nosotros; gracias a esta confianza se fortalecen nuestras relaciones y, en consecuencia, se incrementan nuestras oportunidades de negocio.»

Lorenzo González. Gerente de operaciones de Technicolor Mexicana.

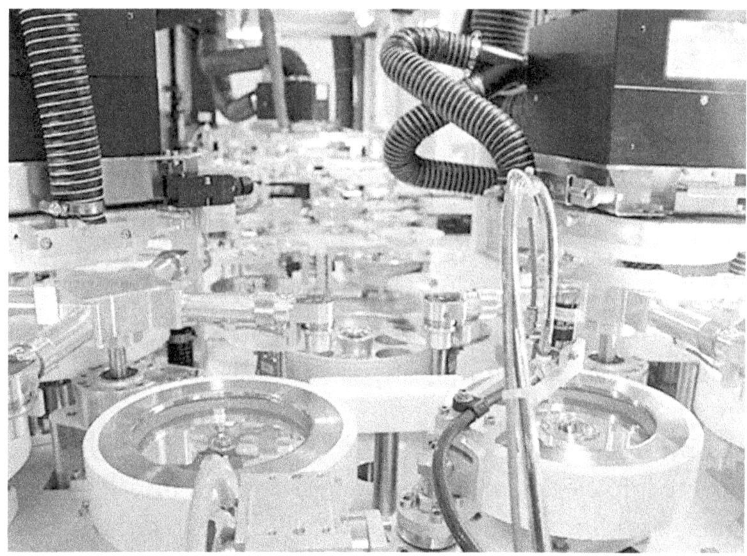

- *Seiri* (**seleccionar**)

  Consiste en retirar de nuestro lugar de trabajo todos los artículos que no son necesarios.

- *Seiton* (**organizar**)

  Consiste en ordenar los artículos que necesitamos para nuestro trabajo, estableciendo un lugar específico para cada cosa, de manera que se facilite su identificación, localización, disposición y vuelta al mismo lugar después de usarla.

- *Seiso* (**limpiar**)

  Consiste básicamente en eliminar la suciedad y evitar ensuciar, siempre con la idea en mente de que, al limpiar, también estamos inspeccionando lo que limpiamos.

- *Seiketsu* (**estandarizar**)

  Consiste en lograr que los procedimientos, prácticas y actividades logrados en las tres primeras etapas se ejecuten consistentemente y de manera regular para asegurar que la *selección*, la *organización* y la *limpieza* se mantengan en las áreas de trabajo.

- *Shitsuke* (**seguimiento**)

  Consiste en convertir en un hábito las actividades de las 5 S, manteniendo correctamente los procesos generados mediante el compromiso de todos, así como participando en los eventos *kaizen* que resultan de las necesidades de mejora surgidas en el lugar de trabajo.

¿Para qué se implementan las 5 S?

Un programa de 5 S ayuda a mejorar la limpieza, la organización y el uso de nuestras áreas de trabajo. Con esto conseguimos:

- Aprovechar mejor nuestros recursos, en especial nuestro tiempo.
- Hacer visibles y evidentes anomalías y problemas.
- Gozar de un ambiente de trabajo más seguro y agradable.
- Incrementar nuestra capacidad de producir más artículos de mejor calidad.
- Tener un lugar presentable ante nuestros clientes.

¿Cuándo se utilizan las 5 S?

Cuando necesitamos reducir los tiempos de ciclo aprovechando al máximo el tiempo disponible para producir y reduciendo el tiempo para cambiar herramientas. También resultan útiles cuando deseamos implementar nuevos sistemas en la administración de la cadena de valor (como ISO 9000, control estadístico de procesos, Six Sigma o, como ya habrá deducido, Lean Manufacturing), ya que todos estos dependen en gran medida de la calidad (disciplina) de las personas que participan en ellos. Esta herramienta es muy poderosa y se puede aplicar en áreas como:

- Almacenes.
- Áreas de producción.
- Áreas de uso común.
- Oficinas.
- Talleres.
- Vehículos.
- Portafolios.
- En el propio hogar.

¿Cuánto tiempo se tarda en implementar las 5 S?

La implementación inicial, con las tres primeras etapas a un nivel aceptable, tarda de uno a seis meses. Hay que tener en cuenta que la cuarta y quinta etapas consisten en la estandarización y el seguimiento, por lo que este proceso tiene un inicio, pero nunca un final.

Cuando hablamos de tiempo de implementación, es recomendable seguir esta secuencia:

Etapa 0. Planificación y preparación: 1 mes.
Etapa 1. Selección: 1 mes, «el mes de la selección» para todos.
Etapa 2. Orden: 1 mes.
Etapa 3. Limpieza: 1 mes.
Etapa 4. Estandarizar: 1 mes.
Etapa 5. Seguimiento: no se acaba nunca.

Procedimiento para implementar las 5 S

Etapa 0. Planificación y preparación

1. Proporcione un curso de capacitación a todo el personal, en el que se explique qué son las 5 S, para qué servirán y cómo se llevará a cabo su implementación.
2. Prepare una campaña de difusión en la compañía sobre las 5 S, expresando la utilidad y los beneficios que representará para todos su implementación.
3. Realice visitas a otras plantas donde se hayan implementado las 5 S.
4. Aplique las 5 S en una o dos áreas de muestra para que todos comprendan el proceso.
5. Establezca las áreas de las que cada uno será responsable en cada etapa.
6. Haga un tablero en el que se vean todas las áreas donde se realizó la implementación y su avance gradual.
7. Establezca un día para iniciar formalmente la implementación. La persona de mayor rango en la empresa debe dar el banderazo de salida, así como un mensaje a todos los miembros de la empresa en el que les haga ver que este proyecto es un esfuerzo estratégico para alcanzar un nivel de empresa limpia, segura y productiva. Este inicio se puede complementar con dinámicas, juegos, videos u otras actividades que le confieran la relevancia debida.
8. Fotografíe las áreas antes de iniciar para establecer el punto de partida.

Etapa 1. Implementación de la primera S (seleccionar)

1. Asigne un grupo líder o grupo guía para esta fase. Este grupo será responsable, entre otras cosas, de fotografiar las áreas designadas y generar una evaluación inicial de todas las áreas.
2. Seleccionar es retirar del lugar de trabajo todos los artículos que no son necesarios, así que en esta etapa debe eliminar todo aquello que no necesita o no sabe si realmente necesita.

Selección de articulos innecesarios.

Al seleccionar, tenga en cuenta todos los objetos que no se han utilizado y no se utilizarán en el futuro, y retírelos para liberar espacio.

3. Establezca criterios de selección como los de la figura 7.1.

Puede establecer los criterios de selección basándose en la frecuencia de uso, el tiempo o la cantidad a usar.

Seleccionar como:	Frecuencia
Necesario	Lo que se usa más de una vez al mes
No necesario	Lo que se usa menos de una vez al mes

Ejemplos

Seleccionar como necesario todo lo que se va a usar durante un mes de producción.

Seleccionar como no necesario el excedente de lo que se usa en el área de trabajo.

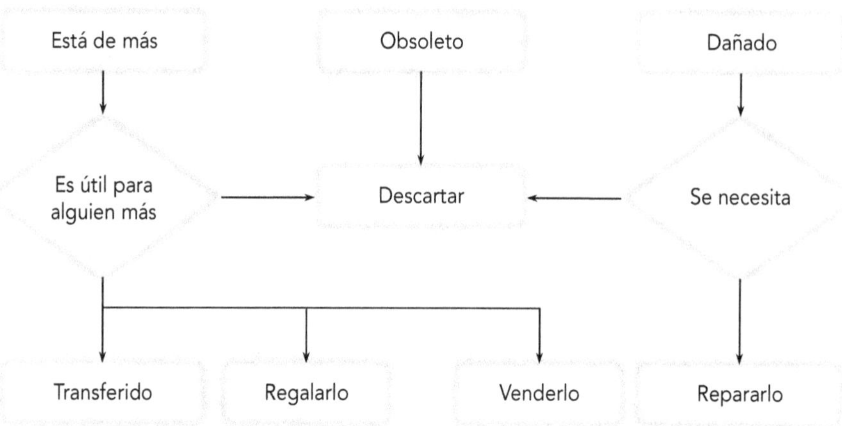

Figura 7.1

4. Los objetos seleccionados como no necesarios se identifican y confinan en un área de cuarentena definida previamente. Se puede usar como herramienta de control la tarjeta roja incluida en la tabla 7.1.

   Una vez que se ha cumplido el tiempo para decidir, los artículos etiquetados con las tarjetas rojas se pueden exponer en un bazar interno de la compañía para que todos puedan verlos y decidir si pueden ser útiles para alguien más, vendidos o donados.

   La clave para un lugar sin elementos inútiles es no permitir que entren en las áreas objetos innecesarios que se puedan acumular.

5. Un entregable para esta etapa es una lista de objetos necesarios en cada área donde se aplique (véase la tabla 7.2).

El principio que debe regir en esta etapa es: *solo lo que se necesita, solo la cantidad necesaria y solo cuando se necesita.*

Etapa 2. Implementación de la segunda S (ordenar)

En esta etapa debemos ordenar los artículos que seleccionamos como necesarios en nuestro trabajo, estableciendo un lugar específico para cada cosa, de manera que se facilite su identificación,

localización, disposición y vuelta al mismo lugar después de usarla. Para ello necesitamos:

1. Dividir nuestra área de trabajo en partes manejables y fácilmente identificables.

TARJETA ROJA		
Fecha:	**Folio:**	
Descripción:		
Responsable:		
Fecha:	**Folio:**	
Descripción:		
CATEGORÍA		
Accesorios o herramientas		
Cubetas, recipientes		
Equipo de oficina		
Instrumentos de medición		
Librería, papelería		
Maquinaria		
Materia prima		
Material de empaque		
Producto terminado		
Producto en proceso		
Refacciones		
Otro (especifique)		
RAZÓN		
Contaminante		
Defectuosos		
Descompuesto		
Desperdicio		
No se necesita		
No se necesita pronto		
Uso desconocido		
Otro (especifique)		
Responsable		
Fecha de decisión		
Destino final		
Fecha		

Tabla 7.1

Lista de objetos necesarios		
		Área
No.	Objeto	Ubicación

Tabla 7.2

2. Generar una guía de ubicaciones.
3. Establecer sitios para cada objeto.
4. Hacer las siluetas o delimitar con colores las posiciones de los objetos en las áreas designadas.

Básicamente se deben ordenar los artículos y el mobiliario que dejamos en la lista de objetos necesarios y establecer un orden adecuado para tener estos artículos a mano para nuestro trabajo.

Es conveniente establecer áreas específicas, marcadas o señaladas para colocar cada objeto. De esta manera, no los colocaremos en lugares que no les corresponden. Al llevar a cabo esta etapa, considere designar lugares específicos en estantes, escritorios, cajones, archivos electrónicos, almacenes, etc.

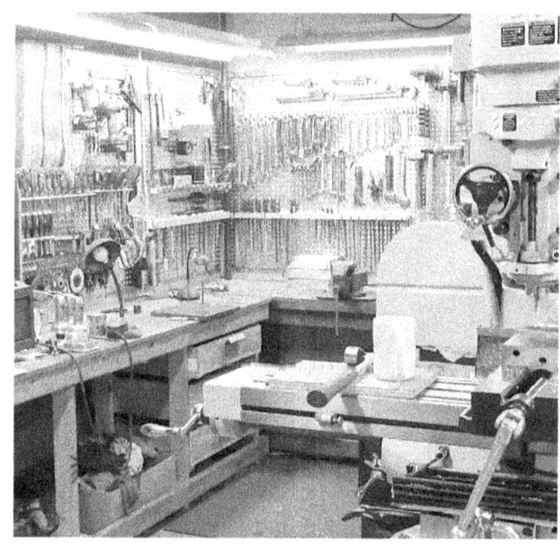

Lugar de trabajo en perfecto orden.

Además de designar un lugar y marcarlo para localizarlo visualmente, un entregable para esta etapa puede ser una guía para especificar las coordenadas o ubicación de todos los artículos para poder localizarlos con rapidez (menos de 30 segundos). Si lo logra, su trabajo habrá sido satisfactorio.

Después de un periodo de 30 o 40 días, se debe decidir qué hacer con los objetos ubicados en las áreas de cuarentena, para lo cual es recomendable realizar una especie de bazar interno para que el personal de todas las áreas pueda ver qué objetos podrían ser útiles para otras áreas.

Etapa 3 Implementación de la tercera S (limpiar)

Limpiar es básicamente eliminar la suciedad, teniendo en cuenta que al hacer limpieza también estamos inspeccionando. Así se pueden descubrir problemas potenciales antes de que se conviertan en críticos.

Proceso de limpieza

- Diseñar el programa de limpieza.
- Definir los métodos de limpieza.
- Establecer la disciplina.
- Asignar responsables de las actividades de limpieza.
- Definir su frecuencia y cuándo se deben llevar a cabo.
- Listar cada una de las actividades de limpieza a realizar.

Implementación del proceso de limpieza.

* Listar los artículos y equipos de limpieza que se necesitan.
* Documentar las actividades de limpieza en un procedimiento.

En esta etapa se hacen las asignaciones para que cada empleado tenga la responsabilidad de cuidar la limpieza, aun cuando sea una actividad que realiza el departamento de limpieza. Además, es importante considerar que no solo se trata de limpiar, sino de buscar maneras de no ensuciar o de hacer que las actividades que generan basura contengan esa basura en el momento de generarla.

«El lugar más limpio no es el que más se limpia, sino el que menos se ensucia.»

Etapa 4. Implementación de la cuarta S (estandarizar)

Estandarizar es lograr que los procedimientos, prácticas y actividades se ejecuten consistentemente y de manera regular para asegurar que la selección, la *organización* y la *limpieza* se mantengan en las áreas de trabajo.

Proceso

* Integrar las actividades de 5 S en el trabajo regular.
* Evaluar los resultados.

En esta etapa es recomendable elaborar también un manual de estandarización para que se mantengan las 5 S y exista continuidad en aspectos como:

- Estandarización de colores.
- Colores y tipos de líneas.
- Codificación de artículos, espacios, estantes, etc.
- Guías de ubicaciones.
- Etiquetas.
- Estándares para la organización.
- Estándares para la limpieza.
- Reglamento.

Las evaluaciones deben ser objetivas y debe llevarlas a cabo personal designado exclusivamente para ese fin. Cuando la implementación haya madurado, cualquier persona podrá evaluar otra área que no sea la suya.

Más adelante se presenta una evaluación modelo que puede servirle para crear la suya. Estas evaluaciones generalmente se diseñan para aplicarlas en almacenes, oficinas y áreas de producción.

Al realizar una evaluación, es muy importante comparar la evidencia encontrada en la evaluación anterior con los resultados obtenidos en la evaluación actual.

En esta presentación de resultados se puede ver la situación anterior y el resultado actual (véase la tabla 7.3).

Lo más importante de las evaluaciones es que influyan en la cultura de la organización y, sobre todo, que creen un ambiente competitivo que permita la continuidad de lo logrado. Es recomendable que las evaluaciones no sean motivo de castigos o presiones que hagan que el proyecto sea una obligación, sino un logro compartido que proporciona muchos beneficios.

Un entregable para esta etapa es una guía de estandarización por áreas, en la que se pueda consultar la ubicación de los objetos, el dibujo de la distribución, la guía de estandarización de colores y etiquetado, así como el reglamento de seguimiento.

«Di lo que haces, haz lo que dices y demuéstralo.»

Etapa 5. Implementación de la quinta S (seguimiento)

Seguimiento es convertir en un hábito las actividades de las 5 S, manteniendo correctamente los procesos generados a través del compromiso de todos.

En esta etapa es recomendable:

- Hacer campañas de promoción sobre lo que se ha ganado.
- Organizar visitas a las instalaciones.

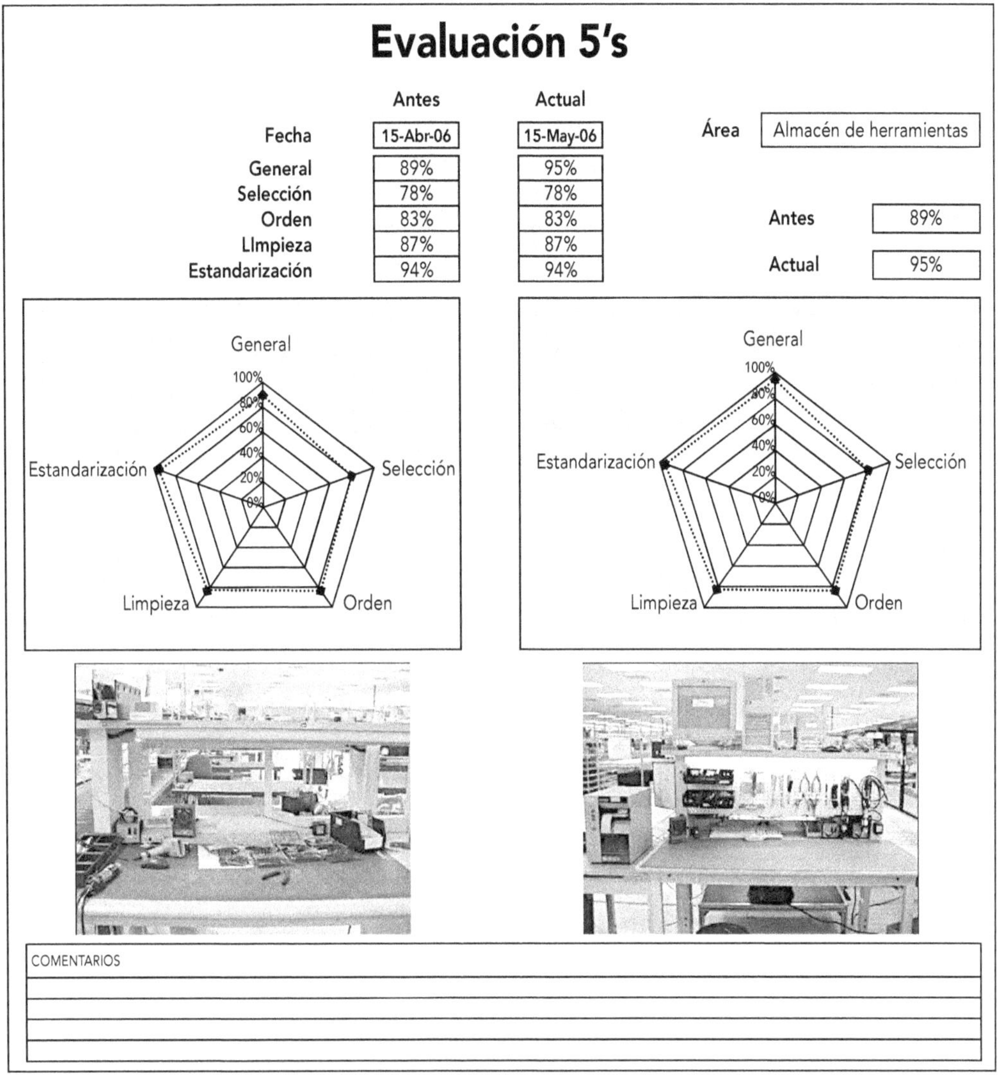

Tabla 7.3

- Proporcionar capacitación continua.
- Hacer campañas de difusión.
- Realizar reuniones de seguimiento.
- Realizar presentaciones de proyectos.

«Lo difícil no es llegar, sino mantenerse.»

Consideraciones importantes

La mejor herramienta para implementar las 5 S es el liderazgo que puede tener la dirección de la empresa y el apoyo para que todos se contagien del entusiasmo de este proyecto. Esto hará que todos se esfuercen por lograr que las empresas no solo tengan mejor aspecto al estar más ordenadas y limpias, sino que aumenten la productividad significativamente al eliminar tiempos de búsqueda. Normalmente, gran parte de nuestro tiempo lo dedicamos a buscar algo. Buscamos objetos, documentos, archivos en el ordenador, herramientas, pedidos, etc. Por lo tanto, más allá de mejorar el aspecto estético, debemos centrarnos en la productividad que es posible lograr.

Es recomendable que al final de cada etapa de implementación haga fotografías, preferentemente desde el mismo sitio y con la misma iluminación, para que se note que son cambios en el mismo lugar.

Cuando el proceso de las 5 S haya llegado a la madurez, quizá después de un periodo continuo de seis meses a un año, y cuando se haya convertido en un hábito, personas de otras empresas podrán visitar su empresa, igual que usted realizó esas visitas. Será motivo de gran orgullo para toda su compañía mostrar los avances y logros obtenidos.

Capítulo 8

Control visual

Antecedentes

En la antigüedad, los ejércitos comenzaron a distinguirse por sus banderas y uniformes, las tribus pintaban señales en las paredes como legado para sus pueblos, y así también quedaron grabados los métodos de cacería y de guerra, las costumbres, etc.

Andon era conocido en la antigüedad por los japoneses como «lámpara», la cual estaba hecha de segmentos de papel colocados alrededor de una base con una vela en su interior y la tapa descubierta. *Andon* funcionaba como una señal visual que, desde la distancia, daba un mensaje para comunicar algo.

Las señales visuales están a nuestro alrededor en las calles, las empresas, los hospitales, etc., para ayudarnos a entender rápidamente una situación específica y tomar decisiones sin necesidad de preguntar.

Los seres humanos captamos información por medio de nuestros sentidos. El sentido de la vista es con el que más captamos, un 80 %, seguido del oído con un 10 %, el olfato con un 5 %, el gusto con un 3 % y el tacto con un 1 % (Slater, 2002).

> «La gente se desempeña conforme se le mide.»
>
> Eli Goldratt

Definición

El trabajo se relaciona con simples señales visuales y de audio que se identifican y entienden fácilmente. Estas señales son eficientes, autorreguladas y las manejan los operadores.

En esta fotografía observamos a un equipo de operadores que trabajan en una célula de manufactura y que tienen un tablero de control andon para comparar el grado de avance que tienen con el que deberían tener. Dicho tablero les permite tomar la decisión en cualquier momento de trabajar más rápido o más lento, según sea necesario.

Esta información se puede utilizar para identificar, instruir o indicar que existe una condición normal o anormal y que se puede requerir alguna acción.

Andon es un elemento del principio *jidhoka* que, mediante ingeniosos mecanismos, detecta cuando ocurre un error y entonces, con una señal generalmente visual, avisa al operador que se ha generado un problema.

Andon es una señal que incorpora elementos visuales, auditivos y de texto que sirven para notificar problemas de calidad o paros por ciertos motivos.

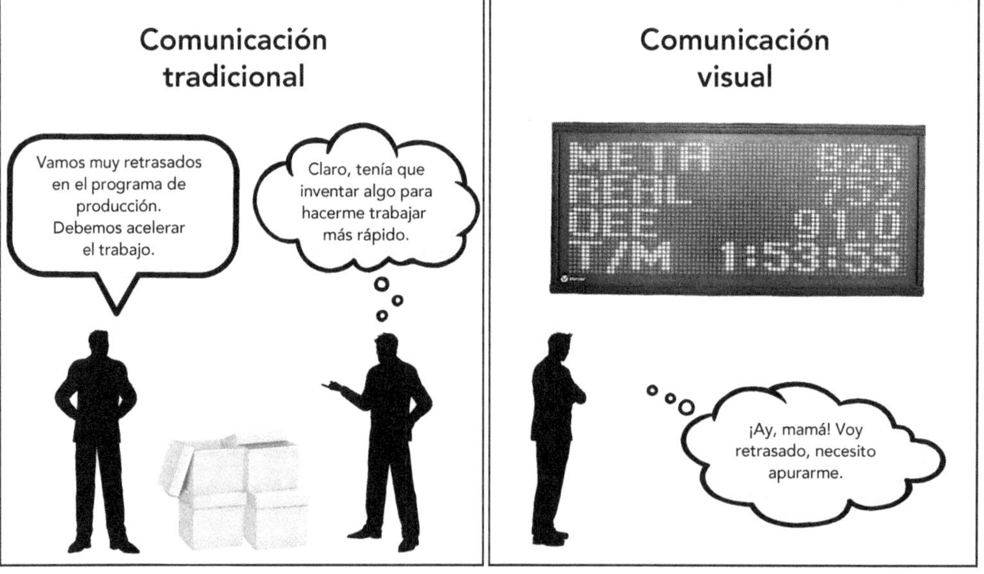

Figura 8.1

Proporciona información en tiempo real y retroalimentación del estado de un proceso.

El concepto de *andon* es medir procesos y no personas. La comunicación visual genera actitudes hacia las responsabilidades, no contra los individuos.

¿Para qué se implementa *andon?*

Los elementos de señal *andon* se utilizan básicamente para:

- Mejorar la calidad.
- Reducir el costo.
- Mejorar el tiempo de respuesta.
- Aumentar la seguridad.
- Mejorar la comunicación.
- Entender inmediatamente los problemas.

Cuando utilizamos control visual, debemos preguntarnos:

- ¿Qué es necesario monitorear?
- ¿Dónde están los puntos clave de monitoreo?
- ¿Cómo se indican las anomalías?
- ¿Con qué facilidad se pueden revisar?
- ¿Qué acción se deberá tomar?

¿Cuándo se utiliza *andon?*

Cuando se quiere dar una señal para emprender alguna acción o tomar una decisión en áreas como:

- Almacenes.
- Operaciones.
- Equipo.
- Calidad.
- Seguridad.

Tipos de control visual

1. Alarmas

Proporcionan una señal de aviso en situaciones urgentes y pueden utilizarse con diferentes sonidos según sea su aplicación.

2. Luces y torretas

Para conocer el estado de los equipos, celdas o áreas, se utilizan señales de colores en torretas o banderas. Cada uno de los colores indica los siguientes conceptos:

- **Azul:** problemas relacionados con los materiales (aprovisionamiento o falta de material).
- **Verde:** línea o célula funcionando satisfactoriamente.
- **Amarillo:** línea o célula parada por falta de mantenimiento, o a punto de hacer algún cambio si está intermitente.
- **Rojo:** línea o célula parada por problemas de calidad o accidente.

Las luces o torretas se utilizan cuando se desea resaltar visualmente alguna condición de operación para llamar la atención del responsable de tomar alguna decisión.

3. Kanban

Es un sistema de información visual que indica a los operadores cuándo iniciar una actividad de producción. También indica que se requiere reponer material en los supermercados, con lo cual previene el desabastecimiento.

4. Tableros de información

Estos tableros son útiles para hacer un seguimiento continuo y automático al plan de producción. En un tablero de información se programa el ritmo al que se debe producir, que es al que el cliente compra (tiempo *takt)*, y automáticamente inicia el conteo y lo compara con los datos que se mandan desde la línea para contabilizar en tiempo real la producción que se va obteniendo.

Anaquel de almacén:	F26-18	Código de la pieza:	A5-34	Proceso anterior:
No. de pieza:	2214			**FORJA B-2**
Nombre de pieza:	Soporte para motor			Proceso posterior:
Tipo de automovil:	SX50BC			**MECANIZACIÓN**
Capacidad de la caja: 100		Tipo de caja: B		

Figura 8.2

5. Listas de verificación

Lista de verificación
Carga y puesta en operación del molino 3CX

1. Se han revisado las guías de alimentación ☐

2. Se ha alimentado el material previamente mezclado ☐

3. Están listas las especificaciones de la mezcla ☐

4. Se ha elevado la temperatura a 450 grados centígrados ☐

5. La presión del equipo marca 120 psi ☐

6. El nivel de aceite es el óptimo ☐

7. Se tiene listo el refuerzo de metal ☐

Notas. Asegúrese de tener puesta la careta y la mascarilla de seguridad ☐

Figura 8.3

6. Marcas en planta

- **Verde:** indica producto bueno.
- **Amarillo:** delimita pasillos.
- **Azul:** indica materia prima y producto en proceso.
- **Rojo:** indica producto no conforme.

Control visual de marcas en el pavimento.

- **Rojo y blanco:** delimitan áreas de seguridad.
- **Negro y blanco:** delimitan áreas de mantenimiento.
- **Negro y amarillo:** delimitan áreas de precaución.

¿Cuánto tiempo se tarda en implementar andon?

Depende principalmente del tipo de señal y su complejidad. Generalmente se tarda de una a cuatro semanas en implementarlo en cada área.

Procedimiento para implementar andon

- Decidir qué información se tiene que dar y a quién va dirigida.
- Crear el tipo de *andon* o señal necesario.
- Capacitar al personal para utilizar las señales.
- Crear disciplina con un buen liderazgo para hacer respetar las señales.

Decidir qué información se tiene que dar y a quién va dirigida

Para decidir el tipo de información que se va a ofrecer en el control visual, hay que considerar la necesidad de dar información relativa a las 6 M (maquinaria, mano de obra, métodos, mediciones, medio ambiente y materiales). Lo que buscamos al considerar las 6 M es hacer los problemas visibles sin tener que encontrarlos directamente, sino que los indicadores atraigan la atención de quien debe solucionar los problemas o efectuar acciones de mejora o prevención.

La administración visual intercambia información en tiempo real acerca del estado de la planta, con lo cual es necesario responder las siguientes preguntas:

- ¿Cuáles son las mediciones necesarias y sus objetivos?
- ¿Qué necesitamos para saber el estado de dichas mediciones?
- ¿Cómo están los indicadores actualmente y cómo deberían estar?
- ¿Qué debo hacer yo para lograr el objetivo?

Crear el tipo de andon *o señal necesario*

Si se requiere un tablero para hacer un seguimiento en planta o cualquier otra señal de las que se mencionaron anteriormente, se describe la información necesaria y se diseña el tipo de señal.

Tableros para celdas de trabajo

En los tableros de las figuras 8.4 y 8.5 se pueden incluir indicadores de calidad, costo, entrega y personal, y en cada tema se pueden colocar, de arriba hacia abajo, los siguientes informes:

- Gráfico de tendencias.
- Gráfica de Pareto que explique los motivos más comunes.
- Lista de acciones para mejorar, prevenir o corregir.

También tienen un espacio para colocar tarjetas de oportunidad.

Indicadores de seguridad

En la figura 8.6 se ven los días transcurridos del mes y los tipos de incidentes o accidentes, con las siguientes referencias:

Verde: nada que indicar, el día transcurrió sin accidentes.
Amarillo: primeros auxilios.
Rojo: accidente.

Se asigna una letra clave para cada tipo de accidente.

Capacitar al personal para utilizar las señales

El paso más importante es que todos en la planta o empresa conozcan y entiendan el mensaje sobre el objetivo y el resultado. Por ello, la capacitación será clave para el entendimiento, el uso y la toma de decisiones.

Tablero de resultados
Espacio para calculadora
Área
Turno
5's
Programa prod.
Historial
Control operativo
Totales
No. Parte
Hora
Disponibilidad
Eficiencia
Calidad
OEE
T. muerto/
T. de cambio
Notas
Defectuosos
Producto
Defectos D
Unidades U
Oportunidades OP
Total de oportunidades TOP = U × OP
Defectos por oportunidad DPO = D/TOP
DPMO
Nivel Sigma
Defecto
Causa
Solución

Figura 8.4

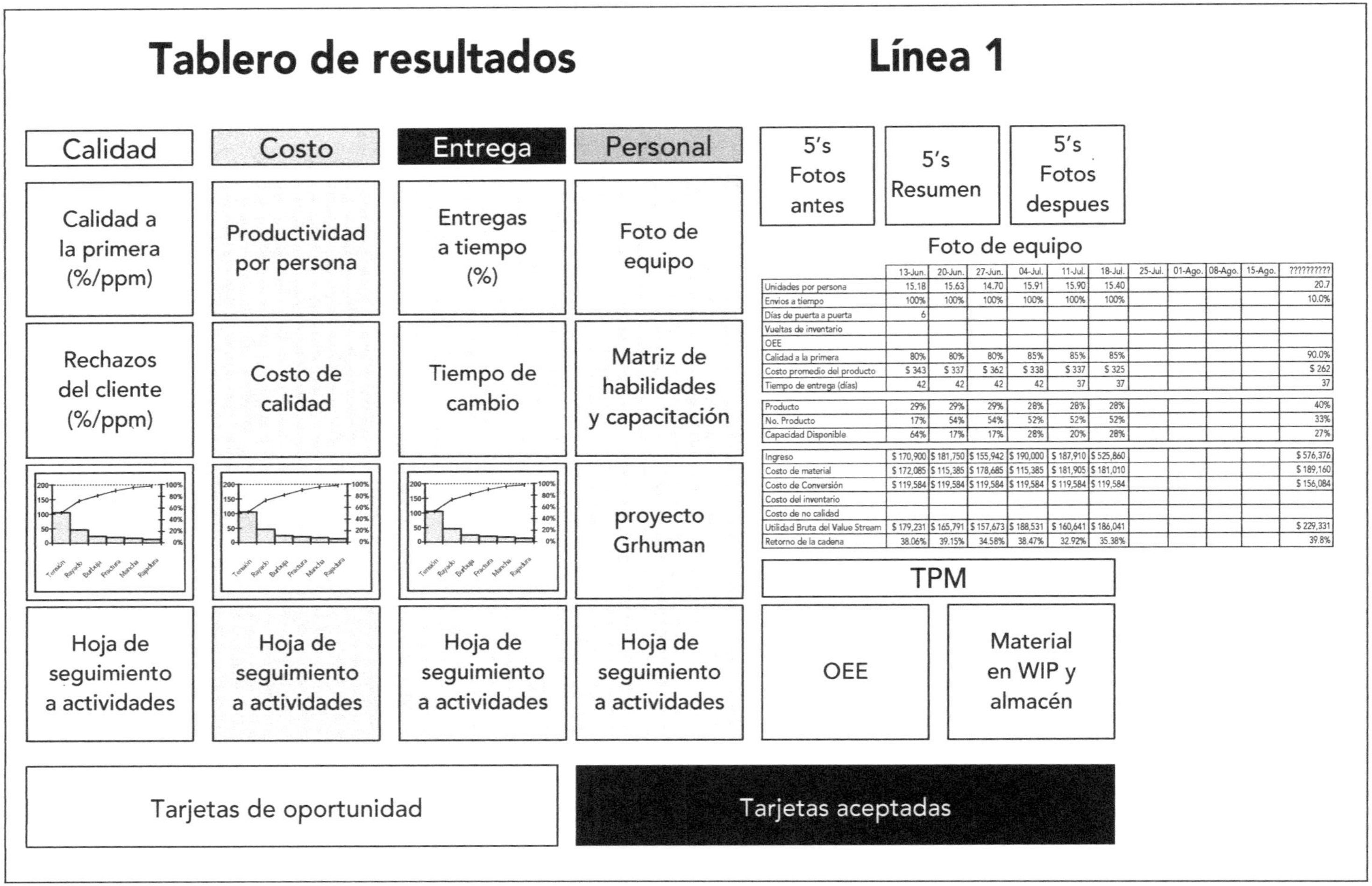

Tablero de resultados — Línea 1

Calidad	Costo	Entrega	Personal
Calidad a la primera (%/ppm)	Productividad por persona	Entregas a tiempo (%)	Foto de equipo
Rechazos del cliente (%/ppm)	Costo de calidad	Tiempo de cambio	Matriz de habilidades y capacitación
			proyecto Grhuman
Hoja de seguimiento a actividades	Hoja de seguimiento a actividades	Hoja de seguimiento a actividades	Hoja de seguimiento a actividades

Tarjetas de oportunidad

Tarjetas aceptadas

5's Fotos antes

5's Resumen

5's Fotos despues

Foto de equipo

	13-Jun.	20-Jun.	27-Jun.	04-Jul.	11-Jul.	18-Jul.	25-Jul.	01-Ago.	08-Ago.	15-Ago.	???????????
Unidades por persona	15.18	15.63	14.70	15.91	15.90	15.40					20.7
Envios a tiempo	100%	100%	100%	100%	100%	100%					10.0%
Días de puerta a puerta	6										
Vueltas de inventario											
OEE											
Calidad a la primera	80%	80%	80%	85%	85%	85%					90.0%
Costo promedio del producto	$ 343	$ 337	$ 362	$ 338	$ 337	$ 325					$ 262
Tiempo de entrega (días)	42	42	42	42	37	37					37
Producto	29%	29%	29%	28%	28%	28%					40%
No. Producto	17%	54%	54%	52%	52%	52%					33%
Capacidad Disponible	64%	17%	17%	28%	20%	28%					27%
Ingreso	$ 170,900	$ 181,750	$ 155,942	$ 190,000	$ 187,910	$ 525,860					$ 576,376
Costo de material	$ 172,085	$ 115,385	$ 178,685	$ 115,385	$ 181,905	$ 181,010					$ 189,160
Costo de Conversión	$ 119,584	$ 119,584	$ 119,584	$ 119,584	$ 119,584	$ 119,584					$ 156,084
Costo del inventario											
Costo de no calidad											
Utilidad Bruta del Value Stream	$ 179,231	$ 165,791	$ 157,673	$ 188,531	$ 160,641	$ 186,041					$ 229,331
Retorno de la cadena	38.06%	39.15%	34.58%	38.47%	32.92%	35.38%					39.8%

TPM

OEE

Material en WIP y almacén

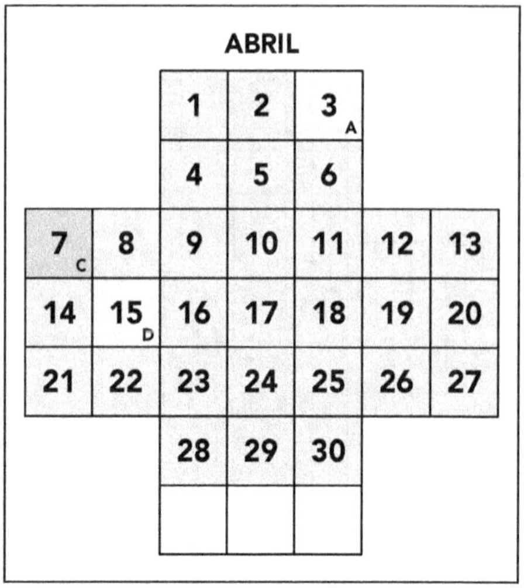

Figura 8.6

Crear disciplina con un buen liderazgo para hacer respetar las señales
Andon dará buenos resultados solamente con el compromiso de la dirección en el uso de las señales. La importancia que todos los empleados les den a estos indicadores dependerá de la importancia que les den los gerentes y líderes.

Parte IV

Herramientas para mejorar la efectividad de los equipos

Capítulo 9

Mantenimiento productivo total

Antecedentes

El mantenimiento productivo total o TPM (siglas en inglés de *total productive maintenance)* tiene sus orígenes en Estados Unidos, donde muchas empresas manufactureras aplicaban ciertas prácticas para prevenir errores y con ello impedir paros inoportunos y reparaciones de emergencia. En la posguerra, mientras Japón reconstruía su economía, varios gerentes e ingenieros japoneses visitaron estas plantas para asimilar ideas y llevarlas a la práctica en Japón.

Fue en Nippondenso, una fábrica proveedora de partes de automóvil para Toyota, donde se aplicaron por primera vez los conceptos de mantenimiento, haciendo participar a todos los empleados de la organización (no solo a los especialistas en mantenimiento). Se ponía especial énfasis en la implementación de prácticas en las que los operadores se hacían responsables del mantenimiento y cuidado de sus equipos. Gracias a esto, en 1971, la empresa ganó por primera vez el premio a la planta más distinguida, otorgado por el Instituto Japonés de Mantenimiento de Plantas. En ese mismo año, Seiichi Nakajima publicó el proceso de implementación de este sistema, así como los elementos que lo componen. No muchos años después, en 1987, el círculo histórico se cerró al regresar el sistema TPM a su tierra de origen, siendo Kodak la primera empresa en implementarlo.

Definición

El mantenimiento productivo total es una metodología de mejora que permite la continuidad de la operación, en los equipos y plantas, al introducir los conceptos de:

- Prevención.
- Cero defectos ocasionados por máquinas.
- Cero accidentes.
- Cero defectos.
- Participación total de las personas.

En las empresas de manufactura, el mantenimiento de las máquinas representa un problema si no es el adecuado, ya que impide la continuidad en la producción. Además, es uno de los mayores generadores de desperdicio en productos y gastos operativos debidos a reparaciones. Esto resulta clave si los procesos dependen en gran medida de la automatización o si se trata de procesos continuos.

¿Para qué se implementa el TPM?

Las siguientes son algunas de las utilidades del TPM:

- Mejora la calidad, ya que máquinas más precisas producen partes con menos variación y, por ende, de mejor calidad.
- Mejora la productividad al aumentar la disponibilidad del equipo. De esta manera, el tiempo se aprovechará mayormente en actividades que generan valor.
- Permite mejorar el servicio a los clientes y, por ende, su confianza, ya que las máquinas serán más fiables y estarán disponibles cuando se necesiten.
- Da continuidad en las operaciones de la planta.
- Mejora el uso y aprovechamiento de los equipos.
- Involucra a los operadores en el cuidado y mantenimiento de sus equipos.
- Reduce significativamente los gastos por mantenimiento correctivo (descomposturas no programadas).
- Reduce el número de defectos y productos rechazados que son generados por máquinas en mal estado.
- Reduce los costos operativos hasta un 30 %.

También se sabe que, en general, el costo del mantenimiento en una planta puede llegar a representar entre el 10 y el 40 % del costo de operación; de ahí la importancia de su correcta implementación.

Mantenimiento productivo total.

Además, es muy común que el 50 % del gasto total del mantenimiento se deba a la mala operación de los equipos y entre el 10 y el 15 % a la mala lubricación. Entonces la importancia es aún mayor, ya que la ignorancia sobre la correcta operación de los equipos y el poco cuidado que se tiene en los mismos aumenta la probabilidad de riesgos y gastos.

En síntesis, el TPM será un instrumento clave para poder implementar otras herramientas, ya que los equipos son un insumo básico en los procesos.

Los equipos sufren un desgaste natural debido al uso normal, y un desgaste forzado debido a la falta de cuidado. El TPM elimina el desgaste forzado y le da al operador la responsabilidad perpetua de cuidar su equipo para mantenerlo en óptimas condiciones.

¿Cuándo se utiliza el TPM?

El TPM se utiliza cuando se desea que las plantas, máquinas y equipos de todo tipo estén en óptimas condiciones, incluyendo instalaciones y equipos de transporte y manejo de materiales.

Una de las situaciones en que resulta más útil el TPM es cuando se sabe que el personal que opera las máquinas y el personal que les da mantenimiento no están completamente preparados para hacerlo. La ignorancia es una de las principales causas del pobre mantenimiento y de la mala operación, lo que finalmente se traduce en poca fiabilidad de las operaciones y, en consecuencia, de las empresas.

¿Cuánto tiempo se tarda en implementar el TPM?

La implementación del TPM en una planta manufacturera es quizás uno de los proyectos más complejos, además de que tarda un tiempo considerable, a veces años, si se tienen en cuenta todos los equipos. Esto se debe a que es un proyecto que se aplica a toda la planta y requiere que todo el personal tenga un conocimiento integral de su equipo. Además, por lo general, el personal operativo de una empresa no está acostumbrado a aceptar la responsabilidad del mantenimiento, y el personal de mantenimiento siente temor de dejarle ciertas responsabilidades del equipo, en ocasiones por considerarlo incapaz y en otras por temor a ser desplazado en un futuro.

El TPM se debe aplicar primero en un equipo, lo cual tarda de cuatro a cinco días, y después se va implementando sucesivamente en eventos bien organizados, siguiendo el procedimiento que se explica más adelante.

Un evento de mejora enfocado a implementar el TPM en una máquina o área específica se prepara con uno o dos meses de anticipación. Una vez terminado este evento de implementación, debe existir un seguimiento por parte de los responsables para asegurar que se lleven a cabo las actividades que quedaron pendientes.

Los seis pilares del mantenimiento productivo total

Para que el TPM se implemente de manera realmente integral, debe incluir los siguientes pilares:

1. Mejoras enfocadas.
2. Mantenimiento autónomo.
3. Mantenimiento planeado.
4. Mantenimiento de calidad.
5. Capacitación.
6. Seguridad.

Las seis grandes pérdidas en los equipos

Los seis limitantes de los equipos que finalmente afectarán los resultados de la empresa son:

1. Tiempos muertos por paros inesperados.
2. Tiempos muertos por cambio de productos.
3. Paros menores.
4. Reducciones de velocidad.
5. Defectos en el proceso.
6. Defectos por arranque y cambio de productos.

Cómo combatir las seis grandes pérdidas en los equipos

En la figura 9.1 se muestra cómo combatir las pérdidas en los equipos.

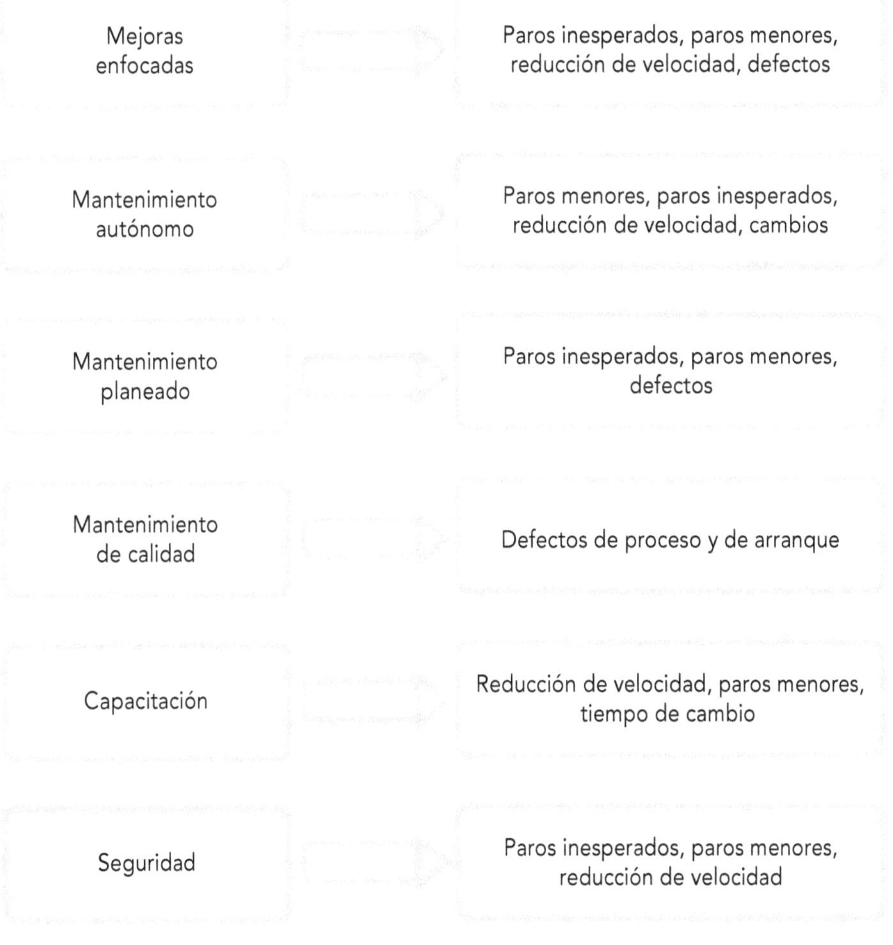

Figura 9.1

Algunas mediciones importantes
Efectividad total de los equipos

La efectividad total de los equipos u OEE (siglas en inglés de *overall equipment effectiveness*) es una medición indispensable para darnos cuenta de la capacidad real para producir sin defectos. Para medirla es necesario obtener la información todos los días, procesarla y hacer los siguientes cálculos.

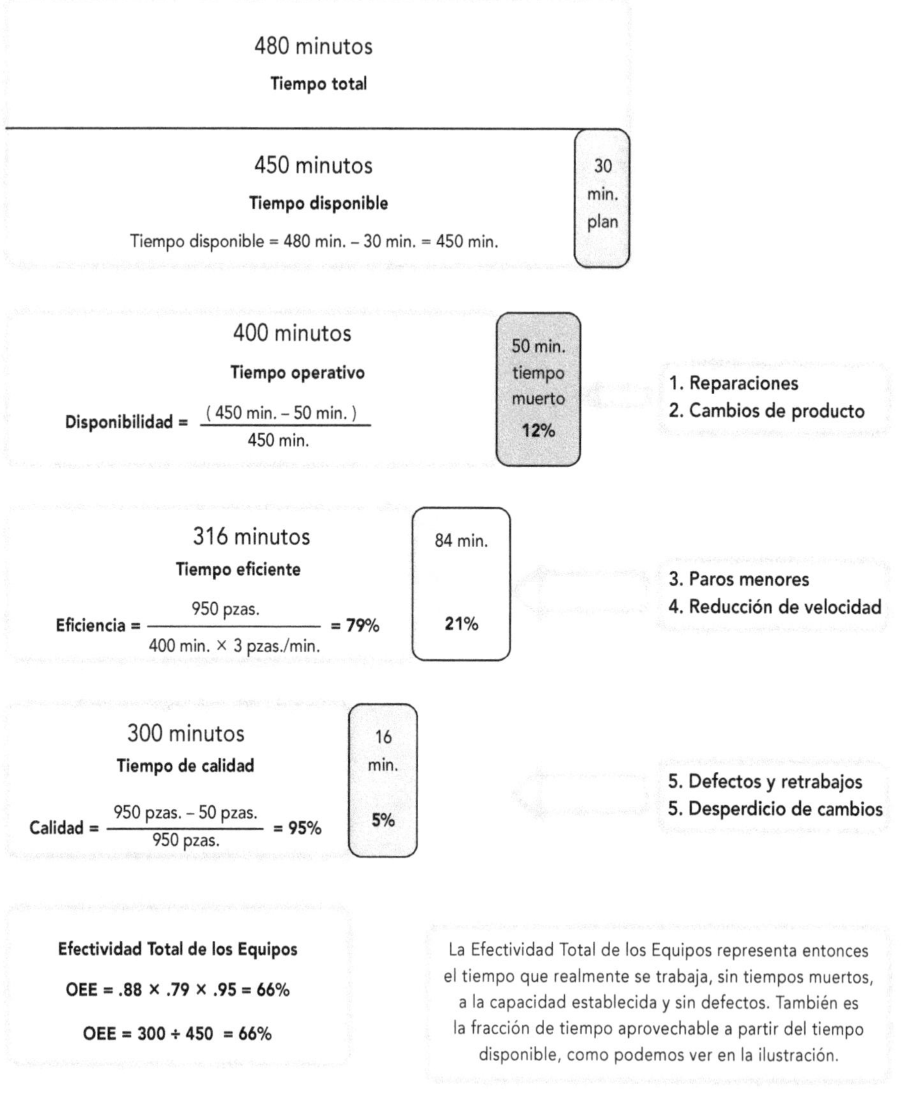

$$\text{Disponibilidad} = \frac{(450 \text{ min.} - 50 \text{ min.})}{450 \text{ min.}}$$

$$\text{Eficiencia} = \frac{950 \text{ pzas.}}{400 \text{ min.} \times 3 \text{ pzas./min.}} = 79\%$$

$$\text{Calidad} = \frac{950 \text{ pzas.} - 50 \text{ pzas.}}{950 \text{ pzas.}} = 95\%$$

Figura 9.2

Fórmulas

Tiempo total = tiempo disponible + tiempo planeado (comida, reuniones, etc.).

Tiempo disponible = tiempo total – tiempo planeado.

Tiempo operativo = tiempo total – tiempo planeado – tiempo muerto.

Tiempo muerto = tiempo de descomposturas + tiempo de cambio de producto.

Disponibilidad = (tiempo disponible – tiempo muerto) ÷ tiempo disponible.

Eficiencia = producción total ÷ (tiempo operativo × capacidad).

Calidad = (producción total – defectos y repetición de tareas) ÷ producción total.

OEE = disponibilidad × eficiencia × calidad.

Otras mediciones

Tiempo medio entre fallos

El tiempo medio entre fallos o MTBF (siglas en inglés de *mean time between failures)* es un indicador que se obtiene sumando todos los tiempos de falla y dividiendo el resultado entre el número de fallos observadas. Este número indica el periodo aproximado que una máquina funciona sin errores.

Tiempo medio entre reparaciones

El tiempo medio entre reparaciones o MTTR (siglas en inglés de *mean time through repair)* es un indicador que se obtiene sumando todos los tiempos de reparación de un equipo y dividiendo el resultado entre el número de reparaciones realizadas. Este número indica el tiempo estimado que un equipo estará parado mientras se repara.

Procedimiento para llevar a cabo el mantenimiento productivo total

Antes de realizar el evento kaizen

- Definir la máquina o equipo en el que se realizará el evento *kaizen* de TPM.
- Crear el equipo de implementación.
- Capacitar al personal en los temas de TPM.
- Crear planes y políticas para la implementación.
- Preparar documentos (tarjetas de oportunidad, registros, instrucciones, manuales, etc.).

Durante el evento kaizen *(de cuatro a ocho días)*

- Hacer una limpieza exhaustiva a la máquina y a su área.
- Implementar mantenimiento autónomo en el equipo.

- Establecer un programa de mantenimiento preventivo y predictivo.
- Establecer un análisis de fiabilidad.
- Realizar una presentación de los logros obtenidos.

Hacer una limpieza exhaustiva a la máquina y a su área

En este paso inicial, primero se les explica a todos los integrantes del equipo el procedimiento general de la aplicación de TPM y sus beneficios. Después se realiza la limpieza exhaustiva del equipo y de su área seleccionada, utilizando telas o trapos con desengrasante.

Mientras se lleva a cabo la limpieza exhaustiva, el líder del equipo les explica a los integrantes que todos deben participar no solo limpiando, sino utilizando la limpieza para detectar oportunidades, como condiciones inseguras, falta de lubricante en las máquinas, elementos dañados, piezas flojas o rotas, etc.

Al limpiar, seguramente los miembros del equipo encontrarán componentes flojos o sueltos, motores desalineados, falta de lubricantes, fugas de aire, falta de elementos, riesgos de seguridad, etc. Siempre que se encuentre una oportunidad de mejora, se debe registrar en la tabla de oportunidad y colocar el talón en el lugar de la oportunidad para que esta se mantenga a la vista.

Cada oportunidad se debe clasificar como A, B o C. Las oportunidades A se deben realizar en el tiempo en que se lleva a cabo el evento, es decir, no más de una semana; las oportunidades B se deben realizar en un plazo no mayor a

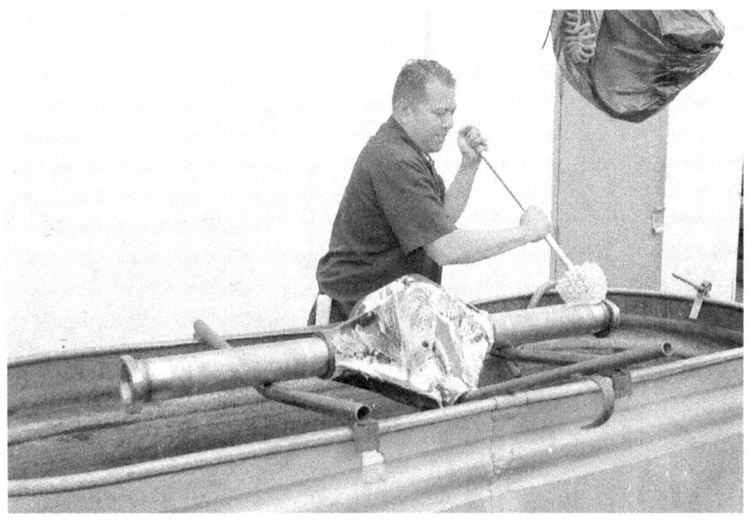

Evento de superlimpieza.

dos semanas, y las oportunidades C deben realizarse en un plazo no mayor a dos meses. Esta clasificación se asigna para dar una formalidad a los tiempos de ejecución.

Implementar mantenimiento autónomo en el equipo

Para este paso es básico tener implementadas las 5 S en el área, ya que el orden y la limpieza son la base del mantenimiento autónomo (véase el capítulo 7).

Durante la tarde del primer día y el segundo día se empieza con el programa de mantenimiento autónomo, el cual representa el corazón del mantenimiento productivo total, ya que ahora los operadores tendrán la responsabilidad permanente de conocer su equipo, cuidarlo y detectar errores antes de que ocurran.

Para implementar el mantenimiento autónomo, el equipo debe reunir información relevante tanto de los manuales de las máquinas como de la experiencia y el conocimiento de operadores, ingenieros, técnicos, etc., para establecer un programa diario que considere básicamente las siguientes actividades:

- Lubricación.
- Limpieza del equipo.
- Revisiones de sus niveles, parámetros, etc.
- Ajustes menores.

Entonces se prepara un registro que deberá llenar y firmar diariamente el operador cuando realice estas actividades.

Este registro deberá estar en la máquina o cerca de ella para que el operador pueda verlo y pueda registrar las actividades escribiendo el número de nómina de cada actividad en su tabla correspondiente y el día del mes en que las ejecute. De esta manera se sabrá quién realizó la actividad y el supervisor o líder podrá evaluarla y confirmar que cada día se haya realizado la actividad correspondiente.

Además, es muy importante crear instrucciones para que las actividades se realicen sin ninguna duda y siguiendo siempre los pasos correctos.

Estas instrucciones serán de gran ayuda para que el operador entienda el detalle del registro de mantenimiento autónomo.

Establecer un programa de mantenimiento preventivo y predictivo

Para asegurar la eliminación del desgaste forzado, el programa de actividades preventivas y predictivas será clave en la aplicación del mantenimiento productivo total.

Registro de mantenimiento autónomo

Máquina

Mes

		1	2	3	4	5	6	7	8	9	10	11	12	13	14	15	16	17	18	19	20	21	22	23	24	25	26	27	28	29	30	31
ANTES																																
1	Revisar nivel de lubricante en guías de mesa.																															
2	Revisar nivel de aceite de corte.																															
3	Revisar nivel de aceite hidráulico.																															
4	Revisar presión de la bomba hidráulica.																															
DURANTE																																
1	Verificar que la rebaba no se atore en el extractor.																															
2	Identificar ruidos anormales.																															
3	Revisar micros de seguridad.																															
4	Limpiar piso y líneas de refrigerante.																															
5	Mantener límpia el área en general.																															
AL FINALIZAR EL TURNO																																
1	Lubricar puntos diarios.																															
2	Limpieza de máquina y área de trabajo.																															
3	Limpiar acumulamientos de rebaba.																															

Supervisó

Comentarios

Tabla 9.1

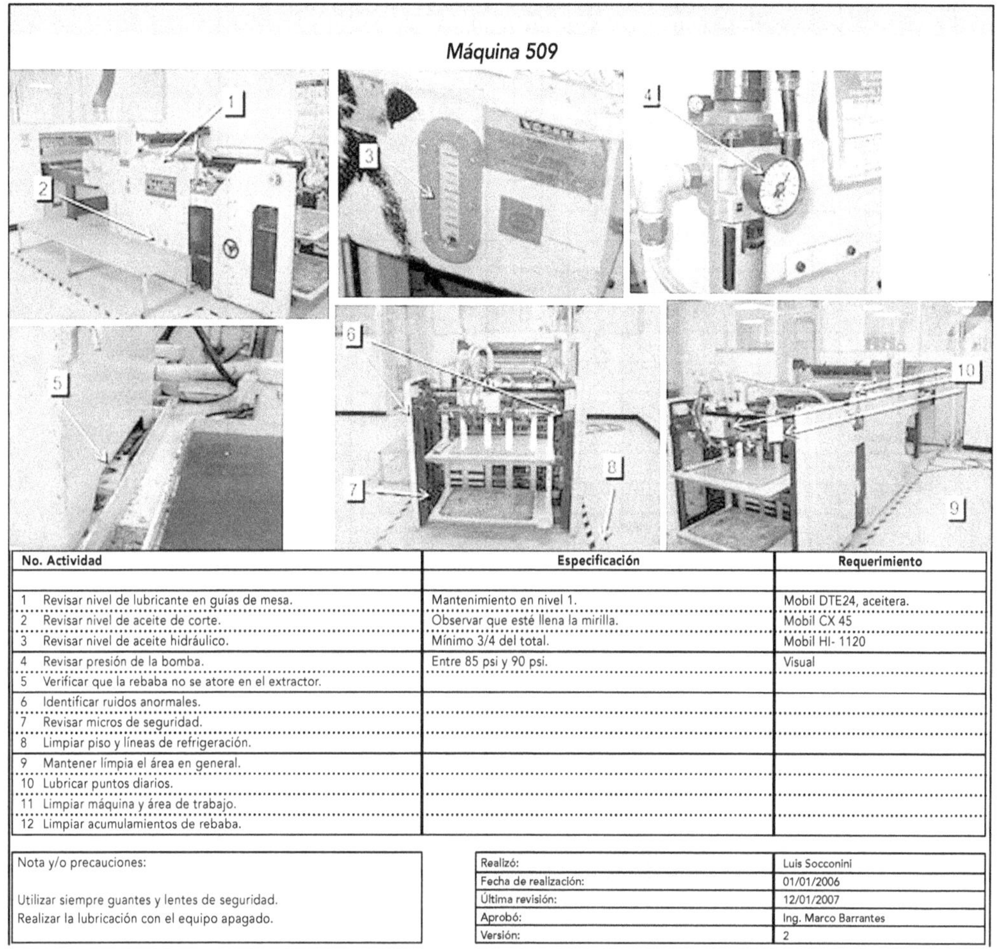

No. Actividad		Especificación	Requerimiento
1	Revisar nivel de lubricante en guías de mesa.	Mantenimiento en nivel 1.	Mobil DTE24, aceitera.
2	Revisar nivel de aceite de corte.	Observar que esté llena la mirilla.	Mobil CX 45
3	Revisar nivel de aceite hidráulico.	Mínimo 3/4 del total.	Mobil HI- 1120
4	Revisar presión de la bomba.	Entre 85 psi y 90 psi.	Visual
5	Verificar que la rebaba no se atore en el extractor.		
6	Identificar ruidos anormales.		
7	Revisar micros de seguridad.		
8	Limpiar piso y líneas de refrigeración.		
9	Mantener limpia el área en general.		
10	Lubricar puntos diarios.		
11	Limpiar máquina y área de trabajo.		
12	Limpiar acumulamientos de rebaba.		

Nota y/o precauciones:			
Utilizar siempre guantes y lentes de seguridad.	Realizó:		Luis Socconini
	Fecha de realización:		01/01/2006
	Última revisión:		12/01/2007
Realizar la lubricación con el equipo apagado.	Aprobó:		Ing. Marco Barrantes
	Versión:		2

Tabla 9.2

Durante el tercer día del evento el equipo debe llevar a cabo un plan de actividades periódicas basándose en la documentación de manuales, las recomendaciones del fabricante, la experiencia de mecánicos y expertos, así como en la aportación de los operadores. Una vez establecida la frecuencia del mantenimiento, el equipo debe analizar también qué recambios deberá tener disponibles el almacén.

Para llevar a cabo el plan de mantenimiento es necesario contar con el personal suficiente y preparado para realizar estas rutinas preventivas (preferentemente, debe tener conocimientos de mecánica, electricidad y electrónica). Este pilar se aplicará mediante la coordinación de planificación de producción, para realizarlo disciplinadamente y dedicar el tiempo necesario para su ejecución.

Programa de mantenimiento preventivo y predictivo Mes

Máquina

		1	2	3	4	5	6	7	8	9	10	11	12	13	14	15	16	17	18	19	20	21	22	23	24	25	26	27	28	29	30	31
SEMANAL																																
1	Lubricar filtros de unidad de mantenimiento.					X							X							X							X					
2	Engrasar cilindro vacío.					X							X							X							X					
3	Engrasar registros de mecanismo de registro.					X							X							X							X					
4	Engrasar base corrediza de marco.					X							X							X							X					
MENSUAL																																
5	Verificar que la rebaba no se atore en el extractor.													X																		
6	Identificar ruidos anormales.													X																		
7	Revisar micros de seguridad.														X																	
8	Limpiar piso y líneas de refrigerante.														X																	
9	Mantener límpia el área en general.														X																	
SEMESTRAL																																
10	Revisar rodamientos.		X																													
11	Cambiar aceite.																															
ANUAL																																
12	Revisar conexiones.									X																						
13	Reapretar tornillería																															
14	Cambiar filtros.																															
15	Limpiar a fondo la máquina.																															
16																																

Supervisó

Comentarios

Tabla 9.3

Establecer un análisis de fiabilidad

Para establecer un análisis de fiabilidad de los equipos, se debe realizar un análisis del modo y efecto de fallos (AMEF), el cual se explica con detalle en el capítulo 12.

El análisis de fiabilidad es un documento que identifica todos los componentes clave de los equipos, y en el cual se establecen los errores que pueden ocurrir y provocar descomposturas, problemas de calidad o accidentes que afecten a los operadores y usuarios del proceso.

Este documento se debe iniciar en el evento, y al ser un documento vivo, su desarrollo nunca termina, ya que se siguen documentando los errores, sus causas y el modo de detectarlos. El análisis de fiabilidad contribuye a mejorar la calidad con la que trabajan los equipos, dando así mayor confianza a las empresas de entregar a tiempo, reducir costos y anticiparse a cualquier error o problema.

Realizar una presentación de los logros obtenidos

Cuando se llevan avances del evento durante la semana de aplicación, se van registrando las oportunidades, las fotografías de los hallazgos encontrados y las actividades que se realizan, así como la documentación que se va generando. El último día del evento se prepara una presentación para que la dirección o la gerencia de planta observe los resultados del evento. Dicha presentación se divide básicamente en tres partes:

1. Situación actual: cómo estaba el área, las condiciones, las oportunidades, etc.
2. Qué se hizo: se describen las acciones realizadas durante el evento.
3. Qué se consiguió: se exhiben los logros (actividades, planes, capacitación, etc.).

En esta presentación deben participar todos los integrantes del equipo y la dirección debe dedicar algunos minutos para darle al evento la importancia que merece.

Actividades de seguimiento después del evento kaizen

1. Hacer un seguimiento de las actividades 2 y 3 (medio y largo plazos).
2. Asegurar la correcta aplicación con los operadores y supervisores.
3. Hacer visitas de seguimiento.
4. Hacer lecciones de un solo punto para que, en segmentos de diez minutos, se puedan explicar las acciones relativas a algún tema en particular.

Consideraciones sobre la implementación del mantenimiento productivo total

- Las 5 S son una herramienta esencial para facilitar las actividades de mantenimiento productivo.

- Es muy importante documentar las instrucciones de trabajo.
- La capacitación, tanto de los operadores como del personal de mantenimiento, es básica para que el TPM tenga éxito.
- El compromiso directivo en la implementación y el seguimiento es un elemento clave para el éxito del TPM.
- El TPM es aplicable a todos los equipos, incluyendo ordenadores, vehículos, inmuebles, etc.

Parte V

Herramientas para mejorar el tiempo de entrega y la capacidad

Capítulo 10

Manufactura celular

Antecedentes

En 1776, Adam Smith, economista y filósofo escocés, demostró que la división del trabajo en tareas específicas daba como resultado un incremento en la productividad y que, si cada persona hacía bien su trabajo, el resultado sería un bien común. Este concepto fue apoyado por Frederick Taylor, padre de la administración científica, quien aseguraba que la labor de especialistas dedicados a tareas repetitivas daría como resultado un flujo más productivo.

Con la aplicación del concepto de líneas de producción de Henry Ford se dio mayor ímpetu a la idea de especializar el trabajo y realizarlo mediante enormes líneas de ensamble.

Actualmente las condiciones de demanda y volumen han cambiado de grandes lotes del mismo producto a lotes pequeños con gran variedad, lo que hace imposible seguir trabajando de la misma forma. Por ello, desde sus primeras aplicaciones en Toyota por parte de Shigeo Shingo, Lean Manufacturing propone el trabajo en flujo continuo.

El concepto celular propone la eliminación de los grandes lotes que se deben fabricar en cada departamento para impedir que se detenga la producción de alguna de estas áreas. Ahora buscaremos introducir un flujo continuo desde la primera hasta la última operación.

En una nueva perspectiva, no solo buscaremos el bien propio, sino el bien común, con lo cual se alcanzarán resultados sorprendentes.

Manufactura celular.

Definición

Manufactura celular es un concepto de fabricación en el que la distribución de la planta se mejora de manera significativa, haciendo fluir la producción ininterrumpidamente entre cada operación, reduciendo drásticamente el tiempo de respuesta, maximizando las habilidades del personal y haciendo que cada empleado realice varias operaciones.

La manufactura celular consiste en agrupar máquinas y operaciones secuenciales, en las que se pueda fabricar un producto completo de principio a fin evitando al máximo el uso de transportes, eliminando inventarios en proceso y haciendo fluir la producción continuamente. En empresas tradicionales, los procesos están separados o departamentalizados, lo cual provoca que se tengan que almacenar, mover, trasladar y manipular materiales por muchas áreas antes de terminarlos.

¿Para qué se implementa la manufactura celular?

Las siguientes son algunas de las utilidades de aplicar células de manufactura:

- Da continuidad en las operaciones de la planta.
- Elimina inventarios en proceso que tienen un costo económico y generan defectos por manipulación.

- Crea procesos flexibles al producir diversos productos en una sola área.
- Aumenta la flexibilidad y eficiencia de las empresas.
- Permite que los operadores sean más eficientes, ya que se puede producir lo mismo con menos personas.
- Los operadores se involucran en más tareas relacionadas con el producto, incluso a veces un solo trabajador elabora un artículo completo, incrementando así su sentido de pertenencia con ese producto.
- Conecta directamente las operaciones para evitar transportes, demoras, movimientos de materiales, inventarios en proceso y sobreproducción.

¿Cuándo se utiliza la manufactura celular?

La manufactura celular se utiliza cuando necesitamos acortar los tiempos de respuesta de un proceso o de la entrega al cliente, mediante una mayor variedad y volúmenes bajos o medios de producción. Además, se utiliza cuando la demanda del mercado empieza a ser muy variable y la gama de productos demandados es mayor que antes.

¿Cuánto tiempo se tarda en implementar la manufactura celular?

Para el diseño de nuevos procesos se necesita de uno a dos meses, ya que no siempre se dispone de toda la información necesaria (como los estándares de trabajo ya explicados) para apoyar el proyecto y es necesario investigar.

Si se trata de rediseñar procesos existentes, se puede tardar de una a dos semanas, ya que es fácil recopilar la información necesaria y existen los elementos para realizarlo en poco tiempo. Sin embargo, en algunas contadas empresas, este tiempo puede ser mayor debido a que el cambio de ubicación de las estaciones de trabajo puede requerir cimentaciones o instalaciones especiales.

Procedimiento para implementar la manufactura celular

Antes de realizar el evento kaizen *(uno a dos meses por equipo)*

- Establecer el objetivo, el alcance y la documentación del proyecto (formato de proyecto).
- Dibujar el plano actual del sistema de producción.
- Formar el equipo (incluyendo operadores).
- Proporcionar capacitación sobre Lean Manufacturing y concretamente sobre manufactura celular.

Durante el evento kaizen (cuatro a ocho días)

- Realizar un diagrama espagueti.
- Dibujar el mapa de valor actual.
- Hacer un análisis de *mudas* y detectar oportunidades.
- Determinar el tiempo *takt* y el número de operadores.
- Dibujar el mapa de valor futuro.
- Dibujar el diseño de la nueva célula.
- Implementar la célula en el proceso.

Realizar un diagrama espagueti

El diagrama espagueti (véase la figura 10.1) marca la ruta de los materiales por todas las fases de producción y sirve para entender el flujo de la producción desde el almacén de material hasta el almacén de producto terminado, incluyendo el proceso.

Dibujar el mapa de valor actual

El mapa de valor es un gráfico en el que representamos todas las actividades del proceso, tanto las que agregan valor, como las que solo agregan costo y tiempo, además permite ver el flujo de la información desde el pedido hasta la entrega al cliente.

En este mapa de valor observamos que, dadas las condiciones del sistema actual, el tiempo de entrega es de 14,4 días y el tiempo de valor agregado es de solo 337 segundos, lo que indica que el material pasa una gran parte del tiempo esperando a que alguien le agregue valor y en el inventario en proceso (véase la figura 10.2).

El mapa de valor actual nos ayudará a entender el flujo actual y a detectar oportunidades para crear un flujo continuo.

Hacer un análisis de mudas y detectar oportunidades

En este análisis se utilizan las hojas de identificación de desperdicios contenidas en el archivo «2 Análisis Mudas.xls».

Para realizar el análisis de oportunidades, es recomendable que el equipo que implemente la célula de flujo continuo analice todas las oportunidades de mejora que existan en el área, donde se podrán descubrir *mudas, muras* y *muris*.

Determinar el tiempo takt y el número de operadores
Tiempo takt

Como vimos en el capítulo 5, el tiempo *takt* es la velocidad a la que compra el cliente y es el tiempo al que el sistema de producción debe adaptarse para satisfacer las expectativas del cliente.

Fórmula: tiempo *takt* = tiempo disponible ÷ demanda.

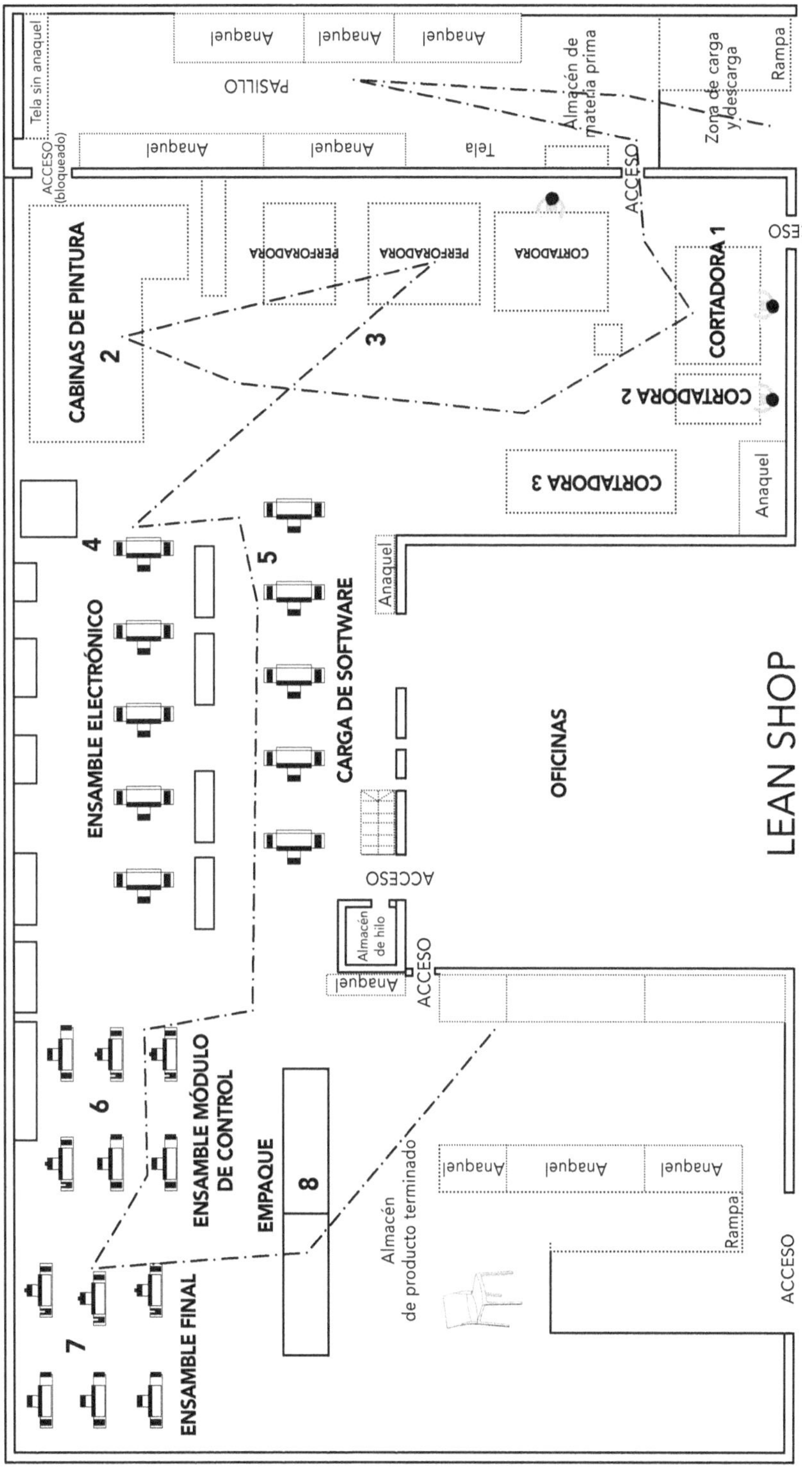

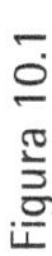

Tela sin anaquel
Anaquel
Anaquel
Anaquel
PASILLO
Almacén de materia prima
Rampa
Zona de carga y descarga
ACCESO (bloqueado)
Anaquel
Anaquel
Tela
ACCESO
ACCESO
CABINAS DE PINTURA
2
PERFORADORA
PERFORADORA
CORTADORA
CORTADORA 1
CORTADORA 2
3
CORTADORA 3
Anaquel
ENSAMBLE ELECTRÓNICO
4
5
CARGA DE SOFTWARE
Anaquel
OFICINAS
LEAN SHOP
ACCESO
Almacén de hilo
Anaquel
ACCESO
ENSAMBLE MÓDULO DE CONTROL
6
EMPAQUE
8
ENSAMBLE FINAL
7
Almacén de producto terminado
Anaquel
Anaquel
Anaquel
Rampa
ACCESO

Figura 10.1

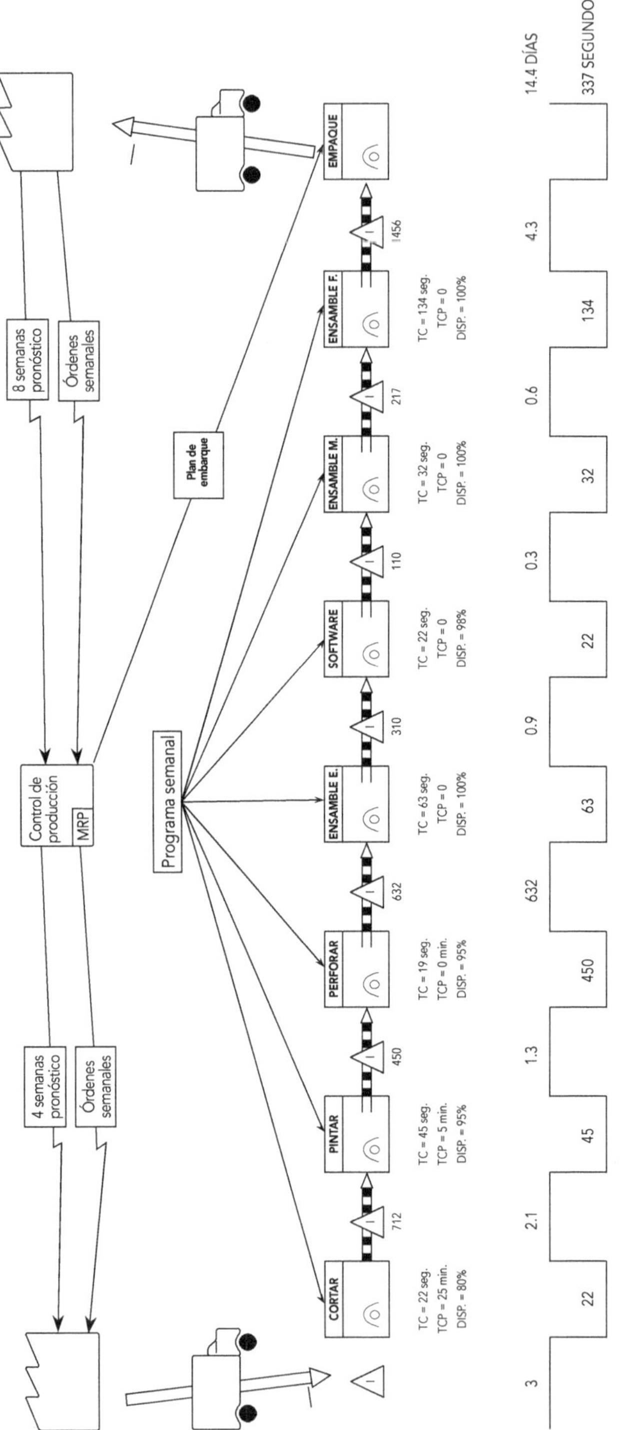

Figura 10.2

LEAN MANUFACTURING

HOJA DE IDENTIFICACIÓN DE DESPERDICIO

ÁREA ___________________________ FECHA ___________________________

EQUIPO _________________________ HOJA _________ _________

LIDER __________________________

PUNTOS CLAVE	OBSERVACIONES	CAMBIOS DESEADOS	OBSTÁCULOS
SOBREPRODUCCIÓN			
(demasiado, muy rápido)			
SOBREPRODUCCIÓN			
(demasiado, muy rápido)			
MOVIMIENTO DE MATERIAL			
(demasiado, distancias retiradas)			
PROCESOA INNECESARIOS			
(aquello que no agrega valor)			
INVENTARIO			
(existencia en exceso, abastecimiento excesivo)			
ESPERA			
(tiempos inactivos, tiempos perdidos)			
MOVIMIENTO			
(movimiento ineficiente que no agrega Valor)			
SOBRECARGA			
(producir más de sus límites o capacidades)			
OBSERVACIONES			

Tabla 10.1

Ejemplo

$$\text{Tiempo disponible por día} = 8 \text{ horas} - 30 \text{ minutos de comida}$$
$$\text{y descanso} = 450 \text{ minutos}$$

$$450 \ \frac{\text{min.}}{\text{turno}} \times 1 \ \frac{\text{turno}}{\text{día}} \times 60 \ \frac{\text{segundos}}{\text{min}} = 27\ 000 \text{ segundos.}$$

$$\text{Demanda mensual} = 7510 \text{ piezas.}$$
$$\text{Demanda diaria} = 7510 \text{ piezas} \div 22 \text{ días hábiles} =$$
$$341 \text{ piezas diarias.}$$

$$\text{Tiempo } takt = 27\ 000 \text{ seg.} \div 341 \text{ piezas} = 79 \text{ seg./pieza.}$$

Esto significa que el cliente está dispuesto a comprar una pieza cada 79 segundos.

Número de operadores necesarios

Para establecer el número de operadores necesarios, dividimos el tiempo total del ciclo, que en este caso son 386 segundos, entre el tiempo *takt*, que es de 79 segundos, lo que da un total de 4,88 operadores. Esto significa que, ocupando todo el tiempo de cada persona y combinando los trabajos de diversas operaciones, cinco personas podrían, sin ningún retraso ni interferencia, cumplir con el tiempo requerido para producir cada pieza en 79 segundos.

Se puede ver en la figura 10.3 que cada operador tiene un tiempo de valor agregado de 77,2 segundos, es decir, un tiempo muy cercano al tiempo *takt*. Para que esto sea posible, debemos deshacernos de todo desperdicio que distraiga a los operadores de realizar actividades que solo agreguen valor. Esto puede parecer ideal, pero debe ser el punto de partida de un análisis detallado de las operaciones para lograr una mayor productividad.

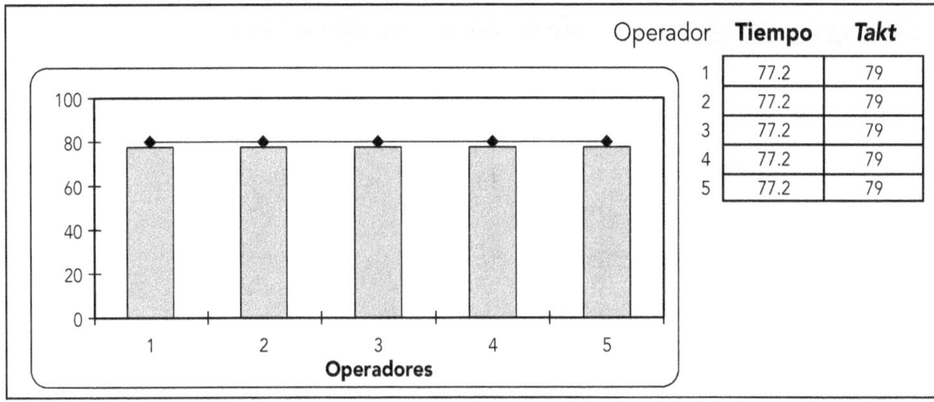

Operador	Tiempo	Takt
1	77.2	79
2	77.2	79
3	77.2	79
4	77.2	79
5	77.2	79

Figura 10.3

Equilibrio de las operaciones

Como se puede observar, a cada trabajador se le asignó más de una operación para compensar los tiempos. Sin embargo, para poder trabajar por debajo del tiempo *takt*, se deben hacer mejoras en el proceso para reducir los tiempos de los operadores B y E. Cabe mencionar que este primer diseño es de alguna manera ideal, por lo que se debe tener en cuenta la naturaleza de las operaciones para decidir sobre la viabilidad de combinarlas.

Operador	Tiempo	Operaciones
A	67	**1, 2**
B	82	**3, 4**
C	77	**5, 6, 7**
D	77	**7**
E	83	**7, 8**

Dibujar el mapa de valor futuro

En este caso tomaremos el mapa futuro que se realizó en el capítulo 5 (véase la figura 10.4).

Desarrollar flujo continuo

Observamos que se podría crear flujo continuo uniendo las siguientes operaciones: corte + cabina de pintura + perforado + ensamble electrónico + carga de *software* + ensamble de módulo de control + ensamble final + embalaje. Esto representa un cambio de paradigma total, porque ya no se administrarán elementos de proceso, sino un sistema de producción. Simplemente deberíamos preguntarnos si algo impide que podamos situar una operación inmediatamente después de la siguiente.

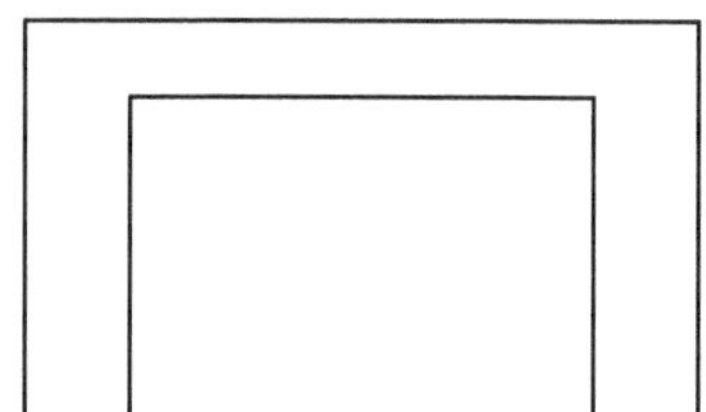

Esto lo representamos con el símbolo correspondiente a célula de trabajo.

En esta célula se establece el flujo continuo reuniendo todas las operaciones consecutivamente.

Dibujar el diseño de la nueva célula

Ahora debemos dibujar las instalaciones con las alternativas planteadas (es recomendable trabajar con papel sobre el área y dibujar las máquinas a la misma escala para moverlas libremente sobre el papel y ver el esquema de flujo, distancias, conveniencias e inconveniencias del nuevo *layout).*

Para acomodar los equipos y mesas en la célula, es recomendable dibujar inicialmente el pasillo interno y situar la primera y la última operación al principio para comenzar a formar la herradura, inmediatamente después situar la segunda y la penúltima operación, y así sucesivamente hasta cerrar la U.

En este caso, al acomodar una máquina o estación inmediatamente después de otra, se logra el flujo continuo pero, sobre todo, obtenemos una mejor comunicación entre operadores, ya que todos están muy cerca y pueden recibir retroalimentación inmediata.

Ahora se debe hacer lo siguiente:

- Planificar cómo se moverán los materiales.
- Establecer las cantidades de material necesarias en el proceso.
- Analizar las condiciones de ergonomía y seguridad en el área.

La ergonomía es un elemento clave para el desarrollo óptimo del trabajo de una célula, ya que un sitio con poca iluminación, incómodo, inflexible, etc., tiene un

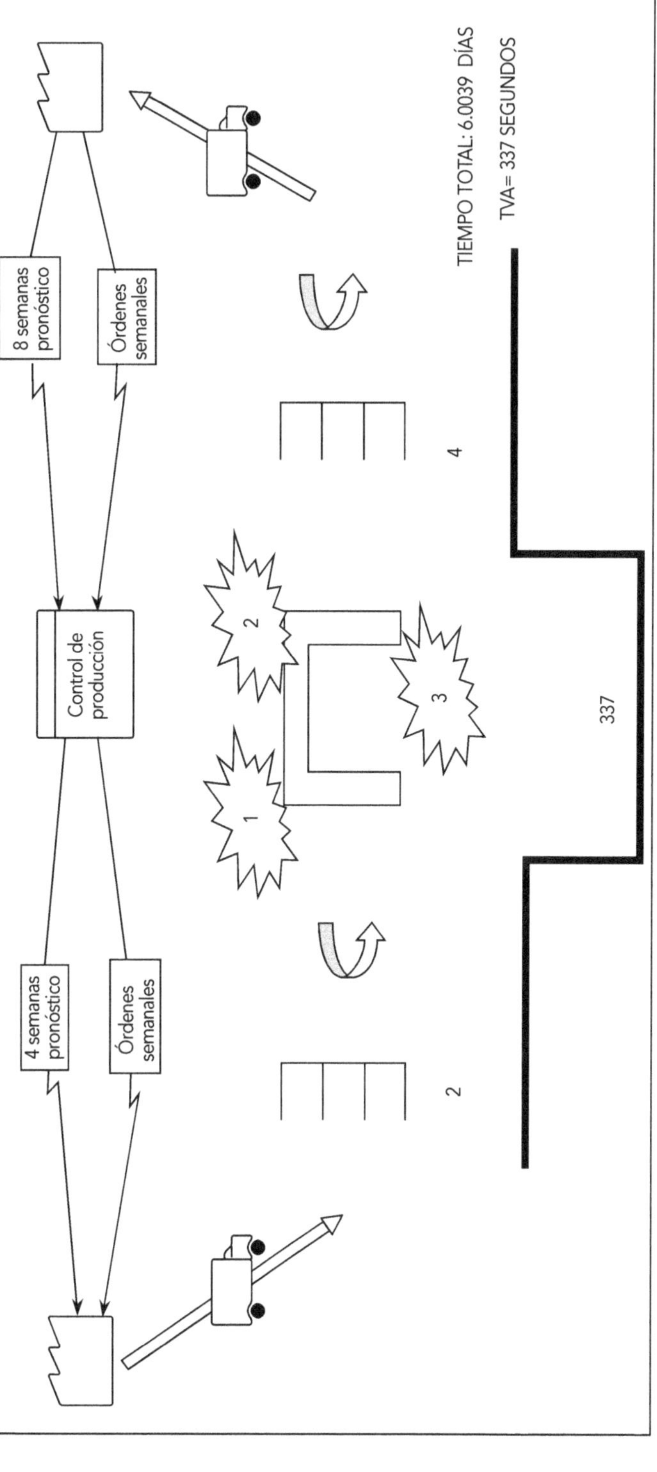

Figura 10.4

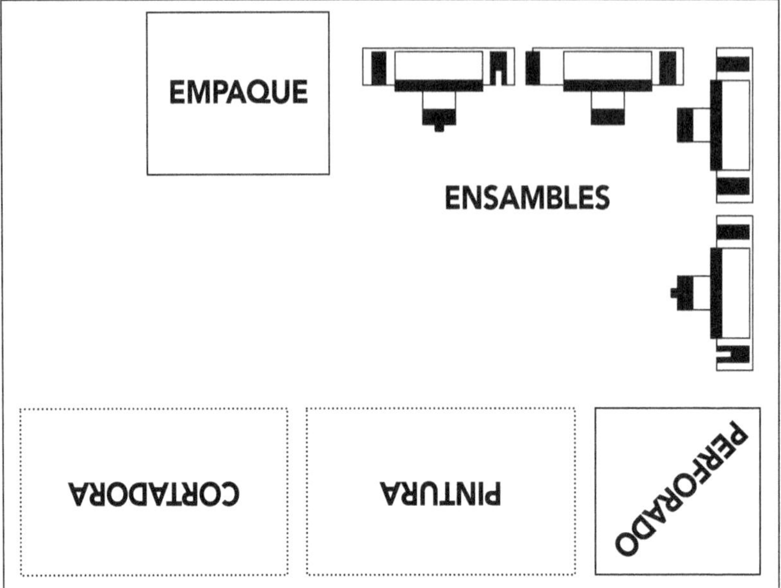

Figura 10.5

efecto negativo directo sobre la productividad de todo el sistema. Por ello, debemos considerar los siguientes aspectos para cada estación de trabajo:

- Estatura.
- Espacio de disposición.
- Posicionamiento de materiales.
- Trabajo por encima del corazón.
- Campos visuales.
- Iluminación.
- Ajustes de posiciones.

Actividades de seguimiento después del evento kaizen

a. Hacer un seguimiento de las actividades b y c (mediano y largo plazos).
b. Preparar las instalaciones de servicios antes de mover equipos.
c. Dar a conocer al equipo las nuevas reglas de trabajo.
d. Capacitar continuamente al personal en herramientas Lean.
e. Realizar una reunión al inicio de cada turno para ver metas y logros del día anterior.
f. Crear tableros de seguimiento de la producción (véase el capítulo 8).

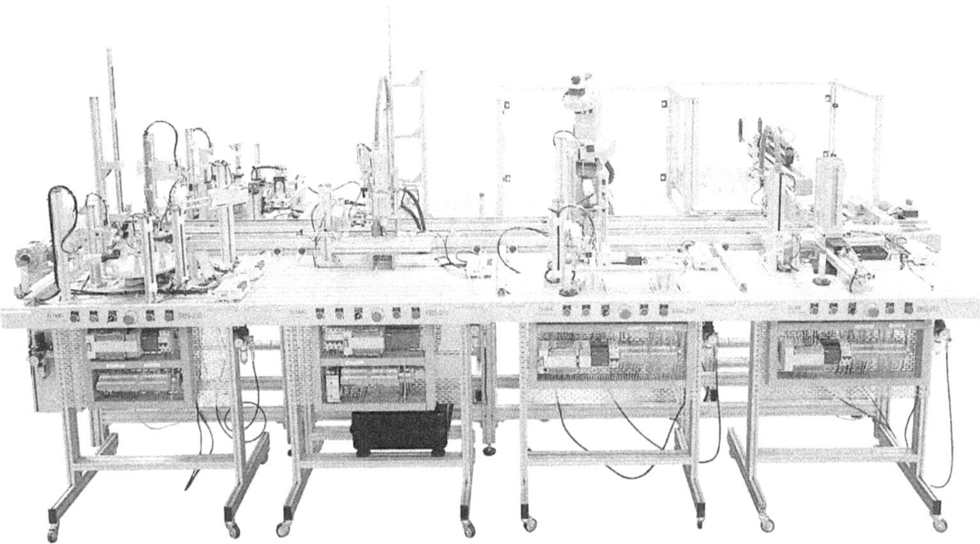

g. Elegir a un líder de célula que opere, pero que también mantenga alerta a sus compañeros y los apoye.
h. Evaluar constantemente las oportunidades, sobre todo al inicio.
i. Establecer un sistema de incentivos que premie el trabajo en equipo e individual.

Herramientas y conceptos útiles para la aplicación

1. Las 5 S son una herramienta esencial para facilitar las actividades de implementación de células de manufactura.
2. Considere la implementación de TPM antes de implementar células de manufactura. Esto hará que los cálculos sean más realistas y los equipos más fiables para trabajar en un ambiente celular.
3. Certifique a los operadores en varias operaciones y realice una matriz de capacitación en la que sus operadores sean capaces de operar, mantener y analizar la calidad en cada centro de trabajo.
4. Asegure el aprovisionamiento de los materiales en todas las estaciones utilizando el sistema *kanban* (que se explicará más adelante) u otros métodos para que nunca se detenga la producción por falta de materiales.
5. Realice controles visuales para que los trabajadores entiendan sus operaciones a fondo utilizando tableros e instrucciones visibles en su lugar de trabajo.
6. Aplique *andon* o control visual (luces, sonidos u otros medios) para comunicar que se necesita material, mantenimiento, asistencia, etc. De este modo, el

equipo de apoyo se enterará de las anomalías sin que el operador deje su lugar de trabajo y la célula se mantendrá productiva.

7. Establezca mediciones del avance del trabajo cada hora, en las que los operadores anoten la producción que llevan en ese momento y la comparen con la producción que deberían llevar.

8. Si es posible, establezca el trabajo de pieza en pieza (lotes de tamaño uno). Esto se logra equilibrando la célula de producción y haciendo que los operadores muevan los materiales directamente de operación en operación a medida que avanza el proceso.

9. Considere la aplicación de SMED (cambios rápidos) para garantizar que la célula trabaje a su máximo potencial y apoyar la producción de lotes unitarios explicada en el punto 8.

Capítulo 11

Cambios rápidos de productos

Breve historia

El ingeniero Taiichi Ohno, jefe de producción de Toyota, analizó cómo trabajaba la industria automovilística estadounidense, en la que contaban con muchas prensas para fabricar diversos modelos sin tener que cambiar los moldes, porque en algunos casos el cambio tardaba más de 24 horas. En Toyota tenían un número limitado de prensas y el reto era fabricar una amplia gama de vehículos con un número mucho menor de equipos. Para ello contrataron como consultor al ingeniero Shigeo Shingo, y en 1970 ya estaba realizando cambios en prensas de más de 1000 toneladas en solo unos tres minutos.

Definición

Single minute exchange of die (SMED) significa cambio de herramientas en un solo dígito de minuto, es decir, en menos de diez minutos.

El tiempo de cambio es el tiempo que transcurre desde que sale la última pieza buena de un lote anterior, hasta que sale la primera pieza buena del siguiente lote después del cambio. Imagine en una parada de *boxes* a un automóvil de carreras que tiene que regresar a la pista lo antes posible. Lo mismo pasa en las empresas que buscan hacer más rápidos sus procesos maximizando las actividades que agregan valor y minimizando tiempos de cambio que no lo agregan.

¿Cuándo se utiliza SMED?

SMED se utiliza cuando necesitamos reducir los tiempos de ciclo, aprovechando al máximo el tiempo disponible para producir y utilizando menos tiempo para cambiar herramientas.

Las siguientes son algunas de las utilidades de SMED:

- Hace posible fabricar gran variedad de productos.
- Aumenta la capacidad de producción.
- Permite producir una mayor variedad de productos.
- Reduce las pérdidas de material.
- Incrementa el número de cambios.
- Reduce el tamaño de los lotes.
- Disminuye los niveles de inventario.
- Reduce el tiempo de entrega.
- Incrementa la flexibilidad para responder a las demandas de los clientes.
- Aumenta el tiempo de respuesta al cliente.
- Minimiza el tiempo perdido durante el cambio.

¿Cuánto tiempo se tarda en implementar SMED?

Cuando se realiza en un evento *kaizen* puede tardar entre tres y cinco días, más uno o dos meses para hacer el seguimiento de las actividades.

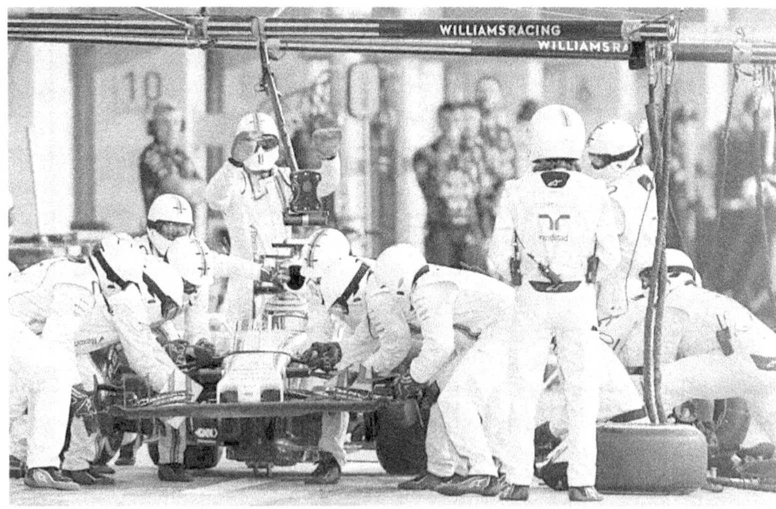

Procedimiento para implementar SMED

Antes de realizar el evento kaizen *(uno a dos meses)*

- Realice un mapa de la cadena de valor *(value stream map)* y utilícelo para determinar si la máquina es un cuello de botella. Determine el impacto de hacer un evento *kaizen,* ya que las máquinas que tienen tiempos largos de cambio no siempre son las que tienen mejores oportunidades para mejorar, especialmente si no son cuellos de botella.
- Establezca el equipo o máquina en la que debe centrarse, dada la oportunidad que ha encontrado para mejorar el tiempo de cambio. Esto es importante, ya que le permitirá obtener grandes mejoras en esa máquina o equipo.
- Establezca un equipo multidisciplinario de personas de diversas áreas, como operadores de producción, calidad, mantenimiento, etc.
- Revise el programa de producción para establecer una fecha de inicio del evento *kaizen.*
- Establezca una agenda para el evento y distribúyala entre todos los miembros del equipo.
- Consiga una cámara de video.
- Realice una introducción al tema de cambios rápidos para el personal que integra el equipo *kaizen.*

Durante el evento kaizen

Durante el evento *kaizen* se realizan los siguientes pasos para mejorar los tiempos de cambio:

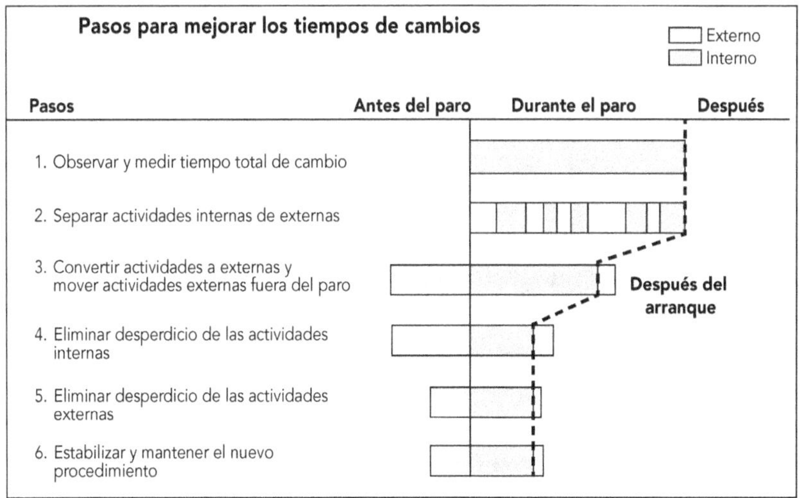

Figura 11,1

1. Observar y medir el tiempo total de cambio.
2. Separar las actividades internas de las externas.
3. Convertir actividades internas en externas y mover actividades externas fuera del paro.
4. Eliminar desperdicio de las actividades internas.
5. Eliminar desperdicio de las actividades externas.
6. Estandarizar y mantener el nuevo procedimiento.

1. Observar y medir el tiempo total de cambio

En esta fase el equipo *kaizen* observará detalladamente un cambio. Uno de los miembros del equipo grabará en video la secuencia completa, incluyendo movimientos de las personas y movimientos de las manos del personal que esté realizando el cambio de producto. El resto del equipo buscará oportunidades de mejora.

Es muy importante que se anote el tiempo de cambio, accionando el cronómetro cuando salga el último producto bueno del lote anterior y parándolo hasta que salga el primer producto bueno del siguiente lote.

Guía para el video

- Identificar claramente a todos los que estén involucrados en el cambio.
- Respetar los deseos de quienes no quieran ser filmados.
- Grabar una visión panorámica de todo el proceso.
- Filmar los movimientos manuales, la obtención de las herramientas y las interacciones con otros procesos.
- Acercarse lo suficiente para captar las actividades manuales.
- Si es posible, aplicar la función «ver fecha y hora».
- Usar grabadora de voces para obtener detalles.
- Editar el video con los involucrados lo antes posible.
- Programar reuniones para revisar el video.

2. Separar las actividades internas de las externas

Cuando el equipo se reúna para analizar el video, empezará a revisar cada actividad y la anotará en la tabla 11.1, «Análisis SMED para reducción de tiempos de cambio».

Cuando las actividades se puedan realizar antes o después del paro, se clasificarán como actividades externas en la tabla 11.1. Cuando la máquina tenga que estar detenida para desarrollar las actividades, estas se clasificarán como internas.

Análisis SMED para reducción de tiempos de cambio

Área

Fecha: 13 de mayo del 2005

Kaizen: 1

No.	Operación de cambio.	Operadores 1	2	3	4	5	Tiempo acumulado	Tiempo	Potencial	Clasificación del cambio Interno	Externo	Desperdicio	Comentario
1	Se solicita cambio de presentación.						18:54:50						Se solicitará 3 horas antes.
2	Personal de cambio revisa procedimiento.	X	X				18:58:10	00:03:20	00:00:20				
3	Entrega de cambio.	I					18:59:00	00:00:50	00:00:00				
4	El equipo de cambio es transportado hacia llenadora.	I					19:02:09	00:03:09	00:00:00				
5	Desmontaje y montaje de calzas y copas.	I					19:05:13	00:03:04	00:00:00				
6	Quitar soportes.		X	X									
6.1	Se termina montaje de calzas y copas.	X					19:33:37	00:28:24	00:20:00				Suavisar bordes de copas para que se desmonten y monten con facilidad.
7	Acomodo de calzas desmontadas.	I					19:35:45	00:02:08	00:03:20				
8	Cambio de manejo de botella.	I					19:36:42	00:00:57	00:00:20				
9	Desmontaje de estrellas y placas centrales.	I					19:38:56	00:02:14	00:00:17				Revisar cuñero de estrella de salida, se atora al sacarla.
10	Montaje de estrellas y placa centrales.	I					19:41:03	00:02:07	00:00:00				
11	Acomodo de placa central y estrellas en el carro.	I					19:41:31	00:00:28	00:00:55				
12	Desmontar gusano.	I					19:42:31	00:01:00	00:04:00				
13	Montaje de gusano.	I					19:43:35	00:01:04	00:00:00				
14	Va por botella para ajustes.	I					19:44:43	00:01:11	00:00:00				Se entregará botella junto con equipo de cambio.
15	Ajuste de gusano sinfin.	I					19:47:40	00:02:54	00:00:00				Reparar base del gusano sinfin.
16	Ajuste de barandales.	I					19:48:41	00:01:01	00:00:00				Cambiar perillas de transportadores.
17	Ajustes de altura de llenadora.	I					19:51:19	00:02:38	00:00:00				
18	Ajustar mocroswitch.	I					19:52:37	00:01:18	00:00:00				Rectificar poste y colocar perilla de ajuste.
19	Probar cambio.	I					19:53:46	00:01:09	00:00:00				2 personas.

Cuadrfo 11.1

3. Convertir actividades internas en externas y mover actividades externas fuera del paro

En este paso se analizará cuáles de las actividades que se realizan durante el paro se podrán simplificar o mejorar. Para ello se presenta la siguiente guía.

Actividades comunes en un cambio

- Tener a la mano las herramientas necesarias para el cambio.
- Comunicar la necesidad de un cambio.
- El operador debe tener comunicación con el supervisor.
- Hacer inspecciones y papeleo para el cambio.
- Contactar al personal encargado del cambio cuando se pare la producción y esperar a que llegue.

Actividades sugeridas para este paso

- Mantener las herramientas cerca o en un carrito de cambio.
- Implementar un sistema *andon* para comunicar que se realizará un cambio.
- Estandarizar roles en las operaciones para cada miembro del equipo.
- Esperar hasta que esté funcionando la actividad para iniciar el papeleo.
- Llevar a cabo un plan de cambios, contactar al personal de cambios antes de que la producción se detenga y capacitar a los operadores para realizar sus propios cambios.

4. Eliminar desperdicio de las actividades internas

- Utilizar herramientas de acción rápida para reducir el cambio de partes.
- Reducir la necesidad de ir a cada extremo de la máquina mediante el trabajo en equipo.
- Diseñar partes estándar para eliminar cambios de partes.
- Reubicar partes y materiales para reducir actividades como caminar o buscar.

Métodos tradicionales en este paso

- Uso de roldanas y tuercas.
- Uso de herramientas manuales (llaves, destornillador, etc.).
- Uso de tornillos largos.
- Ajuste manual del centro.
- Ajuste manual de posicionamiento frente atrás.
- Ajustes manuales.
- Ajustes manuales de temperatura y velocidad (usando prueba y error).
- Reseteo manual de botones para equipo automatizado.

Métodos propuestos para este paso

- Usar menos tornillos y tuercas.
- Usar herramientas neumáticas.
- Usar tuercas de una sola vuelta.
- Usar pines y guías para centrar.
- Usar topes para asegurar posición.
- Usar tiras con medidas para medir posicionamientos.
- Establecer temperatura y velocidad a un estándar predeterminado.
- Mover los controles cerca de los operadores para restablecer instantáneamente.

Es muy importante documentar el recorrido durante el cambio para determinar el efecto de las propuestas. Para ello es conveniente realizar un diagrama espagueti (véase la figura 11.2).

5. Eliminar desperdicio de las actividades externas

- Reducir el papeleo para eliminar desperdicio en actividades externas.
- Reubicar almacenaje para reducir el tiempo de traslado y movimientos.
- Utilizar listas de verificación para mejorar la eficiencia y la precisión.

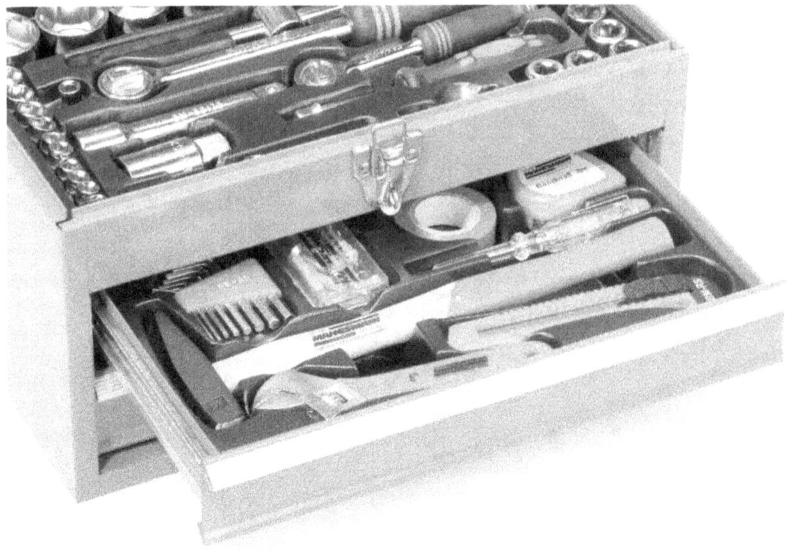

Eliminación de desperdicio de las actividades externas.

Tela sin anaquel
ACCESO (bloqueado)
Anaquel
Anaquel
Anaquel
Anaquel
Anaquel
Tela
PASILLO
Almacén de materia prima
ACCESO
Zona de carga y descarga
Rampa
PERFORADO
PINTURA
CORTADORA
ENSAMBLES
EMPAQUE
Anaquel
Anaquel
ENSAMBLES
ACCESO
LEAN SHOP
LAYOUT FUTURO

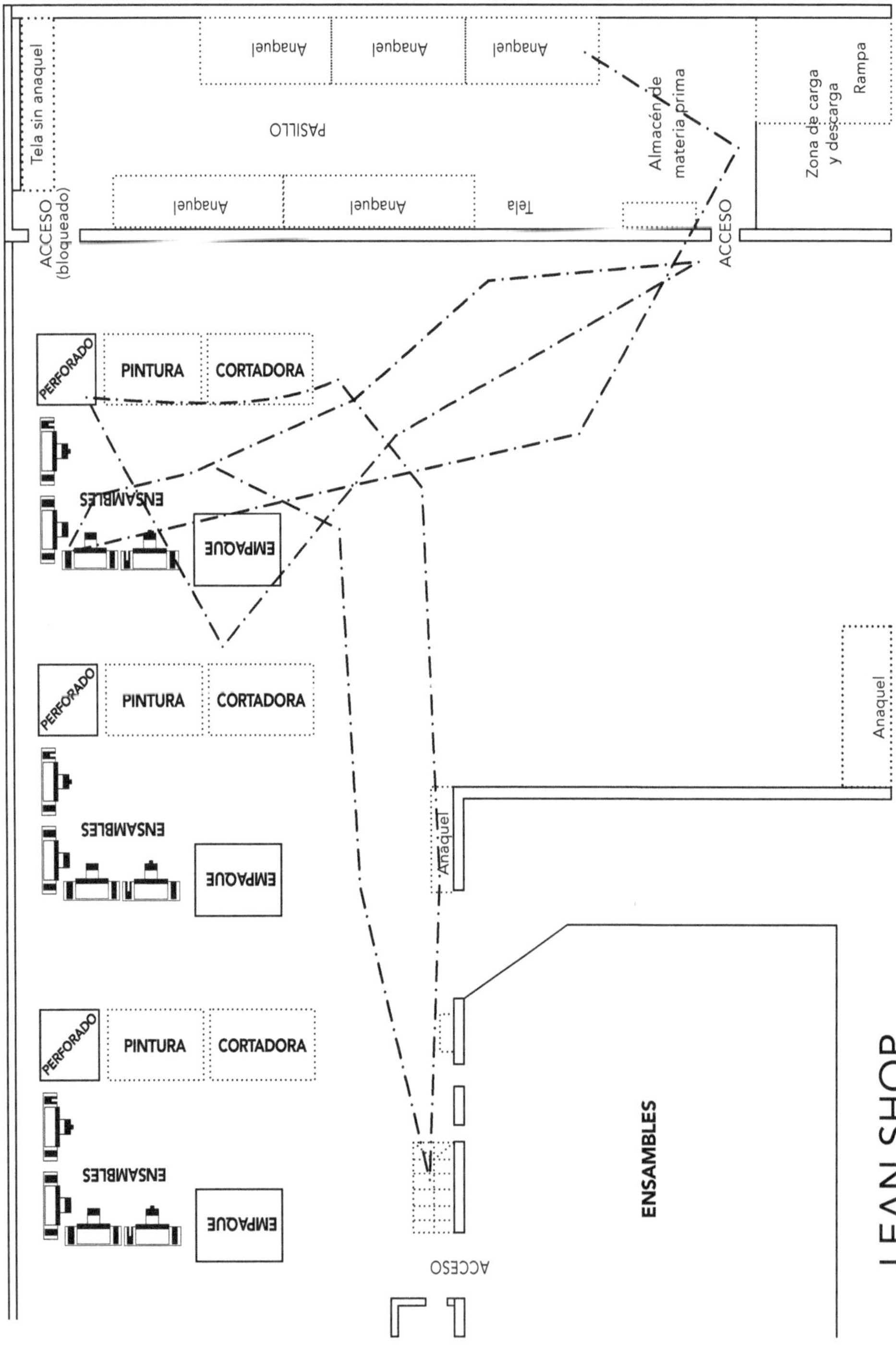

Figura 11.2

Situación actual

* Se guardan herramientas en un área central de almacenamiento.
* Se buscan los materiales necesarios para hacer un cambio.
* Se hacen actividades sin coordinación antes de que se lleve a cabo el cambio.

Situación sugerida

* Guardar herramientas en un área local cerca del equipo en el que se van a utilizar, colocadas en el orden en que se van a utilizar.
* Asegurar que se proporcionen los materiales adecuados en todas las áreas de la planta.
* Usar una lista de verificación para tener una preparación estandarizada.

6. Estandarizar y mantener el nuevo procedimiento

En la última etapa de la mejora se debe establecer un procedimiento o instrucciones muy claras y sencillas para realizar el cambio, así como una lista de verificación para asegurar que los logros obtenidos en la aplicación de la metodología se mantengan consistentemente.

* Documentar los procedimientos de cambio mejorados.
* Mantener comunicación con todos los involucrados.
* Capacitar a las personas involucradas en el cambio.
* Poner instrucciones de trabajo estandarizado en los lugares de trabajo.
* Establecer una meta para los cambios.
* Medir, publicar y rastrear los tiempos de cambio.

Herramientas y conceptos útiles para la aplicación

1. Las 5 S son una herramienta esencial para facilitar las actividades de mejora en un cambio de producto.
2. Analice a fondo los elementos de sujeción e intente estandarizar tornillos, tuercas y roldanas.
3. Estudie el uso de las herramientas y estandarícelo.
4. Recuerde que en la sujeción por medio de tornillos lo importante no es el número de vueltas, ya que el apriete radica solo en la última vuelta del tornillo. Por ello, procure tener tornillos del largo estrictamente necesario.
5. En la medida de lo posible, cambie tuercas por abrazaderas para permitir sujeciones inmediatas.
6. Utilice guías y aditamentos *(mixtures)* siempre que sea posible.

7. Estandarice todas las actividades y documéntelas en hojas de verificación.
8. Utilice conectores fáciles y rápidos siempre que sea posible.
9. Utilice códigos de colores para distinguir elementos de cambio y lograr rápidos acoples o búsquedas.
10. Organice las herramientas en el orden en que se van a utilizar y manténgalas cerca.

Herramientas para mejorar la calidad

Prevención con AMEF

Antecedentes

El análisis del modo y efecto de fallos (AMEF) fue desarrollado en el ejército de Estados Unidos por los ingenieros de la National Aeronautics and Space Administration (NASA); se conocía como el procedimiento militar MIL-P-1629, titulado «Procedimiento para la ejecución de un modo de falla, efectos y análisis de criticabilidad», elaborado el 9 de noviembre de 1949.

El análisis del modo y efecto de fallos se empleaba para evaluar la fiabilidad y para determinar los efectos de los errores de los equipos y sistemas en el éxito de una misión y en la seguridad del personal o de los equipos.

Se empezó a utilizar en la industria aeroespacial a mediados de la década de 1960 con el programa Apollo.

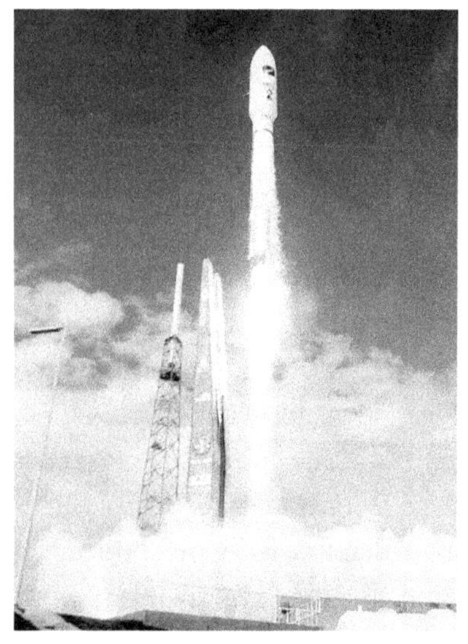

AMEF en el lanzamiento
de un cohete espacial.

Definición

El AMEF es una herramienta muy poderosa que permite identificar errores en productos y procesos y evaluar objetivamente sus efectos, causas y elementos de detección para evitar su ocurrencia y tener un método documentado de prevención.

Además, el AMEF es un documento vivo en el que se puede almacenar una gran cantidad de datos sobre nuestros procesos y productos, por lo que constituye una fuente invaluable de información.

Tipos de AMEF

- Producto: sirve para detectar posibles errores en el diseño de productos y anticiparse al efecto que puedan tener en el usuario o proceso de fabricación.
- Proceso: es un análisis de los errores que pueden suceder en cada etapa del proceso y se utiliza para prevenir que esos fallos tengan efectos negativos en el usuario del producto o servicio o en etapas posteriores del proceso.
- Sistemas: se utiliza en el diseño del *software* para anticipar errores en su funcionamiento.
- Varios: existen AMEF para muchos otros tipos de errores que generen efectos negativos y cuyas causas deban documentarse para anticipar problemas.

¿Para qué se implementa el AMEF?

Este método estructurado de prevención sirve básicamente para:

- Conocer a fondo un proceso.
- Incluir la información como base de la capacitación en operaciones.
- Identificar los posibles errores en un proceso o producto.
- Establecer los efectos de cada error que pudiera producirse.
- Evaluar el nivel de gravedad de los efectos.
- Identificar las posibles causas de los errores.
- Establecer el nivel de fiabilidad de nuestros mecanismos de detección de errores.
- Evaluar objetivamente la relación de gravedad, ocurrencia y detectabilidad.
- Documentar acciones para reducir riesgos.
- Entender la mecánica que crea los defectos y los errores.
- Almacenar el conocimiento generado en una empresa.
- Detectar oportunidades para iniciar proyectos de mejora.

¿Cuándo se utiliza el AMEF?

- Al diseñar productos o servicios.
- Al diseñar procesos.

- Cuando se quiere evitar que se produzcan problemas o errores.
- Cuando se han de documentar los procesos y productos.
- Cuando es necesario capacitar a los operadores en un proceso.
- Cuando lo requiere el cliente.

En el capítulo 3, «Diagnóstico e implementación», se mencionó que el mecanismo de acción preventiva se utiliza cuando se quiere prevenir la generación de problemas. Por ello, en la siguiente figura observamos que, al utilizar indicadores clave, se puede evitar que ocurran errores mediante un mecanismo de acción preventiva, como AMEF.

Es importante observar que, cuando se completa el ciclo, con la implementación, documentación y capacitación, también se está contribuyendo a la generación de conocimiento de la compañía, por lo que será muy valioso que toda esta información esté disponible en bases de datos para poder consultarla posteriormente cuando vuelva a suceder algún problema similar. También será

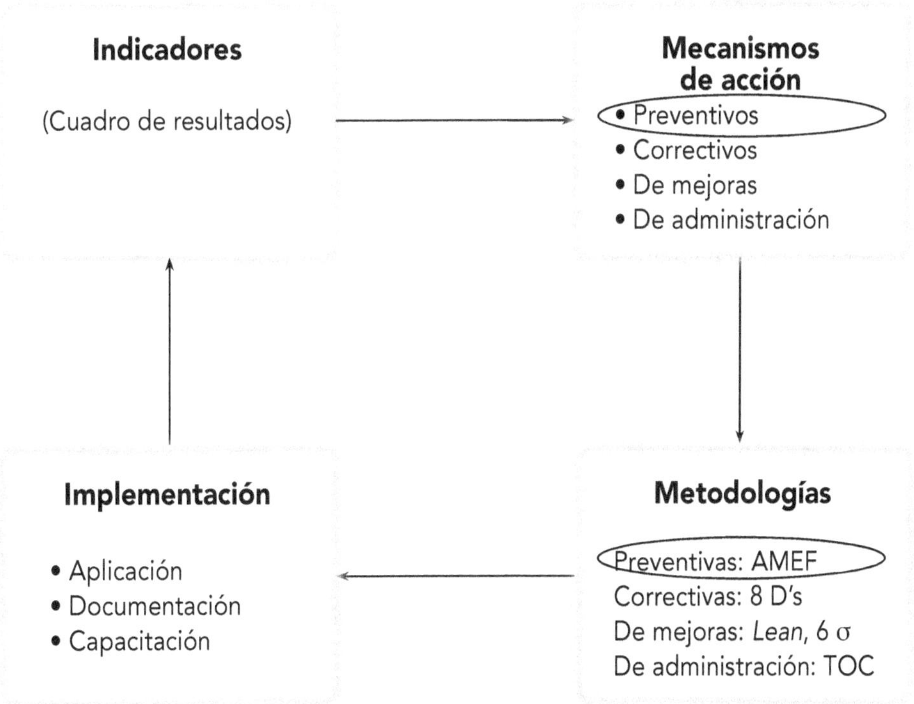

Figura 12.1

útil observar de nuevo los indicadores para analizar el grado de contribución en los resultados de la compañía.

¿Cuánto tiempo se tarda en implementar el AMEF?

De uno a cuatro días en una fase inicial. Al ser un documento vivo, nunca se termina, ya que siempre existe el aprendizaje y continuamente se puede estar alimentando.

Procedimiento para llevar a cabo el AMEF de proceso

El procedimiento que se ha de seguir es el siguiente:

- Desarrollar el mapa del proceso.
- Formar un equipo de trabajo y documentar el proceso, el producto, etc.
- Determinar los pasos clave del proceso.
- Determinar los errores potenciales de cada paso, definir los efectos de los fallos y evaluar su nivel de severidad.
- Identificar las causas de cada error y evaluar la ocurrencia de los fallos.
- Indicar los controles que se tienen para detectar errores y evaluarlos.
- Obtener el número de prioridad para cada error y tomar decisiones.
- Emprender acciones preventivas, correctivas o de mejora.

Desarrollar el mapa del proceso

En este paso se describe cada etapa del proceso y se establece su secuencia para entrar esa información al formato del AMEF.

Formar un equipo de trabajo y documentar el proceso, el producto, etc.

- Se forma un equipo de cuatro o cinco personas.
- El equipo debe tener conocimientos del producto y proceso involucrados.
- Los integrantes deben tener habilidades para trabajar en equipo.
- Se incluye a los operadores.

Roles de los miembros del equipo

Líder

- Es el representante del equipo.
- Dirige el uso de la metodología.
- Coordina las reuniones.
- Orienta el trabajo del equipo.
- Sintetiza decisiones y acciones acordadas.
- Documenta resultados.

Integrantes

- Aportan conocimientos y habilidades.

En el encabezado de la tabla de la figura 12.2 se documenta el número de parte que se fabrica en el proceso, la descripción del artículo o parte, el nombre de la compañía y el departamento (opcional). También se especifica si pertenece a algún proyecto, se escribe el nombre del proceso a analizar y se especifican las fechas y los responsables de llevarlo a cabo.

Determinar los pasos clave del proceso

En este paso es recomendable iniciar el AMEF desde el análisis de errores que pudieran ocurrir en elementos clave del proceso; es decir, de posibles fallos que afecten gravemente la salud de clientes o empleados, que pongan en riesgo la calidad de los productos o que puedan detener la operación. Para ello se aprovecha generalmente la experiencia de quienes conocen bien el proceso y los riesgos de cometer errores.

Para este ejemplo se eligieron las operaciones de corte y pintura (véase la figura 12.3).

Determinar los errores potenciales de cada paso, definir los efectos de los fallos y evaluar su gravedad

Para cada etapa del proceso se deben identificar todos los errores que puedan ocurrir o que hayan ocurrido con anterioridad, así como describir los efectos que estos tendrían en términos de seguridad.

Al buscar las causas de los errores se debe ir a la raíz de los problemas. Es muy común escribir solo síntomas, por lo que es necesario preguntarse varias veces «¿Por qué?» para entender la mecánica que crea los fallos. Para evaluar la ocurrencia, se utiliza la tabla de ocurrencias.

No. de parte:	1231-C	Fecha de última revisión:	11-nov-06
Artículo:	Tablero *andon* para control del tiempo takt		
Compañía:	Lean Shop Inc.	División:	Hardware
Proyecto:		Preparado por:	Luis Socconini
Proceso:	Fabricación de tableros takt		

Cortar → Pintar → Perforar

Figura 12.2

No.	Función del proceso	Falla potencial	Efecto potencial de la falla	GRAV	Causas potenciales de mecanismos de falla	OCC	Control actual del proceso	DECT
1	Cortar							
2	Pintar							

Nota: Aunque se inicia con las operaciones críticas, en este caso Cortar y Pintar, se deben documentar las fallas de todas las etapas del proceso.

Figura 12.3

No.	Función del proceso	Falla potencial	Efecto potencial de la falla	GRAV
				1
1	Cortar	Cortar de más	No se podrá armar el gabinete	8
1	Cortar	Cortar con el dado equivocado	Protuberancias leves en los bordes del tablero	4
2	PIntar	Utilizar color equivocado	Producto fuera de especificaciones	8

Calificación	Gravedad
1	**Menor:** El cliente no lo nota.
2	**Baja:** Ligera incomodidad del cliente. Probablemente note un pequeño deterioro.
3	
4	**Media:** Cierto grado de insatisfacción del cliente, que nota un deterioro en el desempeño del producto.
5	
6	
7	**Alta:** Alto grado de insatisfacción del cliente. El producto es inoperable.
8	
9	**Muy alta:** Cliente molesto. El producto es inseguro.
10	

Figura 12.4

No.	Función del proceso	Falla potencial	Efecto potencial de la falla	GRAV	Causas potenciales de mecanismos de fallas	OCC
1	Cortar	Cortar de más	No se podrá armar el gabinete	8	Descuido del operador, fallas de capacitación	4
1	Cortar	Cortar con el dado equivocado	Protuberancias leves en los bordes del tablero	4	Falta de orden y estandarización	6
2	Pintar	Utilizar color equivocado	Producto fuera de especificaciones	8	Descuido del operador, fallas de capacitación	4

Figura 12.5

La ocurrencia es un valor numérico de la frecuencia con que puede ocurrir el error como resultado de la causa específica. Cada causa tiene un valor de ocurrencia del 1 al 10, como se muestra en la tabla.

Cuando un proceso está en control estadístico, la capacidad del proceso se puede usar como una indicación si el índice es representativo de la causa.

Calificación	Ocurrencia (ppm)
1	$x < 1$ ppm
2	$1 < x < 250$
3	
4	$250 < x < 12.500$
5	
6	
7	$12.500 < x < 50.000$
8	
9	$50.000 < x$
10	

Indicar los controles que se tienen para detectar errores y evaluarlos

En el recuadro «Control actual del proceso» de la tabla de la figura 12.6 se describe el tipo de control que se tiene para detectar el error, y en el siguiente casillero se califica su efectividad.

La detección es un valor numérico que indica la posibilidad de detectar el error. Este factor se califica en una escala del 1 al 10. Como más grande es la probabilidad de no detectar el error con los controles, mayor es el valor de la detección.

Obtener el número de prioridad para cada error y tomar decisiones

El número de riesgo potencial es el producto de la multiplicación de gravedad × ocurrencia × detectabilidad, y es un número entre 1 y 100 que indica la prioridad que el equipo de mejora y prevención debe dar a cada error para eliminarlo. Con

Falla potencial	Efecto potencial de la falla	GRAV	Causas potenciales de mecanismos de fallos	OCC	Control actual del proceso	DECT
Cortar de más	No se podrá armar el gabinete	8	Descuido del operador, falta de capacitación	4	Inspección final	4
Cortar con el dado equivocado	Protuberancias leves en los bordes del tablero	4	Falta de orden y estandarización	6	Experencia del operado	6
Utilizar color equivocado	Protuberancias fuera de especificaciones	8	Descuido del operador, falta de capacitación	4	Revisar con pantone de colores	2

Calificación	Detección
1	Muy alta: probabilidad de detectar el defecto siempre.
2	
3	Alta: probabilidad de detectar el defecto casi siempre.
4	
5	Moderada: se puede detectar el defecto.
6	
7	Baja: probablemente no se detecte el defecto.
8	
9	
10	No se puede detectar el defecto.

Figura 12.6

RPN *(risk priority number)* superiores a 100 deben emprenderse acciones de prevención o corrección para evitar que se produzcan los errores.

Con RPN superiores a 30 e inferiores a 100 debe considerarse una segunda prioridad de atención.

Aunque el RPN es el valor que indica el nivel de prioridad, es muy importante considerar también dentro de las prioridades los errores más graves.

Emprender acciones preventivas, correctivas o de mejora

Para reducir los errores, hay que decidir si tomaremos acciones de prevención, corrección o mejora. Esta información se encuentra en el recuadro «Acciones recomendadas» de la tabla de la figura 12.7.

Las acciones recomendadas se describen asignando responsables y fechas de cumplimiento y, sobre todo, se les hace un seguimiento hasta cumplirlas. Finalmente se vuelve a hacer una evaluación para establecer el nuevo RPN y determinar si se seguirán tomando acciones o simplemente se documentan las mejoras.

Causas potenciales de mecanismos de falla	OCC	Control actual del proceso	DECT	RPN	Acciones recomendadas (requerido si RPN>30)	Responsabilidad y fecha de terminación	Acciones tomadas desde esa fecha	GRAV	OCC	DECT	RPN
Descuido del operador, falla de capacitación	4	Inspección final	4	128	Cambio de filtro y examen de agua periódicamente	J.P. (10/10/05)	Se integró punto de reorden min. x max.	5	3	8	120
Falla de orden y estandarización	6	Experiencia del operador	6	144	Programa de capacitación	L.S.					
Descuido del operador, falla de capacitación	4	Revisar con pantone de colores	2	64	Revisar periódicamente fecha de caducidad y lote	J.P. (10/10/05)	Se pide al proveedor plan de sustitución en cada fecha de caducidad	7	1	10	70

Figura 12.7

Capítulo 13

A prueba de errores *poka yoke*

Antecedentes

En la década de 1960 el ingeniero japonés Shigeo Shingo creó esta técnica de garantía de la calidad, pues para él era casi imprescindible el uso de métodos estadísticos para la mejora de la calidad, pero se percató de que por más rigurosas que fueran las inspecciones, nunca se alcanzaría la meta de cero defectos.

Cuando se dio cuenta de que gran parte de los defectos se generaban por errores humanos, pensó que la mejor manera de asegurar la calidad era creándola desde las operaciones que transforman los productos, probando cada producto mediante elementos que detectaran el error antes de que ocurriera el defecto, y de esa manera crear procesos de calidad en lugar de simplemente detectar defectos de manera reactiva.

La calidad tradicional establece que, para asegurar que un producto tenga la calidad deseada por el cliente, dicho producto tiene que revisarse utilizando métodos estadísticos para garantizar con cierto nivel de confianza que se cumplan las especificaciones. Sin embargo, esto no necesariamente se realiza, pues al revisar solo una muestra no siempre se detectan los defectos, ya que estos pueden producirse aislados o en serie, y de esa manera solo es posible encontrar una proporción en una muestra que representa la población.

La calidad tradicional también busca que exista la retroalimentación oportuna para determinar la naturaleza y las causas de los defectos, pero en la realidad no siempre existe esa información que permita tomar decisiones a corto plazo, sino hasta mucho tiempo después, cuando ya solo se puede corregir un problema.

Definición

Los dispositivos *poka yoke* son métodos que evitan los errores humanos en los procesos antes de que se conviertan en defectos, y permiten que los operadores se concentren en sus actividades.

Los sistemas *poka yoke* permiten realizar la inspección al 100 % y, por ende, emprender acciones inmediatas cuando se presentan defectos.

En la aplicación de Lean Manufacturing una regla muy importante es que ninguna operación mande productos defectuosos a la siguiente operación, porque se interrumpe el flujo continuo y se empieza la generación de excesos o *mudas*.

Traducción del japonés

Poka = errores inadvertidos.

Yokeru = evitar.

¿Para qué se implementa *poka yoke?*

Las siguientes son algunas de las utilidades de implementar *poka yoke*:

- Asegura la calidad en cada puesto de trabajo.
- Proporciona a los operadores conocimiento sobre las operaciones.
- Elimina o reduce la posibilidad de cometer errores.

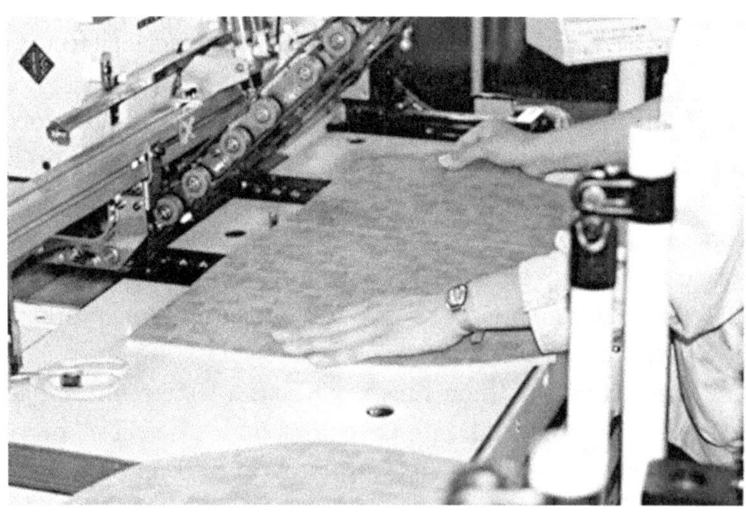

Producción libre de defectos.

* Evita accidentes causados por distracción humana.
* Elimina acciones que dependen de la memoria y la inspección.
* Libera la mente del trabajador y le permite desarrollar su creatividad.
* Normalmente, los sistemas *poka yoke* son baratos y sencillos.

Fuentes de los defectos

Materiales
* Dañados.
* Equivocados.
* Que no cumplen con las especificaciones.
* Obsoletos.

Mano de obra
* Mala capacitación.
* Errores inadvertidos.
* Equivocaciones.
* Descuidos.
* Mal uso de los equipos.

Métodos
* Incompletos.
* Poco comprensibles o complejos.
* Obsoletos.
* Falta de documentación.

Maquinaria
* Mantenimiento inadecuado.
* Malos ajustes.
* Cambios deficientes.
* Suciedad y contaminantes hacia los productos.
* Instalaciones inadecuadas.

Cortesía: Javier Masini.

Niveles de evolución de los sistemas de garantía de la calidad

Nivel 0. La planta envía productos defectuosos al cliente con frecuencia. En este nivel los clientes están inconformes con el servicio y se quejan constantemente de la calidad de los productos.

Nivel 1. La planta utiliza muchos inspectores para encontrar un gran número de defectos, con lo cual se da cuenta de que sus procesos no son adecuados y que, aunque no envíe productos defectuosos, el costo de la no calidad es muy alto.

Nivel 2. La planta ha reducido ampliamente los defectos utilizando control estadístico de procesos, pero, aunque conoce la capacidad de los procesos y participan muchos inspectores en la garantía de la calidad, el costo de estos sistemas es alto y la inspección suele detectar los problemas cuando los productos han sido terminados.

Nivel 3. La capacitación a operadores y líderes de proceso facilita la detección de defectos, que se intentan eliminar haciendo participar a los operadores como auditores del proceso anterior antes de realizar su operación. Esto se lleva a cabo utilizando mecanismos a prueba de errores que no permiten que los operadores cometan errores.

¿Cuándo se utiliza *poka yoke*?

Poka yoke se utiliza:

- Cuando existen procesos que continuamente están generando defectos o son inseguros y pueden causar daños o accidentes a los operadores.
- Cuando en los análisis del modo y efecto de fallos existen errores muy graves que pueden provocar accidentes o defectos en requerimientos clave del cliente.
- Cuando existen controles de proceso que no tienen un buen nivel de detectabilidad de defectos.
- Cuando la ocurrencia de los defectos, errores o accidentes obliga al establecimiento de mecanismos a prueba de errores.
- Cuando el cliente solicita que se implementen mecanismos *poka yoke* para producir sus productos.

Categorías de los elementos *poka yoke*

1. ***Poka yoke* de advertencia**
   El elemento de advertencia avisa al operador o usuario antes de que ocurra el error. Sin embargo, el hecho de que el mecanismo lo advierta no necesariamente significa que se evite el error.
2. ***Poka yoke* de prevención**
   Con este tipo de elemento se intenta que no haya errores utilizando mecanismos que hagan imposible cometerlos.

Un ejemplo de *poka yoke* en la vida cotidiana es la tarjeta de memoria SD, la cual tiene una forma estandarizada que impide colocarla de forma errónea.

Niveles de poka yoke

Nivel 1. Detecta el defecto cuando ya ha ocurrido, pero generalmente se asegura de que no llegue a la siguiente estación.

Nivel 2. Detecta el error en el momento en que surge y antes de que se convierta en un defecto.

Nivel 3. Elimina o impide la generación de errores antes de que estos ocurran y generen defectos.

Clasificación de mecanismos poka yoke

Richard Chase y Douglas Stewart han definido básicamente cuatro tipos de *poka yoke*:

- *Poka yoke* físicos.
- *Poka yoke* secuenciales.
- *Poka yoke* de agrupamiento.
- *Poka yoke* de información.

Poka yoke *físicos*

Este tipo de dispositivos, orientados a asegurar la prevención de errores en productos o procesos, sirven para identificar los errores o inconsistencias físicas.

Poka yoke *secuenciales*

Cuando el orden es importante, cualquier cambio u omisión en el mismo puede provocar errores, por lo que se buscan maneras concretas para restringir la secuencia de manera que solo se pueda seguir un orden predeterminado.

Poka yoke *de agrupamiento*

En este tipo de dispositivos se utilizan *kits* o el método de los sobrantes. En los *kits* se preparan los elementos como materiales, piezas, etc., de tal manera que todos estén preparados y no falte ninguno al realizar la operación.

Poka yoke *de información*

Estos sistemas retroalimentan a la persona con información clara, sencilla y completa de lo que es necesario para evitar errores.

Ejemplos de dispositivos poka yoke

- Varilla o perno guía.
- Plantilla.
- Microinterruptor/interruptor límite.
- Contador.
- Método de sobrantes/excedente.
- Restricción de secuencia.
- Estandarización y solución.
- Indicador de condición clave.
- Deslizador de detección y entrega.
- Tope/compuerta.
- Sensor.
- Código de colores.

¿Cuánto tiempo se tarda en implementar *poka yoke?*

Un evento de mejora de *poka yoke* dura de cuatro a ocho días.

Procedimiento para implementar poka yoke

Antes de realizar el evento kaizen *(una o dos semanas antes)*

Se debe planificar el evento basándose en el problema o sistema que se quiere mejorar.

- Utilizar el análisis del modo y efecto de fallos del proceso (véase el capítulo 12).
- Identificar el RPN *(risk priority number)* más alto o de mayor importancia.
- Identificar procesos y/u operaciones con errores de mayor gravedad.
- Establecer el alcance del proyecto.
- Elegir al líder del equipo.
- Identificar a los miembros del equipo.
- Cuatro o cinco personas con conocimientos del producto, proceso y control.
- Invitar por lo menos a dos operadores.
- Establecer la fecha del evento.

Durante el evento kaizen *(cuatro a ocho días)*
- Identificar las etapas del proceso.
- Identificar el tipo de elementos *poka yoke* que se van a utilizar según el error.
- Caracterizar las entradas y salidas.

Identificar las etapas del proceso
Se identifican las etapas paso a paso de cada proceso para conocer la secuencia de operación. Para este paso es necesario acudir al sitio del proceso y observar detenidamente cada operación para entender la mecánica específica de movimientos, actividades, medio ambiente y traslados, así como la ubicación de las piezas antes y después de ser procesadas, los medios de transporte, el nivel de atención de los trabajadores, las ayudas visuales, etc. El propósito es sensibilizarse y obtener un entendimiento completo. También es necesario intercambiar opiniones y experiencias con las personas que trabajan allí.

Ejemplo

Cortar ⟶ Pintar ⟶ Perforar

Implementación de poka yoke en una planta de producción.

Identificar el tipo de elementos poka yoke *que se van a utilizar según el error*

En general, cuando se establecen controles o mecanismos a prueba de errores en las entradas clave de los procesos, se están aplicando mecanismos preventivos, y cuando se establecen en las salidas, estamos aplicando mecanismos reactivos.

Una buena fuente de información para identificar etapas de un proceso en el que sea necesario aplicar un mecanismo *poka yoke* puede

ser un análisis del modo y efecto de fallos. Para todos los errores potenciales cuyo nivel de detectabilidad es bajo y cuyo RPN es alto, se puede implementar un mecanismo que impida totalmente la ocurrencia del error.

Caracterizar las entradas y salidas

El objetivo de identificar las entradas y salidas de cada operación es entender todo lo que puede afectar a la operación y convertirse en fallos, errores y, por ende, en defectos.

Después del evento kaizen

Hacer un seguimiento de la efectividad del evento, analizando ocurrencia y detectabilidad en el análisis del modo y efecto de fallos.

Principios básicos

- Los errores son inevitables, los defectos no.
- Hay que detectar el error antes de que se convierta en defecto.
- La mejor herramienta para prevenir el defecto es aquella que aísla la fuente del problema.

Referencias bibliográficas

Zero Quality Control, Shigeo Shingo.

Capítulo 14

Solución de problemas con las 8 D

Antecedentes

Ford Motor Company ha combinado varios métodos y herramientas para la solución de problemas, entre los cuales destaca *team oriented problem solving* (TOPS), que es la base fundamental de las 8 disciplinas (8 D). Los informes de acciones correctivas para las empresas proveedoras de Ford requieren la documentación de las 8 D.

Esta metodología, además de ser utilizada por la industria automovilística, se emplea en un gran número de empresas de distintas industrias y se ha reconocido como una de las formas documentadas más poderosas para resolver problemas.

Definición

Las 8 D constituyen una metodología para resolver problemas de una manera sistemática y documentada mediante el registro de las acciones emprendidas en una serie de 8 pasos que son desarrollados por un equipo multidisciplinario.

¿Para qué se implementan las 8 D?

Este método estructurado de solución de problemas sirve básicamente para:

- Solucionar problemas de los cuales no se conoce la causa raíz.
- Documentar todo el proceso de la solución de problemas.
- Conocer el proceso para solucionar problemas concretos en equipo.
- Generar soluciones integrales y a largo plazo.

¿Cuándo se utilizan las 8 D?

La 8 D se utilizan:

- Cuando es necesario resolver problemas que tienen su origen en el pasado y cuyas causas se desconocen.
- Cuando algún cliente exige contar con una metodología estructurada y documentada para resolver problemas.
- Cuando se conoce el síntoma y este se ha podido cuantificar.
- Cuando la dirección se compromete a dedicar los recursos necesarios para la solución del problema.
- Cuando la complejidad del problema requiere la habilidad de un equipo.

En el capítulo 3, «Diagnóstico e implementación», se mencionó que el mecanismo de acción correctiva se usa cuando hay una desviación en algún indicador,

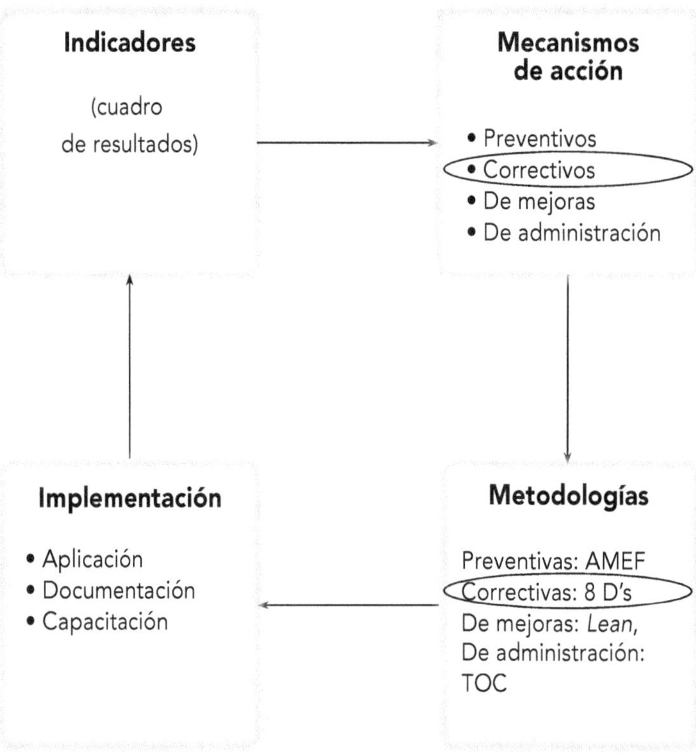

Figura 14.1

la cual da la señal para iniciar un proceso de solución de problemas, y para ello la herramienta adecuada podrían ser las 8 D.

¿Cuánto tiempo se tarda en implementar las 8 D?

Por lo general, de uno a cuatro días, aunque a veces se tarda más tiempo.

Procedimiento para implementar las 8 D

1. Definir el problema.
2. Formar el equipo.
3. Describir el problema.
4. Desarrollar acciones de contención.
5. Definir la causa raíz.
6. Desarrollar acciones correctivas.
7. Desarrollar acciones preventivas.
8. Reconocer el trabajo del equipo.

Para documentar el proceso de solución del problema utilice la tabla 14.1, «Análisis y solución de problemas con 8 D.

En esta tabla se documenta cada paso, como se describe a continuación:

Operación o máquina:	
Núm. de parte:	
Descripción:	
Fecha:	
Núm. de reporte	

Primero se debe llenar el encabezado de dicha tabla anotando el nombre de la operación o del equipo donde se presentó el problema, seguido del número de la parte, la descripción de la parte, la fecha en que se inicia el proceso de solución y el número de informe consecutivo.

Análisis y solución de problemas con 8D's

Operación de máquina [   ]   No. de parte: [   ]   Descripción: [   ]   Fecha: [   ]   No. de reporte: [   ]

1. DEFINICIÓN DEL PROBLEMA

3A. DESCRIPCIÓN DEL PROCESO ACTUAL

ACCIONES DE EMERGENCIA

ACCIONES DE EMERGENCIA	Responsable Fecha	Estatus

3. DESCRIPCIÓN DEL PROBLEMA

	Es	No es
CUÁNDO:		
DÓNDE:		
CÓMO:		
CUÁNTOS:		

4. ACCIONES DE CONTENCIÓN	Responsable Fecha	Estatus	6. ACCIONES CORRECTIVAS PERMANENTES	Responsable Fecha	Estatus

5. CAUSA RAÍZ

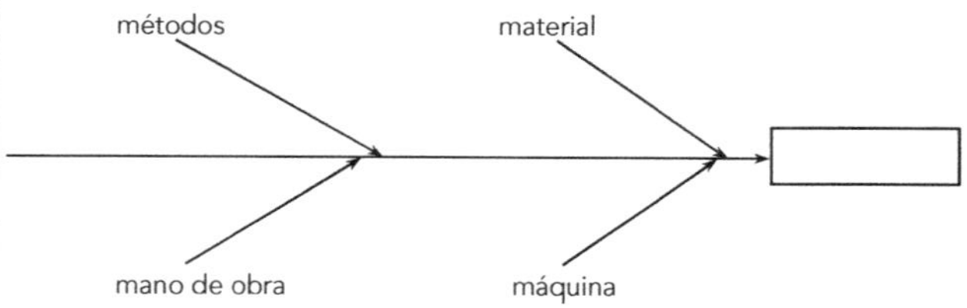

7. ACCIONES PREVENTIVAS	Responsable Fecha	Estatus	VERIFICACIÓN DE EFECTIVIDAD

Preparadopor:	Revisado por:	Aprobado por:	2. MIEMBROS DEL EQUIPO PARA LA SOLUCIÓN DEL PROBLEMA
Auditorias y registros de calidad y proceso.			

Tabla 14.1

Es recomendable llevar un control de todos los informes para que se puedan localizar rápidamente si se vuelven a presentar estos problemas y para tener siempre documentado el seguimiento de las acciones correctivas.

Al final de la tabla se especifica quién preparó el documento, quién lo revisó y la persona que aprobó la realización de las acciones.

Preparado por:	Revisado por:	Aprobado por:

1. Definir el problema

Para empezar a buscar la solución del problema, primero hay que estar seguros de cuál es el problema.

La definición de un problema es simple y está compuesta por sujeto y predicado. Puede describirse fácilmente respondiendo a las preguntas:

- ¿Qué está mal (defecto)?
- ¿Con qué o dónde (objeto)?

Al definir el problema es importante tener claro que, si no se hace bien, solo se estará atacando síntomas, pero no el problema en sí.

1. DEFINICIÓN DEL PROBLEMA			
ACCIONES DE EMERGENCIA	Responsable	Fecha	Estatus

Si es necesario realizar acciones de emergencia en este punto, se describen dichas acciones, los responsables de ejecutarlas, la fecha y el estatus de la aplicación.

2. Formar el equipo

> «Trabajar en equipo asegura el éxito.»
>
> HENRY FORD

- Formar un equipo de entre cuatro y cinco personas.
- Los integrantes deben tener conocimientos del producto y proceso involucrados.
- Los integrantes deben tener habilidades para solucionar problemas.
- Los integrantes deben tener habilidades para trabajar en equipo.
- Los integrantes deben tener conocimientos complementarios sobre el tema del cual se deriva el problema.
- El equipo debe decidir el tiempo y los recursos necesarios para resolver el problema.
- En el equipo debe haber personas que tengan la autoridad para tomar decisiones.
- Se deben tener en cuenta las capacidades de comunicación y liderazgo de los miembros.

Roles de las personas del equipo

Patrocinador

- Es el dueño del proceso.
- Tiene autoridad para hacer cambios.
- Proporciona recursos para el equipo.
- Apoya las decisiones del equipo.
- Monitorea el avance del equipo.
- Elimina interferencias.
- Asiste a las reuniones siempre que se le necesite.

Líder

- Es el representante del equipo.
- Dirige el uso de la metodología.
- Coordina las reuniones.
- Orienta el trabajo del equipo.
- Sintetiza decisiones y acciones acordadas.
- Documenta resultados.

Integrantes

- Aportan conocimientos y habilidades.
- Ayudan en la ejecución del evento.

- Generan ideas.
- Sugieren soluciones y las llevan a cabo.
- Se integran de principio a fin.

2. MIEMBROS DEL EQUIPO PARA LA SOLUCIÓN DEL PROBLEMA

3. Describir el problema

En este paso se establecen los límites del problema, organizando y recolectando datos en cuatro dimensiones:

- Cuándo se produce el problema y cuándo no se produce.
- Dónde está el problema y dónde no está.
- Cómo sucede el problema y cómo no sucede.
- Cuántos problemas se están generando o cuántos no.

3. DESCRIPCIÓN DEL PROBLEMA	
Es	No es
CUÁNDO:	
DÓNDE:	
CÓMO:	
CUÁNTOS:	

Es muy conveniente hacer un repaso del proceso en el cual se están generando los problemas para detectar el posible origen de los errores. En la tabla 14.1 se proporciona un espacio para este propósito.

3 A. DESCRIPCIÓN DEL PROCESO ACTUAL

4. Desarrollar acciones de contención

Las acciones de contención se utilizan para evitar que los efectos del problema lleguen al cliente final o al siguiente eslabón de la cadena. Se intenta contener el problema desde una perspectiva de costo, calidad y tiempo, así como ganar tiempo mientras se encuentra la causa raíz del problema.

Las acciones de contención se documentan en esta parte de la tabla, pero se debe tener en cuenta que solo se está atacando el síntoma, ya que no se conoce la causa. Asimismo, se les debe dar un seguimiento continuo para verificar su implementación y hay que recordar que son temporales y se tienen que sustituir por acciones que eliminen la causa raíz.

4. ACCIONES DE CONTENCIÓN	Responsable	Fecha	Estatus

5. Definir la causa raíz

En esta sección se debe escribir el problema tal como se hizo en la definición inicial del mismo y, a partir de ahí, hacer una lluvia de ideas para encontrar la causa raíz entre las diferentes alternativas de métodos, material, mano de obra y maquinaria.

Para establecer la causa raíz, necesitamos identificar todas las posibles causas por las que apareció el problema y compararlas con la definición inicial y la descripción del problema.

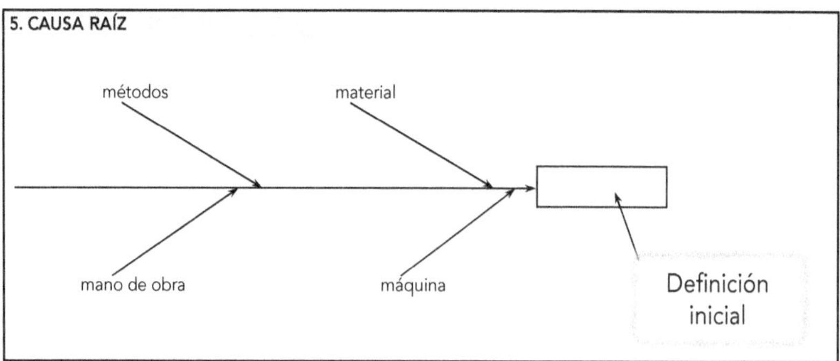

Es importante preguntarnos «¿Por qué?» varias veces, hasta lograr conectar las causas y efectos de manera que podamos identificar la causa raíz del problema.

6. Desarrollar acciones correctivas

Este paso consiste en seleccionar las acciones que eliminarán definitivamente las causas raíz y en verificar que realmente se tenga éxito en la solución del problema.

6. ACCIONES CORRECTIVAS PERMANENTES	Responsable	Fecha	Estatus

En esta sección se describen las acciones realizadas y se verifica que funcionen y no generen efectos indeseables, se planea su aplicación asignando un responsable y anotando la fecha en que se llevarán a cabo, y se puede escribir el estatus de la implementación. Es necesario hacer un seguimiento de estas acciones, incluso a largo plazo, para verificar su continuidad y efectividad.

VERIFICACIÓN DE EFECTIVIDAD

7. Desarrollar acciones preventivas

Aquí se establecen acciones que eviten la reincidencia del problema, así como la generación de efectos negativos durante la implementación de dichas acciones. También se asigna un responsable de esas acciones, la fecha de realización y se mantiene actualizado el estatus de cada acción preventiva.

7. ACCIONES PREVENTIVAS	Responsable	Fecha	Estatus

8. Reconocer el trabajo del equipo

Este último paso es muy importante, ya que se reconoce el objetivo que ha alcanzado el equipo. Pero para ello es necesario que el equipo presente sus resultados brevemente al final de la ejecución, para conocer el proceso de solución del problema, y en esta presentación deben participar todos los miembros.

Finalmente, la persona de mayor jerarquía debe reconocer la aportación del equipo a la solución del problema, lo cual creará una atmósfera de respeto y admiración por quienes desarrollan un trabajo con satisfacción y liderazgo.

> «A veces no tenemos tiempo para hacer las cosas bien a la primera, pero sí debemos tenerlo para repetir las cosas dos o tres veces porque salieron mal.»
>
> Anónimo

Capítulo 15

Six Sigma para reducción de la variación

Antecedentes

Six Sigma es una metodología de mejora y solución de problemas complejos que fue desarrollada a partir de una tesis doctoral del doctor Mikel Harry en la que tomó conceptos de administración por calidad total y mecanismos de solución de problemas y la convirtió en una poderosa manera de hacer las empresas más rentables mediante la disminución de la variación en los procesos y en los productos. El movimiento de la calidad es mucho más que normas y premios; es un sistema de conocimiento y disciplina que implica renovar constantemente la forma de hacer las cosas.

Personas como William Deming, Joseph Juran, Philip B. Crosby, Armand V Feigenbaum, Kaoru lshikawa, Genichi Taguchi y otros contribuyeron con su esfuerzo y dedicación a forjar el concepto y la filosofía de la calidad, y marcaron el inicio de lo que ahora se conoce como Six Sigma, producto de la evolución constante de métodos y herramientas.

En la década de 1980, Motorola pasaba por una crisis de competitividad y sus resultados no preveían un panorama prometedor. En una ocasión, Bob Galvin, CEO de la compañía, dijo: «Nuestra calidad da asco». El problema era un nivel de calidad tan bajo que podía llegar a causar el cierre de la empresa, por lo que convocó a su personal para que mejoraran significativamente la calidad. Lo que buscaba era avanzar de niveles tres Sigma (93,3 % de productos buenos) a un nivel diez veces más alto, es decir, el equivalente a un nivel cuatro Sigma (99,3 %). Varios ingenieros de la compañía empezaron a trabajar en pro de la calidad, entre ellos el doctor Mikel Harry. Este captó la atención de Galvin al proponer que ya no utilizaran el promedio como forma de evaluar resultados globales, sino la desviación estándar, ya que cuando esta se mide representa la variación de un conjunto de datos con respecto a su media. Con esto, sería más importante cumplir consistentemente con la calidad de los productos en lugar de promediar buenos y malos resultados.

> «Si no sabemos, no podemos actuar.
> Si no podemos actuar, nuestro riesgo al fracaso es alto.
> Si sabemos y actuamos, el riesgo está controlado.
> Si no sabemos ni actuamos, merecemos el fracaso.»
>
> MIKEL HARRY

En Estados Unidos, Malcolm Baldrige, secretario de Economía, propuso al presidente Ronald Reagan establecer el Premio Nacional de Calidad, pero poco antes de entregarlo por primera vez, Baldrige murió en un accidente automovilístico y le pusieron su nombre al premio. Este premio fue entregado a Motorola no solo por haber logrado niveles de cuatro Sigma, sino por lograr que algunos procesos entregaran una calidad casi perfecta de 99,9996 %, equivalente a Six Sigma, por lo que el proyecto fue rebautizado con este nombre.

Más adelante, otras compañías como General Electric, Lockheed Martin, Texas Instruments y Honeywell, entre otras, siguieron el ejemplo de Motorola y continuaron el desarrollo de su personal y de sus proyectos para conseguir una industria más eficiente y productiva.

> «Six Sigma es la mejor capacitación que hemos hecho. Es mejor que ir a la escuela de negocios de Harvard, porque nos enseña a pensar diferente.»
>
> JACK WELCH, CEO de General Electric (Slater 2000)

Definición

Six Sigma tiene varias definiciones:

- Es un sistema de medición que permite medir cualquier proceso y compararlo con cualquier otro.
- Es una metodología de mejora que sirve para disminuir drásticamente la variación.

- Es un sistema de dirección para conseguir el liderazgo en los negocios y el máximo desempeño.

Cuando las variaciones se miden estadísticamente, la desviación estándar representa la variación de los datos respecto al promedio y se representa con la letra griega sigma, de ahí el nombre de sigma.

Six Sigma significa que pueden haber seis desviaciones estándar entre el promedio y la especificación del cliente, lo cual hace que la variación sea tan poca que solo existan 3,4 defectos por cada millón.

¿Para qué se implementa Six Sigma?

Las siguientes son algunas de las utilidades de aplicar Six Sigma:

- Asegura la calidad en cada puesto de trabajo.
- Permite crear una infraestructura de personas capaces de mejorar la calidad.
- Permite establecer una filosofía de trabajo y una estrategia de negocio.
- Mejora significativamente la calidad de los productos y servicios.
- Asegura la permanencia de los negocios y aumenta la rentabilidad.
- Permite el desarrollo de productos y procesos potentes.
- Asegura un entendimiento claro de los requerimientos del cliente.

¿Cuándo se utiliza Six Sigma?

Six Sigma se utiliza:

- Cuando se quiere reducir la variabilidad en los procesos, es decir, mejorar el nivel de cumplimiento de las especificaciones del cliente si presentan una variación que se ha salido de control.
- Cuando los niveles de calidad no satisfacen las expectativas del cliente y la variación existente obliga a mejorar el desempeño del proceso.

Características de Six Sigma

- Se establece una estructura de capacitación.
- El enfoque de aplicación es proactivo.
- Se utiliza una metodología estructurada con herramientas diversas.
- Se trabaja sobre las variables clave del proceso.

- El principio es trabajar sobre las características clave de calidad.
- La calidad se genera en los procesos y no en las inspecciones.
- Las salidas de los procesos están en función de las entradas.

¿Qué relación tiene Six Sigma con Lean Manufacturing?

Algunos expertos estiman que una empresa que tiene el 10 % de desperdicio, reduce hasta el 40 % su capacidad. Es por eso que la velocidad (Lean Manufacturing) y la calidad (Six Sigma) son caras de la misma moneda.

Si hablamos de empresas ágiles, necesitamos no solo una metodología de mejora, sino un conjunto de elementos que nos ayuden a reducir defectos, a mejorar la velocidad de entrega y, por lo tanto, a lograr la satisfacción total del cliente.

En este libro se sugieren metodologías y herramientas para crear empresas ágiles. Estas metodologías funcionan bien cuando se les da el enfoque adecuado. Se han descrito las siguientes funciones:

Metodología	Aplicación
Lean Manufacturing	Mejorar velocidad, calidad, costo y entrega. Eliminar excesos.
Seis Sigma	Reducir variación y solucionar problemas difíciles.
AMEF	Prevenir problemas.
8 D's	Solucionar problemas.

Por lo tanto, se podría decir que para tener empresas ágiles estas deben contar con herramientas que les permitan responder a las diversas situaciones que afrontan diariamente.

¿Cuánto tiempo se tarda en implementar Six Sigma?

Por lo general, la implementación de un proyecto Six Sigma tarda entre 3 y 12 semanas.

Estructura para Six Sigma

La metodología Six Sigma, junto con las herramientas aplicadas, es muy poderosa, pero en realidad su poder radica en la estructura que la hace funcionar, ya que se establecen diferentes niveles de entrenamiento y certificación para su aplicación efectiva. A continuación, se detallan los roles de la estructura Six Sigma.

Master black belt

Es la persona mentora o maestra de las black belt, revisa y tiene el prestigio y liderazgo porque enseña y lleva a cabo proyectos difíciles. Master black belt es una persona black belt que ha demostrado su gran experiencia mediante los resultados de sus proyectos y, sobre todo, mediante los beneficios acumulados a lo largo de la aplicación de la metodología y herramientas en proyectos de alto valor. Es una posición de alto grado en las empresas.

Black belt

Es una persona experta en las herramientas, guía a los equipos en los proyectos y capacita a otras personas. Ha estudiado la metodología y las herramientas y ha demostrado sus habilidades en la implementación de proyectos logrando resultados en la disminución de defectos y con impactos financieros considerables, en algunos casos con ahorros anuales de hasta un millón de dólares.

El black belt es una especie de consultor interno dedicado a la mejora y a la solución de problemas difíciles mediante la reducción de defectos y costos. Por lo general, trabaja a tiempo completo en proyectos y capacitando personal. Recibe una capacitación de entre 120 y 150 horas.

Green belt

Las personas green belt se corresponden con niveles diversos en la empresa, no se dedican a tiempo completo a las actividades de Six Sigma, y conocen la metodología y las herramientas a un nivel de aplicación en los proyectos a los cuales son invitadas. Reciben una capacitación de 48 a 72 horas en la metodología y conocen las herramientas en general, por lo que pueden dirigir pequeños proyectos o proporcionar apoyo cuando se les invita a participar en algún proyecto.

Patrocinadores

Son ejecutivos que conocen y creen en los beneficios de la aplicación de Six Sigma. Además, son elementos clave en su implementación. Patrocinan los programas de capacitación, establecen las prioridades de la compañía y hacen que la iniciativa de Six Sigma se convierta en una estrategia de negocios dirigida a elevar el nivel competitivo de la empresa y asegurar que se obtengan beneficios económicos tangibles. Apoyan los proyectos en proceso con recursos y medios para que se logren resultados positivos.

Campeones (champions)

Se trata de personal directivo de alto nivel que asigna recursos y da prioridades para la capacitación de black belts, demostrando así que Six Sigma es un programa estratégico para conseguir los objetivos de la empresa. Reciben capacitación sobre los conceptos clave de la metodología y aplicación de Six Sigma para trabajar en los mejores proyectos. Trabajan con los black belts, dándoles soporte y recursos para la correcta ejecución de sus proyectos.

Procedimiento para implementar Six Sigma

Sigma utiliza una metodología llamada DMAIC (siglas en inglés de *define, measure, analyze, improve, control)* que consiste en:

- Definir: se define el proyecto a realizar.
- Medir: se obtienen datos y mediciones.
- Analizar: se analizan los datos y se convierten en información.
- Mejorar: se llevan a cabo acciones para mejorar.
- Controlar: se verifica que las mejoras se mantengan.

Definir

En la etapa inicial de un proyecto se presenta la definición, la cual describe el objetivo, la justificación, el alcance, los recursos, el equipo asignado y un programa preliminar del proyecto. Esta etapa es la más importante, porque es donde se establece la base de la ejecución del proyecto.

Herramientas que se utilizan en la etapa de definición (según sean necesarias)

En la selección del proyecto

- Diagramas matriciales y matrices de priorización para seleccionar proyectos que estén alineados con las metas y los objetivos.
- Diagramas de Pareto para identificar oportunidades significativas.
- Mapas de procesos como medios visuales para definir procesos e identificar oportunidades.
- Diagramas SIPOC para identificar actividades en los procesos, entradas y salidas clave, clientes y proveedores.

En la calendarización del proyecto
- Gráficas de Gantt para comprender el programa y controlar los avances del proyecto.
- Análisis de PERT para determinar la ruta clave.

Medir

El propósito de la etapa de medición es entender el estado actual del proceso y recopilar datos fiables sobre calidad, costo y velocidad.

Actividades a realizar
- Conocer la voz del cliente.
- Determinar las entradas y salidas clave del proceso.
- Conocer a fondo el proceso.
- Obtener datos del proceso.
- Establecer las mediciones necesarias para una línea base.
- Evaluar el sistema de medición.
- Validar el objetivo y el alcance del proyecto.

Herramientas que se utilizan en la etapa de medición (según sean necesarias)
En la definición del proceso
- Diagramas de flujo y mapas de proceso para conocer a fondo el proceso y definir el nivel de proceso del proyecto en el que se trabajará.
- Técnicas de muestreo para recopilar los datos necesarios.
- Mapa de necesidades para conocer los requerimientos clave de la calidad.
- QFD *(quality function deployment)* para priorizar requerimientos técnicos.
- Modelo de Kano para entender, analizar y clasificar los requerimientos de nuestros clientes según la prioridad.

En la estimación de la línea base
- Gráficas de control para investigar la estabilidad del proceso y evaluar su capacidad.
- Histogramas para desplegar las salidas relativas al proceso.
- Intervalos de confianza de la media y proporciones para estimar el desempeño del proceso cuando no se encuentra estadísticamente bajo control.
- Gráficas de probabilidad para verificar la distribución del proceso.
- OEE (efectividad total de los equipos) para conocer la efectividad total.
- Nivel Sigma para establecer la probabilidad de error.

En el análisis del sistema de medición

- Estudios R&R para cuantificar el error de medición asociado con el equipo, el personal y los procedimientos.
- Análisis de regresión y linealidad para entender el error de medición.

Analizar

El propósito de la etapa de análisis es evaluar la estabilidad y capacidad del proceso para producir dentro de las especificaciones, así como establecer las causas raíz que están generando la variación.

Actividades a realizar

- Determinar las fuentes de variación.
- Identificar el cuello de botella del proceso.
- Analizar las causas raíz.

Herramientas que se utilizan en la etapa de análisis (según sean necesarias)

En el análisis de la cadena de valor

- Mapa de la cadena de valor para conocer a fondo los procesos y validar las actividades que agregan valor.
- Diagramas de flujo para identificar todas las actividades que intervienen en el proceso.
- Diagrama espagueti para identificar movimientos innecesarios de material o de personal.
- Análisis de mudas para identificar y eliminar desperdicios.

En el análisis del proceso

- Diagramas *ishikawa* para identificar relaciones de causa y efecto.
- Intervalos de confianza para comprobar hipótesis planteadas.
- AMEF (análisis del modo y efecto de fallos) para identificar errores potenciales en el proceso y/o producto.
- Pruebas de hipótesis para comparar muestras de diferentes condiciones.
- Diseño de experimentos para detectar factores y niveles de variación.
- Gráficos de control para diferenciar causas comunes de causas especiales de variación.
- Histogramas para desplegar gráficamente las salidas de los procesos.
- Gráficas de multivariables para categorizar la variación e interrelación de factores.
- Gráficas de Pareto para enfocar las oportunidades.

- Árboles de realidad para entender las relaciones causa efecto de situaciones diversas.
- Cpk para evaluar la capacidad del proceso.

Mejorar

El propósito de la etapa de mejora es implementar los cambios que sean necesarios para mejorar el proceso.

Actividades a realizar
- Determinar las condiciones del proceso mejorado.
- Calcular los beneficios de las mejoras propuestas.
- Investigar los modos de falla para el nuevo proceso.
- Implementar y verificar las mejoras del proceso.

Determinar las condiciones operativas
- Mapa futuro de la cadena de valor para conocer los procesos mejorados.
- Análisis PERT para verificar la reducción del tiempo de ciclo.
- Diagrama espagueti para identificar mejoras en movimientos de material o de personal.
- Simulación del proceso para conocer el comportamiento de los cambios.

Herramientas Lean (vistas en otros capítulos)
- 5 S para eliminar actividades que no agregan valor.
- Flujo continuo para reducir tiempos de ciclo.
- Nivelación para equilibrar procesos.
- SMED para reducir el tiempo de ciclo.
- TPM para lograr la máxima efectividad de los equipos.
- *Kanban* para establecer flujo jalar.

Mejorar las condiciones operativas
- Matrices de priorización para asegurar que las soluciones estén alineadas con las necesidades de los clientes.
- Gráficas *box-whisker* para comparar gráficamente el antes y el después.
- Diagramas causa-efecto para generar una cadena de supuestos que afecten la solución identificada.
- Diseño de experimentos, análisis de regresión, análisis residual y gráficas de interacción para determinar dónde está la máxima o la mínima respuesta esperada.

Controlar

El propósito de la etapa de control es estandarizar los nuevos métodos y asegurar que se mantengan las mejoras conseguidas.

Actividades a realizar

- Documentar el proceso mejorado.
- Verificar continuamente el impacto de las mejoras.
- Verificar que se mantengan las mejoras.
- Establecer métodos de control.

Herramientas que se utilizan en la etapa de control (según sean necesarias)
En las actividades de control

- Gráficos de control para observar variaciones en el proceso.
- Análisis de modo y efecto de falla para documentar errores potenciales y prevenirlos.
- Plan de control para documentar los controles y minimizar la variación del proceso.
- Diagramas de flujo para identificar todas las actividades que intervienen en el proceso.
- Capacitación para que todos entiendan y apliquen nuevos métodos.
- Documentación estándar para tener referencias documentadas.

Parte VII

Herramientas para control de materiales y de producción

Capítulo 16

Kanban para control de materiales y de producción

Antecedentes

Muchos empresarios japoneses visitaron varias veces plantas en Estados Unidos para conocer sus sistemas de control de inventario.

Taiichi Ohno y sus colegas visitaron en una ocasión algunas plantas armadoras de vehículos y fundidoras, buscando ideas o un sistema para no sobreinventariarse. No encontraron lo que buscaban, pero por las tardes, durante su viaje, visitaban supermer-

El sistema *kanban* está inspirado en la manera en que trabajan los supermercados y las tarjetas *kanban* simbolizan los billetes que dan una señal a las empresas proveedoras de los materiales.

cados y les llamó mucho la atención la manera en que se resurtían los artículos una vez que el cliente los retiraba del estante y los pagaba; es decir, el billete era una señal para el abastecedor de que tenía que resurtir el o los productos que el cliente había retirado.

Definición

El sistema «estirar» *(pull system)* es un sistema de comunicación que permite controlar la producción, sincronizar los procesos de manufactura con los requerimientos del cliente y apoyar fuertemente la programación de la producción.

Tipos de kanban

- ***Kanban* de retiro.** Especifica la clase y la cantidad de producto que un proceso debe retirar del proceso anterior.

Anaquel de almacén:	F26-18	Código de la pieza:	A5-34	Proceso anterior:
Núm. de pieza:	2214			**FORJA B-2**
Nombre de la pieza:	Soporte para motor			Proceso posterior:
Tipo de automóvil:	SX5OBC			**MECANIZACIÓN**
Capacidad de la caja	Tipo de la caja			
100	B			

- ***Kanban* de producción.** Especifica la clase y la cantidad de producto que un proceso debe producir.

Anaquel de almacén:	F26-18	Código de la pieza:	A5-34	Proceso
Núm. de pieza:	2214			**MECANIZACIÓN**
Nombre de la pieza:	Soporte para motor			
Cantidad por producir:	200			

¿Para qué se implementa *kanban?*

Las siguientes son algunas de las utilidades de implementar *kanban:*

- Evita la sobreproducción.
- Permite trabajar con bajos inventarios.
- Garantiza a los clientes que recibirán los productos a tiempo.
- Permite fabricar solo lo que el cliente necesita.
- Es un sistema visual que permite comparar lo que se fabrica con lo que el cliente requiere.
- Elimina las complejidades de la programación de producción.
- Proporciona un sistema común para mover materiales en la planta.

¿Cuándo se utiliza *kanban?*

Kanban se utiliza:

- Cuando es necesario estructurar el sistema de control de materiales y administración de la producción debido a la alta mezcla de productos y a los volúmenes de producción que tienden a ser menores.
- Cuando se han introducido las variables de disponibilidad de equipo, orden y limpieza, cambios rápidos y lotes de producto mínimos, y las condiciones se prestan para aplicar *kanban*.

¿Cuánto tiempo se tarda en implementar *kanban?*

La implementación de *kanban* tarda de una a doce semanas.

Procedimiento para implementar *kanban*

- Seleccionar los números de parte que se van a establecer en *kanban*.
- Calcular la cantidad de piezas por *kanban*.
- Elegir el tipo de señal y el tipo de contenedor estándar.
- Calcular el número de contenedores y la secuencia *pitch*.
- Hacer un seguimiento (*WIP* to *SWIP*).

Seleccionar los números de parte que se van a establecer en kanban

Seleccione números de parte que compartan una misma familia de productos. Es recomendable trabajar con números de parte que se utilizan habitualmente.

Es muy importante trabajar con números de parte en los cuales ya se ha trabajado en la flexibilidad de la manufactura, por ejemplo, en los que se han establecido células de manufactura, se han reducido los tiempos de cambio y las máquinas de los procesos han mejorado su disponibilidad.

Calcular la cantidad de piezas por kanban

La fórmula de piezas por *kanban* es: D × TE x U x (1 + % VD)

Donde:

D = demanda semanal. Normalmente la demanda mensual se multiplica por 12 y se divide entre el número de semanas laborables o entre 52.

TE = tiempo de entrega en semanas que tiene el proveedor interno o externo, e incluye:

Para productos comprados

Tiempo de generar el pedido + tiempo de entrega del proveedor + tiempo de transporte + tiempo de recepción, inspección y stock.

Para productos manufacturados

Tiempo para generar la orden de trabajo + tiempo total de procesamiento + tiempo de recepción/inspección.

U = número de ubicaciones. Por ejemplo, al inicio de la implementación es recomendable tener dos ubicaciones llenas, una para el proveedor y otra para el cliente.

Porcentaje VD = nivel de variación de la demanda. Es la desviación estándar de la demanda del periodo dividida entre el promedio de la demanda en el mismo periodo.

- **Tiempo de entrega:** es el tiempo total de la cadena de valor desde la materia prima hasta el producto terminado. Este tiempo incluye actividades que agregan y que no agregan valor. Normalmente este tiempo se define en el mapa de la cadena de valor.

- **Tiempo *takt:*** es el tiempo disponible para producir dividido por la demanda.

Ejemplo

Seleccionar los números de parte que se van a establecer en *kanban*.

Número de parte: 2214. Soporte para motor.

Calcular la cantidad de piezas por *kanban*

Demanda mensual = 22 534 piezas.

Demanda anual = 22 534 × 12 = 270 408 piezas.

Demanda semanal = 270 408 ÷ 52 = 5 200 piezas.

D = 5 200 piezas.

TE = 1 semana.

U = 2 (para no tener problemas al principio, es recomendable iniciar con una ubicación con el proveedor y otra en el área de manufactura). Más adelante se irán disminuyendo las cantidades, pero con esto aseguramos la continuidad en el proceso de aprovisionamiento.

% VD = desviación estándar de la demanda del periodo / promedio de la demanda en el mismo periodo.

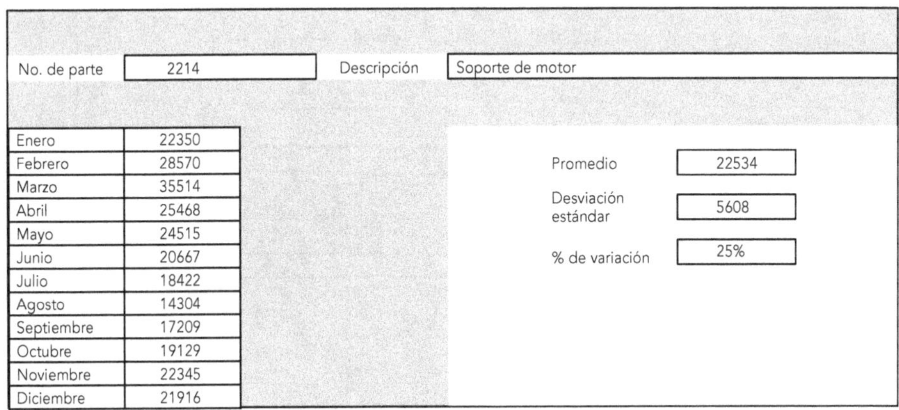

No. de parte	2214	Descripción	Soporte de motor

Enero	22350		
Febrero	28570	Promedio	22534
Marzo	35514		
Abril	25468	Desviación estándar	5608
Mayo	24515		
Junio	20667	% de variación	25%
Julio	18422		
Agosto	14304		
Septiembre	17209		
Octubre	19129		
Noviembre	22345		
Diciembre	21916		

Figura 16.1

% VD = 25 %.

Cantidad de piezas = 5200 × 1 × 2 × 1,25 = 13 000 piezas.

Otra forma de obtener el kanban necesario en los procesos está basada en el cubrimiento de materiales de acuerdo con el tiempo de ciclo del proceso o el tiempo de entrega (obtenido en el mapa de la cadena de valor).

$$\frac{\text{Tiempo de entrega del proceso}}{\text{Tiempo } takt} \div \frac{\text{cantidad de piezas}}{\text{por kanban}} + \text{margen de seguridad}$$

Por ejemplo, tenemos lo siguiente:

Tiempo de entrega del proceso de 7 días = (450 minutos laborables × 7 días) = 3 150 minutos.
Tiempo *takt* = 7 minutos.
Unidades por cada tarjeta *kanban* = 30 piezas.
Margen de seguridad = 20 piezas.

Tiempo de entrega *(lead time)*	3150	minutos
Tiempo *takt*	7	minutos
Unidades por *kanban*	30	piezas
Margen de seguridad	20	piezas
Número de *kanbans* requeridos	35	*kanbans*

- **Unidades por *kanban*:** es el tamaño de lote que representará cada tarjeta según la capacidad de los contenedores que pueda cargar una persona o la cantidad lógica de producción dadas las condiciones de operación o simplemente el lote económico.

- **Margen de seguridad:** es una cantidad de materiales que mantiene cierta confianza en el sistema ante posibles eventualidades.

Elegir el tipo de señal y el tipo de contenedor estándar

Es importante que los contenedores sean de fácil manejo e identificación, y que el color para aplicar el control visual a las piezas sea acorde al color del contenedor.

Una recomendación es seleccionar la capacidad del contenedor según la capacidad de carga del operador u operadora para que sea una unidad de carga manejable.

El contenedor puede ser una caja, tarima, bandeja, etc.

Calcular el número de contenedores y la secuencia pitch

$$\text{Número de contenedores} = \frac{\text{Cantidad de piezas en } kanban}{\text{Capacidad del contenedor}}$$

Si la capacidad de cada contenedor es de 100, entonces el número de contenedores es:

$$\text{Número de contenedores} = 13\,000 \div 100 = 130.$$

Pitch es el ritmo de producción de acuerdo con la cantidad de productos por embalaje.

$$Pitch = \text{tiempo } takt \times \text{capacidad del embalaje.}$$

Contenedores estándar.

Hacer un seguimiento (WIP to SWIP)

El *WIP to SWIP* se calcula dividiendo la cantidad de inventario dentro de la celda entre la cantidad de *SWIP*.

Inventario total en la celda ÷ inventario estándar de la celda

El resultado ideal es 1, lo que significa que el *WIP* es igual al *SWIP*.

Si el resultado es mayor que 1, entonces se tiene mucho inventario en la celda.

Si el resultado es menor que 1, entonces se tiene poco inventario y existe el riesgo de que la celda se quede corta de producción.

En el capítulo 19 se mostrará cómo calcular el *WIP to SWIP*.

Durante la aplicación

- Determinar los números de parte que se implementarán en sistema jalar.
- Determinar el máximo de inventarios por parte.
- Calcular las cantidades de *kanban* para las operaciones.
- Determinar el tamaño estándar del contenedor.
- Determinar las ubicaciones de almacenamiento (supermercados).
- Determinar el número de contenedores.

Reglas de *kanban*

1. No se pasan productos defectuosos a los siguientes procesos.
2. Se retira un *kanban* cuando un proceso retira piezas del proceso anterior.
3. Los procesos anteriores fabrican piezas en las cantidades especificadas por el *kanban* retirado (el *kanban* les proporciona una orden de producción).
4. Nada se produce o se transporta sin *kanban*.
5. El *kanban* hace la función de una orden de producción adherida a los artículos.
6. El número de *kanbans* disminuye con el tiempo.

Herramientas y conceptos útiles para la aplicación

1. Las 5 S son una herramienta esencial para facilitar las actividades de implementación de células de manufactura.
2. Considere la implementación de TPM antes de implementar células de manufactura. Esto hará que sus cálculos sean más realistas y sus equipos más fiables para trabajar en un ambiente celular.

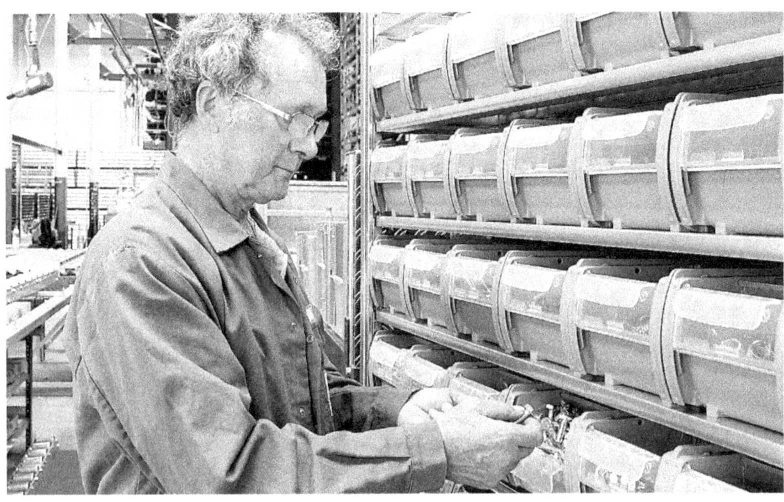

3. Certifique a sus operadores en varias operaciones y realice una matriz de capacitación en la que sus operadores sean capaces de operar, mantener y analizar la calidad en cada centro de trabajo.

4. Asegure el aprovisionamiento de los materiales en todas las estaciones utilizando el sistema *kanban* u otros métodos para que nunca se detenga la producción por falta de materiales.

5. Realice controles visuales para que los trabajadores entiendan sus operaciones a fondo utilizando instrucciones visuales.

6. Aplique *andon* o control visual (luces, sonidos u otros medios) para comunicar que se necesita material, mantenimiento, asistencia, calidad, etc. De este modo, la célula se mantendrá productiva.

7. Establezca mediciones del avance del trabajo cada hora, en las que los operadores anoten la producción que llevan en ese momento y la comparen con la producción que deberían llevar.

8. Si es posible, establezca el trabajo de pieza en pieza. Esto se logra equilibrando la célula de producción y haciendo que los operadores muevan los materiales directamente de operación en operación a medida que avanza el proceso.

9. Considere la aplicación de SMED (cambios rápidos) para asegurar que la célula trabaje a su máximo potencial.

Capítulo 17

Heijunka para la secuenciación de la producción

Antecedentes

En Toyota, el medio para adaptar la producción a la demanda se denomina nivelación de la producción, y consiste en reducir al mínimo las fluctuaciones de las cantidades en la cadena de producción.

Fases de la nivelación de la producción

- Nivelación de la cantidad total de producción.
- Nivelación de la producción de cada modelo.

Nivelación de la cantidad total de producción

El objetivo es minimizar la diferencia entre la producción de un periodo y la del siguiente. Lo ideal es producir una misma cantidad de productos en cada periodo (por lo general, cada día).

Aunque la demanda puede cambiar considerablemente según la estación (lo que afecta los volúmenes mensuales de producción), la nivelación permite que los volúmenes de producción diaria permanezcan constantes.

Veamos la producción en serie de los vehículos A y B, en la que el plan de producción en serie se prepara basándose en un plan mensual de producción, el cual se establece a su vez según la demanda pronosticada. Esta cantidad se divide simplemente entre los días laborables del mes, con lo que se obtiene el volumen a producir cada día.

Sistema tradicional AAAAAABBBBBBBAAAAAAA

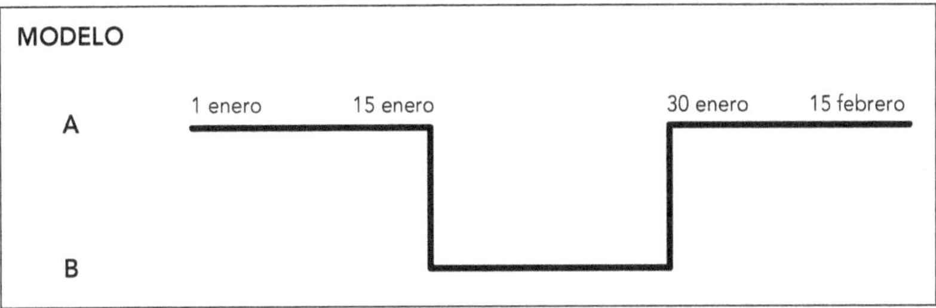

En la figura 17.1 se puede ver que en la manufactura tradicional se establecen prioridades de producción a largo plazo según la demanda sin que necesariamente sea el ritmo de la venta.

Sistema Lean (nivelado de la producción) ABABABABA

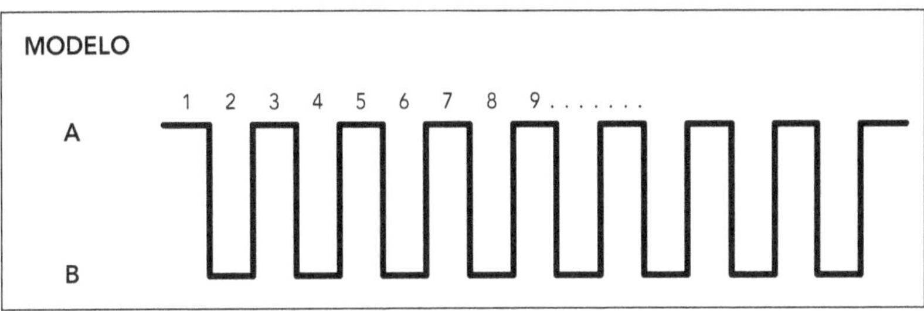

Nivelación de la producción de cada modelo

Cuando se nivela la cantidad total de producción, se puede nivelar la producción de cada modelo mediante la preparación rápida o el cambio de producto, y establecer la secuencia de producción según vayan llegando las tarjetas *kanban* de producción a la caja de nivelación *heijunka*.

Definición

La nivelación de la producción *heijunka* es un sistema de control que sirve para nivelar la producción al ritmo de la demanda del cliente final, variando la carga de trabajo de los procesos de manufactura.

¿Para qué se implementa *heijunka?*

Las siguientes son algunas de las utilidades de implementar *heijunka:*

- Evita la sobreproducción.
- Establece completamente el sistema jalar.
- Nivela la producción en la cadena en mezcla de producción y volumen de producción.

¿Cuándo se utiliza *heijunka?*

Cuando el sistema *kanban* es maduro y se requiere mayor precisión en la planificación de la producción para evitar inventarios excesivos.

¿Cuánto tiempo se tarda en implementar *heijunka?*

La implementación de *heijunka* tarda de cuatro a seis meses.

Procedimiento para implementar *heijunka*

- Calcular el tiempo *takt*.
- Calcular el *pitch* para cada producto.
- Establecer el ritmo de producción.
- Crear la caja *heijunka*.

Ejemplo

Tiempo disponible = 27 000 segundos (8 horas – 30 minutos de descanso).
Demanda diaria = 500 piezas por día.

$$\text{Tiempo } takt = \frac{27\ 000 \text{ segundos}}{500 \text{ piezas}}$$

Tiempo takt = 54 segundos por pieza.

Calcular el tiempo takt

$$\text{Tiempo } \textit{takt} = \frac{\text{Tiempo disponible}}{\text{Demanda}}$$

Calcular el pitch para cada producto

Pitch representa el tiempo de producción y embalaje de una unidad de producción en su correspondiente cantidad de productos por embalaje.

Ejemplo

Para este ejemplo se tienen cuatro productos de una sola familia cuyo tiempo takt es de 54 segundos por pieza.

Producto W:12 piezas por caja.
Producto X: 24 piezas por caja.
Producto Y: 10 piezas por caja.
Producto Z: 20 piezas por caja.

Pitch:

W= (54 x 12) ÷ 60 = 10,8 min.
X = (54 x 24) ÷ 60 = 21,6 min.
Y = (54 x 10) ÷ 60 = 9 min.
Z = (54 x 20) ÷ 60 = 18 min.

Establecer el ritmo de producción

Para establecer la secuencia, tomamos el valor más bajo de los cálculos anteriores, que en este caso es de 9 minutos.

Suponiendo que la producción inicia a las 8:00 h, la secuenciación quedaría como sigue:

8:00 8:09 8:18 8:27 8:36 8:45 8:54...

$$Pitch = \frac{\text{Tiempo } takt \times \text{cantidad de piezas por embalaje}}{60 \text{ segundos/min.}}$$

Crear la caja heijunka

La caja *heijunka*, también conocida como caja de nivelación de producción, es una matriz que se puede hacer en madera u otro material y sirve para establecer cómo se realizará la secuencia de la producción en los periodos calculados en el paso anterior.

Esta caja es como un depósito de correo que se utiliza para programar la producción. También se necesita un corredor, quien pondrá las tarjetas de *kanban* en la caja *heijunka* para establecer las prioridades y secuencias de producción conforme se muevan las tarjetas dada la demanda de los productos.

El corredor irá introduciendo estas tarjetas, que se convertirán en una señal visual para saber cuándo y qué producir.

Parte VIII

Integración y control de la información

Capítulo 18

Trabajo estándar

Definición

El trabajo estándar se basa en la excelencia operacional. Sin el trabajo estandarizado no se puede garantizar que en las operaciones siempre se elaboren los productos de la misma manera. El trabajo estandarizado hace posible aplicar los elementos de Lean Manufacturing, ya que define de la manera más eficiente los métodos de trabajo para lograr la mejor calidad y los costos más bajos.

Para entender el trabajo estándar solo hay que observar (midiendo) el trabajo de los operadores. El trabajo estándar se compone de tres elementos:

- Tiempo *takt* (rapidez de la demanda).
- Secuencia estándar de las operaciones.
- Inventario estándar en proceso.

¿Para qué se implementa el trabajo estándar?

Al estandarizar las operaciones se establece la línea base para evaluar y administrar los procesos y evaluar su desempeño, lo cual será el fundamento de las mejoras. La documentación del trabajo estándar sirve para lo siguiente:

- Asegura que la secuencia de las acciones del operador sea repetible.
- Apoya el control visual, creando así un ambiente para detectar anomalías fácilmente.
- Ofrece una ayuda para comparar la documentación con los procesos actuales.
- Es una herramienta para iniciar acciones de mejora.

- Facilita el método de documentación de las mejoras.
- Establece un banco invaluable de información que se puede consultar siempre que sea necesario.
- Ayuda a mantener un alto nivel en repetibilidad.
- Asegura operaciones más seguras y efectivas.
- Mejora la productividad.
- Ayuda al equilibrio de los tiempos de ciclo de todas las operaciones de acuerdo con el ciclo del tiempo *takt*.
- Reduce la curva de aprendizaje de los operadores.

¿Cuándo se utiliza el trabajo estándar?

La documentación de las operaciones estándar se utiliza desde que se obtiene información relevante de los procesos, como los tiempos de operaciones, cuando se requiere conocer la secuencia de las operaciones y su relación con el tiempo *takt* y una vez que se ha mejorado el proceso para documentar los nuevos métodos establecidos y capacitar al personal en su nuevo puesto de trabajo.

Cuando se realiza un evento de mejora *kaizen*, se prepara la documentación estándar y se utiliza en las diferentes etapas para tener los procesos y sus mejoras documentados.

¿Cuánto tiempo se tarda en implementar el trabajo estándar?

Dependiendo de la complejidad del proceso, de una a dos semanas.

Procedimiento para implementar el trabajo estándar

1. Seleccionar un proceso específico o una operación de un proceso.
2. Realizar las mediciones de tiempo correspondientes y capturarlas en la tabla 18.1 (pág. 263), «Hoja de medición de tiempos».
3. Calcular la capacidad de operación y llenar la tabla 18.2 (pág. 264), «Capacidad de operación».
4. Diseñar o documentar la secuencia optimizada de la capacidad en la tabla 18.3 (pág. 266), «Cuadro combinado de operaciones estandarizadas».
5. Dibujar el proceso en la tabla 18.4 (pág. 268), «Trabajo estándar».
6. Documentar las instrucciones de operación en la tabla 18.5 (pág. 269), «Instrucciones de operación».

PROCESO	**LSSI.** LEAN SIX SIGMA INSTITUTE	**HOJA DE MEDICIÓN DE TIEMPOS**							Fecha de análisis			Número del proceso	
									Hora de análisis			Observador	
Núm.	Elemento de trabajo	Punto de medición	1	2	3	4	5	6	7	8	9	10	11	12	13	14	15	Tiempo repetido más bajo

Tabla 18.1

Fecha:

Gerente		CAPACIDAD DE OPERACIÓN	Número de parte		Tipo de producto		Sección	
Asistente			Nombre		Partes / producto		18.2 — Tiempo disponible	

Secuencia	Nombre del proceso	Número de máquina	Manual		Automático		Total		Cambios de herramental		Capacidad de manufactura	Observaciones
			Min.	Seg.	Min.	Seg.	Min.	Seg.	Intervalo de cambios	Tiempo de cambio		

Tabla 18.2

Hoja de medición de tiempos

En la hoja de medición de tiempos se identifica el momento en que inicia un elemento del trabajo, así como el momento en que termina. En esta hoja se mide cada elemento del trabajo y se establecen los tiempos estándar para cada operación del proceso.

En la hoja de medición de tiempos registramos algunas mediciones de los tiempos de ciclo de cada operación. Esto lo realizamos anotando el número de la operación en el proceso, la descripción del elemento del trabajo o el nombre de la operación y especificando en qué punto de la operación se completan los ciclos de operación.

Capacidad de operación

En la hoja de capacidad de operación (véase la tabla 18.2) se describe la capacidad de operación en cada etapa del proceso, teniendo en cuenta el tiempo estándar manual y/o automático de cada fase del proceso. También se describe el tiempo que tarda el cambio en cada secuencia de operación. El resultado final es la capacidad de producción de cada operación, y este dato se da en unidades de tiempo por pieza.

Esta hoja sirve para determinar si el proceso es capaz de trabajar al ritmo del tiempo *takt* y para confirmar las restricciones del sistema.

Asimismo, será de utilidad para establecer las restricciones del sistema, que serán las que marquen el ritmo de producción, y servirá para alimentar el mapa de valor.

Cuadro combinado de operaciones estandarizadas

El cuadro combinado (véase la tabla 18.3) permite ver gráficamente la secuencia de producción y diseñar la secuencia para optimizar la capacidad. También es útil para equilibrar la carga de trabajo de cada operación de acuerdo con el tiempo *takt*.

Observemos con detalle el tiempo de cada operación para darnos cuenta de que hay actividades que se podrían combinar con otras para optimizar el tiempo, dadas las condiciones en un estado futuro, y asignar responsabilidades de tareas específicas a cada operador.

En este cuadro se puede ver que en la operación de corte se realizan tres actividades con un tiempo de ciclo de 22 segundos y que el tiempo *takt* es de 79 segundos, por lo que se tiene un tiempo de espera de 57 segundos que se podría aprovechar para compartir algunas tareas de otra operación en el momento que se establezca el flujo continuo.

TABLA COMBINADA DE OPERACIONES ESTANDARIZADAS

Tabla 18.3

Hoja de trabajo estándar

En la hoja de trabajo estándar (véase la tabla 18.4) se presenta el diseño del proceso *(layout)* con el operador y el flujo del material, para establecer los movimientos más eficientes de acuerdo con las operaciones estáticas y dinámicas; se pueden observar las distancias; y, en general, se analizan las operaciones en grupo.

En este esquema se presentan las operaciones estáticas y dinámicas, las distancias y recorridos de los operadores y se analiza todo el proceso en su conjunto para tener una visión clara de la secuencia de las operaciones y su flujo.

Para fortalecer la creación de este documento es necesario generarlo y validarlo junto con los operadores que trabajarán diariamente en el área.

Instrucciones de operación

Las instrucciones de operación (véase la tabla 18.5) deben ser realizadas por los ingenieros de procesos o líderes de cadena de valor, de manera que cada paso del proceso se entienda adecuadamente y que cualquier operador entienda rápida y claramente cada paso de la operación. La generación de las instrucciones fortalece la estandarización de los procesos, porque con ayudas visuales puede darse a entender cualquier proceso, incluso administrativo, y es un elemento del sistema de control visual (véase el capítulo 8 de este libro).

Es recomendable que en la creación de las instrucciones del proceso participen operadores, ingenieros y personal de calidad y de recursos humanos para que, en equipo, consideren todos los aspectos pertinentes del desarrollo del proceso.

Aspectos a considerar al aplicar el trabajo estándar

- La documentación del trabajo estándar está formada por documentos vivos, por lo que se debe revisar y validar continuamente.
- Estos documentos deben considerarse en la implementación:
- Eventos *kaizen*.
- Manufactura celular.
- Cambios rápidos de producto (SMED).
- Mantenimiento productivo.
- *Kanban*.
- Mejoras ergonómicas y de seguridad.
- Estos documentos siempre deben realizarse con la colaboración de los operadores.

TRABAJO ESTANDAR
NOMBRE DE LA OPERACIÓN: fabricación de tableros
DESDE: Materiales
HASTA: Producto terminado
FECHA 22-Mayo-2007
FIRMA:
No. ELEMENTO DE TRABAJO
TIEMPO
MANUAL ESPERA CAMINAR
1 Recoger material
2 Cortar piezas
3 Pintar piezas
4 Perforar piezas
5 Ensamble
6 Cargar software
7 Ensamble 2
8 Empaque
9 Colocar producto terminado
TOTAL
Perforación
Pintura
Máquina de corte
Materiales
Ensamble
Carga de software
Ensamble
Empaque
Producto terminado
Trabajo mientras el producto se mueve
Caminar
Regreso al inicio
COMENTARIOS
SÍMBOLOS
Elemento de control
Revisión visual
Seguridad
Inventario en proceso
Tiempo de ciclo
Tiempo tak!
Análisis No.
7
70
79
1/1

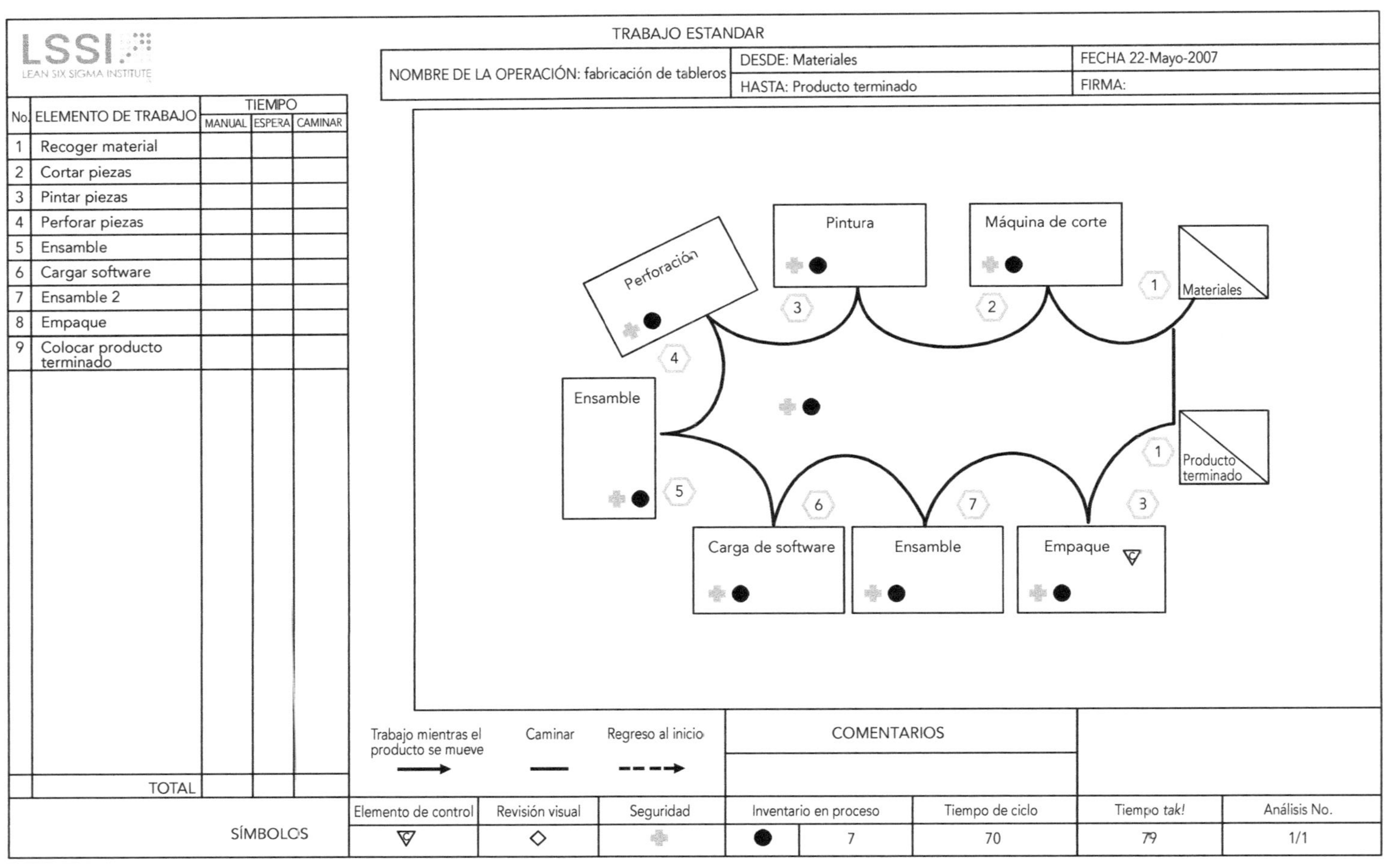

Tabla 18.4

Instrucciones de operación

No.	SECUENCIA DE OPERACIONES	PUNTOS CLAVE	ILUSTRACIONES
1	Tome el material	Tome el material con la mano derecha	
2	Fije el material en la mesa de trabajo	Utilice abrazaderas para mantener fija la pieza	②
3	Coloque las puntas en dirección al filo de la mesa	Cuide que la pieza esté bien balanceada en ambos lados	
4	Corte la pieza a la medida establecida		③
5	Ponga las piezas cortadas en la mesa siguiente		④

REGISTRO DE CAMBIOS					CONSIDERACIONES DE SEGURIDAD	FIRMAS			
Fecha	Rev.	Descripción del cambio	Sup.	Aprob.		Fecha	Turno	Supervisor	Operador
12/01/2007	00	Edición inicial	7	56	El equipo de seguridad debe ser utilizado en todo momento				

Tabla 18.5

Capítulo 19

Contabilidad Lean para la toma de decisiones

Antecedentes

En las empresas que han iniciado un cambio Lean y no han considerado desde el principio la aplicación de la contabilidad Lean (Lean Accounting), dicho cambio parece no haber tenido un beneficio tangible en sus resultados financieros y contables, por lo que a veces se preguntan si realmente Lean Manufacturing tendrá un beneficio tangible en términos de beneficios económicos. También es común ver que el equipo de contables y financieros no participa activamente en el proceso de transformación Lean, y que solo parece ser una iniciativa de manufactura. Es por eso que Lean Accounting busca analizar, desde un punto de vista muy crítico, las ventajas de los cambios Lean en términos no solo de beneficios económicos, sino también de modificación de la conducta.

> «Dime cómo me mides y te diré cómo me comporto.»
>
> ELI GOLDRATT

En la contabilidad tradicional no existen métodos para entender los beneficios de los cambios Lean y en ocasiones los contables y financieros no cuentan con métodos simples para transformar los cambios Lean en mejoras financieras.

La toma de decisiones también debe ser ágil, por lo que la contabilidad Lean proporciona mejores maneras de conocer los beneficios en costos, gastos y condiciones cambiantes de la actividad empresarial, que un sistema tradicional no permite ver.

Definición

La contabilidad ágil o esbelta (Lean Accounting) es un método innovador para obtener datos, convertirlos en información valiosa y generar indicadores que apoyen el plan estratégico de la compañía, y para entender el mundo de los costos e indicadores clave de la compañía.

Lean Accounting proporciona:

- Mediciones esbeltas que reemplazan a las tradicionales.
- Métodos para identificar los impactos financieros de las mejoras Lean.
- Una mejor manera de entender el costo de los productos y el costo de la cadena de valor *(value stream)*.
- Nuevas maneras de tomar decisiones relacionadas con el precio y la rentabilidad.
- Mejores maneras de decidir si comprar o fabricar.
- Una manera de enfocar la empresa alrededor del valor creado por los clientes.

¿Para qué se implementa Lean Accounting?

Algunas de las razones para implementar Lean Accounting son las siguientes:

- Proporciona información para tomar mejores decisiones Lean (esbeltas).
- Reduce tiempo, costos y desperdicio gracias a la eliminación de transacciones y sistemas innecesarios.

Lean Accounting proporciona una manera muy sencilla de entender dónde están los costos y dónde está el valor.

- Identifica los beneficios potenciales de las iniciativas de mejora Lean y se centra en las estrategias requeridas para alcanzar estos beneficios.
- Motiva las mejoras Lean a largo plazo al proporcionar información y estadísticas con un enfoque Lean.
- Agrega directamente valor al cliente eslabonando medidas de desempeño a los medios de la creación de valor y gestionando los cambios para maximizar dicho valor.
- Proporciona métodos para identificar el impacto financiero de las mejoras de Lean Manufacturing.
- Proporciona una mejor manera de entender los costos, los costos de los productos y los costos de la cadena de valor *(value stream)*.
- Proporciona métodos para eliminar una gran cantidad de desperdicio de los sistemas de contabilidad, controles y mediciones.
- Proporciona tiempo libre al personal de finanzas para trabajar en las mejoras Lean.
- Proporciona nuevos tableros para tomar decisiones administrativas relacionadas con precios, beneficios, hacer o comprar, nacionalización de productos y clientes, etc.
- Constituye un camino para enfocar la empresa alrededor del valor creado para los clientes.

¿Cuándo se utiliza Lean Accounting?

Lean Accounting se aplica durante todas las etapas de la implementación de Lean Manufacturing. En la primera etapa, que se refiere a la creación de células piloto, se lleva a cabo la implementación de los indicadores básicos operativos para células de manufactura; en la segunda etapa, la de maduración, se implementa una tabla de resultados *(box score)* que permite llevar indicadores operativos y financieros para la toma de decisiones, y en la última etapa se incorporan indicadores clave para medir el desempeño de la corporación.

¿Cuánto tiempo se tarda en implementar Lean Accounting?

Fase 0.	Preparación	1-2 meses
Fase 1.	Aplicación de mediciones Lean en células piloto	2-3 meses
Fase 2.	Administración por cadenas de valor	6-12 meses
Fase 3.	Maduración	Continua

Procedimiento para implementar Lean Accounting

Fase 0. Preparación

En la fase de preparación se debe capacitar al personal de finanzas y a los líderes de la implementación en los siguientes temas (esta preparación dura de 40 a 80 horas):

1. Introducción a Lean Accounting.
2. Diagnóstico Lean Accounting.
3. Importancia de las mediciones.
4. *Box score.*
5. Estados financieros.
6. Contabilidad operacional.
7. Contabilidad administrativa.
8. Contabilidad de costos.
9. Implementación.

También es importante establecer una línea base para el inicio de Lean Accounting para poder darnos cuenta de los beneficios que Lean Manufacturing está generando en términos contables. Podemos comprender lo anterior si se establecen los valores antes y después en un soporte como el de la tabla 19.1.

Fase 1. Aplicación de mediciones Lean en células piloto

Una empresa que ha iniciado esta etapa puede emprender las siguientes acciones:

* Calcular los beneficios de los cambios Lean.
* Eliminar varios informes.
* Identificar cadenas de valor.
* Eliminar desperdicios.
* Implementar flujo continuo.
* Reducir tiempos de cambio.
* Implementar mantenimiento productivo.

En esta etapa se establecen las siguientes mediciones en las áreas piloto:

Informe diario por hora

La medición fundamental del desempeño Lean es el informe diario por hora, el cual monitorea el éxito de la celda para alcanzar el tiempo *takt*.

Mediciones del proyecto de *Lean Manufacturing*			
Línea o procesos			Fecha:
Beneficios tangibles			
	Antes	Después	Comentarios
Número de operadores			
Área	m^2	m^2	
Demanda actual			
Tiempo de entrega	seg.	seg.	
Inventario			
Rotación del inventario			
Producto en proceso			
Tiempo para cambios			
Costo de la no calidad			
Costo de conversión			
Lotes			
Partes por operador			
Capacidad de producción			

Tabla 19.1

Las celdas Lean están diseñadas para alcanzar un tiempo ciclo predeterminado para el producto fabricado. Este tiempo está determinado por el tiempo *takt* requerido por la demanda del cliente.

El informe diario por hora monitorea la habilidad de la celda para alcanzar el tiempo *takt* y proporciona retroalimentación rápida cuando ocurren los problemas.

Esta información se resume en un tablero localizado dentro de la celda y muestra la cantidad de producción necesaria cada hora para cumplir con el tiempo *takt* del cliente.

Informe de producción a la primera *(first time through)*

El propósito de este informe es monitorear la celda en cuanto a la obtención de productos buenos en la primera ocasión.

Es una medición de la efectividad de la celda en el trabajo estandarizado.

El trabajo estandarizado es una característica esencial de Lean Manufacturing.

HORA	PLAN	REAL	DIFERENCIA	TOTAL PLAN	TOTAL REAL	DIFERENCIA ACUMULADA
8:00 - 9:00	20	13	– 7	20	13	– 7
9:00 - 10:00	20	10	– 10	40	23	– 17
10:00 - 11:00	16	21	+5	56	44	– 12
11:00 - 12:00	20	10	– 10	76	54	– 22
12:00 - 13:00	20	22	+ 2	96	76	– 20
13:00 - 14:00	20	0	– 20	116	76	– 40
14:00 - 15:00	16	25	+ 9	132	101	– 31
15:00 - 16:00	18	12	– 6	150	113	– 37

Figura 19.1

Los dos principales propósitos del trabajo estandarizado son asegurar que el producto se haga correctamente y que se cumple con el tiempo de ciclo de producción de la celda.

Se capacita a los operadores de la celda para completar el proceso de producción exactamente según el trabajo estandarizado.

El informe de «producción a la primera» de la celda muestra el porcentaje de producto hecho en la celda sin necesidad de retrabajo, reparación o desperdicio.

Obtención de la medición de producción a la primera

$$\frac{\text{Total de unidades procesadas} - \text{rechazos o repetición de tareas}}{\text{Total de unidades procesadas}}$$

Ejemplo

Unidades totales = 40
Unidades retrabajadas = 3

$$\text{Producción a la primera} = \frac{40 - 3}{40} = 92,5\,\%$$

WIP to SWIP

El informe *WIP to SWIP* muestra el nivel de inventario en la celda.

WIP es el trabajo en proceso y *SWIP* es el trabajo estándar en proceso.

Las celdas están diseñadas para tener una cierta cantidad de inventario. Con frecuencia, este inventario es determinado por el número de *kanbans* entre los centros de trabajo de la celda.

El propósito de los *kanbans* es proteger el proceso de producción dentro de la celda contra demoras o problemas, así como mantener el flujo de producción de pieza en pieza.

Cálculo del informe WIP to SWIP

Como vimos en el capítulo 16, el *WIP to SWIP* se calcula dividiendo la cantidad de inventario dentro de la celda entre la cantidad de *SWIP*.

Inventario total en la celda ÷ inventario estándar de la celda.

El resultado ideal es 1, lo cual significa que el *WIP* es igual al *SWIP*.

Si el resultado es mayor que 1, entonces se tiene mucho inventario en la celda.

Si el resultado es menor que 1, entonces se tiene poco inventario y existe el riesgo de que la celda se quede corta de producción.

Efectividad Total de los Equipos u OEE

Véase el capitulo 9, «Mantenimiento productivo total».

$$OEE = disponibilidad \times eficiencia \times calidad.$$

Reporte *WIP* to *SWIP*

Semana 22

	SWIP	WIP	Resultado
Lunes	10	11	1.10
Martes	10	9	0.09
Miércoles	10	10	1
Jueves	10	7	0.70
Viernes	10	14	1.40
Sábado	10	16	1.60

Tabla 19.2

Esta medición representa el tiempo realmente efectivo en una jornada o periodo de fabricación, el cual se ve afectado por las grandes pérdidas que se producen en los equipos, como las siguientes:

- Descomposturas.
- Tiempos de cambio.
- Reducción de la velocidad.
- Paros menores.
- Defectos de calidad.
- Repetición de tareas.

Ejemplo

Disponibilidad = 80 %
Eficiencia = 92 %
Calidad = 95 %

OEE = 70 %

Rendimiento totalizado global

El rendimiento totalizado representa una manera de medir todos los pasos del proceso considerando el rendimiento en calidad de cada uno de ellos y buscando entender el desempeño global del proceso.

Cálculo del informe RTG

Paso 1	Entran 1000 a proceso	Salen 980	Rendimiento = 98 %
Paso 2	Entran 980 a proceso	Salen 950	Rendimiento = 97 %
Paso 3	Entran 950 a proceso	Salen 900	Rendimiento = 95 %

Rendimiento totalizado = rendimiento 1 × rendimiento 2 × rendimiento 3

$$RTG = .98 \times .97 \times .95 = 90\ \%.$$

Esto significa que existe una probabilidad de 90 % de que una pieza complete cada paso con cero defectos.

LSSI
LEAN SIX SIGMA INSTITUTE

Programa de certificación multihabilidades

Nombre	Cortar				Pintar				Perforar			
	Opera	Mantiene	Prepara	Enseña	Opera	Mantiene	Prepara	Enseña	Opera	Mantiene	Prepara	Enseña
Jorge Ulloa	4	3	3	0	1	1	1	0	4	4	4	4
Pedro Infante	4	4	4	4	2	2	2	4	4	4	2	2
Diego Reyes	4	3	3	2	3	3	3	2	4	4	0	0
Óscar Sánchez	2	3	3	2	4	4	4	1	2	4	0	0
Claudia Santos	2	3	2	1	4	3	3	1	2	4	0	0
Teresa García	2	4	2	1	0	0	0	0	3	4	0	0
Francisco Saldívar	2	2	1	0	0	0	0	0	1	1	1	1

0 = No concoce la actividad

1 = Aprendiz

2 = Ayudante

3 = Puede realizarlo

4 = Lo domina completamente

Tabla 19.3

Entrenamiento cruzado

Un requisito para que la manufactura celular funcione satisfactoriamente es que los operadores conozcan las operaciones para poder equilibrar el trabajo e intercambiar funciones. Esta medición servirá para que los operadores sean conscientes de su nivel de preparación en los diferentes trabajos y se implemente un potente programa de capacitación.

Sistema de medición del desempeño

Para llevar los conocimientos a la práctica, y ahora que las células de producción ya están funcionando, necesitamos una manera de medir el desempeño del equipo y no el de las personas. Una de las principales aportaciones de Lean Accounting es dejar de medir personas para medir procesos en equipo.

Para este fin se propone utilizar un sistema de evaluación del desempeño basado en resultados grupales e individuales como los que se muestran en la tabla 19.4.

En este ejemplo se muestra una evaluación donde los primeros cuatro indicadores evalúan el desempeño en equipo, mientras que los dos últimos evalúan el trabajo individual. Como se puede observar, el enfoque se centra en el trabajo en equipo y en los objetivos marcados, modificando principalmente la conducta y la actitud hacia el trabajo, ya que ahora el personal no solo buscará el bien individual sino también la participación de sus compañeros para lograr los resultados.

Con este sistema de evaluación se puede establecer un sistema de incentivos que se traduzcan en beneficios para las personas que trabajan en este esquema.

Indicador	Objetivo	Valor
Producción	100 piezas	30 puntos
Defectos	0 defectos	20 puntos
OEE	68%	15 puntos
Entregas a tiempo	100%	10 puntos
Auditoría de la estación	0 amonestaciones	10 puntos
Asistencia	0 faltas	10 puntos
Puntualidad	0 retardos	5 puntos
	Total	**100 puntos**

Tabla 19.4

Algunos de los beneficios de implementar Lean Manufacturing en células piloto son:

- Celdas de producción Lean implementadas exitosamente.
- Capacitación extensa en los principios Lean.
- Flujo jalar en áreas piloto.
- Cambios rápidos de producto.
- Trabajo estandarizado.
- Calidad en la fuente e inspección realizada por el operador.

Algunos de los beneficios de implementar Lean Accounting en células piloto son:

- Mediciones de desempeño Lean en las celdas de producción.
- Cálculo del impacto financiero de las mejoras Lean.
- Eliminación de muchas de las transacciones.
- Identificación de los indicadores primarios de costo y desempeño.

Fase 2. Administración por cadenas de valor

Al inicio de la fase de administración por cadenas, todos los integrantes de la empresa conocen ampliamente la manufactura celular. Entonces, se puede decir que hemos aprendido buenas lecciones de mejora al haberla aplicado primero en áreas piloto. También tenemos una planta impecable por la aplicación de las 5 S, y con los controles visuales se ha demostrado que pueden entenderse rápidamente todos los indicadores clave de las células de producción.

En esta fase los equipos de mejora *kaizen* ya comprenden la importancia del trabajo organizado y bien enfocado y están listos para iniciar una transformación en toda la compañía.

El sistema *kanban* se ha integrado en la célula piloto y se puede iniciar con la preparación de la información para implementarlo en las demás áreas. Los inventarios son relativamente bajos y consistentes.

En la fase de administración por cadenas de valor se introduce una tabla de resultados, llamado *box score* o tablero de resultados, que es un elemento clave en la toma de decisiones y una herramienta que conecta la planificación estratégica (véase el capítulo 4, «Estrategia *hoshin kanri»)* con la ejecución y la toma de decisiones a corto plazo.

Esta herramienta se compone de tres secciones, una para los indicadores operativos, la segunda para el uso de la capacidad y la tercera para los resultados financieros.

El siguiente es un ejemplo de un *box score* utilizado en la toma de decisiones.

En el área amarilla se encuentran los indicadores operativos que deben dar información sobre el avance de las iniciativas relacionadas con las operaciones. En el área verde se encuentran los porcentajes de cumplimiento de la demanda, capacidad de producción y capacidad disponible. Finalmente, en el área azul se encuentran los indicadores financieros que permiten hacer un sencillo balance para saber la rentabilidad de la cadena de valor sin tener que obtener la información contable mensual o trimestralmente.

El rol del personal de finanzas

El equipo financiero y contable pasa de un estado pasivo en la toma de decisiones operativas a un estado proactivo, en el que dirige en gran parte el camino hacia una empresa de clase mundial, analizando las mediciones efectuadas y tomando decisiones a corto plazo. En la implementación de Lean Manufacturing, el personal de contabilidad pasa al menos la mitad de su tiempo analizando tendencias e indicadores y trazando el rumbo de la empresa, ya que este proceso tiene un enfoque estratégico.

¿Por qué el cálculo de costos Lean es tan sencillo?

El cálculo de costos de la cadena de valor es simple debido a que no se reúnen los costos actuales detallados de trabajos o productos en producción. Los costos se recopilan para el total de la cadena de valor y se suman en periodos semanales. Los costos del personal simplemente se suman a los salarios y a los beneficios directos pagados a las personas que trabajan en la cadena de valor, datos que se obtienen del sistema de nóminas.

El resumen de los costos de material también se obtiene semanalmente. Todas las compras son asignadas al centro de costos de la cadena de valor, y lo mismo sucede con los suministros, herramientas y otros costos. Estos simplemente se aplican al centro de costos de la cadena de valor y se obtienen del proceso de cuentas pendientes de pago.

Realmente es un proceso muy sencillo cuando las condiciones de operación permiten un flujo continuo, y el esfuerzo de costos e ingeniería se puede enfocar mejor a un trabajo en equipo para detectar variaciones en el costo, ya que de esto depende también la decisión sobre los precios.

El cálculo de costos estándar es un método completo y correcto para calcular el costo de productos para compañías que están involucradas en métodos de producción en masa. El cálculo de costos estándar está estructurado basándose en las suposiciones acerca de los procesos de producción. Estas suposiciones

			1	2	3	4	5	6
BOX SCORE	Objetivo	Cumplimiento	07-Ene	14-Ene	21-Ene	28-Ene	04-Feb	11-Feb
Unidades por persona	21		14.00	16.00	18.00	20.00	19.00	23.00
Envíos a tiempo	100%		100%	100%	100%	100%	100%	100%
Tiempo de entrega (días)	4		3	4	1	3	4	5
Días de puerta a puerta	3		6	12	23	14	9	7
Calidad a la primera	95%		80%	80%	80%	85%	85%	85%
Nivel Sigma	5		4.10	4.30	4.11	4.32	4.70	4.34
Costo de la no calidad	$ 250		$ 2,345	$ 3,112	$ 645	$ 345	$ 1,245	$ 3,124
Costo promedio del producto	$ 300		$ 343	$ 337	$ 362	$ 338	$ 337	$ 325
Valor del inventario	$ 545,000		$ 3,004,234	$ 2,334,756	$ 2,945,893	$ 2,564,292	$ 1,945,678	$ 1,234,975
Vueltas de inventario	12		4.50	4.00	6.70	7.10	8.30	9.00
Costo de mantenimiento	$ 500		$ 2,820	$ 645	$ 2,323	$ 976	$ 1,733	$ 756
Evaluación 5's	100%		100%	100%	100%	100%	100%	100%
OEE	85%		70%	73%	75%	79%	81%	81%
Tiempo de lanzamiento NP	25 días		42	42	42	42	37	37
Velocidad de demanda			29%	29%	29%	28%	28%	28%
Velocidad de producción			54%	54%	54%	52%	52%	52%
Capacidad disponible			17%	17%	17%	20%	20%	20%
Ingreso			$ 432,050	$ 384,870	$ 422,456	$ 389,754	$ 389,455	$ 456,032
Costo de material			$ 189,000	$ 125,679	$ 167,453	$ 133,456	$ 133,234	$ 197,034
Costo de conversión			$ 131,200	$ 130,242	$ 132,000	$ 132,426	$ 128,034	$ 111,342
Utilidad bruta del value stream			$ 111,850	$ 128,949	$ 123,003	$ 123,872	$ 128,187	$ 147,656
Retorno de la cadena			25.89%	33.50%	29.12%	31.78%	32.91%	32.38%

Figura 19.2

pueden ser válidas para manufacturas tradicionales realizadas por lotes de fabricación.

En la manufactura tradicional, cada producto tiene su propia y única ruta de producción.

En Lean, los productos que tienen flujos de producción similares se agrupan en una cadena de valor. Estos grupos simplifican mucho el proceso de cálculo de costos, porque así veremos el costo de la cadena de valor como un todo.

Por lo general, la tasa del flujo a través de la cadena de valor está determinada por la tasa de flujo del producto a través de la operación cuello de botella dentro de la cadena de valor. El número de unidades que pueden ser embarcadas está limitado por el número de unidades que pueden ser procesadas a través de la operación cuello de botella.

La celda o la cadena de valor solamente puede trabajar tan rápido como la operación más lenta o cuello de botella.

Para el costo de los productos se necesitan los siguientes datos:

Costo de conversión

Son los gastos incurridos en el periodo e incluyen sueldos, energía, gastos de soporte administrativo, renta, etc., es decir, todo aquello que se debe pagar aunque no se produzca nada. Por lo general, se obtienen semanalmente y se dividen entre las horas trabajadas durante la semana, para obtener un costo de conversión por hora.

Para llevar un control del costo de conversión debe prepararse una tabla como el 19.5 para tener un control preciso y a corto plazo de los costos de cada cadena de valor:

Costos de los materiales

Son los gastos incurridos en materiales y cualquier otro gasto totalmente variable cada vez que se produce y vende un producto.

Tasa de producción

Es el ritmo del sistema o célula completa para producir cierto número de parte.

Costos de conversión

	Costo de material	Costo externo	Costo empleado	Costo de máquina	Otros costos	Costo de conversión
Servicio al cliente			$ 12,108			$ 12,108
Compras			$ 16,145			$ 16,145
Logística	$ 358,512		$ 17,080	$ 16,956	$ 20,000	$ 54,036
Surtido de materiales	$ 25,608		$ 23,485	$ 2,016		$ 25,501
Prueba y retrabajo			$ 17,080	$ 3,528		$ 20,608
Ensamble	$ 128,040		$ 10,675			$ 10,675
Embarque			$ 2,669			$ 2,669
Aseguramiento de calidad			$ 8,073			$ 8,073
Ingeniería de manufactura			$ 8,073			$ 8,073
Mantenimiento			$ 8,073			$ 8,073
Contabilidad			$ 8,073			$ 8,073
Sistemas de información			$ 4,036			$ 4,036
Ingeniería de diseño		$ 7,760	$ 4,036			$ 11,796
TOTAL	$ 512,160	$ 7,760	$ 139,606	$ 22,500	$ 20,000	$ 189,866
Horas por semana						40
Costo de conversión por hora						$ 4,747

Tabla 19.5

Ejemplo:

Veamos un ejemplo para ilustrar el concepto de tasa de producción.

En la empresa Lean Shop tienen dos productos, y estos se fabrican en la misma cadena de valor.

El costo de conversión para esta unidad de proceso es de 7 000 dólares por hora.

	Producto 1	**Producto 2**
Costo de materiales	$ 435 por unidad	$ 553 por unidad
Tasa de producción	16 partes/hora	35 partes/hora

Costo del producto 1

Material	$ 435
Conversión	$ 437,5 (o sea, $ 7 000 ÷ 16)
Costo	$ 872,5

Costo del producto 2

Material	$ 553
Conversión	$ 200 (o sea, $ 7 000 ÷ 35)
Costo	$ 753

Si se quieren tomar decisiones sobre la utilidad o el beneficio de los productos, podríamos dejar de tomar el margen de beneficio para tomar decisiones sobre precio y rentabilidad de cada producto. Deberíamos utilizar la velocidad de generación como el indicador primario, por ejemplo.

Tenemos tres productos: A, B y C, cuyos precios y costos son los siguientes:

Análisis del margen por producto						
Producto	Precio de venta	Costo de materiales	Mano de obra directa	GIF	Costo total	Margen	Prioridad
A	$ 300.00	$ 174.00	$ 17.05	$ 40.80	$ 231.85	$ 68.15	1
B	$ 95.00	$ 62.00	$ 5.30	$ 12.69	$ 79.99	$ 15.01	3
C	$ 195.00	$ 140.00	$ 7.58	$ 18.14	$ 165.72	$ 29.28	2

Podemos ver que el producto mejor posicionado es el A, debido a que tiene un margen de $ 68, pero en el sistema Lean analizaremos un concepto adicional: la velocidad del cuello de botella, es decir, de la capacidad de producción o de venta.

Para el mismo ejemplo utilizaremos el proceso de decisión basado en la velocidad del sistema para generar beneficios.

Análisis de la contribución real						
Producto	Precio de venta	Costos variables	*Throughput*	Tiempo por parte (seg.)	*Throughput* por segundo	Número
A	$ 350.00	$ 170.00	$ 180.00	45	$ 4.00	2
B	$ 120.00	$ 78.00	$ 42.00	20	$ 2.10	3
C	$ 198.00	$ 122.00	$ 76.00	10	$ 7.60	1

En este caso los únicos datos que requerimos son el precio de venta y los gastos totalmente variables de cada producto, teniendo en cuenta que los gastos de operación tienen que ser cubiertos independientemente de las decisiones que tomemos sobre los productos.

Ahora tenemos que el mejor producto es el C, porque da la mayor velocidad de generación con 7,6 dólares por segundo, seguido del A con 4 dólares por segundo y finalmente el producto B con 2,1 dólares por segundo.

Fase 3. Maduración

En la fase de maduración se introducen mediciones como el cálculo de costos por objetivos, se eliminan muchas transacciones y se utilizan indicadores financieros para dirigir la mejora y el cambio. Al iniciar esta fase, la compañía ya está organizada por cadenas de valor, existe una extensa cooperación entre clientes y proveedores y la mejora continua ya es una forma de vida.

En el aspecto de Lean Accounting se utilizará el cálculo de costos por objetivos para entender el valor del cliente, y en el diseño del producto para ligar el valor a los objetivos de negocio.

El mapeo de la cadena de valor ya se extiende a toda la cadena de suministro y gran parte de los procesos administrativos se están simplificando o haciendo más ágiles. Las actividades rutinarias de la contabilidad se han automatizado.

En la fase de maduración y excelencia también es muy importante utilizar el indicador de ROI (retorno sobre la inversión), el cual explica en un solo número el resultado final de la compañía.

El ROI se obtiene multiplicando el porcentaje de beneficio del periodo por la rotación de los bienes, que se muestran en el diagrama de la siguiente página.

Con este esquema es posible entender el progreso de los cambios Lean desde un enfoque sistémico, en el que podemos ver los componentes del retorno de la inversión.

Cuando se realiza una actividad *kaizen* destinada a reducir o eliminar desperdicios o excesos, es importante analizar el impacto en costos, gastos de operación e inventarios. El simulador que presentamos en una hoja de cálculo se puede utilizar para observar el impacto financiero; por ejemplo, si reducimos el inventario como resultado de un evento de mejora *(kaizen),* se verá que esta cantidad afecta el retorno sobre la inversión y tendremos una evaluación objetiva teniendo un punto de vista sistémico, es decir, una mejora se ve reflejada en el sistema entero.

En las ramificaciones del porcentaje de beneficio de operación se pueden observar los componentes y la relación que hay entre ellos. Vemos que la suma de los materiales más el gasto de la mano de obra más los gastos indirectos da el costo del producto, que sumado a costos por vender más gastos de administración más impuestos da como resultado el costo de ventas. Y, si a las ventas se les resta el costo de ventas, entonces se obtienen los beneficios. Finalmente, la división de los beneficios por las ventas da como resultado el porcentaje de beneficio sobre ventas.

En la ramificación de la derecha, correspondiente a la rotación (véase la figura 19.5), se observa que la suma de los inventarios más las cuentas pendientes de cobro más el efectivo menos el pasivo circulante da como resultado el capital de trabajo, y este, sumado a la inversión permanente menos la deuda inicial, nos da la inversión neta; y si se vuelve a comparar las ventas con la inversión neta, entonces se obtiene la rotación.

Finalmente, si se multiplica el porcentaje de beneficio sobre las ventas es posible obtener el retorno sobre la inversión, que en un solo número indica el desempeño global del negocio.

En el estado maduro de la contabilidad Lean podemos encontrar aspectos administrativos en áreas de la contabilidad financiera, operacional y administrativa que irán evolucionando en la medida que se presenten los cambios de fondo. Tales cambios permitirán procesos contables más ágiles. Algunos ejemplos de estos cambios son:

- **Cuentas pendientes de pago**
  Pasar de muchos trámites para procesar los pagos a liberar los materiales directamente a la línea de producción y pagarlos directamente al proveedor por vía electrónica.

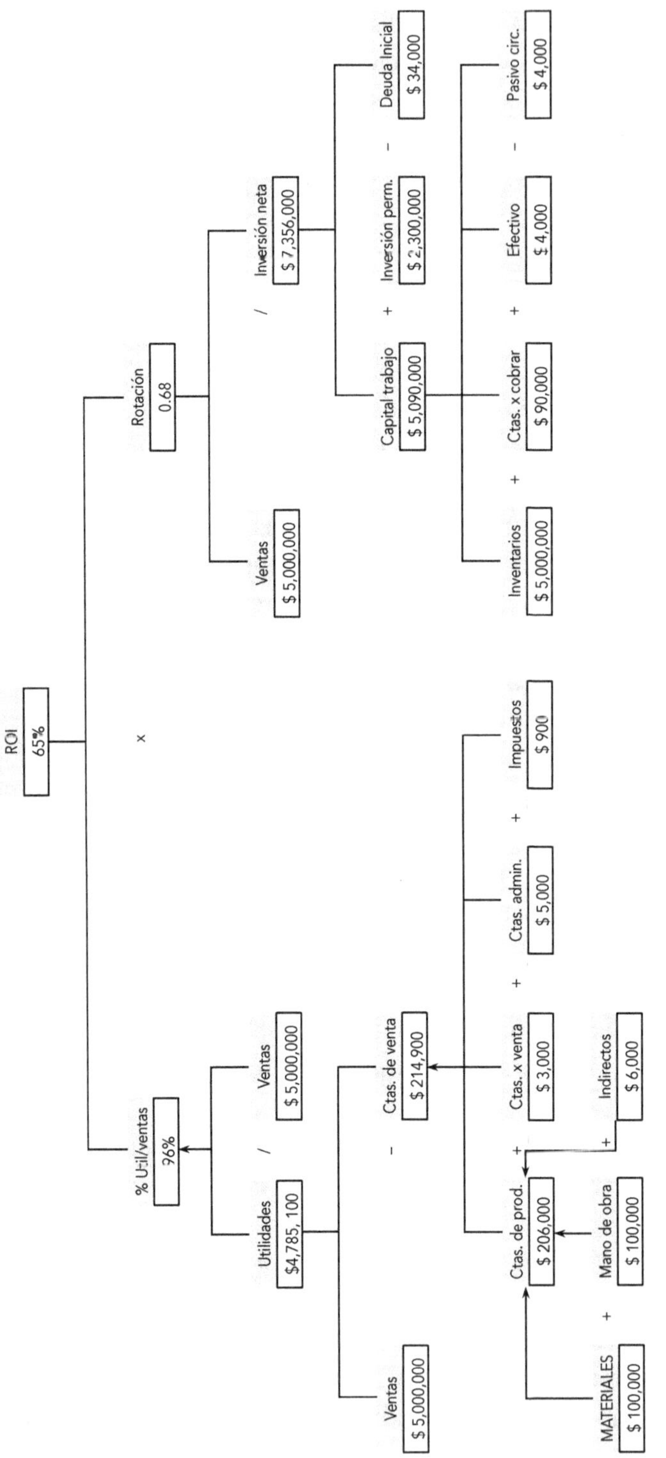

ROI
65%
Rotación
0.68
Ventas
$ 5,000,000
Inversión neta
$ 7,356,000
Capital trabajo
$ 5,090,000
Inversión perm.
$ 2,300,000
Deuda Inicial
$ 34,000
Inventarios
$ 5,000,000
Ctas. x cobrar
$ 90,000
Efectivo
$ 4,000
Pasivo circ.
$ 4,000
% Util/ventas
96%
Ventas
$ 5,000,000
Utilidades
$4,785,100
Ventas
$ 5,000,000
Ctas. de venta
$ 214,900
Ctas. x venta
$ 3,000
Ctas. admin.
$ 5,000
Impuestos
$ 900
Ctas. de prod.
$ 206,000
Indirectos
$ 6,000
MATERIALES
$ 100,000
Mano de obra
$ 100,000

Figura 19.3

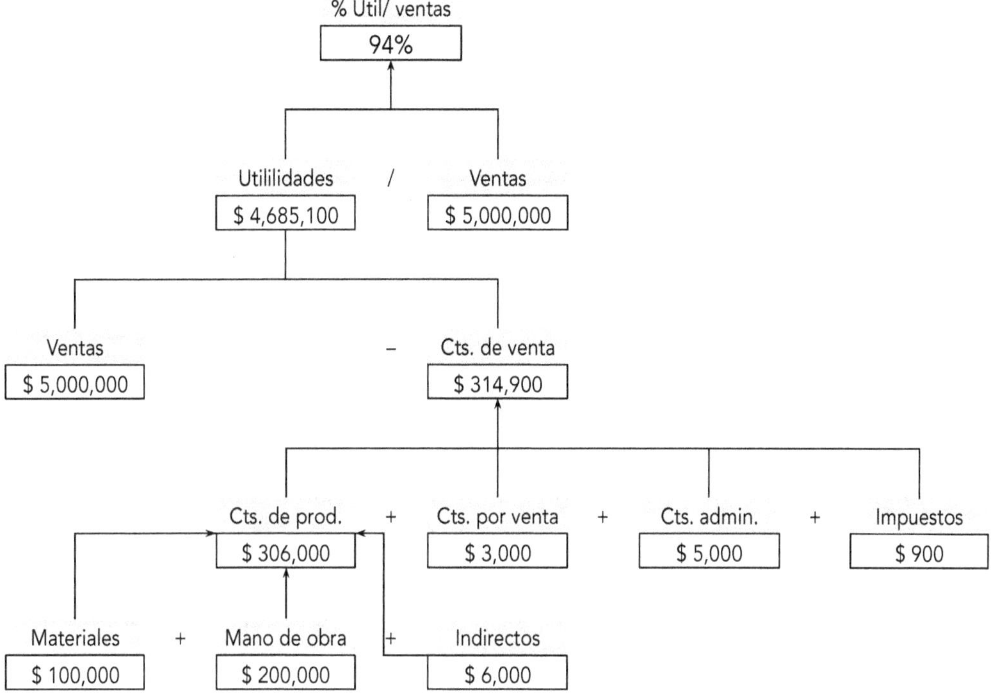

Figura 19.4

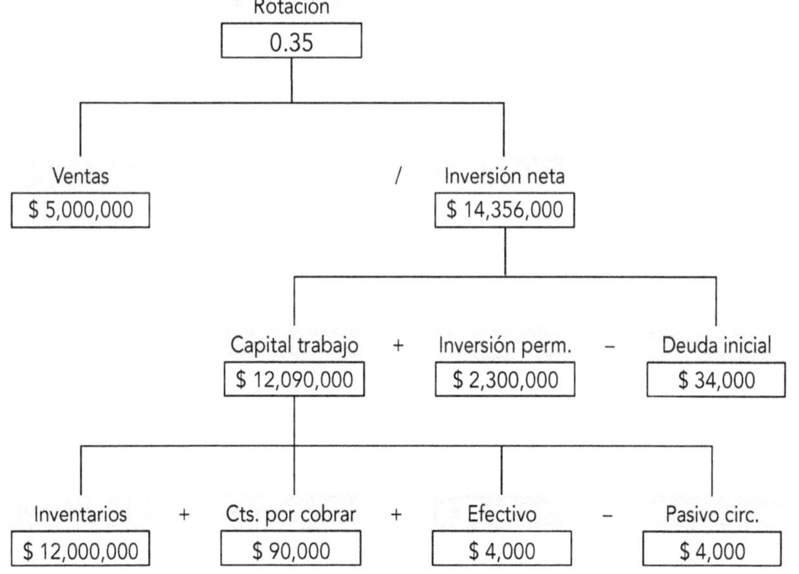

Figura 19.5

- **Cuentas pendientes de cobro**
  Pasar de trámites complejos de procesar a pagos realizados directamente por medio de transferencias electrónicas relacionadas con el consumo real del producto.

- **Autorizaciones administrativas**
  Ir de liberaciones y revisiones de autorización a un punto en el que cada uno de los niveles de la cadena cuenta con autoridad y responsabilidad en la gestión del capital.

- **Cierres de mes**
  Cambiar los cierres mensuales que representan ajustes mayores por estados financieros que muestren la situación real en cualquier momento.

- **Costos de materiales**
  Dejar a un lado la asignación de costos de materiales acumulados al producto y trasladar los costos de materiales directamente, reduciendo el inventario y el tiempo de ciclo.

- **Mano de obra y gastos indirectos**
  Cambiar el rastreo y control monitoreado de la mano de obra para cada operación, cargando el trabajo realizado directamente a la producción de la cadena de valor.

- **Rastreabilidad del inventario**
  Ampliar la fiabilidad de la información eliminando la necesidad de realizar inventarios físicos.

- **Costo del producto**
  Dejar de asignar gastos indirectos de fabricación al costo y asignar los costos directamente a la cadena de suministro.

- **Alineación de la estrategia de la compañía y las metas**
  Pasar de valorar la eficiencia basándose en objetivos y mediciones, sobre todo financieros, a un análisis estadístico que permita entender con precisión la variabilidad en los resultados.

- **Mediciones de desempeño**

  Pasar de resultados obtenidos a partir de análisis históricos a un análisis estadístico del proceso para medir el funcionamiento, incorporando objetivos Six Sigma.

- **Presupuestos y planificación**

  Dejar de administrar presupuestos por cada uno de los departamentos y llevar los objetivos a nivel de celda.

- **Administración de la utilidad de los productos**

  Transformar el uso pasivo de los costos históricos en una utilización integral de las características del producto para ligarlo directamente con el cliente.

- **Rol del personal de contabilidad**

  Transformar el concepto de las personas del área de contabilidad, convirtiéndolas de evaluadores del desempeño a miembros integrales de la cadena de suministro.

- **Mejora continua**

  Trasladar el desperdicio, dejando de esconderlo dentro de los indicadores de los estados financieros, a un lugar que lo coloque como la primera meta de trabajo y mejora.

- **Facultad y aprendizaje**

  Replantear el uso de las mediciones de desempeño, convirtiéndolas en una herramienta que permita a los empleados aprender y mejorar de manera proactiva y creativa, arrasando y ampliando la capacidad disponible.

- **Beneficios financieros de los cambios Lean**

  Dejar de ver solo beneficios aislados de los cambios Lean en la reducción de costos y la mejora de la eficiencia, utilizando la información de las ventajas financieras en ventas y el planteamiento de estrategias de negocio.

- **Organización por *value stream***

  Dejar de ser una organización funcional por departamentos, reorganizando la compañía a lo largo de la cadena de suministro y eliminando los departamentos funcionales.

- **Valor del cliente y cálculo de costos por objetivos**
  Dejar de administrar por productos, avanzando más allá de las metas Lean y modificando las características de nuestros productos para requisitos particulares y necesidades del cliente.

- **Recompensas y reconocimiento**
  Pasar de desempeño por iniciativas en reducción de costos a un programa que comparta las ganancias para recompensar económicamente a cada persona por la consecución de los objetivos Lean.

Herramientas para la reducción de energía

Capítulo 20

Ahorro de energía

Antecedentes

Normalmente el ahorro de energía no está considerado como un proyecto habitual entre las empresas tradicionales, ya que por lo general simplemente se pasa el recibo de pago al departamento de pagos y ellos cubren el gasto.

Pocas personas conocen detalladamente su factura de consumo eléctrico y muchas menos hacen un análisis detallado de los consumos, del uso y, sobre todo, de la detección de desperdicio de energía.

Simplemente no se conoce el costo de la energía agregada a los productos y servicios que se realizan. De ahí la importancia de introducir en este capítulo el tema del ahorro energético y sus múltiples alternativas para reducir el consumo y, por lo tanto, los costos de conversión.

Definición

Un evento de ahorro de energía es un trabajo realizado por un equipo que comprende los conceptos relativos al consumo y aprovechamiento de la energía, como parte integral de los proyectos relacionados con Lean Manufacturing. Basta con recordar que el fin último de Lean es la reducción o eliminación de desperdicios donde sea que se encuentren. El ahorro de energía es un factor que ha tomado fuerza en el ámbito mundial, y que se prevé que cobrará progresivamente una importancia mayor .

El objetivo de este capítulo es proporcionar un enfoque práctico para tomar medidas sencillas sin necesidad de invertir en equipo especializado. La factura de energía eléctrica ya nos dará información útil para comenzar a tomar medidas correctivas y reducir el consumo y la cantidad de dinero que se paga por cada factura.

Datos sobre el consumo energético

- El consumo energético mundial ha crecido exponencialmente en las últimos décadas. Los mayores consumidores de energía en el mundo están consumiendo cada vez más. Según el informe del Foro Económico Mundial, el consumo de energía de países como China , India, Japón, Rusia y Estados Unidos supera con diferencia el consumo de las veinte naciones con la mejor arquitectura energética.
- Hoy en día los combustibles fósiles se consumen a un ritmo 100 000 veces mayor que el tiempo que tardan en generarse.
- Actualmente el 95 % de las empresas desperdicia energía de alguna forma; solo un 1 % hace algo al respecto.
- El gasto en energía representa entre el 10 y el 30 % de los gastos de operación de las empresas e instituciones.
- En un periodo de 7 a 20 años, para poner un ejemplo, la energía que México produce no será suficiente para cubrir la demanda nacional.
- Solo utilizando tecnologías eficientes en consumo energético «listas para su aplicación» se podría reducir en un 80 % el costo de calentar, enfriar e iluminar los hogares y lugares de trabajo (Departamento de Energía de Estados Unidos y Administración de Energía de Maryland).

Introducción

Para evitar entrar en temas demasiado técnicos para la mayoría de las personas, veamos un enfoque más sencillo (habrá quien lo considere sobresimplificado, pero, para lo que se quiere ejemplificar, con esto basta).

Hay que tener en cuenta que, para esta explicación, el ejemplo presentado se efectúa con la tarifa HM de México (para servicio general en media tensión con una demanda de 100 kW o más), que es la más habitual en las empresas y en la industria, y también la que permite obtener más ahorro si se gestiona adecuadamente. Con este régimen tarifario, la electricidad varía de precio según la hora del día. En la web de la CFE (ww.cfe.gob.mx), por ejemplo, se puede encontrar más información al respecto.

Tarifas horarias

Esta empresa maneja tres horarios, y en cada uno de los cuales se cobra un precio distinto por la electricidad consumida. Los horarios son:

- Base
- Intermedio
- Punta

Aunque es cierto que cada mes cambia el precio de la electricidad, basta con mencionar que, al consumir 1 kWh en hora punta, este cuesta 3,8 veces más que consumirlo en horario base, y tres veces más que consumirlo en horario intermedio. Esto se debe a que durante el horario punta la CFE tiene que proporcionar electricidad para encender el alumbrado público de todo el país.

Lo que pretende la empresa suministradora de electricidad es influir en los hábitos de consumo de las empresas para que desplacen las cargas eléctricas a otra hora y le dejen más holgura para cumplir con el suministro a la hora de mayor carga.

El horario punta cambia en invierno y en verano, ya que, como es sabido, durante el invierno oscurece más temprano y el alumbrado público debe encenderse antes. Por ello, durante los meses de abril y octubre se reciben dos recibos de electricidad, porque una parte del mes se factura con el horario de verano y la otra con el de invierno.

- **Verano:** se considera verano al periodo comprendido entre el primer domingo de abril y el sábado anterior al último domingo de octubre.
- **Invierno:** se considera invierno al periodo comprendido entre el último domingo de octubre y el sábado anterior al primer domingo de abril.

La figura 20.1 muestra los horarios para las regiones Central, Noreste, Noroeste, Norte, Peninsular y Sur (disponible en la web de la CFE).

Mediciones importantes

I) Consumo (representado como «Cargo por energía» en el recibo)

- a) **Kilovatio-hora (kWh):** son los kilovatios consumidos por cada aparato, multiplicados por el número de horas que ha estado funcionando a lo largo del mes. Se registran lecturas separadas en los diferentes horarios ya mencionados (base, intermedio y punta).

<table>
<tr><td colspan="4">Regiones Central, Noreste, Noroeste, Norte, Peninsular y Sur
Del primer domingo de abril al sábado anterior al último domingo de octubre</td></tr>
<tr><td>Día de la semana</td><td>Base</td><td>Intermedio</td><td>Base</td></tr>
<tr><td>lunes a viernes</td><td>0:00 - 6:00</td><td>6:00 - 20:00
22:00 - 24:00</td><td>20:00 - 22:00</td></tr>
<tr><td>sábado</td><td>0:00 - 7:00</td><td>7:00 - 24:00</td><td></td></tr>
<tr><td>domingo y festivo</td><td>0:00 - 19:00</td><td>19:00 - 24:00</td><td></td></tr>
</table>

<table>
<tr><td colspan="4">Del último domingo de octubre al sábado anterior al primer domingo de abril</td></tr>
<tr><td>Día de la semana</td><td>Base</td><td>Intermedio</td><td>Base</td></tr>
<tr><td>lunes a viernes</td><td>0:00 - 6:00</td><td>6:00 - 18:00
22:00 - 24:00</td><td>18:00 - 22:00</td></tr>
<tr><td>sábado</td><td>0:00 - 8:00</td><td>8:00 - 19:00
21:00 - 24:00</td><td>19:00 - 21:00</td></tr>
<tr><td>domingo y festivo</td><td>0:00 - 18:00</td><td>18:00 - 24:00</td><td></td></tr>
</table>

Figura 20.1

b) **Precio unitario:** es el monto a pagar por cada kilovatio-hora consumido. El precio varía de acuerdo con el horario en que se utilice, ya sea base, intermedio o punta.

II) Demanda (representado como «Cargo por demanda» en la factura)

c) **Kilovatio (kW):** es la máxima cantidad de energía requerida por la empresa durante un intervalo de 15 minutos a lo largo de todo el mes.

III) Factor de potencia y de carga

d) **Factor de potencia:** es la fracción de potencia utilizada realmente por un equipo eléctrico comparada con el total de potencia aparente suministrada. Se expresa como porcentaje. El factor de potencia indica que un equipo eléctrico (o un grupo) provoca que la corriente eléctrica suministrada en el punto de uso esté fuera de fase con el voltaje.

Para fines prácticos, lo importante aquí es que el apartado donde dice «Factor de potencia» sea de un 90,00 % o mayor, ya que la CFE penaliza con un «Cargo por factor de potencia» a los usuarios que tengan un factor menor del 90 %, pero también otorga bonificaciones a aquellos usuarios con un factor de potencia superior al 90 %.

e) **Factor de carga:** a diferencia del factor de potencia, en este caso no hay penalizaciones ni bonificaciones; esta medición solo informa sobre el equilibrio de las cargas en nuestra empresa. Simplemente es una división entre el consumo medio del mes y el máximo. Por ejemplo, si normalmente consumimos un promedio de 70 kW al mes y el máximo alcanzado fue de 100 kVV, nuestro factor de carga es del 70 %.

Un bajo nivel del factor de carga quiere decir que durante cierto periodo del mes se ponen a trabajar de manera simultánea varios equipos cuyo consumo supera con creces lo que se consume de media. Esta es una invitación para analizar qué equipos son los que realmente se necesita que operen de manera simultánea y cuáles pueden permanecer apagados durante ese periodo y encenderse antes o después.

¿Para qué sirve un evento de ahorro de energía?

Las siguientes son algunas de las utilidades de realizar un evento de ahorro de energía:

- Obtener ahorros económicos eliminando desperdicios e ineficiencias en el uso de los recursos energéticos.
- Ayudar a preservar los recursos energéticos no renovables.
- Conocer los patrones de consumo energético de la empresa.
- Detectar áreas de oportunidad para posteriormente hacer estudios más detallados.
- Inculcar el interés para crear una cultura de ahorro de energía.

¿Cuándo se utiliza un evento de ahorro de energía?

Un evento de ahorro de energía puede llevarse a cabo en cualquier momento.

¿Cuánto tiempo se tarda en realizar un evento de ahorro de energía?

De una a dos semanas.

Procedimiento para llevar a cabo un evento de ahorro de energía

1. Obtener los recibos de electricidad de los últimos doce meses.
2. Buscar tendencias, patrones en el consumo y/o áreas de oportunidad.
3. Aplicar medidas correctivas.

Ejemplo

1. Se capturan todos los recibos en el formato propuesto.

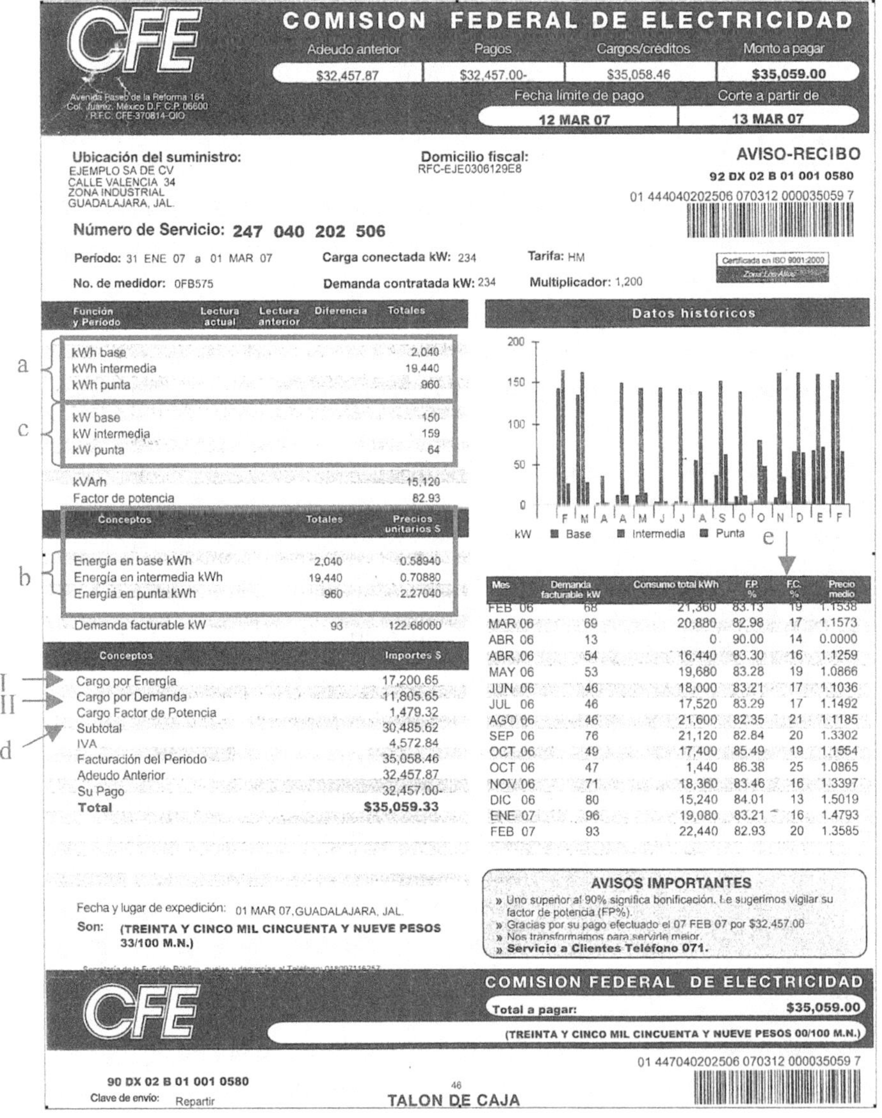

Figura 20.2

Historia de consumo energía eléctrica (2006)

	Ene-06	Feb-06	Mar-06	Abr-06	May-06	Jun-06	Jul-06	Ago-06	Sep-06	Oct-06	Nov-06	Dic-06
kWh base	648	1,560	720	720	720	600	480	720	480	700	600	1.080
kWh intermedia	18,324	19,560	20,760	15,480	18,720	17,820	17,040	20,760	19,560	17,880	17,400	13,800
kWh punta	384	240	120	480	240	120	0	120	1,080	480	360	360
Consumo total kWh	19,356	21,360	21,600	16,680	19,680	18,540	17,520	21,600	21,120	19,080	18,360	15,240
Precio base kWh	$ 0.5940	$ 0.5843	$ 0.5785	$ 0.5673	$ 0.5797	$ 0.6026	$ 0.6288	$ 0.6403	$ 0.6358	$ 0.6354	$ 0.6232	$ 0.6211
Precio inter. kWh	$ 0.7146	$ 0.7029	$ 0.6967	$ 0.6825	$ 0.6074	$ 0.7249	$ 0.7564	$ 0.7702	$ 0.7648	$ 0.7643	$ 0.7496	$ 0.7471
Precio punta kWh	$ 2.2884	$ 2.2509	$ 2.1983	$ 2.1859	$ 2.2333	$ 2.3215	$ 2.3894	$ 2.4666	$ 2.4493	$ 2.4478	$ 2.4008	$ 2.3929
kWh base	12	143	54	12	12	4	4	54	36	4	8	64
kWh intermedia	149	165	137	149	143	143	141	137	150	78	159	159
kWh punta	62	26	6	12	14	4	4	6	62	46	33	63
kvArh	12,924	14,280	14,880	10,920	13,080	12,000	11,640	14,880	14,280	11,400	12,120	9,840
Factor de potencia	0.83	0.83	0.82	0.84	0.83	0.84	0.83	0.82	0.83	0.86	0.83	0.84
Factor de carga	17.46%	19.26%	21.19%	15.55%	18.50%	18.01%	16.70%	21.19%	19.56%	32.88%	16.04%	12.88%
Demanda facturable (kW)	89	68	46	54	53	46	46	46	89	56	71	92
Precio unitario kW	$ 123. 66	$ 121. 63	$ 122	$ 121.54	$ 120.68	$ 125.45	$ 130.89	$ 133.29	$ 132.36	$ 132.40	$ 129.74	$ 129.31
Cargo o bonificación por % FP	4.9%	5.0%	5.6%	4.5%	4.8%	4.3%	4.8%	5.6%	5.2%	2.9%	4.7%	4.3%
Precio base kWh	$ 14,357.99	$ 15,200.45	$ 15,143.81	$ 12,022.55	$ 14,008.70	$ 13,557.86	$ 13,190.88	$ 16,746.36	$ 17,909.92	$ 15,289.12	$ 14,281.25	$ 11,842.21
Precio inter. kWh	$ 11,005.74	$ 8,270.84	$ 5,592.68	$ 6,563.16	$ 6,396.04	$ 5,770.70	$ 6,020.94	$ 6,131.34	$ 11,780.04	$ 7,414.40	$ 9,211.54	$ 11,896.52
Cargo por factor de potencia	$ 1,250.66	$ 1,163.25	$ 1,155.68	$ 844.35	$ 978.41	$ 835.81	$ 928.24	$ 1,275.01	$ 1,539.41	$ 659.68	$ 1,105.29	$ 1,015.52
Cargo por baja tensión	$ 532.29	$ 492.69	$ 437.84	$ 388.60	$ 427.84	$ 403.29	$ 402.80	$ 483.05	$ 624.59	$ 467.44	$ 491.96.29	$ 495.09
Subtotal	$ 27,146.67	$ 24,634.54	$ 21,892.07	$ 19,430.06	$ 21,392.15	$ 20,164.37	$ 20,140.06	$ 24,152.71	$ 31,229.37	$ 23,372.20	$ 24,598.08	$ 24,754.25
IVA	$ 4,072.00	$ 3,695.18	$ 3,283.83	$ 2,914.51	$ 3,208.82	$ 3,024.65	$ 3,021.01	$ 3,622.91	$ 4,684.41	$ 3,505.83	$ 3,689.71	$ 3,713.14
TOTAL	$ 31,218.67	$ 28,329.72	$ 25,175.99	$ 22,344.57	$ 24,600.97	$ 23,189.02	$ 23,161.07	$ 27,775.62	$ 35,913.78	$ 26,878.03	$ 28,287.79	$ 28,467.39

Figura 20.3

2. Se analizan las gráficas obtenidas al introducir los datos.

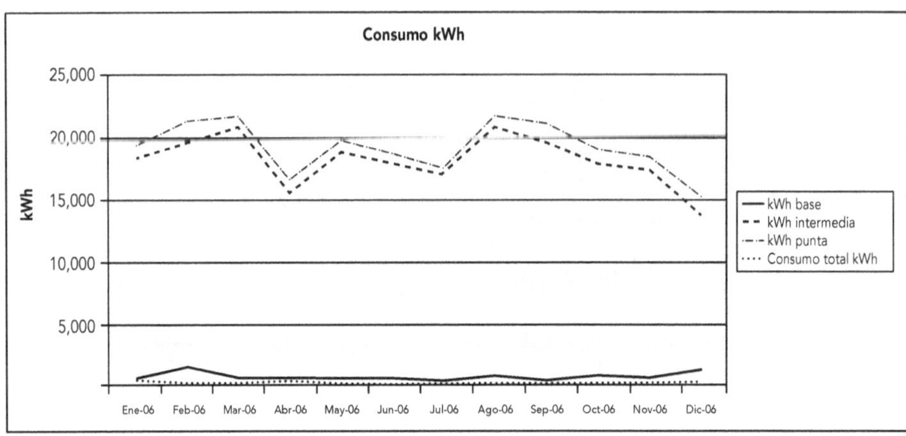

Figura 20.4

- Se puede apreciar que los niveles de consumo van a la baja al acercarse el fin de año. El horario en el que se trabaja más es por mucho el intermedio.

- Como se ve en la figura 20.5, tanto los niveles de factor de carga como los de factor de potencia son muy bajos, lo que repercute en recibos de energía eléctrica más caros.

- En la búsqueda de áreas de oportunidad, a continuación se presentan algunas ideas que podrían reducir significativamente el consumo energético.

- Detectar fugas. Cada vez que escuchamos una fuga de aire

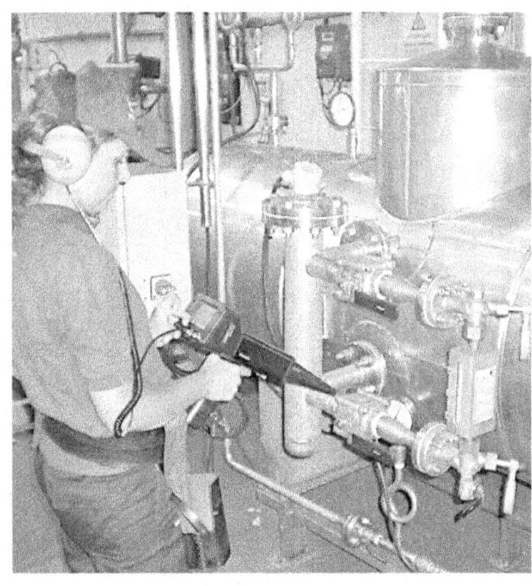

Detección de fugas de aire.

Historia de consumo energía eléctrica (2006)

	31	28	31	30	31	30	31	30	31	30	31	30
	Ene-06	**Feb-06**	**Mar-06**	**Abr-06**	**May-06**	**Jun-06**	**Jul-06**	**Ago-06**	**Sep-06**	**Oct-06**	**Nov-06**	**Dic-06**
kWh base	648	1,560	720	720	720	600	480	720	480	700	600	1.080
kWh intermedia	18,324	19,560	20,760	15,480	18,720	17,820	17,040	20,760	19,560	17,880	17,400	13,800
kWh punta	384	240	120	480	240	120	0	120	1,080	480	360	360
Consumo total kWh	19,356	21,360	21,600	16,680	19,680	18,540	17,520	21,600	21,120	19,080	18,360	15,240
Precio base kWh	$ 0.5940	$ 0.5843	$ 0.5785	$ 0.5673	$ 0.5797	$ 0.6026	$ 0.6288	$ 0.6403	$ 0.6358	$ 0.6354	$ 0.6232	$ 0.6211
Precio inter. kWh	$ 0.7146	$ 0.7029	$ 0.6967	$ 0.6825	$ 0.6074	$ 0.7249	$ 0.7564	$ 0.7702	$ 0.7648	$ 0.7643	$ 0.7496	$ 0.7471
Precio punta kWh	$ 2.2884	$ 2.2509	$ 2.1983	$ 2.1859	$ 2.2333	$ 2.3215	$ 2.3894	$ 2.4666	$ 2.4493	$ 2.4478	$ 2.4008	$ 2.3929
kWh base	12	143	54	12	12	4	4	54	36	4	8	64
kWh intermedia	149	165	137	149	143	143	141	137	150	78	159	159
kWh punta	62	26	6	12	14	4	4	6	62	46	33	63
kvArh	12,924	14,280	14,880	10,920	13,080	12,000	11,640	14,880	14,280	11,400	12,120	9,840
Factor de potencia	0.83	0.83	0.82	0.84	0.83	0.84	0.83	0.82	0.83	0.86	0.83	0.84
Factor de carga	17.46%	19.26%	21.19%	15.55%	18.50%	18.01%	16.70%	21.19%	19.56%	32.88%	16.04%	12.88%

Figura 20.5

podríamos pensar que no representa una gran pérdida, pero si tenemos en cuenta que cada una podría costar entre 300 y 1000 dólares anuales, y si juntamos todas las pequeñas fugas que pudieran existir, la suma podría ser de entre 50 000 y 150 000 $ para empresas medianas y grandes.

Para poder medir y cuantificar las fugas de gases es recomendable utilizar un equipo de ultrasonido con el cual se entra a un rango de sonido de entre 20-100 kHz, y en estas frecuencias encontraremos un mundo de oportunidades.

- No utilizar los equipos en horarios punta. Resulta casi 3,5 veces más caro utilizar los equipos en dos o tres horas consideradas como horas punta, debido a que durante esas horas los hogares y otras aplicaciones requieren mayor energía eléctrica, generalmente entre las 19:00 y las 22:00 horas, según el horario en turno.

  Si dejáramos de utilizar el mayor número de aparatos durante este horario, especialmente si la capacidad es mayor que la demanda, podríamos obtener ahorros considerables en el gasto de electricidad.

- Si analizamos el mapa de la cadena de valor *(value stream map)* y observamos la gráfica de balance, se puede ver que, cuando existen procesos más lentos que el tiempo takt y los utilizamos para producir más de lo que se necesita, empezamos a generar inventarios en proceso o productos terminados; esos inventarios tienen incluida una carga energética porque para su procesamiento se utilizaron máquinas, luces, etc., e incluso tal vez

Para aumentar el factor de carga (y, por lo tanto, reducir la demanda máxima utilizada en el mes y el monto a pagar), se hace un estudio detallado para conseguir un mejor equilibrio de cargas. Es decir, se busca la manera de que no se usen todos los equipos al mismo tiempo, sino que se «escalone» su uso cuando sea posible.

Equilibrio de cargas

Una carga eléctrica dentro de un sistema se puede definir como un elemento cualquiera que consuma energía. Algunos ejemplos son motores, resistencias (hornos), focos, unidades de aire acondicionado, refrigeradores y herramientas eléctricas. En el recibo de consumo de energía eléctrica, en el apartado de «Demanda», es necese hayan generado durante horarios pico. Por lo tanto, se puede ahorrar la energía consumida para producir esos inventarios siempre que equilibremos las operaciones y establezcamos flujo continuo, o simplemente se utilicen esos recursos el tiempo necesario para satisfacer la demanda.

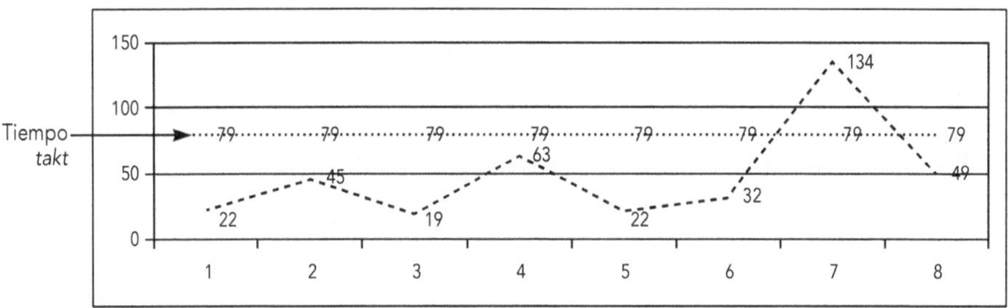

Figura 20.6

3. Se aplican medidas correctivas. Para mejorar el factor de potencia se sugiere acudir a expertos, quienes mediante un análisis con equipo especializado podrán determinar los requerimientos para instalar los bancos de capacitores. En algunos casos, estos aumentarán de forma drástica el factor de potencia. Cabe señalar que, en general, la inversión realizada en los bancos de capacitores se recupera en menos de un año, debido a las bonificaciones que se perciben por parte de la CFE al tener un factor de potencia superior al 90 %.

sario aclarar que lo que se cobra es únicamente el pico máximo registrado durante todo el periodo de facturación. Es muy importante señalar esto, pues significa que si durante el mes el consumo habitual de energía eléctrica en el horario punta (de las 20:00 a las 22:00 horas en verano y de las 18:00 a las 22:00 horas en invierno) fue de 50 kW, pero solo un día durante un intervalo de 15 minutos y por alguna razón fuera de lo normal el consumo fue de 100 kW, entonces la cantidad que se factura son 100 kW.

Por ello, es necesario estar al corriente de la demanda utilizada. A continuación, se presenta una hoja de cálculo que se proporciona con este libro donde se puede experimentar con prueba y error el impacto de tener una mejor administración de la demanda de energía eléctrica (véase la figura 20.7).

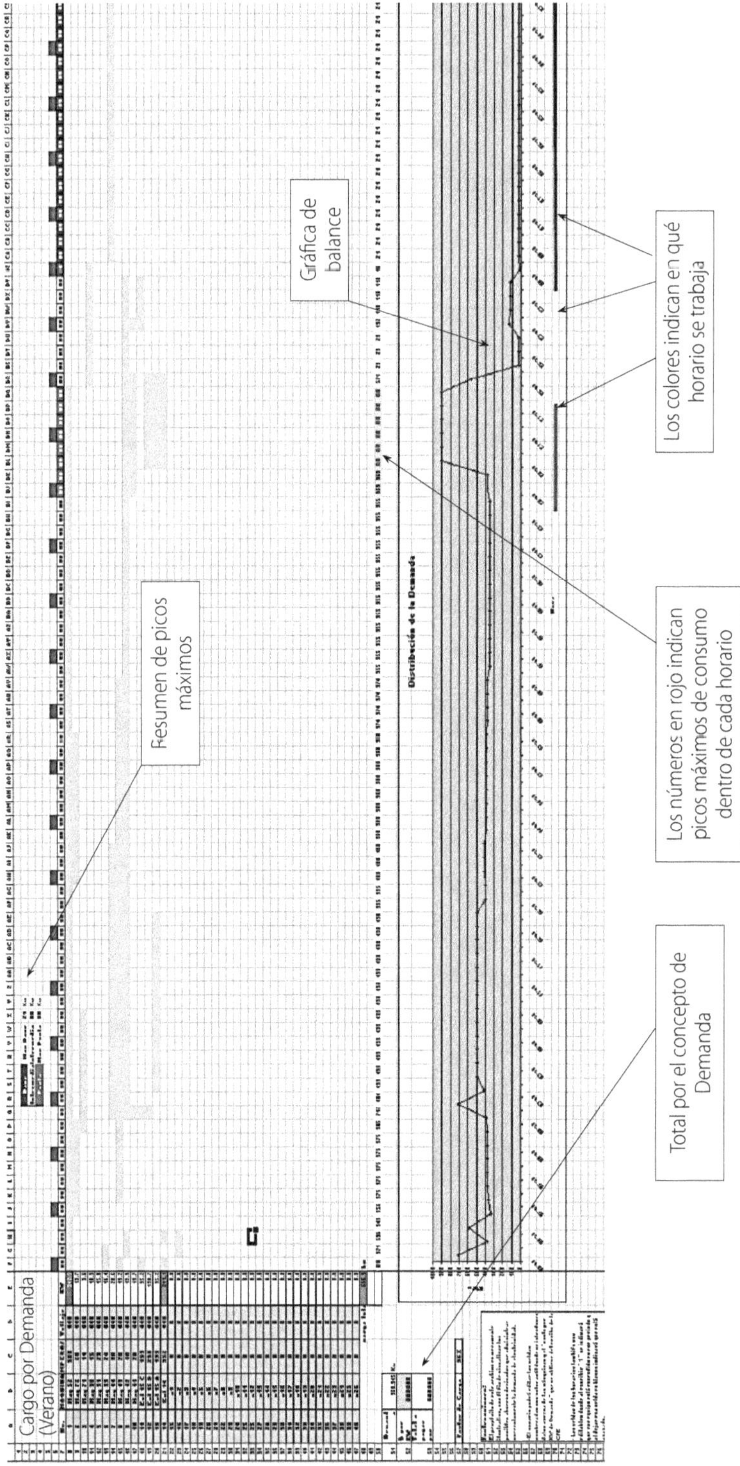

Cargo por Demanda (Verano)
Fesumen de picos máximos
Gráfica de balance
Los colores indican en qué horario se trabaja
Los números en rojo indican picos máximos de consumo dentro de cada horario
Total por el concepto de Demanda
Distribución de la Demanda

Figura 20.7

Glosario de términos y definiciones

Actividad que no agrega valor

Es cualquier actividad que genera un costo y consume tiempo, pero no aporta valor directamente al proceso o producto.

Agente de cambio

Persona dedicada a efectuar cambios en procesos, información y, sobre todo, culturales.

AMEF (análisis de modo y efecto de fallos)

Es una técnica para evaluar la fiabilidad y para determinar los efectos de los fallos de los equipos.

Análisis de valor

Evaluación de las operaciones de un proceso para detectar y cuantificar actividades que agregan valor y determinar su contribución en el tiempo total de entrega.

Andon

Término japonés que significa «lámpara» y representa una señal visual o auditiva que permite detectar un problema de calidad en el proceso, el estatus del proceso o reconocer rápidamente una situación anormal.

Black belts

Son líderes de la implementación de Lean Six Sigma con cualidades técnicas y de liderazgo para implementar proyectos de mejora en la organización.

Box score

Tablero de resultados en el que se establecen indicadores operativos, de capacidad y financieros. Sirve para hacer un seguimiento a corto plazo a los resultados de una compañía o cadena de valor y para tomar buenas decisiones basadas en resultados fiables.

Cambio de herramientas

Es el tiempo que transcurre desde que sale la última pieza buena de un lote anterior hasta que sale la primera pieza buena del lote siguiente, y consiste en el cambio de herramientas, piezas y procedimientos necesarios para producir diferentes números de parte.

Cinco s (5's)

Es una disciplina para establecer condiciones de orden y limpieza en cualquier área de trabajo. Las 5 S son *seiri* (seleccionar), *seiton* (organizar), *seiso* (limpiar), *seiketsu* (estandarizar) y *shitsuke* (seguimiento).

Cuello de botella

Es cualquier aspecto que impide que un sistema logre su máximo potencial. Se utiliza en operaciones para denotar el recurso más lento y que limita la producción del sistema completo.

Diagrama espagueti

Dibujo de la ruta de los materiales por todas las fases de producción que sirve para entender el flujo de la producción desde el almacén de material.

Flujo de una sola pieza *(single piece flow)*

Sistema de producción de un bien o servicio que permite a los operadores mover el material de una estación a otra en una sola pieza sin necesidad de hacer lotes entre procesos, creando así un flujo continuo.

Gemba

Término japonés que significa «lugar de los hechos».

Green belts

Son empleados de niveles diversos en la empresa que no se dedican a tiempo completo a las actividades de Six Sigma, y que conocen la metodología y herramientas a un nivel de aplicación en proyectos a los cuales son invitados.

Heijunka

Es la nivelación de la producción al ritmo de la demanda del cliente final.

Hoja de trabajo estándar

Es un diagrama que muestra la secuencia de las operaciones y un dibujo de las estaciones para indicar cómo debe realizarse el trabajo.

Hoshin

Dirección a la que apunta la aguja de una brújula.

Hoshin kanri

Es una técnica de planificación estratégica que ayuda a las empresas a centrar sus esfuerzos, así como a establecer las estrategias y proyectos que apoyen la ejecución de sus directrices.

Jidhoka

Término japonés que significa automatización. Es un dispositivo que permite que la máquina detecte y avise sobre algún problema en el producto.

JIT *(just in time;* justo a tiempo)

Sistema de producción que consiste en fabricar lo que se necesita, cuando se necesita, en la cantidad que se necesita.

Kaizen

Combinación de las palabras japonesas *kai* (cambiar) y *zen* (para bien) que significa mejora continua. Consiste en realizar eventos de mejora para implementar las herramientas Lean.

Kanban

Es un sistema de información en el que se utilizan tarjetas para informar a los procesos que el cliente interno o externo ha retirado productos y avisa el momento y la cantidad a producir para reponer en tiempo y cantidad.

Kanri

Administración, control.

Lead time (plazo de entrega)

Es el tiempo necesario para producir un solo producto, desde el momento en que el cliente hace su pedido hasta la entrega del mismo.

Lean Manufacturing

Proceso continuo y sistemático de identificación y eliminación del desperdicio.

Manufactura celular

Es un arreglo de máquinas y estaciones de trabajo en la secuencia del proceso, mismo que permite que los operadores trabajen dentro de la celda, con lo que se equilibran las cargas, se mejora la comunicación y se logra el flujo de una sola pieza o lotes muy pequeños. Los materiales se entregan y manipulan fuera de la célula.

Mapa de la cadena de valor *(value stream map* o VSM)

Es una representación gráfica de un proceso desde la generación de los requerimientos del cliente, pasando por el control de la producción y materiales, hasta llegar a las empresas proveedoras. En este diagrama se dibuja el proceso completo con operaciones e inventarios en proceso y finalmente se cuantifica todo el tiempo de valor agregado y el tiempo de no valor para determinar los plazos de entrega.

Master black belts

Son mentores o maestros de black belts. Revisan y tienen el prestigio y liderazgo porque enseñan y llevan a cabo proyectos complejos.

Mejora continua

Es un proceso sistemático para mejorar procesos, productos y el ambiente de trabajo, y requiere el compromiso de directivos y personal de toda la planta.

Misión

La misión describe la razón de ser de la organización.

MTBF *(mean time between failures; tiempo medio entre fallos)*

Periodo aproximado que una máquina funciona sin fallos.

MTTR *(mean time through repair; tiempo medio entre reparaciones)*

Es el tiempo estimado que un equipo estará parado mientras se repara.

Muda (desperdicio)

Actividad que no agrega costo, pero tampoco agrega valor al producto. Son siete los desperdicios o excesos: 1. Sobrecarga. 2. Sobreinventario. 3. Productos defectuosos. 4. Transportes de materiales y herramientas. 5. Procesos innecesarios. 6. Esperas. 7. Movimientos innecesarios del trabajador.

Mura (variabilidad)

Es la variación generada por el proceso mismo, los materiales, los métodos, las personas y las máquinas.

Muri (sobrecarga)

Ocurre cuando existe una carga de trabajo superior a las capacidades de los miembros.

Nivelación de la producción

Método para programar la producción de manera que, durante un cierto tiempo, se elimine de la manufactura la flotación en la demanda del cliente, produciendo cada pieza cada día.

OEE (*overall equipment effectiveness; efectividad total de los equipos*)

Indicador que se obtiene multiplicando la disponibilidad por la eficiencia por la calidad.

Operaciones estándar

La mejor combinación del operador y de la máquina, utilizando la menor cantidad de mano de obra, espacio, stock y equipo.

OTC (*one touch change;* cambio de herramientas con un toque)

Es el tiempo de preparación para cambiar de un producto a otro o iniciar una operación con un solo toque de un botón.

Poka

Errores inadvertidos.

Poka yoke

Término japonés que significa «a prueba de errores». Un dispositivo *poka yoke* impide que errores humanos afecten a una máquina o un proceso, y que los errores de un operador se conviertan en defectos.

Preparación externa

Elementos de preparación de herramientas que se pueden ejecutar con seguridad mientras la máquina está funcionando.

Preparación interna

Elementos de preparación de herramientas que se deben ejecutar mientras la máquina está parada.

Producción

Cantidad producida por la que el sistema genera dinero.

Productividad

Es la relación de las salidas de un proceso y sus entradas.

QFD (*quality function deployment;* despliegue de la función de calidad)

También se conoce como la casa de la calidad. Es un proceso de despliegue de las necesidades del cliente en diversas matrices para conocer los requisitos de diseño, proceso y control de un producto o servicio.

Reducción de la preparación
Reducción del tiempo ocioso que va desde el cambio de la última pieza hasta la primera pieza buena de la siguiente operación.

Restricción
Una estación de trabajo o un proceso que limita la capacidad de todo el sistema.

Secuencia de trabajo
Los pasos correctos que el operador adopta, en el orden en que debe adoptarlos.

Seiri
Seleccionar.

Seiketsu
Estandarizar.

Seiso
Limpiar.

Seiton
Organizar.

Sensei
Maestro o profesor respetable.

Shitsuke
Seguimiento.

Sistema de producción Toyota
Basado en algunos de los principios de Henry Ford, el sistema describe la filosofía de una de las empresas más exitosas del mundo. Las bases del STP son: la nivelación de la producción y los soportes de justo a tiempo o *just in time* y de *jidhoka*.

Sistema global de producción
Expansión del sistema de producción Toyota; se trata de la estrategia que habilita una manufactura Lean, utilizando la metodología *kaizen*.

Sistema *nagara*
Ejecutar dos o más actividades con un solo movimiento.

SMED (*single minute exchange of die;* cambio de herramientas en un solo dígito de minuto)
Es el tiempo de preparación para cambiar de un producto a otro o iniciar una operación, logrado en menos de 10 minutos, utilizando una metodología de reducción de tiempos de preparación mediante eventos continuos de mejora.

Stock
En general, se trata de la categoría de más alto costo; el *stock* consta de todas las materias primas, piezas compradas, *stock* de proceso y productos terminados que aún no han sido vendidos a un cliente.

Stock de proceso (WIP)
Stock que espera entre los pasos de la operación.

Stock estándar de proceso

Necesidad mínima de material para que el operador complete un ciclo de trabajo sin retrasos.

Suboptimización

Optimización de cada pieza del equipo; mantener todas las máquinas funcionando sin importar el costo o la consecuencia. Es normal que eso aumente el costo principal de producción: los materiales.

Supermercado

Local en la planta de la fábrica junto a la línea de producción donde las piezas son clasificadas y quedan a disposición de los operadores.

Cuadro combinado de operaciones estandarizadas

Es un documento que muestra la secuencia de pasos de la producción e ilustra gráficamente la secuencia y los tiempos cuando se combinan trabajadores y máquinas.

Tiempo automático de la máquina

El tiempo que una máquina necesita para producir una unidad, excluyendo los tiempos de carga y descarga.

Tiempo de ciclo

El tiempo que un operador tarda en completar un ciclo de trabajo. En general, es el tiempo que transcurre antes de que se repita el ciclo. (Véase Tiempo de ciclo de la máquina y Tiempo de ciclo del operador.)

Tiempo de ciclo de la máquina

El tiempo que una máquina necesita para producir una unidad, incluyendo el tiempo de carga y descarga.

Tiempo de ciclo del operador

El tiempo que un operador tarda en completar una secuencia de operaciones predeterminada, incluyendo la carga y descarga, y excluyendo el tiempo de espera.

Tiempo elemental

Tiempo establecido para una etapa operacional específica en el trabajo estándar.

Tiempo externo

Es el tiempo de actividades de cambio que se utiliza mientras la máquina o equipo se encuentra trabajando.

Tiempo interno

Es el tiempo de cambio que se debe utilizar solo cuando el equipo no está trabajando.

Tiempo *takt*

Es la velocidad a la que compra el cliente y es el tiempo al que el sistema de producción debe adaptarse para satisfacer las expectativas del cliente. Se obtiene dividiendo el tiempo total disponible por la demanda del cliente.

TPM *(total productive maintenance; mantenimiento productivo total)*

Es una metodología de mejora que permite la continuidad de la operación en los equipos y plantas.

Trabajo estándar

Secuencia predeterminada de tareas que el operador debe completar en el tiempo *takt*.

Valor agregado

Cualquier actividad que transforme un producto o servicio para satisfacer la necesidad del cliente.

Valores

Dentro del conjunto de creencias de una compañía, las que esta considera más importantes o valiosas.

Visión

La visión es una declaración del estado futuro posible y deseable para la organización.

Yokeru

Evitar.

**Lean Six Sigma Yellow Belt.
Manual de certificación**

Lean Six Sigma Institute

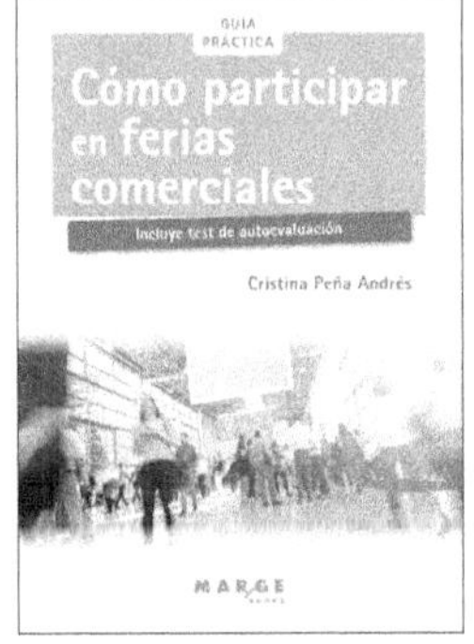

**Cómo participar en ferias
comerciales**

Cristina Peña Andrés

**Manual del comercio
electrónico**

*Eva María Hernández Ramos,
Luis Carlos Hernández Barrueco*

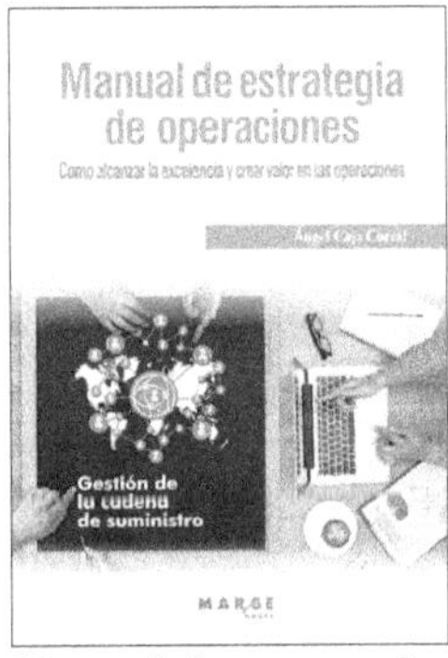

**Manual de estrategia
de operaciones**

Ángel Caja Corral

**Cerebro, inteligencias
y mapas mentales**

*Zoraida G. de Montes,
Laura Montes G.*

**La Industria 4.0
en la sociedad digital**

*Antoni Garrell Guiu,
Llorenç Guilera Agüera*

**Manual de transporte para
el comercio internacional**

Cristina Peña Andrés

**Manual de prevención
de riesgos laborales**

Blas Gómez

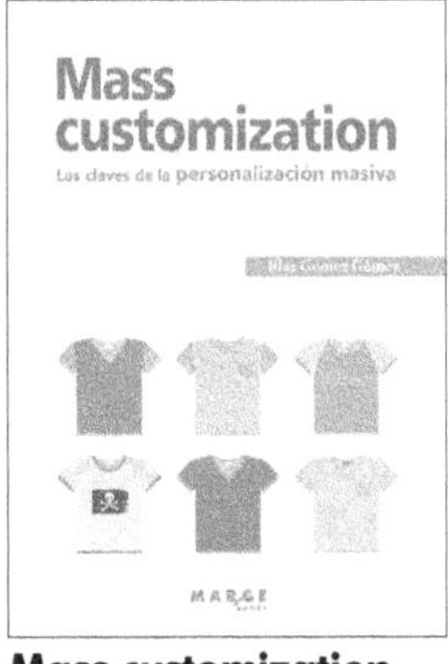

**Mass customization.
Las claves de la
personalización masiva**

Blas Gómez Gómez

Lean Six Sigma. Sistema de gestión para liderar empresas
Luis Socconini, Carlo Reato

Lean Company. Más allá de la manufactura
Luis Socconini

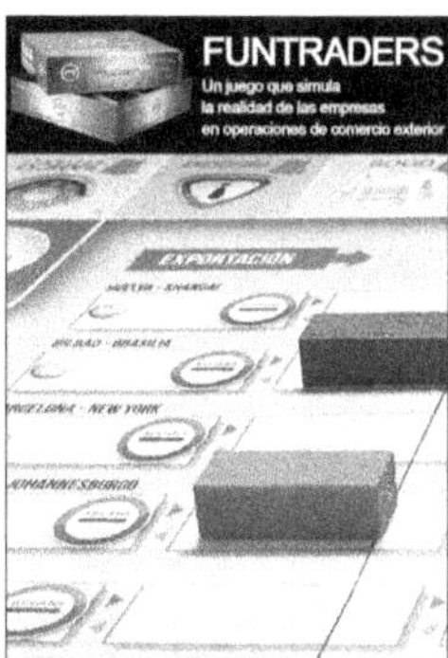

FUNTRADERS Un juego para aprender comercio internacional

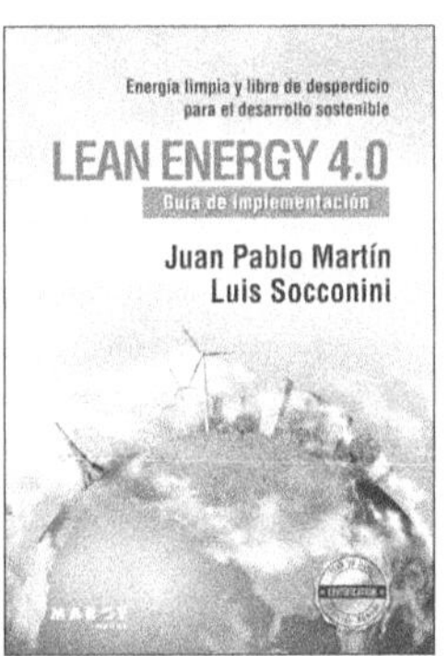

Lean Energy 4.0. Guía de Implementación
Luis Socconini, Juan Pablo Martín

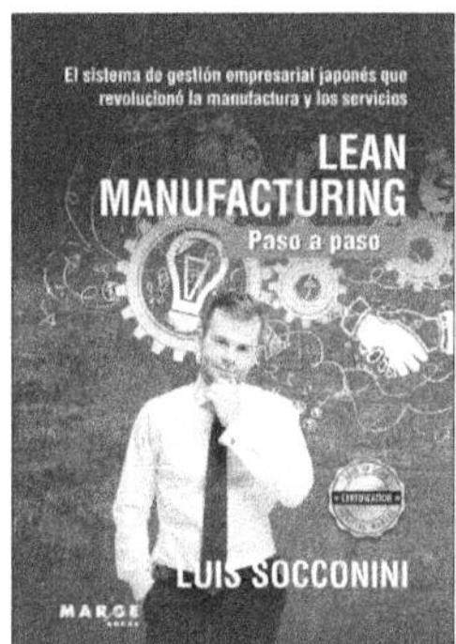

Lean Manufacturing. Paso a paso
Luis Socconini

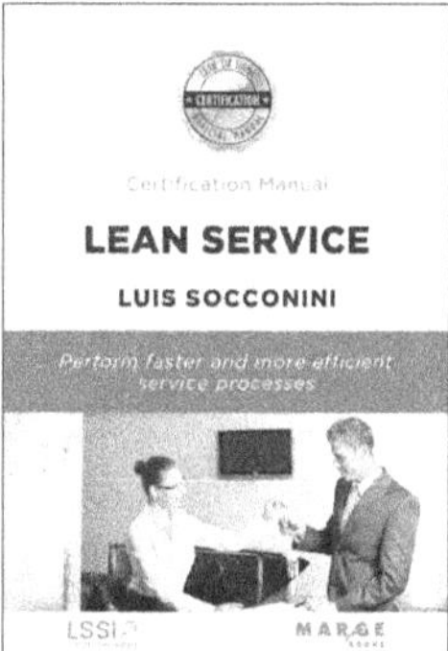

Lean Services. Certification Manual
Luis Socconini

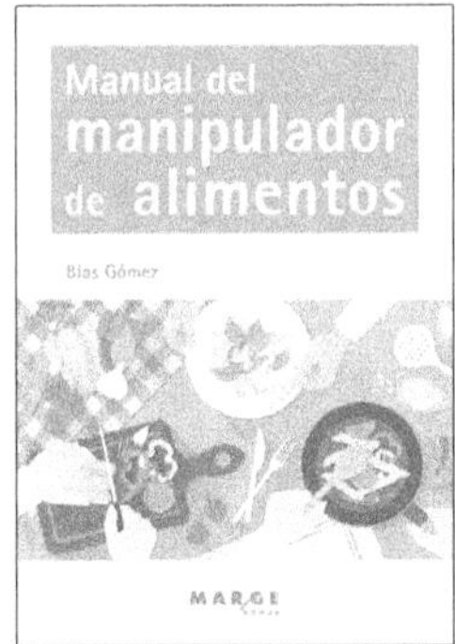

Manual del manipulador de alimentos
Blas Gómez

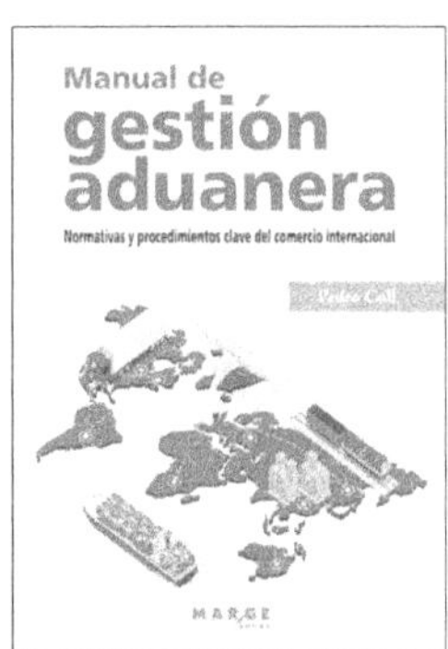

Manual de gestión aduanera. Normativas y procedimientos clave del comercio internacional
Pedro Coll

Técnicas para ahorrar costos logísticos. Aurum 2
Luis Carlos Hernández Barrueco

València, 558 – 08026 Barcelona – Tel. +34-931 429 486 – marge@margebooks.com – www.margebooks.com

Contents

About the Editors

Celeste Donato

Dr Celeste Donato is a molecular virologist and senior research officer in the Enteric Diseases Group at the Murdoch Children's Research Institute in Melbourne, Australia. Dr Donato's research explores the epidemiology and evolution of viruses causing disease in humans and animal populations, including rotavirus, enterovirus, astrovirus, and influenza.

Julie Bines

Professor Bines is the Victor and Loti Smorgon Professor of Paediatrics, Department of Paediatrics, The University of Melbourne, a paediatric gastroenterologist, and Head of Clinical Nutrition at the Royal Children's Hospital, Melbourne, Australia. Professor Bines also leads the Enteric Diseases research group at the Murdoch Children's Research Institute. Professor Bines has been involved across a breadth of activities related to rotavirus vaccines, including rotavirus vaccine development, vaccine clinical trials, pre- and post-licensure surveillance, and vaccine advocacy.

Preface to "Rotaviruses and Rotavirus Vaccines"

The Rotavirus genus, within the *Reoviridae* virus family, encompasses a large and diverse population of viruses capable of causing disease in humans and a variety of animal species. Group A Rotavirus remains a leading cause of morbidity and mortality due to gastroenteritis in young children worldwide; it is estimated to have caused 128,500 deaths and 258,173,300 episodes of diarrhea among children under 5 years of age in 2016 alone. There has been a substantial decrease in the global burden of rotavirus disease over the last decade, which can be attributed to various public health measures such as improved sanitation, as well as the inclusion of rotavirus vaccines into the national immunisation programs of over 112 countries worldwide

Rotavirus is classified into G and P genotypes based on the two outer capsid proteins, VP7 and VP4, respectively. To date, 36 G types and 51 P types have been identified in humans and various animal species. The most common genotypes in humans are G1, G2, G3, G4, G9, and G12, in combination with P[4], P[6], and P[8]. The growing utilization of next-generation sequencing is expanding our knowledge of rotavirus genetic diversity through an increase in whole-genome sequencing. Rotavirus strains can evolve rapidly, employing numerous mechanisms including genetic drift and reassortment. Although rotavirus strains exhibit a degree of host species restriction, zoonotic transmission substantially increases the genetic diversity of strains causing human infection. Understanding changes to rotavirus epidemiology and genetic diversity in the vaccine era is critical to ensure the continued success of the global vaccination efforts.

The goal of this special edition of *Pathogens* was to bring together a breadth of information on rotavirus and rotavirus vaccines globally, highlighting rotavirus research from across the world which represents recent advances in our knowledge of vaccine effectiveness, rotavirus epidemiology, genotypic diversity, and genomic characterisation.

Celeste Donato, Julie Bines
Editors

Editorial

Rotaviruses and Rotavirus Vaccines

Celeste M. Donato [1,2,3,*] and Julie E. Bines [1,2,4]

1 Enteric Diseases Group, Murdoch Children's Research Institute, Parkville, VIC 3052, Australia; jebines@unimelb.edu.au

2 Department of Paediatrics, The University of Melbourne, Parkville, VIC 3052, Australia

3 Department of Microbiology, Biomedicine Discovery Institute, Monash University, Clayton, VIC 3800, Australia

4 Department of Gastroenterology and Clinical Nutrition, Royal Children's Hospital, Parkville, VIC 3052, Australia

* Correspondence: celeste.donato@mcri.edu.au; Tel.: +61-(03)-99366715

Keywords: epidemiology; rotavirus vaccines; molecular phylogeny; virus evolution; zoonosis; vaccines; virology

Citation: Donato, C.M.; Bines, J.E. Rotaviruses and Rotavirus Vaccines. *Pathogens* **2021**, *10*, 959. https://doi.org/ 10.3390/pathogens10080959

Received: 20 July 2021
Accepted: 28 July 2021
Published: 29 July 2021

Publisher's Note: MDPI stays neutral with regard to jurisdictional claims in published maps and institutional affiliations.

Group A rotaviruses belong to the *Reoviridae* virus family and are classified into G and P genotypes based on the outer capsid proteins VP7 and VP4, respectively. To date, 36 G types and 51 P types have been characterised from humans and varied animal species [1]. The most prevalent genotypes in humans are G1, G2, G3, G4, G9, and G12, in combination with P[4], P[6], and P[8] [2,3]. A whole genome classification nomenclature has been developed to describe the genome constellation of strains; Gx-P[x]-Ix-Rx-Cx-Mx-Ax-Nx-Tx-Ex-Hx, denoting the VP7-VP4-VP6-VP1-VP2-VP3-NSP1-NSP2-NSP3-NSP4-NSP5/6 genes, with x referring to the various recognised genotypes for each gene. There are three major genotype constellations: Wa-like (G1-P[8]-I1-R1-C1-M1-A1-N1-T1-E1-H1), DS-1-like (G2-P[4]-I2-R2-C2-M2-A2-N2-T2-E2-H2), and AU-1-like (G3-P[9]-I3-R3-C3-M3-A3-N3-T3-E3-H3) [4].

Group A rotaviruses remain one of the principal aetiological agents of acute gastroenteritis in infants and young children worldwide. Rotavirus infection was estimated to have caused 128,500 deaths (95% uncertainty interval (UI), 104,500–155,600) and 258,173,300 episodes (95% UI, 193 million to 341 million) of diarrhea among children under 5 years of age in 2016 [5]. Rotavirus-associated mortality rates are highest in sub-Saharan Africa, Southeast Asia, and South Asia [5]. There has been a substantial decrease in the global burden of rotavirus disease over the last decade which can be attributed to varied public health measures such as improved sanitation, as well as the inclusion of rotavirus vaccines into the National Immunisation Programs of over 112 countries worldwide [6]. The implementation of rotavirus vaccines has been estimated to have averted more than 28,000 deaths (95% UI, 14,600–46,700) among children under 5 years of age in 2016 [5]. However, many low- and middle-income countries are yet to introduce rotavirus vaccines. The expanded use of the rotavirus vaccines, particularly in sub-Saharan Africa, could have prevented approximately 20% of all deaths attributable to diarrhea among children under 5 years of age in 2016 [5].

Four group A rotavirus vaccines; Rotarix® (GlaxoSmithKline, Rixenstart, Belgium), Rotasiil® (Serum Institute of India, Pune, India), RotaTeq® (Merck & Co, Pennsylvania, PA, USA) and Rotavac® (Bharat Biotech, Hyderabad, India) have been prequalified by the World Health Organization (WHO) for global use [7]. The most widely used vaccines are Rotarix, which is a monovalent vaccine comprised of a single human G1P[8] strain and RotaTeq, which is a pentavalent, human-bovine reassortant vaccine comprising G1P[5], G2P[5], G3P[5], G4P[5] and G6P[8] strains [8,9]. Rotasiil and Rotavac are primarily used in India. Rotasiil is a pentavalent, human-bovine reassortant vaccine comprised of G1P[5],

G2P[5], G3P[5], G4P[5], and G9[5] [10]. Rotavac is a monovalent vaccine comprised of a naturally occurring G9P[11] reassortant strain [11].

The goal of this special edition of *Pathogens* was to bring together a breadth of information on rotavirus and rotavirus vaccines globally to highlight rotavirus research from across the world that represent recent advances in our knowledge of vaccine effectiveness, rotavirus epidemiology, genotypic diversity, and genomic characterisation.

High rates of vaccine effectiveness have been reported in Europe, the USA and Australia [12,13]. However, suboptimal vaccine effectiveness, especially in the second year of life, has been noted in low- and middle-income countries in Africa and Latin America, as well as during outbreaks of rotavirus disease in the Australian Indigenous population [14,15]. The reasons why vaccine take and subsequent vaccine effectiveness are lower in some settings remains unclear. A range of factors have been implicated including higher rotavirus transmission rates, variations in gut microbiota, and host factors such as histo-blood group antigen (HBGA) and Lewis secretor antigens [15]. Middleton et al. conducted a retrospective case–control study to evaluate the performance of Rotarix and RotaTeq during a G2P[4] rotavirus epidemic in rural and remote Australia [16]. The majority of affected children were Aboriginal and/or Torres Strait Islander; populations that experience a disproportionately high burden of rotavirus disease. During this G2P[4] outbreak, there was some evidence of a protective effect among younger children under 12 months of age. However, the overall protective effect of either Rotarix or RotaTeq in this setting was weak. The study highlights that even within a high-income country, certain populations will experience differing vaccine effectiveness, which suggests that tailored vaccine strategies and public health measures may be required to better protect these populations until the reasons for suboptimal vaccine effectiveness can be elucidated and addressed [16]. The strain associated with this outbreak was characterised by Donato et al. and the demographics of the outbreak in Kimberley region of Western Australia was described [17]. Full genome sequencing revealed the outbreak variant exhibited the archetypal DS-1-like genome constellation: G2-P[4]-I2-R2-C2-M2-A2-N2-T2-E2-H2 and phylogenetic analysis revealed all genes were closely related to contemporary Japanese G2P[4] samples indicating a recent introduction into Australia rather than the outbreak variant having been derived from G2P[4] variants that had caused prior outbreaks in the region. The VP7 gene of the outbreak variant was compared to the G2 component of the RotaTeq vaccine, identifying mutations in known antigenic regions. However, these mutations are frequently observed in contemporary G2P[4] strains and are unlikely to be the sole reason that the outbreak occurred this population [17].

Host genetic factors such as HBGA status play a role in susceptibility to disease as well as response to vaccines. HBGA status varies across populations; with higher proportions of non-secretor phenotypes observed in African populations compared to other populations [18]. MacDonald et al. investigated FUT2-defined secretor status in children under 5 years-old hospitalised with rotavirus-related diarrhoea compared with rotavirus-negative controls [19]. The proportion of secretors in rotavirus-positive cases was significantly higher than in the rotavirus-negative controls. The rotavirus genotypes P[8] and P[4] were detected at significantly higher proportions in secretors compared to non-secretors. However, the P[6] genotype was observed at similar proportions amongst secretor and non-secretors [19]. Overall, this study suggests that HGBA status may partially influence rotavirus infection due to the VP4 protein, and may explain why rotavirus vaccines with P[8] strains exhibit suboptimal effectiveness in African populations [19].

Numerous mechanisms including genetic drift and reassortment contribute to rotavirus diversity. The segmented genome allows for reassortment both within and between human and animal strains, leading to the emergence of novel strains and unusual genotype combinations [20]. Reassortment is a key mechanism driving the evolution of rotavirus strains and reassortment between strains of different genotypes have been increasingly observed. The emergence of DS-1-like G1P[8] strains have been reported in several countries during the rotavirus vaccination era [21]. Mwangi et al. reported atypical DS-1-like G1P[8] strains that circulated in 2008 during the pre-vaccine era in South Africa [22]. These strains emerged through reassortment events involving locally circulating South African strains and were not related to other atypical G1P[8] strains reported globally. This study highlighted the occurrence of independent, local reassortant events contributing to rotavirus diversity [22].

Zoonotic transmission also plays a critical role in the diversity of rotavirus strains detected in the human population. Maringa et al. described the full genome constellation of a human-porcine reassortant strain, RVA/Human-wt/ZMB/UFS-NGS-MRC-DPRU4723/2014/G5P[6], which was identified from an unvaccinated 12 month old male who had been hospitalised for gastroenteritis in Zambia [23]. The strain exhibited the genome constellation G5-P[6]-I1-R1-C1-M1-A8-N1-T1-E1-H1 and phylogenetic analysis revealed the genes were most closely related to porcine and porcine-like human strains [23]. Understanding the diversity of strains in various animal populations is important for animal health and farming practices, as well as being informative for the contextualisation of zoonotic transmission events. Castells et al. reported detection of rotavirus in calves reared for beef and dairy production in Uruguay [24]. Multiple genotypes associated with bovine disease were detected including G6P[11] (40.4%), G6P[5] (38.6%), G10P[11] (19.3%), as well as the uncommon genotype G24P[33] (1.8%) [24].

Long-term surveillance is critical in understanding the trends in rotavirus genotype diversity and distribution, as overinterpretation of short-term fluctuations in genotype prevalence can be misleading with without a greater context of the natural, cyclic patterns in genotype replacement over time. This is especially critical when comparing trends in genotype distribution pre- and post-vaccine introduction. Genotype surveillance data in Australia and elsewhere has revealed changes in diversity, as well as temporal and geographic fluctuations over time following vaccine introduction [25,26]. Furthermore, differences in genotype diversity and dominance were observed when comparing vaccines by jurisdictions, suggesting that RotaTeq and Rotarix may exert different immunological pressures [25].

Yandle et al. described changes in the burden of rotavirus disease and genotype distribution in Ireland following vaccine introduction [27]. Rotavirus detection decreased by 91% in children aged 0–12 months between 2015/16 and 2018/19, and the once prominent seasonal peak in disease was reduced following Rotarix vaccine introduction in December 2016. The genotype distribution altered following vaccine introduction; the prevalence of G1P[8] which was dominant prior to vaccine introduction decreased while the prevalence of G2P[4] and G3P[8] increased. An increase in genotype diversity was also observed in the vaccine era, with the equine-like G3P[8] variant detected in Ireland [27]. The equine-like G3P[8] variant was also reported by Gutierrez et al., where it was the dominant genotype observed in Brazil in 2018 and 2019 [28]. This study also reported a significantly higher positivity rate among children aged >24–60 months compared to other age groups [28]. This shift in the age of rotavirus disease towards slightly older children has also been reported in other countries that have introduced rotavirus vaccines [26,29]. The equine-like G3P[8] variant was also reported by Mwanga et al., from the Kilifi region of Kenya in 2018; four years after Rotarix was introduced [30]. During this surveillance year, G3P[8] was the dominant genotype detected and the equine variant accounted for a small proportion of these G3P[8] cases, replacing G2P[4] and G1P[8] which had been predominant in the prior two years [30]. The epidemiological trends of enteric viruses pre- and post-rotavirus vaccine introduction were investigated in this region by Lambisia et al., describing rotavirus, norovirus (genogroup GII), adenovirus, astrovirus and sapovirus [31]. Following the introduction of Rotarix, the prevalence of rotavirus decreased whilst the prevalence of norovirus increased. The prevalence of adenovirus, astrovirus and sapovirus remained unchanged. This study also reported an increase in the median age of diarrhoea cases [31].

Rotarix was introduced into the Fiji National Immunisation Program in 2012 and has reduced the burden of rotavirus disease and hospitalisations in children under 5 years of age. Ongoing rotavirus surveillance has been conducted in Fiji to investigate changes in genotype diversity, and Thomas et al. described patterns of rotavirus genotype diversity from 2005 to 2018 [32]. Prior to vaccine introduction, genotype dominance fluctuated annually and G1P[8] and G2P[4] were the dominant genotypes. In contrast to many countries that have reported an increase in rotavirus genotype diversity in the vaccine era, a decrease in diversity was observed in Fiji. G1P[8] and G2P[4] were not detected after 2015 and 2014, respectively. Similar to reports from Australia, G3P[8] and G12P[8] were frequently detected in the vaccine-era and the equine-like G3P[8] variants was transiently detected in between 2015–2016 [25,32].

Long-term surveillance pre- and post-vaccine introduction was also conducted at five sentinel sites in India between 2012 to 2020 by Varghese and colleagues [33]. The Rotavac vaccine was introduced in 2016 resulting in a decrease in rotavirus-associated hospitalisations. G1P[8] was the predominant genotyped reported in the pre-vaccination period, whereas G3P[8] became the dominant genotype in the post-vaccination period. Geographic variation in genotype distribution was noted between northern and southern sites [33].

João et al. also reported the prevalence of rotavirus genotypes, pre- (2012–2015) and post-vaccine (2016–2019) introduction in Mozambique [34]. In the three years prior to Rotarix vaccine introduction, G9P[8] was the predominant genotype with G1P[8], G2P[4] and G12P[4] also frequently detected. Following vaccine introduction G1P[8] remained a predominant genotype which is unusual as the prevalence of G1P[8] has been reported to dramatically decrease in most vaccine settings. The prevalence of G9P[8], G2P[4] and G12P[4] decreased while G9P[4] and G3P[4] emerged as prevalent genotypes [34]. A companion study from Munlela et al. described the whole genome characterisation and evolutionary analysis of Mozambican G1P[8] strains pre- and post-vaccine introduction [35]. The strains were collected between 2012 and 2017 and all exhibited a Wa-like genome constellation (G1-P[8]-I1-R1-C1-M1-A1-N1-T1-E1-H1). Phylogenetic analysis revealed the majority of strains clustered closely together in a conserved clade across the entire genome. No distinct clustering for pre- and post-vaccine strains were observed and strains appeared to have been derived from multiple introductions into Mozambique, potentially from India due to the high degree of genetic similarity across the genome. There was no discernible vaccine-induced selection pressure observed in this study [35].

The constant alternations in rotavirus genotype diversity and prevalence within countries and globally highlights the importance of on-going epidemiological and molecular surveillance programs. The increasing detection of unusual zoonotic and reassortant strains emphasises the necessity of whole genome sequencing and detailed phylogenetic analysis. Concerns remain that widespread vaccine use may shape the diversity of rotavirus strains and that vaccine-escape variants may emerge in some settings. Understanding the long-term patterns of rotavirus genotype distribution and evolution is critical in order to assess any changes observed following vaccine introduction given the tendency for natural temporal and geographic fluctuations in the absence of vaccines.

The continued surveillance and characterisation of rotavirus genotypes circulating in the vaccine era globally will provide important insights into epidemiology and strain diversity, ensuring the success of current and future vaccination programs. We express our sincere thanks to the authors and reviewers for their contribution to this very important topic. We also express our sincere gratitude to the Bill and Melinda Gates Foundation for providing funds to support the publication fees for the articles in this special edition.

Funding: This special edition was supported, in part, by the Bill & Melinda Gates Foundation [INV-017219]. Under the grant conditions of the Foundation, a Creative Commons Attribution 4.0 Generic License has already been assigned to the Author Accepted Manuscript version that might arise from the submissions to this special edition. The findings and conclusions contained within are those of the authors and do not necessarily reflect positions or policies of the Bill & Melinda Gates Foundation.

Article

Retrospective Case-Control Study of 2017 G2P[4] Rotavirus Epidemic in Rural and Remote Australia

Bianca F. Middleton [1,2,*], Margie Danchin [3,4,5], Helen Quinn [6,7], Anna P. Ralph [1,8], Nevada Pingault [9], Mark Jones [10], Marie Estcourt [10] and Tom Snelling [1,11,12]

[1] Global and Tropical Health, Menzies School of Health Research, Charles Darwin University, Darwin 0810, Australia; Anna.Ralph@menzies.edu.au (A.P.R.); tom.snelling@sydney.edu.au (T.S.)

[2] Division of Women, Children and Youth, Royal Darwin Hospital, Darwin 0810, Australia

[3] Department of Paediatrics, University of Melbourne, Melbourne 3052, Australia; margie.danchin@rch.org.au

[4] Murdoch Children's Research Institute, Melbourne 3052, Australia

[5] Department of General Medicine, Royal Children's Hospital, Melbourne 3052, Australia

[6] The National Centre for Immunisation Research and Surveillance (NCIRS), The Children's Hospital at Westmead, Sydney 2145, Australia; helen.quinn@health.nsw.gov.au

[7] Faculty of Medicine and Health, Westmead Clinical School, The University of Sydney, Westmead 2145, Australia

[8] Division of Medicine, Royal Darwin Hospital, Darwin 0810, Australia

[9] Department of Health Western Australia, Communicable Disease Control Directorate, Perth 6004, Australia; nevada.pingault@health.wa.gov.au

[10] Health and Clinical Analytics, School of Public Health, The University of Sydney, Sydney 2006, Australia; mark.jones1@sydney.edu.au (M.J.); marie.estcourt@sydney.edu.au (M.E.)

[11] Wesfarmers Centre for Vaccine and Infectious Diseases, Telethon Kids Institute, Perth 6009, Australia

[12] School of Public Health, Curtin University, Perth 6102, Australia

* Correspondence: bianca.middleton@menzies.edu.au; Tel.: +61-4-0209-3321

Received: 24 August 2020; Accepted: 22 September 2020; Published: 265 September 2020

Abstract: Background: A widespread G2P[4] rotavirus epidemic in rural and remote Australia provided an opportunity to evaluate the performance of Rotarix and RotaTeq rotavirus vaccines, ten years after their incorporation into Australia's National Immunisation Program. Methods: We conducted a retrospective case-control analysis. Vaccine-eligible children with laboratory-confirmed rotavirus infection were identified from jurisdictional notifiable infectious disease databases and individually matched to controls from the national immunisation register, based on date of birth, Aboriginal status and location of residence. Results: 171 cases met the inclusion criteria; most were Aboriginal and/or Torres Strait Islander (80%) and the median age was 19 months. Of these cases, 65% and 25% were fully or partially vaccinated, compared to 71% and 21% of controls. Evidence that cases were less likely than controls to have received a rotavirus vaccine dose was weak, OR 0.79 (95% CI, 0.46–1.34). On pre-specified subgroup analysis, there was some evidence of protection among children <12 months (OR 0.48 [95% CI, 0.22–1.02]), and among fully vs. partially vaccinated children (OR 0.65 [95% CI, 0.42–1.01]). Conclusion: Despite the known effectiveness of rotavirus vaccination, a protective effect of either rotavirus vaccine during a G2P[4] outbreak in these settings among predominantly Aboriginal children was weak, highlighting the ongoing need for a more effective rotavirus vaccine and public health strategies to better protect Aboriginal children.

Keywords: rotavirus; rotavirus vaccines; vaccine effectiveness; case control

1. Introduction

Rotavirus is a leading cause of severe dehydrating diarrhoeal illness in children and continues to be responsible for the deaths of 118,000 to 183,000 children every year [1]. Many of these deaths occur in resource-poor settings [2].

In 2006, two oral rotavirus vaccines, Rotarix and RotaTeq, were licensed for use and in 2009 the World Health Organization endorsed their use globally [3]. Subsequent epidemiological studies have confirmed a strong protective effect of vaccination on rotavirus morbidity in high- and upper middle-income countries (vaccine efficacy [VE] >84%) [2]. However, in low-income countries, despite a large reduction in the absolute number of cases of gastroenteritis, measured vaccine efficacy has been lower (45–57%) and in some settings there is evidence of decreased protection in the second year of life [2,4–6].

The incorporation of rotavirus vaccines into the Northern Territory immunisation schedule in 2006 and then into the Australian National Immunisation Program (NIP) in 2007, resulted in a substantial and sustained decrease in rotavirus hospitalisations [7]. However, among Aboriginal and Torres Strait Islander children living in the hyperendemic settings of rural and remote Australia, the decrease in rotavirus hospitalisation was less dramatic and not sustained, with Aboriginal children living in the Northern Territory (NT) remaining more than 20 times more likely to be hospitalised with rotavirus than their non-Aboriginal counterparts [7]. An early vaccine effectiveness study in this setting also suggested reduced effectiveness against heterotypic strains and poor protection in the second year of life [8].

In 2017, an epidemic of G2P[4] rotavirus arose in the Northern Territory and subsequently spread to adjoining rural and remote regions of Western Australia (WA). These two jurisdictions cover a large geographic area which is sparsely populated; they have a higher proportion of resident Aboriginal and Torres Strait Islander people, many of whom live in rural and remote communities. The rotavirus epidemic occurred at a time when the Northern Territory exclusively administered Rotarix and Western Australia exclusively administered RotaTeq as part of the jurisdictional implementation of the NIP. We evaluated the protective effectiveness of both vaccines in these high-burden settings, ten years after the incorporation of rotavirus vaccines into the NIP.

2. Materials and Methods

2.1. Study Setting

The Alice Springs and Barkly regions of the Northern Territory, and the Kimberley, Pilbara and Goldfields regions of Western Australia are large but sparsely populated administrative health regions. Ranging from the semi-arid south, to the arid center and tropical north, these five regions encompass more than 2,500,000 km^2, but are home to a combined total of just 174,000 people [9]. Children aged <5 years represent between 7–9% of the population, and between 5 and 41% of the population in each of these regions identify as being Aboriginal and/or Torres Strait Islander (hereafter respectfully referred to as 'Aboriginal') [9]. Many of these children live in towns or small remote communities. Rotarix and RotaTeq rotavirus vaccines have been licensed for use in Australia since June 2006. The Northern Territory immunisation program has funded the administration of Rotarix exclusively since October 2006. The Western Australian immunisation program funded the administration of Rotarix from July 2007 to June 2009, RotaTeq from July 2009 to June 2017, and Rotarix from July 2017.

2.2. Study Design

We conducted a retrospective, population-based, case control study of children age-eligible for at least 1 dose of rotavirus vaccine (those born after the introduction of Rotarix rotavirus vaccine to the NT schedule—after 1 July 2006 and aged ≥6 weeks, and those born after the introduction of RotaTeq rotavirus vaccine to the WA schedule—after 1 May 2009 and aged ≥6 weeks) who had laboratory positive and notified rotavirus infection during the 2017 G2P[4] rotavirus epidemic in the NT and WA.

Cases were individually matched to controls sampled from the national immunisation register. As a secondary analysis, we also compared cases who were age-eligible for full rotavirus vaccination (those born after 1 July 2006 and aged ≥24 weeks in the NT and those born after 1 May and aged ≥32 weeks in WA) with un-matched control children diagnosed with non-rotavirus gastrointestinal infections sampled from disease notification registers.

2.3. Data Sources

Rotavirus is a notifiable disease in the NT and WA. Data regarding rotavirus cases and disease register controls were ascertained from the two jurisdictional-based notifiable infectious disease databases—The Northern Territory Notifiable Disease System (NTNDS) managed by the NT Centre for Disease Control, and the Western Australian Notifiable Infectious Disease Database (WANIDD) managed by the WA Department of Health.

To estimate baseline vaccine coverage in the case-referent population, matched population controls were sampled from the Australian Immunisation Register (AIR), a comprehensive population-based register which contains vaccination data for all children registered with Australia's universal health insurance scheme, Medicare (~99% of the population).

2.4. Participants

2.4.1. Population-Based Analysis

Rotavirus cases were vaccine-eligible children aged ≥6 weeks with laboratory positive and notified rotavirus infection between 1 March and 30 June 2017. Cases were drawn from the Alice Springs and Barkly regions of the NT, and the Kimberley, Pilbara and Goldfields regions of WA. To be vaccine-eligible, children had to be born on or after 1 July 2006 in the NT (for Rotarix) and on or after 1 May 2009 in WA (for RotaTeq).

De-identified population controls were selected from the Australian Immunisation Register and matched to each case by date of birth (±14 days), Aboriginal status and location of residence (listed residential postcode within either the Alice Springs, Barkly, Pilbara, Goldfields or Kimberley regions). Up to 10 eligible controls were randomly selected for each case.

2.4.2. Disease Register Analysis

Rotavirus cases were selected as above, but because individual matching was not feasible, the analysis was restricted to children old enough to be fully vaccinated: age ≥24 weeks (for Rotarix) in the NT and ≥32 weeks (for RotaTeq) in WA.

Disease register controls were vaccine-eligible children (aged ≥24 weeks or ≥32 weeks in the NT and WA respectively), with microbiologically confirmed, non-rotavirus and non-vaccine preventable, notifiable gastrointestinal infections, notified between 1 January and 31 December 2017. Controls were selected form the Alice Springs and Barkly regions of the NT, and the Kimberley, Pilbara and Goldfields regions of WA. Non-rotavirus notifiable gastrointestinal infections included campylobacter, shigella, salmonella and cryptosporidium, and controls were excluded if they were also identified as a rotavirus case. Age, Aboriginal status, sex and location of residence were obtained from the disease register for inclusion in the regression analysis.

2.5. Immunisation Status

The immunisation status of all rotavirus cases, population controls and disease register controls were determined from the Australian Immunisation Register (AIR). Full vaccination was defined as AIR-documented receipt of at least two doses of Rotarix for children living in the NT and at least three doses of RotaTeq for children living in WA. Partial vaccination was defined as AIR-documented receipt of one dose only of Rotarix for children living in the NT and either one or two doses only of RotaTeq for children living in WA. Unvaccinated children were defined as those registered on the

AIR, but without documented receipt of any rotavirus vaccines. In circumstances where a child had a vaccine dose recorded as dose two or dose three on the register, but where an earlier dose was not recorded, it was assumed the missing dose had been given [10]. A vaccine dose was considered administered on the date recorded as administered on the register (i.e., without any post-vaccination censoring). A vaccine dose was considered invalid if (1) administered too early (before six weeks of age or <28 days from prior vaccine dose), (2) it exceeded the recommended number of vaccine doses in the schedule (>2 doses of Rotarix or >3 doses of RotaTeq) or (3) the administered vaccine was different to the prior vaccine (mixed Rotarix/RotaTeq vaccination schedule). Children were excluded from selection as cases and controls if they had an invalid vaccine dose. Children were also excluded from the analysis if they were recorded as having received the non-programmatic vaccine for their resident jurisdiction (i.e., RotaTeq but living in the NT, or Rotarix but living in WA).

2.6. Statistical Analysis

Conditional logistic regression was used to determine the odds ratio (OR) of vaccination for rotavirus cases compared with matched population controls from the immunisation register. Additional models were fit to compute the OR for any dose of vaccine (full and/or partial vaccination) vs none, full vaccination vs none, partial vaccination vs none, and full vs partial vaccination. Subgroup analyses were by jurisdiction (NT versus WA), and by age (<12 months versus ≥12 months).

For the disease register analysis, ordinary logistic regression was used to determine the odds ratio of vaccination for rotavirus cases compared with disease register controls. Age (months), sex, Aboriginal status (Aboriginal vs non-Aboriginal) and jurisdiction of residence (NT vs WA) were included in the model, together with an interaction term for Aboriginal status and jurisdiction of residence.

Assuming a baseline population vaccine coverage of 80%, we estimated that 80 matched sets of cases and population controls, with 10 controls for each case, would have at least 80% power to detect a significant real-world vaccine effectiveness of 45% (OR = 0.55).

All analysis was performed using Stata, version 15.1 (Stata).

2.7. Ethics Committee Approvals

Approval was granted by the Central Australian Human Research Ethics Committee (CAHREC 18-3219), the Human Research Ethics Committee of the Northern Territory Department of Health and Menzies School of Health Research (HREC 18-3248), the Department of Health Western Australian Human Research Ethics Committee (DOH HREC 2018/30), the Western Australian Aboriginal Health Ethics Committee (HREC 891) and the Charles Darwin University Human Research Ethics Committee (H19040). Approval to access data held by the Australian Immunisation Register was granted by the Australian Government Department of Health.

3. Results

The rotavirus epidemic occurred between 1 March and 30 June 2017. A total of 194 vaccine-eligible children aged ≥6 weeks were identified as rotavirus cases from which 171 were eligible for inclusion in the study (see Figure 1).

The median age of rotavirus infection was 19 months (range from 1 to 94 months). Most rotavirus cases were among children who identified as Aboriginal and/or Torres Strait Islander (NT 86%, WA 75%). Genotype results were available for only 60% of rotavirus cases, however, of those typed, all were G2P[4] strains. A total of 99 children were documented as having been hospitalised with rotavirus infection—78% of rotavirus cases in the NT and 39% of rotavirus cases in WA. Hospitalisation status was unknown for 15% of WA rotavirus cases (see Table 1).

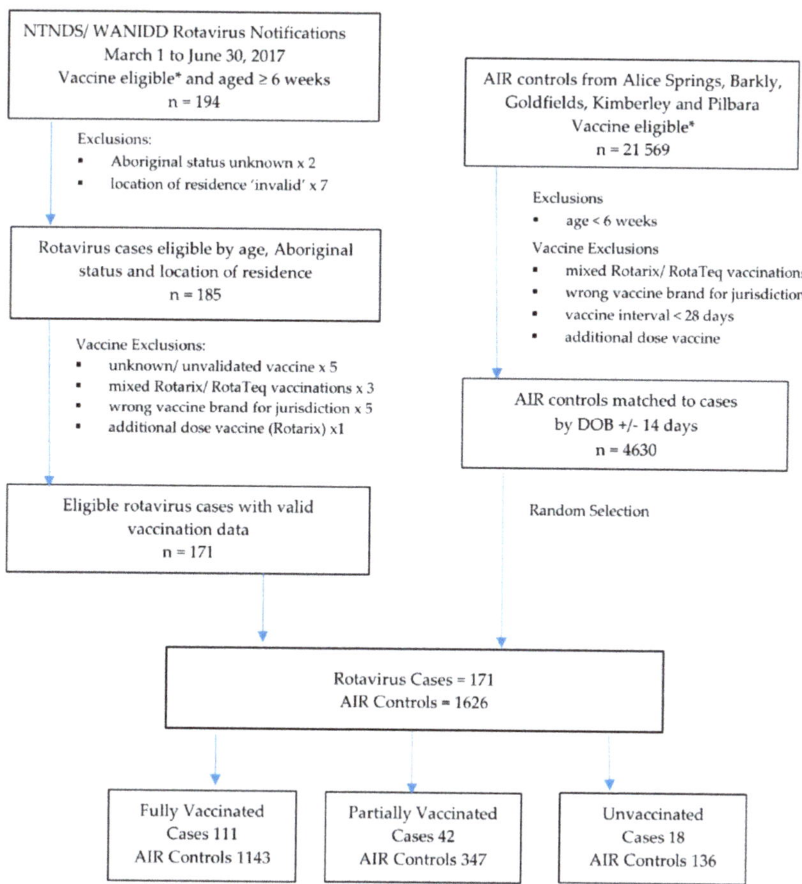

Figure 1. Selection of rotavirus cases and matched population controls from the Australian Immunisation Register. * Vaccine-Eligible: children eligible by date of birth to have received at least one dose of Rotarix vaccine (those born after 1 July 2006 in the Northern Territory) or at least one dose of RotaTeq vaccine (those born after 1 May 2009 in Western Australia).

Among rotavirus cases, 65% were fully vaccinated, 25% partially vaccinated and 10% unvaccinated; among matched population controls from the immunisation register, 71% were fully vaccinated, 21% partially vaccinated and 8% unvaccinated. In the population-based analysis, the odds ratio of receipt of any doses of rotavirus vaccine versus none was 0.79 (95% CI, 0.46–1.34). For the NT and WA, the OR of any doses versus none was 1.10 (95% CI, 0.50–2.41) and 0.56 (95% CI, 0.27–1.16), respectively. For children aged <12 months and for children aged ≥12 months, the ORs were 0.48 (95% CI, 0.22–1.02) and 1.22 (95% CI, 0.55–2.73), respectively. The OR of full versus partial vaccination was 0.65 (95% CI, 0.42–1.01) (see Table 2 and Figure 2).

Of the 171 notified rotavirus cases above, 149 were age eligible for inclusion in the disease register analysis (aged ≥24 weeks or ≥32 weeks in the NT and WA, respectively). A total of 347 vaccine-eligible children were identified as having non-rotavirus gastrointestinal infections in the twelve-month period from 1 January and 31 December 2017. Of these children, 299 were eligible for inclusion (Supplementary Materials Figure S1). The median age of disease register controls was older than that of rotavirus cases, 29 months vs. 20 months (Supplementary Materials Table S1). Disease register controls were less likely to be hospitalised than rotavirus cases (35% vs 58%) and, in WA, were less likely to identify as Aboriginal (41% vs 74%).

In the disease register analysis, 73%, 19% and 8% of cases were fully vaccinated, partially vaccinated and unvaccinated, respectively, compared with 83%, 12% and 5% of controls. The adjusted OR of any doses of rotavirus vaccine versus none was 0.58 (95% CI, 0.24–1.39); for WA and NT children, the adjusted ORs were 0.30 (95% CI, 0.09–0.98) and 1.40 (95% CI, 0.34–5.80), respectively, and for children aged <12 months and ≥12 months old, the adjusted ORs were 0.28 (95% CI, 0.03–2.83) and 0.81 (95% CI, 0.29–2.28), respectively. The adjusted OR of full vs. partial vaccination was 0.63 (95% CI, 0.35–1.13) (see Table 2 and Supplementary Materials Table S2).

Table 1. Baseline characteristics of rotavirus cases.

	Rotavirus Cases	
Characteristic	NT	WA
	n = 83	n = 88
Age		
Median age (months)	18	19
Age range (months)	1 to 72	1 to 94
6 weeks to <24 wks (NT only)	12 (14%)	
6 weeks to <32 wks (WA only)		10 (11%)
6 weeks to <1 year	25 (30%)	23 (26%)
1 year to <2 years	36 (44%)	34 (39%)
2 years to <3 years	11 (13%)	15 (17%)
3 years to <4 years	7 (8%)	5 (6%)
4 years to <5 years	3 (4%)	5 (6%)
≥5 years	1 (1%)	6 (6%)
Sex		
Female	42 (51%)	43 (49%)
Male	41 (49%)	45 (51%)
Aboriginal Status		
Aboriginal	71 (86%)	66 (75%)
Non-Aboriginal	12 (14%)	22 (25%)
Location of Residence		
Alice Springs	70 (84%)	
Barkly	13 (16%)	
Goldfields		17 (19%)
Kimberley		49 (56%)
Pilbara		22 (25%)
Genotype		
G2P[4]	44 (53%)	59 (67%)
Unknown	39 (47%)	29 (33%)
Hospitalisation		
Yes	65 (78%)	34 (39%)
No	18 (22%)	41 (46%)
Unknown		13 (15%)
Vaccination		
0 doses	8 (10%)	10 (11%)
1 doses	15 (18%)	8 (9%)
2 doses	60 (72%)	19 (22%)
3 doses		51 (58%)

Table 2. Odds ratio of vaccination in rotavirus cases versus controls in the population-based analysis and the disease register analysis.

Immunisation Status	Immunisation Register Analysis			Disease Register Analysis		
	Cases	Controls	Odds Ratio (95% CI)	Cases	Controls	Odds Ratio (95% CI)
Any Dose vs. None	n = 171	n = 1626	0.79 (0.46, 1.34)	n = 149	n = 299	0.58 (0.24, 1.39)
≥One Dose Vaccine	153	1490		137	283	
Unvaccinated	18	136		12	16	
Any Dose vs. None NT (Rotarix)	n = 83	n = 753	1.10 (0.50, 2.41)	n = 71	n = 123	1.40 (0.34, 5.80)
≥One Dose Vaccine	75	676		68	114	
Unvaccinated	8	77		3	9	
Any Dose vs. None WA (RotaTeq)	n = 88	n = 873	0.56 (0.27, 1.16)	n = 78	n = 176	0.30 (0.09, 0.98)
≥One Dose Vaccine	78	814		69	169	
Unvaccinated	10	59		9	7	
Any Dose vs. None < 12 mths	n = 48	n = 449	0.48 (0.22, 1.02)	n = 26	n = 37	0.28 (0.03, 2.83)
≥One Dose Vaccine	37	392		21	36	
Unvaccinated	11	57		5	1	
Any Dose vs. None ≥12mths	n = 123	n = 1177	1.22 (0.55, 2.73)	n = 123	n = 262	0.81 (0.29, 2.28)
≥One Dose Vaccine	116	1098		116	247	
Unvaccinated	7	79		7	15	
Full Dose vs. None	n = 129	n = 1008	0.83 (0.43, 1.58)	n = 121	n = 264	0.55 (0.23, 1.32)
Fully Vaccinated	111	913		109	248	
Unvaccinated	18	95		12	16	
Full Dose vs. None NT (Rotarix)	n = 68	n = 529	2.06 (0.62, 6.83)	n = 61	n = 117	1.27 (0.31, 5.23)
Fully Vaccinated	60	469		58	108	
Unvaccinated	8	60		3	9	
Full Dose vs. None WA (RotaTeq)	n = 61	n = 479	0.40 (0.18, 0.93)	n = 60	n = 147	0.29 (0.09, 0.96)
Fully Vaccinated	51	444		51	140	
Unvaccinated	10	35		9	7	
Full Dose vs. Partial Dose	n = 153	n = 1350	0.65 (0.42, 1.01)	n = 137	n = 283	0.63 (0.35, 1.13)
Fully Vaccinated	111	1060		109	248	
Partially Vaccinated	42	290		28	35	

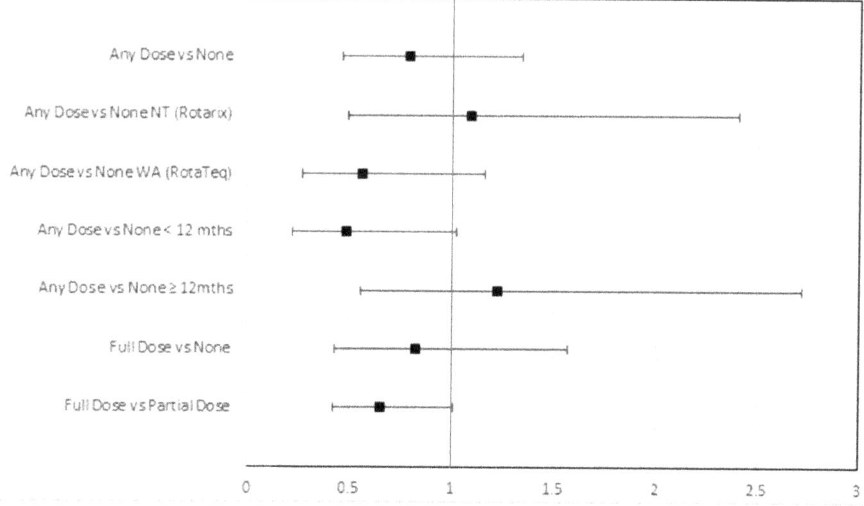

Figure 2. Odds ratio of vaccination in rotavirus cases versus controls in the population-based analysis.

Additional analyses were performed as requested after peer review—including restricting the population-based analysis to children age-eligible for full vaccination only (aged ≥24 weeks in the NT and ≥32 weeks in WA), restricting the population-based analysis to children aged <5 years and restricting the population-based analysis to Aboriginal children only. An additional analysis was also run without the 'missing dose assumption', i.e., in circumstances where a child had a vaccine dose recorded as dose two or three on the register but where an earlier dose was not recorded, the cases and controls were reclassified as 'partially vaccinated' (Supplementary Materials Table S3). This resulted in the reclassification of 26 population controls as partially vaccinated, but no change to the classification of rotavirus cases. The results of the additional analyses were broadly in keeping with the per-protocol analysis.

4. Discussion

In the context of a G2P[4] rotavirus epidemic with 171 laboratory confirmed rotavirus notifications, we failed to find evidence that either rotavirus vaccine provided strong protection against rotavirus gastroenteritis. This contrasts with the large decrease in rotavirus morbidity and mortality observed globally in young children following the licensing of the oral two rotavirus vaccines, Rotarix and RotaTeq, in 2006 [2,7,11].

The 2017 G2P[4] rotavirus epidemic in the Northern Territory and adjoining regions of rural and remote Western Australia predominantly affected Aboriginal and Torres Strait Islander children (NT 86%, WA 75%). Two thirds of cases (65%) were fully vaccinated, and cases were only slightly less likely to have received a vaccine dose than matched population controls sampled from the immunisation register (OR of 0.79 is equivalent to a VE of 21% where VE = 1—OR). There was some evidence of protection among the subgroup of children <12 months old, although all 95% confidence intervals included one (no effect) and there was significant overlap in the confidence intervals across the subgroup analyses. We found little evidence of a protective effect for full vaccination overall (OR of full vs. no vaccination 0.83 (95% CI, 0.43, 1.58)), although there was some evidence that fully vaccinated children were better protected than unvaccinated children in Western Australia (OR of full vs no vaccination for WA 0.40 (95% CI, 0.18–0.93)). We also found some evidence that fully vaccinated children were moderately better protected than partially vaccinated children (OR of full vs. partial vaccination 0.65 (95% CI, 0.42–1.01)). These findings are consistent with recently published vaccine effectiveness studies evaluating the performance of Rotarix in New South Wales and both Rotarix/RotaTeq in Western Australia. In both studies, VE estimates were highest for fully vaccinated children aged <12 months, and there was evidence of increasing vaccine effectiveness with increasing doses of both Rotarix and RotaTeq vaccines [12,13].

Rotarix is a live, monovalent, attenuated oral rotavirus vaccine derived from the most common human rotavirus strain G1P[8], and RotaTeq is a pentavalent (G1, G2, G3, G4, P[8]) human–bovine reassortant vaccine [14]. While post-licensure studies have reported similar vaccine effectiveness levels for Rotarix and RotaTeq [2], very few studies have directly compared the effectiveness of each vaccine in the same setting or during the same outbreak [15–17]. While there is good evidence that RotaTeq is protective against G2P[4] strains [18], post-licensure studies have shown mixed results for the effectiveness of Rotarix against G2 strains [8,19] and in some jurisdictions using Rotarix, G2P[4] has emerged as the dominant circulating genotype [20–23]. An earlier study of a 2009 G2P[4] outbreak amongst NT Aboriginal infants failed to show that the rotavirus vaccine provided strong protection (OR 0.81 (95% CI, 0.32–2.05)) [8]. In our study, all rotavirus samples sent for genotypic analysis from the five administrative health regions between March and June 2017 were identified as G2P[4]. Given the epidemic was well-defined in time and geography, it is reasonable to assume that G2P[4] accounted for all epidemic cases; this study provides a unique opportunity to evaluate the performance of both Rotarix and RotaTeq during the same G2P[4] epidemic and in similar, albeit geographically distinct, populations. While the point estimate of the OR was consistently lower in the jurisdiction using Rotateq (consistent with better effectiveness), the confidence intervals were wide and overlapping.

Small rotavirus case numbers in both jurisdictions and programmatic differences in how cases are ascertained limit our ability to draw conclusions about the comparative effectiveness of the vaccines in this study.

While there was evidence of a protective effect among younger children, our estimates suggest that a strong protective effect of vaccination is unlikely among older children. The median age of rotavirus infection was 19 months with a substantial proportion of cases occurring among children aged 12–23 months (NT 44%, WA 39%). Decreased vaccine protection in the second year of life and persistent burden of rotavirus disease have been reported in other high-burden low-resource settings [2,5,24]. Possible determinants of poor vaccine response include high levels of maternally-derived, vaccine-neutralising anti-rotavirus antibodies, poor infant nutrition, intestinal microbiota imbalance, environmental enteropathy, comorbid infections such as HIV and a high diversity of circulating rotavirus strains [25]. In the population included in this study, children are very unlikely to have been HIV infected, but other infective comorbidities are common. Apart from reduced vaccine-induced protection, programmatic restrictions, including upper age-limits for rotavirus vaccine administration may also diminish the program. An early rotavirus vaccine, RRV-TV, caused intussusception in a small number of vaccinated older infants [26] and despite reassuring phase 3 clinical trial safety results, the manufacturers of Rotarix and RotaTeq have conservatively recommended upper age limits on the administration of their vaccines—24 weeks for Rotarix and 32 weeks for RotaTeq. In practice, this limits opportunity to complete the full vaccination schedule and eliminates the possibility of catch-up of missed vaccinations in later childhood [25]. Delayed and/or incomplete vaccination is more common among Australian Aboriginal children [27] and in one observational study, two-dose DTPa coverage increased by a further 16% after the upper age limit of rotavirus vaccine administration (from 75% to 91% in Aboriginal infants), whereas two-dose rotavirus vaccine coverage increased by only 3% (from 75% to 78% in Aboriginal infants) [28]. This suggests that relaxing the upper age restrictions for rotavirus vaccines, as recommended by WHO for countries with high rotavirus burden [3], could be considered as a strategy for improving vaccine uptake and schedule completion.

The validity of case-control methods is largely dependent on adequate control of confounders, that is, factors which are causally related to both vaccination and baseline risk of disease [29]. In our setting, vaccination coverage is influenced by age, Aboriginal status, geographical location and calendar time; age and Aboriginal status remain the two strongest baseline risk factors for rotavirus gastroenteritis requiring hospitalisation [7], and epidemics are clustered in geographic space and time. Our study therefore sought to control for these potential confounders by directly matching cases to population controls on age (date of birth), Aboriginal status and location of residence, and by confining the analysis to the defined outbreak period. In the disease register analysis, these factors were not matched but were captured and adjusted for in the regression analysis. This study could not directly measure socio-economic status for individual cases and controls, although Indigenous status and remoteness of residence may be considered surrogate measures, with the Alice Springs, Barkly, Kimberley and Goldfields regions encompassing some of the most socially disadvantaged regions in Australia, as measured by the Index of Relative Socioeconomic Advantage and Disadvantage.

While the jurisdiction-based notifiable infectious disease databases are believed to capture all laboratory-confirmed rotavirus cases during the epidemic, we acknowledge that not all children with rotavirus gastroenteritis present for medical care, are referred for testing, or complete testing when it is recommended. Rotavirus vaccines have been found to be more effective in preventing severe disease requiring hospitalisation than asymptomatic and other less severe forms of infection [2]. While we were not able to directly ascertain disease severity, most cases in this study are likely to have had either moderate or severe gastroenteritis because all sought medical care (in order to be hospitalised), and 78% and 39% were hospitalised in the NT and WA respectively.

It is also acknowledged that the propensity to seek medical care for rotavirus gastroenteritis symptoms may be associated with the propensity to access medical care for other reasons, including vaccination, and this is a potential source of bias in the population-based analysis which may have caused us to underestimate vaccine protection. The disease register analysis is less likely to be affected by this bias because the vaccination status of rotavirus cases was compared to that of other children with (non-vaccine preventable), notifiable gastrointestinal clinical infections, i.e., children with clinical presentations which are likely to have been indistinguishable from rotavirus infection and who also underwent microbiological testing. The results of the disease register nested analysis were limited by small numbers, especially in the subgroup analyses, but were in broad agreement with the population-based analysis.

Rotavirus gastroenteritis cannot be reliably distinguished from other causes of non-bloody diarrhea on clinical grounds, and so only laboratory confirmed cases reported to the notifiable infectious disease databases were included. The sensitivity and specificity for detecting rotavirus in stool samples using commercially available EIA is high, although false positives and false negatives have been reported [30]. This is noted as a limitation of the nested disease register case-control study, where an assay error may result in misclassification of a case as a control, or vice versa, which would have caused us to underestimate vaccine protection.

While the Australian Immunisation Register provides credible individual and population-level data regarding vaccine coverage by vaccine type, date-of-birth, location of residence and Aboriginal status, controls were matched to cases based on their location of residence, as recorded on the register in October 2019, which may or may not accurately reflect their jurisdiction of residence between March and June 2017. It is unclear what, if any, bias this may have caused.

5. Conclusions

The incorporation of two rotavirus vaccines into the Australian NIP in 2007 has resulted in a substantial and sustained decrease in rotavirus morbidity across most of Australia, although Aboriginal and Torres Strait Islander children remain at increased risk of severe rotavirus disease requiring hospitalisation [7]. Our evaluation of the 2017 G2P[4] rotavirus epidemic in remote Australia suggests that rotavirus vaccination provided little protection against notifiable rotavirus disease for children living in rural and remote Australia, with the likely exception of children aged <12 months for whom moderate evidence of protection was found.

The admission of an additional 99 children with gastroenteritis to small regional and remote hospitals over fourteen weeks highlights the ongoing public health importance of rotavirus and the need for strategies to better protect Aboriginal children. Our data indicate a likely benefit from full rather than partial vaccination, underscoring the importance of completing the rotavirus schedule. Schedule completion could be enhanced by relaxing the upper age limit of rotavirus vaccination as has been recommended by the World Health Organisation for high-burden settings [3].

Our study also reports a high percentage of rotavirus cases in children aged 12–23 months and decreased vaccine protection among children older than 12 months. It is plausible that administering an additional or booster dose of rotavirus vaccine to slightly older children (beyond manufacturer upper age limit restrictions) may extend protection into the second year of life. Scheduling a third dose of Rotarix vaccine (at between 6 and 11 months old) is currently under investigation in the NT [31].

Supplementary Materials: The following are available online at http://www.mdpi.com/2076-0817/9/10/790/s1, Figure S1: Selection of rotavirus cases and un-matched disease register controls for disease register nested case-control study. Table S1. Baseline characteristics of rotavirus cases and disease register controls for the unmatched disease-register nested case-control study. Table S2. Odds Ratio of vaccination in rotavirus cases versus controls in the matched population-based analysis and the disease register nested analysis (full results). Table S3. Odds Ratio of vaccination in rotavirus cases versus controls in additional population-based analysis (i) children age-eligible for full vaccination only (aged ≥ 24 weeks in the NT and ≥32 weeks in WA), (ii) children aged <5 years only, (iii) Aboriginal children only, and (iv) 'missing dose assumption' removed.

Author Contributions: Conceptualization, T.S., M.D. and B.F.M.; methodology, T.S., M.D., H.Q., A.P.R. and M.E.; formal analysis, T.S. and B.F.M.; data curation, B.F.M. and H.Q.; writing—original draft preparation, B.F.M.; writing—review and editing, T.S., M.D., H.Q., A.P.R., M.E., N.P. and M.J.; supervision, T.S. and M.D.; project administration, B.F.M.; funding acquisition, B.F.M. All authors have read and agreed to the published version of the manuscript.

Funding: B.F.M. is supported by National Health and Medical Research Council (NHMRC) Post-Graduate Scholarship Grant (1134095), RACP Paediatrics and Child Health Division NHMRC Scholarship, Australian Academy of Science Douglas and Lola Douglas Scholarship. T.S. and A.P.R. are supported by a NHMRC Career Development Fellowship (1111657 and 1142011 respectively). M.D. is supported by a David Bickart Clinician Research Fellowship, University of Melbourne.

Acknowledgments: We acknowledge the support of the Menzies Child Health Indigenous Reference Group, the Kimberley Aboriginal Health Planning Forum and the Pilbara Aboriginal Health Planning Forum. We also acknowledge the support and assistance of Peter Markey and Heather Cook at the Northern Territory Centre for Disease Control, Paul Effler, Robyn Gibbs, Carolien Giele and Clare Huppatz from the Western Australian Communicable Disease Control Directorate, Rob Baird from Territory Pathology, and Julie Bines and Susie Roczo-Farkas from the Enteric Diseases Group, Murdoch Children's Research Institute.

Conflicts of Interest: The authors declare no conflict of interest.

References

1. Troeger, C.; Khalil, I.A.; Rao, P.C.; Cao, S.; Blacker, B.F.; Ahmed, T.; Armah, G.; Bines, J.E.; Brewer, T.G.; Colombara, D.V.; et al. Rotavirus Vaccination and the Global Burden of Rotavirus Diarrhea among Children Younger Than 5 Years. *JAMA Pediatr.* **2018**, *172*, 958–965. [CrossRef] [PubMed]

2. Burnett, E.; Parashar, U.D.; Tate, J.E. Real-world effectiveness of rotavirus vaccines, 2006–2019: A literature review and meta-analysis. *Lancet Glob. Health* **2020**, *8*, e1195–e1202. [CrossRef]

3. WHO. Rotavirus vaccines WHO position paper: January 2013—Recommendations. *Vaccine* **2013**, *31*, 6170–6171. [CrossRef] [PubMed]

4. Armah, G.E.; Sow, S.O.; Breiman, R.F.; Dallas, M.J.; Tapia, M.D.; Feikin, D.R.; Binka, F.N.; Steele, A.D.; Laserson, K.F.; Ansah, N.A.; et al. Efficacy of pentavalent rotavirus vaccine against severe rotavirus gastroenteritis in infants in developing countries in sub-Saharan Africa: A randomised, double-blind, placebo-controlled trial. *Lancet* **2010**, *376*, 606–614. [CrossRef]

5. Madhi, S.A.; Cunliffe, N.A.; Steele, D.; Witte, D.; Kirsten, M.; Louw, C.; Ngwira, B.; Victor, J.C.; Gillard, P.H.; Cheuvart, B.B.; et al. Effect of human rotavirus vaccine on severe diarrhea in African infants. *N. Engl. J. Med.* **2010**, *362*, 289–298. [CrossRef]

6. Zaman, K.; Anh, D.D.; Victor, J.C.; Shin, S.; Yunus; Dallas, M.J.; Podder, G.; Thiem, V.D.; Mai, L.T.P.; Luby, S.P.; et al. Efficacy of pentavalent rotavirus vaccine against severe rotavirus gastroenteritis in infants in developing countries in Asia: A randomised, double-blind, placebo-controlled trial. *Lancet* **2010**, *376*, 615–623. [CrossRef]

7. Dey, A.; Wang, H.; Menzies, R.; Macartney, K. Changes in hospitalisations for acute gastroenteritis in Australia after the national rotavirus vaccination program. *Med. J. Aust.* **2012**, *197*, 453–4547. [CrossRef]

8. Snelling, T.L.; Andrews, R.M.; Kirkwood, C.D.; Culvenor, S.; Carapetis, J.R. Case-control evaluation of the effectiveness of the G1P[8] human rotavirus vaccine during an outbreak of rotavirus G2P[4] infection in central Australia. *Clin. Infect. Dis.* **2011**, *52*, 191–199. [CrossRef]

9. ABS. *2016 Census QuickStats (SA3)*; Australian Bureau of Statistics: Canberra, Australia, 2017. Available online: https://www.abs.gov.au/websitedbs/censushome.nsf/home/quickstats?opendocument&navpos=220 (accessed on 20 July 2020).

10. Hull, B.P.; Lawrence, G.; MacIntyre, C.R.; McIntyre, P.B. Estimating immunisation coverage: Is the 'third dose assumption' still valid? *Commun. Dis. Intell. Q. Rep.* **2003**, *27*, 357–361.

11. Field, E.J.; Vally, H.; Grimwood, K.; Lambert, S. Pentavalent rotavirus vaccine and prevention of gastroenteritis hospitalizations in Australia. *Pediatrics* **2010**, *126*, e506–e512. [CrossRef]

12. Fathima, P.; Snelling, T.L.; Gibbs, R.A. Effectiveness of rotavirus vaccines in an Australian population: A case-control study. *Vaccine* **2019**, *37*, 6048–6053. [CrossRef] [PubMed]

13. Maguire, J.E.; Glasgow, K.; Glass, K.; Roczo-Farkas, S.; Bines, J.E.; Sheppeard, V.; Macartney, K.; Quinn, H.E. Rotavirus Epidemiology and Monovalent Rotavirus Vaccine Effectiveness in Australia: 2010–2017. *Pediatrics* **2019**, *144*, 1–10. [CrossRef] [PubMed]

14. Australian Technical Advisory Group on Immunisation (ATAGI). *Australian Immunisation Handbook*; Australian Government Department of Health: Canberra, Australia, 2018.

15. Payne, D.C.; Boom, J.A.; Staat, M.A.; Edwards, K.M.; Szilagyi, P.G.; Klein, E.J.; Selvarangan, R.; Azimi, P.H.; Harrison, C.; Moffatt, M.; et al. Effectiveness of pentavalent and monovalent rotavirus vaccines in concurrent use among US children <5 years of age, 2009–2011. *Clin. Infect. Dis.* **2013**, *57*, 13–20. [PubMed]

16. Castilla, J.; Beristain, X.; Martínez-Artola, V.; Ortega, A.N.; Cenoz, M.G.; Álvarez, N.; Polo, I.; Mazón, A.; Gil-Setas, A.; Barricarte, A. Effectiveness of rotavirus vaccines in preventing cases and hospitalizations due to rotavirus gastroenteritis in Navarre, Spain. *Vaccine* **2012**, *30*, 539–543. [CrossRef]

17. Muhsen, K.; Shulman, L.; Kasem, E.; Rubinstein, U.; Shachter, J.; Kremer, A.; Goren, S.; Zilberstein, I.; Chodick, G.; Ephros, M.; et al. Effectiveness of rotavirus vaccines for prevention of rotavirus gastroenteritis-associated hospitalizations in Israel: A case-control study. *Hum. Vaccines* **2010**, *6*, 450–454. [CrossRef]

18. Leshem, E.; Lopman, B.; Glass, R.; Gentsch, J.; Banyai, K.; Parashar, U.; Patel, M. Distribution of rotavirus strains and strain-specific effectiveness of the rotavirus vaccine after its introduction: A systematic review and meta-analysis. *Lancet Infect. Dis.* **2014**, *14*, 847–856. [CrossRef]

19. Correia, J.B.; Patel, M.M.; Nakagomi, O.; Montenegro, F.M.U.; Germano, E.M.; Correia, N.B.; Cuevas, L.E.; Parashar, U.D.; Cunliffe, N.A.; Nakagomi, T. Effectiveness of monovalent rotavirus vaccine (Rotarix) against severe diarrhea caused by serotypically unrelated G2P[4] strains in Brazil. *J. Infect. Dis.* **2010**, *201*, 363–369. [CrossRef]

20. Zeller, M.; Rahman, M.; Heylen, E.; De Coster, S.; De Vos, S.; Arijs, I.; Novo, L.; Verstappen, N.; Van Ranst, M.; Matthijnssens, J. Rotavirus incidence and genotype distribution before and after national rotavirus vaccine introduction in Belgium. *Vaccine* **2010**, *28*, 7507–7513. [CrossRef]

21. Doro, R.; László, B.; Martella, V.; Leshem, E.; Gentsch, J.; Parashar, U.; Banyai, K. Review of global rotavirus strain prevalence data from six years post vaccine licensure surveillance: Is there evidence of strain selection from vaccine pressure? *Infect. Genet. Evol.* **2014**, *28*, 446–461. [CrossRef]

22. Roczo-Farkas, S.; Kirkwood, C.D.; Cowley, D.; Barnes, G.L.; Bishop, R.F.; Bogdanovic-Sakran, N.; Boniface, K.; Donato, C.M.; E Bines, J. The Impact of Rotavirus Vaccines on Genotype Diversity: A Comprehensive Analysis of 2 Decades of Australian Surveillance Data. *J. Infect. Dis.* **2018**, *218*, 546–554. [CrossRef]

23. Santos, V.S.; Nóbrega, F.A.; Soares, M.W.S.; Moreira, R.D.; Cuevas, L.E.; Gurgel, R.Q. Rotavirus Genotypes Circulating in Brazil Before and After the National Rotavirus Vaccine Program: A Review. *Pediatr. Infect. Dis. J.* **2018**, *37*, e63–e65. [CrossRef] [PubMed]

24. Patel, M.; Glass, R.I.; Jiang, B.; Santosham, M.; Lopman, B.; Parashar, U. A systematic review of anti-rotavirus serum IgA antibody titer as a potential correlate of rotavirus vaccine efficacy. *J. Infect. Dis.* **2013**, *208*, 284–294. [CrossRef] [PubMed]

25. Velasquez, D.E.; Parashar, U.; Jiang, B. Decreased performance of live attenuated, oral rotavirus vaccines in low-income settings: Causes and contributing factors. *Expert Rev. Vaccines* **2018**, *17*, 145–161. [CrossRef] [PubMed]

26. Peter, G.; Myers, M.G. Intussusception, rotavirus, and oral vaccines: Summary of a workshop. *Pediatrics* **2002**, *110*, e67. [CrossRef]

27. Moore, H.C.; Fathima, P.; Gidding, H.F.; De Klerk, N.; Liu, B.; Sheppeard, V.; Effler, P.V.; Snelling, T.L.; McIntyre, P.; Blyth, C.C.; et al. Assessment of on-time vaccination coverage in population subgroups: A record linkage cohort study. *Vaccine* **2018**, *36*, 4062–4069. [CrossRef]

28. Fathima, P.; Gidding, H.F.; Snelling, T.L.; McIntyre, P.; Blyth, C.C.; Sheridan, S.; Liu, B.; De Klerk, N.; Moore, H.C. Timeliness and factors associated with rotavirus vaccine uptake among Australian Aboriginal and non-Aboriginal children: A record linkage cohort study. *Vaccine* **2019**, *37*, 5835–5843. [CrossRef]

29. Orenstein, W.A.; Bernier, R.H.; Hinman, A.R. Assessing vaccine efficacy in the field. Further observations. *Epidemiol. Rev.* **1988**, *10*, 212–241. [CrossRef]

30. Izzo, M.M.; Kirkland, P.D.; Gu, X.; Lele, Y.; Gunn, A.A.; House, J. Comparison of three diagnostic techniques for detection of rotavirus and coronavirus in calf faeces in Australia. *Aust. Vet. J.* **2012**, *90*, 122–129. [CrossRef] [PubMed]

31. Middleton, B.F.; Jones, M.A.; Waddington, C.S.; Danchin, M.; McCallum, C.; Gallagher, S.; Leach, A.J.; Andrews, R.; Kirkwood, C.; Cunliffe, N.; et al. The ORVAC trial protocol: A phase IV, double-blind, randomised, placebo-controlled clinical trial of a third scheduled dose of Rotarix rotavirus vaccine in Australian Indigenous infants to improve protection against gastroenteritis. *BMJ Open* **2019**, *9*, e032549. [CrossRef]

Article

Characterisation of a G2P[4] Rotavirus Outbreak in Western Australia, Predominantly Impacting Aboriginal Children

Celeste M. Donato [1,2,3,*], Nevada Pingault [4], Elena Demosthenous [1,3], Susie Roczo-Farkas [1] and Julie E. Bines [1,2,5]

[1] Enteric Diseases Group, Murdoch Children's Research Institute, Parkville 3052, Australia; susie.roczofarkas@mcri.edu.au (S.R.-F.); jebines@unimelb.edu.au (J.E.B.)
[2] Department of Paediatrics, The University of Melbourne, Parkville 3010, Australia
[3] Department of Microbiology, Biomedicine Discovery Institute, Monash University, Clayton 3800, Australia
[4] Department of Health Western Australia, Communicable Disease Control Directorate, Perth 6004, Australia; nevada.pingault@health.wa.gov.au
[5] Department of Gastroenterology and Clinical Nutrition, Royal Children's Hospital, Parkville 3052, Australia
* Correspondence: celeste.donato@mcri.edu.au; Tel.: +61-03-9936-6715

Abstract: In May, 2017, an outbreak of rotavirus gastroenteritis was reported that predominantly impacted Aboriginal children ≤4 years of age in the Kimberley region of Western Australia. G2P[4] was identified as the dominant genotype circulating during this period and polyacrylamide gel electrophoresis revealed the majority of samples exhibited a conserved electropherotype. Full genome sequencing was performed on representative samples that exhibited the archetypal DS-1-like genome constellation: G2-P[4]-I2-R2-C2-M2-A2-N2-T2-E2-H2 and phylogenetic analysis revealed all genes of the outbreak samples were closely related to contemporary Japanese G2P[4] samples. The outbreak samples consistently fell within conserved sub-clades comprised of Hungarian and Australian G2P[4] samples from 2010. The 2017 outbreak variant was not closely related to G2P[4] variants associated with prior outbreaks in Aboriginal communities in the Northern Territory. When compared to the G2 component of the RotaTeq vaccine, the outbreak variant exhibited mutations in known antigenic regions; however, these mutations are frequently observed in contemporary G2P[4] strains. Despite the level of vaccine coverage achieved in Australia, outbreaks continue to occur in vaccinated populations, which pose challenges to regional areas and remote communities. Continued surveillance and characterisation of emerging variants are imperative to ensure the ongoing success of the rotavirus vaccination program in Australia.

Keywords: rotavirus; outbreak; Aboriginal; Indigenous; G2P[4]; gastroenteritis; Western Australia; whole genome sequencing; vaccine

Citation: Donato, C.M.; Pingault, N.; Demosthenous, E.; Roczo-Farkas, S.; Bines, J.E. Characterisation of a G2P[4] Rotavirus Outbreak in Western Australia, Predominantly Impacting Aboriginal Children. *Pathogens* **2021**, *10*, 350. https://doi.org/10.3390/pathogens10030350

Academic Editor: David Allen

Received: 9 February 2021
Accepted: 12 March 2021
Published: 16 March 2021

Publisher's Note: MDPI stays neutral with regard to jurisdictional claims in published maps and institutional affiliations.

1. Introduction

Group A rotaviruses, belonging to the Reoviridae virus family, remain one of the main aetiological agents of acute gastroenteritis in infants and young children worldwide, estimated to have caused 128,500 deaths and 258,173,300 episodes of diarrhea among children <5 years of age in 2016 [1]. The substantial decrease in the global burden of rotavirus disease over the last decade can be attributed to varied public health measures, such as improved sanitation, as well as the inclusion of rotavirus vaccines into the National Immunisation Programs (NIPs) of over 100 countries worldwide [2]. In Australia, the live-attenuated vaccines Rotarix® (monovalent, human G1P[8] strain) and RotaTeq®(pentavalent, human-bovine reassortant vaccine comprising G1P[5], G2P[5], G3P[5], G4P[5], and G6P[8] strains) were introduced into the NIP in mid-2007, with a state-based vaccine selection method in place up until mid-2017, after which a national tender process was initiated, with all states and territories now using Rotarix [3,4].

Group A rotavirus strains are classified into G and P genotypes based on the outer capsid proteins VP7 and VP4, respectively. To date, 36 G types and 51 P types have been characterised from humans and varied animal species [5]. The most prevalent genotypes in humans are G1, G2, G3, G4, G9, and G12, in combination with P[4], P[6], and P[8] [6,7]. A whole genome classification nomenclature has been developed to describe the genome constellation of strains; Gx-P[x]-Ix-Rx-Cx-Mx-Ax-Nx-Tx-Ex-Hx, denoting the VP7-VP4-VP6-VP1-VP2-VP3-NSP1-NSP2-NSP3-NSP4-NSP5/6 genes, with x referring to the various recognised genotypes for each gene. There are three major genotype constellations: Wa-like (G1-P[8]-I1-R1-C1-M1-A1-N1-T1-E1-H1), DS-1-like (G2-P[4]-I2-R2-C2-M2-A2-N2-T2-E2-H2), and AU-1-like (G3-P[9]-I3-R3-C3-M3-A3-N3-T3-E3-H3) [8].

Western Australia (WA) is the largest state in Australia and is sparsely populated, with 80% of the 2.5 million residents residing in the capital city of Perth. Approximately 4% of the WA population identify as Indigenous (hereafter respectfully referred to as Aboriginal to recognise that Aboriginal people are the original inhabitants of WA), the proportion is higher outside Perth [9]. The Kimberley (KIMB) is a remote region that encompasses an area of 421,451 square kilometres. In 2016, the population was 36,392, and 45% of the region's population identified as Aboriginal, living in towns and communities of varying sizes. The KIMB region has a younger population compared to other regions of WA, with a higher percentage of children aged 0–14 years (25%) [10]. For the period 2011–2015, the enteric disease notification rate (salmonellosis, cryptosporidiosis, rotavirus, campylobacteriosis, and shigellosis) for children in the KIMB region was 5.2 times higher than for all children in WA, with rotavirus accounting for 5% of notifications. For all enteric infection notifications, the rate for Aboriginal children was 2.4 times the non-Aboriginal rate [10].

Rotavirus became a notifiable disease in WA from July 2006 [11]. The Communicable Disease Control Directorate (CDCD) and Public Health Units (PHUs) in the Department of Health WA (WA Health) investigate clusters and outbreaks of rotavirus. Initially, Rotarix was used in WA, from July 2007 to February 2009, then vaccine selection was changed to RotaTeq. In July 2017, the rotavirus vaccine used in WA reverted back to Rotarix [12,13]. In 2017, the estimated vaccine coverage in eligible children <12 months of age was 83.5% in Aboriginal children nationally and 89.5% in non-Aboriginal children [14]. The vaccine coverage for WA was 81.5% in 2015, the most recent data available, compared to a national coverage of 85.4% [15].

Sporadic community-wide rotavirus outbreaks have occurred in different states and territories around Australia. Outbreaks due to G2P[4] strains occurred in Perth (1993), Melbourne (1994), and Sydney (2001) [16,17]. Widespread outbreaks impacting remote communities in the Northern Territory have occurred due to G2P[4] strains in 1993, 1999, 2004, and 2009 [18–22]. Outbreaks due to G2P[4] strains were reported in 2010 in South Australia and Western Australia [23]. An outbreak caused by G2P[4] occurred in New South Wales in 2012, predominantly impacting children aged 5–9 years [24]. In 2017, multiple G2P[4] outbreaks were reported in the Northern Territory, South Australia, and Western Australia [3].

The aim of this study was to describe the epidemiology and burden of disease during an outbreak of rotavirus in the metropolitan (METRO) region of Perth and the remote Kimberley (KIMB) region of WA in 2017. Whole genome sequencing was performed to characterise the rotavirus strain circulating during this outbreak and place it in the context of global strains.

2. Results

2.1. Descriptive Epidemiology

In 2017, there were 519 notified cases of rotavirus infection in WA (19.1 cases per 100,000 population), making rotavirus the third most commonly notified enteric infection in WA. A marked increase in rotavirus notifications was noted in the second quarter of

2017 (April/May/June, 2Q17), with 236 cases, compared to the five-year second quarter average (2012–2016) of 100.8 cases (Figure 1).

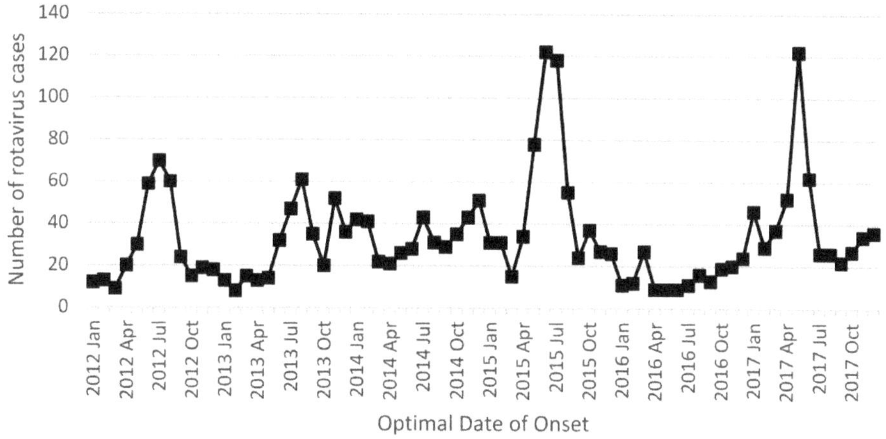

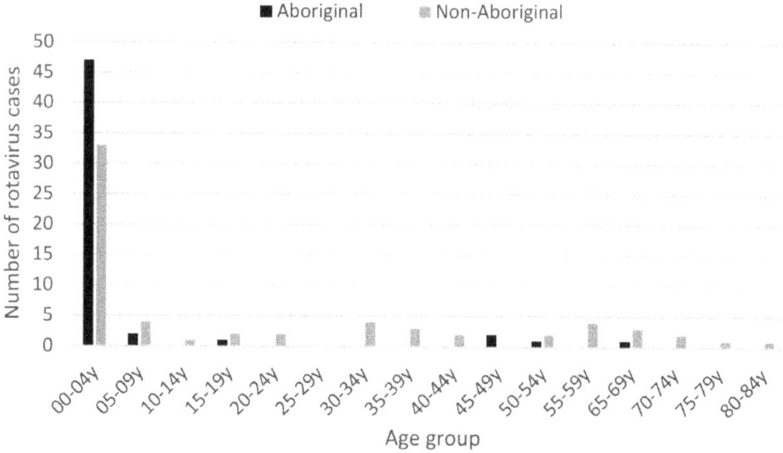

Figure 1. Monthly rotavirus notification rates between January 2012 and November 2017.

Within the 2Q17, the highest number of cases was seen in May (n = 122), compared to 52 cases in April and 62 cases in June. Of the 122 cases in May, 80 were aged ≤4 years (Figure 2), with the majority of cases aged <1 year (n = 26) and 1 year (n = 31). While cases were seen in all PHUs, Aboriginal people from the KIMB (n = 46) region and non-Aboriginal people from the metropolitan (METRO) region (n = 36) were the two most affected groups (Figure 3). Examining children ≤4 years, Indigenous status, and PHU more closely, Aboriginal children from the KIMB region were disproportionally represented (40/80 cases) (Figure 4).

Figure 2. Distribution of the number of rotavirus cases in Western Australia in May, 2017 by age (years) and Indigenous status.

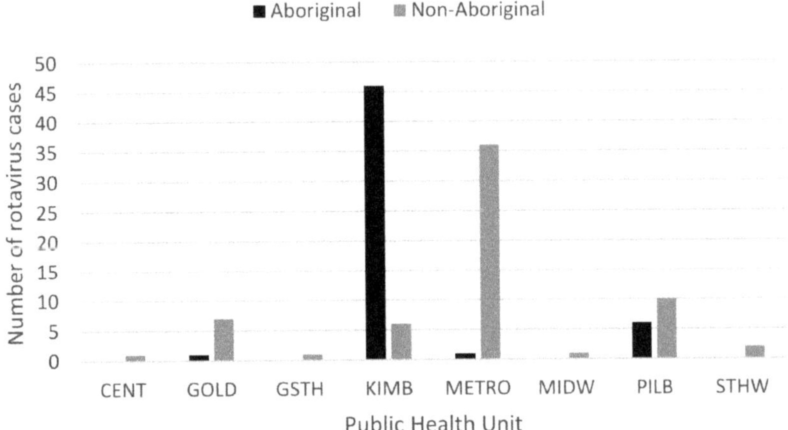

Figure 3. Distribution of the number of rotavirus cases from May, 2017, all ages, by Indigenous status and Public Health Unit (PHU) boundaries, reflecting WA Health administrative regions: Central/Wheatbelt (CENT), Goldfields (GOLD), Great Southern (GSTH), Kimberley (KIMB), Metropolitan Perth (METRO), Midwest (MIDW), Pilbara (PILB), and South West (STHW).

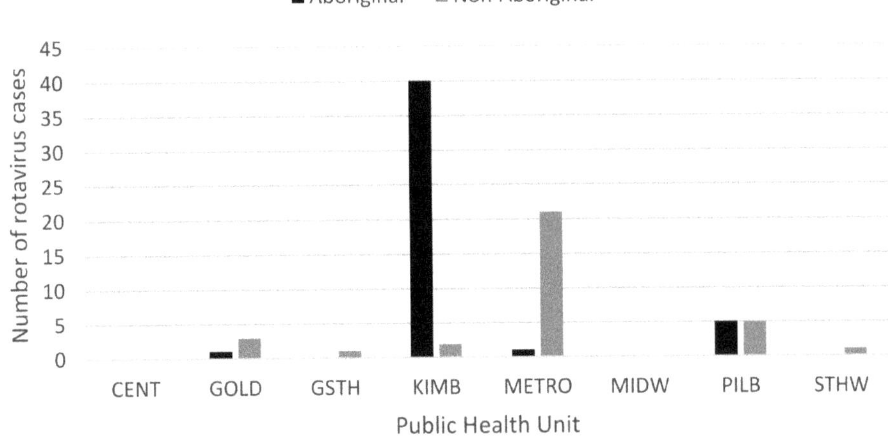

Figure 4. Distribution of rotavirus cases in May, 2017, aged ≤4 years, by Aboriginal status and Public Health Unit (PHU) boundaries, reflecting WA Health administrative regions: Central/Wheatbelt (CENT), Goldfields (GOLD), Great Southern (GSTH), Kimberley (KIMB), Metropolitan Perth (METRO), Midwest (MIDW), Pilbara (PILB), and South West (STHW).

Vaccination status was known for 97% of the total May cases (118/122). Of these, 41% were fully vaccinated (48/118), 24% were partially vaccinated (29/118), and 35% were not vaccinated (41/118) (Table 1). Only five of the unvaccinated cases were eligible to have been vaccinated, with the remaining 36 cases ineligible due to age.

Hospitalisation status was known for 78% of cases (95/122). For those with known hospitalisation status, 38% (36/95) were hospitalised as a result of their infection, of which 64% were Aboriginal people (23/36) and 36% were non-Aboriginal people (13/36). Children aged ≤4 years represented 86% of hospitalisations (31/36), of which Aboriginal children accounted for 71% (22/31). Of the hospitalised cases, 39% were fully vaccinated (14/36) and 36% were partially vaccinated (13/36). A further 22% were not vaccinated

(8/36), five of which were ineligible for vaccination due to age. Vaccination status was unknown for one case.

Table 1. Vaccination status of rotavirus cases from May 2017.

Genotype	Vaccination Status				
	Full	Partial	Eligible But Not Vaccinated	Ineligible Due to Age [1]	Total
G2P[4]	34	13	3	12	62
G3P[8]	1	0	0	2	3
G8P[8]	0	0	0	1	1
Subtotal	35	13	3	15	66
No data [2]	13	16	2	21	52
Total May cases	48	29	5	36	118

[1] Individuals $\geq$11 years of age were considered ineligible to have ever received a rotavirus vaccine dose based on age. [2] 52 samples were not sent to Murdoch Children's Research Institute for genotyping.

2.2. Genotyping

Cases were designated to the month of May based on the optimal date of onset (ODOO). Of the 122 cases from the month of May, a stool sample was available for 70 and were sent for genotype analysis at the National Rotavirus Reference Centre (NRRC), Murdoch Children's Research Institute in Melbourne, Australia. The predominant genotype identified was G2P[4] (94%, 66/70) (Table 2), with the majority of G2P[4] cases in the KIMB region (61%, 40/66). In the KIMB region, Aboriginal people were disproportionately represented, accounting for 90% of cases (36/40) (Table 2).

Table 2. Genotype results for 70 rotavirus positive samples (ODOO* May, 2017).

Genotype	Region [1]	Aboriginal	Non- Aboriginal	Total
G2P[4]	GOLD	1	3	4
	KIMB	36	4	40
	METRO	1	8	9
	MIDW		1	1
	PILB	3	8	11
	STHW		1	1
	Total	41	25	66
G3P[8]	METRO		3	3
G8P[8]	KIMB		1	1

[1] Public Health Unit (PHU) boundaries, reflecting WA Health administrative regions: Goldfields (GOLD), Kimberley (KIMB), Metropolitan Perth (METRO), Midwest (MIDW), Pilbara (PILB), and South West (STHW). *OODO: Optimal date of onset.

2.3. Vaccination and Hospitalisation Status of Genotyped Cases

Rotavirus vaccination information was available for 94% (66/70) of cases notified in May with genotyping results (Table 1). Of these, 53% (35/66) were fully vaccinated, 20% (13/66) were partially vaccinated, 4% (3/66) were not vaccinated but were eligible based on age, and 23% (15/66) were not vaccinated due to age (Table 1). Three quarters of G2P[4] cases were either fully or partially vaccinated (47/62). The majority of cases that were partially or fully vaccinated had received only the RotaTeq vaccine. Two fully vaccinated and one partially vaccinated case had received the Rotarix vaccine. Two fully vaccinated cases had received a combination of Rotarix and RotaTeq vaccines. Almost all Aboriginal cases had a known vaccination status (40/41); 60% (24/40) were fully vaccinated, 30% (12/40) were partially vaccinated, and 10% (4/20) were not vaccinated. Of the non-Aboriginal cases with known vaccination status (26/29), 42% (11/26) were fully vaccinated, 4% (1/26) were partially vaccinated, and 54% (14/26) were not vaccinated.

Hospitalisation status was known for 86% of the genotyped cases in May (60/70), with 19 cases hospitalised. Of these, 47% were fully vaccinated (9/19), 26% were partially vaccinated (5/19), 16% were not vaccinated (3/19), and vaccination status was unknown for two cases (10%).

2.4. Sequence Analysis of G2P[4] Samples

A total of 38 G2P[4] samples were analysed using polyacrylamide gel electrophoresis to visualise the electropherotype pattern. The majority of samples had a highly similar electropherotype, indicating that a relatively conserved strain was circulating during the outbreak (data not shown).

Three samples were selected for whole genome sequencing, which were representative of the dominant electropherotype: RVA/Human-wt/AUS/WAPC2769/2017/G2P[4] (1-year-old, fully vaccinated, KIMB), RVA/Human-wt/AUS/WAPC2784/2017/G2P[4] (2-year-old, fully vaccinated child, METRO), and RVA/Human-wt/AUS/WAPC2824/2017/G2P[4] (3-year-old, fully vaccinated KIMB). The three samples exhibited the archetypal DS-1-like genome constellation: G2-P[4]-I2-R2-C2-M2-A2-N2-T2-E2-H2.

The 11 genes of each sample were successfully sequenced, with the exception of the VP2 gene of RVA/Human-wt/AUS/WAPC2769/2017/G2P[4] and RVA/Human-wt/AUS/WAPC2824/2017/G2P[4] for which only 69.7–70.3% of the open reading frame (ORF) could be determined. The sample volumes were exhausted, attempting to resolve the approximate 800-base pair (bp) region at the 3' prime end of the gene without success.

The coding regions of each gene of RVA/Human-wt/AUS/WAPC2784/2017/G2P[4] and RVA/Human-wt/AUS/WAPC2824/2017/G2P[4] were highly conserved, with RVA/Human-wt/AUS/WAPC2769/2017/G2P[4] displaying some minor variability: VP1 (99.81–99.94% nucleotide (nt) and 99.82–99.91% amino acid (aa) similarity), VP2 (99.84–100% nt and 99.84–100% aa similarity), VP3 (99.84–99.92% nt and 99.88–100% aa similarity), VP4 (99.79–99.91% nt and 99.61–99.87% aa similarity), VP6 (99.92–100% nt and 100% aa similarity), VP7 (99.89–100% nt 99.69–100% aa similarity), NSP1 (99.86–99.93% nt and 100% aa similarity), NSP2 (99.90–100% nt and 100% aa similarity), NSP3 (99.47–99.79% nt and 99.39–99.68% aa similarity), NSP4 (99.62–99.81% nt and 99.43–100% aa similarity), and NSP5/6 (99.86–99.93% nt and 100% aa similarity).

2.5. Phylogenetic Analysis

Phylogenetic analysis of the 11 genome segments was conducted to investigate the genetic relationships of the three outbreak samples RVA/Human-wt/AUS/WAPC2769/2017/G2P[4], RVA/Human-wt/AUS/WAPC2784/2017/G2P[4], and RVA/Human-wt/AUS/WAPC2824/2017/G2P[4] to previously characterised Australian samples and global strains (Figure 5a–k). In the VP7 tree, the outbreak samples clustered with contemporary G2P[4] samples from Japan and Taiwan detected in 2016 and 2017 shared 99.74–100% nt and 99.24–100% aa similarity (Figure 5a). The outbreak samples did not cluster closely to previously characterised Australian samples. The most closely related were two samples from Victoria detected in 2010, sharing 99.47–99.61% nt and 99.62–100% aa similarity (Figure 5a). In the VP4 tree, the outbreak samples clustered with the same contemporary G2P[4] samples from Japan as in the VP7 tree and shared 99.61–99.83% nt and 99.48–100% aa similarity (Figure 5b). Again, the outbreak samples did not cluster closely to previously characterised Australian samples; most closely related to the same two samples from Victoria (RVA/Human-w/AUS/CK20040/2010/G2P[4] and RVA/Human-wt/AUS/CK20060/2010/G2P[4]) that shared 99.48–99.66% nt and 99.30–99.70% aa similarity (Figure 5b).

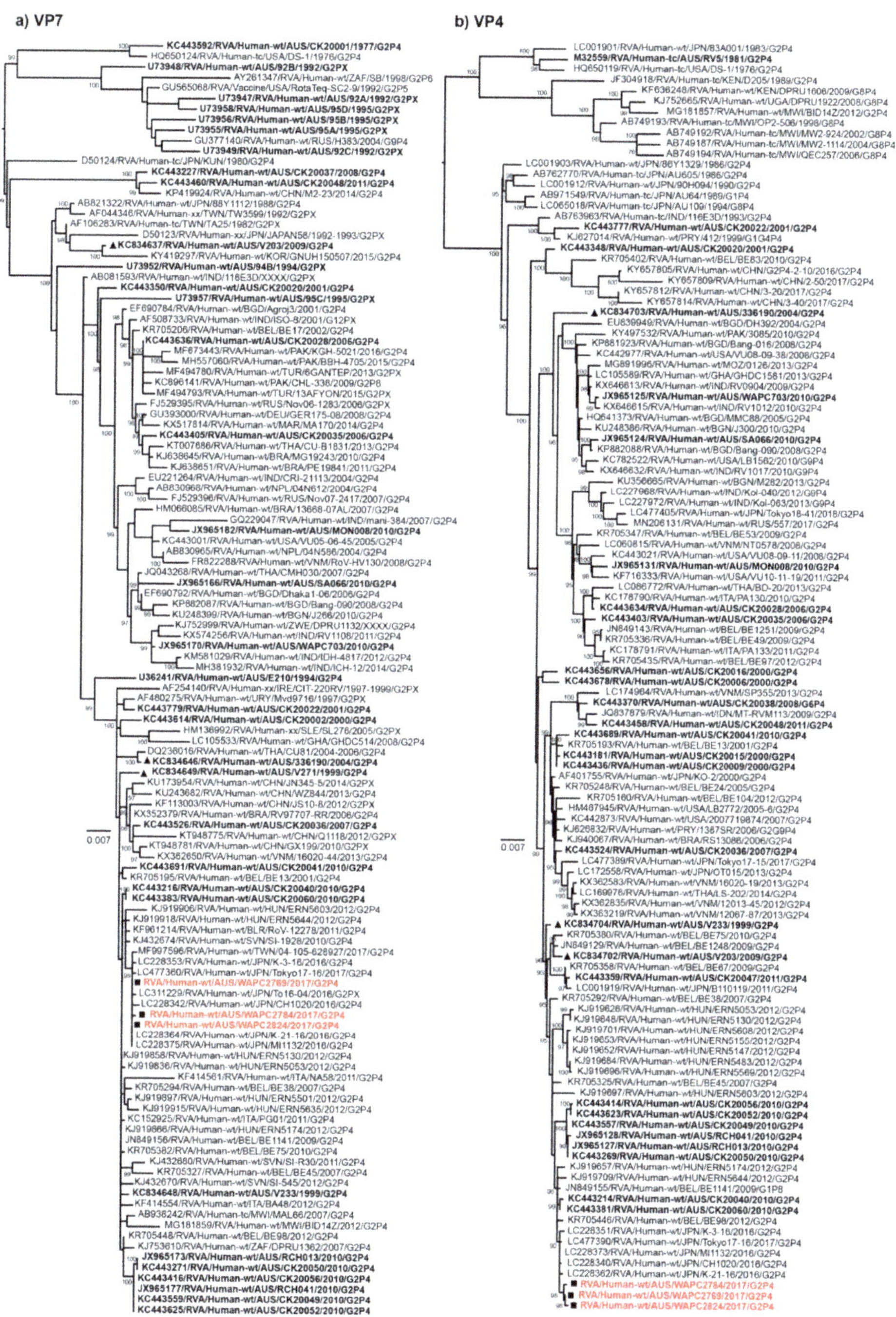

Figure 5. *Cont.*

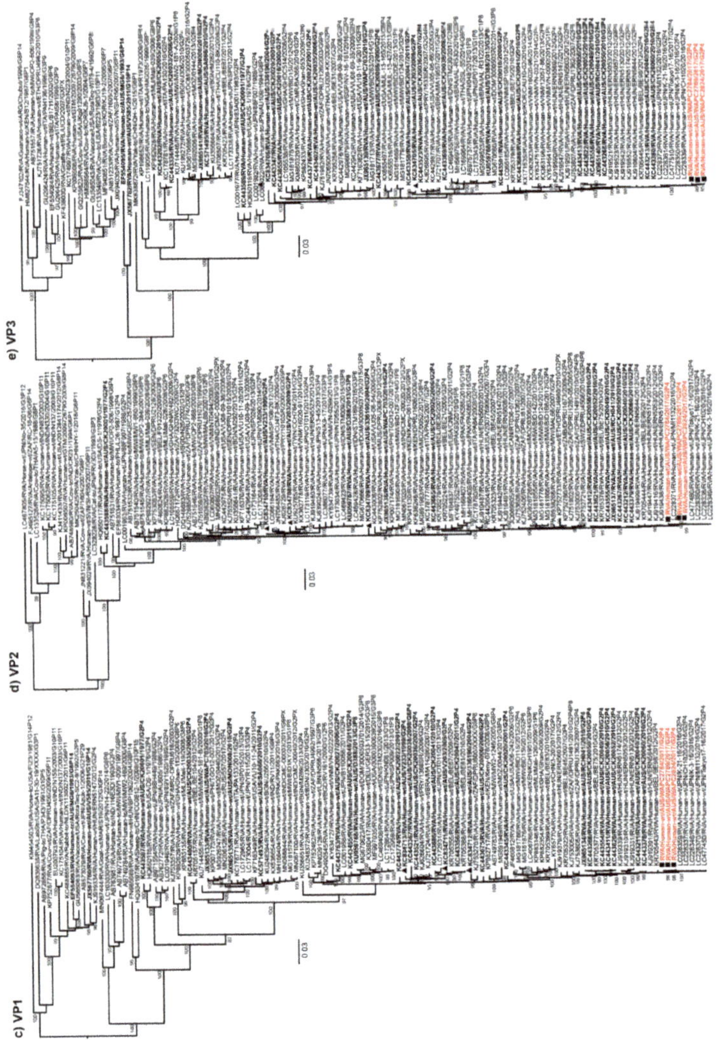

Figure 5. *Cont.*

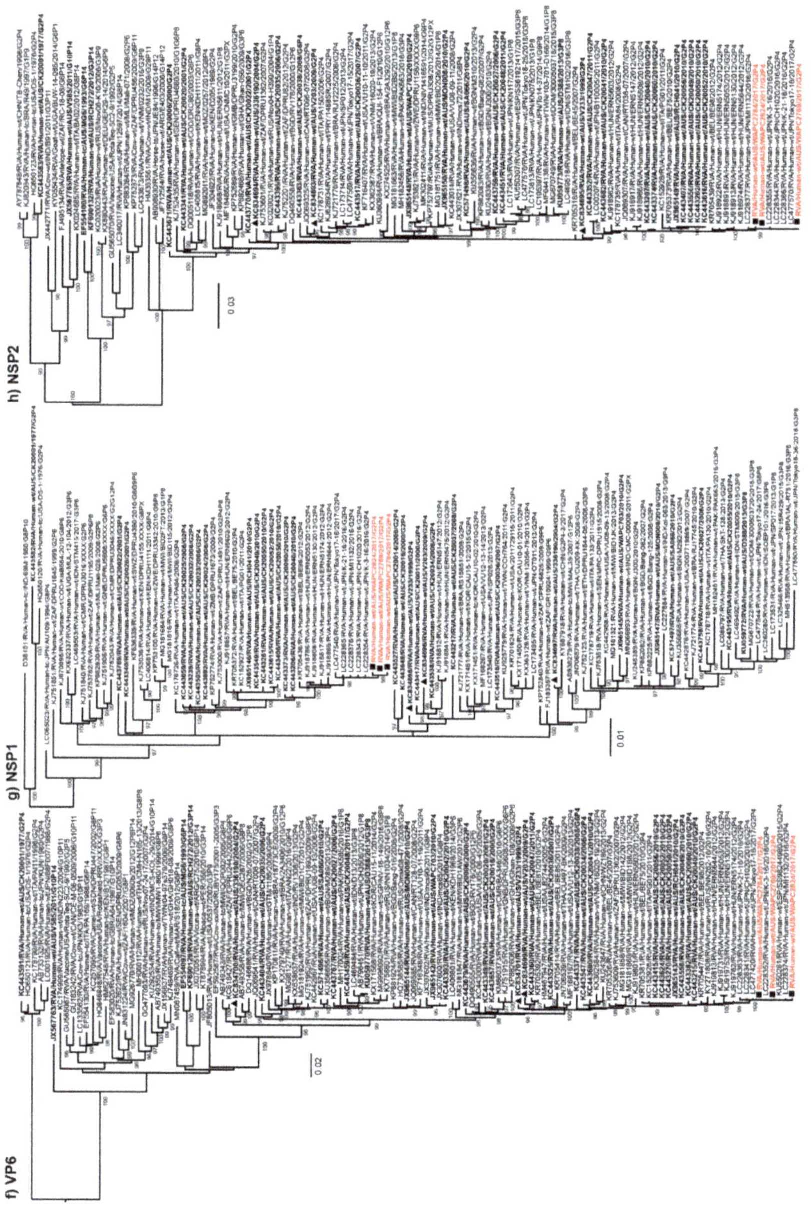

Figure 5. *Cont.*

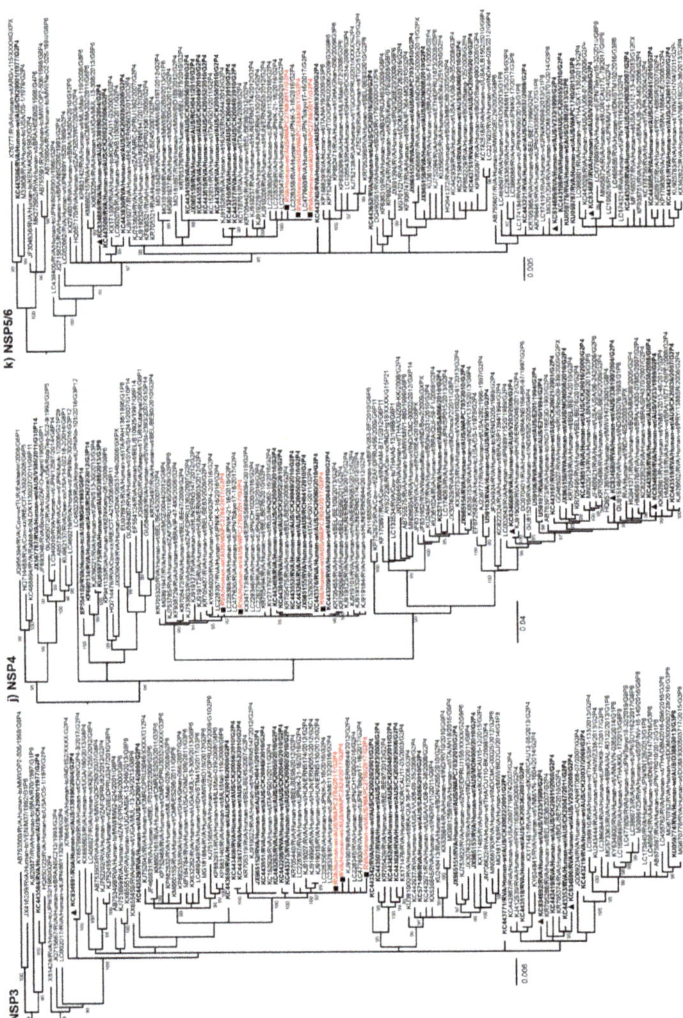

Figure 5. Maximum likelihood phylogenetic trees of (**a**) VP7, (**b**) VP4, (**c**) VP1, (**d**) VP2, (**e**) VP3, (**f**) VP6, (**g**) NSP1, (**h**) NSP2, (**i**) NSP3, (**j**) NSP4, and (**k**) NSP5/6 2017 Western Australia outbreak G2P[4] samples. The position of strains sequenced in this study are highlighted in red and with square symbols, previously characterised G2P[4] outbreak samples from the Northern Territory detected in 1999, 2004, and 2010 are denoted with triangle symbols. All Australian samples are in bold. Ultrafast bootstrap values ≥95% are shown.

Across the VP1, VP2, VP3, and VP6 gene trees, the outbreak samples from this study continued to form conserved clusters with the contemporary Japanese samples RVA/Human-wt/JPN/MI1132/2016/G2P[4], RVA/Human-wt/JPN/K-21-16/2016/G2P[4], RVA/Human-wt/JPN/K-3-16/2016/G2P[4], RVA/Human-wt/JPN/Tokyo17-16/2017/G2P[4], and RVA/Human-wt/JPN/CH1020/2016/G2P[4] as observed in the VP7 and VP4 trees (Figure 5c–f). The samples RVA/Human-w/AUS/CK20040/2010/G2P[4] and RVA/Human-wt/AUS/CK20060/2010/G2P[4] were consistently the most closely related Australian samples to those from the 2017 outbreak. Across all trees, the 2017 outbreak samples fell within a clade that was comprised of a conserved group of G2P[4] strains from Belgium and Hungary that were detected in 2012, and the Australian samples RVA/Human-wt/AUS/CK20049/2010/G2P[4], RVA/Human-wt/AUS/CK20050/2010/G2P[4], RVA/Human-wt/AUS/CK20052/2010/G2P[4], RVA/Human-wt/AUS/CK20056/2010/G2P[4], and RVA/Human-wt/AUS/RCH041/2010/G2P[4].

Across the NSP1, NSP2, NSP3, NSP4, and NSP5 gene trees, the 2017 outbreak samples exhibited the same pattern across all trees: clustering with same group of contemporary Japanese samples, and falling within conserved clades comprised of G2P[4] strains from Belgium and Hungary that were detected in 2012, and Australian 2010 samples (Figure 5g–k).

The 2017 outbreak samples were not closely related to the samples RVA/Human-wt/AUS/V233/1999/G2P[4], RVA/Human-wt/AUS/336190/2004/G2P[4] and RVA/Human-wt/AUS/V203/2009/G2P[4], which were associated with prior outbreaks in the Northern Territory, often clustering in separate lineages or distinct clades. This suggests that the current outbreak variant was not derived from the prior G2P[4] outbreak variants that had undergone genetic drift or reassortment over the intervening years but were more closely related to a G2P[4] variant that has been detected in Japan, Hungary, and other regions of the world. It may be derived from the Australian 2010 G2P[4] variant that has undergone moderate genetic drift during global circulation.

2.6. Comparison of the Outbreak Samples to the G2 VP7 Gene Component of the RotaTeq Vaccine

The VP7 gene of the 2017 outbreak samples possessed 93.37–99.48% nt and 94.79–95.01% aa similarity with the G2 VP7 gene of RotaTeq. The amino acid differences between the outbreak samples and RotaTeq were analysed and 16 residues differed between the G2 component of RotaTeq and the two outbreak samples RVA/Human-wt/AUS/WAPC2824/2017/G2P[4] and RVA/Human-wt/AUS/WAPC2769/2017/G2P[4]. RVA/Human-wt/AUS/WAPC2784/2017/G2P[4] had 17 residues that differed. The altered residues that fell between amino acid 78 and 312 were mapped to the surface of the VP7 monomer to highlight mutations in proximity to the VP7 antigenic epitopes 7-1a, 7-1b, and 7-2 [25] (Figure 6). Mutations were observed in all three samples in antigenic epitope regions: positions A87T and D96N in antigenic region 7-1a, and S213D in region 7-1b. Additionally, the mutation D145G in the antigenic epitope region 7-2 was observed in RVA/Human-wt/AUS/WAPC2784/2017/G2P[4]. The three outbreak samples exhibited the residues D96N and S213D, which are amino acid changes that have been shown to escape neutralisation with monoclonal antibodies [26].

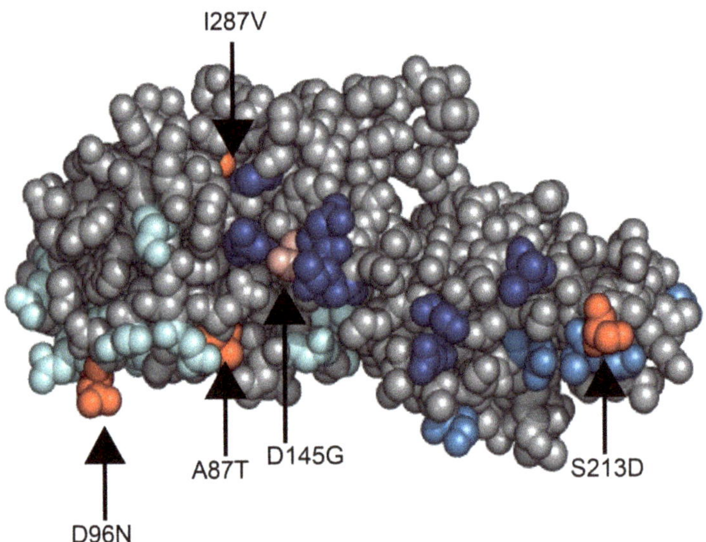

Figure 6. A surface representation of the VP7 monomer depicting the amino acid residues that differ between the 2017 G2P[4] WA outbreak samples and the G2 component of the RotaTeq vaccine strain (PDB ID: 3FMG). The antigenic epitopes are coloured as 7-1a in cyan, 7-1b in mid blue, and 7-2 in dark blue. The conserved residues that differ between the 2017 samples and the G2 component of the RotaTeq vaccine strain are shown in red and the residue that differed only in RVA/Human-wt/AUS/WAPC2784/2017/G2P[4] is shown in salmon.

3. Discussion

Rotavirus was gazetted as a notifiable disease in WA in 2006 in part to monitor the effectiveness of the rotavirus vaccine when it was added to the childhood immunisation schedule in Australia in mid-2007 [11]. The introduction of rotavirus vaccines has lessened the once prominent seasonality of rotavirus infection in Australia [27,28]. Following campylobacteriosis and salmonellosis, rotavirus was the third most commonly notified enteric infection in the population of WA in 2017 [29]. A large increase in rotavirus notifications was noted in the second quarter of 2017, with the highest number of cases noted in May, indicating an outbreak occurring prior to the onset of winter (Figure 1).

A total of 236 rotavirus notifications were recorded in the second quarter of 2017, compared to the five-year second quarter average of 100.8 notifications, highlighting the scale of the outbreak. The five-year second quarter average was somewhat skewed by an outbreak in the second quarter of 2015 (Figure 1) that affected all WA regions, and predominantly affected non-Aboriginal people. Multiple outbreaks related to child care and aged care facilities were noted during this time, with the predominant strain identified as G12P[8] [30].

In contrast to 2015, the increase in the second quarter of 2017 was noted to disproportionally affect young Aboriginal children in the KIMB region, which is in the north of the state. A number of towns and Aboriginal communities in the KIMB region were affected. The KIMB PHU investigated the increase in notifications, with assistance from local government environmental health officers. Several public health interventions were implemented as a result of their investigations, including the distribution of a public health alert to local hospitals and Aboriginal medical service providers, liaising with environmental health officers and community health staff to provide public health advice for affected communities, and an interview on local radio.

It is noteworthy that an increased burden of rotavirus disease was reported elsewhere in Australia for 2017. Multiple outbreaks were recorded across Australia, due to equine-like

G3P[8] in New South Wales and G8P[8] in New South Wales and Victoria [3]. In addition to the WA outbreak herein described, outbreaks due to G2P[4] were also reported in the Northern Territory (NT) and South Australia [3]. It is thought that the 2017 G2P[4] outbreak began in the NT and subsequently spread to rural and remote regions of WA adjacent to the border between these states [31]. A companion study described the weak protective effect of either Rotarix or RotaTeq vaccination in the setting of this outbreak [31]. Suboptimal vaccine-effectiveness, particularly in the second year of life, has been reported in other high-burden, low-resource settings [32]. There are varied factors that could contribute to a reduced vaccine response, such as poor infant nutrition, the intestinal microbiota, co-morbid infections, as well as high levels of maternally derived anti-rotavirus antibodies [33].

The inclusion of rotavirus vaccines into the Australian NIP in 2007 has resulted in a considerable and sustained decrease in rotavirus morbidity across most of Australia, with a 71% decline in rotavirus-coded hospitalisations of children aged <5 years reported [34]. However, the observed decrease in hospitalisations has been less in Aboriginal and Torres Strait Islander children; they remain at greater risk of severe rotavirus disease requiring hospitalisation than their non-Indigenous counterparts [34]. Following rotavirus vaccine introduction in WA, significant declines in rotavirus-coded hospitalisation rates have been observed in all children aged <5 years, up to 79% among non-Aboriginal and up to 66% among Aboriginal children [35]. During the outbreak peak in May 2017 (122 cases), over a third of cases were hospitalised as a result of their infection, with Aboriginal people representing two thirds of these hospitalisations. As would be expected with rotavirus infection, the vast majority of cases hospitalised were ≤4 years of age, and Aboriginal children accounted for 71% of hospitalisations in this age group. Compared to their non-Indigenous counterparts, the paediatric Aboriginal population exhibit a greater burden of disease due to infections, and large, biannual rotavirus outbreaks have been reported in the Northern Territory [18–22]. Continued surveillance is critical to elucidate the complex factors that contribute to the occurrence of these outbreaks.

When the vaccination status of cases from the May peak was compared to hospitalisation status, vaccination did not appear to impact on whether a case was hospitalised. Fully or partially vaccinated children represented 75% of hospitalised cases (27/36) compared to unvaccinated eligible children accounting for 8% of hospitalised cases (3/36). Vaccination status was unknown for 3% of cases (1/36) and the remaining 14% of cases (5/36) were ineligible to have been vaccinated based on age. In May 2017, RotaTeq was the vaccine prescribed in the WA vaccination schedule and the vast majority of cases who were either fully or partially vaccinated were vaccinated with RotaTeq. Whilst a genotype-specific vaccine effectiveness has not been estimated for children in WA, the vaccine effectiveness of three doses of RotaTeq has been estimated at 82% (95% CI: 59–92) [36].

Full genome sequencing was performed on representative samples from the outbreak. These samples were found to be most closely related to Japanese G2P[4] strains detected in 2016 and 2017 across all genes in the genome. In one associated paper, these closely related samples were reported as minor G2P[4] variants circulating in the Mie prefecture in 2017 [37]. However, this variant was also detected in Tokyo in 2017, where G2P[4] was the dominant genotype, accounting for 40% of samples [38]. The outbreak samples also consistently clustered with Hungarian G2P[4] from 2012, where this genotype accounted for 13.5% of the samples genotyped in 2012 [39]. The WA outbreak samples clustered within a clade that also included G2P[4] strains from Australia that were circulating in 2010. These samples were collected during 2010–2011 when there was a substantial increase in G2P[4] strains in Australian states using the RotaTeq vaccine; G2P[4] strains replaced G1P[8] as the dominant genotype for the first time since vaccine introduction [23]. Overall, this suggests that the strain circulating during the 2017 WA outbreak is a global variant that was previously detected in Australia and has continued to be successfully transmitted in various regions around the world for over almost a decade. Based on the available sequencing, the majority of samples exhibit a relatively conserved genome that has not undergone substantial reassortment, with the diversity observed indicative of genetic drift over the years. It is highly likely that this variant represents a re-introduction into Australia rather than reflecting genetic drift that has only occurred in the Australian population. The 2017 variant was not closely related to G2P[4] strains that had caused prior outbreaks in the Northern Territory in 1999, 2004, and 2009 [18].

The VP7 gene of the 2017 WA outbreak samples was compared to the G2 VP7 gene component of the RotaTeq vaccine. A total of 16 residues differed between the G2 component of RotaTeq and the two outbreak samples RVA/Human-wt/AUS/WAPC2824/2017/G2P[4] and RVA/Human-wt/AUS/WAPC2769/2017/G2P[4], and RVA/Human-wt/AUS/WAPC2784/2017/G2P[4] had 17 residues that differed. However, this is not unexpected as the RotaTeq G2 VP7 gene is derived from a strain that was circulating in 1992; global strains have undergone extensive genetic drift over the intervening years. Three of these altered residues in all three outbreak samples were observed in antigenic epitopes at positions A87T and D96N in antigenic region 7-1a, and S213D in region 7-1b [25]. Altered residue D145G in region 7-2 was only observed in RVA/Human-wt/AUS/WAPC2784/2017/G2P[4]. Residues D96N and S213D have been shown to escape neutralisation with monoclonal antibodies [26]. The observed altered residues A87T, D96N, and S213D have been observed in the majority of G2P[4] strains circulating globally over the last two decades [40]. In particular, mutations A87T, D96N, D145G, and S213D were observed in G2P[4] strains associated with outbreaks in children in Indonesia in 2018 and a nosocomial outbreak in adults within a German hospital [41,42]. Genetic drift in VP7 antigenic epitope regions could adversely impact the effectiveness of the RotaTeq vaccine against G2P[4] strains. However, large-scale studies combining genetic and antigenic characteristics of circulating variants are required to further elucidate this. It is possible that genetic drift between circulating variants and the vaccine strain, in combination with host-related facts that impact vaccine effectiveness in this population contribute to the occurrence of these outbreaks.

A limitation of this study was that a stool sample was available for 70/122 cases from the May peak. Not genotyping all samples could result in the proportion of the different genotypes being over- or underestimated. However, it does not alter the result that G2P[4] was the dominant genotype in the KIMB region as 41/53 samples were available and genotyped. The 70 samples available for genotyping were representative of the age distribution of rotavirus cases in WA during this period. However, more samples from Aboriginal cases were genotyped compared to non-Aboriginal cases (76% vs. 45%) and this could have overestimated the proportion of G2P[4] cases reported. Similarly, more samples were genotyped from the remote areas of the KIMB and PILB regions, which may also have overestimated the proportion of G2P[4] cases seen. Given this study largely focuses on the KIMB region, it is unlikely that this had any major impact on the overall results of the study.

4. Materials and Methods

4.1. Notification Data

Data on WA cases of rotavirus were obtained from the WA Notifiable Infectious Disease Database (WANIDD). The notifications contained in WANIDD are received from medical practitioners and pathology laboratories under the provisions of the Public Health Act 2016 and subsequent amendments, and are retained in WANIDD if national case definitions are met. Rotavirus was listed as a notifiable disease in WA in July 2006 [11]. Data was extracted from WANIDD by optimal date of onset (ODOO) for the time period 01/01/2012 to 31/12/2017 and exported to Microsoft® Excel 365 (Microsoft®, Version 1808, Redmond, WA, USA). The ODOO is a composite of the 'true' date of onset provided by the notifying doctor or obtained during case follow-up, the date of specimen collection for laboratory notified cases, and when neither of these dates is available, the date of notification by the doctor or laboratory, or the date of receipt of notification, whichever is earliest. Notification data are broken down by regions that are based on Public Health Unit (PHU) boundaries, reflecting WA Health administrative regions: Central/Wheatbelt

(CENT), Goldfields (GOLD), Great Southern (GSTH), Kimberley (KIMB), Metropolitan Perth (METRO), Midwest (MIDW), Pilbara (PILB), and South West (STHW).

4.2. Vaccination Status

Records of vaccine administration were submitted to the Australian Immunisation Register (AIR) (curated by Services Australia, Australian Government). The AIR includes vaccines administered under the national immunisation program, school programs, and privately. CDCD staff accessed AIR to determine the rotavirus vaccine status of notified cases.

4.3. Rotavirus Positive Faecal Samples

A total of 122 faecal samples collected from children and adults presenting to hospital or general practice clinics with severe gastroenteritis in Western Australia during May, 2017 were determined to be rotavirus positive by a local diagnostic laboratory. Seventy de-identified rotavirus positive specimens were sent to the National Rotavirus Reference Centre (NRRC) at the Murdoch Children's Research Institute. A further 27 samples did not have adequate remaining volume and were not sent for genotyping. There is no agreement with private pathology laboratories to forward samples for genotyping. As a result, 25/122 (20%) of samples were not genotyped. Where possible, metadata, including date of collection, date of birth, gender, and postcode, were collected. Samples were stored at −80 °C until analysis, allocated a unique laboratory code, and entered into a REDCap database.

4.4. Genotyping

Viral RNA was extracted from 10–20% (*w/v*) faecal extracts using the QIAamp Viral RNA mini extraction kit (QIAGEN, Hilden, Germany) according to the manufacturer's instructions. Rotavirus G- and P-genotyping was performed using a hemi-nested multiplex RT-PCR assay [43]. First-round RT-PCR reactions were performed using the One Step RT-PCR kit (QIAGEN, Germany), using the VP7 (VP7F/VP7R), or the VP4 primer pair (VP4F/VP4R) [44,45]. The second-round genotyping PCR reactions were performed using the AmpliTaq® DNA Polymerase with Buffer II (Applied Biosystems, Foster City, CA USA), together with specific oligonucleotide primers for G types (1, 2, 3, 4, 8, and 9) or P types ([4], [6], [8], [9], [10], and [11]) as previously described [4]. Gel electrophoresis of second-round PCR products was performed to determine the G- and P- genotype of each sample.

4.5. Conformation of Vaccine-Line Strains

Sequencing of VP6 and VP7 genes was performed for suspect RotaTeq samples with mixed G types or were P non-typeable as previously described [18].

4.6. Polyacrylamide Gel Electrophoresis

The 11 segments of rotavirus dsRNA were separated on 10% *w/v* polyacrylamide gel with 3% *w/v* polyacrylamide stacking gel at 25 mA for 16 h. The genome migration patterns (electropherotypes) were visualised by silver staining according to the established protocol [46].

4.7. Whole Genome Sequencing

Each of the 11 genes were reverse transcribed and amplified by PCR using the OneStep RT-PCR Kit (QIAGEN, Hilden, Germany) using gene-specific sense and antisense primers (primer sequences available upon request). RNA was denatured and reverse transcribed for 30 min at 45 °C, followed by PCR activation for 15 min at 95 °C. Then, 40 cycles of amplification for 10 s at 94 °C, 1 min at 55 °C, and 3 min at 68 °C, followed by a final extension for 10 min at 68 °C were performed. The amplicons were gel purified using the Wizard® SV Gel and PCR Clean-Up System (Promega, Madison, WI, USA) according to the manufacturer's instructions.

The purified products were pooled in equimolar concentrations and subjected to standard library construction for Illumina sequencing using the Nextera XT DNA Library Preparation Kit following the manufacturer's recommendations for dual-indexed barcoding (Illumina Inc., San Diego, CA, USA). Normalised samples were pooled and sequenced using 500-cycle (2 × 250-bp paired-end) MiSeq reagent kits (v2; Illumina Inc., San Diego, CA, USA).

4.8. Sequence Assembly

Raw reads were trimmed for quality and adapters using BBDuk Adapter/Quality Trimming Version 38.37, duplicate reads were removed using Dedupe Duplicate Read Remover version 38.37 and pair-end reads were merged using BBMerge Paired Read Merger version 38.37, all performed within Geneious Prime. Reads were mapped to reference rotavirus genomes using the Bowtie2 mapper within Geneious Prime [47].

4.9. Assignment of Genotypes

The genotypes of each of the 11 genome segments were determined using the online RotaC v2.0 rotavirus genotyping tool (http://rotac.regatools.be, accessed on 18 January 2021) in accordance with the recommendations of the Rotavirus Classification Working Group (RCWG) [8].

4.10. Phylogenetic Analysis

Nucleotide similarity searches were performed using the BLAST server on the GenBank database at the National Center for Biotechnology Information, USA (www.ncbi.nlm.nih.gov, accessed on 18 January 2021). The nucleotide and amino acid sequences of each gene were compared with sequences available in the GenBank database that possessed the entire open reading frame. Multiple nucleotide and amino acid alignments were constructed using the Multiple Sequence Comparison by Log Expectation (MUSCLE) algorithm in Geneious Prime [48].

The best-fit nucleotide substitution model for each gene tree were tested and selected in IQTREE v1.6 using the using the Bayesian Information Criteria [49]. The selected nucleotide substitution models were GTR+F+R3 (VP1, VP3), GTR+F+G4 (VP4), TIM+F+G4 (NSP1, NSP2, NSP3), TIM+F+I+G4 (VP2) TN+F+G4 (VP6, NSP4), and HKY+F+G4 (VP7, NSP5/6). The maximum likelihood trees were inferred using IQTREE v1.6 with the robustness of branches assessed by 1000 bootstrap replicates using the ultrafast bootstrap feature [50]. The resulting trees were visualised and edited in FigTree v1.4.4 (http://tree.bio.ed.ac.uk/software/figtree/, accessed on 18 January 2021). Nucleotide and amino acid distance matrixes were calculated using the p-distance algorithm in MEGAX [51]. Structural analysis of the VP7 protein (PDB ID: 3FMG) was performed using the PyMOL Molecular Graphics System, Version 1.2r3pre (Schrödinger, Inc, New York, NY, USA).

4.11. Accession Numbers

The nucleotide sequences for genes described in this study have been deposited in GenBank under the accession numbers MW275246–MW275278.

5. Conclusions

This G2P[4] outbreak disproportionately impacted Aboriginal children $\leq$4 years of age in the remote Kimberley region of Western Australia. The G2P[4] variant circulating was closely related to contemporary Japanese G2P[4] samples, suggesting a global variant that exhibited the altered residues A87T, D96N, and S213D compared to the G2 component of the RotaTeq vaccine, residues that have been observed in the majority of G2P[4] strains circulating globally over the last two decades. Despite national vaccine coverage of 85.4%, outbreaks continue to occur in vaccinated populations in Australia, in particular impacting Aboriginal populations. These outbreaks pose particular challenges to regional areas and remote communities. Continued surveillance and characterisation of emerging variants are imperative to ensure the ongoing success of the rotavirus vaccination program in Australia.

Author Contributions: Conceptualization, C.M.D., N.P. and S.R.-F.; Data curation, C.M.D., N.P. and S.R.-F.; Formal analysis, C.M.D., N.P. and S.R.-F.; Funding acquisition, C.M.D. and J.E.B.; Investigation, C.M.D., N.P. and S.R-F.; Methodology, C.M.D., N.P., E.D. and S.R.-F.; Project administration, J.E.B.; Resources, C.M.D., N.P., S.R.-F. and J.E.B.; Software, C.M.D. and N.P.; Validation, C.M.D., N.P. and S.R.-F.; Visualization, C.M.D. and N.P.; Writing—original draft, C.M.D. and N.P.; Writing—review and editing, E.D., S.R.-F. and J.E.B. All authors have read and agreed to the published version of the manuscript.

Funding: This work was supported by the Australian National Health and Medical Research Council Project grant (1163346). The Australian Rotavirus Surveillance Program is supported by research grants from the vaccine companies Commonwealth Serum Laboratories (bioCSL)/Sequis (2010–2018) and the Australian Government Department of Health (2010–2018). Funding for this study was also provided by GlaxoSmithKline Biologicals SA (2010–2016, study ID116120 2017–2018). GlaxoSmithKline Biologicals SA was provided the opportunity to review a preliminary version of this manuscript for factual accuracy, but the authors are solely responsible for final content and interpretation. The authors received no financial support or other form of compensation related to the development of the manuscript. The Murdoch Children's Research Institute is supported by the Victorian Government's Operational Infrastructure Support program. CMD is supported through the Australian National Health and Medical Research Council with an Early Career Fellowship (1113269). The funders had no role in the design of the study; in the collection, analyses, or interpretation of data; in the writing of the manuscript, or in the decision to publish the results.

Institutional Review Board Statement: This activity has been reviewed by the Royal Children's Hospital Human Research Ethics Office and assessed as a quality assurance and evaluation activity conducted on behalf of the Australian Government Department of Health and Western Australian Department of Health.

Informed Consent Statement: Patient consent was waived as data on WA cases of rotavirus were obtained from the WA Notifiable Infectious Disease Database (WANIDD). The notifications contained in WANIDD are received from medical practitioners and pathology laboratories under the provisions of the Public Health Act 2016 and subsequent amendments.

Data Availability Statement: The nucleotide sequences for genes described in this study have been deposited in GenBank under the accession numbers MW275246-MW275278.

Acknowledgments: The authors thank H. Tran for providing technical support, and S. Thomas for constructive feedback.

Conflicts of Interest: The Australian Rotavirus Surveillance Program is supported by research grants from the vaccine companies Commonwealth Serum Laboratories (bioCSL)/Sequis (2010–2018) and GlaxoSmithKline (2010–2016, study ID116120 2017–2018). C.M.D. has served on an advisory board for GSK (2019), all payments were paid directly to an administrative fund held by Murdoch Children's Research Institute. All other authors declare no competing interests.

References

1. Troeger, C.; Khalil, I.A.; Rao, P.C.; Cao, S.; Blacker, B.F.; Ahmed, T.; Armah, G.; Bines, J.E.; Brewer, T.G.; Colombara, D.V.; et al. Rotavirus Vaccination and the Global Burden of Rotavirus Diarrhea Among Children Younger Than 5 Years. *JAMA Pediatr.* **2018**, *172*, 958–965. [CrossRef]
2. World Health Organization. Vaccine in National Immunization Programme Update. Available online: www.who.int/immunization/monitoring_surveillance/VaccineIntroStatus.pptx?ua=1 (accessed on 5 May 2020).
3. Roczo-Farkas, S.; Cowley, D.; Bines, J.E. Australian Rotavirus Surveillance Program: Annual Report, 2017. *Commun. Dis. Intell.* **2019**, *43*. [CrossRef] [PubMed]
4. Roczo-Farkas, S.; Kirkwood, C.D.; Cowley, D.; Barnes, G.L.; Bishop, R.F.; Bogdanovic-Sakran, N.; Boniface, K.; Donato, C.M.; Bines, J.E. The Impact of Rotavirus Vaccines on Genotype Diversity: A Comprehensive Analysis of 2 Decades of Australian Surveillance Data. *J. Infect. Dis.* **2018**, *218*, 546–554. [CrossRef] [PubMed]
5. Rotavirus Classification Working Group. List of Accepted Genotypes. Available online: https://rega.kuleuven.be/cev/viralmetagenomics/virus-classification/rcwg (accessed on 18 January 2021).

6. Bányai, K.; László, B.; Duque, J.; Steele, A.D.; Nelson, E.A.S.; Gentsch, J.R.; Parashar, U.D. Systematic review of regional and temporal trends in global rotavirus strain diversity in the pre rotavirus vaccine era: Insights for understanding the impact of rotavirus vaccination programs. *Vaccine* **2012**, *30*, A122–A130. [CrossRef]

7. Dóró, R.; László, B.; Martella, V.; Leshem, E.; Gentsch, J.; Parashar, U.; Bányai, K. Review of global rotavirus strain prevalence data from six years post vaccine licensure surveillance: Is there evidence of strain selection from vaccine pressure? *Infect. Genet. Evol.* **2014**, *28*, 446–461. [CrossRef]

8. Matthijnssens, J.; Ciarlet, M.; McDonald, S.M.; Attoui, H.; Banyai, K.; Brister, J.R.; Buesa, J.; Esona, M.D.; Estes, M.K.; Gentsch, J.R.; et al. Uniformity of rotavirus strain nomenclature proposed by the Rotavirus Classification Working Group (RCWG). *Arch. Virol.* **2011**, *156*, 1397–1413. [CrossRef] [PubMed]

9. Westphal, D.W.; Eastwood, A.; Levy, A.; Davies, J.; Huppatz, C.; Gilles, M.; Lyttle, H.; Williams, S.A.; Dowse, G.K. A protracted mumps outbreak in Western Australia despite high vaccine coverage: a population-based surveillance study. *Lancet Infect. Dis.* **2019**, *19*, 177–184. [CrossRef]

10. Anderson, C.; Bineham, N.; Lockwood, T.; Mukhtar, A.; Waenerberg, N. Kimberley Health Profile. 2018. Available online: http://www.wacountry.health.wa.gov.au/fileadmin/sections/publications/Publications_by_topic_type/Reports_and_Profiles/Kimberley_Health_Profile_2018.pdf (accessed on 18 January 2021).

11. Government of Western Australia. Western Australia Government Gazette. Available online: https://www.slp.wa.gov.au/gazette/gazette.nsf/searchgazette/E035CD6E603D90D4482571B80008A6AF/$file/gg130.pdf (accessed on 18 January 2021).

12. Australian Government Department of Health. Australian Technical Advisory Group on Immunisation. Available online: https://www.health.gov.au/sites/default/files/atagi-rotateq-rotarix.pdf (accessed on 18 January 2021).

13. Therapeutic Goods Administration. Rotavirus Vaccines Statement. Available online: https://www.tga.gov.au/alert/rotavirus-vaccines-statement (accessed on 22 January 2021).

14. Hull, B.; Hendry, A.; Dey, A.; Brotherton, J.; Macartney, K.; Beard, F. Annual Immunisation Coverage Report 2017. *Commun. Dis. Intell.* **2019**, *43*. [CrossRef] [PubMed]

15. Hull, B.; Hendry, A.; Dey, A.; Beard, F.; Brotherton, J.; McIntyre, P. Immunisation coverage annual report, 2015. *Commun. Dis. Intell.* **2019**, *43*. [CrossRef]

16. Bishop, R.F.; Masendycz, P.J.; Bugg, H.C.; Carlin, J.B.; Barnes, G.L. Epidemiological Patterns of Rotaviruses Causing Severe Gastroenteritis in Young Children throughout Australia from 1993 to 1996. *J. Clin. Microbiol.* **2001**, *39*, 1085–1091. [CrossRef]

17. Masendycz, P.; Bogdanovic-Sakran, N.; Palombo, E.; Bishop, R.; Barnes, G. Annual report of the Rotavirus Surveillance Programme, 1999/2000. *Commun. Dis. Intell.* **2000**, *24*, 195–198.

18. Donato, C.M.; Cowley, D.; Donker, N.C.; Bogdanovic-Sakran, N.; Snelling, T.L.; Kirkwood, C.D. Characterization of G2P[4] rotavirus strains causing outbreaks of gastroenteritis in the Northern Territory, Australia, in 1999, 2004 and 2009. *Infect. Genet. Evol.* **2014**, *28*, 434–445. [CrossRef]

19. Kirkwood, C.; Bogdanovic-Sakran, N.; Bishop, R.; Barnes, G.; Centre, N.R.R. Report of the Australian Rotavirus Surveillance Program 2003–2004. *Commun. Dis. Intell. Q. Rep.* **2004**, *28*, 481–485. [CrossRef]

20. Masendycz, P.; Bogdanovic-Sakran, N.; Kirkwood, C.; Bishop, R.; Barnes, G. Report of the Australian Rotavirus Surveil-lance Program, 2000/2001. *Commun. Dis. Intell. Q. Rep.* **2001**, *25*, 143–146.

21. Palombo, E.A.; Bugg, H.C.; Masendycz, P.J.; Coulson, B.S.; Barnes, G.L.; Bishop, R.F. Multiple-gene rotavirus reassortants responsible for an outbreak of gastroenteritis in central and northern Australia. *J. Gen. Virol.* **1996**, *77*, 1223–1227. [CrossRef] [PubMed]

22. Bishop, R.; Kirkwood, C. Rotavirus diarrhoea and Aboriginal Children. *Microbiol. Aust.* **2009**, *30*, 205–207. [CrossRef]

23. Donato, C.M.; Zhang, Z.A.; Donker, N.C.; Kirkwood, C.D. Characterization of G2P[4] rotavirus strains associated with increased detection in Australian states using the RotaTeq®vaccine during the 2010–2011 surveillance period. *Infect. Genet. Evol.* **2014**, *28*, 398–412. [CrossRef] [PubMed]

24. Kirkwood, C.D.; Roczo-Farkas, S.; Bishop, R.F.; Barnes, G.L.; Australian Rotavirus Surveillance, G. Australian Rotavirus Surveillance Program annual report, 2012. *Commun. Dis. Intell. Q. Rep.* **2014**, *38*, E29–E35.

25. Zeller, M.; Patton, J.T.; Heylen, E.; De Coster, S.; Ciarlet, M.; Van Ranst, M.; Matthijnssens, J. Genetic Analyses Reveal Differences in the VP7 and VP4 Antigenic Epitopes between Human Rotaviruses Circulating in Belgium and Rotaviruses in Rotarix and RotaTeq. *J. Clin. Microbiol.* **2012**, *50*, 966–976. [CrossRef]

26. Lazdins, I.; Coulson, B.S.; Kirkwood, C.; Dyall-Smith, M.; Masendycz, P.J.; Sonza, S.; Holmes, I.H. Rotavirus Antigenicity Is Affected by the Genetic Context and Glycosylation of VP7. *Virology* **1995**, *209*, 80–89. [CrossRef]

27. Newall, A.T.; MacIntyre, R.; Wang, H.; Hull, B.; Macartney, K. Burden of severe rotavirus disease in Australia. *J. Paediatr. Child Health* **2006**, *42*, 521–527. [CrossRef] [PubMed]

28. Clarke, M.F.; Davidson, G.P.; Gold, M.S.; Marshall, H.S. Direct and indirect impact on rotavirus positive and all-cause gastroenteri-tis hospitalisations in South Australian children following the introduction of rotavirus vaccination. *Vaccine* **2011**, *29*, 4663–4667. [CrossRef]

29. Combs, B.; Foster, N.; Pingault, N. Foodborne disease surveillance and outbreak investigations in Western Australia 2017 annual report. Department of Health: Perth, Western Australia, 2018. Available online: https://ww2.health.wa.gov.au/Articles/F_I/Infectious-disease-data/Enteric-infection-reports-and-publications-OzFoodNet (accessed on 22 January 2021).

30. Roczo-Farkas, S.; Kirkwood, C.D.; Bines, J.E.; Australian Rotavirus Surveillance, G. Australian Rotavirus Sur-veillance Program annual report, 2015. *Commun. Dis. Intell. Q. Rep.* **2016**, *40*, E527–E538. [PubMed]

31. Middleton, B.F.; Danchin, M.; Quinn, H.; Ralph, A.P.; Pingault, N.; Jones, M.; Estcourt, M.; Snelling, T. Retrospective Case-Control Study of 2017 G2P[4] Rotavirus Epidemic in Rural and Remote Australia. *Pathogens* **2020**, *9*, 790. [CrossRef] [PubMed]

32. Burnett, E.; Van Trang, N.; Rayamajhi, A.; Yousafzai, M.T.; Satter, S.M.; Anh, D.D.; Thapa, A.; Qazi, S.H.; Heffelfinger, J.D.; Hung, P.H.; et al. Preparing for safety monitoring after rotavirus vaccine introduction—Assessment of baseline epidemiology of intussusception among children <2 years of age in four Asian countries. *Vaccine* **2018**, *36*, 7593–7598. [CrossRef]

33. Velasquez, D.E.; Parashar, U.; Jiang, B. Decreased performance of live attenuated, oral rotavirus vaccines in low-income settings: Causes and contributing factors. *Expert Rev. Vaccines* **2018**, *17*, 145–161. [CrossRef]

34. Dey, A.; Wang, H.; Menzies, R.; Macartney, K. Changes in hospitalisations for acute gastroenteritis in Australia after the national rotavirus vaccination program. *Med. J. Aust.* **2012**, *197*, 453–457. [CrossRef] [PubMed]

35. Fathima, P.; Jones, M.A.; Moore, H.C.; Blyth, C.C.; Gibbs, R.A.; Snelling, T.L. Impact of Rotavirus Vaccines on Gastroenteritis Hospitalizations in Western Australia: A Time-series Analysis. *J. Epidemiol.* **2020**, JE20200066. [CrossRef]

36. Fathima, P.; Snelling, T.L.; Gibbs, R.A. Effectiveness of rotavirus vaccines in an Australian population: A case-control study. *Vaccine* **2019**, *37*, 6048–6053. [CrossRef]

37. Komoto, S.; Ide, T.; Negoro, M.; Tanaka, T.; Asada, K.; Umemoto, M.; Kuroki, H.; Ito, H.; Tanaka, S.; Ito, M.; et al. Characterization of unusual DS-1-like G3P[8] rotavirus strains in children with diarrhea in Japan. *J. Med. Virol.* **2018**, *90*, 890–898. [CrossRef] [PubMed]

38. Fujii, Y.; Oda, M.; Somura, Y.; Shinkai, T. Molecular Characteristics of Novel Mono-Reassortant G9P[8] Rotavirus A Strains Possessing the NSP4 Gene of the E2 Genotype Detected in Tokyo, Japan. *Jpn. J. Infect. Dis.* **2020**, *73*, 26–35. [CrossRef] [PubMed]

39. Dóró, R.; Mihalov-Kovács, E.; Marton, S.; László, B.; Deák, J.; Jakab, F.; Juhász, Á.; Kisfali, P.; Martella, V.; Melegh, B.; et al. Large-scale whole genome sequencing identifies country-wide spread of an emerging G9P[8] rotavirus strain in Hungary, 2012. *Infect. Genet. Evol.* **2014**, *28*, 495–512. [CrossRef] [PubMed]

40. Doan, Y.H.; Nakagomi, T.; Cunliffe, N.A.; Pandey, B.D.; Sherchand, J.B.; Nakagomi, O. The occurrence of amino acid substitutions D96N and S242N in VP7 of emergent G2P[4] rotaviruses in Nepal in 2004-2005: A global and evolutionary perspective. *Arch. Virol.* **2011**, *156*, 1969–1978. [CrossRef] [PubMed]

41. Utsumi, T.; Wahyuni, R.M.; Dinana, Z.; Gunawan, E.; Putra, A.S.D.; Mubawadi, T.; Soetjipto; Lusida, M.I.; Shoji, I. G2P[4] rotavirus outbreak in Belu, East Nusa Tenggara Province, Indonesia, 2018. *J. Infect. Public Health* **2020**, *13*, 1592–1594. [CrossRef]

42. Niendorf, S.; Ebner, W.; Marques, A.M.; Bierbaum, S.; Babikir, R.; Huzly, D.; Maaßen, S.; Grundmann, H.; Panning, M. Rotavirus outbreak among adults in a university hospital in Germany. *J. Clin. Virol.* **2020**, *129*, 104532. [CrossRef] [PubMed]

43. Gouvea, V.; Glass, R.I.; Woods, P.; Taniguchi, K.; Clark, H.F.; Forrester, B.; Fang, Z.Y. Polymerase chain reaction ampli-fication and typing of rotavirus nucleic acid from stool specimens. *J. Clin. Microbiol.* **1990**, *28*, 276–282. [CrossRef]

44. Gómara, M.I.; Cubitt, D.; Desselberger, U.; Gray, J. Amino Acid Substitution within the VP7 Protein of G2 Rotavirus Strains Associated with Failure to Serotype. *J. Clin. Microbiol.* **2001**, *39*, 3796–3798. [CrossRef]

45. Simmonds, M.K.; Armah, G.; Asmah, R.; Banerjee, I.; Damanka, S.; Esona, M.; Gentsch, J.R.; Gray, J.J.; Kirkwood, C.; Page, N.; et al. New oligonucleotide primers for P-typing of rotavirus strains: Strategies for typing previously untypeable strains. *J. Clin. Virol.* **2008**, *42*, 368–373. [CrossRef]

46. Herring, A.J.; Inglis, N.F.; Ojeh, C.K.; Snodgrass, D.R.; Menzies, J.D. Rapid diagnosis of rotavirus infection by direct de-tection of viral nucleic acid in silver-stained polyacrylamide gels. *J. Clin. Microbiol.* **1982**, *16*, 473–477. [CrossRef]

47. Langmead, B.; Salzberg, S.L. Fast gapped-read alignment with Bowtie 2. *Nat. Methods* **2012**, *9*, 357–359. [CrossRef]

48. Edgar, R.C. MUSCLE: Multiple sequence alignment with high accuracy and high throughput. *Nucleic Acids Res.* **2004**, *32*, 1792–1797. [CrossRef] [PubMed]

49. Nguyen, L.-T.; Schmidt, H.A.; Von Haeseler, A.; Minh, B.Q. IQ-TREE: A Fast and Effective Stochastic Algorithm for Estimating Maximum-Likelihood Phylogenies. *Mol. Biol. Evol.* **2015**, *32*, 268–274. [CrossRef] [PubMed]

50. Minh, B.Q.; Nguyen, M.A.T.; Von Haeseler, A. Ultrafast Approximation for Phylogenetic Bootstrap. *Mol. Biol. Evol.* **2013**, *30*, 1188–1195. [CrossRef] [PubMed]

51. Kumar, S.; Stecher, G.; Li, M.; Knyaz, C.; Tamura, K. MEGA X: Molecular evolutionary genetics analysis across computing platforms. *Mol. Biol. Evol.* **2018**, *35*, 1547–1549. [CrossRef]

Article

FUT2 Secretor Status Influences Susceptibility to VP4 Strain-Specific Rotavirus Infections in South African Children

Jaime MacDonald [1,2,*], Michelle J. Groome [3], Janet Mans [2] and Nicola Page [1,2]

1   National Institute for Communicable Diseases, Sandringham 2131, South Africa; nicolap@nicd.ac.za
2   Department of Medical Virology, Faculty of Health Sciences, University of Pretoria, Pretoria 0001, South Africa; janet.mans@up.ac.za
3   South African Medical Research Council, Vaccines and Infectious Diseases Analytics Research Unit, Faculty of Health Sciences, University of Witwatersrand, Johannesburg 2193, South Africa; groomem@rmpru.co.za
*   Correspondence: macdonaldjc@icloud.com; Tel.: +27-(0)-72-064-5721

Received: 31 July 2020; Accepted: 22 September 2020; Published: 27 September 2020

Abstract: Gastroenteritis is a preventable cause of morbidity and mortality worldwide. Rotavirus vaccination has significantly reduced the disease burden, but the sub-optimal vaccine efficacy observed in low-income regions needs improvement. Rotavirus VP4 'spike' proteins interact with FUT2-defined, human histo-blood group antigens on mucosal surfaces, potentially influencing strain circulation and the efficacy of P[8]-based rotavirus vaccines. Secretor status was investigated in 500 children <5 years-old hospitalised with diarrhoea, including 250 previously genotyped rotavirus-positive cases (P[8] = 124, P[4] = 86, and P[6] = 40), and 250 rotavirus-negative controls. Secretor status genotyping detected the globally prevalent G428A single nucleotide polymorphism (SNP) and was confirmed by Sanger sequencing in 10% of participants. The proportions of secretors in rotavirus-positive cases (74%) were significantly higher than in the rotavirus-negative controls (58%; $p < 0.001$). The rotavirus genotypes P[8] and P[4] were observed at significantly higher proportions in secretors (78%) than in non-secretors (22%), contrasting with P[6] genotypes with similar proportions amongst secretors (53%) and non-secretors (47%; $p = 0.001$). This suggests that rotavirus interacts with secretors and non-secretors in a VP4 strain-specific manner; thus, secretor status may partially influence rotavirus VP4 wild-type circulation and P[8] rotavirus vaccine efficacy. The study detected a mutation (rs1800025) ~50 bp downstream of the G428A SNP that would overestimate non-secretors in African populations when using the TaqMan®SNP Genotyping Assay.

Keywords: rotavirus; secretor status; histo-blood group antigens; VP4 genotypes; *FUT2*; susceptibility; vaccines

---

1. Introduction

Gastroenteritis is a preventable cause of morbidity and mortality worldwide, and the burden predominantly exists in high-risk populations such as children under the age of five years in low-income regions [1]. Rotavirus is the most frequent aetiology of diarrhoeal illness and death in children <5 years-old, and it was responsible for 29% of global diarrhoeal deaths occurring in this age group in 2016 [2].

The introduction of oral rotavirus vaccines in >100 countries worldwide has significantly reduced the burden of rotavirus diarrhoea and resulted in a 38% overall reduction in childhood diarrhoeal hospitalisations globally [3,4]. However, rotavirus vaccine efficacy appears to vary significantly between high-income (85–98%) and low-income (50–64%) countries [5]. Eliciting an adequate immune response to oral vaccines is multifactorial but may be limited in low-income settings due to impoverished living conditions and increased exposure to pathogens [3]. In addition, the passive transfer of rotavirus maternal antibodies during breastfeeding can influence the immune response elicited by oral rotavirus vaccines in young children [4]. Understanding the factors that have contributed to an observed lower rotavirus vaccine efficacy in these settings may alleviate the burden of rotavirus-associated mortality in children.

Host genetic factors have recently been proposed to influence susceptibility to enteric pathogens. The excretion of soluble human histo-blood group antigen (HBGA) structures in gut mucosal surfaces determines a host's 'secretor status,' controlled by the human *FUT2* gene. Non-secretor phenotypes with an inability to express soluble HBGAs due to mutations in the *FUT2* gene (such as the prevalent G428A SNP; rs601338) are present globally in varying proportions. Higher proportions of non-secretor phenotypes are observed in African populations (~30%) than in Asian populations (~5%) [6,7].

Antigenic HBGA structures present in the body can act as receptors for various pathogens to bind during infection [8,9]. *FUT2* secretor status can modulate infection because it defines the presence (secretor) or absence (non-secretor) of HBGA attachment factors excreted in the gut. Susceptibility to enteric norovirus infection has been associated with secretor status, where non-secretor phenotypes have been found to display a natural resistance to GII.4 norovirus strains [10–12]. It has been proposed that variations in secretor status phenotypes and subsequent differences in host-defined susceptibility may contribute to the circulation of rotavirus strains in a similar mechanism [13].

Interactions between rotavirus particles and HBGA receptors present in the gut can occur via the VP4 (VP8* subunit) 'spike' protein on the surface of the virion [14]. Evidence of rotavirus VP4 strain-specific binding patterns between HBGAs and prevalent strains (P[8], P[4], and P[6]) has recently been noted [14]. Rotavirus P-types have distinct VP4 morphology that determines the presence or absence of HBGA-binding interfaces, allowing for different mechanisms of binding and entry of rotavirus particles to occur [13]. Studies have shown that rotavirus genotypes P[8]- and P[4]-bound complex and soluble HBGAs abundant in secretors, as well as an increased susceptibility to infection with these rotavirus strains in secretors. Non-secretors with an absence of HBGAs in the gut have been found to display a natural resistance to P[8] and P[4] strains with VP4 HBGA-binding interfaces [15–17]. Variations in host-defined secretor status can therefore influence susceptibility to infection with different rotavirus strains.

Rotavirus P[8] genotypes are responsible for more than 80% of human wild-type infections globally [15]. However, rotavirus circulation in Africa differs in strain diversity and prevalence, with more frequent cases of P[6] strains, which have reached 26% of all rotavirus strains circulating in African populations [18]. The proportions of naturally resistant non-secretors may alter the circulation of rotavirus P-types compared to that in global populations.

The Rotarix® and RotaTeq® rotavirus vaccines both contain P[8]-based strains or reassortants, and they provide protection through the replication of live-attenuated vaccine strains in the gut to induce a local immune response [4]. Associations between host-defined secretor status and susceptibility to infection with specific rotavirus strains pose interesting questions surrounding the lowered efficacy of P[8]-based rotavirus vaccines observed in some regions [19,20]. Emerging research has alluded to this idea [21–23], including the influence of the related *FUT3* Lewis host genetic factor [24–27], but further investigations are required. These data have contributed to the evidence that host genetic factors such as secretor status can influence infections by pathogens including rotavirus, as well as that strain-specific interaction mechanisms may occur [14,15,28].

The aim of this study was to investigate *FUT2*-defined secretor status in South African children <5 years-old hospitalised with diarrhoea and to examine the association between a host's genetic secretor status and rotavirus-associated hospitalisations. Understanding the relationship between pathogens such as rotavirus and the genetics of a population may identify avenues for improvements in vaccine efficacy to reduce the burden of rotavirus gastroenteritis.

2. Results

Secretor genotypes were successfully determined for all 500 children selected for the study, and the total cohort comprised 65.8% (329) secretors with at least one functional *FUT2* allele and 34.2% (171) non-secretors with both *FUT2* alleles containing the G428A SNP.

Rotavirus-positive cases (RV+) comprised 74% (185/250) secretors (Se) and 26% (65/250) non-secretors, while rotavirus-negative controls (RV-) comprised 58% (144/250) secretors and 42% (106/250) non-secretors. The distributions of secretors versus non-secretors observed amongst cases and controls were significantly different ($p < 0.001$).

Information on rotavirus genotyping from the Rotavirus Sentinel Surveillance Program (RSSP) database [29,30] showed that the rotavirus-positive cases (n = 250) comprised 124 P[8] infections, 86 P[4] infections, and 40 P[6] infections (Supplementary Material). The proportions of secretors and non-secretors were compared amongst each VP4 strain within rotavirus-positive cases (Table 1). Rotavirus P[8] infections (79% secretors and 21% non-secretors) and P[4] infections (77% secretors and 23% non-secretors) had significantly different proportions of secretor phenotypes compared to P[6] infections (53% secretors and 47% non-secretors) ($p = 0.001$ and $p = 0.006$, respectively). When considered together, rotavirus P[8] and P[4] infections (78% secretors and 22% non-secretors) had significantly different proportions of secretor phenotypes compared to P[6] infections (53% secretors and 47% non-secretors) ($p = 0.001$).

Table 1. The distribution of secretors and non-secretors amongst VP4 genotypes P[8], P[4], and P[6] of rotavirus-positive cases (RV+; n = 250).

Rotavirus Genotypes:	P[8] Infections (n = 124)	P[4] Infections (n = 86)	P[6] Infections (n = 40)
Secretors	79% (98/124)	77% (66/86)	52.5% (21/40)
Non-secretors	21% (26/124)	23% (20/86)	47.5% (19/40)
p-values for each comparison	P[8] vs. P[4]: $p = 0.693$		
	P[8] vs. P[6]: $p = 0.001$		
	P[4] vs. P[6]: $p = 0.006$		
	P[8] + P[4] vs. P[6]: $p = 0.001$		

The Sanger sequencing of the exon 2 region of the *FUT2* gene conducted for 10% of the cohort confirmed the presence of either functional *FUT2* alleles or G428A SNP alleles for 91% (48/53) of analysed specimens. Sequences of the *FUT2* exon 2 region from 12 homozygous secretors (SeSe), 24 heterozygous secretors (Sese), and 17 homozygous non-secretors (sese) were obtained and compared to RT-PCR G428A genotyping results. Five discrepant results were observed in which heterozygous secretor (Sese) individuals (one functional *FUT2* allele and one allele containing the non-functional G428A SNP) genotyped by Sanger sequencing were incorrectly genotyped by RT-PCR as non-secretors (both alleles containing the G428A SNP). A commonality between these discrepant specimens was an SNP mutation (rs1800025) ~50 bp downstream of the G428A SNP (Figure 1).

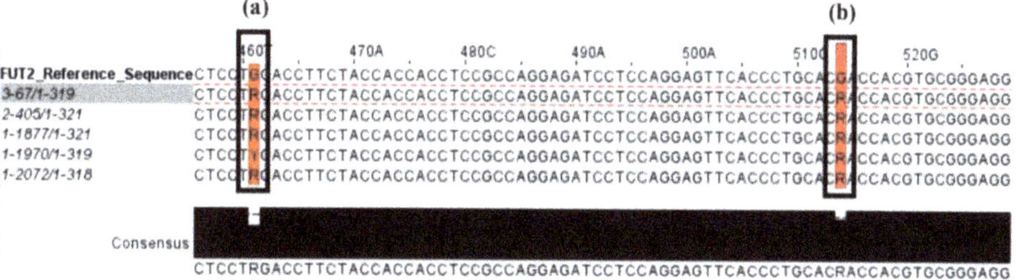

Figure 1. Sequence alignment of five participants where Sanger sequencing and RT-PCR genotyping results were discrepant. (**a**) The G428A SNP location displaying all discrepant sequences containing the two peaks 'G' and 'A,' as represented by an 'R' annotation. (**b**) The mutation site (rs1800025) located ~50 base pairs downstream of the G428A SNP, common in all discrepant results.

3. Discussion

The results from this study indicate that secretors were more susceptible to rotavirus infection, and non-secretors seemed to display a natural resistance. The absence of HBGAs in the gastric mucosa of non-secretors appeared to reduce susceptibility to rotavirus, possibly by limiting the attachment stage of binding and entry during rotavirus infection [31]. Despite this observation, non-secretors were present amongst rotavirus-positive cases, indicating that HBGA attachment may not be the only mechanism for rotavirus binding and subsequent entry. Early studies on rotavirus binding and entry described sialic acid as an attachment factor for some animal strains [32]. Alternative binding receptors such as sialic acid or yet unknown mechanisms could explain the presence of rotavirus infection in non-secretor individuals in our study.

Studies have shown that rotavirus VP4 (VP8*) binds to HBGAs in a strain-specific manner [13]. Xu and colleagues showed that P[8] and P[4] rotavirus strains similarly bound to complex HBGAs via a $\beta\beta$ binding domain, while more distantly related P[6] strains bound simple H-type 1 structures in a $\beta\alpha$ binding domain [14]. In our study, a higher proportion of secretors was observed in P[8] (78%) and P[4] (76%) rotavirus infections compared to P[6] infections (53%). This suggested that secretors were significantly more susceptible to P[8] and P[4] strains than to P[6] strains ($p < 0.01$), while non-secretors were more likely to be infected with P[6] strains. These strain-specific interactions may also influence the circulation of rotavirus strains within the South African population, as observed in other settings [15–17].

A correlation in the prevalence of rotavirus VP4 strains and HBGA genotypes suggested that the circulation of rotavirus may be partially modulated by their ability to bind to host-defined HBGA receptors. Globally, G1P[8] is the predominantly circulating rotavirus genotype, with ~74% of global strains containing the P[8] VP4 strain [18]. However, studies have shown that rotavirus strains in Africa are more diverse, with P[8] comprising 32% of rotavirus cases, P[4] comprising 13% of rotavirus cases, and P[6] comprising 26% of rotavirus cases [18]. In South Africa, P[6] strains were detected in 25% of rotavirus cases between 2003 and 2006, and they continue to circulate [30,33]. In this study, the higher proportion of non-secretors (34%), naturally resistant to P[8] and P[4] rotavirus infections, may explain the 16% detection of P[6] strains [17,34]. The *FUT2* genetics of a population may define the availability of host HBGA receptors for rotavirus infection, which could drive the epidemiology of rotavirus strain circulation in a region.

Discrepant results in Sanger sequencing revealed that five individuals were misclassified by RT-PCR as non-secretors (error rate 22.7%; 5/22), with sequencing identifying these five individuals as heterozygous secretors (Sese). The specimen sub-set comprised 58.5% secretors and 41.5% non-secretors based on RT-PCR genotyping, while the same specimens comprised 67.9% secretors and 32.1% non-secretors based on Sanger sequencing—an overall over-estimation of non-secretors of approximately 10%. This over-estimation of non-secretor genotypes is important to note for future studies, especially when using the TaqMan® SNP Genotyping Assay targeting the G428A SNP in an African population where non-secretors are frequent. The proportion of non-secretors (34%) observed in our cohort of 500 individuals correlated with other studies in African populations where higher frequencies of non-secretors were observed [35,36].

Misclassification by the commercial genotyping assay was hypothesised to be due to a mutation noted ~50 bp downstream of the G428A SNP position. The manufacturer confirmed that the mutation affected the primer binding of the reverse primer to the functional copy of the *FUT2* gene in the five heterozygous secretors, resulting in the absence of PCR product for the FAM-labelled probe (which detects the presence of the allele without the G428A SNP) to bind. Interestingly, the mutation was found in 9% of African populations compared to 2% in all populations in the 1000 genomes project [37]. Sanger sequencing remains an important tool to investigate host genetic factors such as secretor status, and further sequencing will be considered to examine the extent of the *FUT2* G514R mutation detected in this study.

Studies have indicated that secretor status can influence antibody titres to rotavirus [36], the incidence of gastrointestinal disease [38], and immune responses to rotavirus vaccines [28]. Rotarix® and RotaTeq® vaccines both contain P[8] vaccine constructs and require multiplication in intestinal cells to elicit local gut immunity [39,40]. The absence of HBGA attachment factors in non-secretors may reduce the replicative capacity of P[8] vaccine strains. The observation that non-secretors in Africa exhibit a natural resistance to wild-type P[8] strains may provide insights into the differences in vaccine efficacy across populations [5]. A study by Kazi and colleagues identified a link between the immune response to rotavirus P[8] vaccines and secretor status [28], and these associations have since been observed elsewhere [19,22,41]. Since patient sera were not collected as part of the RSSP, we could not investigate the direct effect of secretor status on rotavirus vaccine immune responses. Future studies investigating links between secretor status and variables such as vaccine immune responses, breastfeeding in young children, population genetics, and gut microbiome compositions, as well as alternative binding receptors for rotavirus entry, should be considered.

The limitations of this study include the small sample size of P[6] rotavirus cases available for further analysis (16%; 40/250). A larger sample size of rotavirus genotypes would be beneficial in confirming the relationship between specific rotavirus VP4 strains and secretor status. Another limitation of this study was the discordant results between RT-PCR genotyping and Sanger sequencing, resulting in the misclassification of heterozygous secretors by RT-PCR. Only 13% (22/171) of non-secretor genes were sequenced due to budget constraints, and additional funding will be sought to expand the sequencing of the *FUT2* gene of non-secretors in South Africa. A final limitation of this study was not including analysis of the related *FUT3* Lewis genes as it may also impact susceptibility to rotavirus infections. Future studies should consider the genetics of a cohort before utilising genotyping techniques, since alternative SNPs may be present which may skew results.

4. Materials and Methods

The South African RSSP enrolled children under the age of five years hospitalised for diarrhoea at various sites across South Africa (Protocol M091018, approved by the Human Research Ethics Committee (Medical) of the University of Witwatersrand). Diarrhoea was defined as three or more loose stools in past 24 h, with or without vomiting.

Informed consent was obtained from each child's parent or guardian prior to participation in the RSSP. Stool and dried blood spot (DBS) specimens were collected from enrolled participants, and each child's stool was screened as part of the RSSP for rotavirus group A (ProspecT™ Rotavirus Microplate Assay, Oxoid, Basingstoke, UK). Rotavirus-positive cases were genotyped using conventional RT-PCR methods and primers for G-specific and P-specific genotypes to determine the GxP[x] rotavirus strain [42].

This sub-study was conducted in accordance with the Declaration of Helsinki, and the project entitled "Investigation of secretor status, rotavirus VP4 genotypes, and gastrointestinal microbiomes in cases of diarrhoea in South Africa" (Protocol number 222/2018) was approved by the Research Ethics Committee, Faculty of Health Sciences, University of Pretoria, in May 2018.

For this study, children enrolled in the RSSP between 2009 and 2017 with available DBS specimens were identified, and rotavirus-negative cases (n = 250) were randomly selected. Rotavirus GxP[x] genotypes were previously determined as part of the RSSP [30], and the rotavirus-positive subset (n = 250) was selected to represent the major rotavirus VP4 genotypes (P[8], P[4], and P[6]), with cases and controls selected randomly where possible.

Secretor status was investigated using DBS specimens. DNA from DBS specimens was extracted using a QIAamp DNA Mini kit (Qiagen Inc., Valencia, CA, USA) according to the manufacturer's instructions with one modification prior to extraction. The manufacturer's protocol was modified to improve lysis by incubating DBS cards (~1 cm diameter) in a 200 µL buffer ATL overnight at 37 °C, instead of at 85 °C for 10 min. Following extraction, DNA was stored at −40 °C at the Centre for Enteric Diseases (Virology), National Institute for Communicable Diseases.

Secretor status was determined by detecting the presence or absence of the *FUT2* G428A SNP using a Predesigned TaqMan® SNP Genotyping assay (Life Technologies Corporation, CA, USA, supplied by Thermo Fisher Scientific, Carlsbad, CA, USA) in a 10 µL reaction volume according to the manufacturer's instructions [27,43].

The Sanger sequencing of 10% of the cohort *FUT2* genes was performed to ensure that alternative non-secretor-causing SNPs, which may be undetected by this assay, were absent. The specimens were selected to include all secretor genotypes, with a slight selection bias towards heterozygous secretors (n = 19) and non-secretors (n = 22) compared to homozygous secretors (n = 12), as well as a range of cycle threshold values (Ct range of 10–39) obtained during RT-PCR. The coding exon 2 region of the *FUT2* gene was amplified using the FUT2Ex2F and FUT2Ex2R primers [7], cleaned using an ExoSAP-IT™ PCR Product Cleanup protocol (Thermo Fisher), and sequenced using a BigDye™ Terminator v3.1 Cycle Sequencing kit (Applied Biosystems, Life Technologies, Waltham, MA, USA) on an Applied Biosystems 3500xL Genetic Analyzer instrument (Applied Biosystems). Sequences were aligned to a *FUT2* protein-coding reference sequence (NG_007511.1:11987-13018 *Homo sapiens* fucosyltransferase 2 (*FUT2*), RefSeqGene on chromosome 19) (NCBI) using Molecular Evolutionary Genetics Analysis software version 7.0.26 (MEGA7).

The sequences of the FUT2 exon 2 region of 10% of the cohort were submitted to BankIt (National Center for Biotechnology Information, Bethesda, MD, USA), and the accession numbers are as follows: MW036696, MW036697, MW036698, MW036699, MW036700, MW036701, MW036702, MW036703, MW036704, MW036705, MW036706, MW036707, MW036708, MW036709, MW036710, MW036711, MW036712, MW036713, MW036714, MW036715, MW036716, MW036717, MW036718, MW036719, MW036720, MW036721, MW036722, MW036723, MW036724, MW036725, MW036726, MW036727, MW036728, MW036729, MW036730, MW036731, MW036732, MW036733, MW036734, MW036735, MW036736, MW036737, MW036738, MW036739, MW036740, MW036741, MW036742, MW036743, MW036744, MW036745, MW036746, MW036747, MW036748.

Statistical analyses using Chi-squared tests and univariate logistic regression models were performed using STATA version 14.0, where $p < 0.05$ was considered significant (StataCorp College Station, TX, USA).

5. Conclusions

Rotavirus susceptibility appeared to be influenced by secretor status in this study of South African children hospitalised with acute diarrhoea. Secretors expressing HBGAs in gut mucosal surfaces were more likely to be infected with rotavirus, specifically the P[8] and P[4] strains, compared to non-secretors. Non-secretors, with an absence of HBGAs in the gut, appeared to be less susceptible to rotavirus P[8] and P[4] infections compared to secretors—thus, the P[6] genotype was more frequent in these individuals. Interactions between rotavirus and secretor status could provide insights into the circulation of rotavirus strains amongst genetically diverse populations. Insights into the potential causes of altered rotavirus susceptibility and subsequent vaccine efficacy will aid in minimising the burden of disease. Diarrhoeal deaths are preventable, and secretor status may be an important host genetic factor to help understand and improve rotavirus disease prevention. Finally, the choice of assay for detecting or classifying secretor status in different populations should be carefully considered because the tools currently available all have pros and cons associated with their use.

Supplementary Materials: The following are available online at http://www.mdpi.com/2076-0817/9/10/795/s1, File: Final DBS Cohort Results_7.9.2020.

Author Contributions: Conceptualization, M.J.G., J.M. (Janet Mans) and N.P.; Data curation, J.M. (Jaime MacDonald); Formal analysis, M.J.G.; Funding acquisition, N.P.; Investigation, J.M. (Jaime MacDonald); Methodology, J.M. (Jaime MacDonald) and J.M. (Janet Mans); Project administration, N.P.; Resources, N.P.; Supervision, M.J.G., J.M. (Janet Mans) and N.P.; Validation, N.P.; Writing—original draft, J.M. (Jaime MacDonald); Writing—review & editing, M.J.G., J.M. (Janet Mans) and N.P. All authors have read and agreed to the published version of the manuscript.

Funding: This research was funded by the Rotavirus Surveillance grant (GSK E-Track 200238) and a bursary from the Poliomyelitis Research Foundation (Grant 19/48).

Acknowledgments: I would like to acknowledge the Centre for Enteric Diseases team at the National Institute for Communicable Diseases for facilitating and supporting this research.

Conflicts of Interest: The authors declare no conflict of interest. The funders had no role in the design of the study; in the collection, analyses, or interpretation of data; in the writing of the manuscript; or in the decision to publish the results.

References

1. Troeger, C.; Forouzanfar, M.; Rao, P.C.; Khalil, I.; Brown, A.; Reiner, R.C.; Fullman, N.; Thompson, R.L.; Abajobir, A.; Ahmed, M.; et al. Estimates of global, regional, and national morbidity, mortality, and aetiologies of diarrhoeal diseases: A systematic analysis for the Global Burden of Disease Study 2015. *Lancet Infect. Dis.* **2017**, *17*, 909–948. [CrossRef]

2. Troeger, C.; Khalil, I.A.; Rao, P.C.; Cao, S.; Blacker, B.F.; Ahmed, T.; Armah, G.; Bines, J.E.; Brewer, T.G.; Colombara, D.V.; et al. Rotavirus vaccination and the global burden of rotavirus diarrhea among children younger than 5 years. *JAMA Pediatr.* **2018**, *172*, 958–965. [CrossRef] [PubMed]

3. Burnett, E.; Jonesteller, C.L.; Tate, J.E.; Yen, C.; Parashar, U.D. Global impact of rotavirus vaccination on childhood hospitalizations and mortality from diarrhea. *J. Infect. Dis.* **2017**, *215*, 1666–1672. [CrossRef] [PubMed]

4. Steele, A.D.; Victor, J.C.; Carey, M.E.; Tate, J.E.; Atherly, D.E.; Pecenka, C.; Diaz, Z.; Parashar, U.D.; Kirkwood, C.D. Experiences with rotavirus vaccines: Can we improve rotavirus vaccine impact in developing countries? *Hum. Vaccin. Immunother.* **2019**, *15*, 1215–1227. [CrossRef]

5. Velasquez, D.E.; Parashar, U.; Jiang, B. Decreased performance of live attenuated, oral rotavirus vaccines in low-income settings: Causes and contributing factors. *Expert Rev. Vaccines* **2018**, *17*, 145–161. [CrossRef]

6. Parker, E.P.K.; Ramani, S.; Lopman, B.A.; Church, J.A.; Iturriza-Gómara, M.; Prendergast, A.J.; Grassly, N.C. Causes of impaired oral vaccine efficacy in developing countries. *Future Microbiol.* **2018**, *13*, 97–118. [CrossRef]

7. Ferrer-Admetlla, A.; Sikora, M.; Laayouni, H.; Esteve, A.; Roubinet, F.; Blancher, A.; Calafell, F.; Bertranpetit, J.; Casals, F. A natural history of FUT2 polymorphism in humans. *Mol. Biol. Evol.* **2009**, *26*, 1993–2003. [CrossRef]

8. Ramani, S.; Hu, L.; Venkataram Prasad, B.V.; Estes, M.K. Diversity in rotavirus-host glycan interactions: A "sweet" spectrum. *Cell. Mol. Gastroenterol. Hepatol.* **2016**, *2*, 263–273. [CrossRef]

9. Monedero, V.; Buesa, J.; Rodríguez-Díaz, J. The interactions between host glycobiology, bacterial microbiota, and viruses in the gut. *Viruses* **2018**, *10*, 96. [CrossRef]

10. Van Trang, N.; Vu, H.T.; Le, N.T.; Huang, P.; Jiang, X.; Anh, D.D. Association between norovirus and rotavirus infection and histo-blood group antigen types in vietnamese children. *J. Clin. Microbiol.* **2014**, *52*, 1366–1374. [CrossRef]

11. Nordgren, J.; Sharma, S.; Kambhampati, A.; Lopman, B.; Svensson, L. Innate Resistance and Susceptibility to Norovirus Infection. *PLoS Pathog.* **2016**, *12*, 13–17. [CrossRef]

12. Nordgren, J.; Svensson, L. Genetic susceptibility to human norovirus infection: An update. *Viruses* **2019**, *11*, 226. [CrossRef] [PubMed]

13. Zhang, X.F.; Long, Y.; Tan, M.; Zhang, T.; Huang, Q.; Jiang, X.; Tan, W.F.; Li, J.D.; Hu, G.F.; Tang, S.; et al. P[8] and P[4] rotavirus infection associated with secretor phenotypes among children in south China. *Sci. Rep.* **2016**, *6*, 1–7. [CrossRef] [PubMed]

14. Xu, S.; Liu, Y.; Tan, M.; Zhong, W.; Zhao, D.; Jiang, X.; Michael, A. Molecular basis of P[6] and P[8] major human rotavirus VP8* domain interactions with histo-blood group antigens. *BioRxiv* **2019**, 512301. [CrossRef]

15. Heylen, E.; Zeller, M.; Ciarlet, M.; Lawrence, J.; Steele, D.; Van Ranst, M.; Matthijnssens, J. Human P[6] rotaviruses from sub-saharan Africa and southeast Asia are closely related to those of human P[4] and P[8] rotaviruses circulating worldwide. *J. Infect. Dis.* **2016**, *214*, 1039–1049. [CrossRef] [PubMed]

16. Gozalbo-Rovira, R.; Ciges-Tomas, J.R.; Vila-Vicent, S.; Buesa, J.; Santiso-Bellón, C.; Monedero, V.; Yebra, M.J.; Marina, A.; Rodríguez-Díaz, J. Unraveling the role of the secretor antigen in human rotavirus attachment to histo-blood group antigens. *PLOS Pathog.* **2019**, *15*, e1007865. [CrossRef] [PubMed]

17. Hu, L.; Sankaran, B.; Laucirica, D.R.; Patil, K.; Salmen, W.; Ferreon, A.C.M.; Tsoi, P.S.; Lasanajak, Y.; Smith, D.F.; Ramani, S.; et al. Glycan recognition in globally dominant human rotaviruses. *Nat. Commun.* **2018**, *9*, 1–12. [CrossRef]

18. Todd, S.; Page, N.A.; Duncan Steele, A.; Peenze, I.; Cunliffe, N.A. Rotavirus strain types circulating in Africa: Review of studies published during 1997–2006. *J. Infect. Dis.* **2010**, *202*, S34–S42. [CrossRef]

19. Armah, G.E.; Cortese, M.M.; Dennis, F.E.; Yu, Y.; Morrow, A.L.; McNeal, M.M.; Lewis, K.D.C.; Awuni, D.A.; Armachie, J.; Parashar, U.D. Rotavirus vaccine take in infants is associated with secretor status. *J. Infect. Dis.* **2019**, *219*, 746–749. [CrossRef]

20. Sharma, S.; Hagbom, M.; Svensson, L.; Nordgren, J. The Impact of Human Genetic Polymorphisms on Rotavirus Susceptibility, Epidemiology, and Vaccine Take. *Viruses* **2020**, *12*, 324. [CrossRef]

21. Bucardo, F.; Reyes, Y.; Rönnelid, Y.; González, F.; Sharma, S.; Svensson, L.; Nordgren, J. Histo-blood group antigens and rotavirus vaccine shedding in Nicaraguan infants. *Sci. Rep.* **2019**, *9*, 1–8. [CrossRef] [PubMed]

22. Pollock, L.E. Predictors of Vaccine Viral Replication, Immune Response and Clinical Protection Following Oral Rotavirus Vaccination in Malawian Children. Ph.D. Thesis, University of Liverpool, Liverpool, UK, 2018.

23. Clarke, E.; Desselberger, U. Correlates of protection against human rotavirus disease and the factors influencing protection in low-income settings. *Mucosal Immunol.* **2015**, *8*, 1–17. [CrossRef] [PubMed]

24. Wannhoff, A.; Folseraas, T.; Brune, M.; Rupp, C.; Friedrich, K.; Knierim, J.; Weiss, K.H.; Sauer, P.; Flechtenmacher, C.; Schirmacher, P.; et al. A common genetic variant of fucosyltransferase 2 correlates with serum carcinoembryonic antigen levels and affects cancer screening in patients with primary sclerosing cholangitis. *United Eur. Gastroenterol. J.* **2016**, *4*, 84–91. [CrossRef] [PubMed]

25. Colston, J.M.; Francois, R.; Pisanic, N.; Peñataro Yori, P.; McCormick, B.J.J.; Olortegui, M.P.; Gazi, M.A.; Svensen, E.; Ahmed, M.M.M.; Mduma, E.; et al. Effects of child and maternal histo-blood group antigen status on symptomatic and asymptomatic enteric infections in early childhood. *J. Infect. Dis.* **2019**, *220*, 151–162. [CrossRef] [PubMed]

26. Günaydin, G.; Nordgren, J.; Sharma, S.; Hammarstrom, L. Association of elevated rotavirus-specific antibody titers with HBGA secretor status in Swedish individuals: The FUT2 gene as a putative susceptibility determinant for infection. *Virus Res.* **2016**, *211*, 64–68. [CrossRef] [PubMed]

27. Bucardo, F.; Nordgren, J.; Reyes, Y.; Gonzalez, F.; Sharma, S.; Svensson, L. The Lewis A phenotype is a restriction factor for Rotateq and Rotarix vaccine-take in Nicaraguan children. *Sci. Rep.* **2018**, *8*, 1–8. [CrossRef]

28. Kazi, A.M.; Cortese, M.M.; Yu, Y.; Lopman, B.; Morrow, A.L.; Fleming, J.A.; McNeal, M.M.; Steele, A.D.; Parashar, U.D.; Zaidi, A.K.M.; et al. Secretor and salivary ABO blood group antigen status predict rotavirus vaccine take in infants. *J. Infect. Dis.* **2017**, *215*, 786–789. [CrossRef]

29. GERMS-SA. Annual Report 2017. Available online: http://www.nicd.ac.za/index.php/publications/germs-annual-reports/ (accessed on 16 September 2020).

30. Page, N.A.; Seheri, L.M.; Groome, M.J.; Moyes, J.; Walaza, S.; Mphahlele, J.; Kahn, K.; Kapongo, C.N.; Zar, H.J.; Tempia, S.; et al. Temporal association of rotavirus vaccination and genotype circulation in South Africa: Observations from 2002 to 2014. *Vaccine* **2018**, *36*, 7231–7237. [CrossRef]

31. De Mattos, L.C. Structural diversity and biological importance of ABO, H, Lewis and secretor histo-blood group carbohydrates. *Brazilian J. Hematol. Hemotherapy* **2016**, *38*, 331–340. [CrossRef]

32. Isa, P.; Arias, C.F.; López, S. Role of sialic acids in rotavirus infection. *Glycoconj. J.* **2006**, *23*, 27–37. [CrossRef]

33. Seheri, L.M.; Page, N.; Dewar, J.B.; Geyer, A.; Nemarude, A.L.; Bos, P.; Esona, M.; Steele, A.D. Characterization and Molecular Epidemiology of Rotavirus Strains Recovered in Northern Pretoria, South Africa during 2003–2006. *J. Infect. Dis.* **2010**, *202*, S139–S147. [CrossRef] [PubMed]

34. Mwenda, J.M.; Ntoto, K.M.; Abebe, A.; Enweronu-laryea, C.; Amina, I.; Mchomvu, J.; Kisakye, A.; Mpabalwani, E.M.; Pazvakavambwa, I.; Armah, G.E.; et al. Burden and Epidemiology of Rotavirus Diarrhea in Selected African Countries: Preliminary Results from the African Rotavirus Surveillance Network. *J. Infect. Dis.* **2018**, *202*, 5–11. [CrossRef] [PubMed]

35. Thorne, L.; Nalwoga, A.; Mentzer, A.J.; De Rougemont, A.; Hosmillo, M.; Webb, E.; Nampiija, M.; Muhwezi, A.; Carstensen, T.; Gurdasani, D.; et al. The first norovirus longitudinal seroepidemiological study from sub-Saharan Africa reveals high seroprevalence of diverse genotypes associated with host susceptibility factors. *J. Infect. Dis.* **2018**, *218*, 716–725. [CrossRef] [PubMed]

36. Nordgren, J.; Sharma, S.; Bucardo, F.; Nasir, W.; Günaydin, G.; Ouermi, D.; Nitiema, L.W.; Becker-Dreps, S.; Simpore, J.; Hammarström, L.; et al. Both lewis and secretor status mediate susceptibility to rotavirus infections in a rotavirus genotype-dependent manner. *Clin. Infect. Dis.* **2014**, *59*, 1567–1573. [CrossRef] [PubMed]

37. Auton, A.; Abecasis, G.R.; Altshuler, D.M.; Durbin, R.M.; Abecasis, G.R.; Bentley, D.R.; Chakravarti, A.; Clark, A.G.; Donnelly, P.; Eichler, E.E.; et al. A global reference for human genetic variation. *Nature* **2015**, *526*, 68–74. [CrossRef]

38. Payne, D.C.; Currier, R.L.; Staat, M.A.; Sahni, L.C.; Selvarangan, R.; Halasa, N.B.; Englund, J.A.; Weinberg, G.A.; Boom, J.A.; Szilagyi, P.G.; et al. Epidemiologic association between FUT2 secretor status and severe rotavirus gastroenteritis in children in the United States. *JAMA Pediatr.* **2015**, *169*, 1040–1045. [CrossRef]

39. Yen, C.; Healy, K.; Tate, J.E.; Parashar, U.D.; Bines, J.; Neuzil, K.; Santosham, M.; Steele, A.D. Rotavirus vaccination and intussusception—Science, surveillance, and safety: A review of evidence and recommendations for future research priorities in low and middle income countries. *Hum. Vaccines Immunother.* **2016**, *12*, 2580–2589. [CrossRef]

40. Schellack, N.; Naested, C.; Schellack, G.; Meyer, H.; Motubatse, J.; Mametja, K.; Makola, F. Schellack_2017_The management of rotavirus disease in children. *SA Pharm. J.* **2017**, *84*, 46–51.

41. Lee, B.; Dickson, D.M.; DeCamp, A.C.; Ross Colgate, E.; Diehl, S.A.; Uddin, M.I.; Sharmin, S.; Islam, S.; Bhuiyan, T.R.; Alam, M.; et al. Histo–blood group antigen phenotype determines susceptibility to genotype-specific rotavirus infections and impacts measures of rotavirus vaccine efficacy. *J. Infect. Dis.* **2018**, *217*, 1399–1407. [CrossRef]

42. World Health Organization (WHO). *Manual of Rotavirus Detection and Characterization Methods*; WHO: Geneva, Switzerland, 2009.

43. Thermo Fisher Scientific. *TaqMan ®SNP Genotyping Assays: User Guide*; Thermo Fisher Scientific: Carlsbad, CA, USA, 2017.

Article

Uncovering the First Atypical DS-1-like G1P[8] Rotavirus Strains That Circulated during Pre-Rotavirus Vaccine Introduction Era in South Africa

Peter N. Mwangi [1], Milton T. Mogotsi [1], Sebotsana P. Rasebotsa [1], Mapaseka L. Seheri [2], M. Jeffrey Mphahlele [3], Valantine N. Ndze [4], Francis E. Dennis [5], Khuzwayo C. Jere [6,7] and Martin M. Nyaga [1,*]

[1] Next Generation Sequencing Unit, Division of Virology, Faculty of Health Sciences, University of the Free State, Bloemfontein 9300, South Africa; 2017219839@ufs4life.ac.za (P.N.M.); tmogotsi16@gmail.com (M.T.M.); RasebotsaS@ufs.ac.za (S.P.R.)

[2] Diarrhoeal Pathogens Research Unit, Sefako Makgatho Health Sciences University, Medunsa 0204, Pretoria, South Africa; mapaseka.seheri@smu.ac.za

[3] South African Medical Research Council, 1 Soutpansberg Road, Pretoria 0001, South Africa; Jeffrey.Mphahlele@mrc.ac.za

[4] Faculty of Health Sciences, University of Buea, P.O. Box 63, Buea, Cameroon; valentinengum@yahoo.com

[5] Noguchi Memorial Institute for Medical Research, University of Ghana, P.O. Box LG581, Legon, Ghana; FDennis@noguchi.ug.edu.gh

[6] Centre for Global Vaccine Research, Institute of Infection and Global Health, University of Liverpool, Ronald Ross Building, 8 West Derby Street, Liverpool L69 7BE, UK; Khuzwayo.Jere@liverpool.ac.uk

[7] Malawi-Liverpool-Wellcome Trust Clinical Research Programme, College of Medicine, University of Malawi, Blantyre 312225, Malawi

* Correspondence: NyagaMM@ufs.ac.za; Tel.: +27-51-401-9158

Received: 13 April 2020; Accepted: 18 May 2020; Published: 20 May 2020

Abstract: Emergence of DS-1-like G1P[8] group A rotavirus (RVA) strains during post-rotavirus vaccination period has recently been reported in several countries. This study demonstrates, for the first time, rare atypical DS-1-like G1P[8] RVA strains that circulated in 2008 during pre-vaccine era in South Africa. Rotavirus positive samples were subjected to whole-genome sequencing. Two G1P[8] strains (RVA/Human-wt/ZAF/UFS-NGS-MRC-DPRU1971/2008/G1P[8] and RVA/Human-wt/ZAF/UFS-NGS-MRC-DPRU1973/2008/G1P[8]) possessed a DS-1-like genome constellation background (I2-R2-C2-M2-A2-N2-T2-E2-H2). The outer VP4 and VP7 capsid genes of the two South African G1P[8] strains had the highest nucleotide (amino acid) nt (aa) identities of 99.6–99.9% (99.1–100%) with the VP4 and the VP7 genes of a locally circulating South African strain, RVA/Human-wt/ZAF/MRC-DPRU1039/2008/G1P[8]. All the internal backbone genes (VP1–VP3, VP6, and NSP1-NSP5) had the highest nt (aa) identities with cognate internal genes of another locally circulating South African strain, RVA/Human-wt/ZAF/MRC-DPRU2344/2008/G2P[6]. The two study strains emerged through reassortment mechanism involving locally circulating South African strains, as they were distinctly unrelated to other reported atypical G1P[8] strains. The identification of these G1P[8] double-gene reassortants during the pre-vaccination period strongly supports natural RVA evolutionary mechanisms of the RVA genome. There is a need to maintain long-term whole-genome surveillance to monitor such atypical strains.

Keywords: atypical strains; genome constellation; reassortment; rotavirus; whole-genome characterization

1. Introduction

Diarrhea persists as a leading infectious mortality cause in children under the age of five worldwide [1]. Group A rotavirus (RVA) is the primary viral etiologic agent for acute gastroenteritis in children under five years of age [2], resulting in annual mortality cases ranging from 122,322 to 215,757 with an estimated 81% reported in sub-Saharan Africa and Southeast Asia [3,4]. To combat RVA diarrhea, especially in countries with high RVA disease burden, the World Health Organization (WHO) recommends incorporation of RVA vaccines into the national immunization programs alongside other childhood vaccines [5]. The WHO has prequalified four vaccines (Rotarix®, GlaxoSmithKline, Rixenstart, Belgium; RotaTeq®, Merck & Co, USA; ROTAVAC®, Bharat Biotech, Hyderabad, India and ROTASIL®, Serum Institute of India, Pune, India) for global use [6]. Two vaccines (Rotavin-M1®, POLYVAC, Hanoi, Vietnam and Lanzhou lamb rotavirus, Lanzhou Institute of Biological Products, Lanzhou, China) have been approved for national use in Vietnam and China, respectively [7,8]. Human neonatal RVA vaccine (RV3-BB) and bovine human reassortant RVA vaccine candidates as well as neonatal and non-replicating injectable vaccines are in the pipeline [9]. South Africa was the first African country to adopt the monovalent RVA vaccine (Rotarix®) in September 2009 into its Expanded Program on Immunization (EPI) (WHO, 2009), which culminated in a 77% reduction in RVA disease during the first year that the vaccine was introduced [10,11].

Rotaviruses belong to the *Reoviridae* family. The RV genome is composed of 11 segments of double-stranded RNA (dsRNA) encapsulated in a three-layered protein capsid. Six structural proteins (VP1–VP4, VP6, and VP7) and five or sometimes six non-structural proteins (NSP1–NSP5/NSP6) that encode the RV genome [2]. The outer capsid proteins, VP7 and VP4, which act as neutralizing agents, are universally applied in the binary classification of RV strains into G and P types, respectively [2]. The contemporary classification of RVA strains is based on whole-genome composition underpinned by the nucleotide homology cutoff values that have been determined for the open reading frame (ORF) of each gene segment [12,13]. The numbers of currently described genotypes are 36 G (VP7), 51 P (VP4), 26 I (VP6), 22 R (VP1), 20 C (VP2), 20 M (VP3), 31 A (NSP1), 22 N (NSP2), 22T (NSP3), 27 E (NSP4), and 22 H (NSP5) (http://rega.kuleuven.be/cev/viralmetagenomics/virus-classification).

The globally predominant RVA genotypes are G1P[8], G2P[4], G3P[8], G4P[8], G9P[8], and G12P[8] [14]. However, RVA strains variability by region is well documented [15]. In Africa, RVA genotypes such as G1P[6], G8P[4], G8P[6], G8P[8], and G9P[6] are substantially prevalent but uncommon elsewhere [14–17]. Additionally, G3P[8] and G4P[8] genotypes have been on the decline in Africa and have not been detected in many African countries for almost a decade aside from an impromptu emergence of equine-like G3P[6] and G3P[8] in Botswana and Eswatini [18]. RVAs are classified further into three genogroups: Wa-like, which bears a genotype 1 constellation (I1-R1-C1-M1-A1-N1-T1-E1-H1), DS-1-like, which bears genotype 2 constellation (I2-R2-C2-M2-A2-N2-T2-E2-H2), and a relatively minor AU-1-like characterized by genotype 3 constellation (I3-R3-C3-M3-A3-N3-T3-E3-H3) [19]. Typically, G1P[8], G3P[8], G4P[8], G9P[8], and G12P[8] RVA have a Wa-like genotype constellation, whereas G2P[4], G8P[4], and G8P[6] strains usually have a DS-1-like genotype constellation [19]. G1P[8] is the world's most prevalent genotype accountable for an estimated 50% of RVA infections [20]. The vast antigenic and genetic heterogeneity of G1P[8] strains contributes to the persistent recurrence of VP4 and VP7 protein variants, and the epidemiological fitness of some of these variants might be accountable for their global prevalence [21].

The segmented RNA genome of RVA facilitates reassortment and recombination events, and the error-prone RNA-dependent RNA polymerase promotes high mutation rates [2]. These evolutionary mechanisms lead to the emergence of novel strains and distinct lineages [22]. Intergenogroup reassortment of G1P[8] gene segments has been reported in Africa, Asia, and the Americas [23–27]. These atypical G1P[8] strains were first reported in Okayama Prefecture, Japan during 2012–2013 post-RVA vaccine surveillance of acute gastroenteritis and then in other prefectures, including Aichi, Akita, Kyoto, and Osaka [25–27]. Subsequent incidences were then reported during 2013 post-RVA vaccine surveillance in Phetchabun and Sukhothai provinces in Thailand [28,29] and in 2012–2013 during the pre-RVA vaccine period in Hanoi, Vietnam [30]. Although unpublished, sequence data of G1P[8] DS-1-like sequence strains isolated during pre-vaccine period between August–November 2012 in Palawan, Southwestern region of Philippines have been deposited in the GenBank database. Recently, for the first time in the Americas, G1P[8] DS-1-like strains were reported in 2013 during post-RVA vaccination period from the states of Sao Paulo and Goias in Brazil [23]. In Africa, Jere and colleagues reported the emergence of atypical G1P[8] strains during the post-RVA vaccination period in Blantyre, Malawi [24]. It is not definitively resolved whether these atypical G1P[8] strains are widespread. In addition, there is a paucity of information on whole-genome sequences of G1P[8] strains post-vaccine era with only a few countries performing full-genome characterization of the strain [15,21,31–35]. The African Enteric Viruses Genome Initiative (AEVGI) is conducting whole-genome characterization of country-specific pre- and post-vaccine RVA strains in Africa and has identified, for the first time in South Africa, atypical G1P[8] strains that were circulating before vaccine introduction. This study aimed to determine the genetic relationship and the evolutionary origin of these pre-vaccine atypical G1P[8] RVA strains.

2. Results

2.1. Nucleotide Sequencing

Illumina® MiSeq sequencing yielded 14.7×10^5 reads (379 bp fragment size) and 11.3×10^5 reads (364 bp fragment size) for strains RVA/Human-wt/ZAF/UFS-NGS-MRC-DPRU1971/2008/G1P[8] and RVA/Human-wt/ZAF/UFS-NGS-MRC-DPRU1973/G1P[8], respectively. All the sequences had a phred score of $Q \geq 30$ (99.9% base calling accuracy).

2.2. Full-Genome Constellation Analysis

Whole-gene sequences of the 11 genes of strains, RVA/Human-wt/ZAF/UFS-NGS-MRC-DPRU1971/G1P[8] and RVA/Human-wt/ZAF/UFS-NGS-MRC-DPRU1973/G1P[8], were determined, and their genotype constellations were revealed as G1-P[8]-I2-R2-C2-M2-A2-N2-T2-E2-H2 (Table 1). The sizes of full-length segments 1 to 11 and their respective open reading frames (ORFs) for the two study strains were determined (Table 1). The ORF sequences for all the 11 genes of these two South African atypical G1P[8] strains were deposited in GenBank under accession numbers MT163245-MT163266.

Table 1. Whole genotype constellations of the South African DS-1-like G1P[8] rotavirus strains.

Gene Segment	VP7	VP4	VP6	VP1	VP2	VP3	NSP1	NSP2	NSP3	NSP4	NSP5
Base pair size for full length sequences	1062	2359	1355	3302	2684	2591	1566	1059	1066	751	810
Base pair size for the complete study strain ORF	978	2325	1191	3264	2637	2505	1458	951	939	525	600
RVA/Human-wt/ZAF/UFS-NGS-MRC-DPRU1971/2008/G1P[8]	G1	P[8]	I2	R2	C2	M2	A2	N2	T2	E2	H2
RVA/Human-wt/ZAF/UFS-NGS-MRC-DPRU1973/2008/G1P[8]	G1	P[8]	I2	R2	C2	M2	A2	N2	T2	E2	H2

Color codes indicate genogroup attribution. Green color represents the genotype associated with the Wa-like genogroup, while red color represents the genotype belonging to the DS-1-like genogroup. The nomenclature of the RV strains indicates RV group, species where the strain was isolated, name of the country where the strain was originally isolated, common name, year of isolation, and genotypes for genome segments four and nine as proposed by the Rotavirus Classification Working Group (RCWG) [12]. ORF = open reading frame.

2.3. Sequence and Phylogenetic Analysis

2.3.1. Phylogenetic Analysis of VP7

Phylogenetically, the diversity of the VP7 G1 genes has been established through seven known lineages (I-VII) [36] (Figure 1). The VP7 genes of the atypical G1P[8] study strains, RVA/Human-wt/ZAF/UFS-NGS-MRC-DPRU1971/2008/G1P[8] and RVA/Human-wt/ZAF/UFS-NGS-MRC-DPRU1973/2008/G1P[8], clustered in genetic lineage I, which consisted of a global collection of G1 strains that circulated from 2002 to 2015 (Figure 1). In this lineage I, the two G1 study strains clustered closely together and shared almost absolute gene identities amongst themselves—nt (aa) 99.9% (100%) (Figure 1; Supplementary data 1 (S1)). Analysis of the G1 study strains with locally circulating South African strains retrieved from the GenBank identified the highest sequence identities of 99.8–99.9% (100%) with strain RVA/Human-wt/ZAF/MRC-DPRU1039/2008/G1P8 and clustered closely with this strain that was isolated the same year, 2008, as the two study strains (Figure 1). However, within the same lineage, the VP7 genes of the two G1 study strains from South Africa clustered distinctly away from the atypical G1P[8] strains reported in Brazil, Japan, Malawi, Philippines, Thailand, and Vietnam [22–26] and displayed overall nt (aa) similarities that ranged from 87.0–98.5% (87.1–98.8%) (Table S1 in Supplementary data 2 (S2)). Specifically, the nt (aa) similarities ranged from 96.9–97.0% (98.5%), 96.9–97.1% (98.5–98.8%), 87.0–98%5 (87.1–98.8), 96.5–96.8% (98.2–98.5%), 96.9–97.0% (98.8%), and 97.0–97.1% (96.9%) to the post-vaccination G1 atypical strains reported in Brazil, Japan, Philippines, Malawi, Thailand, and Vietnam, respectively (S1).

When the two South African G1 study strains were compared to the typical G1 strains selected globally, they displayed the highest nt (aa) similarities of 99.7–99.8% (100%) with a European strain, RVA/Human-wt/BEL/BEL00017/2006/G1P[8] (S1). The nt(aa) similarities comparison to representative strains from Africa (Eastern Africa, Southern Africa, and West Africa), America, Asia, Europe, and Oceania ranged from 93.9–97.6% (94.2–98.2%), 97.1–99.5% (98.2–100%), 97.1–97.9% (96.9–98.2%), 93.1.5–97.6% (94.8%–98.5%), 96.4–99.6% (97.8–99.7%), 99.7–99.8% (100%), and 93.7–98.4% (94.5–98.8%), respectively (Table S2 in S2). In addition, comparison of the VP7 genes of the two study strains to cognate gene sequence of the Rotarix® and RotaTeq® RV vaccine strains displayed nt (aa) identities that ranged from 94.2–94.3% (95.7%) and 91.0–91.1% (93.2%), respectively (S1).

Analysis of the VP7 Neutralization Epitopes

The VP7 genes contain three established neutralization epitopes: 7-1a, 7-1b, and 7-2. Twenty-nine amino acids (14 residues in 7-1a, 6 residues in 7-1b, and 9 residues in 7-2) define the three VP7 antigenic epitopes [37]. The VP7 neutralization epitope sites of the two South African study strains were aligned and mapped against cognate neutralization sites of the two RV vaccines, Rotarix®, and RotaTeq®. Four amino acid differences (N94S, S123N, K291R, and M217T) in the VP7 genes of the two South African study strains were identified relative to Rotarix® VP7 neutralization sites, while five amino acid differences (D97E, S123N, K291R, S147N, and M217T) were identified with comparison to RotaTeq® G1 antigenic sites (Figure 2). Antigenically, similar amino acid residues in the VP7 epitopes of the study strains were observed in the corresponding VP7 epitopes of the multiple atypical G1P[8] strains (Figure 2). The VP7 epitopes of the two South African G1 strains were contrasted with those of globally selected lineage I G1 strains. The analysis showed ten amino acid differences (T91N, S94N, D100N, D100E, N123S, R291K, T242A, N147D, L148F, and T217M) (Figure 2).

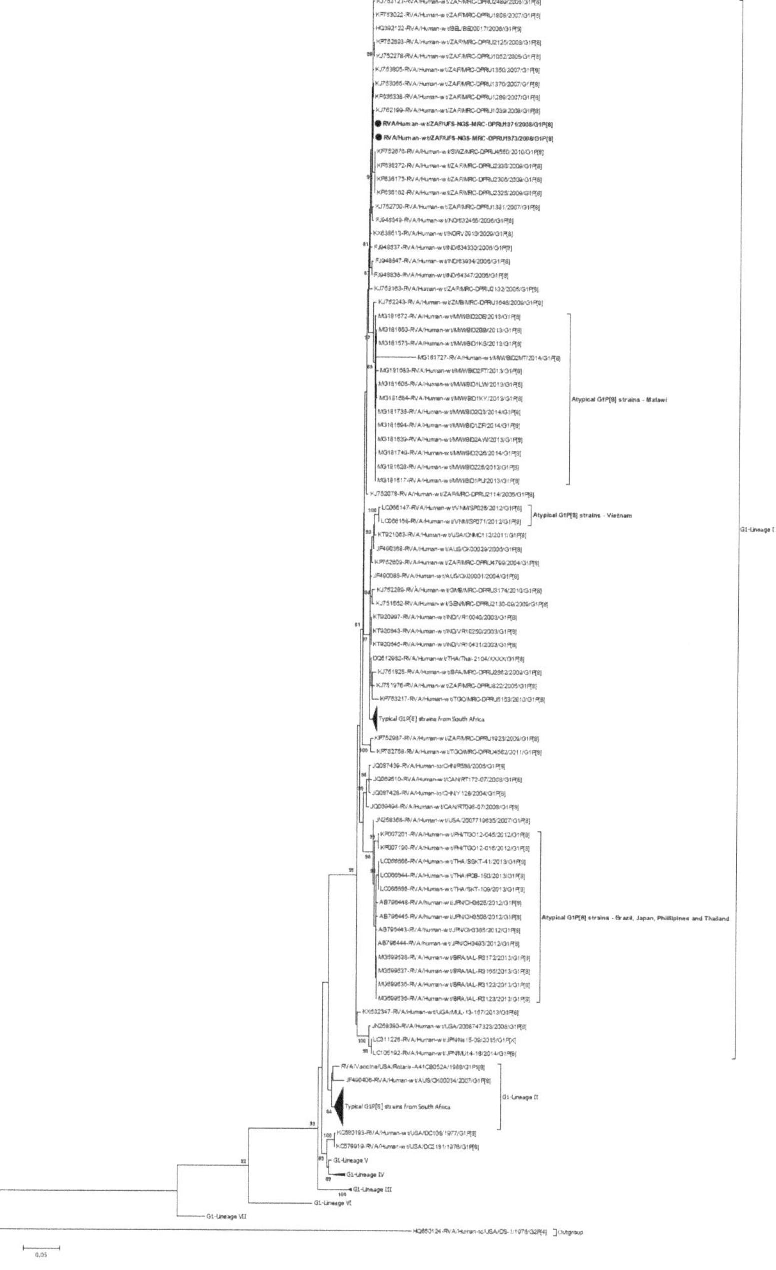

Figure 1. VP7 phylogenetic tree based on the full-length nucleotide sequences. Strains group A rotavirus (RVA)/Human-wt/ZAF/UFS-NGS-MRC-DPRU1971/2008/G1P[8] and RVA/Human-wt/ZAF/UFS-NGS-MRC-DPRU1973/2008/G1P[8] are identified by the black filled circular dots (●). Unusual G1P[8] strains from Malawi, Japan, Thailand, Vietnam, Brazil, and Philippine are indicated. Bootstrap values ≥ 70% are shown adjacent to each branch node. Each scale bar indicates the number of nucleotide substitutions per site.

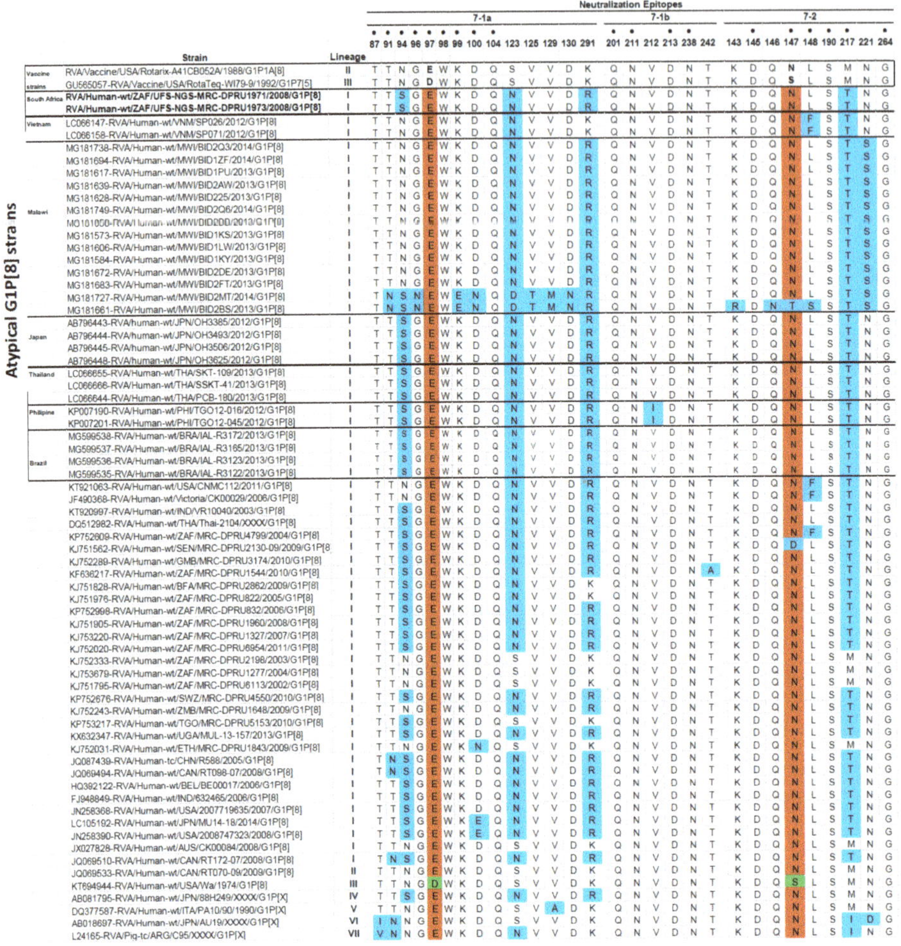

Figure 2. Alignment of antigenic residues in VP7 between the strains contained in Rotarix® and RotaTeq ® and wild type G1 strains. Antigenic residues are divided in three epitopes (7-1a, 7-1b, and 7-2). Amino acids that differ between Rotarix® and RotaTeq® are indicated in boldface. Sky blue colored residues are residues that are different from both Rotarix® and RotaTeq®, green colored residues are different from Rotarix®, and brown colored residues are different from RotaTeq®. Amino acid changes that have been shown to escape neutralization with monoclonal antibodies are indicated with a black dot. Atypical G1P[8] and countries of detection are indicated on the left side of the figure. South Africa atypical G1P[8] strains are in boldface characters.

2.3.2. Phylogenetic analysis of VP4

The VP4 genes of the two atypical G1P[8] study strains were phylogenetically compared to the four established lineages (l-IV) of the P[8] genotypes [38] (Figure 3). The P[8] genes of the South African strains, RVA/Human-wt/ZAF/UFS-NGS-MRC-DPRU1971/2008/G1P[8] and RVA/Human-wt/ZAF/UFS-NGS-MRC-DPRU1973/2008/G1P[8], clustered in lineage III, which consisted of a global collection of P[8] strains that circulated from 2002 to 2014 (Figure 3). Within the P[8]-lineage-III, the two atypical G1P[8] study strains clustered closely together and shared nt (aa) identities of 99.9% (99.7%) amongst themselves (Figure 3; S1). Homology analysis of the P[8] sequences of the two South African strains with sequences of South African strains retrieved from the GenBank demonstrated the highest nt (aa) sequence identities of 99.6% (99.1–99.4%) with strain RVA/Human-wt/ZAF/MRC-DPRU1039/2008/G1P[8] (Figure 3). However, within the same lineage, the VP4 genes of the two atypical strains from South Africa segregated distinctly away from the atypical strains that have been detected in Brazil, Japan, Malawi, Philippines, Thailand, and Vietnam. They exhibited overall nt (aa) similarities that ranged from 95.2–98.0% (95.1–98.6%) (Table S1 in S2). Specifically, the nt (aa) similarities ranged from 97.6–97.8% (98.1–98.6), 98.2–98.5% (98.5%), 95.2–98.0% (95.1–98.2%), 97.7–97.8% (98.1–98.5%), 97.8–98.0% (97.7–98.2%), and 98.1–98.2% (97.9–98.3%) to the post–vaccination atypical strains reported in Brazil, Japan, Malawi, Philippines, Thailand, and Vietnam, respectively (S1). A comparison of the South African P[8] study strains characterized in this study with a global collection of P[8] strains showed their closeness, and the study strains shared the highest nt (aa) similarity of 99.5% (99.1–99.4%) to a Belgian strain, RVA/Human–wt/BEL/BEL00017/2006/G1P[8] (S1). Overall, the nt (aa) similarities in comparison to representative strains from Africa (Eastern Africa, Southern Africa, Western Africa), America, Asia, Europe, and Oceania ranged from 97.4–97.8% (97.8–98.2%), 86.7–99.1% (91.1–99.2%), 86.7–99.1% (91.1–99.2%), 86.6–99.4% (91.0–99.2%), 86.5.–98.9% (91.1–98.7%), 86.8–99.5% (91.2–99.5%), and 86.5–98.5% (91.0%–98.6%), respectively. In addition, the comparison of the atypical VP4 genes to the P[8] genes of the Rotarix® and RotaTeq® vaccine strains displayed nt (aa) identities that ranged from 90.3–90.4% (93.9–94.2%) and 92.3% (95.2%), respectively (S1).

Analysis of the VP4 Neutralization Epitopes

The VP4 spike protein is cleaved by trypsin into two distinct structural proteins, VP8* and VP5* [2]. Analysis of the two South African study strains' VP4 sequences showed a conserved trypsin cleavage site (arginine) at positions 230, 240, and 581 [39]. Furthermore, the neutralization epitopes in the VP8* and the VP5* regions were analyzed. The VP8* region has four (8-1 to 8-4) neutralization epitopes, while VP5* has five (5-1 to 5-5) (Figure 4) [40]. Comparison of the two South African P[8] strains relative to the Rotarix® and the RotaTeq® P[8] sequences displayed 32 and 35 identical amino acid residues, respectively, spanning the VP4 antigenic epitopes (Figure 4). Amino acid differences between the two P[8] study strains and the P[8] component of vaccine strains were only identified in 8-1, 8-2, and 8-3 VP8* epitopes. Five amino acid differences (E150D, N195G, S125N, S131R, and N135D) were identified in the study strains in relation to Rotarix® P[8] strain, while two amino acid differences (E150D and D195G) were identified relative to P[8] strain of RotaTeq® (Figure 4). Analysis with VP4 epitopes of other atypical G1P[8] strains identified similar amino acid residues with the exception of position 113 in the 8-3 epitope, whereby asparagine was observed in the study strains while other atypical strains had either an aspartate or serine at this position (Figure 4). Further analysis of the study strain's VP4 neutralization epitopes with corresponding VP4 neutralization epitopes of globally selected P[8]-lineage-III strains identified two amino acid differences (S146G and N113D) (Figure 4).

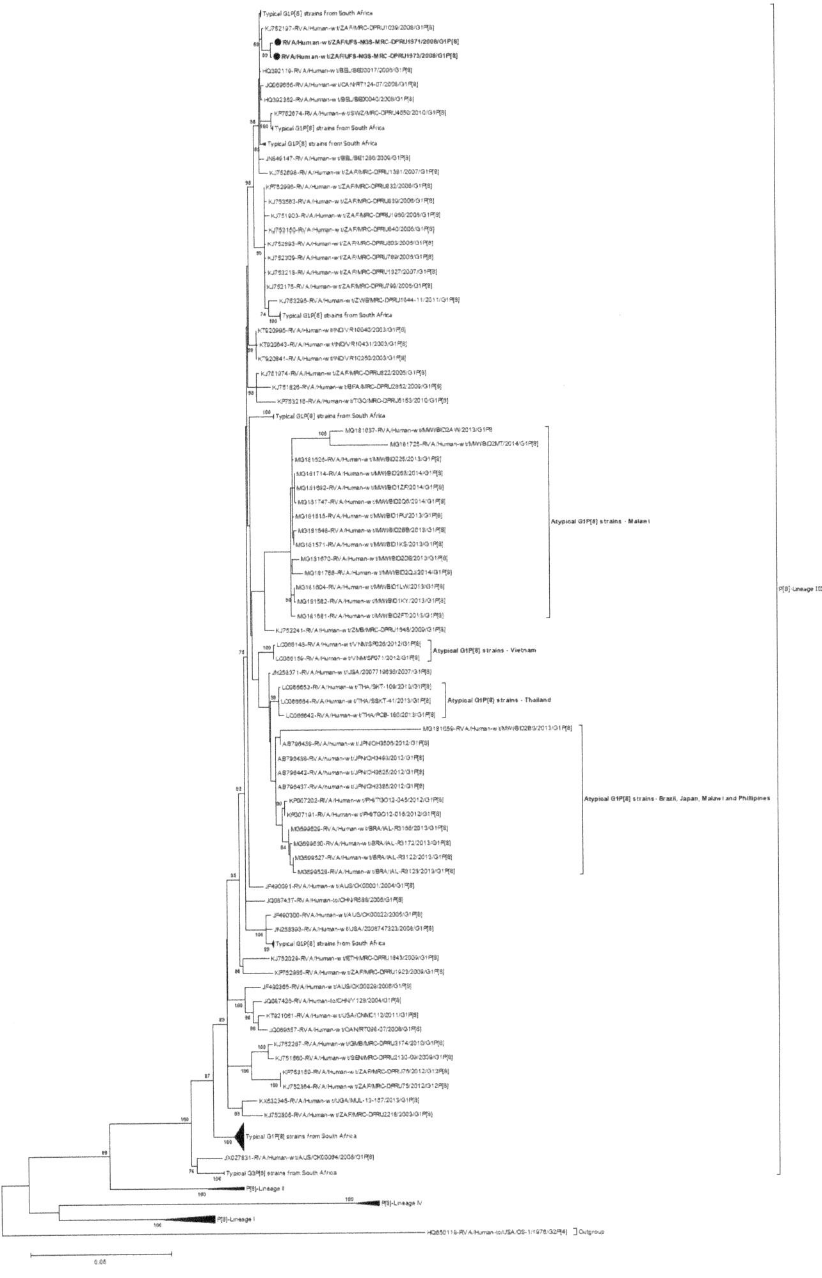

Figure 3. VP4 phylogenetic tree based on the full-length nucleotide sequences. Strains RVA/Human-wt/ZAF/UFS-NGS-MRC-DPRU1971/2008/G1P[8] and RVA/Human-wt/ZAF/UFS-NGS-MRC-DPRU1973/2008/G1P[8] are identified by the black filled circular dots (•). Unusual G1P[8] strains from Malawi, Japan, Thailand, Vietnam, Brazil, and Philippines are indicated. Bootstrap values ≥ 70% are shown adjacent to each branch node. Each scale bar indicates the number of nucleotide substitutions per site.

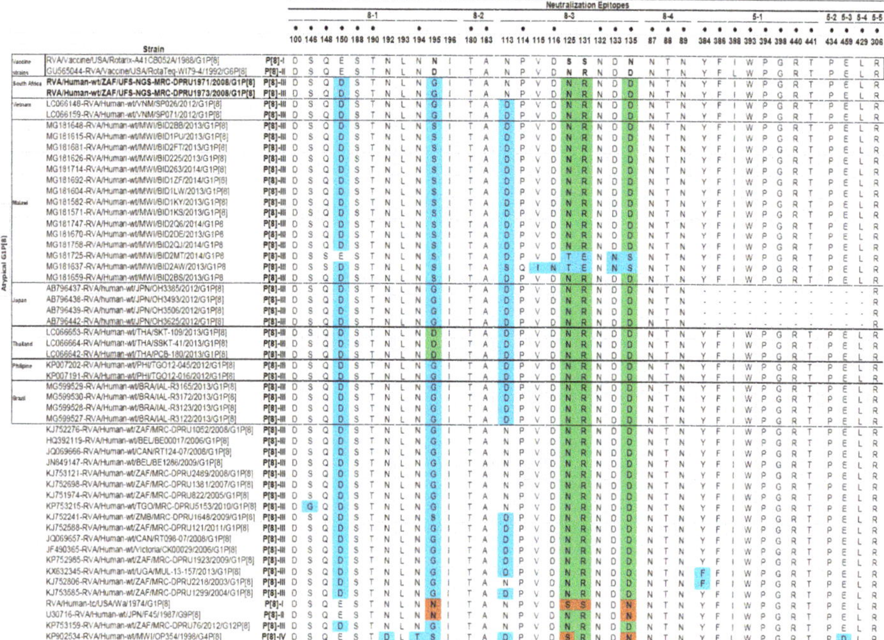

Figure 4. Alignment of antigenic residues in VP4 between the P[8] component of Rotarix® and RotaTeq® vaccines and wild type P[8] strains. Antigenic residues are divided in four antigenic epitopes in VP8* (8-1, 8-2, 8-3, and 8-4) and five antigenic epitopes in VP5* (5-1, 5-2, 5-3, 5-4, and 5-5). Amino acid changes that have been shown to escape neutralization with monoclonal antibodies are indicated with a black dot. Amino acids that differ between Rotarix® and RotaTeq® are indicated in boldface. Green colored residues are residues that are different from Rotarix®, brown colored residues are different from RotaTeq®, and residues colored in sky blue are different from both Rotarix® and RotaTeq®. Dashes (-) indicate no amino acid sequence.

2.3.3. Phylogenetic Analysis of VP1–VP3 and VP6

The evolutionary relationship of the VP1–VP3 and VP6 genes of the two South African study strains with a selection of global RVA strains was performed. The VP1–VP3 and VP6 genes of the two South African study strains clustered closely and displayed nearly absolute gene identities (≥99.9%) amongst each other (Figures S1–S4 in supplementary data 3 (S3)). The VP1–VP3 and VP6 genes of the two South African study strains clustered closely in sublineage composed mainly of locally circulating South African DS-1-like strains and were all found to cluster closely with cognate genes of strain RVA/Human-wt/ZAF/MRC-DPRU2344/2008/G2P[6], which was co-circulating in the population in the same year, 2008, as the study strains (Figures S1–S4 in S3). The VP1–VP3 and VP6 genes of the two study strains were closely related to cognate genes of strain RVA/Human-wt/ZAF/MRC-DPRU2344/2008/G2P[6] with nt (aa) identities ranging from ≥ 99.8–99.9% (≥99.9–100%) for VP1–VP3 and VP6 genes (S1). Phylogenetic relationship of the VP1–VP3 and VP6 genes of the atypical study strains with the cognate genes of the atypical G1P[8] strains reported in Brazil, Japan, Philippines, Thailand, Vietnam, and Malawi exhibited distinct clustering albeit belonging within the same lineage and displayed overall nt (aa) identities that ranged from ≥ 94.4–98.0% (≥ 97.1–100%) (Figure S1C–F in S3; Table S1 in S2). When VP1–VP3 and VP6 genes of the study strains were compared with selected global strains, highest genetic similarities ranging from ≥ 99.4–100% were identified with cognate genes of G3P[6] strains: RVA/Human-RVA/Human-wt/CMR/ES293/2011/G3P[6],

RVA/Human-wt/TGO/MRC-DPRU2206/2009/G3G9P[6], RVA/Human-wt/BEL/F01498/2009/G3P[6], and RVA/Human-wt/UGA/MUL-13-166/2013/G3P[6] for VP1–VP3 and VP6, respectively (S1).

2.3.4. Phlylogenetic Analysis of NSP1–NSP5

The NSP1–NSP5 genes of the two South African study strains were highly identical amongst each other with nt (aa) identity value of ≥99.8%, and clustered closely (Figures S5–S9). Close clustering with cognate genes of a locally circulating strain, RVA/Human-wt/ZAF/MRC-DPRU2344/2008/G2P[6], was observed for the all the NSP1–NSP5 genes, and they shared the highest nt (aa) similarities that ranged from ≥ 99.5–100% (99.4–100%) (S1). In contrast, the NSP1–NSP5 genes of the atypical study strains grouped distinctly away from cognate genes of atypical strains reported in Brazil, Japan, Philippines, Thailand, Vietnam, and Malawi and shared an overall nt (aa) similarities that ranged from ≥ 89.0–99.8% (≥94.3–100%) (Figures S5–S9 in S3; Table S1 in S2). Comparison of NSP1–NSP5 genes of the two South African study strains with corresponding selected reference strains collected globally demonstrated nt (aa) identities in the range of 98.6–100% (99.4–100%) with cognate A2, N2, T2, E2, and H2 genes of strains: RVA/Human-wt/BEL/F01498/2009/G3P[6], RVA/Human-wt/KEN/KDH1968/2014/G3P[6], RVA/Human-wt/GHA/GH018-08/2008/G8P[6], RVA/Human-wt/ZMB/MRC-DPRU1673/2009/G2P[4], and RVA/Human-wt/USA/2007769964/2007/G2P[4], respectively (S1).

2.4. Reassortment Analysis

The concatenated genomes of strains RVA/Human-wt/ZAF/UFS-NGS-MRC-DPRU1971/2008/G1P[8] and RVA/Human-wt/ZAF/UFS-NGS-MRC-DPRU1973/2008/G1P[8] were compared with two South African strains RVA/Human-wt/ZAF/MRC-DPRU1039/2008/G1P[8] and RVA/Human-wt/ZAF/MRC-DPRU2344/G2P[6] (Figure 5). The two atypical South African study strains shared a highly conserved backbone with all genes exhibiting > 99.8% nucleotide similarity. The VP7 and the VP4 genes of the two atypical strains shared the highest genetic similarities to RVA/Human-wt/ZAF/MRC-DPRU1039/2008/G1P[8]. However, the internal backbone genes were extremely diverse. The internal backbone genes of the atypical strains exhibited highest genetic similarity to RVA/Human-wt/ZAF/MRC-DPRU2344/G2P[6]. The results of this analysis suggest that the atypical G1P[8] strains were likely derived via reassortment events between contemporary, endemic South African strains.

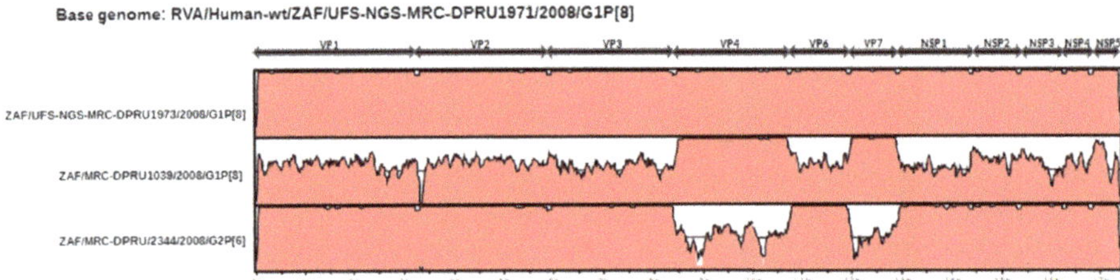

Figure 5. Nucleotide sequence similarities of the concatenated genome of RVA//Human-wt/ZAF/UFS-NGS-MRC-DPRU1971/2008/G1P[8] were compared with South African strains RVA//Human-wt/ZAF/UFS-NGS-MRC-DPRU1973/2008/G1P[8], RVA/Human-wt/ZAF/MRC-DPRU1039/2008/G1P[8], and RVA/Human-wt/ZAF/MRC-DPRU2344/G2P[6]. The left axis displays the strains, and rotavirus genome segment is included in the top scale. The bottom scale shows distance in kb.

3. Discussion

This study described the first pre-vaccine era atypical reassortant G1P[8] strains, whose outer gene segments (VP7 and VP4) expressed a Wa-like genotype, whereas the backbone genes expressed a DS-1-like genotype constellation. Analysis of the whole-genome constellation showed that genetic reassortment mechanism generated the DS-1-like G1P[8] strains. Rotavirus reassortment events are mainly facilitated by the segmentation inherent in the RV genome [2], which can generate rare or novel RV strains and hence contribute to the vast RVA diversity [22]. Wa-like and DS-1-like intergenogroup reassortment events involving G1P[8] and DS-1-like genotype constellation have been described recently in six countries: Brazil, Japan, Philippines, Thailand, Vietnam, and Malawi [23–30]. According to literature, viable atypical reassortant strains can occur under natural conditions involving Wa-like G1P[8] or G3P[8] outer capsid genes expressing DS-1-like genetic background [41–44]. This study identified two DS-1-like G1P[8] strains in the course of the ongoing AEVGI whole-genome characterization of South African RVA strains. While reported in low frequencies and limited settings in Brazil (1.6% during 2013–2017 seasons) [22], Thailand (0.4% during 2012–2014 seasons) [27], and Vietnam (14% during 2012/2013 season) [28,29], 31–62% of these DS-1-like G1P[8] strains accounted for RVA positive strains circulating across selected regions in Japan [26], and 40% of randomly sampled post-vaccine samples were reported in Malawi [24]. Such atypical reassortant strains have the potential to predominate in circulation. G1P[4] strains suggested to have emerged from intergenogroup reassortment events accounted for 41% of RVA strains circulating in the peak months of the 2001 RVA season in Detroit, USA [45], whereas a surge in G3P[4] strains also presumed to have emerged from intergenogroup reassortment events were detected in Brazil at 36% [46] and in Ghana at 64% [47]. The two South African study strains were identified during the pre-RVA vaccination period in South Africa in contrast to the previously reported atypical strains found during the post-RVA vaccination period. This implies that the reassortment events that led to the emergence of the South African atypical G1P[8] strains may not necessarily be driven by vaccine-induced selective pressure but by natural evolutionary processes of RVA genome.

In order to identify the ancestral origin of these G1P[8] strains, assessment of whole-gene sequences and phylogenetic analysis showed that the outer capsid genes, VP7 and VP4, of strains RVA/Human-wt/ZAF/UFS-NGS-MRC-DPRU1971/2008/G1P[8] and RVA/Human-wt/ZAF/UFS-NGS-MRC-DPRU1973/2008/G1P[8] were 99.6–99.9% (99.1–100%) identical with South African strain RVA/Human-wt/ZAF/MRC-DPRU1039/2008/G1P[8] and clustered together in the same clade within the same. For the internal genes, the highest nucleotide identities were identified with cognate genes of another South African strain, RVA/Human-wt/ZAF/MRC-DPRU2344/2008/G2P[6], detected in the 2008 RVA season. Put together, it is probable that a locally circulating G2P[6] strain such as RVA/Human-wt/ZAF/MRC-DPRU2344/2008/G2P[6] with a DS-1-like backbone derived the VP7 and the VP4 genes from a locally co-circulating G1P[8] strain such as RVA/Human-wt/ZAF/MRC-DPRU1039/2008/G1P[8], generating the double-gene reassortants. Consequently, the results obtained in this study indicate that the two atypical South African G1P[8] strains were generated locally through genetic reassortment events. The generation of these reassortant double-gene strains tend to be independent of the events in which Brazilian, Japanese, Thai, Vietnamese, and Malawian DS-1-like G1P[8] strains were generated. The nine internal genes of the South African DS-1-like G1P[8] strains always clustered together with cognate genes of a locally circulating G2P[6] strain distinctly away from the cluster comprising Japanese, Thai, Philippines, and Malawi DS-1-like G1P[8] strains. Therefore, the South African DS-1-like G1P[8] strains emerged clonally from independent events, a phenomenon observed for the Malawian [24] and the Vietnamese [30] DS-1-like G1P[8] strains. In contrast, Brazilian, Japanese, and Thai G1P[8] DS-1-like strains were established to have been derived from a common ancestor [23,29].

Vaccine escape mutants can result due to mutations occurring in well-known VP7 neutralization epitope regions [48]. Host–antigen binding interactions involving human G1 strains are significantly impacted by mutations occurring at positions 94, 97, 147, and 291 [48]. The identified N94S substitution involving the substitution of asparagine (N) with a serine(S), which are both polar non-charged amino acid residues [49], may not significantly alter the overall morphology of the protein surface. However, since asparagine is usually N-glycosylated, there is a likely loss of glycosylation site, which could have a wide-ranging impact on the immunogenicity of the 7-1a epitope [50]. The D97E amino acid substitution involving polar negatively charged residues, aspartate (D) and glutamate (E), is likely to be a silent nucleotide change [49]. Similarly, a K291R substitution involving lysine (K), an amphipathic polar amino acid, and arginine (R), a positively charged amino acid, is unlikely to have a far-reaching structural effect on the VP7 protein surfaces. However, M217T substitution was identified resulting in substitution of methionine, a non-polar residue to threonine, a polar amino acid residue, which could likely result in significant changes in biochemical properties of VP7 [49]. This M217T substitution was also present in earlier strains as well as some post-vaccine strains that were included for analysis, and the role it plays in driving epidemiological fitness of G1 strains is not fully resolved. In the host cell, trypsin-like proteases cleave the VP4 spike protein into two structural domains (VP8* and VP5*) [2]. Four surface-exposed antigenic epitopes (8-1 to 8-4) have been described in the VP8* region, while five antigenic epitopes (5-1 to 5-5) in the VP5* region have been documented [40]. The amino acid changes E150D, N195G, S125N, and N135D that were observed relative to the vaccine strains were conservative. However, a S131R substitution that resulted in a change in polarity might play a role in escape of host immunity [49]. Another amino acid substitution R131S resulting in a change in charge from positively charged amino acid to non-charged amino acid that was identified when comparison was made against globally selected lineage-III VP4 strains might impact vaccine escape effect [49].

4. Materials and Methods

4.1. Ethics Approval

The study was approved under ethics number UFS-HSD2018/0510/3107 by the Health Sciences Research Ethics Committee (HSREC) of the University of Free State, Bloemfontein, South Africa. The patient identities and demographics were de-linked from their unique laboratory identifiers to ensure confidentiality.

4.2. Sample Collection

Rotavirus positive stool samples from children under five years of age treated for gastroenteritis at Dr. George Mukhari Hospital, Pretoria North, South Africa and conventionally genotyped as G1P[8] were sourced from archival storage (2002 to 2017) of South Africa Medical Research Council—Diarrheal Pathogens Research Unit (MRC-DPRU), a WHO Rotavirus Regional Reference Laboratory (WHO-RRL) in Pretoria, South Africa. The two stool samples that were later genotyped as DS-1-like G1P[8] strains were collected from 6-month female and 12-month male children on 15 and 16 May 2008, respectively, from Soshanguve, Pretoria.

4.3. Extraction and Purification of Double-Stranded RNA

The extraction of RV ds-RNA was conducted by utilizing a previously described method [51], albeit with modifications (UFS-NGS unit extraction SOP). Briefly, a pea size (~100 mg) sample of stool was added to 200 µL of phosphate-buffered saline (PBS) solution, pH 7.2 (Sigma-Aldrich®, St Louis, MO, USA). The solution was mixed by pulse-vortexing for five seconds. A 1 mL volume of TRI-Reagent®-LS (Molecular Research Center, Inc, Cincinnati, OH, USA) was added and let to stand for five minutes. Phase separation was achieved by addition of 270 µL of chloroform (Sigma-Aldrich®, St Louis, MO, USA). Afterward, centrifugation for 13,000 revolutions per minute (RPM) was performed for 20 min at 4 °C in a temperature-controlled microcentrifuge (Eppendorf microcentrifuge 5427R, Hamburg, Germany). A volume of 1 mL isopropanol (Sigma-Aldrich®, St Louis, MO, USA) was added to the supernatant, and centrifugation was performed at 13,000 RPM for 30 min at room temperature. The supernatant was poured off, and the tubes were let to dry for 10 min, after which 95 µL of elution buffer (EB) from the MinElute Gel extraction kit (Qiagen, Hilden, Germany) was added. A 30 µL volume of of 8M LiCl2 (Sigma, St. Louis, MO, USA) was added, and the solution was precipitated for 16 h at 4 °C in a water bath in a Tupperware box. The MinElute gel extraction kit (Qiagen, Hilden, Germany) was used to purify the extracted RNA according to manufacturer's instructions, and 1% 0.5 X TBE agarose gel stained with Pronasafe (Condalab, UK) electrophoresis was used to verify the integrity and the enrichment of dsRNA, which was visualized on a G:Box Syngene UV transilluminator (Syngene, Cambridge, UK).

4.4. Synthesis and Purification of Complementary DNA (cDNA)

The Maxima H Minus Double-Stranded cDNA Synthesis Kit (Thermo Fischer Scientific, Waltham, MA) was utilized to synthesize cDNA from the extracted viral RNA. Briefly, denaturation at 95 °C for 5 min of the extracted RNA was performed followed by addition of 1 µL of 100 µM Random Hexamer primer. Incubation was performed in a thermocycler at 65 °C for five minutes. The First-Strand Reaction mix (5 µL) and the First Strand Enzyme Mix (1 µL) were added, and the solution was incubated at 25 °C for 10 min followed by 2 h at 50 °C, and then the reaction was terminated by heating at 85 °C for 5 min. A volume of 55 µL of nuclease-free water, 20 µL of 5X Second Strand Reaction Mix, and 5 µL of Second Strand Reaction Mix was then added. The solution was then incubated at 16 °C for 60 min, after which the reaction was stopped by adding 6 µL 0.5M EDTA. A volume of 10 µL RNAse I was then added, and the synthesized cDNA was incubated for five minutes at room temperature. Subsequently, the MSB® Spin PCRapace (Stratec) Purification Kit was used to purify the synthesized cDNA.

4.5. DNA Library Preparation and Whole-Genome Sequencing

The Nextera® XT DNA Library Preparation Kit (Illumina, San Diego, California, US) was utilized to prepare DNA libraries by following manufacturer's instructions. Briefly, the genomic DNA was tagmented by using the Nextera® transposome enzyme, and the tagmented DNA was subsequently amplified using a limited-cycle PCR program. The DNA libraries were cleaned-up using AMPure XP magnetic beads (Beckman Coulter, Pasadena, CA, USA) and 80% freshly prepared ethanol. The quantity of the DNA was determined using Qubit 2.0 fluorometer (Invitrogen, Carlsbad, CA, USA), and the quality of the libraries and the fragment sizes was assessed using Agilent 2100 BioAnalyzer® (Agilent Technologies, Waldbronn, Germany) by following the manufacturer's specified protocol. The Illumina MiSeq® sequencer (Illumina, San Diego, CA, USA) was utilized to perform paired-end nucleotide sequencing (301 × 2) for 600 cycles by using a MiSeq Reagent Kit v3 at the University of the Free State-Next Generation Sequencing (UFS-NGS) Unit, Bloemfontein, South Africa.

4.6. Genome Assembly

Geneious Prime® software, version 2019.1.1 (Biomatters, https://www.geneious.com/; [52]) was used for genome assembly. Briefly, for use with the reference mapping tools integrated in Geneious Prime version 2019.1.1, the default medium sensitivity parameter was selected to generate contigs from the FASTQ files data generated by the Illumina MiSeq® instrument. Complementary RV genome assembly was also performed using an in-house genome assembly pipeline and CLC Genomics Workbench 12 (https://www.qiagenbioinformatics.com/).

4.7. Determination of Rotavirus Whole-Genotype Constellations

The genotype of each gene segment was determined using Rota C, v 2.0 [13], an online server for genotyping RVA strains. This was used to generate the full genotype constellations for each RV strain.

4.8. Phylogenetic Analyses

Complete sequences for each gene segment were aligned and sequence comparisons performed as described previously [53–55]. Multiple sequence alignments were implemented utilizing the MUSCLE package in Molecular Evolutionary Genetics Analysis (MEGA) 6 software ([56]; http://www.megasoftware.net/). Upon alignment, the DNA Model Test program in MEGA 6 was used to determine the evolutionary model that best fits each gene sequence datasets. The models identified as best fitting with the sequence data for the indicated genes using the Corrected Akaike Information Criterion (AICc) were as follows: GTR+G+I (VP7, VP4, VP6, VP1, VP2, VP3, NSP1, NSP2, NSP3) and

HKY+G+I (NSP4 and NSP5). These models were utilized in maximum-likelihood trees' construction using MEGA 6 with 1000 bootstrap replicates to estimate branch support. Genetic distance matrices were prepared using the *p*-distance algorithm of MEGA 6 software [56]. In addition to the two whole-genome sequences of the strains in this study, other cognate sequences were acquired from GenBank ([57]; http://www.ncbi.nlm.gov/genbank). Further phylogenetic analysis by geographical regions Africa (Eastern Africa, Southern Africa, and West Africa), Asia, Americas, Europe, and Oceania was also performed. mVISTA software was used to visualize the comparative sequence similarities of concatenated whole-genome of genetically related strains [58].

5. Conclusions

Whole-gene analyses showed that the South African DS-1-like G1P[8] strains were generated involving locally circulating G2P[6] strains by acquiring the VP7 and the VP4 outer capsid proteins of locally co-circulating G1P[8] strains. Similar to their pre-vaccine era detection in Vietnam and Philippines, the identification of these atypical DS-1-like G1P[8] strains during the pre-vaccine period in South Africa, as opposed to their detection during post-vaccination era in selected settings in Brazil (Sao Paulo and Goias in 2013), Japan (Okayama, Aichi, Akita, Kyoto, and Osaka Prefectures in 2012), Thailand (Phetchabun and Sukhothai in 2013), and Malawi (Blantyre in 2013/2014), suggests that they originated from natural evolutionary processes of RVA genome. Whole-genome surveillance of RVA genotypes is imperative to understand the occurrence rate, the mechanisms that drive emergence of such atypical strains, and their epidemiological fitness as well as to assess the effect of vaccine selective pressure in shaping the antigenic landscape of RVA strains.

Supplementary Materials: The following are available online at http://www.mdpi.com/2076-0817/9/5/391/s1, Supplementary data 1 (S1): Identity matrices analysis for VP1, VP2, VP3, VP4, VP6, NSP1, NSP2, NSP3, NSP5 and NSP5 nucleotide and deduced amino acid identities among strains calculated by distance matrices using P-distance algorithm in MEGA 6. Supplementary data 2 (S2): Homology analysis summary containing Table S1 and Table S2. Supplementary data 3 (S3): Additional phylograms containing Figure S1:VP1, S2:VP2, S3:VP3, S4:VP6, S5:NSP1, S6:NSP2, S7:NSP3, S8:NSP4 and S9:NSP5.

Author Contributions: M.M.N., K.C.J., F.E.D. and V.N.N. conceptualized the main project. P.N.M., M.T.M., M.M.N. and S.P.R. performed the laboratory experiments. M.J.M. and M.L.S. facilitated the sample resources. Formal analysis was done by P.N.M. and M.M.N. Data curation was performed by P.N.M., M.T.M., M.M.N. and S.P.R. Writing of the original draft preparation was performed by P.N.M. Review of the drafts was performed by all co-authors. Supervision, funding acquisition and project administration was performed by M.M.N. All authors have read and agreed to the published version of the manuscript.

Funding: This research was principally funded by a grant awarded to M.M.N. by Bill and Melinda Gates Foundation (BMGF-OPP1180423_2017). Other funding grants awarded to M.M.N. that funded this research include: South African Medical Research Council (SAMRC) through the Self-Initiated Research grant (SIR), Poliomyelitis Research Foundation (PRF-19/16) and National Research Foundation (NRF-120814).

Acknowledgments: Assistance in retrieval of the archived stool samples by Khutso Mothapo, Kebareng Rakau and Nonkululeko Magagula at the WHO-RRL in Pretoria, is hereby acknowledged. Assistance in laboratory work by Lesedi Mosime, Gilmore Pambuka and Teboho Mooko is duly acknowledged. Some aspects of data analysis guidance by Mathew Esona (CDC, Atlanta) and Felicity Burt is greatly acknowledged. Technical ICT support by Stephanus Riekert is also acknowledged.

Conflicts of Interest: The authors declare no conflict of interest.

References

1. World Health Organization Causes of Mild Mortality. (WHO 2019). Available online: https://www.who.int/gho/child_health/mortality/causes/en/ (accessed on 20 August 2019).
2. Estes, M.K.; Greenberg, H.B. Rotaviruses. In *Fields Virology*; Knipe, D.M., Howley, P.M., Eds.; Wolters Kluwer Health/Lippincott, Williams and Wilkins: Philadelphia, PA, USA, 2013.
3. Troeger, C.; Khalil, I.A.; Rao, P.C.; Cao, S.; Blacker, B.F.; Ahmed, T.; Armah, G.; Bines, J.E.; Brewer, T.G.; Colombara, D.V.; et al. Rotavirus vaccination and the global burden of rotavirus diarrhea among children younger than 5 years. *JAMA Pediatr.* **2018**, *172*, 958–965. [CrossRef]

4. Tate, J.E.; Burton, A.H.; Boschi-Pinto, C.; Parashar, U.D.; World Health Organization–Coordinated Global Rotavirus Surveillance Network; Agocs, M.; Serhan, F.; de Oliveira, L.; Mwenda, J.M.; Mihigo, R.; et al. Global, regional, and national estimates of rotavirus mortality in children <5 years of age, 2000–2013. *Clin. Infect. Dis.* **2016**, *62* (Suppl. 2), S96–S105.

5. World Health Organization. Meeting of the immunization Strategic Advisory Group of Experts. *Wkly. Epidemiol. Rec.* **2009**, *84*, 220–236.

6. World Health Organization. WHO Prequalifies New Rotavirus Vaccine. Available online: https://www.who.int/medicines/news/2018/prequalified_new-rotavirus_vaccine/en/ (accessed on 19 December 2019).

7. Anh, D.D.; Van Trang, N.; Thiem, V.D.; Anh, N.T.H.; Mao, N.D.; Wang, Y.; Jiang, B.; Hien, N.D.; Rotavin-M1 Vaccine Trial Group. A dose-escalation safety and immunogenicity study of a new live attenuated human rotavirus vaccine (Rotavin-M1) in Vietnamese children. *Vaccine* **2012**, *30*, A114–A121. [CrossRef]

8. Fu, C.; Wang, M.; Liang, J.; He, T.; Wang, D.; Xu, J. Effectiveness of Lanzhou lamb rotavirus vaccine against rotavirus gastroenteritis requiring hospitalization: A matched case-control study. *Vaccine* **2007**, *25*, 8756–8761. [CrossRef]

9. Kirkwood, C.D.; Steele, A.D. Rotavirus Vaccines in China. *Jama Netw. Open* **2018**, *1*, e181579. [CrossRef]

10. Madhi, S.A.; Cunliffe, N.A.; Steele, D.; Witte, D.; Kirsten, M.; Louw, C.; Ngwira, B.; Victor, J.C.; Gillard, P.H.; Cheuvart, B.B.; et al. Effect of human rotavirus vaccine on severe diarrhea in African infants. *N. Engl. J. Med.* **2010**, *362*, 289–298. [CrossRef]

11. Madhi, S.A.; Kirsten, M.; Louw, C.; Bos, P.; Aspinall, S.; Bouckenooghe, A.; Neuzil, K.M.; Steele, A.D. Efficacy and immunogenicity of two or three dose rotavirus-vaccine regimen in South African children over two consecutive rotavirus-seasons: A randomized, double-blind, placebo-controlled trial. *Vaccine* **2012**, *30*, A44–A51. [CrossRef]

12. Matthijnssens, J.; Ciarlet, M.; McDonald, S.M.; Attoui, H.; Bányai, K.; Brister, J.R.; Buesa, J.; Esona, M.D.; Estes, M.K.; Gentsch, J.R.; et al. Uniformity of rotavirus strain nomenclature proposed by the Rotavirus Classification Working Group (RCWG). *Arch. Virol.* **2011**, *156*, 1397–1413. [CrossRef]

13. Maes, P.; Matthijnssens, J.; Rahman, M.; Van Ranst, M. RotaC: A web-based tool for the complete genome classification of group A rotaviruses. *BMC Microbiol.* **2009**, *9*, 238. [CrossRef]

14. Dóró, R.; László, B.; Martella, V.; Leshem, E.; Gentsch, J.; Parashar, U.; Bányai, K. Review of global rotavirus strain prevalence data from six years post vaccine licensure surveillance: Is there evidence of strain selection from vaccine pressure? *Infect. Genet. Evol.* **2014**, *28*, 446–461. [CrossRef] [PubMed]

15. Banyai, K.; Mijatovic-Rustempasic, S.; Hull, J.J.; Esona, M.D.; Freeman, M.M.; Frace, A.M.; Bowen, M.D.; Gentsch, J.R. Sequencing and phylogenetic analysis of the coding region of six common rotavirus strains: Evidence for intragenogroup reassortment among co-circulating G1P[8] and G2P[4] strains from the United States. *J. Med. Virol.* **2011**, *83*, 532–539. [CrossRef] [PubMed]

16. Seheri, L.M.; Magagula, N.B.; Peenze, I.; Rakau, K.; Ndadza, A.; Mwenda, J.M.; Weldegebriel, G.; Steele, A.D.; Mphahlele, M.J. Rotavirus strain diversity in Eastern and Southern African countries before and after vaccine introduction. *Vaccine* **2018**, *36*, 7222–7230. [CrossRef]

17. Mwenda, J.M.; Ntoto, K.M.; Abebe, A.; Enweronu-Laryea, C.; Amina, I.; Mchomvu, J.; Kisakye, A.; Mpabalwani, E.M.; Pazvakavambwa, I.; Armah, G.E.; et al. Burden and epidemiology of rotavirus diarrhea in selected African countries: Preliminary results from the African Rotavirus Surveillance Network. *J. Infect. Dis.* **2010**, *202* (Suppl. 1), S5–S11. [CrossRef]

18. Seheri, L.M.; Ngomane, G.; Page, N.A.; Mokomane, M.; Maphalala, G.P.; Weldegebriel, G.; Peenze, I.; Magagula, N.B.; Nyaga, M.M.; Lisoga, J.; et al. Outbreak investigation of diarrheal disease in Botswana and Eswatini in 2018. In Proceedings of the 12th African Rotavirus Symposium, Johannesburg, South Africa, 30 July–1 August 2019.

19. Matthijnssens, J.; Van Ranst, M. Genotype constellation and evolution of group A rotaviruses infecting humans. *Curr. Opin. Virol.* **2012**, *2*, 426–433. [CrossRef]

20. Do, L.P.; Nakagomi, T.; Otaki, H.; Agbemabiese, C.A.; Nakagomi, O.; Tsunemitsu, H. Phylogenetic inference of the porcine Rotavirus A origin of the human G1 VP7 gene. *Infect. Genet. Evol.* **2016**, *40*, 205–213. [CrossRef]

21. Santos, F.S.; Junior, E.S.; Guerra, S.F.S.; Lobo, P.S.; Junior, E.P.; Lima, A.B.F.; Vinente, C.B.G.; Chagas, E.H.N.; Justino, M.C.A.; Linhares, A.C.; et al. G1P[8] Rotavirus in children with severe diarrhea in the post-vaccine introduction era in Brazil: Evidence of reassortments and structural modifications of the antigenic VP7 and VP4 regions. *Infect. Genet. Evol.* **2019**, *69*, 255–266. [CrossRef]

22. Kirkwood, C.D. Genetic and antigenic diversity of human rotaviruses: Potential impact on vaccination programs. *J. Infect. Dis.* **2010**, *202* (Suppl. 1), S43–S48. [CrossRef]

23. Luchs, A.; da Costa, A.C.; Cilli, A.; Komninakis, S.C.V.; Carmona, R.D.C.C.; Morillo, S.G.; Sabino, E.C.; Timenetsky, M.D.C.S.T. First Detection of DS-1-like G1P[8] Double-gene Reassortant Rotavirus Strains on The American Continent, Brazil, 2013. *Sci. Rep.* **2019**, *9*, 2210. [CrossRef]

24. Jere, K.C.; Chaguza, C.; Bar-Zeev, N.; Lowe, J.; Peno, C.; Kumwenda, B.; Nakagomi, O.; Tate, J.E.; Parashar, U.D.; Heyderman, R.S.; et al. Emergence of double-and triple-gene reassortant G1P[8] rotaviruses possessing a DS-1-like backbone after rotavirus vaccine introduction in Malawi. *J. Virol.* **2018**, *92*, e01246-17. [CrossRef]

25. Fujii, Y.; Nakagomi, T.; Nishimura, N.; Noguchi, A.; Miura, S.; Ito, H.; Doan, Y.H.; Takahashi, T.; Ozaki, T.; Katayama, K.; et al. Spread and predominance in Japan of novel G1P[8] double-reassortant rotavirus strains possessing a DS-1-like genotype constellation typical of G2P[4] strains. *Infect. Genet. Evol.* **2014**, *28*, 426–433. [CrossRef]

26. Kuzuya, M.; Fujii, R.; Hamano, M.; Kida, K.; Mizoguchi, Y.; Kanadani, T.; Nishimura, K.; Kishimoto, T. Prevalence and molecular characterization of G1P[8] human rotaviruses possessing DS-1-like VP6, NSP4, and NSP5/6 in Japan. *J. Med. Virol.* **2014**, *86*, 1056–1064. [CrossRef] [PubMed]

27. Yamamoto, S.P.; Kaida, A.; Kubo, H.; Iritani, N. Gastroenteritis Outbreaks Caused by a DS-1–like G1P[8] Rotavirus Strain, Japan, 2012–2013. *Emerg. Infect. Dis.* **2014**, *20*, 1030. [CrossRef] [PubMed]

28. Komoto, S.; Tacharoenmuang, R.; Guntapong, R.; Ide, T.; Tsuji, T.; Yoshikawa, T.; Tharmaphornpilas, P.; Sangkitporn, S.; Taniguchi, K. Reassortment of human and animal rotavirus gene segments in emerging DS-1-like G1P[8] rotavirus strains. *PLoS ONE* **2016**, *11*, e0148416. [CrossRef] [PubMed]

29. Komoto, S.; Tacharoenmuang, R.; Guntapong, R.; Ide, T.; Haga, K.; Katayama, K.; Kato, T.; Ouchi, Y.; Kurahashi, H.; Tsuji, T.; et al. Emergence and characterization of unusual DS-1-like G1P[8] rotavirus strains in children with diarrhea in Thailand. *PLoS ONE* **2015**, *10*, e0141739. [CrossRef] [PubMed]

30. Nakagomi, T.; Nguyen, M.Q.; Gauchan, P.; Agbemabiese, C.A.; Kaneko, M.; Do, L.P.; Vu, T.D.; Nakagomi, O. Evolution of DS-1-like G1P[8] double-gene reassortant rotavirus A strains causing gastroenteritis in children in Vietnam in 2012/2013. *Arch. Virol.* **2017**, *162*, 739–748. [CrossRef] [PubMed]

31. Zeller, M.; Heylen, E.; Tamim, S.; McAllen, J.K.; Kirkness, E.F.; Akopov, A.; De Coster, S.; Van Ranst, M.; Matthijnssens, J. Comparative analysis of the Rotarix™ vaccine strain and G1P[8] rotaviruses detected before and after vaccine introduction in Belgium. *PeerJ* **2017**, *5*, e2733. [CrossRef]

32. Magagula, N.B.; Esona, M.D.; Nyaga, M.M.; Stucker, K.M.; Halpin, R.A.; Stockwell, T.B.; Seheri, M.L.; Steele, A.D.; Wentworth, D.E.; Mphahlele, M.J. Whole genome analyses of G1P[8] rotavirus strains from vaccinated and non-vaccinated South African children presenting with diarrhea. *J. Med. Virol.* **2015**, *87*, 79–101. [CrossRef]

33. Shintani, T.; Ghosh, S.; Wang, Y.H.; Zhou, X.; Zhou, D.J.; Kobayashi, N. Whole genomic analysis of human G1P[8] rotavirus strains from different age groups in China. *Viruses* **2012**, *4*, 1289–1304. [CrossRef]

34. Arora, R.; Chitambar, S.D. Full genomic analysis of Indian G1P[8] rotavirus strains. *Infect. Genet. Evol.* **2011**, *11*, 504–511. [CrossRef]

35. Rahman, M.; Matthijnssens, J.; Saiada, F.; Hassan, Z.; Heylen, E.; Azim, T.; Van Ranst, M. Complete genomic analysis of a Bangladeshi G1P[8] rotavirus strain detected in 2003 reveals a close evolutionary relationship with contemporary human Wa-like strains. *Infect. Genet. Evol.* **2010**, *10*, 746–754. [CrossRef] [PubMed]

36. Arista, S.; Giammanco, G.M.; De Grazia, S.; Ramirez, S.; Biundo, C.L.; Colomba, C.; Cascio, A.; Martella, V. Heterogeneity and temporal dynamics of evolution of G1 human rotaviruses in a settled population. *J. Virol.* **2006**, *80*, 10724–10733. [CrossRef] [PubMed]

37. Aoki, S.T.; Settembre, E.C.; Trask, S.D.; Greenberg, H.B.; Harrison, S.C.; Dormitzer, P.R. Structure of rotavirus outer-layer protein VP7 bound with a neutralizing Fab. *Science* **2009**, *324*, 1444–1447. [CrossRef] [PubMed]

38. Le, V.P.; Chung, Y.C.; Kim, K.; Chung, S.I.; Lim, I.; Kim, W. Genetic variation of prevalent G1P[8] human rotaviruses in South Korea. *J. Med. Virol.* **2010**, *82*, 886–896. [CrossRef] [PubMed]

39. Ciarlet, M.; Hyser, J.M.; Estes, M.K. Sequence Analysis of the VP4, VP6, VP7, and NSP4 Gene Products of the Bovine Rotavirus WC3. *Virus Genes* **2002**, *24*, 107–118. [CrossRef]

40. Zeller, M.; Patton, J.T.; Heylen, E.; De Coster, S.; Ciarlet, M.; Van Ranst, M.; Matthijnssens, J. Genetic analyses reveal differences in the VP7 and VP4 antigenic epitopes between human rotaviruses circulating in Belgium and rotaviruses in Rotarix and RotaTeq. *J. Clin. Microbiol.* **2012**, *50*, 966–976. [CrossRef]

41. Guntapong, R.; Tacharoenmuang, R.; Singchai, P.; Upachai, S.; Sutthiwarakom, K.; Komoto, S.; Tsuji, T.; Tharmaphornpilas, P.; Yoshikawa, T.; Sangkitporn, S.; et al. Predominant prevalence of human rotaviruses with the G1P[8] and G8P[8] genotypes with a short RNA profile in 2013 and 2014 in Sukhothai and Phetchaboon provinces, Thailand. *J. Med. Virol.* **2017**, *89*, 615–620. [CrossRef]

42. Arana, A.; Montes, M.; Jere, K.C.; Alkorta, M.; Iturriza-Gómara, M.; Cilla, G. Emergence and spread of G3P[8] rotaviruses possessing an equine-like VP7 and a DS-1-like genetic backbone in the Basque Country (North of Spain), 2015. *Infect. Genet. Evol.* **2016**, *44*, 137–144. [CrossRef]

43. Cowley, D.; Donato, C.M.; Roczo-Farkas, S.; Kirkwood, C.D. Emergence of a novel equine-like G3P[8] inter-genogroup reassortant rotavirus strain associated with gastroenteritis in Australian children. *J. Gen. Virol.* **2016**, *97*, 403–410. [CrossRef]

44. Guerra, S.F.S.; Soares, L.S.; Lobo, P.S.; Júnior, E.T.P.; Júnior, E.C.S.; Bezerra, D.A.M.; Vaz, L.R.; Linhares, A.C.; Mascarenhas, J.D.A.P. Detection of a novel equine-like G3 rotavirus associated with acute gastroenteritis in Brazil. *J. Gen. Virol.* **2016**, *97*, 3131–3138. [CrossRef]

45. Abdel-Haq, N.M.; Thomas, R.A.; Asmar, B.I.; Zacharova, V.; Lyman, W.D. Increased prevalence of G1P[4] genotype among children with rotavirus-associated gastroenteritis in metropolitan Detroit. *J. Clin. Microbiol.* **2003**, *41*, 2680–2682. [CrossRef] [PubMed]

46. Rosa, M.E.S.; Pires, I.D.C.; Gouvea, V. 1998-1999 rotavirus seasons in Juiz de Fora, Minas Gerais, Brazil: Detection of an unusual G3P[4] epidemic strain. *J. Clin. Microbiol.* **2002**, *40*, 2837–2842. [CrossRef] [PubMed]

47. Asmah, R.H.; Green, J.; Armah, G.E.; Gallimore, C.I.; Gray, J.J.; Iturriza-Gómara, M.; Anto, F.; Oduro, A.; Binka, F.N.; Brown, D.W.; et al. Rotavirus G and P genotypes in rural Ghana. *J. Clin. Microbiol.* **2001**, *39*, 1981–1984. [CrossRef] [PubMed]

48. Coulson, B.S.; Kirkwood, C. Relation of VP7 amino acid sequence to monoclonal antibody neutralization of rotavirus and rotavirus monotype. *J. Virol.* **1991**, *65*, 5968–5974. [CrossRef]

49. Betts, M.J.; Russell, R.B. Amino acid properties and consequences of substitutions. *Bioinform. Genet.* **2003**, *317*, 289.

50. Caust, J.; Dyall-Smith, M.L.; Lazdins, I.; Holmes, I.H. Glycosylation, an important modifier of rotavirus antigenicity. *Arch. Virol.* **1987**, *96*, 123–134. [CrossRef]

51. Potgieter, A.C.; Page, N.A.; Liebenberg, J.; Wright, I.M.; Landt, O.; Van Dijk, A.A. Improved strategies for sequence-independent amplification and sequencing of viral double-stranded RNA genomes. *J. Gen. Virol.* **2009**, *90*, 1423–1432. [CrossRef]

52. Kearse, M.; Moir, R.; Wilson, A.; Stones-Havas, S.; Cheung, M.; Sturrock, S.; Buxton, S.; Cooper, A.; Markowitz, S.; Duran, C.; et al. Geneious Basic: An integrated and extendable desktop software platform for the organization and analysis of sequence data. *Bioinformatics* **2012**, *28*, 1647–1649. [CrossRef]

53. Esona, M.D.; Roy, S.; Rungsrisuriyachai, K.; Gautam, R.; Hermelijn, S.; Rey-Benito, G.; Bowen, M.D. Molecular characterization of a human G20P[28] rotavirus a strain with multiple genes related to bat rotaviruses. *Infect. Genet. Evol.* **2018**, *57*, 166–170. [CrossRef]

54. Esona, M.D.; Roy, S.; Rungsrisuriyachai, K.; Sanchez, J.; Vasquez, L.; Gomez, V.; Rios, L.A.; Bowen, M.D.; Vazquez, M. Characterization of a triple-recombinant, reassortant rotavirus strain from the Dominican Republic. *J. Gen. Virol.* **2017**, *98*, 134. [CrossRef]

55. Ward, M.L.; Mijatovic-Rustempasic, S.; Roy, S.; Rungsrisuriyachai, K.; Boom, J.A.; Sahni, L.C.; Baker, C.J.; Rench, M.A.; Wikswo, M.E.; Payne, D.C.; et al. Molecular characterization of the first G24P[14] rotavirus strain detected in humans. *Infect. Genet. Evol.* **2016**, *43*, 338–342. [CrossRef]

56. Tamura, K.; Stecher, G.; Peterson, D.; Filipski, A.; Kumar, S. MEGA6: Molecular evolutionary genetics analysis version 6.0. *Mol. Biol. Evol.* **2013**, *30*, 2725–2729. [CrossRef] [PubMed]

57. Benson, D.A.; Karsch-Mizrachi, I.; Lipman, D.J.; Ostell, J.; Rapp, B.A.; Wheeler, D.L. GenBank. *Nucleic Acids Res.* **2000**, *28*, 15–18. [CrossRef] [PubMed]

58. Mayor, C.; Brudno, M.; Schwartz, J.R.; Poliakov, A.; Rubin, E.M.; Frazer, K.A.; Pachter, L.S.; Dubchak, I. VISTA: Visualizing global DNA sequence alignments of arbitrary length. *Bioinformatics* **2000**, *16*, 1046–1047. [CrossRef] [PubMed]

 *pathogens*

Article

Molecular Characterisation of a Rare Reassortant Porcine-Like G5P[6] Rotavirus Strain Detected in an Unvaccinated Child in Kasama, Zambia

Wairimu M. Maringa [1], Peter N. Mwangi [1], Julia Simwaka [2], Evans M. Mpabalwani [3], Jason M. Mwenda [4], Ina Peenze [5], Mathew D. Esona [5], M. Jeffrey Mphahlele [5,6], Mapaseka L. Seheri [5] and Martin M. Nyaga [1,*]

1   Next Generation Sequencing Unit, Division of Virology, Faculty of Health Sciences, University of the Free State, Bloemfontein 9300, South Africa; makena96wairimu@gmail.com (W.M.M.); nthigapete@gmail.com (P.N.M.)
2   Virology Laboratory, Department of Pathology & Microbiology, University Teaching Hospital, Adult and Emergency Hospital, Lusaka 10101, Zambia; juliachibumbya@gmail.com
3   Department of Paediatrics & Child Health, School of Medicine, University of Zambia, Ridgeway, Lusaka RW50000, Zambia; evans.mpabalwani@unza.zm
4   World Health Organization, Regional Office for Africa, Brazzaville P.O. Box 06, Congo; mwendaj@who.int
5   Diarrhoeal Pathogens Research Unit, Faculty of Health Sciences, Sefako Makgatho Health Sciences University, Medunsa, Pretoria 0204, South Africa; ina.peenze@smu.ac.za (I.P.); mathew.esona@gmail.com (M.D.E.); Jeffrey.Mphahlele@mrc.ac.za (M.J.M.); mapaseka.seheri@smu.ac.za (M.L.S.)
6   South African Medical Research Council, 1 Soutpansberg Road, Pretoria 0001, South Africa
*   Correspondence: NyagaMM@ufs.ac.za; Tel.: +27-51-401-9158

Received: 24 July 2020; Accepted: 14 August 2020; Published: 17 August 2020

Abstract: A human-porcine reassortant strain, RVA/Human-wt/ZMB/UFS-NGS-MRC-DPRU4723/2014/G5P[6], was identified in a sample collected in 2014 from an unvaccinated 12 month old male hospitalised for gastroenteritis in Zambia. We sequenced and characterised the complete genome of this strain which presented the constellation: G5-P[6]-I1-R1-C1-M1-A8-N1-T1-E1-H1. The genotype A8 is often observed in porcine strains. Phylogenetic analyses showed that VP6, VP7, NSP2, NSP4, and NSP5 genes were closely related to cognate gene sequences of porcine strains (e.g., RVA/Pig-wt/CHN/DZ-2/2013/G5P[X] for VP7) from the NCBI database, while VP1, VP3, VP4, and NSP3 were closely related to porcine-like human strains (e.g., RVA/Human-wt/CHN/E931/2008/G4P[6] for VP1, and VP3). On the other hand, the origin of the VP2 was not clear from our analyses, as it was not only close to both porcine (e.g., RVA/Pig-tc/CHN/SWU-1C/2018/G9P[13]) and porcine-like human strains (e.g., RVA/Human-wt/LKA/R1207/2009/G4P[6]) but also to three human strains (e.g., RVA/Human-wt/USA/1476/1974/G1P[8]). The VP7 gene was located in lineage II that comprised only porcine strains, which suggests the occurrence of independent porcine-to-human reassortment events. The study strain may have collectively been derived through interspecies transmission, or through reassortment event(s) involving strains of porcine and porcine-like human origin. The results of this study underline the importance of whole-genome characterisation of rotavirus strains and provide insights into interspecies transmissions from porcine to humans.

Keywords: whole-genome; genotype constellation; interspecies transmission; reassortment; porcine; porcine-like human

1. Introduction

Group A rotaviruses (RVA), of the family *Reoviridae*, are the number one viral pathogens causing severe diarrhoea in children below five years of age [1]. In 2016, an estimated 128,000 deaths in children below five years were due to RVA infections, 90% of which occurred in developing countries [2,3]. Similarly, RVA are the primary cause of acute gastroenteritis in new-born piglets [4].

Rotaviruses have a distinctive morphology which comprises a nonenveloped, three-layered icosahedral protein shell. The rotavirus genome within the protein shell comprises 11 segments of double-stranded (dsRNA) that encode six structural viral proteins (VP1 to VP4, VP6, and VP7) and five or six nonstructural proteins (NSP1 to NSP5/6) [1]. A binary classification system is used to distinguish RVA based on the antigenic properties of the outer shell proteins, VP7 and VP4, that determine the G-genotype and P-genotype, respectively [1]. Furthermore, RVA can be separated into two main genogroups and one minor genogroup according to a whole-genome classification system, whereby a specific genotype is assigned to the 11 gene segments. These genogroups represent the genotype constellations that are present in most human strains globally [5,6]. Genogroup 1 (Wa-like) bears the constellation I1-R1-C1-M1-A1-N1-T1-E1-H1 and is often associated with the G genotypes G1, G3, G4, G9, and G12 and P genotype P[8]. Genogroup 2 (DS-1-like) includes G2P[4] strains and bears the constellation I2-R2-C2-M2-A2-N2-T2-E2-H2. Lastly, the minor genogroup 3 (AU-1-like) bears the I3-R3-C3-M3-A3-N3-T3-E3-H3 constellation and includes G3P[9] strains [7]. As of 5th May 2020, the Rotavirus Classification Working Group had identified at least 36 G, 51 P, 26 I, 22 R, 20 C, 20 M, 31 A, 22 N, 22 T, 27 E, and 22 H genotypes [8]. The whole-genome classification system has made it possible to analyse and understand the origin of various strains, interspecies transmission, and animal–human reassortment events [9]. Human Wa-like strains and porcine rotavirus strains share a common origin, whereas DS-1-like and AU-1-like strains have a common origin with bovine and feline strains, respectively [5].

In humans, G1-G4, G9, and G12 along with P[4], P[6], and P[8] are the most frequently detected, globally [10–13]. On the contrary, in porcine, predominant genotypes are G3-G5, G9, and G11 along with P[6], P[7], and P[13] [4,14]. Porcine rotaviruses bear the constellation I5-R1-C1-M1-A8-N1-T1/T7-E1-H1 [5,15–20]. While human Wa-like RVA differ from porcine rotaviruses in some gene segments (VP4, VP6, VP7, and NSP1), they both appear to have genotype 1 in the VP1, VP2, VP3, NSP2, NSP3, NSP4, and NSP5 gene segments. Hence, the suggestion that human Wa-like and porcine RVAs have arisen from a common ancestor [5].

The findings that show animals can serve as potential reservoirs for genetically diverse rotavirus strains that can be passed on to humans have elicited a large amount of interest and topics for further research [21]. Several novel and rare animal-like or animal–human reassortant rotavirus strains have been identified globally [22–28]. The detection of animal strains in humans is presumed to be as a result of zoonotic transmission, along with reassortment, which contributes to the diversity of circulating RVA [4,29,30]. Inter- and intragenogroup reassortment may occur when multiple RVA simultaneously infect a host. This is attributed to the segmented nature of the rotavirus genome [1,31]. It is, therefore, necessary to continuously carry out the monitoring of animal RVA and the role they play in contributing to the diversity of circulating RVA in humans.

The G5, one of the most common porcine genotypes, has sporadically been identified in human populations in Brazil (G5P[X]), Cameroon (G5P[7] and G5P[8]), Argentina (G5P[8]), and the United Kingdom(G5P[X]) [32–36]. The P[6] is presumed to be of porcine origin. They have also been identified in human populations [37–40]. The first human G5P[6] strain, LL36755, was detected in a child who had acute gastroenteritis in China in 2007 [41]. Other G5P[6] strains were detected in Vietnam, Taiwan, Bulgaria, Japan, and Thailand [37,42–45]. To date, the whole-genome of only two human G5P[6] strains—Bulgarian BG620 (nt sequences unavailable in the DDBJ, EMBL, and GenBank data libraries as of 13 August 2020) and Japanese Ryukyu-1120 (full open reading frame, available in GenBank)—have been analysed [45,46].

Diarrhoea is a burden for the Zambian healthcare system, with about 33% of the extreme cases being attributable to RVA [47–49]. In an attempt to generate disease burden attributable to rotavirus diarrhoea in children, the Zambian Ministry of Health, with support from WHO, launched rotavirus surveillance at the University Teaching Hospital (UTH) in 2006 [50,51]. Surveillance data generated provided evidence of the burden of rotavirus diarrhoea that supported the introduction of the rotavirus vaccine, Rotarix®, as a pilot project in Lusaka, Zambia in 2012, and was later rolled out nationwide in November 2013 [50]. According to the estimates reported by the World Health Organization (WHO) and the United Nations International Children's Emergency Fund (WHO/UNICEF), rotavirus vaccine coverage in Zambia has been consistently high for the last six years, increasing from 73% in 2014 to 90% in 2019 [52]. Over this period, a sustained and significant reduction in rotavirus-associated hospitalisations and mortality was observed in children under 5 years [51].

The African Rotavirus Surveillance Network, coordinated by the World Health Organization Regional Office for Africa (WHO/AFRO), is actively monitoring the diversity and distribution of RVA genotypes in children hospitalised with acute diarrhoea [53]. Initially, the network was established with four countries in 2006, and expanded to 29 countries by the end of 2016 [54,55]. The Diarrhoeal Pathogens Research Unit at Sefako Makgatho University in Pretoria (South Africa) and the Noguchi Memorial Institute for Medical Research in Accra (Ghana) are the two WHO Rotavirus Regional Reference Laboratories (RRLs) for the network that conducts monitoring of rotavirus epidemiology in Africa [55]. The WHO/AFRO is currently supporting the University of the Free State-Next Generation Sequencing (UFS-NGS) unit to undertake rotavirus surveillance of rotavirus strains that circulated in Zambia between 2013 and 2016 at the whole-genome level. A G5P[6] strain, UFS-NGS-MRC-DPRU4723, was identified among these strains and was analysed so as to elucidate its origin and evolution. The sample was collected in 2014 from an unvaccinated 12 month old male hospitalised for gastroenteritis at Arthur Davison Children's Hospital in Ndola, Zambia.

2. Results

2.1. Nucleotide Sequencing and Identity of the Strain

Illumina® MiSeq sequencing exhibited a phred score of Q30 and collectively yielded 98.8 Mbs of data for this specific sample. The whole genome of RVA/Human-wt/ ZMB/UFS-NGS-MRC-DPRU4723/2014/G5P[6] was 18272 bps in size. The length and ORF of the 11 gene segments as determined by nucleotide sequencing are shown in Table 1. A BLASTn search was performed, and it appeared to exhibit maximum sequence identities of 95.7%–98.0% with porcine and human porcine-like strains (Table 1). Based on the whole genome classification system, RVA/Human-wt/ZMB/UFS-NGS-MRC-DPRU4723/2014/G5P[6] exhibited a G5-P[6]-I1-R1-C1-M1-A8-N1-T1-E1-H1 genotype constellation (Table 2). The genetic constellation of the study strain was compared to those of other G5 and non-G5 strains retrieved from the GenBank (Table 2).

Table 1. The segment and ORF lengths of strain UFS-NGS-MRC-DPRU4723 and the highest sequence identities obtained using the Basic Local Alignment Search Tool (BLAST).

GENOME SEGMENT Encoding	GenBank Accession no.	Segment Length	ORF Length	Results of Blast Search			
				Most Similar Strain	GenBank Accession no.	Similarity (%)	Reference
VP1	MT271025	3302	3267	GX54	KF041441	96.7	[56]
VP2	MT271026	2673	2673	R1207	LC389886	96.5	[57]
VP3	MT271027	2591	2508	R946	KF726060	95.7	[58]
VP4	MT271028	2359	2328	KisB332	KJ870903	98.0	[59]
NSP1	MT271029	1512	1482	NT0042	LC095894	98.1	[60]
VP6	MT271030	1356	1194	KYE-14-A048	KX988279	98.7	[29]
NSP3	MT271031	1076	942	12070-4	KX363287	97.1	[61]
NSP2	MT271032	954	954	YN	KJ466987	96.8	[https://www.ncbi.nlm.nih.gov/nuccore/KJ466987]
VP7	MT271033	1054	981	JN-2	KT820777	98.0	[https://www.ncbi.nlm.nih.gov/nuccore/KT820777]
NSP4	MT271034	751	528	14150-54	KX363354	97.7	[61]
NSP5	MT271035	644	594	R479	GU189559	97.6	[62]

2.2. Sequence and Phylogenetic Analysis

To investigate the potential origin of RVA/Human-wt/ZMB/UFS-NGS-MRC-DPRU4723/2014/G5P[6], phylogenetic trees were constructed for each of the 11 gene segments along with cognate gene sequences of RVA strains obtained from the GenBank.

2.2.1. Sequence and Phylogenetic Analysis of the VP7 Gene

Phylogenetically, there are three known VP7 G5 lineages (I-III) [63]. The VP7 genes of RVA/Human-wt/ZMB/UFS-NGS-MRC-DPRU4723/2014/G5P[6] clustered into lineage II, which consisted only of porcine G5 strains from mainly Asia and the Americas (Figure 1). The VP7 gene showed the highest nucleotide (nt) and amino acid (aa) identities with the Chinese porcine strains RVA/Pig-wt/CHN/DZ-2/2013/ G5P[X] nt (aa), 98.6% (99.0%), and RVA/Pig-wt/CHN/JN-2/2014/G5P[X] 98.5% (99.0%) and was distantly related to the strains within lineage III with lower sequence identities (nt, 83.4%–86.5%; aa, 90.4%–94.5%) (Figure 1; Supplementary data 1). Overall, strains within lineage II exhibited sequence identities that were in the range nt, 89.6%–98.6%; aa, 92.4%–99.0% (Supplementary data 1).

The comparison of the amino acid sequence of RVA/Human-wt/ZMB/UFS-NGS-MRC-DPRU4723/ 2014/G5P[6] to reference G5 strains e.g., RVA/Pig-wt/THA/CMP-001-12/2012/G5P[13] (lineage I), RVA/Pig-wt/BRA/ROTA24/2013/G5P[6] (lineage II) and RVA/Human-wt/JPN/Ryukyu-1120/2011/G5P[6] (lineage III) within each of the three lineages revealed a high identity (range 90.0%–94.9% (Supplementary data 1; Supplementary data 2a). Numerous substitutions were identified in the nine VP7 variable regions, VR-1 to VR-9 [64]: VR-1 (I9V and I19V), VR-2 (V27T and V29T), VR-3 M/F39L, I40V, V41I, L/I43V, I/L/V47F, R49K, and A50T), VR-4 (K/A65T, V/M68A, M/A72T, and M/Q75T), VR-5/antigenic site A (N/S/D/T96A), VR-6 (I129V and D130E), VR-7/antigenic site B (N145D and A/V/E146G), VR-8/antigenic site C (L/S208T, A210T, T/V212I, S/A213I, I/M217T, V218I, and S220N), and VR-9/antigenic site F (A/M241T and S242N).

Table 2. Genotype natures of the 11 gene segments of Zambian strain UFS-NGS-MRC-DPRU4723 compared with those of selected human and porcine strains.

Strain	Genotype										
	VP7	VP4	VP6	VP1	VP2	VP3	NSP1	NSP2	NSP3	NSP4	NSP5
RVA/Human-wt/ZMB/UFS-NGS-MRC-DPRU4723/2014/G5P[6]	G5	P[6]	I1	R1	C1	M1	A8	N1	T1	E1	H1
RVA/Human-wt/BGR/BG260/2008/G5P[6] *	G5	P[6]	I1	R1	C1	M1	A8	N1	T1	E1	H1
RVA/Human-wt/JPN/Ryukyu-1120/2011/G5P[6]	G5	P[6]	I5	R1	C1	M1	A8	N1	T1	E1	H1
RVA/Human-wt/CHN/LL3354/2000/G5P[6]	G5	P[6]	I5	-	-	-	-	-	-	E1	-
RVA/Human-wt/CHN/LL4260/2001/G5P[6]	G5	P[6]	-	-	-	-	-	-	-	E1	-
RVA/Human-wt/CHN/LL36755/2003/G5P[6]	G5	P[6]	-	-	-	-	-	-	-	E1	-
RVA/Human-wt/VNM/KH210/2004/G5P[6]	G5	P[6]	-	-	-	-	-	-	-	E1	-
RVA/Human-wt/TWN/03-98P50/2009/G5P[6] *	G5	P[6]	I5	-	-	-	-	-	-	E1	-
RVA/Human-wt/CMR/6784/ARN/2000/G5P[7]	G5	P[7]	I5	R1	C1	M1	A1	N1	T1	E1	H1
RVA/Human-tc/BRA/IAL28/1992/G5P[8]	G5	P[8]	I5	R1	C1	M1	A1	N1	T1	E1	H1
RVA/Pig-tc/USA/OSU/1975/G5P[7]	G5	P[7]	I5	R1	C1	M1	A1	N1	T1	E1	H1
RVA/Pig-wt/BEL/12R002/2012/G5P[7]	G5	P[7]	I5	R1	C1	M1	A8	N1	T7	E1	H1
RVA/Pig-wt/JPN/BU2/2014/G5P[7]	G5	P[7]	I5	R1	C1	M1	A8	N1	T1	E1	H1
RVA/Human-tc/USA/Wa/1974/G1P[8]	G1	P[8]	I1	R1	C1	M1	A1	N1	T1	E1	H1
RVA/Human-tc/USA/DS-1/1976/G2P[4]	G2	P[4]	I2	R2	C2	M2	A2	N2	T2	E2	H2
RVA/Human-tc/JPN/AU-1/1982/G3P[9]	G3	P[9]	I3	R3	C3	M3	A3	N3	T3	E3	H3
RVA/Pig-wt/BEL/12R006/2012/G3P[6]	G3	P[6]	I5	R1	C1	M1	A8	N1	T1	E1	H1
RVA/Human-tc/GBR/ST3/1974/G4P[6]	G4	P[6]	I1	R1	C1	M1	A1	N1	T1	E1	H1
RVA/Pig-tc/USA/Gottfried/1975/G4P[6]	G4	P[6]	I1	R1	C1	M1	A8	N1	T1	E1	H1
RVA/Human-tc/CHN/R479/2004/G4P[6]	G4	P[6]	I5	R1	C1	M1	A1	N1	T7	E1	H1
RVA/Human-wt/CHN/E931/2008/G4P[6]	G4	P[6]	I1	R1	C1	M1	A8	N1	T1	E1	H1
RVA/Human-wt/COD/KisB332/2008/G4P[6]	G4	P[6]	I1	R1	C1	M1	A1	N1	T7	E1	H1
RVA/Human-wt/CHN/GX54/2010/G4P[6]	G4	P[6]	I1	R1	C1	M1	A8	N1	T1	E1	H1

Table 2. *Cont.*

Strain	Genotype										
	VP7	VP4	VP6	VP1	VP2	VP3	NSP1	NSP2	NSP3	NSP4	NSP5
RVA/Pig-wt/BEL/12R005/2012/G4P[7]	G4	P[7]	I5	R1	C1	M1	A8	N1	T7	E1	H1
RVA/Human-wt/BEL/BE2001/2009/G9P[6]	G9	P[6]	I5	R1	C1	M1	A8	N1	T7	E1	H1
RVA/Human-tc/USA/WI61/1983/G9P[8]	G9	P[8]	I1	R1	C1	M1	A1	N1	T1	E1	H1
RVA/Human-wt/BEL/B3458/2003/G9P[8]	G9	P[8]	I1	R1	C1	M1	A1	N1	T1	E1	H1
RVA/Human-tc/IND/mani-97/2006/G9P[19]	G9	P[19]	I5	R1	C1	M1	A8	N1	T1	E1	H1
RVA/Human-wt/BGD/Dhaka6/2001/G11P[25]	G11	P[25]	I1	R1	C1	M1	A1	N1	T1	E1	H1
RVA/Human-wt/VNM/30378/2009/G26P[19]	G26	P[19]	I5	R1	C1	M1	A8	N1	T1	E1	H1
RVA/Human-wt/BRA/rj24598/2015/G26P[19]	G26	P[19]	I5	R1	C1	M1	A8	N1	T1	E1	H1

Blue shading indicates the gene segments with genotypes identical to those of UFS-NGS-MRC-DPRU4723. Bold font indicates genotypes associated with porcine strains. "−" indicates that no sequence data were available in GenBank/EMBL/DDBJ data banks. * Genotype assignment based on reports by [37] (strain 03-98sP50) and (strain BG26C) [46]. To date, the nucleotide accession numbers for the 11 gene segments of strains 03-98sP50 and BG260 are not available in the GenBank, EMBL, or DDBJ data banks.

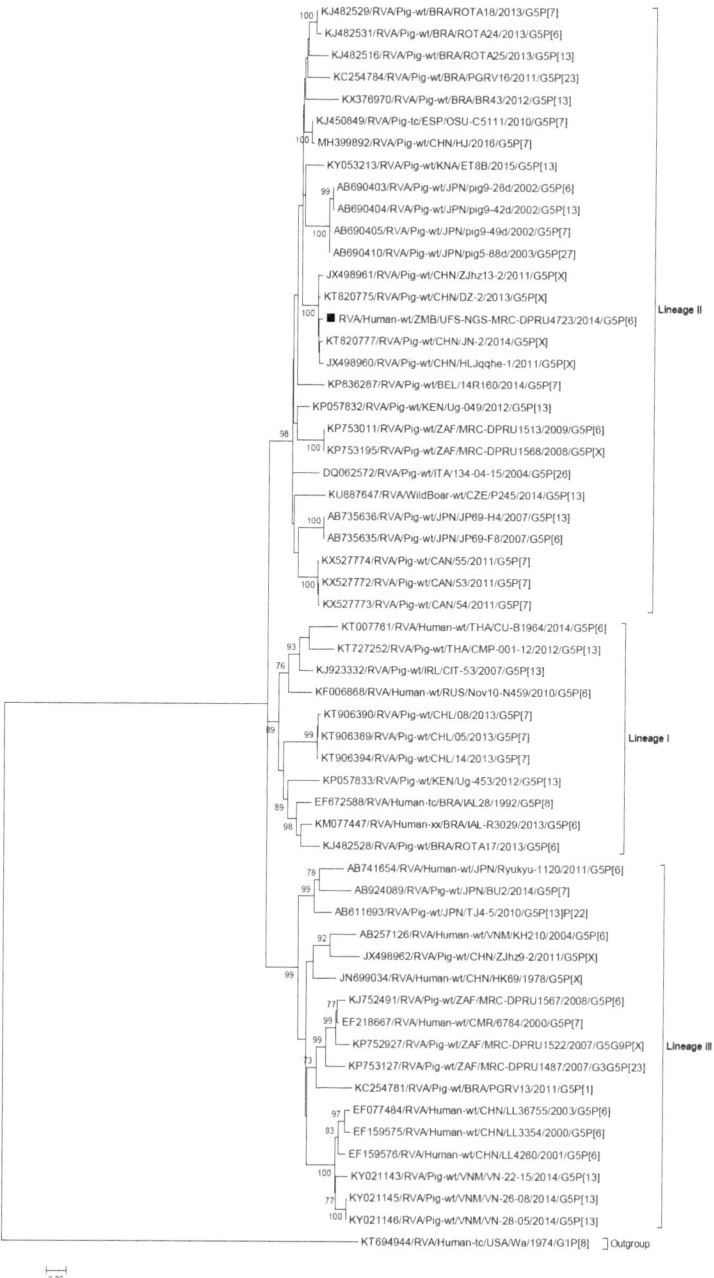

Figure 1. Phylogenetic tree constructed from the nucleotide sequences of the VP7 genes of strain RVA/Human-wt/ZMB/UFS-NGS-MRC-DPRU4723/2014/G5P[6] and representative strains. The position of strain RVA/Human-wt/ZMB/UFS-NGS-MRC-DPRU4723/2014/G5P[6] is shown by the black square (■). Reference strains obtained from GenBank are represented by accession number, strain name, country, and year of isolation. The three closest strains, as identified by BLASTn, are also included. Bootstrap values ≥70% are shown adjacent to each branch node. Scale bar: 0.05 substitutions per nucleotide.

2.2.2. Sequence and Phylogenetic Analysis of the VP4 Gene

The VP4 gene of RVA/Human-wt/ZMB/UFS-NGS-MRC-DPRU4723/2014/G5P[6] was phylogenetically compared to the already established five lineages (I-V) of genotype P[6] [65] (Figure 2). The P[6] gene of the study strain clustered into lineage V, which consisted of porcine and putative human porcine-like strains detected in parts of Europe and one African strain. A similarity analysis of the P[6] gene of the study strain with strains obtained from GenBank showed that the Zambian G5P[6] exhibited the highest sequence identity of 98.1% (98.3%) with a porcine-like human strain RVA/Human-wt/COD/KisB332/2008/G4P[6] from the Democratic Republic of Congo (Supplementary data 1). All the African strains clustered into a separate lineage, lineage I, with sequence identities of 85.7%–86.8% (92.5%–93.9%) (Supplementary data 1).

The deduced amino acid sequences of the VP4 gene of RVA/Human-wt/ZMB/UFS-NGS-MRC-DPRU4723/2014/G5P[6] along with the reference P[6] strain from each of the five lineages was compared (Supplementary data 2b). The reference strains shared high amino acid identities ranging from 91.0% to 98.3% (Supplementary data 1). Several amino acid changes were identified throughout the VP4 protein, and most of the substitutions were concentrated in the hypervariable region (amino acid 71-208) which houses the VR-3 (92–192) and includes a neutralization site at amino acid 135 [66,67]. Several amino acid substitutions were observed among the P[6] lineage I strains [65] at the VR-3 (L105I, V108I and T134S) and VR-8 (D602N) variable regions. Other amino acid substitutions were identified among the P[6] lineages at VR-1 (S30N), VR-2 (I61V), VR-3 (V112I, N114S, V130I, H182N and T189S), VR-4 (I280V), and VR-9 (E698K). The potential trypsin cleavage sites at residues 241 and 247 [68] were highly conserved in all the strains with three substitutions at positions 242 (I to V), 243 (A to T), and 244 (H to Y).

2.2.3. Phylogenetic Analysis of the VP6 Gene

The VP6 gene of RVA/Human-wt/ZMB/UFS-NGS-MRC-DPRU4723/2014/G5P[6] clustered closely with divergent African porcine strains from Uganda (RVA/Pig-wt/UGA/BUW-14-A003/2014/G3P[13], RVA/Pig-wt/UGA/KYE-14-A048/2014/G3P[13], and RVA/Pig-wt/UGA/KYE-14-A047/2014/G3P[13]) and a human porcine-like strain from the Democratic Republic of Congo (RVA/Human-wt/COD/KisB332/2008/G4P[6]) which displayed nt(aa) sequence identities ranging from 98.6% to 98.9% (98.9%–99.7%) (Figure 3, Supplementary data 1). Porcine-like Asian strains such as RVA/Human-wt/CHN/GX54/2010/G4P[6] and RVA/Human-wt/CHN/E931/2008/G4P[6] clustered separately, displaying identities of 88.7%–90.2% (97.5%–98.7%) (Supplementary data 1).

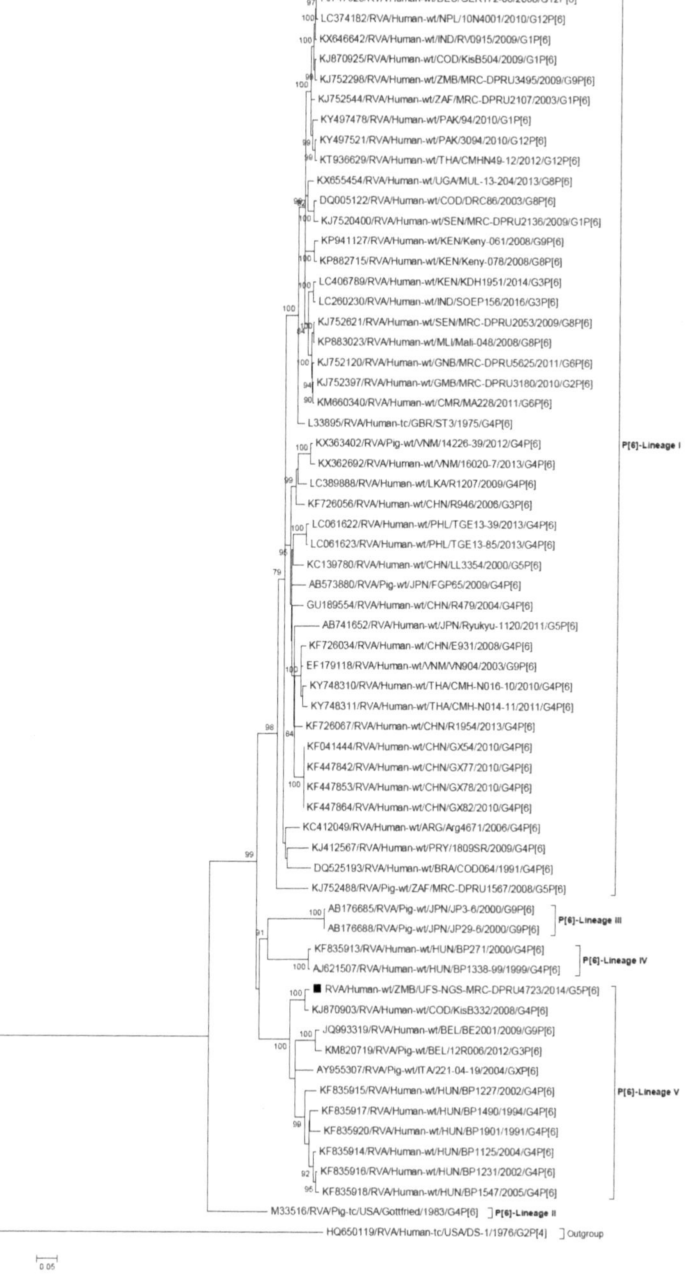

Figure 2. Phylogenetic tree constructed from the nucleotide sequences of the VP4 genes of strain RVA/Human-wt/ZMB/UFS-NGS-MRC-DPRU4723/2014/G5P[6] and representative strains. The position of strain RVA/Human-wt/ZMB/UFS-NGS-MRC-DPRU4723/2014/G5P[6] is shown by the black square (■). Reference strains obtained from GenBank are represented by accession number, strain name, country, and year of isolation. The three closest strains, as identified by BLASTn, are also included. Bootstrap values ≥70% are shown adjacent to each branch node. Scale bar: 0.05 substitutions per nucleotide.

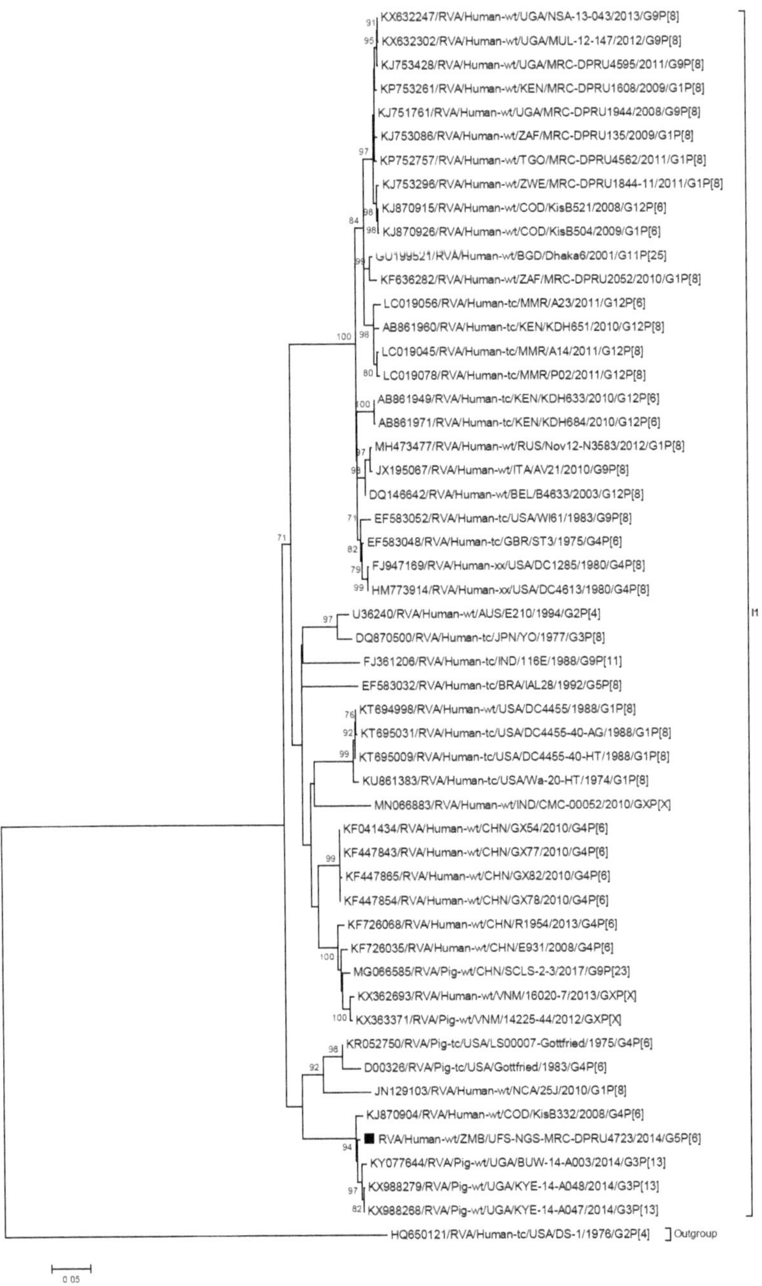

Figure 3. Phylogenetic tree constructed from the nucleotide sequences of the VP6 genes of strain RVA/Human-wt/ZMB/UFS-NGS-MRC-DPRU4723/2014/G5P[6] and representative strains. The position of strain RVA/Human-wt/ZMB/UFS-NGS-MRC-DPRU4723/2014/G5P[6] is shown by the black square (■). Reference strains obtained from GenBank are represented by accession number, strain name, country, and year of isolation. The three closest strains, as identified by BLASTn, are also included. Bootstrap values ≥70% are shown adjacent to each branch node. Scale bar: 0.05 substitutions per nucleotide.

2.2.4. Phylogenetic Analysis of VP1 Gene

The VP1 gene of RVA/Human-wt/ZMB/UFS-NGS-MRC-DPRU4723/2014/G5P[6] clustered only with porcine and porcine-like human strains from Asia (China and Vietnam) (Supplementary data 3a). The VP1 gene exhibited a maximum nt (aa) sequence identity of 96.8% (98.9%) with the Chinese human porcine-like reassortant strains RVA/Human-wt/CHN/GX82/2010/G4P[6], RVA/Human-wt/CHN/GX78/2010/G4P[6], RVA/Human-wt/CHN/GX77/2010/G4P[6], and RVA/Human-wt/CHN/GX54/2010/G4P[6] (Supplementary data 1). Overall, the Asian strains within the cluster showed sequence identities of 94.1%–96.8% (97.9%–98.9%). Human non-porcine African strains clustered separately, with lower identities of 88.2%–88.8% (96.3%–97.3%) (Supplementary data 1).

2.2.5. Phylogenetic Analysis of VP2 Gene

The VP2 gene of strain RVA/Human-wt/ZMB/UFS-NGS-MRC-DPRU4723/2014/G5P[6] fell into a distinct cluster predominantly composed of porcine and porcine-like human strains from Asia (China, India, Vietnam, South Korea, and Sri Lanka) (Supplementary data 3b). The VP2 gene of the study strain showed a maximum nt (aa) sequence identity of 96.6% (90.9%) with a Sri Lankan porcine-like human strain RVA/Human-wt/LKA/R1207/2009/G4P[6] (Supplementary data 1).

2.2.6. Phylogenetic Analysis of VP3 Gene

The VP3 gene of strain RVA/Human-wt/ZMB/UFS-NGS-MRC-DPRU4723/2014/G5P[6] clustered in a lineage composed mainly of Asian (Asia and Thailand) porcine and porcine-like human strains (Supplementary data 3c), and exhibited the highest nt (aa) sequence identity with the Chinese porcine-like human strains—RVA/Human-wt/CHN/R946/2006/G3P[6], 95.8% (97.8%) and RVA/Human-wt/CHN/E931/2008/G4P[6], 95.7% (98.0%) (Supplementary data 1). The overall similarities of the Asian strains within the lineage ranged from 84.8% to 95.8% (92.7%–97.8%) (Supplementary data 1). Non-porcine African strains clustered separately and showed lower sequence identities of 84.1%–84.5% (92.1%–92.7%) (Supplementary data 1).

2.2.7. Phylogenetic Analysis of NSP1 Gene

The NSP1 gene of strain RVA/Human-wt/ZMB/UFS-NSG-MRC-DPRU4723/2014/G5P[6] was assigned to a porcine genotype A8 and clustered among Asian (Vietnam, China, and Bangladesh) porcine and porcine-like human strains and an African (Ghana) porcine strain (Supplementary data 3d). The NSP1 gene of the study strain was closest to strain RVA/Human-tc/VNM/NT0042/2007/G4P[6] displaying a nt(aa) sequence identity of 98.2% (97.9%) (Supplementary data 1). The porcine and porcine-like human strains from Europe and the Americas clustered separately showing sequence identities of 84.2%–85.9% (85.4%–88.2%) and 84.1%–85.9% (83.7%–88.3%), respectively (Supplementary data 1).

2.2.8. Phylogenetic Analysis of NSP2 Gene

The NSP2 gene of strain RVA/Human-wt/ZMB/UFS-NGS-MRC-DPRU4723/2014/G5P[6] clustered with Asian and European porcine and porcine-like human strains (Supplementary data 3e). The Nt(aa) similarity analysis showed that the NSP2 gene of the study strain was most similar to the Chinese porcine strains RVA/Pig-wt/CHN/YN/2012/GXP[X] and RVA/Pig-tc/CHN/SCMY-A3/2017/G9P[23]—96.8% (97.8%) (Supplementary data 1). Two African porcine strains, RVA/Pig-wt/ZAF/MRC-DPRU1487/2007/G3G5P[23] and RVA/Pig-wt/ZAF/MRC-DPRU1557/2008/G4G5P[23], were seen to cluster within the same lineage with sequence identities of 93.6%–93.7% (97.5%–97.8%) (Supplementary data 1).

2.2.9. Phylogenetic Analysis of NSP3 Gene

The NSP3 gene of strain RVA/Human-wt/ZMB/UFS-NGS-MRC-DPRU4723/2014/G5P[6] clustered closely with porcine and porcine-like human strains mainly from Asia (Thailand and

Vietnam) and exhibited a maximum nt(aa) sequence identities of 96.5%–97.0% (98.4%–98.7%) with the strains RVA/Human-wt/VNM/30378/2009/G26P[19], RVA/Pig-wt/VNM/12070-4/2012/GXP[X], RVA/Human-wt/VNM/NT0205/2007/G4P[6], and RVA/Human-wt/VNM/NT0621/2008/G4P[6] (Supplementary data 1; Supplementary data 3f).

2.2.10. Phylogenetic Analysis of NSP4 Gene

The NSP4 gene of strain RVA/Human-wt/ZMB/UFS-NGS-MRC-DPRU4723/2014/G5P[6] clustered with porcine and porcine-like human strains identified in Asia (China and Vietnam) and a porcine-like human strain from the Americas (Brazil) (Supplementary data 3g). In this cluster, the closest strains to UFS-NGS-MRC-DPRU4723 were the wild pig strains (RVA/WildBoar-wt/CZE/P828/2015/G9P[23] and RVA/WildBoar-wt/CZE/P830/2015/G9P[23]) from the Czech Republic, with nt(aa) sequence identities of 97.5% (98.3%) (Supplementary data 1). The Asian strains within the cluster showed nt(aa) similarities of 96.2%–97.3% (97.7%–98.9%). Porcine and porcine-like human strains from the Americas clustered separately and exhibited identities of 87.2%–96.4% (94.3%–98.9%) (Supplementary data 1).

2.2.11. Phylogenetic Analysis of the NSP5 Gene

The NSP5 gene of strain RVA/Human-wt/ZMB/UFS-NGS-MRC-DPRU4723/2014/G5P[6] clustered with porcine strains from Asia and showed the highest nt(aa) sequence identity of 98.6% (100%) with the porcine strains RVA/Pig-wt/CHN/TM-a/2009/G3P[8] and RVA/Pig-tc/CHN/TM-a-P20/2018/G9P[23] identified in China (Supplementary data 1; Supplementary data 3h). Overall, the porcine and porcine-like human strains from Asia and the Americas displayed nt(aa) identities of in the range 94.8%–98.6% (98.0%–100%) and 93.9%–96.1% (95.9%–99.0%), respectively (Supplementary data 1).

2.3. Reassortment Analysis

The concatenated whole genome alignment of RVA/Human-wt/ZMB/UFS-NGS-MRC-DPRU4723/2014/G5P[6], together with the Japanese G5P[6] strain and selected Chinese porcine-like human P[6] strains, was visualised (Figure 4). The whole genome of the Zambian G5P[6] strain demonstrated a relatively high degree of conservation with the Japanese G5P[6] strain and the two Chinese G4P[6] strains. With the exception of VP7 and VP4, the genome of the Chinese strain E931 exhibited the overall highest genomic conservation to the study strain. With the exception of VP7, VP3, and NSP1 genes, the Chinese strain GX54 shared a highly conserved genome with the study strain. The Japanese strain Ryukyu-1120 demonstrated a highly similar genome to the study strain for seven of the 11 genes, the exceptions being VP1, VP3, VP6, and VP7. The results of this analysis confirmed the genetic similarity between RVA/Human-wt/ZMB/UFS-NGS-MRC-DPRU4723/2014/G5P[6] and Asian (Chinese) porcine-like human strains, hence suggesting that the Zambian G5P[6] strain may have been derived via reassortment events.

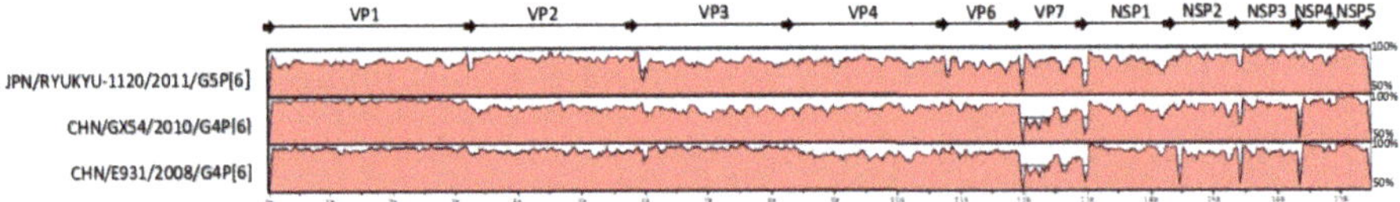

Figure 4. mVISTA whole genome nucleotide alignment comparing the Zambian G5P[6] strain (RVA/Human-wt/ZMB/UFS-NGS-MRC-DPRU4723/2014G5P[6]) with the G5P[6] strain from Japan (Ryukyu-1120), whose whole genome sequence had been determined, and with selected porcine-like human P[6] strains from China (GX54 and E931). Strain names are shown on the left, and the proteins VP1-VP4, VP6-VP7, and NSP1-NSP5 are indicated on the top. The bottom scale indicates distance in kb. Percentile values on the right indicate sequence-based similarity between the study strain and the respective reference strains. Shading indicates the level of conservation.

3. Discussion

The detection of genotype G5 in humans, which is typical for pigs, is possibly due to interspecies transmission [35,45]. In Zambia, as with many countries in Africa, humans and farm animals live in proximity. The interaction between humans and animals could be the primary cause for zoonotic transmission, which could result in genetic reassortments and perhaps other mechanisms of genetic diversity, ultimately leading to the introduction and spread of animal genotypes into human populations [69].

In this study, an analysis was conducted on a sample collected from a child admitted to a paediatric ward presenting with clinical symptoms (vomiting, diarrhoea, and fever) that are usually present during typical rotavirus infection. This raises the question whether such animal-derived strains are capable of mutating and effectively spreading within/across human populations as in the case of established typical Wa-like and DS-1-like genotype constellations, with the same magnitude of rotavirus disease severity. Furthermore, taking into consideration that the G5 and P[6] genotypes are not included in the currently available vaccines, the probability for such strains to have the potential to spread more swiftly from human to human may have implications for the effectiveness of current rotavirus vaccine candidates that are in use in African countries.

This study identified the complete genome of a reassortant porcine-like human strain, G5P[6], that showed the genotype constellation G5-P[6]-I1-R1-C1-M1-A8-N1-T1-E1-H1, which is commonly found in porcine and porcine-like human rotavirus strains [19]. RVA/Human-wt/ZMB/UFS-NGS-MRC-DPRU4723/2014/G5P[6] was found to share the same constellation (I1-R1-C1-M1-A8-N1-T1-E1-H1) with the archival porcine strain, Gottfried, and porcine-like human strains—BG260, E931, and GX54 [5,46,56,58]. In addition, porcine strains 12R002, 12R005, and 12R006, as well as porcine-like human strains Ryukyu-1120, mani-97, 30378, rj24598, and BE2001 shared the same constellation with strain RVA/Human-wt/ZMB/UFS-NGS-MRC-DPRU4723/2014/G5P[6] with the exception of VP6 (I5 instead of I1) and NSP3 (T7 instead of T1 gene segments) [20,25,26,45,70].

A phylogenetic analysis of RVA/Human-wt/ZMB/UFS-NGS-MRC-DPRU4723/2014/G5P[6] showed that this strain was a possible reassortant, as it was closely related to both porcine and porcine-like human strains, predominantly from Asia, than to typical human RVA strains. The VP6, VP7, NSP2, NSP4, and NSP5 segments of this strain showed a close similarity to porcine strains. Although the remaining gene segments (VP1, VP3, VP4, and NSP3) were closely related to human strains, all of these were porcine-like human strains [26,56,58–60,70]. With a genotype 1 (Wa-like) backbone, this finding is consistent with the hypothesis that human Wa-like strains and porcine strains have a common ancestor [5]. However, the origin of the VP2 gene of the study strain was not very definitive, as it was not only close to porcine and porcine-like human strains but also to three human strains (DC1476, DC582, and DC1127). Phylogenetically, the clusters of these three strains were shown to be distinctive from the genes of contemporary, wild-type human strains [71]. Notably, the VP7 gene of RVA/Human-wt/ZMB/UFS-NGS-MRC-DPRU4723/2014/G5P[6] was located in lineage II, which comprised only porcine strains, hence implying the possibility of porcine-to-human interspecies transmission [63]. Phylogenetic analysis of porcine and human P[6] strains indicated that both porcine and human P[6] strains were present in P[6] lineages I, III, and V, hence showing that human P[6] strains might have separately emerged from at least three porcine-to-human transmissions [65]. This finding supports the Zambian G5P[6] strain, as the VP4 gene clustered and shared high nucleotide and amino acid identities with lineage V of P[6] porcine and porcine-like human strains. The NSP1 gene was most similar to porcine-like human strains. However, it was revealed to have the porcine genotype A8. Taking this together, it is likely that RVA/Human-wt/ZMB/UFS-NGS-MRC-DPRU4723/2014/G5P[6] originated by zoonotic transmission, coupled with reassortment events.

Several amino acid changes were identified in the nine variable regions when the VP7 gene of the study strain was compared to other G5 strains within each of the three lineages [64]. Additionally, the previously described conserved N-glycosylation site at residues 69–71 within the variable region 4 (VR-4) was found to be conserved in all the G5 strains used in this analysis [64,72]. Four major antigenic regions have been described for the VP7 protein in rotaviruses (A, B, C and F) [73,74]. Marked differences in the antigenic regions of RVA/Human-wt/ZMB/UFS-NGS-MRC-DPRU4723/2014/G5P[6] were seen when it was compared to other globally circulating G5 strains. Usually, antigenic regions A and C are said to be conserved within serotypes [75]. However, multiple substitutions were observed in these regions when comparing the Zambian G5 strain to other G5 strains globally.

The amino acid sequence for the VP4 gene was 775 amino acids long and displayed amino acid identity values ranging from 91.0% to 98.3% with the reference P[6] strains. Considering it has been established that strains with amino acid identities greater than 89% belong to the same P genotype [76], our findings show that RVA/Human-wt/ZMB/UFS-NGS-MRC-DPRU4723/2014/G5P[6] belongs to the genotype P[6]. The analysis of the amino acid sequences showed that the hypervariable region (amino acid 71-208) which houses the variable region 3 (VR-3) contained most of the substitutions. Furthermore, the potential trypsin cleavage sites [68] were conserved in all the P[6] strains. Several amino acid substitutions were observed among the lineage I P[6] strains. The presence of several amino acid changes in the VP4 gene of this strain compared to other circulating P[6] strains globally is in agreement with the hypothesis that the P[6] gene has been introduced to humans via independent reassortment events [40,65,77].

Rotaviruses are genetically diverse in nature and are host-species specific, suggesting that host species barriers and restrictions exist. However, rotaviruses of animal origin may cross the host species barrier and may acquire human rotavirus gene segments, which enables the viruses to efficiently spread across human populations [4]. In this regard, G5 rotavirus strains have sporadically been documented in Latin America, Asia, Europe, and Africa [33–37,41,45,46]. Porcine P[6] strains seem to pose a lesser species barrier to humans [20]. Even though the relationship between porcine and human rotaviruses has already been established [5], whole genome analysis in this study presented the possible occurrence of interspecies transmission and reassortment between human and porcine rotaviruses.

4. Materials and Methods

4.1. Ethics Statement

This is a subset of a major project which involved the whole genome characterisation of 133 specimens collected in Zambia from 2013 through 2016 as part of the surveillance supported by the WHO/AFRO (reference 2017/757922-0) in collaboration with the University of the Free State (UFS-NGS). Ethical clearance for the main project was obtained under ethics number HSREC130/2016(UFS-HSD2016/1082) from the Health Science Research Ethics Committee (HSREC), University of the Free State, Bloemfontein, South Africa. Furthermore, this specific study was approved by the HSREC under ethics number UFS-HSD2020/0277/2104.

4.2. Sample Collection

The sample was collected in 2014 from an unvaccinated 12 month old male at Arthur Davidson Children's Hospital (ADCH) in Ndola, a rotavirus surveillance sentinel site. The child had travelled with parents from Kasama, a town in the Northern Province of Zambia which is approximately 760 km away from Ndola, Zambia. This child was admitted to a paediatric ward at ADCH, with gastroenteritis of four days duration and a history of fever. Frequency of vomiting and diarrhoea was three episodes and two episodes, respectively, in the previous 24 h. The level of dehydration was assessed as mild and the child received an oral rehydration solution and was discharged after a few days. The stool sample was screened using the enzyme immunoassay (EIA) technique for the presence of RVA antigen in the Virology laboratory in Lusaka. It was randomly picked and sent to the Diarrhoeal Pathogens Research Unit (DPRU), a World Health Organization Rotavirus Regional Reference Laboratory (WHO-RRL) in Pretoria, South Africa, as part of the WHO/AFRO annual rotavirus surveillance. Conventional genotyping was carried out at DPRU. Thereafter, the sample was shipped to the UFS-NGS unit for sequencing and whole-genome analysis.

4.3. Viral dsRNA Extraction

The viral double-stranded RNA (dsRNA) was extracted from human stool suspensions using a previously described method with modifications [78]. Approximately 100 mg stool was suspended in 200 μL phosphate-buffered saline (PBS) solution (Sigma-Aldrich®, St Louis, MO, United States). The faecal suspension was mixed with 900 μL TRI Reagent® LS (Molecular Research Centre, Cincinnati, OH, United States) and homogenized for five minutes. A 300 μL volume of chloroform (Sigma-Aldrich®, St Louis, MO, United States) was used to achieve phase separation, which was followed by centrifugation (Eppendorf microcentrifuge 5427 R, Germany) at $17{,}319 \times g$ for 20 min at 4 °C. The supernatant was precipitated using 700 μL ice-cold isopropanol (Sigma-Aldrich®, United States) and centrifuged (Eppendorf microcentrifuge 5427 R, Germany) at $17{,}319 \times g$ for 30 min at 4 °C. The supernatant was discarded, and the tubes were air-dried for 5 min, followed by the precipitation of single-stranded RNA (ssRNA) using 30 μL 8 M lithium chloride (Sigma, St Louis, MO, United States) at 4 °C for 16 h. The dsRNA was purified using the MinElute gel extraction kit (Qiagen, Hilden, Germany). RNA integrity was determined by electrophoresis on 1% TBE agarose gel stained with ethidium bromide (Sigma-Aldrich®, St Louis, MO, United States), which was visualised on a G: Box UV transilluminator (Syngene, Cambridge, United Kingdom).

4.4. cDNA Synthesis and Purification

cDNA synthesis was carried out using the Maxima H Minus Double-stranded cDNA kit (Thermo Fisher Scientific, Waltham, MA, United States) according to the manufacturer's instructions with minor modifications captured at the UFS-NGS SOP, whereby the dsRNA was denatured at 95 °C for 5 min. First strand synthesis was carried out for two hours at 50 °C. Random hexamer primer was employed for cDNA synthesis. The cDNA was purified using the MSB® Spin PCRapace purification kit (Stratec, Invitek Molecular, Berlin, Germany).

4.5. DNA Library Preparation and Illumina® MiSeq Sequencing

DNA libraries for Illumina® sequencing were prepared using the Nextera® XT DNA library preparation kit (Illumina, San Diego, CA, United States) according to the manufacturer's instructions. Briefly, DNA was tagmented at 55 °C for five minutes followed by ligation to Illumina® sequencing index 1 and index 2 adapters by PCR amplification. Size selection and clean-up of the DNA libraries was performed using Agencourt AMPure XP beads (Beckman Coulter, South Kraemer Boulevard Brea, CA, United States). The quantity of DNA was determined on the Qubit 2.0 fluorimeter (Invitrogen, Carlsbad, CA, United States), and a quality check of the libraries was performed on a Bioanalyzer 2100 (Agilent Technologies, Santa Clara, CA, United States). After this, sequencing was performed on an Illumina® MiSeq sequencer (Illumina, San Diego, CA, United States) using a MiSeq reagent kit v3 for 600 cycles (2×300 bp paired reads) with a 10% PhiX DNA control spike-in.

4.6. Genome Assembly

The raw reads obtained in FASTQ format were assembled using Geneious Prime® 2019.2.1 (https://www.geneious.com/; [79]). Briefly, the paired-end reads were merged into single reads and trimmed to remove low quality and short reads. The reads were mapped to reference sequences obtained from GenBank. Consensus sequences covering the complete open reading frame (ORF) were submitted to the National Centre for Biotechnology Information (NCBI) GenBank and assigned accession numbers MT271025–MT271035. The ORF lengths were 3267 (VP1), 2673 (VP2), 2508 (VP3), 2328 (VP4), 1194 (VP6), 981 (VP7), 1482 (NSP1), 954 (NSP2), 942 (NSP3), 528 (NSP4), and 594 (NSP5).

4.7. Assignment of Genotypes

The genotypes of each of the 11 rotavirus genome segments were determined using the online Virus Pathogen Resource (ViPR).

4.8. Phylogenetic Analysis

Gene-specific multiple sequence alignments were made using the MAFFT plugin implemented in Geneious Prime® 2019.2.1 and the MUSCLE algorithm embedded in MEGA 6.06 (for the VP2 and NSP1 segments) [80,81]. Once aligned, the DNA Model Test program in MEGA 6.06 was used to identify the optimal evolutionary model for each genome segment [82]. Using an Akaike information criterion (corrected) (AICc), the following models were found to best fit the data: HKY+G+I (VP1), GTR+G+I (VP2, VP3, and VP4), T92+G (VP6, NSP1, NSP2, NSP3, NSP4, and NSP5), and T92+G+I (VP7). Maximum likelihood trees were constructed using the optimal models in MEGA version 6.06 [82,83] with 1000 bootstrap replicates to estimate branch support [84]. The shared nucleotide and amino acid sequence identities among strains were calculated for each gene using the *p*-distance algorithm in MEGA 6.06. Analysis and visualization of the aligned concatenated whole genomes was performed on the mVISTA online platform [85].

5. Conclusions

In summary, RVA/Human-wt/ZMB/UFS-NGS-MRC-DPRU4723/2014/G5P[6] was a reassortant possessing gene segment of porcine and porcine-like human origin, and was closest to Asian strains. It is presumed that pigs play a crucial part as a source for new or newly-evolved emerging human rotaviruses. This highlights the need for continuous large-scale surveillance and whole genome analysis of circulating porcine and human rotaviruses. Furthermore, it was imperative to examine the prevalence of G5P[6] strains in Zambia. Eventually, this should result in a greater understanding of the genes that determine the transmission between hosts successfully as well as to gain insights on complex reassortment patterns between porcine and human rotaviruses.

Supplementary Materials: The following are available online at http://www.mdpi.com/2076-0817/9/8/663/s1. Supplementary data 1 (S1): Identity matrices for the VP1, VP2, VP3, VP4, VP6, VP7, NSP1, NSP2, NSP3, NSP4, and NSP5 nucleotide and deduced amino acid identities among strains calculated using the p-distance algorithm in MEGA 6.06. Supplementary data 2: Comparison of amino acid sequences. Supplementary data 3: Additional phylograms of the VP1, VP2, VP3, NSP1, NSP2, NSP3, NSP4 and NSP5.

Author Contributions: M.M.N., M.J.M., M.L.S., and J.M.M. conceptualised the main project. W.M.M., P.N.M., J.S., E.M.M., and M.M.N. performed the laboratory experiments. M.M.N., J.S., E.M.M., M.J.M., I.P., M.L.S., and J.M.M. facilitated the obtaining of the sample. Formal analysis was performed by W.M.M., M.D.E., and M.M.N. Data curation was performed by W.M.M., P.N.M., and M.M.N. Writing (original draft preparation) was performed by W.M.M. Review of the drafts was performed by all co-authors. Supervision, project administration, and funding acquisition was conducted by M.M.N. and J.M.M. All authors have read and agreed to the published version of the manuscript.

Funding: This research was principally funded by a grant awarded to M.M.N. by the World Health Organization (agreement number: UFS-AGR17-000378). Other sources of funding that supported the study were grants awarded to M.M.N.: the Bill and Melinda Gates Foundation (BMGF-OPP1180423_2017), South African Medical Research Foundation through the Self-Initiated Research grant (SAMRC-SIR), National Research Foundation (NRF-120814), and a grant from the Poliomyelitis Research Foundation (PRF-19/95).

Acknowledgments: We greatly thank the Zambia team who assisted with sample collection and ELISA testing. We would like to thank Khutso Mothapo, Kebareng Rakau, and Nonkululeko Magagula at the WHO-RRL (Pretoria, South Africa) who assisted with the retrieval of samples. We would also like to thank Sebotsana Rasebotsa, Milton Mogotsi, Emmanuel Ayodeji, Teboho Mooko, and Gilmore Pambuka for their assistance with laboratory work. We are grateful to Stephanus Riekert for technical ICT support.

Conflicts of Interest: The authors declare no conflict of interest.

Disclaimer: The findings and conclusions in this report are those of the authors and do not necessarily represent the official position of the World Health Organization.

References

1. Estes, M.K.; Greenberg, H.B. Rotaviruses. In *Fields Virology*, 6th ed.; Knipe, D.M., Howley, P.M., Eds.; Wolters Kluwer Health/Lippincott, Williams and Wilkins: Philadelphia, PA, USA, 2013; pp. 1347–1401.
2. Tate, J.E.; Burton, A.H.; Boschi-Pinto, C.; Parashar, U.D. World Health Organization—Coordinated Global Rotavirus Surveillance Network. Global, regional, and national estimates of rotavirus mortality in children <5 years of age, 2000–2013. *Clin. Infect. Dis.* **2016**, *62* (Suppl. 2), S96–S105. [CrossRef] [PubMed]
3. Troeger, C.; Khalil, I.A.; Rao, P.C.; Cao, S.; Blacker, B.F.; Ahmed, T.; Armah, G.; Bines, J.E.; Brewer, T.G.; Colombara, D.V.; et al. Rotavirus vaccination and the global burden of rotavirus diarrhoea among children younger than 5 years. *JAMA Pediatr.* **2018**, *172*, 958–965. [CrossRef] [PubMed]
4. Martella, V.; Bányai, K.; Matthijnssens, J.; Buonavoglia, C.; Ciarlet, M. Zoonotic aspects of rotaviruses. *Vet. Microbiol.* **2010**, *140*, 246–255. [CrossRef] [PubMed]
5. Matthijnssens, J.; Ciarlet, M.; Heiman, E.; Arijs, I.; Delbeke, T.; McDonald, S.M.; Palombo, E.A.; Iturriza-Gomara, M.; Maes, P.; Patton, J.T.; et al. Full genome-based classification of rotaviruses reveals a common origin between human Wa-like and porcine rotavirus strains and human DS-1-like and bovine rotavirus strains. *J. Virol.* **2008**, *82*, 3204–3219. [CrossRef]
6. Matthijnssens, J.; Ciarlet, M.; McDonald, S.M.; Attoui, H.; Bányai, K.; Brister, J.R.; Buesa, J.; Esona, M.D.; Estes, M.K.; Gentsch, J.R.; et al. Uniformity of rotavirus strain nomenclature proposed by the Rotavirus Classification Working Group (RCWG). *Arch. Virol.* **2011**, *156*, 1397–1413. [CrossRef]
7. Matthijnssens, J.; Van Ranst, M. Genotype constellation and evolution of group A rotaviruses infecting humans. *Curr. Opin. Virol.* **2012**, *2*, 426–433. [CrossRef]
8. RCWG. Rotavirus Classification Working Group–Laboratory of Viral Metagenomics. 2018. Available online: https://rega.kuleuven.be/cev/viralmetagenomics/virus-classification/rcwg (accessed on 5 May 2020).
9. Ghosh, S.; Kobayashi, N. Whole-genomic analysis of rotavirus strains: Current status and future prospects. *Future Microbiol.* **2011**, *6*, 1049–1065. [CrossRef]
10. Iturriza-Gómara, M.; Dallman, T.; Bányai, K.; Böttiger, B.; Buesa, J.; Diedrich, S.; Fiore, L.; Johansen, K.; Koopmans, M.; Korsun, N.; et al. Rotavirus genotypes co-circulating in Europe between 2006 and 2009 as determined by EuroRotaNet, a pan-European collaborative strain surveillance network. *Epidemiol. Infect.* **2011**, *139*, 895–909. [CrossRef]
11. Matthijnssens, J.; Heylen, E.; Zeller, M.; Rahman, M.; Lemey, P.; Van Ranst, M. Phylodynamic analyses of rotavirus genotypes G9 and G12 underscore their potential for swift global spread. *Mol. Biol. Evol.* **2010**, *27*, 2431–2436. [CrossRef]
12. Patel, M.M.; Steele, D.; Gentsch, J.R.; Wecker, J.; Glass, R.I.; Parashar, U.D. Real-world impact of rotavirus vaccination. *Pediatr. Infect. Dis. J.* **2011**, *30*, 1–5. [CrossRef]
13. Rahman, M.; Matthijnssens, J.; Yang, X.; Delbeke, T.; Arijs, I.; Taniguchi, K.; Iturriza-Gomara, M.; Iftekharuddin, N.; Azim, T.; Van Ranst, M. Evolutionary history and global spread of the emerging G12 human rotaviruses. *J. Virol.* **2007**, *81*, 2382–2390. [CrossRef] [PubMed]
14. Papp, H.; László, B.; Jakab, F.; Ganesh, B.; De Grazia, S.; Matthijnssens, J.; Ciarlet, M.; Martella, V.; Bányai, K. Review of group A rotavirus strains reported in swine and cattle. *Vet. Microbiol.* **2013**, *165*, 190–199. [CrossRef] [PubMed]
15. Agbemabiese, C.A.; Nakagomi, T.; Gauchan, P.; Sherchand, J.B.; Pandey, B.D.; Cunliffe, N.A.; Nakagomi, O. Whole genome characterisation of a porcine-like human reassortant G26P[19] Rotavirus A strain detected in a child hospitalised for diarrhoea in Nepal, 2007. *Infect. Genet. Evol.* **2017**, *54*, 164–169. [CrossRef] [PubMed]
16. Kim, H.H.; Matthijnssens, J.; Kim, H.J.; Kwon, H.J.; Park, J.G.; Son, K.Y.; Ryu, E.H.; Kim, D.S.; Lee, W.S.; Kang, M.I.; et al. Full-length genomic analysis of porcine G9P[23] and G9P[7] rotavirus strains isolated from pigs with diarrhoea in South Korea. *Infect. Genet. Evol.* **2012**, *12*, 1427–1435. [CrossRef] [PubMed]
17. Martel-Paradis, O.; Laurin, M.A.; Martella, V.; Sohal, J.S.; L'Homme, Y. Full-length genome analysis of G2, G9 and G11 porcine group A rotaviruses. *Vet. Microbiol.* **2013**, *162*, 94–102. [CrossRef]
18. Monini, M.; Zaccaria, G.; Ianiro, G.; Lavazza, A.; Vaccari, G.; Ruggeri, F.M. Full-length genomic analysis of porcine rotavirus strains isolated from pigs with diarrhoea in Northern Italy. *Infect. Genet. Evol.* **2014**, *25*, 4–13. [CrossRef]
19. Silva, F.D.; Gregori, F.; McDonald, S.M. Distinguishing the genotype 1 genes and proteins of human Wa-like rotaviruses vs. porcine rotaviruses. *Infect. Genet. Evol.* **2016**, *43*, 6–14. [CrossRef]

20. Theuns, S.; Heylen, E.; Zeller, M.; Roukaerts, I.D.; Desmarets, L.M.; Van Ranst, M.; Nauwynck, H.J.; Matthijnssens, J. Complete genome characterisation of recent and ancient Belgian pig Group A rotaviruses and assessment of their evolutionary relationship with human rotaviruses. *J. Virol.* **2015**, *89*, 1043–1057. [CrossRef]

21. Doro, R.; Farkas, S.L.; Martella, V.; Banyai, K. Zoonotic transmission of rotavirus: Surveillance and control. Expert Rev. *Anti. Infect. Ther.* **2015**, *13*, 1337–1350. [CrossRef]

22. Cowley, D.; Donato, C.M.; Roczo-Farkas, S.; Kirkwood, C.D. Novel G10P[14] Rotavirus Strain, Northern Territory, Australia. *Emerg. Infect. Dis.* **2013**, *19*, 1324–1327. [CrossRef]

23. Komoto, S.; Tacharoenmuang, R.; Guntapong, R.; Ide, T.; Sinchai, P.; Upachai, S.; Fukuda, S.; Yoshikawa, T.; Tharmaphornpilas, P.; Sangkitporn, S.; et al. Identification and characterisation of a human G9P[23] rotavirus strain from a child with diarrhoea in Thailand: Evidence for porcine-to-human interspecies transmission. *J. Gen. Virol.* **2017**, *98*, 532–538. [CrossRef] [PubMed]

24. Malasao, R.; Khamrin, P.; Kumthip, K.; Ushijima, H.; Maneekarn, N. Complete genome sequence analysis of rare G4P[6] rotavirus strains from human and pig reveals the evidence for interspecies transmission. *Infect. Genet. Evol.* **2018**, *65*, 357–368. [CrossRef] [PubMed]

25. Mukherjee, A.; Ghosh, S.; Bagchi, P.; Dutta, D.; Chattopadhyay, S.; Kobayashi, N.; Chawla-Sarkar, M. Full genomic analyses of human rotavirus G4P[4], G4P[6], G9P[19] and G10P[6] strains from north-eastern India: Evidence for interspecies transmission and complex reassortment events. *Clin. Microbiol. Infect.* **2011**, *17*, 1343–1346. [CrossRef] [PubMed]

26. My, P.V.; Rabaa, M.A.; Donato, C.; Cowley, D.; Phat, V.V.; Dung, T.T.; Anh, P.H.; Vinh, H.; Bryant, J.E.; Kellam, P.; et al. Novel porcine-like human G26P[19] rotavirus identified in hospitalised paediatric diarrhoea patients in Ho Chi Minh City, Vietnam. *J. Gen. Virol.* **2014**, *95*, 2727–2733. [CrossRef] [PubMed]

27. Quaye, O.; Roy, S.; Rungsrisuriyachai, K.; Esona, M.D.; Xu, Z.; Tam, K.I.; Banegas, D.J.; Rey-Benito, G.; Bowen, M.D. Characterisation of a rare, reassortant human G10P[14] rotavirus strain detected in Honduras. Mem. *Inst. Oswaldo Cruz.* **2018**, *113*, 9–16. [CrossRef] [PubMed]

28. Tacharoenmuang, R.; Komoto, S.; Guntapong, R.; Ide, T.; Singchai, P.; Upachai, S.; Fukuda, S.; Yoshida, Y.; Murata, T.; Yoshikawa, T.; et al. Characterisation of a G10P[14] rotavirus strain from a diarrhoeic child in Thailand: Evidence for bovine-to-human zoonotic transmission. *Infect. Genet. Evol.* **2018**, *63*, 43–57. [CrossRef]

29. Bwogi, J.; Jere, K.C.; Karamagi, C.; Byarugaba, D.K.; Namuwulya, P.; Baliraine, F.N.; Desselberger, U.; Iturriza-Gomara, M. Whole genome analysis of selected human and animal rotaviruses identified in Uganda from 2012 to 2014 reveals complex genome reassortment events between human, bovine, caprine and porcine strains. *PLoS ONE* **2017**, *12*, e0178855. [CrossRef]

30. Matthijnssens, J.; Bilcke, J.; Ciarlet, M.; Martella, V.; Bányai, K.; Rahman, M.; Zeller, M.; Beutels, P.; Van Damme, P.; Van Ranst, M. Rotavirus disease and vaccination: Impact on genotype diversity. *Future Microbiol.* **2009**, *4*, 1303–1316. [CrossRef]

31. Nyaga, M.M.; Jere, K.C.; Esona, M.D.; Seheri, M.L.; Stucker, K.M.; Halpin, R.A.; Akopov, A.; Stockwell, T.B.; Peenze, I.; Diop, A.; et al. Whole genome detection of rotavirus mixed infections in human, porcine and bovine samples co-infected with various rotavirus strains collected from sub-Saharan Africa. *Infect. Genet. Evol.* **2015**, *31*, 321–334. [CrossRef]

32. Beards, G.; Graham, C. Temporal distribution of rotavirus G-serotypes in the West Midlands region of the United Kingdom, 1983–1994. *J. Diarrhoeal Dis. Res.* **1995**, *13*, 235–237.

33. Bok, K.; Castagnaro, N.; Borsa, A.; Nates, S.; Espul, C.; Fay, O.; Fabri, A.; Grinstein, S.; Miceli, I.; Matson, D.O.; et al. Surveillance for rotavirus in Argentina. *J. Med. Virol.* **2001**, *65*, 190–198. [CrossRef] [PubMed]

34. Esona, M.D.; Armah, G.E.; Geyer, A.; Steele, A.D. Detection of an unusual human rotavirus strain with G5P[8] specificity in a Cameroonian child with diarrhoea. *J. Clin. Microbiol.* **2004**, *42*, 441–444. [CrossRef] [PubMed]

35. Esona, M.D.; Geyer, A.; Banyai, K.; Page, N.; Aminu, M.; Armah, G.E.; Hull, J.; Steele, D.A.; Glass, R.I.; Gentsch, J.R. Novel human rotavirus genotype G5P[7] from child with diarrhoea, Cameroon. *Emerg. Infect. Dis.* **2009**, *15*, 83–86. [CrossRef] [PubMed]

36. Gouvea, V.; de Castro, L.; Timenetsky Mdo, C.; Greenberg, H.; Santos, N. Rotavirus serotype G5 associated with diarrhoea in Brazilian children. *J. Clin. Microbiol.* **1994**, *32*, 1408–1409. Erratum appears in *J. Clin. Microbiol.* **1994**, *32*, 1834. [CrossRef] [PubMed]

37. Hwang, K.P.; Wu, F.T.; Bányai, K.; Wu, H.S.; Yang, D.C.; Huang, Y.C.; Lin, J.S.; Hsiung, C.A.; Huang, J.C.; Jiang, B.; et al. Identification of porcine rotavirus-like genotype P[6] strains in Taiwanese children. *J. Med. Microbiol.* **2012**, *61*, 990–997. [CrossRef]

38. Lorenzetti, E.; Da Silva Medeiros, T.N.; Alfieri, A.F.; Alfieri, A.A. Genetic heterogeneity of wild-type G4P[6] porcine rotavirus strains detected in a diarrhoea outbreak in a regularly vaccinated pig herd. *Vet. Microbiol.* **2011**, *154*, 191–196. [CrossRef]

39. Martella, V.; Ciarlet, M.; Bányai, K.; Lorusso, E.; Cavalli, A.; Corrente, M.; Elia, G.; Arista, S.; Camero, M.; Desario, C.; et al. Identification of a novel VP4 genotype carried by a serotype G5 porcine rotavirus strain. *Virology* **2006**, *346*, 301–311. [CrossRef]

40. Nyaga, M.M.; Tan, Y.; Seheri, M.L.; Halpin, R.A.; Akopov, A.; Stucker, K.M.; Fedorova, N.B.; Shrivastava, S.; Duncan Steele, A.; Mwenda, J.M.; et al. Whole-genome sequencing and analyses identify high genetic heterogeneity, diversity and endemicity of rotavirus genotype P[6] strains circulating in Africa. *Infect. Genet. Evol.* **2018**, *63*, 79–88. [CrossRef]

41. Li, D.D.; Duan, Z.J.; Zhang, Q.; Liu, N.; Xie, Z.P.; Jiang, B.; Steele, D.; Jiang, X.; Wang, Z.S.; Fang, Z.Y. Molecular characterisation of unusual human G5P[6] rotaviruses identified in China. *J. Clin. Virol.* **2008**, *42*, 141–148. [CrossRef]

42. Ahmed, K.; Dang, D.A.; Nakagomi, O. Rotavirus G5P[6] in child with diarrhoea, Vietnam. *Emerg. Infect. Dis.* **2007**, *13*, 1232–1235. [CrossRef]

43. Chieochansin, T.; Vutithanachot, V.; Phumpholsup, T.; Posuwan, N.; Theamboonlers, A.; Poovorawan, Y. The prevalence and genotype diversity of Human Rotavirus A circulating in Thailand, 2011–2014. *Infect. Genet. Evol.* **2016**, *37*, 129–136. [CrossRef]

44. Duan, Z.J.; Li, D.D.; Zhang, Q.; Liu, N.; Huang, C.P.; Jiang, X.; Jiang, B.; Glass, R.; Steele, D.; Tang, J.Y.; et al. Novel human rotavirus of genotype G5P[6] identified in a stool specimen from a Chinese girl with diarrhoea. *J. Clin. Microbiol.* **2007**, *45*, 1614–1617. [CrossRef] [PubMed]

45. Komoto, S.; Maeno, Y.; Tomita, M.; Matsuoka, T.; Ohfu, M.; Yodoshi, T.; Akeda, H.; Taniguchi, K. Whole genomic analysis of a porcine-like human G5P[6] rotavirus strain isolated from a child with diarrhoea and encephalopathy in Japan. *J. Gen. Virol.* **2013**, *94*, 1568–1575. [CrossRef] [PubMed]

46. Mladenova, Z.; Papp, H.; Lengyel, G.; Kisfali, P.; Steyer, A.; Steyer, A.F.; Esona, M.D.; Iturriza-Gómara, M.; Bányai, K. Detection of rare reassortant G5P[6] rotavirus, Bulgaria. *Infect. Genet. Evol.* **2012**, *12*, 1676–1684. [CrossRef] [PubMed]

47. Chilengi, R.; Rudd, C.; Bolton, C.; Guffey, B.; Masumbu, P.K.; Stringer, J. Successes, challenges and lessons learned in accelerating introduction of rotavirus immunisation in Zambia. *World J. Vaccines* **2015**, *5*, 43–53. [CrossRef]

48. Zambia Ministry of Health. The 2012 Annual Health Statistical Bulletin. 2014. Available online: https://www.moh.gov.zm/docs/reports/2012_Annual_Health_Statistical_Bulletin_Version_1.pdf (accessed on 18 March 2020).

49. Mpabalwani, M.; Oshitani, H.; Kasolo, F.; Mizuta, K.; Luo, N.; Matsubayashi, N.; Bhat, G.; Suzuki, H.; Numazaki, Y. Rotavirus gastro-enteritis in hospitalised children with acute diarrhoea in Zambia. *Ann. Trop. Paediatr.* **1995**, *15*, 39–43. [CrossRef]

50. Mpabalwani, E.M.; Simwaka, C.J.; Mwenda, J.M.; Mubanga, C.P.; Monze, M.; Matapo, B.; Parashar, U.D.; Tate, J.E. Impact of rotavirus vaccination on diarrhoeal Hospitalisations in children aged <5 Years in Lusaka, Zambia. *Clin. Infect. Dis.* **2016**, *62*, S183–S187. [CrossRef]

51. Mpabalwani, E.M.; Simwaka, J.C.; Mwenda, J.M.; Matapo, B.; Parashar, U.D.; Tate, J.E. Sustained impact of rotavirus vaccine on rotavirus hospitalisations in Lusaka, Zambia, 2009–2016. *Vaccine* **2018**, *36*, 7165–7169. [CrossRef]

52. WHO Vaccine-Preventable Diseases: Monitoring System. 2020 Global Summary. Available online: https://apps.who.int/immunization_monitoring/globalsummary/countries?countrycriteria%5Bcountry%5D%5B%5D=ZMB (accessed on 7 August 2020).

53. Mwenda, J.M.; Tate, J.E.; Parashar, U.D.; Mihigo, R.; Agócs, M.; Serhan, F.; Nshimirimana, D. African Rotavirus Surveillance Network: A brief overview. *Pediatr. Infect. Dis. J.* **2014**, *33*, S6–S8. [CrossRef]

54. Mwenda, J.M.; Burke, R.M.; Shaba, K.; Mihigo, R.; Tevi-Benissan, M.C.; Mumba, M.; Biey, J.N.; Cheikh, D.; Poy, A.; Zawaira, F.R.; et al. Implementation of rotavirus surveillance and vaccine introduction—World Health Organization African region, 2007–2016. *Morb. Mortal. Wkly. Rep.* **2017**, *66*, 1192–1196. [CrossRef]

55. Mwenda, J.M.; Ntoto, K.M.; Abebe, A.; Enweronu-Laryea, C.; Amina, I.; Mchomvu, J.; Kisakye, A.; Mpabalwani, E.M.; Pazvakavambwa, I.; Armah, G.E.; et al. Burden and epidemiology of rotavirus diarrhoea in selected African countries: Preliminary results from the African Rotavirus Surveillance Network. *J. Infect. Dis.* **2010**, *202*, S5–S11. [CrossRef] [PubMed]

56. Dong, H.J.; Qian, Y.; Huang, T.; Zhu, R.N.; Zhao, L.Q.; Zhang, Y.; Li, R.C.; Li, Y.P. Identification of circulating porcine-human reassortant G4P[6] rotavirus from children with acute diarrhoea in China by whole genome analyses. *Infect. Genet. Evol.* **2013**, *20*, 155–162. [CrossRef] [PubMed]

57. Yahiro, T.; Takaki, M.; Chandrasena, T.G.A.; Rajindrajith, S.; Iha, H.; Ahmed, K. Human-porcine reassortant rotavirus generated by multiple reassortment events in a Sri Lankan child with diarrhoea. *Infect. Genet. Evol.* **2018**, *65*, 170–186. [CrossRef] [PubMed]

58. Zhou, X.; Wang, Y.H.; Ghosh, S.; Tang, W.F.; Pang, B.B.; Liu, M.Q.; Peng, J.S.; Zhou, D.J.; Kobayashi, N. Genomic characterisation of G3P[6], G4P[6] and G4P[8] human rotaviruses from Wuhan, China: Evidence for interspecies transmission and reassortment events. *Infect. Genet. Evol.* **2015**, *33*, 55–71. [CrossRef] [PubMed]

59. Heylen, E.; Likele, B.B.; Zeller, M.; Stevens, S.; De Coster, S.; Conceição-Neto, N.; Van Geet, C.; Jacobs, J.; Ngbonda, D.; Van Ranst, M.; et al. Rotavirus surveillance in Kisangani, the Democratic Republic of the Congo, reveals a high number of unusual genotypes and gene segments of animal origin in non-vaccinated symptomatic children. *PLoS ONE* **2014**, *9*, e100953. [CrossRef] [PubMed]

60. Kaneko, M.; Do, L.P.; Doan, Y.H.; Nakagomi, T.; Gauchan, P.; Agbemabiese, C.A.; Dang, A.D.; Nakagomi, O. Porcine-like G3P[6] and G4P[6] rotavirus A strains detected from children with diarrhoea in Vietnam. *Arch. Virol.* **2018**, *163*, 2261–2263. [CrossRef] [PubMed]

61. Phan, M.V.; Anh, P.H.; Cuong, N.V.; Munnink, B.B.; Hoek, L.; My, P.T.; Tri, T.N.; Bryant, J.E.; Baker, S.; Thwaites, G.; et al. Unbiased whole-genome deep sequencing of human and porcine stool samples reveals circulation of multiple groups of rotaviruses and a putative zoonotic infection. *Virus Evol.* **2016**, *2*, 1–15. [CrossRef]

62. Wang, Y.H.; Kobayashi, N.; Zhou, D.J.; Yang, Z.Q.; Zhou, X.; Peng, J.S.; Zhu, Z.R.; Zhao, D.F.; Liu, M.Q.; Gong, J. Molecular epidemiologic analysis of group A rotaviruses in adults and children with diarrhoea in Wuhan city, China, 2000–2006. *Arch. Virol.* **2007**, *152*, 669–685. [CrossRef]

63. da Silva, M.F.; Tort, L.F.; Goméz, M.M.; Assis, R.M.; Volotão, E.d.M.; de Mendonça, M.C.; Bello, G.; Leite, J.P. VP7 Gene of human rotavirus A genotype G5: Phylogenetic analysis reveals the existence of three different lineages worldwide. *J. Med. Virol.* **2011**, *83*, 357–366. [CrossRef]

64. Green, K.Y.; Hoshino, Y.; Ikegami, N. Sequence analysis of the gene encoding the serotype-specific glycoprotein (VP7) of two new human rotavirus serotypes. *Virology* **1989**, *168*, 429–433. [CrossRef]

65. Martella, V.; Bányai, K.; Ciarlet, M.; Iturriza-Gómara, M.; Lorusso, E.; De Grazia, S.; Arista, S.; Decaro, N.; Elia, G.; Cavalli, A.; et al. Relationships among porcine and human P[6] rotaviruses: Evidence that the different human P[6] lineages have originated from multiple interspecies transmission events. *Virology* **2006**, *344*, 509–519. [CrossRef] [PubMed]

66. Burke, B.; Bridger, J.C.; Desselberger, U. Temporal correlation between a single amino acid change in the VP4 of a porcine rotavirus and a marked change in pathogenicity. *Virology* **1994**, *202*, 754–759. [CrossRef] [PubMed]

67. Mackow, E.R.; Shaw, R.D.; Matsui, S.M.; Vo, P.T.; Dang, M.N.; Greenberg, H.B. The rhesus rotavirus gene encoding protein VP3: Location of amino acids involved in homologous and heterologous rotavirus neutralization and identification of a putative fusion region. *Proc. Natl. Acad. Sci. USA* **1988**, *85*, 645–649. [CrossRef] [PubMed]

68. Arias, C.F.; Romero, P.; Alvarez, V.; López, S. Trypsin activation pathway of rotavirus infectivity. *J. Virol.* **1996**, *70*, 5832–5839. [CrossRef] [PubMed]

69. Steyer, A.; Poljšak-Prijatelj, M.; Barlič-Maganja, D.; Marin, J. Human, porcine and bovine rotaviruses in Slovenia: Evidence of interspecies transmission and genome reassortment. *J. Gen. Virol.* **2008**, *89*, 1690–1698. [CrossRef]

70. Zeller, M.; Heylen, E.; De Coster, S.; Van Ranst, M.; Matthijnssens, J. Full genome characterisation of a porcine-like human G9P[6] rotavirus strain isolated from an infant in Belgium. *Infect. Genet. Evol.* **2012**, *12*, 1492–1500. [CrossRef]

71. Zhang, S.; McDonald, P.W.; Thompson, T.A.; Dennis, A.F.; Akopov, A.; Kirkness, E.F.; Patton, J.T.; McDonald, S.M. Analysis of human rotaviruses from a single location over an 18-Year time span suggests that protein co-adaption influences gene constellations. *J. Virol.* **2014**, *88*, 9842–9863. [CrossRef]

72. Ciarlet, M.; Ludert, J.E.; Liprandi, F. Comparative amino acid sequence analysis of the major outer capsid protein (VP7) of porcine rotaviruses with G3 and G5 serotype specificities isolated in Venezuela and Argentina. *Arch. Virol.* **1995**, *140*, 437–451. [CrossRef]

73. Dyall-Smith, M.L.; Lazdins, I.; Tregear, G.W.; Holmes, I.H. Location of the major antigenic sites involved in rotavirus serotype-specific neutralisation. *Proc. Natl. Acad. Sci. USA* **1986**, *83*, 3465–3468. [CrossRef]

74. Kobayashi, N.; Taniguchi, K.; Urasawa, S. Analysis of the newly identified neutralisation epitopes on VP7 of human rotavirus serotype 1. *J. Gen. Virol.* **1991**, *72*, 117–124. [CrossRef]

75. Green, K.Y.; Sears, J.F.; Taniguchi, K.; Midthun, K.; Hoshino, Y.; Gorziglia, M.; Nishikawa, K.; Urasawa, S.; Kapikian, A.Z.; Chanock, R.M. Prediction of human rotavirus serotype by nucleotide sequence analysis of the VP7 protein gene. *J. Virol.* **1988**, *62*, 1819–1823. [CrossRef] [PubMed]

76. Gorziglia, M.; Larralde, G.; Kapikian, A.Z.; Chanock, R.M. Antigenic relationships among human rotaviruses as determined by outer capsid protein VP4. *Proc. Natl. Acad. Sci. USA* **1990**, *87*, 7155–7159. [CrossRef] [PubMed]

77. Bányai, K.; Martella, V.; Jakab, F.; Melegh, B.; Szücs, G. Sequencing and phylogenetic analysis of human genotype P[6] rotavirus strains detected in Hungary provides evidence for genetic heterogeneity within the P[6] VP4 gene. *J. Clin. Microbiol.* **2004**, *42*, 4338–4343. [CrossRef]

78. Potgieter, A.C.; Page, N.A.; Liebenberg, J.; Wright, I.M.; Landt, O.; van Dijk, A.A. Improved strategies for sequence-independent amplification and sequencing of viral double-stranded RNA genomes. *J. Gen. Virol.* **2009**, *90*, 1423–1432. [CrossRef]

79. Kearse, M.; Moir, R.; Wilson, A.; Stones-Havas, S.; Cheung, M.; Sturrock, S.; Buxton, S.; Cooper, A.; Markowitz, S.; Duran, C.; et al. Geneious Basic: An integrated and extendable desktop software platform for the organization and analysis of sequence data. *Bioinformatics* **2012**, *28*, 1647–1649. [CrossRef] [PubMed]

80. Edgar, R.C. MUSCLE: A multiple sequence alignment method with reduced time and space complexity. *BMC Bioinform.* **2004**, *5*, 1–19. [CrossRef]

81. Katoh, K.; Standley, D.M. MAFFT multiple sequence alignment software version 7: Improvements in performance and usability. *Mol. Biol. Evol.* **2013**, *30*, 772–780. [CrossRef]

82. Tamura, K.; Stecher, G.; Peterson, D.; Filipski, A.; Kumar, S. MEGA 6: Molecular evolutionary genetics analysis version 6.0. *Mol. Biol. Evol.* **2013**, *30*, 2725–2729. [CrossRef]

83. Guindon, S.; Gascuel, O. A simple, fast, and accurate algorithm to estimate large phylogenies by maximum likelihood. *Syst. Biol.* **2003**, *52*, 696–704. [CrossRef]

84. Felsenstein, J. Confidence Limits on Phylogenies: An approach using the bootstrap. *Evolution* **1985**, *39*, 783–791. [CrossRef]

85. Frazer, K.A.; Pachter, L.; Poliakov, A.; Rubin, E.M.; Dubchak, I. VISTA: Computational tools for comparative genomics. *Nucleic Acids Res.* **2004**, *32*, 273–279. [CrossRef] [PubMed]

Article

Phylogenetic Analyses of Rotavirus A from Cattle in Uruguay Reveal the Circulation of Common and Uncommon Genotypes and Suggest Interspecies Transmission

Matías Castells [1,2,*], Rubén Darío Caffarena [2,3], María Laura Casaux [2], Carlos Schild [2], Samuel Miño [4], Felipe Castells [5], Daniel Castells [6], Matías Victoria [1], Franklin Riet-Correa [2], Federico Giannitti [2], Viviana Parreño [4] and Rodney Colina [1,*]

[1] Laboratorio de Virología Molecular, CENUR Litoral Norte, Centro Universitario de Salto, Universidad de la República, Rivera 1350, Salto 50000, Uruguay; matvicmon@yahoo.com
[2] Instituto Nacional de Investigación Agropecuaria (INIA), Plataforma de Investigación en Salud Animal, Estación Experimental la Estanzuela, Ruta 50 km 11, Colonia 70000, Uruguay; rdcaffarena@gmail.com (R.D.C.); mlcasaux@gmail.com (M.L.C.); schild.co@gmail.com (C.S.); frcorrea@inia.org.uy (F.R.-C.); fgiannitti@inia.org.uy (F.G.)
[3] Facultad de Veterinaria, Universidad de la República, Alberto Lasplaces 1620, Montevideo 11600, Uruguay
[4] Sección de Virus Gastroentéricos, Instituto de Virología, CICVyA, INTA Castelar, Buenos Aires 1686, Argentina; mino.samuel@inta.gob.ar (S.M.); vivipar3015@gmail.com (V.P.)
[5] Doctor en Veterinaria en Ejercicio Libre, Asociado al Laboratorio de Virología Molecular, CENUR Litoral Norte, Centro Universitario de Salto, Universidad de la República, Rivera 1350, Salto 50000, Uruguay; felicastells@gmail.com
[6] Centro de Investigación y Experimentación Dr. Alejandro Gallinal, Secretariado Uruguayo de la Lana, Ruta 7 km 140, Cerro Colorado, Florida 94000, Uruguay; castells@adinet.com.uy
* Correspondence: matiascastellsbauer@gmail.com (M.C.); rodneycolina1@gmail.com (R.C.); Tel.: +598-4734-2924 (M.C. & R.C.)

Received: 7 April 2020; Accepted: 30 June 2020; Published: 14 July 2020

Abstract: Uruguay is one of the main exporters of beef and dairy products, and cattle production is one of the main economic sectors in this country. Rotavirus A (RVA) is the main pathogen associated with neonatal calf diarrhea (NCD), a syndrome that leads to significant economic losses to the livestock industry. The aims of this study are to determine the frequency of RVA infections, and to analyze the genetic diversity of RVA strains in calves in Uruguay. A total of 833 samples from dairy and beef calves were analyzed through RT-qPCR and sequencing. RVA was detected in 57.0% of the samples. The frequency of detection was significantly higher in dairy (59.5%) than beef (28.4%) calves ($p < 0.001$), while it did not differ significantly among calves born in herds that were vaccinated (64.0%) or not vaccinated (66.7%) against NCD. The frequency of RVA detection and the viral load were significantly higher in samples from diarrheic (72.1%, 7.99 $\log_{10}$ genome copies/mL of feces) than non-diarrheic (59.9%, 7.35 $\log_{10}$ genome copies/mL of feces) calves ($p < 0.005$ and $p = 0.007$, respectively). The observed G-types (VP7) were G6 (77.6%), G10 (20.7%), and G24 (1.7%), while the P-types were P[5] (28.4%), P[11] (70.7%), and P[33] (0.9%). The G-type and P-type combinations were G6P[11] (40.4%), G6P[5] (38.6%), G10P[11] (19.3%), and the uncommon genotype G24P[33] (1.8%). VP6 and NSP1-5 genotyping were performed to better characterize some strains. The phylogenetic analyses suggested interspecies transmission, including transmission between animals and humans.

Keywords: rotavirus; bovine; genotypes; interspecies transmission; diarrhea

1. Introduction

Neonatal calf diarrhea (NCD) is a syndrome of worldwide distribution and the major cause of mortality of dairy calves before weaning [1]. NCD has a negative impact on animal welfare and leads to significant economic losses to the livestock industry [2–5].

Rotavirus A (RVA) is the main pathogen associated with NCD [6,7]. RVA (species *Rotavirus A*; genus *Rotavirus*; subfamily *Sedoreovirinae*; family *Reoviridae*) is a nonenveloped virus with a triple-layered capsid and a genome composed of 11 segments of double-stranded RNA [8]. RVA is widespread in dairy farms in Uruguay, and viable viral particles have been detected in sources of drinking water used for calves [9], suggesting water contamination and waterborne transmission.

Rotaviruses are classified by a binary system of G and P types for VP7 and VP4, respectively, determined by sequence analyses. In 2008, a complete genome classification system, named genotype constellation, assigning a specific genotype to each of the 11 genome segments was developed [10]. The VP7-VP4-VP6-VP1-VP2-VP3-NSP1-NSP2-NSP3-NSP4-NSP5/6 genes of rotavirus strains are classified using the abbreviations Gx-P[x]-Ix-Rx-Cx-Mx-Ax-Nx-Tx-Ex-Hx (where x is the genotype number), respectively.

Recently, since the inclusion of gene segments other than VP7 and VP4 in molecular analyses, gene reassortment has been described as a common event in RVA, sometimes between virus strains originated from different hosts, suggesting interspecies transmission [10–13].

Surveys describing the epidemiology of RVA in cattle in South America are mainly restricted to Brazil and Argentina; no published data about RVA epidemiology in Uruguayan calves are available. However, other viruses such as bovine coronavirus and bovine astrovirus have been detected in Uruguay [14,15].

Uruguay is one of the main exporters of beef [16] and dairy products [17]. Furthermore, cattle production is one of the main economic sectors in this country, with almost 12 million head of cattle accounting for 33% of the total exports [18]. The aims of this study are to determine the frequency of RVA infections and to analyze the genetic diversity of the RVA strains detected in Uruguayan calves.

2. Results

2.1. Detection Frequency of RVA in Uruguayan Calves

Rotavirus A was detected in 57.0% (475/833) of the analyzed samples. The frequency of detection was significantly higher in dairy (59.5%, 456/766) than beef (28.4%, 19/67) calves (OR: 3.72, 95% CI: 2.14–6.44; $p < 0.000001$; Figure 1a). The frequency of RVA detection in live calves was higher (58.0%, 444/766) than in deceased calves (46.3%, 31/67), although this difference was not statistically significant ($p = 0.06$; Figure 1b). The frequency of detection in dairy calves born in herds that vaccinated (64.0%, 144/225) or did not vaccinate dams (66.7%, 164/246) against NCD did not differ significantly ($p = 0.5$; Figure 1c). The frequency of RVA detection was significantly higher in samples from diarrheic (72.1%, 173/240) than non-diarrheic (59.9%, 163/272) dairy calves (OR: 1.73, 95% CI: 1.19–2.50; $p < 0.005$; Figure 1d). No seasonal distribution was observed in RVA detection (data not shown).

Rotavirus A was detected in 58.8% (87/148), 70.6% (142/201), 68.2% (75/110), and 52.9% (18/34) of dairy calves in the first, second, third, and fourth weeks of life, respectively (Table 1). Statistically significant differences were observed between the second and the first weeks of age (OR: 1.69, 95% CI: 1.08–2.64; $p = 0.02$), and between the second and the fourth weeks of age (OR: 2.14, 95% CI: 1.02–4.48; $p = 0.04$). The mean age in days of RVA-positive dairy calves was significantly lower in diarrheic than nondiarrheic calves ($p = 0.02$; Table 1).

The RVA viral load was significantly higher in diarrheic than nondiarrheic dairy calves ($p = 0.007$; Table 1), ranging between 1.14×10^4 and 7.36×10^{12} genome copies/milliliter (gc/mL) of feces. In all four age groups, the frequency of RVA detection was higher in diarrheic than nondiarrheic dairy calves: 69.0% (40/58) vs. 52.2% (47/90) in the first week, 72.1% (98/136) vs. 67.7% (44/65) in the second week, 68.8% (22/32) vs. 67.9% (53/78) in the third week, and 85.7% (6/7) vs. 44.4% (12/27) in the fourth week of age. A statistically significant difference was observed only within the first week (OR: 2.03, 95% CI: 1.01–4.07; $p = 0.04$).

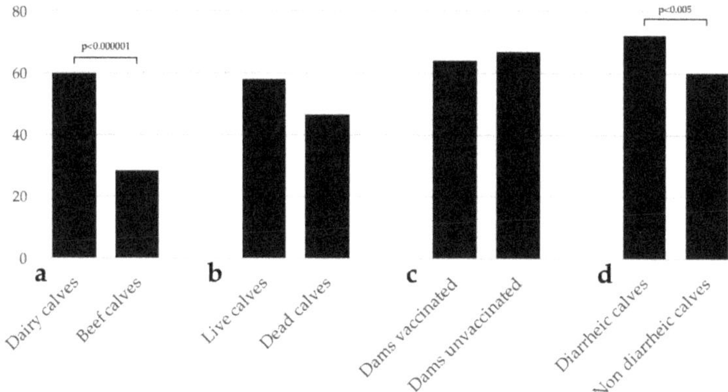

Figure 1. Frequency of Rotavirus A (RVA) detection in calves. (**a**) Frequency of RVA detection in dairy vs. beef calves; (**b**) frequency of RVA detection in live vs. deceased calves; (**c**) frequency of RVA detection in calves from vaccinated [a] vs. unvaccinated dairy herds; (**d**) frequency of RVA detection in diarrheic vs. non diarrheic dairy calves. Comparisons with statistically significant differences are indicated. [a] Most of the vaccines against neonatal calf diarrhea available in Uruguay include two RVA strains.

Table 1. Frequency of RVA detection and viral load in feces of diarrheic and nondiarrheic calves.

				Calves Age		
	Mean Age [a]	Viral Load [b]	First Week	Second Week	Third Week	Fourth Week
Diarrheic	11.9 [1]	7.99 [2]	69.0 [3]	72.1	68.8	85.7
Non-diarrheic	13.5 [1]	7.35 [2]	52.2 [3]	67.7	67.9	44.4
Total	12.7	7.67	58.8 [4]	70.6 [4,5]	68.2	52.9 [5]

[a] Mean age in days of RVA-positive calves. [b] Mean RVA viral load expressed as log10 of RVA genome copies per milliliter of feces. Equal numbers in superscript refer to values with statistically significant differences ($p < 0.05$).

2.2. VP7 and VP4 Genotyping

We obtained 58 and 116 sequences for VP7 and VP4, respectively. The detected G-types (VP7) were G6 (77.6%, 45/58), G10 (20.7%, 12/58), and G24 (1.7%, 1/58), while the P-types (VP4) were P[5] (28.4%, 33/116), P[11] (70.7%, 82/116), and P[33] (0.9%, 1/116). The following G- and P-type combinations were obtained for 57 strains: G6P[11] (40.4%, 23/57), G6P[5] (38.6%, 22/57), G10P[11] (19.3%, 11/57), and G24P[33] (1.8%, 1/57). Furthermore, 60 strains had undetermined G- or P-type: GXP[11] (80.0%, 48/60), GXP[5] (18.3%, 11/60), and G10P[X] (1.7%, 1/60).

2.3. VP6 and NSP1-5 Genotyping

Ten samples, including representative VP7 and VP4 genotype combinations observed, were selected for VP6 and NSP1-5 gene characterization: 2 G6P[5], 2 G6P[11], 2 G10P[11], 2 GXP[11], 1 G10P[X], and 1 G24P[33] (Table 2). All the strains were I2 (VP6), N2 (NSP2), and E12 (NSP4). Nine were H3 and one could not be determined HX (NSP5). Five strains were A3, four were A13, and one could not be determined AX (NSP1). Eight strains were T6, one was T9, and one could not be determined TX (NSP3).

Table 2. Genotype constellation of 10 RVA strains from Uruguayan calves.

Strain	VP7	VP4	VP6	NSP1	NSP2	NSP3	NSP4	NSP5
RVA/Cow-wt/URY/LVMS781/2015/G6P[5]	G6	P[5]	I2	AX	N2	T6	E12	H3
RVA/Cow-wt/URY/LVMS1788/2016/GxP[11]	GX	P[11]	I2	A3	N2	T6	E12	H3
RVA/Cow-wt/URY/LVMS1812/2016/G6P[5]	G6	P[5]	I2	A3	N2	T6	E12	H3
RVA/Cow-wt/URY/LVMS1837/2016/G10P[11]	G10	P[11]	I2	A13	N2	TX	E12	H3
RVA/Cow-wt/URY/LVMS2625/2016/G10P[11]	G10	P[11]	I2	A13	N2	T6	E12	H3
RVA/Cow-wt/URY/LVMS3024/2016/G24P[33]	G24	P[33]	I2	A13	N2	T9	E12	H3
RVA/Cow-wt/URY/LVMS3027/2016/G6P[11]	G6	P[11]	I2	A3	N2	T6	E12	H3
RVA/Cow-wt/URY/LVMS3031/2016/G6P[11]	G6	P[11]	I2	A3	N2	T6	E12	H3
RVA/Cow-wt/URY/LVMS3053/2016/G10P[x]	G10	P[X]	I2	A13	N2	T6	E12	HX
RVA/Cow-wt/URY/LVMS3206/2016/GxP[11]	GX	P[11]	I2	A3	N2	T6	E12	H3

Uncommon genotypes are shadowed in grey.

2.4. Phylogenetic Analyses

The phylogenetic analyses showed an intricate genetic scenario. The analyses of the VP7 gene showed that G6 and G10 Uruguayan strains clustered in two and one different lineages, respectively, with sequences obtained from cattle. Specifically, the G6P[5] Uruguayan strains clustered in one lineage (split into two sublineages) with Argentinian strains, and the G6P[11] Uruguayan strains clustered separately in a lineage with Slovenian strains (Figure 2). The G10 Uruguayan strains clustered in a lineage (split into two sublineages) with Argentinian strains (Figure 3). Brazilian G6 and G10 strains clustered separately with Uruguayan and Argentinian G6 and G10 strains.

The phylogenetic analyses of the VP4 gene showed that P[5] Uruguayan strains clustered in a lineage with Argentinian G6P[5] strains obtained from cattle, and Brazilian P[5] strains clustered separate (Figure 4). The P[11] Uruguayan strains clustered in three lineages with sequences obtained from cattle, two of the lineages were comprised of G6 and G10 Argentinian strains (and one of these lineages is split into two sublineages), and the other lineage comprised of G6P[11] Brazilian strains, although P[11] Uruguayan strains were distinct to the majority of the Brazilian P[11] strains (Figure 5).

In the phylogenetic tree of the NSP1 gene, we observed that Uruguayan strains clustered in three different genetic lineages of the genotype A3: one jointly with human strains from Paraguay and Brazil, another with Italian and Belgian human strains, and another with a goat strain from Argentina and, in one genetic lineage of the genotype A13, with an Argentinian strain from a cow (Figure S1).

The phylogenetic analysis of the NSP2 gene showed that the Uruguayan strains were clustered in two separate lineages: one with Argentinian strains from cow and goat, and the other with strains from guanaco and vicuña from Argentina and strains from humans from Australia (Figure S2).

On the other hand, the phylogenetic analysis of the NSP3 gene showed that the T6 Uruguayan strains were clustered in three sublineages within one lineage: one together with strains distributed worldwide (including vaccine strains), one with Argentinian (vicuña and guanaco), Japanese (cow), Slovenian (human), and Paraguayan (human) strains, and the third with a goat strain from Argentina and a human strain from Belgium. The T9 strain clustered with the other four T9 strains detected so far (from Japan and the USA; Figure S3).

For the NSP4 gene, we observed that besides the Uruguayan strains obtained in our study, only sequences from South America were available. The phylogenetic analysis showed that Uruguayan strains clustered in four different lineages together with strains from several host species (cows, guanacos, horses, goats, and humans), all from this subcontinent (Figure S4).

The phylogenetic analysis of the NSP5 gene showed that the Uruguayan strains were clustered in three sublineages within one lineage: one together with strains distributed worldwide in several host species), other with an Argentinian strain from a cow and a Paraguayan strain obtained from a human, and another with a strain from a guanaco from Argentina, a strain from a yak from China, and a strain from a human from Hungary (Figure S5).

Lastly, the phylogenetic analysis of the VP6 gene showed that the Uruguayan strains were clustered in three lineages: one conformed only with Uruguayan strains, another lineage with an Argentinian strain from a cow, and another lineage with South American strains from various hosts (human, llama, sheep, and goat), Japanese strains from human and cow, and a roe deer Slovenian strain (Figure S6).

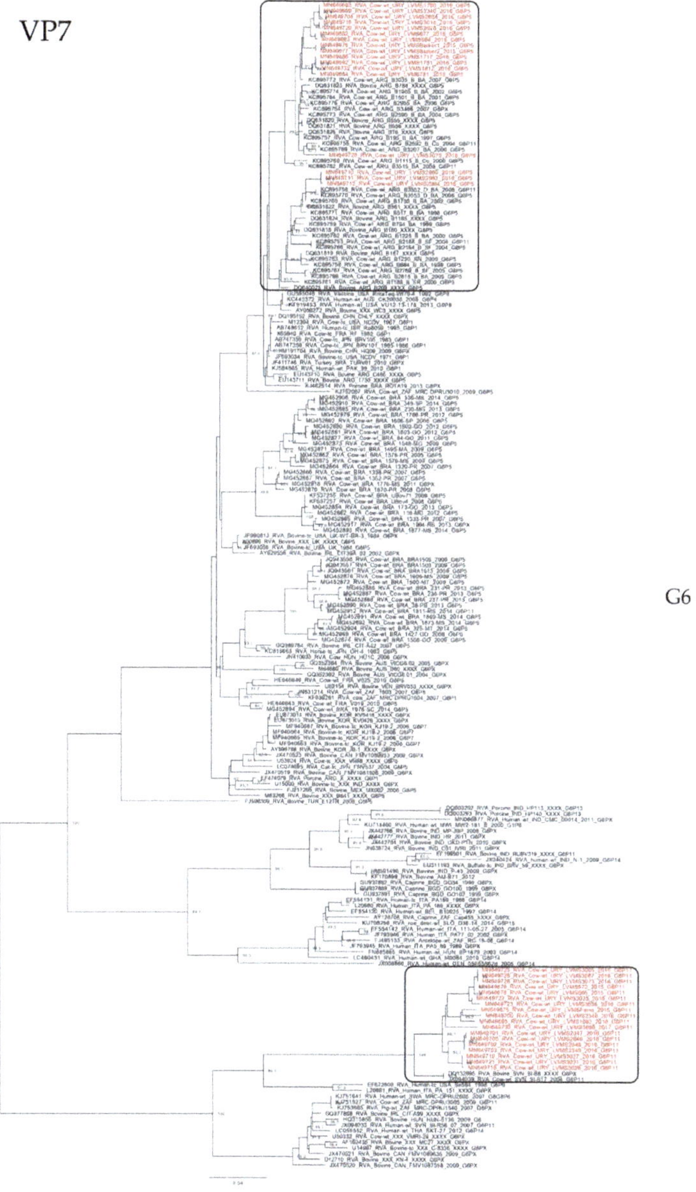

Figure 2. Maximum likelihood tree of the G6 genotype of the VP7 gene. The best nucleotide substitution model (TIM2 + I + G) and the maximum likelihood tree were obtained with W-IQ-TREE. Uruguayan strains are shown in red. Shimodaira–Hasegawa-approximate likelihood-ratio test (SH-aLRT) values ≥ 80 are shown.

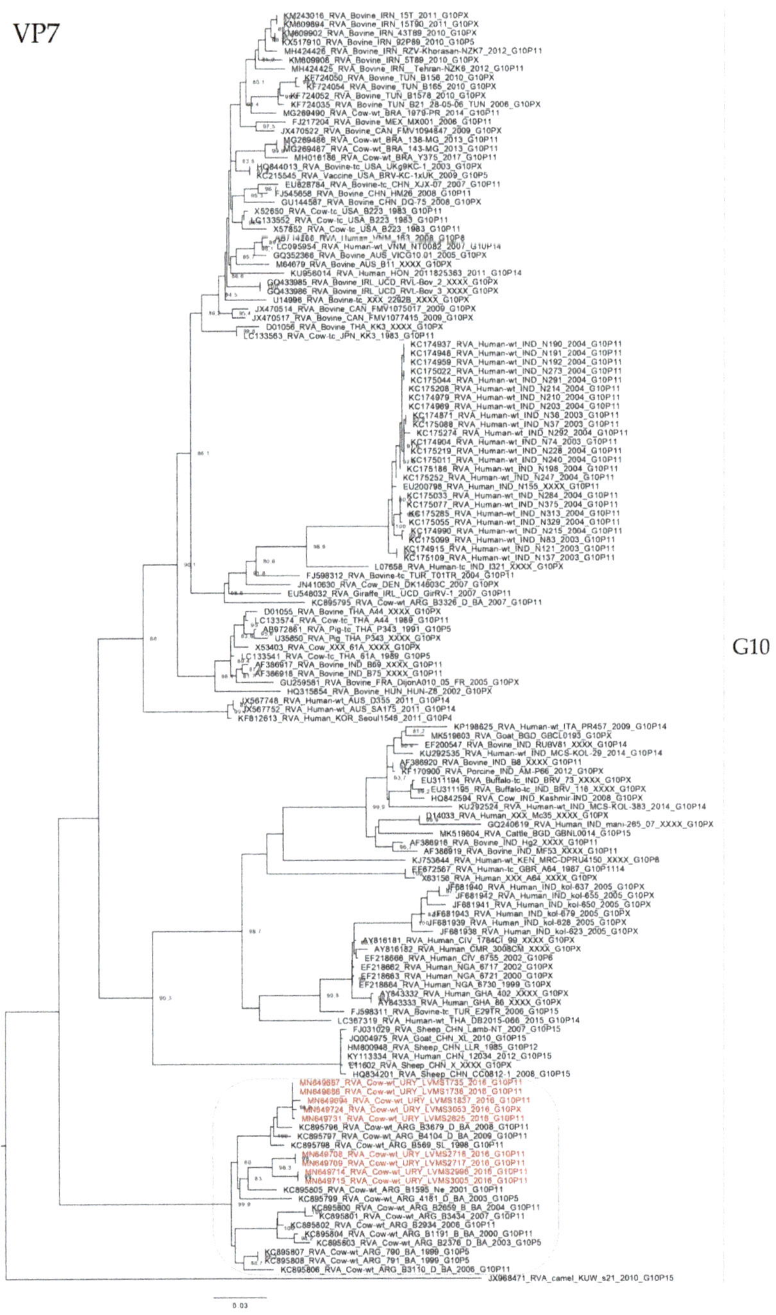

Figure 3. Maximum likelihood tree of the G10 genotype of the VP7 gene. The best nucleotide substitution model (TPM3 + G) and the maximum likelihood tree were obtained with W-IQ-TREE. Uruguayan strains are shown in red. SH-aLRT values ≥ 80 are shown.

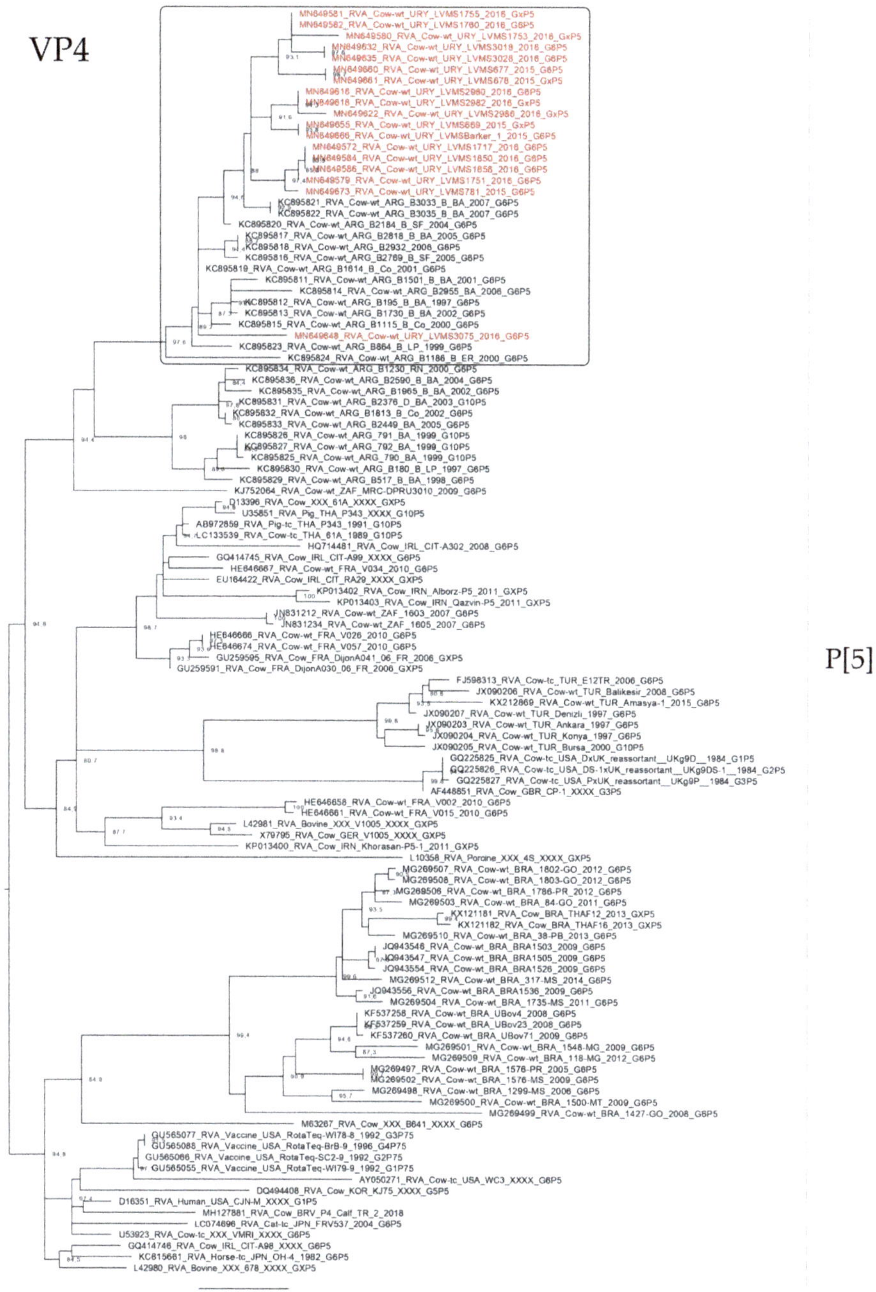

Figure 4. Maximum likelihood tree of the P[5] genotype of the VP4 gene. The best nucleotide substitution model (TIM + G) and the maximum likelihood tree were obtained with W-IQ-TREE. Uruguayan strains are shown in red. SH-aLRT values ≥ 80 are shown.

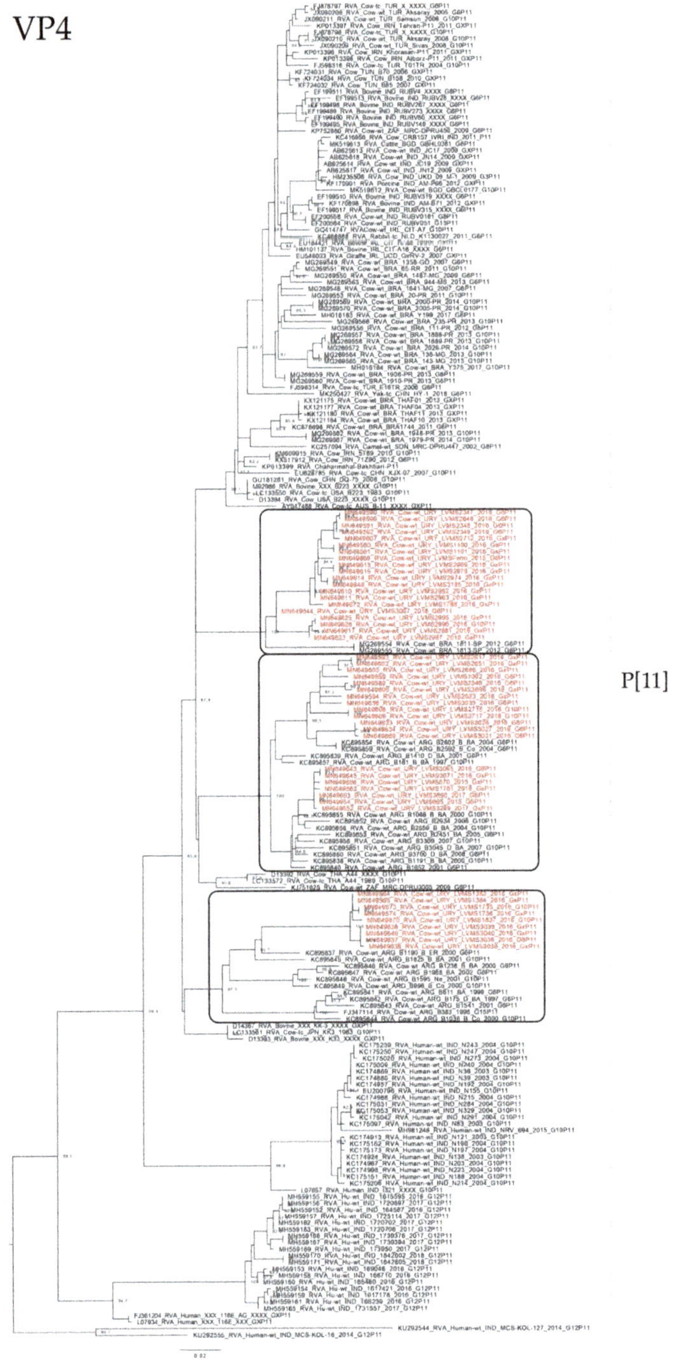

Figure 5. Maximum likelihood tree of the P[11] genotype of the VP4 gene. The best nucleotide substitution model (TPM3u + G) and the maximum likelihood tree were obtained with W-IQ-TREE. Uruguayan strains are shown in red. SH-aLRT values ≥ 80 are shown.

3. Discussion

Rotavirus A was detected in feces and intestinal contents collected from dairy and beef calves with a frequency of 57%, which was higher than reports from Argentina and Brazil (17–42%) [19–22], and other geographic regions (20–49%) [7,23–25]. On the other hand, in Australia, the frequency of RVA detection was 80%, which is higher than the detected in our study [6]. Interestingly, most of the mentioned studies were conducted by assays different than RT-qPCR, except the one conducted in Australia. It is well documented that the RT-qPCR for RVA detection has a higher sensitivity than other assays, reducing the risk of false-negatives (i.e., ELISA, electron microscopy, PAGE, immunochromatography, and conventional PCR) [6,26–28], which could explain the higher frequency observed in Uruguay when compared with neighboring countries while reducing the risk of false-positive results, also given its higher specificity. Furthermore, the use of RT-qPCR, which is known to detect very few genomic copies, allows pathogen detection in clinical and subclinical calves. In addition, in many field situations, the time of onset of diarrhea is not known, so the peak of pathogen shedding may have already passed, or the infection could be just settling down by the time of sampling [29]. The limit of detection in our study (10^4 gc/mL of feces) and the higher RVA viral load in diarrheic than nondiarrheic calves are in agreement with the stated by Torres-Medina et al. [29]. On the other hand, we also observed high viral loads in some nondiarrheic calves.

Infection with RVA has long been associated with diarrhea [29–31], as observed in our study, where RVA detection was more frequent in diarrheic than in nondiarrheic calves, independently of their age (up to 4 weeks). Concerning the calves' age, we observed that the proportion of calves shedding RVA was higher in the second and third weeks of age, as observed in Brazil [19,32] and elsewhere [33]. In addition, the mean age of RVA-positive calves in our study is similar to the age reported previously [31], and we observed that diarrheic calves positive for RVA were younger than nondiarrheic calves, indicating that calves are exposed to this pathogen early after birth.

Although the sampling between beef and dairy farms was unequal, our results indicate that the circulation of RVA was higher in dairy than beef calves. This contrasts with the reported results in neighboring countries, where RVA was more frequently detected in beef than dairy calves [19,20] or in a similar frequency [21]. Our results also contrast with those observed in a study conducted in Australia [6].

A common practice used to prevent NCD is the vaccination of pregnant cows/heifers during the last stage of pregnancy to protect the calves by the transference of passive maternal antibodies through colostrum intake. Most available vaccines in the Uruguayan market include bovine rotavirus A strains (most of them include two strains, G6 and G10, as detailed by the manufacturers). In this study, we observed a similar frequency of RVA detection in calves from vaccinated and unvaccinated herds. Failure in the protection against RVA infection by the vaccine was reported in studies conducted in Argentina and Brazil [34–37]; although vaccines are not effective in preventing RVA infection, they significantly reduce morbidity, the severity of diarrhea, and mortality related to RVA [38].

In this study, we determined the RVA genotypes circulating in calves in Uruguay. Overall, the VP7 and VP4 genotypes observed in this country are the most prevalent in cattle worldwide [39], although, unexpectedly, we detected a G24P[33] strain, which thus far had only been reported from an asymptomatic cow and her calf in Japan [11]. The G24P[33] strain detected in Uruguay was obtained from a 10-day-old asymptomatic dairy calf sampled in August 2016.

Regarding the VP6 and NSP1-5 genotyping, the Uruguayan strains, including the G24P[33], showed a relatively conserved genotype constellation I2-A3/A13-N2-T6/T9-E12-H3, corresponding to VP6 and NSP1-5 genotypes, respectively. These genotypes are commonly found in cattle, with the exception of T9 [40]. The T9 genotype has been sporadically detected in two cows from Japan [11], in a child from Japan [41], and in a child from the USA [42]. This genotype has been associated with atypical VP7 and VP4 genotypes (G21P[29], G24P[33], G8P[14], and G24P[14]). In this study, we observed the T9 genotype associated with G24P[33]. Indepth analysis of the RVA/Cow-wt/URY/LVMS3024/2016/G24P[33] strain revealed almost the same genotype constellation as the RVA/Cow-wt/JPN/Dai-10/2007/G24P[33] strain from Japan, with the unusual G24, P[33], and T9 genotypes. The only difference was observed in the NSP4 gene that was E12 in the Uruguayan strain and E2 in the Japanese. It is interesting to note that all the Uruguayan strains were E12, a genotype widely detected in cattle [12], guanacos [12], horses [43,44], goats [45], and children [46,47] in South America. This reinforces the notion that the E12 genotype may be restricted to South America, as previously postulated [44].

The rare G24P[33] strain detected in our study represented a challenge. The G24, P[33], and T9 genotypes observed in this strain provides information for a possible introduction of the virus from Japan to Uruguay, or vice versa. The expansion of the Wagyu beef industry beyond Japan [48] could have influenced the dispersion of some RVA strains through live cattle exports. On the other hand, the E12 genotype in the Uruguayan G24P[33] strain and E2 genotype in the Japanese G24P[33] strain represented a probable gene reassortment, which is a more plausible scenario than the emergence of two independent strains with the same rare genotype constellation except for NSP4. Further studies should be conducted to determine the evolution and possible emergence of these rare genotypes.

In the phylogenetic analyses of all the genes, it can be observed that Uruguayan strains clustered mainly with South American strains. The only gene that did not show any South American-specific lineage was NSP3, in which the Uruguayan strains clustered mainly with Argentinian strains, but also with strains from other continents. These data, together with the identification of the E12 genotype in all the Uruguayan sequences, suggest a South American origin of RVA lineages [44]. Furthermore, the phylogenetic analyses showed an intricate pattern of diversity, with evidence of gene reassortments, interspecies transmission, local dispersion of some strains, and circulation of strains that are most prevalent in cattle worldwide.

The analyses of VP7 and VP4 showed a conserved pattern with all the Uruguayan strains clustering, with strains detected only in cattle and mainly from Argentina, indicating a probable host species and geographic linkage. Due to the shortage of G24 and P[33] sequences in the database (2 and 1, respectively), no phylogenetic analyses were performed for these genotypes. In the VP7 and VP4 phylogenetic analysis, the majority of strains characterized in this study clustered closely with strains detected in Argentinian cattle. The exceptions were one G6 lineage that clustered with European strains isolated from cattle, and one in P[11] sublineage that clustered with Brazilian strains isolated from cattle. There is a clear phylogenetic relationship between the strains detected in the cattle in Uruguay and Argentina, whereas Brazilian strains were, in general, phylogenetically distant from the Uruguayan strains. In addition, Uruguayan strains clustered together among themselves, suggesting that limited introductions of RVA into the country have occurred, but the strains were widely dispersed in the cattle. A possible explanation for the genetic similarity between the Uruguayan and Argentinian strains and their divergence to the Brazilian strains could be explained, in part, by the breed of cattle. In Uruguay and Argentina, most of the cattle breeds are *Bos taurus*, while in Brazil, there are mostly *Bos indicus* or *Bos indicus* x *Bos taurus* crosses. Although it has not been studied in cattle, different human subpopulations appeared to have different susceptibility infection and clinical disease, and this susceptibility is dependent on the rotavirus genotype, and in some cases, it also depends on different rotavirus strains of the same genotype [49].

Based on the phylogenetic analyses, we observed evidence of gene reassortment and interspecies transmission events. Regarding the former event, in addition to the previously mentioned gene reassortment of the G24P[33] strain, strong evidence was observed in the strains RVA/Cow-wt/URY/ LVMS1812/2016/G6P[5] and RVA/Cow-wt/URY/LVMS3206/2016/GxP[11] because both strains clustered together in all the genes, except in VP4 (which showed different genotypes, (P[5] and P[11], respectively), indicating that a possible gene reassortment event may have occurred. Another piece of evidence was observed in the RVA/Cow-wt/URY/LVMS1788/2016/GxP[11] strain because it clustered together with other Uruguayan strains in most of the genes, except in NSP1 and NSP3 genes, which clustered alone in different genetic lineages, also suggesting a gene reassortment event. Furthermore, the strain RVA/Cow-wt/URY/LVMS1837/2016/G10P[11] clustered together with RVA/Cow-wt/URY/LVMS2625/ 2016/G10P[11] and RVA/Cow-wt/URY/LVMS3053/2016/G10P[x] in most of the genes, but clustered separately in distant genetic lineages in NSP2 and NSP5; this was probably due to gene reassortment. On the other hand, an interesting observation was that, in general, G6 strains tended to cluster together in most of the genes, and the same was observed for the G10 strains, with the exceptions aforementioned.

Regarding interspecies transmission, we observed that in the analyses of VP7 and VP4, all the Uruguayan strains clustered with other bovine strains, so these gene segments seem to be more host-specific than the other genes. On the other hand, and based on the phylogenetic analyses, we observed evidence suggesting interspecies transmission because the bovine strains detected in Uruguay closely clustered with strains detected in other host species. We observed that bovine Uruguayan strains A13 (NSP1 gene) clustered together with strains isolated from humans and a goat, possibly indicating events of interspecies transmission. Two lineages showed a close relationship between Uruguayan bovine strains and human strains (from South America and Europe); these human strains were reported to be Artiodactyl-like and a product of interspecies transmission [10,47,50], as well as the goat strain of a third lineage [45], which is in accordance with our results. In the NSP2-5 and VP6 genes, we observed that the Uruguayan bovine strains clustered in some lineages with strains isolated from other host species (human, goat, guanaco, vicuna, roe deer, llama, and sheep), mainly from South America, that were proposed to be originated by interspecies transmission [12,45,47,51], again in accordance with our results. Another piece of evidence supporting this event was observed in the NSP4; all the RVA strains detected in South America were E12, independent of the host species where they were isolated (horse, cow, guanaco, human, goat), suggesting interspecies transmission and fixation of this genotype in South America [44]. The interspecies transmission of RVA is widely documented [10–13], and our results support this event. In South America, it is common to raise different livestock species on the same farm in close contact with humans [45], which increases the possibility of interspecies transmission. Our results support that interspecies transmission is a common event in South America, including the possibility of zoonotic transmission [45,51,52].

Lastly, our study had some limitations. In Uruguay, dairy farming is concentrated in the southwest region and calves are raised under intensive production systems that facilitated the collection of the samples, while beef calves are mostly bred in extensive production systems and dispersed throughout the country, which hindered the access to samples. This resulted in an overrepresentation of dairy (92%) versus beef (8%) samples in our study. Another limitation was that we had no spiked control to determine if there was inhibition of the qPCR, which may lead to false-negatives. Regarding coinfections, the methodology used has the limitation that sequences obtained from a single animal would have only represented the predominant strain and/or sequences with multiple traces that were not included in the study. It is important to mention that, from our analyses, we could not determine the route nor the time in which the gene reassortment and the interspecies transmission events took place.

4. Materials and Methods

4.1. Samples

Fecal samples of 766 live calves and intestinal contents from 67 naturally-deceased calves were collected from 833 different calves from dairy and beef herds in Uruguay between 2015 and 2018. Sampled herds were distributed in 10 of the 19 regions of the country (Figure 6), and throughout the year, including samples collected in the four climate seasons. In addition, 766 samples were from dairy calves, and 67 from beef calves. We compared the frequency of the RVA infection between groups only for dairy calves. A total of 240 dairy calves had diarrhea at the time of sampling, while 272 were nondiarrheic dairy calves (this information was unavailable for 321 calves). The distribution by age in the first, second, third, and fourth weeks of life was 148, 201, 110, and 34 dairy calves, respectively (the age was unavailable for 340 calves). A total of 225 calves were from dairy herds vaccinated against NCD and 246 calves were from nonvaccinated dairy herds (herd vaccination history was unavailable for 362 calves).

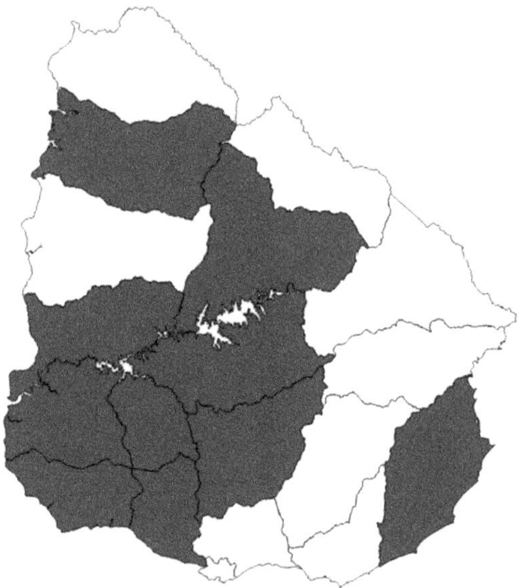

Figure 6. Map of Uruguay, the regions from which samples were collected shown in grey.

4.2. Sample Suspension, RNA Extraction, Reverse Transcription, Detection and Quantification of RVA

Samples were diluted 1:10 (*v:v*) in phosphate-buffered saline solution, centrifuged at 3000× *g* for 20 min at 4 °C, and supernatants were collected and stored at −80 °C. Viral RNA was extracted using a QIAamp® cador® Pathogen Mini Kit (Qiagen®, Hilden, Germany), following the manufacturer's instructions. Reverse transcription (RT) was carried out with RevertAid® Reverse Transcriptase (Thermo Fisher Scientific®, Waltham, MA, USA) and random hexamers primers (Qiagen®), following the manufacturer´s instructions. All RNAs and cDNAs were stored at −80 °C until further viral analyses. Screening and quantification of the samples for RVA identification were carried out through a quantitative polymerase chain reaction (qPCR) targeted to the NSP3 gene, as described elsewhere [9]. Briefly, 12.5 µL of SensiFAST™ Probe No-ROX Kit (Bioline®, London, UK), 5.0 µL of nuclease-free water, 1.0 µL of 10 µM forward primer, 1.0 µL of 10 µM reverse primer, 0.5 µL of 10 µM probe, and 5 µL of cDNA were mixed in 0.2-mL PCR tubes. All samples were analyzed in duplicate. In order to validate the complete process, an RVA-positive (G6P[5] strain) and an RVA-negative fecal sample were used as positive and negative controls, respectively.

4.3. Rotavirus A Genotyping

Quantitative-PCR positive samples were subsequently subjected to amplification of VP7 and VP4 (VP8*). Briefly, 12.5 µL of MangoMix™ (Bioline®), 5 µL of cDNA, 5.5 µL of nuclease-free water, 1 µL of dimethyl sulfoxide, 0.5 µL of 20 µM forward primer and 0.5 µL of 20 µM reverse primer were mixed in 0.2-mL PCR tubes. Forward and reverse primers for VP7 and VP4 (VP8*) amplification are described elsewhere [20,53]. In addition, 10 samples, including representative VP7 and VP4 genotype combinations observed in this study, were selected for VP6 and NSP1-5 gene characterization. Primers and cycling conditions were used, as described elsewhere [10], and PCR reagents were used, as described above. Genotyping was performed using the web-based genotyping tool RotaC v2.0 [54].

4.4. PCR Product Purification, Sequencing, and GenBank Accession Numbers

PCR products were visualized in 1–2% agarose gels and positive samples were purified using PureLink™ Quick Gel Extraction and PCR Purification Combo Kit (Invitrogen®, Carlsbad, CA, USA), according to the manufacturer's instructions. Both cDNA strands were sequenced by Macrogen Inc. (Seoul, Korea). Sequences were deposited in GenBank with accession numbers: MN649559—MN649674 (VP4), MN649675—MN649732 (VP7), MN649733—MN649742 (VP6), MN649743—MN649751 (NSP1), MN649752—MN649761 (NSP2), MN649762—MN649770 (NSP3), MN649771—MN649780 (NSP4), and MN649781—MN649789 (NSP5).

4.5. Phylogenetic Analysis

All the available sequences corresponding to the genotypes observed in the RVA strains detected in this study, previously determined with RotaC, were downloaded from the Virus Variation Resource (http://www.ncbi.nlm.nih.gov/genome/viruses/variation/) [55]. A dataset was created for each genotype, and multiple sequence alignments were obtained using Clustal W implemented in MEGA 7 software [56]. The final alignment of each gene comprised all the worldwide sequences that covered the length of the sequences obtained in this study. The length of the sequences and the nucleotide position, involved in the phylogenetic analysis of each gene, are detailed in Table 3. The nucleotide substitution models that best fit each dataset (Table 3) and the maximum likelihood trees were obtained using W-IQ-TREE (available at http://iqtree.cibiv.univie.ac.at) [57]. The branches support was estimated with the Shimodaira–Hasegawa-approximate likelihood-ratio test (SH-aLRT) [58]. Trees were visualized in FigTree (http://tree.bio.ed.ac.uk/software/figtree/).

Table 3. Information about the final alignments obtained for the phylogenetic analyses.

	NSP1	NSP2	NSP3	NSP4	NSP5	VP4 (P[5])	VP4 (P[11])	VP6	VP7 (G6)	VP7 (G10)
Sequences lenght *	1005	954	917	528	597	645	654	1143	852	837
Genomic position *	165–1169	Complete ORF	47–963	Complete ORF	Complete ORF	130–774	124–795	Complete ORF	121–972	73–909
Best nucleotide substitution model	TIM + I + G	TIM + G	TIM3 + G	HKY + G	TN + I + G	TIM + G	TPM3u + G	TIM + I + G	TIM2 + I + G	TPM3 + G

* Reference strain: WC3.

4.6. Statistical Analyses

Data were organized and graphics were generated using Microsoft® Office Excel. Categorical data were evaluated with RStudio v1.0.136 software through Pearson's chi-squared tests. Odds ratios (OR) and 95% confidence intervals (CI) were calculated with jamovi software (available at https://www.jamovi.org/). Viral load values (genome copies/milliliter of feces) were log10 transformed. For the viral load and mean age analyses, the Shapiro–Wilk test was performed, rejecting the normality of the data, so the Mann–Whitney U test was performed with the same software. For all tests, differences were considered statistically significant if the obtained p-value was < 0.05.

5. Conclusions

Rotavirus A is widespread in cattle in Uruguay and is associated with diarrhea in calves, with a peak of viral shedding at 2–3 weeks of age, and higher viral shedding in diarrheic versus non-diarrheic calves. Even though the main genotypes observed in this country are the most prevalent worldwide, a rare strain was detected with a G24-P[33]-I2-A13-N2-T9-E12-H3 genotype constellation. The E12 genotype detected in all strains, regardless of the VP7 and VP4 genotypes, appears to be a South American geographic marker. An intricate genetic scenario was evidenced, with gene reassortment and interspecies transmission events, including transmission between animals and humans.

Supplementary Materials: The following are available online at http://www.mdpi.com/2076-0817/9/7/570/s1, Figure S1: Maximum likelihood tree of the NSP1 gene. The best nucleotide substitution model (TIM + I + G) and the maximum likelihood tree were obtained with W-IQ-TREE. Uruguayan strains are shown in different colors. SH-aLRT values ≥ 80 are shown. Figure S2: Maximum likelihood tree of the NSP2 gene. The best nucleotide substitution model (TIM + G) and the maximum likelihood tree were obtained with W-IQ-TREE. Uruguayan strains are shown in different colors. SH-aLRT values ≥ 80 are shown. Figure S3: Maximum likelihood tree of the NSP3 gene. The best nucleotide substitution model (TIM3 + G) and the maximum likelihood tree were obtained with W-IQ-TREE. Uruguayan strains are shown in different colors. SH-aLRT values ≥ 80 are shown.

Figure S4: Maximum likelihood tree of the NSP4 gene. The best nucleotide substitution model (HKY + G) and the maximum likelihood tree were obtained with W-IQ-TREE. Uruguayan strains are shown in different colors. SH-aLRT values ≥ 80 are shown. Figure S5: Maximum likelihood tree of the NSP5 gene. The best nucleotide substitution model (TN + I + G) and the maximum likelihood tree were obtained with W-IQ-TREE. Uruguayan strains are shown in different colors. SH-aLRT values ≥ 80 are shown. Figure S6: Maximum likelihood tree of the VP6 gene. The best nucleotide substitution model (TIM + I + G) and the maximum likelihood tree were obtained with W-IQ-TREE. Uruguayan strains are shown in different colors. SH-aLRT values ≥ 80 are shown.

Author Contributions: Conceptualization, M.C. and R.C.; methodology, M.C., R.D.C., M.L.C., C.S., S.M., F.C. and D.C.; resources, M.C., F.R.-C., F.G., V.P. and R.C.; writing—original draft preparation, M.C.; writing—review and editing, M.C., R.D.C., M.L.C., S.M., F.C., D.C., M.V., F.R.-C., F.G., V.P. and R.C.; funding acquisition, M.C., F.R.-C. and R.C. All authors have read and agreed to the published version of the manuscript.

Funding: This research was funded by "Instituto Nacional de Investigación Agropecuaria" (INIA), grant number PL_015 N-15156 and N-23398, and by the "Universidad de la República" program "Polo de Desarrollo Universitario". The APC was funded by "Universidad de la República".

Acknowledgments: M.C. acknowledges support from the "Agencia Nacional de Investigación e Innovación" (ANII) through a PhD scholarship, and "Comisión Sectorial de Investigación Científica" (CSIC) and ANII for mobility fellowships.

Conflicts of Interest: The authors declare no conflict of interest. The funders had no role in the design of the study; in the collection, analyses, or interpretation of data; in the writing of the manuscript, or in the decision to publish the results.

References

1. Urie, N.J.; Lombard, J.E.; Shivley, C.B.; Kopral, C.A.; Adams, A.E.; Earleywine, T.J.; Olson, J.D.; Garry, F.B. Preweaned heifer management on US dairy operations: Part V. Factors associated with morbidity and mortality in preweaned dairy heifer calves. *J. Dairy Sci.* **2018**, *101*, 9229–9244. [CrossRef]

2. Waltner-Toews, D.; Martin, S.W.; Meek, A.H. The effect of early calfhood health status on survivorship and age at first calving. *Can. J. Vet. Res.* **1986**, *50*, 314–317. [PubMed]

3. Donovan, G.A.; Dohoo, I.R.; Montgomery, D.M.; Bennett, F.L. Calf and disease factors affecting growth in female Holstein calves in Florida, USA. *Prev. Vet. Med.* **1998**, *33*, 1–10. [CrossRef]

4. Østerås, O.; Solbu, H.; Refsdal, A.O.; Roalkvam, T.; Filseth, O.; Minsaas, A. Results and evaluation of thirty years of health recordings in the Norwegian dairy cattle population. *J. Dairy Sci.* **2007**, *90*, 4483–4497. [CrossRef]

5. Windeyer, M.C.; Leslie, K.E.; Godden, S.M.; Hodgins, D.C.; Lissemore, K.D.; LeBlanc, S.J. Factors associated with morbidity, mortality, and growth of dairy heifer calves up to 3 months of age. *Prev. Vet. Med.* **2014**, *113*, 231–240. [CrossRef] [PubMed]

6. Izzo, M.M.; Kirkland, P.D.; Mohler, V.L.; Perkins, N.R.; Gunn, A.A.; House, J.K. Prevalence of major enteric pathogens in Australian dairy calves with diarrhoea. *Aust. Vet. J.* **2011**, *89*, 167–173. [CrossRef]

7. Al Mawly, J.; Grinberg, A.; Prattley, D.; Moffat, J.; French, N. Prevalence of endemic enteropathogens of calves in New Zealand dairy farms. *N. Z. Vet. J.* **2015**, *63*, 147–152. [CrossRef]

8. Estes, M.; Greenberg, H. Rotaviruses. In *Fields Virology*, 6th ed.; Knipe, D.M., Howley, P.M., Cohen, J.I., Griffin, D.E., Lamb, R.A., Martin, M.A., Racaniello, V.R., Roizman, B., Eds.; Wolters Kluwer Business/Lippincott Williams and Wilkins: Philadelphia, PA, USA, 2013.

9. Castells, M.; Schild, C.; Caffarena, D.; Bok, M.; Giannitti, F.; Armendano, J.; Riet-Correa, F.; Victoria, M.; Parreño, V.; Colina, R. Prevalence and viability of group A rotavirus in dairy farm water sources. *J. Appl. Microbiol.* **2018**, *124*, 922–929. [CrossRef]

10. Matthijnssens, J.; Ciarlet, M.; Heiman, E.; Arijs, I.; Delbeke, T.; McDonald, S.M.; Palombo, E.A.; Iturriza-Gómara, M.; Maes, P.; Patton, J.T.; et al. Full genome-based classification of rotaviruses reveals a common origin between human Wa-Like and porcine rotavirus strains and human DS-1-like and bovine rotavirus strains. *J. Virol.* **2008**, *82*, 3204–3219. [CrossRef]

11. Abe, M.; Ito, N.; Masatani, T.; Nakagawa, K.; Yamaoka, S.; Kanamaru, Y.; Suzuki, H.; Shibano, K.; Arashi, Y.; Sugiyama, M. Whole genome characterization of new bovine rotavirus G21P[29] and G24P[33] strains provides evidence for interspecies transmission. *J. Gen. Virol.* **2011**, *92*, 952–960. [CrossRef]

12. Matthijnssens, J.; Potgieter, C.A.; Ciarlet, M.; Parreño, V.; Martella, V.; Bányai, K.; Garaicoechea, L.; Palombo, E.A.; Novo, L.; Zeller, M.; et al. Are human P[14] rotavirus strains the result of interspecies transmissions from sheep or other ungulates that belong to the mammalian order Artiodactyla? *J. Virol.* **2009**, *83*, 2917–2929. [CrossRef] [PubMed]

13. Matthijnssens, J.; Rahman, M.; Martella, V.; Xuelei, Y.; De Vos, S.; De Leener, K.; Ciarlet, M.; Buonavoglia, C.; Van Ranst, M. Full genomic analysis of human rotavirus strain B4106 and lapine rotavirus strain 30/96 provides evidence for interspecies transmission. *J. Virol.* **2006**, *80*, 3801–3810. [CrossRef]

14. Castells, M.; Giannitti, F.; Caffarena, R.D.; Casaux, M.L.; Schild, C.; Castells, D.; Riet-Correa, F.; Victoria, M.; Parreño, V.; Colina, R. Bovine coronavirus in Uruguay: Genetic diversity, risk factors and transboundary introductions from neighboring countries. *Arch. Virol.* **2019**, *164*, 2715–2724. [CrossRef] [PubMed]

15. Castells, M.; Bertoni, E.; Caffarena, R.D.; Casaux, M.L.; Schild, C.; Victoria, M.; Riet-Correa, F.; Giannitti, F.; Parreño, V.; Colina, R. Bovine astrovirus surveillance in Uruguay reveals high detection rate of a novel *Mamastrovirus* species. *Viruses* **2019**, *12*, 32. [CrossRef] [PubMed]

16. Food and Agriculture Organization of the United Nations. *Meat Market Review*; FAO: Rome, Italy, 2018.

17. International Dairy Federation. The World Dairy Situation 2013. In *Bulletin of the International Dairy Federation 470/2013*; International Dairy Federation: Schaerbeek, Belgium, 2013.

18. DIEA. Anuario Estadístico Agropecuario. 2018. Available online: https://descargas.mgap.gub.uy/DIEA/Anuarios/Anuario2018/Anuario_2018.pdf (accessed on 19 March 2020).

19. Alfieri, A.A.; Parazzi, M.E.; Takiuchi, E.; Médici, K.C.; Alfieri, A.F. Frequency of group A rotavirus in diarrhoeic calves in Brazilian cattle herds, 1998–2002. *Trop. Anim. Health Prod.* **2006**, *38*, 521–526. [CrossRef] [PubMed]

20. Garaicoechea, L.; Bok, K.; Jones, L.R.; Combessies, G.; Odeón, A.; Fernandez, F.; Parreño, V. Molecular characterization of bovine rotavirus circulating in beef and dairy herds in Argentina during a 10-year period (1994–2003). *Vet. Microbiol.* **2006**, *118*, 1–11. [CrossRef] [PubMed]

21. Badaracco, A.; Garaicoechea, L.; Rodríguez, D.; Uriarte, E.L.; Odeón, A.; Bilbao, G.; Galarza, R.; Abdala, A.; Fernandez, F.; Parreño, V. Bovine rotavirus strains circulating in beef and dairy herds in Argentina from 2004 to 2010. *Vet. Microbiol.* **2012**, *158*, 394–399. [CrossRef]

22. Da Silva Medeiros, T.N.; Lorenzetti, E.; Alfieri, A.F.; Alfieri, A.A. G and P genotype profiles of rotavirus A field strains circulating in beef and dairy cattle herds in Brazil, 2006–2015. *Comp. Immunol. Microbiol. Infect. Dis.* **2019**, *64*, 90–98. [CrossRef]

23. Madadgar, O.; Nazaktabar, A.; Keivanfar, H.; Zahraei Salehi, T.; Lotfollah Zadeh, S. Genotyping and determining the distribution of prevalent G and P types of group A bovine rotaviruses between 2010 and 2012 in Iran. *Vet. Microbiol.* **2015**, *179*, 190–196. [CrossRef]

24. Pourasgari, F.; Kaplon, J.; Karimi-Naghlani, S.; Fremy, C.; Otarod, V.; Ambert-Balay, K.; Mirjalili, A.; Pothier, P. The molecular epidemiology of bovine rotaviruses circulating in Iran: A two-year study. *Arch. Virol.* **2016**, *161*, 3483–3494. [CrossRef] [PubMed]

25. Mohamed, F.F.; Mansour, S.M.G.; El-Araby, I.E.; Mor, S.K.; Goyal, S.M. Molecular detection of enteric viruses from diarrheic calves in Egypt. *Arch. Virol.* **2017**, *162*, 129–137. [CrossRef] [PubMed]

26. Pang, X.L.; Lee, B.; Boroumand, N.; Leblanc, B.; Preiksaitis, J.K.; Yu Ip, C.C. Increased detection of rotavirus using a real time reverse transcription-polymerase chain reaction (RT-PCR) assay in stool specimens from children with diarrhea. *J. Med. Virol.* **2004**, *72*, 496–501. [CrossRef] [PubMed]

27. Gutiérrez-Aguirre, I.; Steyer, A.; Boben, J.; Gruden, K.; Poljsak-Prijatelj, M.; Ravnikar, M. Sensitive detection of multiple rotavirus genotypes with a single reverse transcription-real-time quantitative PCR assay. *J. Clin. Microbiol.* **2008**, *46*, 2547–2554. [CrossRef] [PubMed]

28. De La Cruz Hernández, S.I.; Anaya Molina, Y.; Gómez Santiago, F.; Terán Vega, H.L.; Monroy Leyva, E.; Méndez Pérez, H.; García Lozano, H. Real-time RT-PCR, a necessary tool to support the diagnosis and surveillance of rotavirus in Mexico. *Diagn. Microbiol. Infect. Dis.* **2018**, *90*, 272–276. [CrossRef]

29. Torres-Medina, A.; Schlafer, D.H.; Mebus, C.A. Rotaviral and coronaviral diarrhea. *Vet. Clin. N. Am. Food Anim. Pract.* **1985**, *1*, 471–493. [CrossRef]

30. Foster, D.M.; Smith, G.W. Pathophysiology of diarrhea in calves. *Vet. Clin. N. Am. Food Anim. Pract.* **2009**, *25*, 13–36. [CrossRef] [PubMed]

31. Blanchard, P.C. Diagnostics of dairy and beef cattle diarrhea. *Vet. Clin. N. Am. Food Anim. Pract.* **2012**, *28*, 443–464. [CrossRef]

32. Coura, F.M.; Freitas, M.D.; Ribeiro, J.; de Leme, R.A.; de Souza, C.; Alfieri, A.A.; Facury Filho, E.J.; de Carvalho, A.Ú.; Silva, M.X.; Lage, A.P.; et al. Longitudinal study of Salmonella spp., diarrheagenic Escherichia coli, Rotavirus, and Coronavirus isolated from healthy and diarrheic calves in a Brazilian dairy herd. *Trop. Anim. Health Prod.* **2015**, *47*, 3–11. [CrossRef]
33. Saif, L.J.; Smith, K.L. Enteric viral infections of calves and passive immunity. *J. Dairy Sci.* **1985**, *68*, 206–228. [CrossRef]
34. Badaracco, A.; Garaicoechea, L.; Matthijnssens, J.; Louge Uriarte, E.; Odeón, A.; Bilbao, G.; Fernandez, F.; Parra, G.I.; Parreño, V. Phylogenetic analyses of typical bovine rotavirus genotypes G6, G10, P[5] and P[11] circulating in Argentinean beef and dairy herds. *Infect. Genet. Evol.* **2013**, *18*, 18–30. [CrossRef] [PubMed]
35. Barreiros, M.A.; Alfieri, A.F.; Médici, K.C.; Leite, J.P.; Alfieri, A.A. G and P genotypes of group A rotavirus from diarrhoeic calves born to cows vaccinated against the NCDV (P[1], G6) rotavirus strain. *J. Vet. Med. B Infect. Dis. Vet. Public Health* **2004**, *51*, 104–109. [CrossRef]
36. Da Silva Medeiros, T.N.; Lorenzetti, E.; Alfieri, A.F.; Alfieri, A.A. Phylogenetic analysis of a G6P[5] bovine rotavirus strain isolated in a neonatal diarrhea outbreak in a beef cattle herd vaccinated with G6P[1] and G10P[11] genotypes. *Arch. Virol.* **2015**, *160*, 447–451. [CrossRef] [PubMed]
37. Rocha, T.G.; Silva, F.D.; Gregori, F.; Alfieri, A.A.; Buzinaro, M.D.; Fagliari, J.J. Longitudinal study of bovine rotavirus group A in newborn calves from vaccinated and unvaccinated dairy herds. *Trop. Anim. Health Prod.* **2017**, *49*, 783–790. [CrossRef] [PubMed]
38. Parreño, V.; Béjar, C.; Vagnozzi, A.; Barrandeguy, M.; Costantini, V.; Craig, M.I.; Yuan, L.; Hodgins, D.; Saif, L.; Fernández, F. Modulation by colostrum-acquired maternal antibodies of systemic and mucosal antibody responses to rotavirus in calves experimentally challenged with bovine rotavirus. *Vet. Immunol. Immunopathol.* **2004**, *100*, 7–24. [CrossRef]
39. Papp, H.; László, B.; Jakab, F.; Ganesh, B.; De Grazia, S.; Matthijnssens, J.; Ciarlet, M.; Martella, V.; Bányai, K. Review of group A rotavirus strains reported in swine and cattle. *Vet. Microbiol.* **2013**, *165*, 190–199. [CrossRef] [PubMed]
40. Komoto, S.; Pongsuwanna, Y.; Tacharoenmuang, R.; Guntapong, R.; Ide, T.; Higo-Moriguchi, K.; Tsuji, T.; Yoshikawa, T.; Taniguchi, K. Whole genomic analysis of bovine group A rotavirus strains A5-10 and A5-13 provides evidence for close evolutionary relationship with human rotaviruses. *Vet. Microbiol.* **2016**, *195*, 37–57. [CrossRef] [PubMed]
41. Okitsu, S.; Hikita, T.; Thongprachum, A.; Khamrin, P.; Takanashi, S.; Hayakawa, S.; Maneekarn, N.; Ushijima, H. Detection and molecular characterization of two rare G8P[14] and G3P[3] rotavirus strains collected from children with acute gastroenteritis in Japan. *Infect. Genet. Evol.* **2018**, *62*, 95–108. [CrossRef]
42. Ward, M.L.; Mijatovic-Rustempasic, S.; Roy, S.; Rungsrisuriyachai, K.; Boom, J.A.; Sahni, L.C.; Baker, C.J.; Rench, M.A.; Wikswo, M.E.; Payne, D.C.; et al. Molecular characterization of the first G24P[14] rotavirus strain detected in humans. *Infect. Genet. Evol.* **2016**, *43*, 338–342. [CrossRef]
43. Garaicoechea, L.; Miño, S.; Ciarlet, M.; Fernández, F.; Barrandeguy, M.; Parreño, V. Molecular characterization of equine rotaviruses circulating in Argentinean foals during a 17-year surveillance period (1992–2008). *Vet. Microbiol.* **2011**, *148*, 150–160. [CrossRef]
44. Matthijnssens, J.; Miño, S.; Papp, H.; Potgieter, C.; Novo, L.; Heylen, E.; Zeller, M.; Garaicoechea, L.; Badaracco, A.; Lengyel, G.; et al. Complete molecular genome analyses of equine rotavirus A strains from different continents reveal several novel genotypes and a largely conserved genotype constellation. *J. Gen. Virol.* **2012**, *93 Pt 4*, 866–875. [CrossRef]
45. Louge Uriarte, E.L.; Badaracco, A.; Matthijnssens, J.; Zeller, M.; Heylen, E.; Manazza, J.; Miño, S.; Van Ranst, M.; Odeón, A.; Parreño, V. The first caprine rotavirus detected in Argentina displays genomic features resembling virus strains infecting members of the Bovidae and Camelidae. *Vet. Microbiol.* **2014**, *171*, 189–197. [CrossRef] [PubMed]
46. Volotão, E.M.; Soares, C.C.; Maranhão, A.G.; Rocha, L.N.; Hoshino, Y.; Santos, N. Rotavirus surveillance in the city of Rio de Janeiro-Brazil during 2000-2004: Detection of unusual strains with G8P[4] or G10P[9] specificities. *J. Med. Virol.* **2006**, *78*, 263–272. [CrossRef] [PubMed]
47. Martinez, M.; Phan, T.G.; Galeano, M.E.; Russomando, G.; Parreno, V.; Delwart, E.; Parra, G.I. Genomic characterization of a rotavirus G8P[1] detected in a child with diarrhea reveal direct animal-to-human transmission. *Infect. Genet. Evol.* **2014**, *27*, 402–407. [CrossRef]

48. Gotoh, T.; Nishimura, T.; Kuchida, K.; Mannen, H. The Japanese Wagyu beef industry: Current situation and future prospects—A review. *Asian Australas. J. Anim. Sci.* **2018**, *31*, 933–950. [CrossRef] [PubMed]

49. Sharma, S.; Hagbom, M.; Svensson, L.; Nordgren, J. The Impact of Human Genetic Polymorphisms on Rotavirus Susceptibility, Epidemiology, and Vaccine Take. *Viruses* **2020**, *12*, 324. [CrossRef] [PubMed]

50. Gómez, M.M.; Resque, H.R.; de Mello Volotao, E.; Rose, T.L.; da Silva, M.F.; Heylen, E.; Zeller, M.; Matthijnssens, J.; Leite, J.P. Distinct evolutionary origins of G12P[8] and G12P[9] group A rotavirus strains circulating in Brazil. *Infect. Genet. Evol.* **2014**, *28*, 385–388. [CrossRef]

51. Rojas, M.; Dias, H.G.; Gonçalves, J.L.S.; Manchego, A.; Rosadio, R.; Pezo, D.; Santos, N. Genetic diversity and zoonotic potential of rotavirus A strains in the southern Andean highlands, Peru. *Transbound. Emerg. Dis.* **2019**, *66*, 1718–1726. [CrossRef]

52. Matthijnssens, J.; Rahman, M.; Van Ranst, M. Two out of the 11 genes of an unusual human G6P[6] rotavirus isolate are of bovine origin. *J. Gen. Virol.* **2008**, *89*, 2630–2635. [CrossRef]

53. Gouvea, V.; Santos, N.; Timenetsky Mdo, C. VP4 typing of bovine and porcine group A rotaviruses by PCR. *J. Clin. Microbiol.* **1994**, *32*, 1333–1337. [CrossRef]

54. Maes, P.; Matthijnssens, J.; Rahman, M.; Van Ranst, M. RotaC: A web-based tool for the complete genome classification of group A rotaviruses. *BMC Microbiol.* **2009**, *9*, 238. [CrossRef]

55. Hatcher, E.L.; Zhdanov, S.A.; Bao, Y.; Blinkova, O.; Nawrocki, E.P.; Ostapchuck, Y.; Schäffer, A.A.; Brister, J.R. Virus Variation Resource—Improved response to emergent viral outbreaks. *Nucleic Acids Res.* **2017**, *45*, D482–D490. [CrossRef] [PubMed]

56. Kumar, S.; Stecher, G.; Tamura, K. MEGA7: Molecular Evolutionary Genetics Analysis Version 7.0 for Bigger Datasets. *Mol. Biol. Evol.* **2016**, *33*, 1870–1874. [CrossRef] [PubMed]

57. Trifinopoulos, J.; Nguyen, L.T.; von Haeseler, A.; Minh, B.Q. W-IQ-TREE: A fast online phylogenetic tool for maximum likelihood analysis. *Nucleic Acids Res.* **2016**, *44*, W232–W235. [CrossRef]

58. Guindon, S.; Dufayard, J.F.; Lefort, V.; Anisimova, M.; Hordijk, W.; Gascuel, O. New algorithms and methods to estimate maximum-likelihood phylogenies: Assessing the performance of PhyML 3.0. *Syst. Biol.* **2010**, *59*, 307–321. [CrossRef] [PubMed]

 *pathogens*

Article

Group A Rotavirus Detection and Genotype Distribution before and after Introduction of a National Immunisation Programme in Ireland: 2015–2019

Zoe Yandle *, Suzie Coughlan, Jonathan Dean, Gráinne Tuite, Anne Conroy and Cillian F. De Gascun

UCD National Virus Reference Laboratory, University College Dublin, Dublin 4, Ireland;
suzie.coughlan@ucd.ie (S.C.); jonathan.dean@ucd.ie (J.D.); grainne.tuite@ucd.ie (G.T.);
anne.conroy@ucd.ie (A.C.); cillian.degascun@ucd.ie (C.F.D.G.)
* Correspondence: zyandle@ucd.ie; Tel.: +353-1-716-4401

Received: 19 May 2020; Accepted: 5 June 2020; Published: 7 June 2020

Abstract: Immunisation against rotavirus infection was introduced into Ireland in December 2016. We report on the viruses causing gastroenteritis before (2015–2016) and after (2017–2019) implementation of the Rotarix vaccine, as well as changes in the diversity of circulating rotavirus genotypes. Samples from patients aged ≤ 5 years (n = 11,800) were received at the National Virus Reference Laboratory, Dublin, and tested by real-time RT-PCR for rotavirus, Rotarix, norovirus, sapovirus, astrovirus, and enteric adenovirus. Rotavirus genotyping was performed either by multiplex or hemi-nested RT-PCR, and a subset was characterised by sequence analysis. Rotavirus detection decreased by 91% in children aged 0–12 months between 2015/16 and 2018/19. Rotarix was detected in 10% of those eligible for the vaccine and was not found in those aged >7 months. Rotavirus typically peaks in March–May, but following vaccination, the seasonality became less defined. In 2015–16, G1P[8] was the most common genotype circulating; however, in 2019 G2P[4] was detected more often. Following the introduction of Rotarix, a reduction in numbers of rotavirus infections occurred, coinciding with an increase in genotype diversity, along with the first recorded detection of an equine-like G3 strain in Ireland.

Keywords: gastroenteritis; rotavirus; Rotarix; pediatric; diagnostics; molecular epidemiology; G3P[8]; equine-like

---

1. Introduction

Rotavirus is a leading cause of pediatric acute gastroenteritis, causing fever, vomiting, and diarrhoea. Mortality rates are highest in low income developing countries, where it causes approximately 128,000 fatal cases per year in those under five years old [1,2]. With the availability of rotavirus vaccines, the rate of global hospitalisations due to rotavirus or acute gastroenteritis, as well as deaths due to acute gastroenteritis, has decreased [3]. In Europe, pediatric rotavirus infection results in approximately 75,000−150,000 hospitalisations annually, with 2−4 times more children seeking out-patient medical care [4]. In Ireland, average crude incidence rates were 55 per 100,000 population in the 2007–2015 period [5], with hospitalisation rates of approximately 1190 per 100,000 [6], compared to the majority of EU member states, which report rates of 300–600 per 100,000 [4].

In 2009, the World Health Organisation (WHO) recommended global rotavirus vaccination [7] and, in Europe, 13 countries include it in their universal immunisation programmes, with a further five offering the vaccine for certain risk groups, specific regions, or requiring partial payment [8].

Two licensed live-attenuated vaccines are available in Europe; the pentavalent bovine-human reassortment rotavirus vaccine, RotaTeq (Merck & Co., West Point, PA, USA), and the human monovalent vaccine, Rotarix (GlaxoSmithKline, Rixensart, Belgium). In December 2016, Rotarix was introduced into the Irish national immunisation programme, with the vaccine administered in two doses at 2 and 4 months of age. Most recent figures (Q3, 2019) show the national uptake of the vaccine is 89% [9]. Rotavirus is a notifiable disease in Ireland, and laboratory confirmed cases are reported to the Health Protection Surveillance Centre. Effectiveness of both RotaTeq and Rotarix has been well documented, with the UK, Germany, and Belgium reporting an approximate 85% reduction in the presentation of severe rotavirus disease following vaccination [10–12].

Rotaviruses are double stranded RNA viruses containing 11 genome segments. There are 10 groups, A–J, defined by the middle VP6 capsid antigen, [13] two of which (I and J) were recently discovered in dogs and bats, respectively [14,15]. However, in humans, the majority of infections are caused by Group A rotavirus. Classification is a binary system depending on the expression of two outer proteins; the G and P-type, encoded by VP7 and VP4, respectively. Full genome analysis (where the VP7-VP4-VP6-VP1-VP2-VP3-NSP1-NSP2-NSP3-NSP4-NSP5/6 genes of rotavirus (RV) strains are described using the abbreviations Gx-P[x]-Ix-Rx-Cx-Mx-Ax-Nx-Tx-Ex-Hx), is required to monitor the evolution of the virus and detect reassortment [16].

Despite the theoretical possibility for numerous rotavirus G/P constellations, six account for 80–90% of circulating genotypes, namely G1P[8], G2P[4], G3P[8], G4P[8], G9P[8] and G12P[8]. Distribution of these commonly detected genotypes can vary by year, country, and age [17]. Despite the natural fluctuation of genotype diversity, increasing data suggest that the changes may be due to the impact of strain-specific vaccines [18]. Both in Belgium and the UK, before immunisation, G1P[8] was the most common circulating genotype; however, following vaccination, G2P[4] has been more frequently detected [19,20]. In Finland, following the introduction of RotaTeq, G9P[8] and G12P[8] have now become the main genotypes, where, previously, G1P[8] dominated [21]. However, changes in genotype distribution also occurs in countries with no immunisation [22,23], so whether the vaccine directly leads to a change in genotype diversity remains unclear [24,25].

Surveillance of rotavirus genotypes has been recommended by the WHO in countries with immunisation programmes to detect and monitor strain variation and ensure vaccine effectiveness is maintained [26]. The surveillance network, EuroRotaNet, has been monitoring rotavirus diversity in 12 European countries and has reported an increase in diversity since vaccination [17,27]. As Ireland is not currently part of any European or global surveillance network, we aim to fill that current gap of knowledge.

The purpose of this study is two-fold; firstly, to report on the viruses causing gastroenteritis, including rotavirus, 2 years prior and 3 years post implementation of the Rotarix immunisation programme, and, secondly, to describe the diversity of rotavirus genotypes in Ireland.

2. Results

2.1. Sample Demographics

Ireland has a population of 4.8 million with 36% of people living in the eastern health region, which includes Dublin, the surrounding areas, and the country's largest children's hospitals [28]. The National Virus Reference Laboratory (NVRL), Dublin, provides a diagnostic and reference service for all health care regions, though testing is also provided in regional hospitals.

This study analyzed the results from pediatric (≤5 years) patient samples received at the NVRL between 1 January 2015 and 31 December 2019 for the investigation of viral gastroenteritis. In total, 11,800 faecal samples were included in the analysis, 5267 (45%) from females, 6511 (55%) from males, and 22 (0.2%) for which details were not provided. Samples tested were predominantly from the eastern health region 10,644/11,800 (90%), and of these 10,180/10,644 (96%) were from a children's hospital. Other samples were from the northern 672/11,800 (6%), western 204/11,800 (2%), midlands 139/11,800

(1%), and southern health regions 141/11,800 (1%). As vaccine history was not available for each patient, cohorts are described as vaccine-eligible, using age as a proxy for vaccination status.

During 2015 to 2019, there were 312,013 births recorded in Ireland; 159,821 males (51.2%) and 152,192 females (48.8%). To establish how representative the samples tested were, the percentage of the annual birth cohort investigated for the detection of viruses causing gastroenteritis was calculated for those aged 0–12 months in each year. In 2015, 2280/65,536 (3.5%) were tested, in 2016 2065/63,841 (3.3%) were tested, in 2017 760/61,824 (1.2%) were tested, in 2018 587/61,016 (1%) were tested, and in 2019 608/59,796 (1%) were tested.

2.2. Detection of Viral Pathogens

The most frequently detected viral pathogen in 2015 and 2016 was rotavirus, followed by norovirus. Norovirus has been detected in approximately 12% of samples each year, whereas enteric adenovirus (adenovirus subgenus F), sapovirus, and astrovirus were detected in 2.8–6.3% of samples from 2015–2019 (Table 1). The number of samples with no virus detected ranged from 51.4% to 65.0%, depending on the year.

Table 1. Laboratory results for the investigation of viral gastroenteritis in 11,800 samples tested at the National Virus Reference Laboratory (NVRL), aged 0–5 years in 2015–2019.

Virus Detected	Results (%) by Year					Total
	2015	2016	2017	2018	2019	
Rotavirus-wild-type	662 (15.03)	519 (13.09)	250 (15.49)	53 (4.42)	70 (5.93)	1554
Rotavirus-Rotarix	0 (0.00)	1 (0.03)	61 (3.78)	49 (4.08)	69 (5.84)	180
Norovirus	482 (10.94)	492 (12.41)	210 (13.01)	158 (13.17)	141 (11.94)	1483
Adenovirus F	156 (3.54)	155 (3.91)	101 (6.26)	64 (5.33)	47 (3.98)	523
Sapovirus	202 (4.59)	167 (4.21)	85 (5.27)	72 (6.00)	33 (2.79)	559
Astrovirus	197 (4.47)	121 (3.05)	77 (4.77)	68 (5.67)	53 (4.49)	516
No virus detected	2705 (61.42)	2511 (63.31)	830 (51.43)	736 (61.33)	768 (65.03)	7550
Total samples tested	4199	3787	1499	1159	1156	
Total results	4404 [a]	3966 [b]	1614 [c]	1200 [d]	1181 [e]	

[a] 185 dual infections, 10 triple infections [b] 154 dual infections, 11 triple infections, 1 quadruple infection, [c] 93 dual infections, 8 triple infections, 2 quadruple infections [d] 41 dual infections [e] 25 dual infections. Additional viruses detected in Rotarix samples, 2017: norovirus n = 3, adenovirus F n = 1, astrovirus n = 2; 2018: norovirus n = 8, adenovirus F n = 1; 2019: norovirus n = 3, sapovirus n = 1, astrovirus n = 1.

There were 1753 samples tested from vaccine-eligible children in 2017–2019, and of these 43 (2.5%) had wild-type rotavirus, 179 (10.2%) had Rotarix, 257 (14.7%) had norovirus, 113 (6.4%) had adenovirus F, 97 (5.5%) had sapovirus, and 95 (5.4%) had astrovirus detected. In this group, there were 70 dual infections and 1039 (59.3%) samples had no detectable virus.

2.3. Detection of Wild-Type Rotavirus

The median age of those testing positive for rotavirus in the pre-vaccine era, 2015–2016 (n = 1181), was significantly lower at 1.19 years (interquartile range (IQR) 0.64–1.85), compared to the median in the entire 3 years post-vaccine, 2017–2019 (n = 373) at 1.85 years (IQR 1.12–2.84) $p < 0.0001$ (Table 2).

In the 2015/16 pre-vaccine era, a total of 485/4345 (11.2%) children aged 0–1 year had detectable wild-type rotavirus. This compares with 12/1195 (1.0%) in the post-vaccine 2018 and 2019 era, representing a 91.1% relative decrease in the number of wild-type rotavirus detected in this age range. The 1–2-year age group showed a relative reduction of 79.1% when 2015/16 was compared with 2018/19; 444/1691 (26.3%) compared to 28/505 (5.5%), respectively. This contrasts with the 5–6-year age group, which showed an increase in the detection of rotavirus from 20/324 (6.2%) to 12/96 (12.5%).

Table 2. Number of wild-type rotavirus positive cases by age group in the pre-vaccine years (2015–2016) compared to the post-vaccine years (2017–2019).

	Year	Number of Wild-Type Rotavirus Positive Samples/Total Number of Samples Tested (%)							Median Age (IQR)
		0–1 Year	1–2 Years	2–3 Years	3–4 Years	4–5 Years	5–6 Years	Total	
Pre-vaccine	2015	285/2280 (12.5)	227/899 (25.3)	90/413 (21.8)	35/213 (16.4)	17/213 (8.0)	8/181 (4.4)	662/4199 (15.8)	1.17 (0.5-1.9)
	2016	200/2065 (9.7)	217/792 (27.4)	55/427 (12.9)	24/224 (10.7)	11/136 (8.1)	12/143 (8.4)	519/3787 (13.7)	1.22 (0.8-1.8)
Post-vaccine	2017	57/760 (7.5)	110/374 (29.4)	49/144 (34.0)	19/105 (18.1)	6/55 (10.9)	9/61 (14.8)	250/1499 (16.7)	1.59 (1.0–2.4)
	2018	8/587 (1.4)	12/272 (4.4)	23/125 (18.4)	2/62 (3.2)	3/59 (5.1)	5/54 (9.2)	53/1159 (4.6)	2.24 (1.6–2.9)
	2019	4/608 (0.7)	16/233 (6.9)	16/129 (12.4)	21/86 (24.4)	6/58 (10.3)	7/42 (16.7)	70/1156 (6.1)	2.90 (1.9–3.5)

Interquartile range (IQR).

2.4. Seasonal Variation of Wild-Type Rotavirus

Prior to vaccination, rotavirus was a seasonal infection. In 2015, the season ran from weeks 1–29, peaking in week 11; in 2016 from weeks 11–27, peaking in week 19; and in 2017 from weeks 2–30, peaking in week 11. However, in 2018 and 2019, there was no clear seasonal onset and end, and rotavirus was most frequently detected in weeks 14 and 22, respectively (Figure 1).

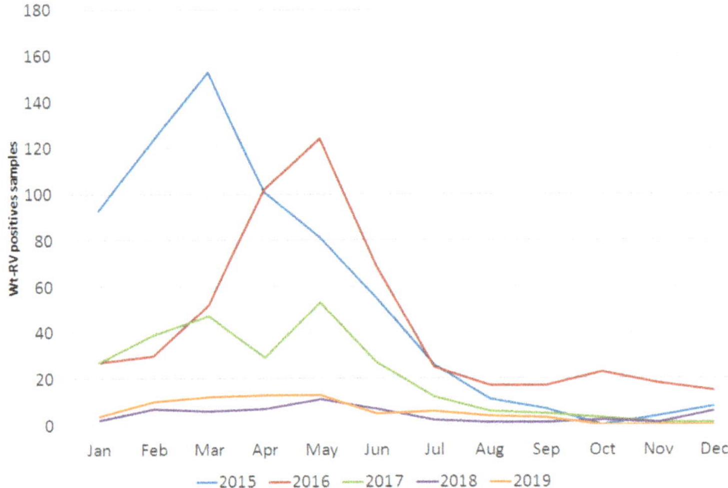

Figure 1. Number of wild-type rotavirus (Wt-RV) cases detected by month, 2015–2019.

2.5. Detection of Vaccine-Derived Rotavirus (Rotarix)

Of all 3814 samples tested in 2017–2019, 1753 (46.0%) were eligible for the vaccine, and Rotarix was detected in 179/1753 (10.2%) of these (Table 1). In addition, one sample from a vaccine eligible patient was received and tested in December 2016 and found to be positive for Rotarix. In 20/180 (11.1%) of Rotarix-positive samples, another virus was detected, most commonly norovirus.

The age at which Rotarix was most frequently detected was 2 months (Table 3). Rotarix was not detected in any samples from patients older than 7 months of age.

Table 3. Detection of Rotarix by age.

	Age					
	2 mts	3 mts	4 mts	5 mts	6 mts	7 mts
Rotarix detected/total number Rotarix detected (%)	99/180 (55.0)	41/180 (22.8)	26/180 (14.4)	11/180 (6.1)	2/180 (1.1)	1/180 (0.6)

2.6. Distribution of Genotypes in Ireland

In total, 786/1554 (51%) samples with detectable wild-type rotavirus were genotyped. Of these, 728 (93%) were from the eastern health board, 33 (4%) northern, 14 (2%) western, 8 (1%) southern, and 3 (0.4%) from the midlands. No significant correlation was observed between genotype and region or age (data not shown).

As the total numbers of rotavirus cases decreased following the introduction of immunization in December 2016, the proportion of samples genotyped was increased to reliably detect significant changes. In 2015, 293/662 (44%), and in 2016, 242/519 (47%) positive samples were genotyped, while in 2017, 135/250 (54%), in 2018, 48/53 (91%), and in 2019, 68/70 (97%) were genotyped.

2.7. Comparison of the Genotype Diversity Pre- and Post-Vaccine

G1P[8] was the most common genotype detected in 2015, 2016, and 2017 (Table 4). Conversely, G2P[4] was the most frequently detected genotype in 2019 (Figure 2). G3P[4], G8P[8], G9P[4], G12P[6], and G2P[8] remain uncommon genotypes in Ireland, detected in five, two, four, two, and one samples, respectively, over the 5-year period.

Table 4. Comparison of genotype diversity between the pre-vaccine (2015–2016) and post-vaccine (2017–2019) eras. Confidence interval (CI) significance 0.95. Comparison of the genotype proportion between pre- and post-vaccine year groups by Chi-square $p < 0.05$.

	Pre-Vaccinen (%)		Post-Vaccinen (%)			Pre-Vaccine Data Combined		Post-Vaccine Data Combined		Pre vs. Post
Genotype	2015	2016	2017	2018	2019	n (%)	CI 95%	n (%)	CI 95%	$p =$
G1P[8]	125 (42.7)	172 (71.1)	70 (51.9)	7 (14.6)	3 (4.4)	297 (55.5)	51.3–59.7	80 (31.9)	26.4–37.9	<0.0001
G2P[4]	6 (2.0)	16 (6.6)	15 (11.1)	7 (14.6)	27 (39.7)	22 (4.1)	2.7–6.2	49 (19.5)	15.1–24.9	<0.0001
G3P[8]	10 (3.4)	9 (3.7)	17 (12.6)	7 (14.6)	16 (23.5)	19 (3.6)	2.3–5.5	40 (15.9)	11.9–21.0	<0.0001
G4P[8]	64 (21.8)	0 (0.0)	6 (4.4)	11 (23.0)	0 (0.0)	64 (12.0)	9.5–15.0	17 (6.8)	4.3–10.6	0.0257
G9P[8]	69 (23.5)	34 (14.1)	20 (14.8)	10 (20.9)	4 (5.9)	103 (19.3)	16.1–22.8	34 (13.6)	9.9–18.3	0.0493
G12P[8]	3 (1.0)	4 (1.7)	0 (0.0)	1 (2.1)	5 (7.4)	7 (1.3)	0.1–2.7	6 (2.4)	1.1–5.1	0.2675
Mixed	7 (2.4)	3 (1.2)	1 (0.7)	1 (2.1)	4 (5.9)	10 (1.9)	1–3.4	6 (2.4)	1.1–5.1	0.0014
Uncommon	2 (0.7)	2 (0.8)	1 (0.7)	1 (2.1)	8 (11.8)	4 (0.8)	0.03–1.9	10 (4.0)	2.2–7.2	0.6295
Untypable	7 (2.4)	2 (0.8)	5 (3.7)	3 (6.3)	1 (1.5)	9 (1.7)	0.9–3.2	9 (3.6)	1.9–6.7	n/a
Total	293 (100)	242 (100)	135 (100)	48 (100)	68 (100)	535 (100)	n/a	251 (100)	n/a	n/a

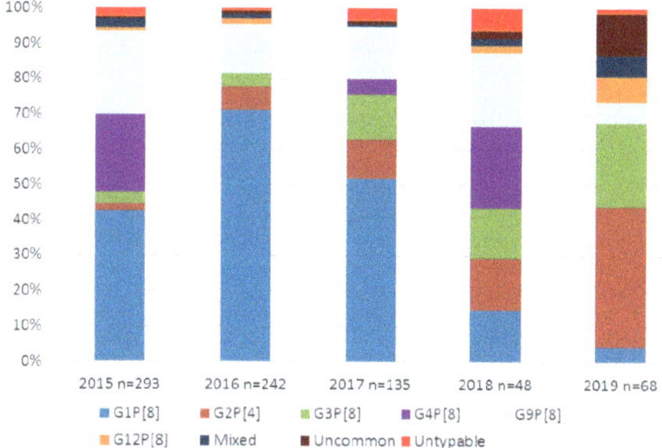

Figure 2. Genotype diversity in Ireland 2015–2019. Data are presented as the proportion (%) of a specific genotype compared to the total genotype results. Uncommon genotypes: <1% of total results, 2015: G9P[4] n = 2; 2016: G12P[6] n = 2; 2017: G8P[8] n = 1. 2018; G3P[4] n = 1; 2019 G2P[8] n = 1, G3P[4] n = 4, G8P[8] n = 1, G9P[4] n = 2. Mixed genotypes: those with >1 G or P-type, 2015: G1/4P[8] n = 7; 2016: G8/12P[8] n = 1, G2/3P[8] n = 1, G2/9 P[4/8] n = 1; 2017: G1/3P[8] n = 1; 2018: G1/3P[8] n = 1; 2019: G8/12P[8] n = 2, G3/12P[8] n = 1, G8P[8] n = 1, G9/12P[8] n = 1. Untypable results are those where either the G or P type was untypable.

2.8. Detection of Human and Equine-Like Rotavirus G3

G3P[8] was detected in 19/535 (4%) of genotyped samples in 2015–2016, compared to 40/251 (16%) in 2017–2019, a significant increase (p < 0.0001), whilst the uncommon G3P[4] was only detected in the post-vaccine era. Four G3 strains were detected as a mixed infection. Of the 68 G3 types (63 P[8] and 5 P[4]), 17 were selected for sequencing of the VP7 gene, which identified two G3P[8] samples from 2018, containing viruses that clustered within the equine-like G3 lineage and the remaining 15 G3 samples clustered within the human lineage (Figure 3).

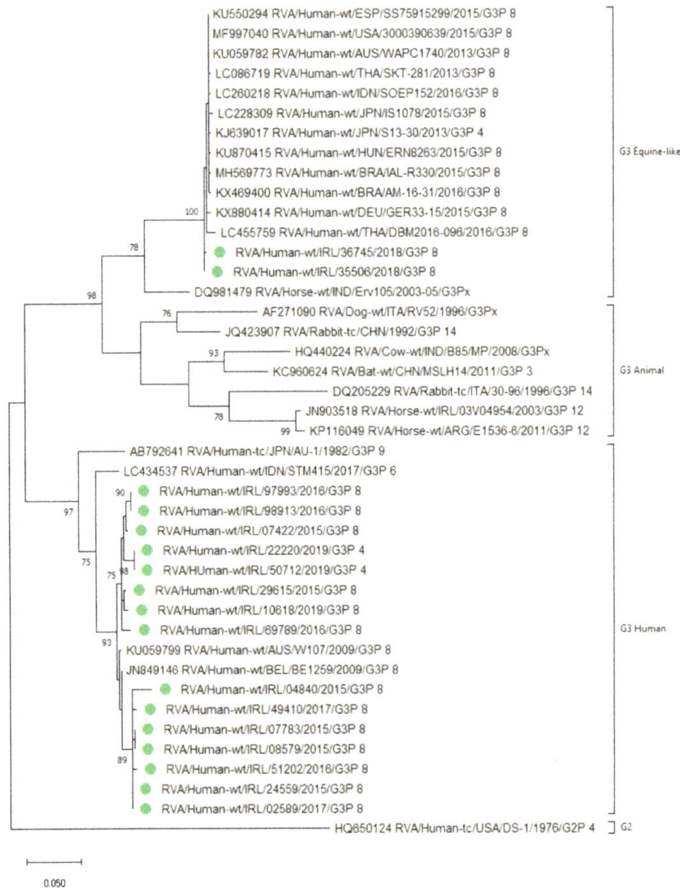

Figure 3. Phylogenetic tree of VP7 G3 rotavirus gene sequences. The tree was constructed by using the maximum likelihood method and the Tamura-Nei model [29]. Bootstrap values (1000 replicates) above 75% are shown. The tree is drawn to scale, with branch lengths measured in the number of substitutions per site. This analysis shows 46 nucleotide sequences; 17 from Irish strains identified in this study (colour coded with green circle) and 29 from reference strains in GenBank. Phylogenetic analyses were conducted in MEGA X [30].

2.9. Genotypes Detected in Rotavirus Positive Samples from Those of Vaccine-Eligible Age

There are six common genotypes circulating in Europe, namely, G1P[8], G2P[4], G3P[8], G4P[8], G9P[8], and G12P[8] [17], and all other genotypes are considered uncommon. Of the 43 samples with detectable wild-type rotavirus and of vaccine-eligible age, 37 were genotyped by RT-PCR (Table 5).

Of these, 30/37 (81.1%) had a common genotype, 4/37 (10.8%) had an uncommon genotype, 2/37 (5.4%) had a mixed infection, and one sample (2.7%) could not be fully genotyped. Ten of the 37 samples (27.0%) had G3 genotype detected (seven P[8] and three P[4]).

Table 5. Wild-type rotavirus genotypes detected in the age group eligible for the vaccine. Six additional samples had detectable wild-type rotavirus but were unavailable for genotyping.

Genotype	Classification of Genotype	Number of Samples (%)
G1P[8]	Common	5 (13.5)
G2P[4]	Common	11 (29.7)
G3P[8]	Common	6 (16.2)
G4P[8]	Common	1 (2.7)
G9P[8]	Common	4 (10.8)
G12P[8]	Common	3 (8.1)
G3P[4]	Uncommon	3 (8.1)
G9P[4]	Uncommon	1 (2.7)
G1/3 P[8]	Mixed	1 (2.7)
G9/12 P[8]	Mixed	1 (2.7)
G9 P untypable	Untypable	1 (2.7)
Total		37 (100)

3. Discussion

This study describes the reduction in rotavirus detection following implementation of a national immunization program for all children in Ireland, as well as previously unknown data regarding the extent of genotype diversity during 2015–2019. Our study shows that the largest reduction in the detection of rotavirus occurred in those aged 0–12 months, where a relative decrease of 91% was achieved between 2015/16 and 2018/19. Although the vaccine status was unknown in detail, the effectiveness of the vaccination program has been clearly shown. Our results support the national data collated by the Health Protection Surveillance Centre (HPSC), where a crude incidence rate (CIR) of rotavirus for all age groups was 13.3 per 100,000 population in 2018, representing a decrease of 76%, compared to the mean CIR during 2008–2017 of 55.5 per 100,000 [5]. In addition, since the introduction of the vaccine, there was a reduction in visits to three large pediatric emergency departments with acute gastroenteritis, where median weekly presentations in 2017–2018 (126; interquartile range (IQR), 103–165) were lower than in 2012–2016 (160; IQR 128–214) ($p < 0.001$) [31]. Furthermore, an 86% (95% CI 79.3–90.2%) decrease in hospitalizations due to rotavirus has been reported nationally in those aged <1 year [32]. In our study, we found that the median age of wild-type rotavirus infection significantly increased in the years following vaccination, from 1.2 years in 2015 to 2.9 years in 2019 ($p < 0.0001$). This is consistent with the findings of other researchers, who also noted the later age of infection in the post-vaccine era [11,33]. In Ireland, vaccination uptake is recorded by individual General Practitioners and health care professionals which are submitted to the HPSC on a quarterly basis. Vaccine uptake data from Q1 2017 to Q3 2017 was unavailable, but the evidence suggests that this must have been suboptimal as there was little change in rotavirus detection in those aged 0–1 year in 2016 compared to 2017 (9.7% versus 7.5%, respectively). The substantial increase in rotavirus infection in the post-vaccine years in the 5–6-year age group who would not be eligible for the vaccine was also somewhat surprising. Although the number of children tested in this age group were lower in the post-vaccine compared to pre-vaccine years, the proportion of positives was almost double (6.2% versus 12.5%). The short timeframe is a limitation of this study; however, collection of data is ongoing, and it will be of interest to follow up on the impact of vaccination on rotavirus detection in all age groups in the post-vaccine era. A further finding in our data is a diminution of the characteristic rotavirus seasonal pattern, a phenomenon that has been noted by others following introduction of the rotavirus vaccine [17,34].

The live-attenuated vaccine Rotarix replicates in the gut of the recipient and is excreted, albeit at lower amounts compared to a wild-type infection [35]. We detected Rotarix in 10% of patients who were of vaccine-eligible age and, as rotavirus is notifiable in Ireland, this highlights the importance of differentiating between wild-type and vaccine-derived viruses, particularly when screening with a sensitive method, such as RT-PCR. By not excluding vaccine-derived rotavirus from diagnostic tests, there may be an over-estimation of rotavirus disease burden and unnecessary clinical intervention [36–38]. We identified 180 samples with detectable Rotarix, 20 (11%) of which had another virus detected, the most common being norovirus. We found norovirus to be the second most common pathogen detected after rotavirus in 2015/16, which then became the most common cause of viral gastroenteritis in our study group in the post-vaccine era. Our results are consistent with that observed in earlier studies, where norovirus is now the leading cause of viral gastroenteritis in those vaccinated for rotavirus [39–41]. Of note, sapovirus, astrovirus, and enteric adenovirus were detected in similar proportions over the 5-year time period and demonstrated no increase or decrease in detection rates following Rotarix introduction. Depending on the year, we report that 51–65% had no detectable viral pathogen. This apparent diagnostic gap highlights a further limitation of this study, in that it is quite possible that parallel samples were sent for the investigation of bacterial or parasitic pathogens, which are common causes of gastroenteritis [42,43]. Unfortunately, we did not have access to these results. In addition, other viruses, such as bocavirus, enterovirus, and parechoviruses, which may cause gastroenteritis, would not have been detected by our routine screening test.

Prior to the introduction of Rotarix, we found the circulating genotypes in Ireland were comparable to other European countries, with G1P[8] being the most commonly detected. The findings of the current study are consistent with those observed in several earlier reports from samples tested in Ireland from 1995 to 2009, where it was reported that the most commonly detected genotype was G1P[8], with fluctuating levels of G2P[4], G3P[8], G4P[8], and G9P[8] [44–49]. The current study matches those findings. However, we can report that the diversity of genotypes increased in the years following the introduction of a vaccine and that, in 2018/19, G1P[8] was no longer the most common genotype. Furthermore, genotypes detected in children eligible for the vaccine was more varied than those detected in the vaccine-ineligible cohort. With regards to wild-type and vaccine rotavirus strains, they can be described in terms of being homotypic, partly heterotypic, and fully heterotypic based on the G and P proteins. For instance, the monovalent G1P[8] Rotarix vaccine is homotypic to other circulating G1P[8] strains (both proteins are the same), G12P[8] is partly heterotypic (one protein different), and G2P[4] is fully heterotypic (both G and P proteins are different) [50]. Rotarix provides exposure to G1P[8] rotavirus among infants, with protection that is likely to be higher against homotypic strains than heterotypic strains, such as G2P[4]. This suggests that natural infection leading to disease is more likely to be caused by such heterotypic strains [19,51] and that a vaccinated population could possibly drive selective pressure, increasing the likelihood of these genotypes to circulate in the community [52,53]. That being said, the monovalent vaccine Rotarix provides significant protection from G1, G2, G3, G4, and G9, and efficacy against severe G2 rotavirus gastroenteritis was as high as for other rotavirus types [54]. Clearly, the immune response to rotavirus infection is a complex issue, with a previous report suggesting that type-specific neutralizing antibodies induced by the vaccine against VP7/VP4 epitopes are not solely responsible for a protective effect [55]. The report proposes that, as there are a limited number of diverse circulating strains worldwide, these antibodies are not driving long-term selective pressure, which itself would favor antigenic drift or the emergence of novel genotypes.

Interestingly, the genotype G12P[8] was not circulating widely at the time of Rotarix and RotaTeq vaccine development; however, it has now become established as an increasingly common genotype [17]. A large study in the USA found G12P[8] more frequently than any other rotavirus genotype in fully vaccinated children [56]. Another example of an uncommon genotype becoming more prevalent is the recently emerged equine-like G3 strain, first identified in Japan in 2013 [57] but now detected world-wide [58–60]. We identified, for the first time in Ireland, two samples from 2018 that clustered within the equine-like G3 lineage. A further 15 G3 samples were sequenced and all clustered in the human lineage, suggesting that the equine-like lineage has not yet become established in Ireland compared to other countries [59,61]. Of note, five of the uncommon human G3P[4] strains were also identified in our study in 2018–2019, and this strain has been detected before in Ireland in 2006/07 [48]. The detection of uncommon genotypes, along with the additional potential for zoonotic reassortment [62,63], reinforces the WHO recommendation for surveillance, emphasising the need for continued monitoring of rotavirus vaccine efficacy against emerging rotavirus.

Several important limitations need to be considered for our study group. Firstly, the results are somewhat biased due to the observational nature of the study and samples tested would have been from those with moderate to severe gastroenteritis that warranted clinical investigation. In addition, there was no denominator for the population not suffering from symptoms of viral gastroenteritis, so we are unable to calculate incidence and prevalence of rotavirus infection. Furthermore, with no access to vaccination data, it was not possible to determine vaccine effectiveness rates or describe definitive vaccine failures. However, due to the large data set (n = 11,800), we can show relative reductions in the detection of rotavirus and the changes in the diversity of circulating genotypes. The geographical distribution of samples is nationwide, although the data are skewed to some extent due to the density of the population in Dublin and the location of the main children's hospitals, and therefore samples were predominantly from the eastern health region. It should also be noted that the number of samples tested has decreased year on year. The reason for this may be the decrease in symptomatic children or the increase in localized testing and possible availability of point of care assays. Finally, it was not possible to categorize samples as the community or hospital acquired and we could not identify samples belonging to outbreaks.

We have shown that rotavirus continues to circulate in the pediatric population, albeit in low numbers, and this is expected to decrease further with the increasing cohort of vaccinated children. Binary genotypic classification is useful to establish circulating genotypes and can be used for reassortment studies of the VP7 and VP4 encoding genes; however, whole genome genotyping is required for a more detailed analysis of the virus. Indeed, a future aim from this ongoing study is to perform whole genome sequencing from samples in this dataset to allow identification of possible reassortment of non VP7/VP4 genes or mutation events. In addition, all samples identified as G3 will be categorized as either equine-like or of human lineage. By collaborating with clinicians at the children's hospitals, it is hoped that any sample from a child with rotavirus with a full or partial vaccine history will be referred to the NVRL for whole genome sequencing to establish definitive strains circulating in this group of children.

In conclusion, we describe the detection and characterization of rotavirus in pediatric samples circulating in Ireland over a 5-year time period. We show that, following the introduction of Rotarix, there is a relative reduction in the number of rotavirus infections diagnosed, coinciding with an increase in genotype diversity, along with the first recorded detection of an equine-like G3 strain in Ireland.

4. Materials and Methods

4.1. Study Design

This opportunistic study presents the results of faecal samples from pediatric samples (≤5 years) investigated for viral gastroenteritis at the National Virus Reference Laboratory (NVRL), Dublin, Ireland. Test results for wild-type rotavirus, vaccine-derived rotavirus (Rotarix), norovirus, sapovirus, astrovirus, and enteric adenovirus subgenus F were obtained with genotype and sequence results, if available. Samples dated 1 January 2015 to 31 December 2019 were included in the study. Samples dated 1 January 2015 to 31 December 2016 were designated as "pre-vaccine". The first doses of Rotarix were given for those aged 2 months from the 1 December 2016. Only one sample was received from a 2-month old in December 2016, and this patient had detectable Rotarix. Samples dated 1 January 2017 to 31 December 2019 were designated as "post-vaccine". Routine testing for Rotarix was introduced into the NVRL from 11 December 2017. Rotavirus-positive samples received from 1 December 2016 to 10 December 2017 were tested for Rotarix, retrospectively.

4.2. Annual Birth Cohort in Ireland

The Central Office of Statistics provides the annual number of births in Ireland [64]. The number of annual births by year are: 2015: 65,536 (33,480 males, 32,056 females); 2016: 63,841 (32,709 males, 31,132 females); 2017: 61,824 (31,779 males, 30,045 females); 2018: 61,016 (31,298 males, 29,718 females); 2019: 59,796 (30,555 males, 29,241 females,). Data for 2018 and 2019 are provisional. The overall male: female ratio for 2015–2019 was 1.1: 1 (51.2% versus 48.8%).

4.3. Data Analysis

Data were extracted from the NVRL Laboratory Information Management System and analyzed in Excel. All samples were assumed to be from symptomatic patients. Samples with no date of birth recorded or duplicate samples were excluded from the study. Patients were de-identified, and the variables recorded in the database were patients' age at sample collection, sex, sample date, geographical region, and test result(s). Geographical regions were categorized as eastern (which includes Dublin), western, southern (south and south-east), northern (north-west and north-east), and midlands (midlands and mid-west), as defined by the Health Service Executive areas used by the Health Protection Surveillance Centre [5].

4.4. Sampling Strategy for Genotyping and Sequencing of Samples

To determine the sample size required to reliably detect a change in genotype frequency, a sample size calculator was used (CL95%, www.openepi.com), and then a random selection of wild-type rotavirus samples was selected for genotyping. In addition, all uncommon genotypes and a random subset of genotyped samples was selected for sequencing of VP7 and VP4 genes. A subset of those identified as G3 and were sequenced and analyzed to determine a human or equine-like lineage.

4.5. Seasonality

Seasonal onset, peak, and end were calculated: Onset: First of 2 consecutive weeks, where the median percentage of positive results was >10%. Peak: Week with the highest proportion of positive samples. End: Last of two consecutive weeks, where the median percentage was <10%. Denominator: total samples tested; numerator: the number of positive samples.

4.6. Vaccine Eligibility

The vaccine status was unknown, and patients were categorised by vaccine eligibility. Vaccine-eligible samples were those born after 1 October 2016 and were ≥2 months of age. Vaccine-ineligible samples were those born after 1 October 2016 and were <2 months of age or were born prior to 1 October 2016 and were aged 0–5 years of age.

4.7. Laboratory Methods

Upon receipt into the laboratory, approximately 20% *w/v* suspension of the fecal sample was prepared in 400 µL Stool Transport and Recovery Buffer (Roche) and 400 µL external lysis buffer (Roche). A total of 450 µL of the suspension was extracted by Roche MagNAPure 96 and eluted into 100 µL. During extraction, Brome Mosaic Virus RNA (University of Indiana) was added as an internal control (IC) at 1 pg/µL to the sample prior to extraction. The eluates were tested in five one-step RT-PCR assays, as previously described [65–70]. Briefly, eluates were tested in a 25 µL or 10 µL reaction mixture (depending on the 96- or 384-well format, respectively), containing 2× Superscript™ III Platinum One-Step qRT-PCR mix (Invitrogen), as per product insert. Final concentrations of primers and probes ranged from 80 nM to 400 nM, depending on the target. Each sample eluate was tested by five (RT-)PCR reactions, namely: (i) norovirus G1/G2/IC; (ii) adenovirus F/pan-rotavirus/IC; (iii) Rotarix; iv) astrovirus/IC; v) sapovirus/IC. Amplification was performed on the ABI 7500 Fast (96-well format) or the ABI Viia7 (384-well format) instrument under the following conditions: 15 mins 50 °C, 2 mins 95 °C,

38 cycles of 15 secs 95 and 30 secs 60 °C (56 °C for norovirus). Amplification data was collected and analyzed with Sequence Detection Software version 2.3 or the Viia7 software version 1.2.1 (both from Applied Biosystems).

Genotyping was either by a multiplex RT-PCR [71,72] or by hemi-nested RT-PCR, as described previously [73], with fragment visualization and size determination performed on the TapeStation (Agilent software, version 2200). Samples with an indeterminate G or P type were tested by both methods before being categorized as untypable. A selection of genotypes were confirmed by Sanger sequencing of the VP7 and VP4 genes, using previously described methods [73] on the ABI 3500Dx genetic analyzer (Applied Biosystems) and typed using the RotaC typing tool [74] or by the Basic Local Alignment and Search Tool, BLAST (http://www.ncbi.nlm.nih.gov/blast/Blast.cgi). G3 VP7 sequences (450 nucleotides) were aligned with appropriate reference sequences using ClustalW. Phylogenetic analyses were conducted in MEGA X [30] using the maximum likelihood method, with 1000 bootstrap replicates, based on the Tamura-Nei model [29]. This model was selected as it generated the lowest Bayesian information criterion (BIC) score in MEGA X.

4.8. GenBank Accession Numbers

Partial VP7 fragments of the equine-like G3 strains identified in this study were deposited in GenBank under the following accession numbers: strains; MT475885 and MT4758866, whereas the human-lineage G3 VP7 fragments were MT537569-537583.

4.9. Statistical Analysis

The study was observational and therefore most data presented was descriptive. The median age of rotavirus infection in the pre- and post-vaccination groups was compared using Mann–Whitney U test. The Chi-square test for proportions was used to compare genotypes in the pre- and post-vaccination groups. P values for both tests of ≤ 0.05 were considered statistically significant. Confidence intervals (95%) were calculated using the Wilson method for a proportion of the genotypes detected. Statistical analysis was performed using SPSS 26 (IBM Corp; Armonk, NY, USA) software or www.openepi.com.

4.10. Ethical Statement

All procedures performed in studies involving human participants were in accordance with the ethical standards of the institutional and/or research committee and with the 1964 Helsinki declaration and its later amendments or comparable standards. This study was approved for ethical exemption by University College, Dublin LS-E-17-09.

Author Contributions: Conceptualization, Z.Y., S.C., and C.F.D.G.; data curation, S.C.; formal analysis, Z.Y.; investigation, Z.Y. and S.C.; methodology, Z.Y., S.C., and C.F.D.G.; project administration, Z.Y. and S.C.; resources, Z.Y., G.T., A.C., and C.F.D.G.; supervision, S.C. and C.F.D.G.; validation, Z.Y., S.C., and C.F.D.G.; visualization, Z.Y., S.C., and C.F.D.G.; writing—original draft, Z.Y.; Writing—review and editing, Z.Y., S.C., J.D., G.T., and C.F.D.G. All authors have read and agreed to the published version of the manuscript.

Funding: This research received no external funding

Acknowledgments: The authors would like to thank all clinicians and general practitioners for referring samples to the National Virus Reference Laboratory, Dublin, and to acknowledge the hard work of all the laboratory staff for processing and testing samples for the gastroenteritis screen.

Conflicts of Interest: The authors declare no conflict of interest.

References

1. Hungerford, D.; Smith, K.; Tucker, A.; Iturriza-Gomara, M.; Vivancos, R.; McLeonard, C.; N, A.C.; French, N. Population effectiveness of the pentavalent and monovalent rotavirus vaccines: A systematic review and meta-analysis of observational studies. *BMC Infect. Dis.* **2017**, *17*, 569. [CrossRef] [PubMed]

2. Troeger, C.; Blacker, B.; Khalil, I. Estimates of the global, regional, and national morbidity, mortality, and aetiologies of diarrhoea in 195 countries: A systematic analysis for the Global Burden of Disease Study 2016. *Lancet. Infect. Dis.* **2018**, *18*, 1211–1228. [CrossRef]

3. Burnett, E.; Parashar, U.D.; Tate, J.E. Global impact of rotavirus vaccination on diarrhea hospitalizations and deaths among children < 5 years old: 2006–2019. *J. Infect. Dis.* **2020**. [CrossRef] [PubMed]

4. European Centre for Disease Prevention and Control. *ECDC Report: Expert Opinion on Rotavirus Vaccination in Infancy*; ECDC: Stockholm, Sweden, 2017.

5. HSE Health Protection Surveillance Centre. *Rotavirus 2018 Annual Epidemiological Report*; HSE HPSC: Dublin, Ireland, 2019.

6. Lynch, M.; O'Halloran, F.; Whyte, D.; Fanning, S.; Cryan, B.; Glass, R.I. Rotavirus in Ireland: National estimates of disease burden, 1997 to 1998. *Pediatric Infect. Dis. J.* **2001**, *20*, 693–698. [CrossRef]

7. World Health Organization. Global Advisory Committee on Vaccine Safety, report of meeting held 17–18 June 2009. *Wkly. Epidemiol. Rec.* **2009**, *84*, 213–236.

8. Poelaert, D.; Pereira, P.; Gardner, R.; Standaert, B.; Benninghoff, B. A review of recommendations for rotavirus vaccination in Europe: Arguments for change. *Vaccine* **2018**, *36*, 2243–2253. [CrossRef]

9. Health Protection Surveillance Centre. Available online: https://www.hpsc.ie/az/vaccinepreventable/vaccination/immunisationuptakestatistics/immunisationuptakestatisticsat12and24monthsofage/ (accessed on 10 March 2020).

10. Walker, J.L.; Andrews, N.J.; Atchison, C.J.; Collins, S.; Allen, D.J.; Ramsay, M.E.; Ladhani, S.N.; Thomas, S.L. Effectiveness of oral rotavirus vaccination in England against rotavirus-confirmed and all-cause acute gastroenteritis. *Vaccine: X* **2019**, *1*, 100005. [CrossRef]

11. Pietsch, C.; Liebert, U.G. Rotavirus vaccine effectiveness in preventing hospitalizations due to gastroenteritis: A descriptive epidemiological study from Germany. *Clin. Microbiol. Infect.* **2019**, *25*, 102–106. [CrossRef]

12. Braeckman, T.; Van Herck, K.; Meyer, N.; Pircon, J.Y.; Soriano-Gabarro, M.; Heylen, E.; Zeller, M.; Azou, M.; Capiau, H.; De Koster, J.; et al. Effectiveness of rotavirus vaccination in prevention of hospital admissions for rotavirus gastroenteritis among young children in Belgium: Case-control study. *BMJ* **2012**, *345*, e4752. [CrossRef]

13. Matthijnssens, J.; Otto, P.H.; Ciarlet, M.; Desselberger, U.; Van Ranst, M.; Johne, R. VP6-sequence-based cutoff values as a criterion for rotavirus species demarcation. *Arch. Virol.* **2012**, *157*, 1177–1182. [CrossRef]

14. Mihalov-Kovács, E.; Gellért, Á.; Marton, S.; Farkas, S.L.; Fehér, E.; Oldal, M.; Jakab, F.; Martella, V.; Bányai, K. Candidate new rotavirus species in sheltered dogs, Hungary. *Emerg. Infect. Dis.* **2015**, *21*, 660–663. [CrossRef] [PubMed]

15. Bányai, K.; Kemenesi, G.; Budinski, I.; Földes, F.; Zana, B.; Marton, S.; Varga-Kugler, R.; Oldal, M.; Kurucz, K.; Jakab, F. Candidate new rotavirus species in Schreiber's bats, Serbia. *Infect. Genet. Evol.* **2017**, *48*, 19–26. [CrossRef] [PubMed]

16. Matthijnssens, J.; Ciarlet, M.; Heiman, E.; Arijs, I.; Delbeke, T.; McDonald, S.M. Full genome-based classification of rotaviruses reveals a common origin between human Wa-Like and porcine rotavirus strains and human DS-1-like and bovine rotavirus strains. *J. Virol.* **2008**, *82*. [CrossRef] [PubMed]

17. Hungerford, D.; Vivancos, R.; EuroRotaNet Network Members. In-season and out-of-season variation of rotavirus genotype distribution and age of infection across 12 European countries before the introduction of routine vaccination, 2007/08 to 2012/13. *Eurosurveillance* **2016**, *21*. [CrossRef] [PubMed]

18. Roczo-Farkas, S.; Kirkwood, C.D.; Cowley, D.; Barnes, G.L.; Bishop, R.F.; Bogdanovic-Sakran, N.; Boniface, K.; Donato, C.M.; Bines, J.E. The Impact of Rotavirus Vaccines on Genotype Diversity: A Comprehensive Analysis of 2 Decades of Australian Surveillance Data. *J. Infect. Dis.* **2018**, *218*, 546–554. [CrossRef] [PubMed]

19. Hungerford, D.; Allen, D.J.; Nawaz, S.; Collins, S.; Ladhani, S.; Vivancos, R.; Iturriza-Gomara, M. Impact of rotavirus vaccination on rotavirus genotype distribution and diversity in England, September 2006 to August 2016. *Eurosurveillance* **2019**, *24*, 1700774. [CrossRef]

20. Zeller, M.; Rahman, M.; Heylen, E.; De Coster, S.; De Vos, S.; Arijs, I.; Novo, L.; Verstappen, N.; Van Ranst, M.; Matthijnssens, J. Rotavirus incidence and genotype distribution before and after national rotavirus vaccine introduction in Belgium. *Vaccine* **2010**, *28*, 7507–7513. [CrossRef]

21. Markkula, J.; Hemming-Harlo, M.; Salminen, M.T.; Savolainen-Kopra, C.; Pirhonen, J.; Al-Hello, H.; Vesikari, T. Rotavirus epidemiology 5–6 years after universal rotavirus vaccination: Persistent rotavirus activity in older children and elderly. *Infect. Dis.* **2017**, *49*, 388–395. [CrossRef]

22. Kaplon, J.; Grangier, N.; Pillet, S.; Minoui-Tran, A.; Vabret, A.; Wilhelm, N.; Prieur, N.; Lazrek, M.; Alain, S.; Mekki, Y.; et al. Predominance of G9P[8] rotavirus strains throughout France, 2014–2017. *Clin. Microbiol. Infect.* **2018**, *24*, 660.e661–660.e664. [CrossRef]

23. Verberk, J.D.M.; Bruijning-Verhagen, P.; Melker, H.E. Rotavirus in the Netherlands: Background information for the Health Council. *RIVM* 2017. [CrossRef]

24. Matthijnssens, J.; Nakagomi, O.; Kirkwood, C.D.; Ciarlet, M.; Desselberger, U.; Ranst, M.V. Group A rotavirus universal mass vaccination: How and to what extent will selective pressure influence prevalence of rotavirus genotypes? *Expert Rev. Vaccines* **2012**, *11*, 1347–1354. [CrossRef] [PubMed]

25. Matthijnssens, J.; Bilcke, J.; Ciarlet, M.; Martella, V.; Bányai, K.; Rahman, M.; Zeller, M.; Beutels, P.; Van Damme, P.; Van Ranst, M. Rotavirus disease and vaccination: Impact on genotype diversity. *Future Microbiol.* **2009**, *4*, 1303–1316. [CrossRef] [PubMed]

26. World Health Organization. Available online: https://www.who.int/immunization/monitoring_surveillance/burden/estimates/rotavirus/Rota_virus_Q5_mortality_estimates_external_review_report_2006_may.pdf?ua=1 (accessed on 20 January 2020).

27. Iturriza-Gomara, M.; Dallman, T.; Banyai, K.; Bottiger, B.; Buesa, J.; Diedrich, S.; Fiore, L.; Johansen, K.; Koopmans, M.; Korsun, N.; et al. Rotavirus genotypes co-circulating in Europe between 2006 and 2009 as determined by EuroRotaNet, a pan-European collaborative strain surveillance network. *Epidemiol. Infect.* **2011**, *139*, 895–909. [CrossRef] [PubMed]

28. Central Statistics Office. Available online: https://www.cso.ie/en/statistics/population (accessed on 8 May 2020).

29. Tamura, K.; Nei, M. Estimation of the number of nucleotide substitutions in the control region of mitochondrial DNA in humans and chimpanzees. *Mol. Biol. Evol.* **1993**, *10*, 512–526. [CrossRef]

30. Kumar, S.; Stecher, G.; Li, M.; Knyaz, C.; Tamura, K. MEGA X: Molecular Evolutionary Genetics Analysis across Computing Platforms. *Mol. Biol. Evol.* **2018**, *35*, 1547–1549. [CrossRef]

31. Coveney, J.; Barrett, M.; Fitzpatrick, P.; Kandamany, N.; McNamara, R.; Koe, S.; Okafor, I. National rotavirus vaccination programme implementation and gastroenteritis presentations: The paediatric emergency medicine perspective. *Ir. J. Med Sci.* **2019**, *189*, 327–332. [CrossRef]

32. Burns, H.E.; Collins, A.M.; Fallon, U.B.; Marsden, P.V.; Ni Shuilleabhain, C.M. Rotavirus vaccination impact, Ireland, implications for vaccine confidence and screening. *Eur. J. Public Health* **2020**, 281–285. [CrossRef]

33. Shim, J.O.; Chang, J.Y.; Shin, S.; Moon, J.S.; Ko, J.S. Changing distribution of age, clinical severity, and genotypes of rotavirus gastroenteritis in hospitalized children after the introduction of vaccination: A single center study in Seoul between 2011 and 2014. *BMC Infect. Dis.* **2016**, *16*, 287. [CrossRef]

34. Tate, J.E.; Panozzo, C.A.; Payne, D.C.; Patel, M.M.; Cortese, M.M.; Fowlkes, A.L.; Parashar, U.D. Decline and change in seasonality of US rotavirus activity after the introduction of rotavirus vaccine. *Pediatrics* **2009**, *124*, 465–471. [CrossRef]

35. Yandle, Z.; Coughlan, S.; Drew, R.J.; Cleary, J.; De Gascun, C. Diagnosis of rotavirus infection in a vaccinated population: Is a less sensitive immunochromatographic method more suitable for detecting wild-type rotavirus than real-time RT-PCR? *J. Clin. Virol.* **2018**, *109*, 19–21. [CrossRef]

36. Gower, C.M.; Dunning, J.; Nawaz, S.; Allen, D.; Ramsay, M.E.; Ladhani, S. Vaccine-derived rotavirus strains in infants in England. *Arch. Dis. Child.* **2019**, *105*, 1–5. [CrossRef] [PubMed]

37. Whiley, D.M.; Ye, S.; Tozer, S.; Clark, J.E.; Bletchly, C.; Lambert, S.B.; Grimwood, K.; Nimmo, G.R. Over-diagnosis of rotavirus infection in infants due to detection of vaccine virus. *Clin. Infect. Dis.* **2019**, ciz1196. [CrossRef] [PubMed]

38. McAuliffe, G.N.; Taylor, S.L.; Moore, S.; Hewitt, J.; Upton, A.; Howe, A.S.; Best, E.J. Suboptimal performance of rotavirus testing in a vaccinated community population should prompt laboratories to review their rotavirus testing algorithms in response to changes in disease prevalence. *Diagn. Microbiol. Infect. Dis.* **2019**, *93*, 203–207. [CrossRef] [PubMed]

39. Hemming, M.; Räsänen, S.; Huhti, L.; Paloniemi, M.; Salminen, M.; Vesikari, T. Major reduction of rotavirus, but not norovirus, gastroenteritis in children seen in hospital after the introduction of RotaTeq vaccine into the National Immunization Programme in Finland. *Eur. J. Pediatr.* **2013**, *172*, 739–746. [CrossRef]

40. Bucardo, F.; Reyes, Y.; Svensson, L.; Nordgren, J. Predominance of norovirus and sapovirus in Nicaragua after implementation of universal rotavirus vaccination. *PLoS ONE* **2014**, *9*, e98201. [CrossRef]

41. Koo, H.L.; Neill, F.H.; Estes, M.K.; Munoz, F.M.; Cameron, A.; DuPont, H.L.; Atmar, R.L. Noroviruses: The Most Common Pediatric Viral Enteric Pathogen at a Large University Hospital After Introduction of Rotavirus Vaccination. *J. Pediatric Infect. Dis. Soc.* **2013**, *2*, 57–60. [CrossRef]

42. Steyer, A.; Jevšnik, M.; Petrovec, M.; Pokorn, M.; Grosek, Š.; Fratnik Steyer, A.; Šoba, B.; Uršič, T.; Cerar Kišek, T.; Kolenc, M.; et al. Narrowing of the Diagnostic Gap of Acute Gastroenteritis in Children 0–6 Years of Age Using a Combination of Classical and Molecular Techniques, Delivers Challenges in Syndromic Approach Diagnostics. *Pediatric Infect. Dis. J.* **2016**, *35*, e262–e270. [CrossRef]

43. Donaldson, A.L.; Clough, H.E.; O'Brien, S.J.; Harris, J.P. Symptom profiling for infectious intestinal disease (IID): A secondary data analysis of the IID2 study. *Epidemiol. Infect.* **2019**, *147*, e229. [CrossRef]

44. O'Mahony, J.; Foley, B.; Morgan, S.; Morgan, J.G.; Hill, C. VP4 and VP7 genotyping of rotavirus samples recovered from infected children in Ireland over a 3-year period. *J. Clin. Microbiol.* **1999**, *37*, 1699–1703. [CrossRef]

45. O'Halloran, F.; Lynch, M.; Cryan, B.; O'Shea, H.; Fanning, S. Molecular characterization of rotavirus in Ireland: Detection of novel strains circulating in the population. *J. Clin. Microbiol.* **2000**, *38*, 3370–3374. [CrossRef]

46. Reidy, N.; O'Halloran, F.; Fanning, S.; Cryan, B.; O'Shea, H. Emergence of G3 and G9 rotavirus and increased incidence of mixed infections in the southern region of Ireland 2001–2004. *J. Med Virol.* **2005**, *77*, 571–578. [CrossRef] [PubMed]

47. Lennon, G.; Reidy, N.; Cryan, B.; Fanning, S.; O'Shea, H. Changing profile of rotavirus in Ireland: Predominance of P[8] and emergence of P[6] and P[9] in mixed infections. *J. Med Virol.* **2008**, *80*, 524–530. [CrossRef] [PubMed]

48. Collins, P.J.; Mulherin, E.; O'Shea, H.; Cashman, O.; Lennon, G.; Pidgeon, E.; Coughlan, S.; Hall, W.; Fanning, S. Changing patterns of rotavirus strains circulating in Ireland: Re-emergence of G2P[4] and identification of novel genotypes in Ireland. *J. Med Virol.* **2015**, *87*, 764–773. [CrossRef] [PubMed]

49. Cashman, O.; Collins, P.J.; Lennon, G.; Cryan, B.; Martella, V.; Fanning, S.; Staines, A.; O'Shea, H. Molecular characterization of group A rotaviruses detected in children with gastroenteritis in Ireland in 2006-2009. *Epidemiol. Infect.* **2012**, *140*, 247–259. [CrossRef]

50. Bernstein, D.I. Rotavirus Vaccines: Mind Your Ps and Gs. *J. Infect. Dis.* **2018**, *218*, 519–521. [CrossRef]

51. Matthijnssens, J.; Zeller, M.; Heylen, E.; De Coster, S.; Vercauteren, J.; Braeckman, T.; Van Herck, K.; Meyer, N.; Pirçon, J.Y.; Soriano-Gabarro, M.; et al. Higher proportion of G2P[4] rotaviruses in vaccinated hospitalized cases compared with unvaccinated hospitalized cases, despite high vaccine effectiveness against heterotypic G2P[4] rotaviruses. *Clin. Microbiol. Infect.* **2014**, *20*, O702–O710. [CrossRef]

52. Pitzer, V.E.; Bilcke, J.; Heylen, E.; Crawford, F.W.; Callens, M.; De Smet, F.; Van Ranst, M.; Zeller, M.; Matthijnssens, J. Did Large-Scale Vaccination Drive Changes in the Circulating Rotavirus Population in Belgium? *Sci. Rep.* **2015**, *5*, 18585. [CrossRef]

53. Zeller, M.; Donato, C.; Trovão, N.S.; Cowley, D.; Heylen, E.; Donker, N.C.; McAllen, J.K.; Akopov, A.; Kirkness, E.F.; Lemey, P.; et al. Genome-Wide Evolutionary Analyses of G1P[8] Strains Isolated Before and After Rotavirus Vaccine Introduction. *Genome Biol. Evol.* **2015**, *7*, 2473–2483. [CrossRef]

54. Vesikari, T.; Karvonen, A.; Prymula, R.; Schuster, V.; Tejedor, J.C.; Cohen, R.; Meurice, F.; Han, H.H.; Damaso, S.; Bouckenooghe, A. Efficacy of human rotavirus vaccine against rotavirus gastroenteritis during the first 2 years of life in European infants: Randomised, double-blind controlled study. *Lancet* **2007**, *370*, 1757–1763. [CrossRef]

55. Clarke, E.; Desselberger, U. Correlates of protection against human rotavirus disease and the factors influencing protection in low-income settings. *Mucosal Immunol.* **2015**, *8*, 1–17. [CrossRef]

56. Ogden, K.M.; Tan, Y.; Akopov, A.; Stewart, L.S.; McHenry, R.; Fonnesbeck, C.J.; Piya, B.; Carter, M.H.; Fedorova, N.B.; Halpin, R.A.; et al. Multiple introductions and antigenic mismatch with vaccines may contribute to increased predominance of G12P[8] rotaviruses in the United States. *J. Virol.* **2018**. [CrossRef] [PubMed]

57. Malasao, R.; Saito, M.; Suzuki, A.; Imagawa, T.; Nukiwa-Soma, N.; Tohma, K.; Liu, X.; Okamoto, M.; Chaimongkol, N.; Dapat, C.; et al. Human G3P[4] rotavirus obtained in Japan, 2013, possibly emerged through a human-equine rotavirus reassortment event. *Virus Genes* **2015**, *50*, 129–133. [CrossRef] [PubMed]

58. Esposito, S.; Camilloni, B.; Bianchini, S.; Ianiro, G.; Polinori, I.; Farinelli, E.; Monini, M.; Principi, N. First detection of a reassortant G3P[8] rotavirus A strain in Italy: A case report in an 8-year-old child. *Virol. J.* **2019**, *16*, 64. [CrossRef] [PubMed]

59. Tacharoenmuang, R.; Komoto, S.; Guntapong, R.; Upachai, S.; Singchai, P.; Ide, T.; Fukuda, S.; Ruchusatsawast, K.; Sriwantana, B.; Tatsumi, M.; et al. High prevalence of equine-like G3P[8] rotavirus in children and adults with acute gastroenteritis in Thailand. *J. Med Virol.* **2020**, *92*, 174–186. [CrossRef]

60. Pietsch, C.; Liebert, U.G. Molecular characterization of different equine-like G3 rotavirus strains from Germany. *Infect. Genet. Evol.* **2018**, *57*, 46–50. [CrossRef]

61. Cowley, D.; Donato, C.M.; Roczo-Farkas, S.; Kirkwood, C.D. Emergence of a novel equine-like G3P[8] inter-genogroup reassortant rotavirus strain associated with gastroenteritis in Australian children. *J. Gen. Virol.* **2016**, *97*, 403–410. [CrossRef]

62. Kumar, N.; Malik, Y.S.; Sharma, K.; Dhama, K.; Ghosh, S.; Banyai, K.; Kobayashi, N.; Singh, R.K. Molecular characterization of unusual bovine rotavirus A strains having high genetic relatedness with human rotavirus: Evidence for zooanthroponotic transmission. *Zoonoses Public Health* **2018**, *65*, 431–442. [CrossRef]

63. Tamim, S.; Matthijnssens, J.; Heylen, E.; Zeller, M.; Van Ranst, M.; Salman, M.; Hasan, F. Evidence of zoonotic transmission of VP6 and NSP4 genes into human species A rotaviruses isolated in Pakistan in 2010. *Arch. Virol.* **2019**, *164*, 1781–1791. [CrossRef]

64. Central Statistics Office. Available online: https://www.cso.ie/en/statistics/birthsdeathsandmarriages (accessed on 30 May 2020).

65. Gautam, R.; Esona, M.D.; Mijatovic-Rustempasic, S.; Ian Tam, K.; Gentsch, J.R.; Bowen, M.D. Real-time RT-PCR assays to differentiate wild-type group A rotavirus strains from Rotarix(®) and RotaTeq(®) vaccine strains in stool samples. *Hum. Vaccines Immunother.* **2014**, *10*, 767–777. [CrossRef]

66. Kageyama, T.; Kojima, S.; Shinohara, M.; Uchida, K.; Fukushi, S.; Hoshino, F.B.; Takeda, N.; Katayama, K. Broadly reactive and highly sensitive assay for Norwalk-like viruses based on real-time quantitative reverse transcription-PCR. *J. Clin. Microbiol.* **2003**, *41*, 1548–1557. [CrossRef]

67. Tiemessen, C.T.; Nel, M.J. Detection and typing of subgroup F adenoviruses using the polymerase chain reaction. *J. Virol. Methods* **1996**, *59*, 73–82. [CrossRef]

68. Oka, T.; Katayama, K.; Hansman, G.S.; Kageyama, T.; Ogawa, S.; Wu, F.T.; White, P.A.; Takeda, N. Detection of human sapovirus by real-time reverse transcription-polymerase chain reaction. *J. Med. Virol.* **2006**, *78*, 1347–1353. [CrossRef] [PubMed]

69. Logan, C.; O'Leary, J.J.; O'Sullivan, N. Real-time reverse transcription PCR detection of norovirus, sapovirus and astrovirus as causative agents of acute viral gastroenteritis. *J. Virol. Methods* **2007**, *146*, 36–44. [CrossRef] [PubMed]

70. Freeman, M.M.; Kerin, T.; Hull, J.; McCaustland, K.; Gentsch, J. Enhancement of detection and quantification of rotavirus in stool using a modified real-time RT-PCR assay. *J. Med Virol.* **2008**, *80*, 1489–1496. [CrossRef] [PubMed]

71. Gautam, R.; Mijatovic-Rustempasic, S.; Esona, M.D.; Tam, K.I.; Quaye, O.; Bowen, M.D. One-step multiplex real-time RT-PCR assay for detecting and genotyping wild-type group A rotavirus strains and vaccine strains (Rotarix(R) and RotaTeq(R)) in stool samples. *PeerJ* **2016**, *4*, e1560. [CrossRef] [PubMed]

72. Andersson, M.; Lindh, M. Rotavirus genotype shifts among Swedish children and adults-Application of a real-time PCR genotyping. *J. Clin. Virol.* **2017**, *96*, 1–6. [CrossRef]

73. World Health Organization. Method 16: G and P genotyping. In *Manual of Rotavirus Detection and Characterization Methods*; WHO/IVB/08.17; WHO: Geneva, Switzerland, 2009; pp. 91–98.

74. Maes, P.; Matthijnssens, J.; Rahman, M.; Van Ranst, M. RotaC: A web-based tool for the complete genome classification of group A rotaviruses. *BMC Microbiol.* **2009**, *9*, 238. [CrossRef]

Article

Rotavirus A in Brazil: Molecular Epidemiology and Surveillance during 2018–2019

Meylin Bautista Gutierrez, Alexandre Madi Fialho, Adriana Gonçalves Maranhão,
Fábio Correia Malta, Juliana da Silva Ribeiro de Andrade, Rosane Maria Santos de Assis,
Sérgio da Silva e Mouta, Marize Pereira Miagostovich, José Paulo Gagliardi Leite and
Tulio Machado Fumian *

Laboratory of Comparative and Environmental Virology, Oswaldo Cruz Institute, Oswaldo Cruz Foundation,
Avenida Brasil 4365, Rio de Janeiro 21040-900, Brazil; meylin.gutierrez@ioc.fiocruz.br (M.B.G.);
amfialho@ioc.fiocruz.br (A.M.F.); adriana.maranhao@ioc.fiocruz.br (A.G.M.); fabio.malta@ioc.fiocruz.br (F.C.M.);
juliana@ioc.fiocruz.br (J.d.S.R.d.A.); rmsassis@ioc.fiocruz.br (R.M.S.d.A.); mouta@ioc.fiocruz.br (S.d.S.e.M.);
marizepm@ioc.fiocruz.br (M.P.M.); jpgleite@ioc.fiocruz.br (J.P.G.L.)
* Correspondence: tuliomf@ioc.fiocruz.br or fumiantm@gmail.com; Tel.: +55-(21)-25621817

Received: 12 May 2020; Accepted: 7 June 2020; Published: 27 June 2020

Abstract: Rotavirus A (RVA) vaccines succeeded in lowering the burden of acute gastroenteritis
(AGE) worldwide, especially preventing severe disease and mortality. In 2019, Brazil completed
13 years of RVA vaccine implementation (Rotarix™) within the National Immunization Program (NIP),
and as reported elsewhere, the use of Rotarix™ in the country has reduced childhood mortality and
morbidity due to AGE. Even though both marketed vaccines are widely distributed, the surveillance
of RVA causing AGE and the monitoring of circulating genotypes are important tools to keep tracking
the epidemiological scenario and vaccines impact. Thus, our study investigated RVA epidemiological
features, viral load and G and P genotypes circulation in children and adults presenting AGE symptoms
in eleven states from three out of five regions in Brazil. By using TaqMan®-based one-step RT-qPCR,
we investigated a total of 1536 stool samples collected from symptomatic inpatients, emergency
department visits and outpatients from January 2018 to December 2019. G and P genotypes of
RVA-positive samples were genetically characterized by multiplex RT-PCR or by nearly complete
fragment sequencing. We detected RVA in 12% of samples, 10.5% in 2018 and 13.7% in 2019. A marked
winter/spring seasonality was observed, especially in Southern Brazil. The most affected age group
was children aged >24–60 months, with a positivity rate of 18.8% ($p < 0.05$). Evaluating shedding,
we found a statistically lower RVA viral load in stool samples collected from children aged up to six
months compared to the other age groups ($p < 0.05$). The genotype G3P[8] was the most prevalent
during the two years (83.7% in 2018 and 65.5% in 2019), and nucleotide sequencing of some strains
demonstrated that they belonged to the emergent equine-like G3P[8] genotype. The dominance of an
emergent genotype causing AGE reinforces the need for continuous epidemiological surveillance to
assess the impact of mass RVA immunization as well as to monitor the emergence of novel genotypes.

Keywords: acute gastroenteritis; rotavirus A; incidence; genotyping; Brazil

---

1. Introduction

Acute gastroenteritis (AGE) remains as a major cause of mortality in children under five years
old worldwide [1,2]. Among the AGE-causing pathogens, rotavirus A (RVA) is one of the leading
agents, responsible for approximately 200,000 deaths per year among children <5 years old in
developing countries [3–5]. Regarding severe disease, RVA accounts for around 20% and 40% of all
AGE-hospitalization in countries with and without RVA vaccines implemented, respectively [6,7].

Currently, four World Health Organization (WHO)-prequalified live-attenuated oral RVA vaccines are available internationally—Rotarix™, RotaTeq™, Rotavac™, and RotaSiil™—and over 100 countries have introduced one of these vaccines into their national immunization program [8] (https://www.who. int/immunization/diseases/rotavirus/en/).

Rotaviruses belong to the *Reoviridae* family, genus *Rotavirus*. While nine rotaviruses species have been described (A–I), RVA is by far the most important species infecting humans worldwide [9,10]. The non-enveloped triple-layered viral particle has 70–75 nm in diameter with 11 segmented double-stranded RNA (dsRNA) genes, encoding for six structural (VP1-VP4, VP6, VP7) and depending on the strain, five or six non-structural proteins (NSP1-NSP5 or NSP6) [11]. Genetically, RVA is classified into G- and P-types, based on nucleotide sequence of genomic segments coding VP7 and VP4 proteins (binary classification), and currently there have been described 36 G- and 51 P-types [12]. Although many G and P combination would be possible to emerge, a few genotypes (G1P[8], G2P[4], G3P[8], G4P[8], G9P[8], and G12P[8]) have prevailed worldwide causing the majority of RVA infections in children [13–15].

Brazil has implemented the Rotarix™ vaccine in the National Immunization Program (NIP) in March 2006, which led to a significant reduction of diarrhea-associated mortality and hospitalization [16–18]. Linhares et al. [19] demonstrated the higher effectiveness of Rotarix™ among Brazilian infants aged up to 12 months and decreasing in older children. Concerning the genotype distribution in Brazil after the introduction of Rotarix™, G2P[4] was by far the most prevalent genotype detected until 2010. From 2011 onwards, a gradual decrease in the prevalence of G2P[4] was observed, being replaced by G3, G9, and G12 harboring a P[8]-type [20–23]. Nevertheless, unusual RVA genotypes have been frequently detected, such as: G3[P6], G12[P6], G8P[4], and G8P[6] and more recently the equine-like G3P[8] [17,23,24]. Similarly, recent studies from other countries have reported the detection of rare RVA genotype combination [25–28].

It has been demonstrated that the distribution of RVA genotypes over the years is characterized by natural and cyclical genotype fluctuations [20,29,30]. However, the selective pressure due to mass RVA vaccination could favor specific G and P combinations [9,31]. Therefore, the new and dynamic epidemiological scenario reinforces the need to continuously document RVA prevalence in AGE cases, molecular epidemiology and the potential emergence of unusual genotypes.

Our study investigated RVA prevalence, features and the molecular characterization of G and P genotypes among patients with AGE from three regions (Southern, Southeastern and Northeastern) in Brazil, 2018–2019. RVA was detected and quantified by quantitative RT-PCR (RT-qPCR) from diarrheic stool samples received from eleven Brazilian states, and G and P genotypes were determined by multiplex one-step RT-PCR or sequencing.

2. Materials and Methods

2.1. Stool Collection and Ethics Statements

This study included stool samples that were collected between January 2018 and December 2019 from children and adults with symptoms of AGE, characterized as ≥three liquid/semi liquid evacuations in a 24 h period. Inpatients and outpatients diarrheic stool samples were collected from eleven states from three regions of Brazil: Southern, Southeastern, and Northeastern. Samples were systematically sent together with clinical-epidemiological records to the Regional Rotavirus Reference Laboratory–Laboratory of Comparative and Environmental Virology (RRRL–LVCA). The laboratory is part of the ongoing national network for AGE surveillance and coordinated by General Coordination of Public Health Laboratories, Brazilian Ministry of Health.

This study is approved by the Ethics Committee of the Oswaldo Cruz Foundation (FIOCRUZ), number CAAE: 94144918.3.0000.5248. The surveillance is performed through a hierarchical network in which samples are provided by medical request in hospitals and health centers, monitored by the Brazilian Unified Health System (SUS). Patients' data were maintained anonymously and securely.

2.2. Viral RNA Extraction

Viral RNA was purified from 140 µL of clarified stool suspension (10% *w/v*) prepared with Tris-calcium buffer (pH = 7.2). Samples were subjected to an automatic nucleic acid extraction procedure using a QIAamp® Viral RNA Mini kit (QIAGEN, CA, USA) and a QIAcube® automated system (QIAGEN), according to the manufacturer's instructions. RVA RNA was eluted in 60 µL of the elution buffer AVE. The isolated RNA was immediately stored at −80 °C until the molecular analysis. In each extraction procedure, RNAse/DNAse-free water was used as negative control.

2.3. RVA Detection and Quantification

RVA was detected and quantified by using a TaqMan®-based quantitative one step PCR (RT-qPCR) with primers and probe targeting the conserved NSP3 segment, according to Zeng et al. (2008). Briefly, RT-qPCR reactions were performed with 5 µL of the extracted RNA in a final volume of 25 µL using the SuperScript™ III Platinum™ One-Step qRT-PCR Kit (ThermoFisher Scientific, Invitrogen Division, Carlsbad, CA, USA) in the Applied Biosystems® 7500 Real-Time PCR System (Applied Biosystems, Foster City, CA, USA). NSP3 primers and probe final concentrations used were 0.8 and 0.5 µM, respectively. The thermal cycling conditions were carried out as follows: RT step at 55 °C for 30 min, an initial denaturation step at 95 °C for 10 min and 40 cycles of PCR amplification at 95 °C for 15 s and 60 °C for 1 min. Samples that crossed the threshold line showing a characteristic sigmoid curve were regarded as positive. All runs included negative and non-template controls, and a standard curve with serial dilutions (10^6–10^1) of double-stranded DNA fragments (gBlock® Gene Fragment, Integrated DNA Technologies, Iowa, USA) containing the RVA NSP3 target region to ensure the correct interpretation of the results throughout the study. RVA viral loads were expressed as genome copies per gram (GC/g) of stool.

2.4. Genotyping and Sequencing

RVA-positive samples obtained by RT-qPCR were G- and P-genotyped using a one-step multiplex RT-PCR. The reactions were performed using the Qiagen One Step RT-PCR kit (Qiagen), using forward conserved primers VP7uF or VP4uF and specific reverse primers for G types G1, G2, G3, G4, G9, and G12, or P types P[4], P[6], P[8], P[9], and P[10] as recommended by the Centers for Disease Control and Prevention, USA. The G- and P-genotypes were assigned based on different amplicon sizes [base pairs (bp)] using agarose gel analysis. Sanger sequencing was also used to characterize the nucleotide (nt) sequence of specific strains, such as non-typeable samples or the equine-like G3, using consensus primers directed to the conserved regions within the VP4 and VP7 genes. The amplicons fragments of 876 bp and 881 bp for VP4 and VP7, respectively, were purified using the ExoSAP clean-up kit (ThermoFisher Scientific) and sent to the FIOCRUZ Institutional Platform for DNA sequencing (PDTIS). All primers used for RVA genotyping were based on previously studies [32–34].

2.5. Phylogenetic Analysis

Chromatogram analysis and consensus sequences were obtained using Geneious Prime (Biomatters Ltd., Auckland, New Zealand). RVA genotypes were confirmed in terms of closest homology sequence using Basic Local Alignment Search Tool (BLAST). Phylogenetic trees were constructed using the maximum likelihood method and the Kimura two-parameter model (2000 bootstrap replications for branch support) in MEGA X v. 10.1.7 [35], with RVA reference sequences obtained from the National Center for Biotechnology Information (NCBI) database. Nucleotide sequences obtained from clinical samples were submitted to NCBI GenBank (accession numbers: MT386419 to MT386453).

2.6. Statistical Analysis

Statistical analyses were performed using GraphPad Prism software v. 8.4.1 (GraphPad Software, San Diego, CA, USA). As appropriate, Mann–Whitney U test, Chi-squared or Fisher test was used to assess significant difference between RVA detection rates, years of collecting samples and age groups, as well as to compare RVA viral load according to different age groups. A *p* value < 0.05 was considered to be statistically significant.

3. Results

3.1. Rotavirus A Epidemiology

During the two-year period of this study (2018–2019), a total of 1536 stool samples were collected from symptomatic inpatients with AGE (1161 and 375 from children and adults, respectively). Overall, we detected RVA in 12% of samples (n = 185), 10.5% in 2018 and 13.7% in 2019. We observed a slight increase in RVA incidence in 2019, but without statistical significance (*p* = 0.053). Except for three months in 2018 (April, June, and December), RVA circulated year-round, with monthly detection rates varying from 1.6% to 36.7% in May 2018 and September 2019, respectively (Figure 1A). In relation to seasonal patterns, we observed higher RVA circulation during winter/spring months, especially marked in Southern region states (Figure 1B,C), whilst RVA detections were lowest in autumn months.

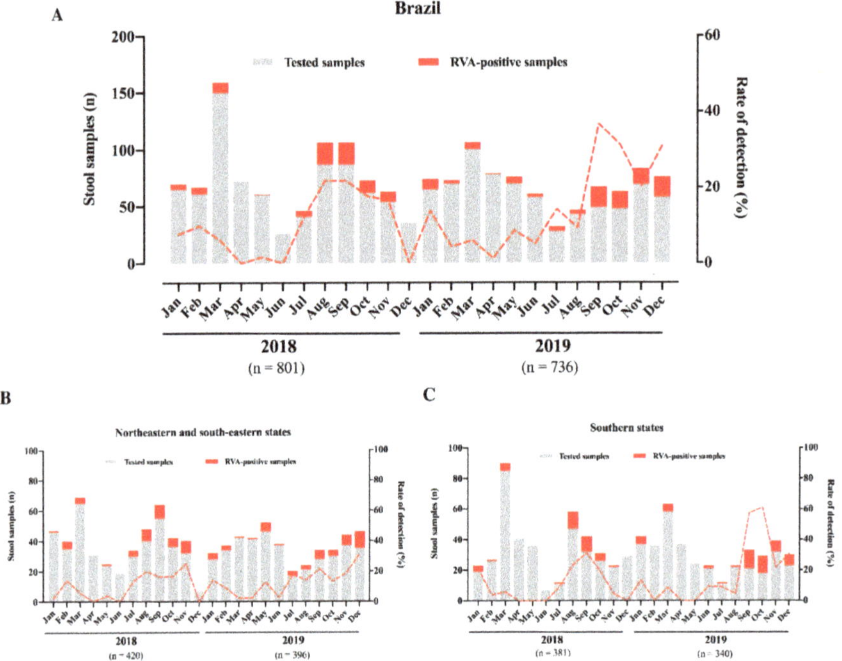

Figure 1. Monthly distribution of tested acute gastroenteritis samples, rotavirus A (RVA)-positive samples and RVA detection rates in Brazil (**A**), Northeastern and South-eastern states (**B**), and Southern states (**C**), during 2018–2019.

In regard to regional analysis, higher RVA prevalence was observed in the Northeast region (18.7%) compared to Southeastern and Southern regions (3.4% and 12.5%, respectively). Comparing the two year of the study, RVA detection rates were higher in 2019 for the three regions, but only with statistical significance in Southeastern region (*p* = 0.022). Table 1 shows detailed analysis by regions and states. It is interesting to note that the two states of Southern region (Santa Catarina and Rio Grande do Sul) accounted for almost half of the AGE cases and RVA-positive samples (Figure 2).

Table 1. Number of tested and rotavirus-positive fecal samples through laboratory-based surveillance by region and state in Brazil during 2018 and 2019.

Region/State	No. of Fecal Samples: Positive/Tested (%)			*p*-Value (Chi-Square Test)
	Total	2018	2019	
Southeast	14/381 (3.7)	2/168 (1.2)	12/213 (5.6)	0.022
Espírito Santo		1/56	2/101	
Minas Gerais		1/75	-	
Rio de Janeiro		-	10/79	
Northeast	81/434 (18.7)	44/252 (17.5)	37/182 (20.3)	0.452
Bahia		1/98	2/95	
Maranhão		1/8	1/1	
Paraíba		20/37	-	
Pernambuco		19/68	30/61	
Rio Grande do Norte		-	1/5	
Sergipe		3/41	3/20	
South	90/720 (12.5)	39/381 (10.2)	51/340 (15)	0.053
Rio Grande do Sul		16/168	38/181	
Santa Catarina		23/213	13/159	

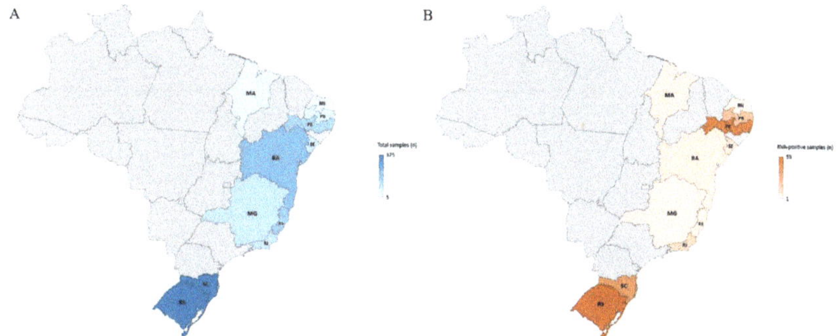

Figure 2. Map of Brazil highlighting the eleven states with sentinel surveillance service attended by the Rotavirus Regional Reference Laboratory, IOC, FIOCRUZ. Number of tested samples (**A**) and number of RVA-positive samples (**B**).

Most of stool samples received were from children less than five years old, representing 72.1% (1108/1536) of the AGE cases. RVA detection rate was significantly higher among children aged between 24 and 60 months (18.8%) compared to the other age groups, where detection rates varied from 9.3% to 12.1% (Table 2). We also analyzed RVA viral load (GC/g of stool) among different age groups. The median values of RVA viral loads varied from 4.2 to 6.8 $\log_{10}$ GC/g among the different age groups. RVA-positive samples showed viral load values statistically lower in AGE cases among children ≤6 months compared to older patients ($p < 0.05$) (Figure 3).

Table 2. Number of tested and rotavirus-positive fecal samples through laboratory-based surveillance by age group in Brazil during 2018–2019.

Age Group (Months)	No. of Fecal Samples: Positive/Tested (%)			*p*-Value * (Chi-Square Test)
	2018	2019	Total	
0–6	16/122 (13.1)	9/101 (8.9)	25/223 (11.2)	0.0153
>6–12	10/133 (7.5)	14/116 (12)	24/249 (9.6)	0.0021
>12–24	17/203 (8.3)	18/173 (10.4)	35/376 (9.3)	0.0003
>24–60	26/141 (18.4)	23/119 (19.3)	49/260 (18.8)	-
>60	16/202 (7.9)	36/227 (15.8)	52/428 (12.1)	0.0109

* *p*-values were calculated between the age group of >24–60 and each other. All other combinations were not statistically different.

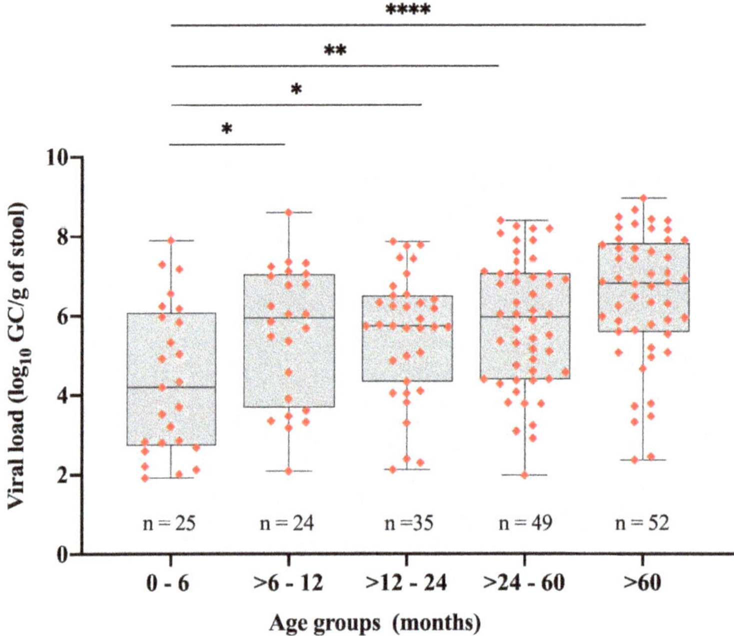

Figure 3. Rotavirus A (RVA) viral load expressed as $\log_{10}$ genome copies per gram of stool ($\log_{10}$ GC/g) among different age groups in Brazil, 2018–2019. Box-and-whisker plots show the first and third quartiles (equivalent to the 5th and 95th percentiles), the median (the horizontal line in the box), and range of $\log_{10}$ GC/g values. * $p \leq 0.05$; ** $p \leq 0.01$; **** $p \leq 0.0001$.

3.2. RVA Genotyping

A total of 186 RVA-positive samples were subjected to G and P genotyping by one-step multiplex RT-PCR. From these, 167 samples (89%) were successfully genotyped; 80 from 2018 and 87 from 2019. We characterized seven different RVA genotypes circulating during this study: G3P[8], G3P[6], G9P[8], G1P[8], G2P[6], G12P[6], and G6P[8]. G3P[8] was detected year-round and was by far, the most prevalent genotype, accounting for 83.8% (n = 67) of genotyped samples in 2018 and 65.5% (n = 57) in 2019 (Figure 4). Two other usual RVA genotypes were detected, but in lower prevalence—G1P[8] detected in one sample in 2018 and 2019, and G9P[8] detected in two and eight samples from 2018 and 2019, respectively. We also detected unusual G/P combinations, especially in 2019, as follows: G3P[6] in 6.3% of samples from 2018; G6P[8], G12P[6], and G2P[6] in 13.8%, 4.6% and 1.2% of samples from 2019 (Figure 4). G or P non-typed (NT) samples (GNTP8, GNTP6, and G3P[NT]) accounted for 5.4% of samples, and were represented mostly by samples with low RVA viral load (high Ct values).

In addition to RT-PCR genotyping, we sequenced some of the RVA-positive samples in order to get detailed information of the circulating strains and their respective lineages. We successfully obtained 22 and 21 consensus sequences of VP7 and VP4 genes, respectively. Phylogenetic analysis of the VP7 gene confirmed the characterization of Brazilian strains belonging to G3 and G6. Eighteen G3 strains from both years and from the three Brazilian regions were sequenced. From these, 94.4% (n = 17) of sequences clustered within the lineage 1, represented by equine-like G3P[8] strains. Our sequences were genetically related to previously detected equine-like G3P[8] strains from Brazil (KX469400) and other countries, such as Germany (KY000546), Slovakia (MN203563), Dominican Republic (MG652313), and Japan (LC47366). One G3 sequence clustered within lineage 3 that comprises the Wa-like G3P[8] group. The Brazilian Wa-like G3 sequence was closely related to strains from Brazil (KJ454454), Argentina (KJ583190 and KJ583201) and Hungary (JQ693568), with nt similarity varying from 98.4

to 99.8% (Figure 5A). The four G6 strains sequenced in our study, harboring a P[8]-type, clustered within lineage 1 showing moderate nt identity (97.8–98.1%) with G6P[8] strains detected in Bulgaria (KM590371 and KM590373) and with G6P[9] strains from Germany (KX880436) and Italy (KC152917). None of our G6 sequences clustered within the G6 lineage 3, that comprises human-bovine reassortant strains (Figure 5A).

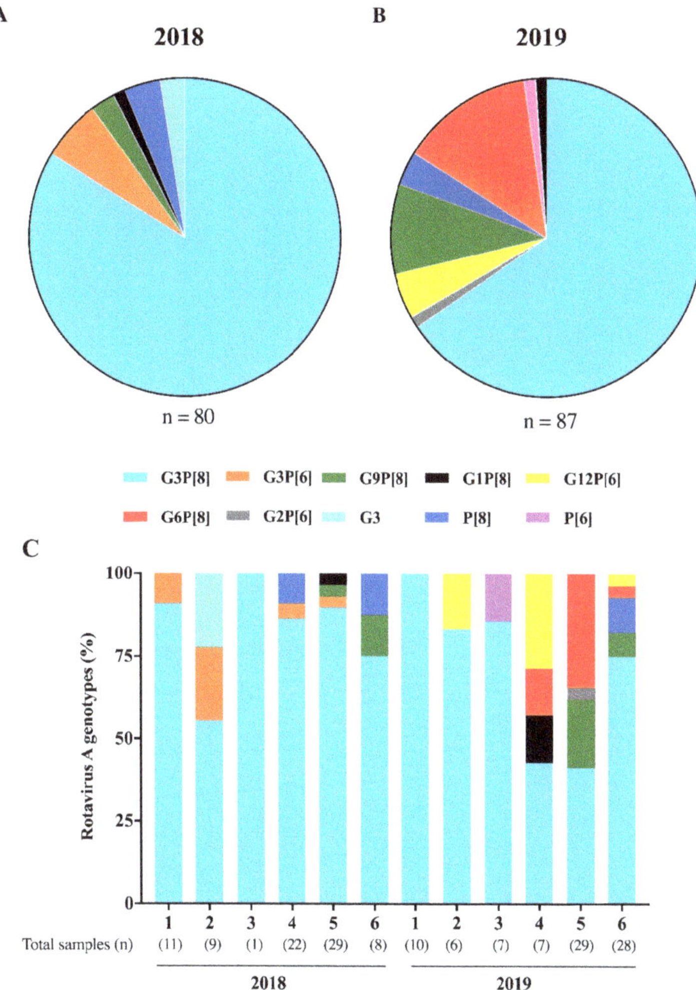

Figure 4. Rotavirus A (RVA) genotypes distribution in Brazil, 2018 (**A**) and 2019 (**B**). Bi-monthly genotypes circulation during the two-year of study (**C**).

Phylogenetic analysis of 21 sequences of VP4 gene, demonstrated that, except for one, all P[8] Brazilian strains harboring two different G-types (G3 and G6) grouped into lineage 3. The 20 strains were closely related (99.2–99.6% of nt similarity) to P[8]-3 Brazilian strains isolated in 2016 (KX469415 and MH569765) and strains from other countries, such as USA (MF997038), Japan (LC477395), Spain (KU550282), Australia (KU059769), and Italy (MK158257). One strain was characterized into P[6] lineage 1, and was closely related (99.5–99.7% of nt similarity) to strains detected in Argentina (KJ583199), Iraq (JX891397), and China (MG78835) (Figure 5B).

130

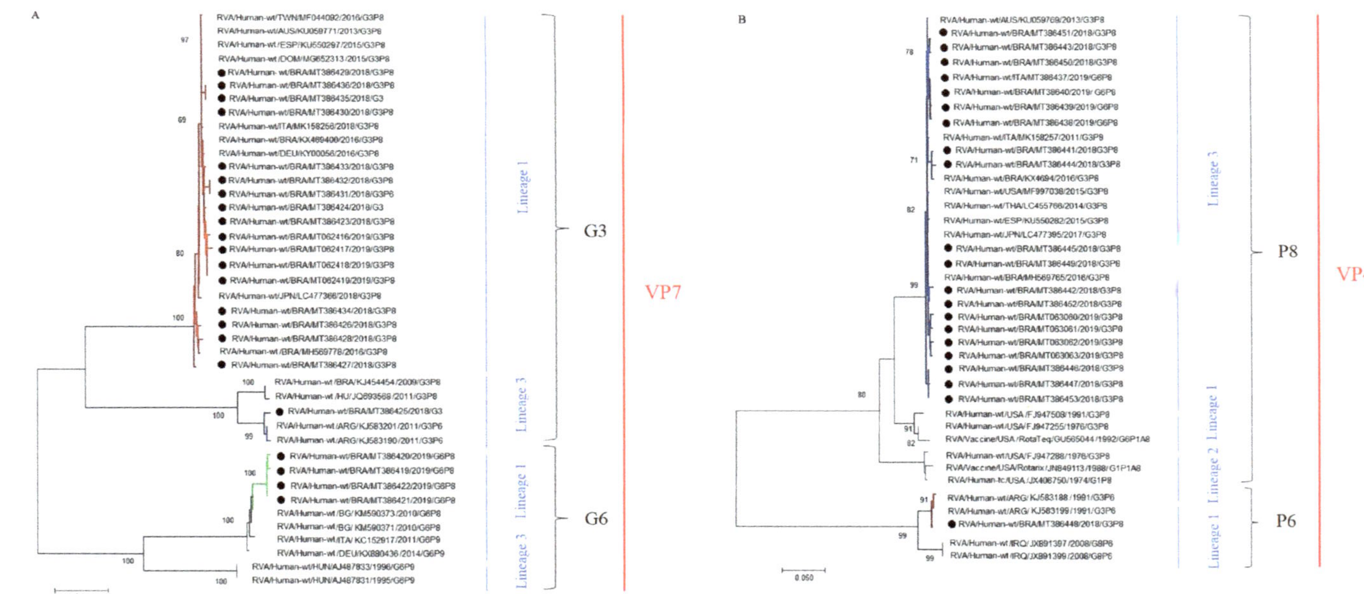

Figure 5. Phylogenetic analyses based on VP7 and VP4 nucleotide (nt) sequences of circulating Brazilian rotavirus strains. Strains obtained in this study are marked with a black filled circle and names contain the register number, state, and collection date (M/Y). Reference strains were downloaded from GenBank and labeled with their accession number followed by country, register number, year, and genotype. Neighbor-joining phylogenetic trees of VP4 (**A**) and VP7 (**B**) were constructed with MEGA X software and bootstrap tests (2000 replicates) based on the Kimura two-parameter model. Bootstrap values above 70% are given at branch nodes.

4. Discussion

In this study, we provide laboratory-based RVA national surveillance in eleven states from three regions in Brazil, during 2018–2019. We tested 1536 AGE stool samples and found an overall RVA-positivity of 12%. RVA detection rates were higher during winter/spring months and among children aged 24–60 months. By far, G3P[8] was the most frequently detected genotype, and showed a year-round circulation.

Despite the development of vaccines, RVA are still a major cause of severe AGE in infants worldwide [5]. Here, we detected RVA in 10.5% and 13.7% of samples from 2018 and 2019, respectively. In Brazil, after Rotarix™ implementation, different studies have investigated RVA circulation among AGE cases. A study from the Enteric Diseases Laboratory at Adolfo Lutz Institute, one of the three Brazilian Reference Laboratory for RVA surveillance, reported annual RVA prevalence varying from 9.9% to 25.3% during 2013–2017, with AGE samples from five states in the Midwestern and part of the Southeastern and Southern regions [24]. A previous study from our group demonstrated an overall RVA positivity of 20.8% among children up to 12 years old between 2006 and 2017, with annual detection rates varying between 5% to 35% [20]. Studies conducted at Evandro Chagas Institute, the national and regional reference center for RVA surveillance in Northern Brazil, demonstrated RVA positivity rates of 33% in samples from six states from North Brazil, 2011–2012 [23], and 24.2% in samples collected between June 2012 and June 2015 [36]. However, it is worth mentioning that both studies involved children hospitalized for severe AGE. In Argentina, RVA positivity decreased from 26.8% to 13.6% comparing the pre- and post-vaccination periods [37]. Other studies performed elsewhere have described RVA detection rates varying from 8.4% to 23.2% [38–42].

RVA seasonality has been well defined, especially for temperate climate countries, where RVA peaks during dry and cold months. In tropical areas, RVA circulates year-round without marked peaks of infections [43,44]. In Brazil, we observed a year-round RVA circulation without marked seasonality, but high detections rates of RVA was observed during winter/spring months, in agreement with other studies [42,45]. RVA highest detection rate was observed in September 2019 (36.7%) in line with findings observed over a 21-year period in Brazil [20], and also with Luchs et al. [46] that demonstrated the peak of RV incidence in September during a five-year RVA surveillance study (2007–2012) in Brazil. As a continental-size country, we analyzed separately, RVA circulation in Southern states in comparison with Southeastern and Northeastern states (Figure 1B,C). We observed more clear peaks of RVA infections in winter/spring months (June 21st to December 20th) in Southern states (Rio Grande do Sul—RS, and Santa Catarina—SC) compared to Southeastern and Northeastern Brazil. This could be explained as both RS and SC states are in a subtropical area, characterized by different climate pattern compared to the other states. A three-year study conducted in Vietnam to access RVA epidemiology in AGE cases also demonstrated varied seasonally positivity, with different RVA-detection peaks among the three regions analyzed—North, Central, and South [47]. The fact that RVA usually peaks in September in Brazil, observed here and by others [20,46], is an important information to authorities to prepare strategies to reduce AGE impacts in the health system.

Regarding RVA infections among different age groups, we observed a significantly high positivity rate among children aged >24 and 60 months compared to other age groups. This shifting in the age of children more affected by RVA illness (older children) has been observed, especially in countries that have introduced RVA mass vaccination. Our data are consistent with previous findings reported from Brazil [20] and the USA [48,49]. In contrast, countries where RVA vaccines are yet to be introduced into national immunization programs, have reported the majority of RVA positive children (~90%) within the first 2 years of life [44,47]. By analyzing RVA shedding among the age groups, we found a statistically lower viral load among children less than six months (Figure 3). We believe that this lower viral load could be mostly explained by the passive protection mediated by breast milk maternal antibodies [50], but also by the higher effectiveness and prompt immune response generated by Rotarix™ after the oral doses administered at the age of 2 and 4 months [17]. However, this second hypothesis alone could not explain the high viral load among children aged >6 and 12 months. In addition, high Ct values could indicate less severe disease [51]. In that study, authors demonstrated that the severity of diarrhea, determined by the Vesikari score, was significantly and negatively associated with Ct values of children stool samples.

Regarding RVA genotype characterization, we successfully identified G- and P-types in 89% of positive samples, by one-step multiplex RT-PCR and sequencing. By far, G3P[8] was the most prevalent genotype in both years. The phylogenetic analysis of the VP7 gene revealed that the majority of the Brazilian strains sequenced (94%) belong to the equine-like G3 genotype (G3-1). Moreover, all the P[8] strains sequenced clustered within the P[8]-3 lineage. This P[8]-3, harboring a G12-type, was the dominant strain in Brazil in 2014, detected in 75% of genotyped samples [52].

Emergent equine-like DS-1-like G3P[8] RVA strains were firstly identified in children with AGE in Australia in 2013 [53]. From 2013 onwards, the equine-like G3P[8] DS-1-like genotype has spread and become endemic worldwide [54–60]. In Brazil, the first evidence of the circulation of equine-like G3P[8] date from 2015, when Luchs et al. [24] detected the reassortant RVA strain in a touristic city of Southern Brazil, Foz do Iguaçu, that borders Argentina and Paraguay. Subsequently, these novel viruses quickly spread to other states in Brazil, being the most prevalent genotype in 2017 (66.2%). The occurrence of DS-1-like G3P[8] RVA strains was also reported in Amazon region, Northern Brazil in 2016 [60]. In the previous study from our group, we demonstrated the increase of G3P[8] from 2015, peaking in the last year of the study—2017. However, it was not investigated whether they belonged to the DS-1-like RVA group [20]. More recently, countries such as Australia, Italy and Pakistan, have demonstrated the high prevalence of the emergent equine-like G3P[8] genotype [42,45,61].

Atypical genotypes G3P[6], G6P[8], G2P[6], and G12P[6] were also detected as minor genotypes in our study. The phylogenetic analysis of the VP7 gene demonstrated that Brazilian G6-1 strains were closely related to strains circulating in Bulgaria and Italy [62,63]. The genotype G12P[6] characterized in our study has been frequently detected in Nepal, with detection rates of 46.4% in 2013 and 36% in 2014, among AGE cases in children less than five years of age [64,65]. Unexpectedly, we did not detected the former dominant G2P[4] genotype. In Brazil, after Rotarix™ implementation in March 2006, this genotype has been the most frequently detected until 2015 [66], however, the recently low prevalence of G2P[4] viruses could be explained a cyclical pattern of circulation along with the herd induced homotypic immunity and depletion of the susceptible population [20].

A major strength of our study is that we included data from eleven states, representing around 100 million inhabitants (almost half of Brazilian population). Albeit, this could be considered as a major limitation as well, since the variability in reporting and collecting AGE cases by states generates surveillance biases. Another limitation is that important RVA genes, such as VP6 and NSP4, were not characterized. Nevertheless, future studies approaching a more complete genetic characterization of G3P[8] strains, as well as unusual genotypes detected here (G3P[6] and G12P[6]) will be performed, in order to monitor RVA genotypes spread and evolution over time.

In conclusion, we found a 12% of RVA-positivity in AGE cases from Brazil, and according to global trends, the equine-like G3P[8] was the dominant genotype in 2018 and 2019. The constant shifting of RVA genotypes circulation and the potential emergence of unusual/reassortant strains reinforces the importance and the need for continuous country-based epidemiological and molecular surveillance programs.

Author Contributions: Conceptualization, M.B.G., M.P.M., J.P.G.L., and T.M.F.; methodology, M.B.G., A.M.F., A.G.M., F.C.M., J.d.S.R.d.A., R.M.S.d.A., and S.d.S.e.M.; formal analysis, M.B.G. and T.M.F.; investigation, M.B.G., F.C.M., J.d.S.R.d.A., R.M.S.d.A., and T.M.F.; writing—original draft preparation, M.B.G. and T.M.F.; writing—review and editing, T.M.F., M.P.M., J.P.G.L., A.M.F., A.G.M., F.C.M., J.d.S.R.d.A., R.M.S.d.A., and S.d.S.e.M.; supervision, T.M.F.; project administration, T.M.F.; M.P.M., and J.P.G.L.; funding acquisition, T.M.F. and J.P.G.L. All authors have read and agreed to the published version of the manuscript.

Funding: This work was supported by The Brazilian National Council for Scientific and Technological Development (CNPq) (Programa Universal grant no. 424376/2016-4) and (Programa Estratégico de Apoio à Pesquisa em Saúde—PAPES VII grant no. 401795/2015-2—FIOCRUZ/CNPq), Carlos Chagas Filho Foundation for Research Support of the State of Rio de Janeiro (FAPERJ) (grant no. 202.796/2019—Jovem Cientista do Nosso Estado, TMF; grant no. 202.779/2018—Cientista do Nosso Estado, JPGL) and PAEF-2—Oswaldo Cruz Institute. Further support was given by CGLab. We are grateful for support from the Coordination for the Improvement of Higher Education Personnel (CAPES—PrInt-Fiocruz-CAPES program).

Acknowledgments: We would like to thank the Rotavirus Surveillance System, coordinated by the Coordenação Geral de Laboratórios de Saúde Pública (CGLab), Brazilian Ministry of Health, and the State Central Laboratories involved in the study.

Conflicts of Interest: The authors declare no conflict of interest.

References

1. WHO | Levels and Trends in Child Mortality Report 2019. Available online: https://www.who.int/maternal_child_adolescent/documents/levels_trends_child_mortality_2019/en/ (accessed on 2 May 2020).
2. Liu, L.; Qian, Y.; Zhang, Y.; Zhao, L.; Jia, L.; Dong, H. Epidemiological aspects of rotavirus and adenovirus in hospitalized children with diarrhea: A 5-year survey in Beijing. *BMC Infect. Dis.* **2016**, *16*, 508. [CrossRef] [PubMed]
3. Bányai, K.; Estes, M.K.; Martella, V.; Parashar, U.D. Viral gastroenteritis. *Lancet* **2018**, *392*, 175–186. [CrossRef]
4. Troeger, C.; Khalil, I.A.; Rao, P.C.; Cao, S.; Blacker, B.F.; Ahmed, T.; Armah, G.; Bines, J.E.; Brewer, T.G.; Colombara, D.V.; et al. Rotavirus Vaccination and the Global Burden of Rotavirus Diarrhea Among Children Younger Than 5 Years. *JAMA Pediatr.* **2018**, *172*, 958–965. [CrossRef]
5. Tate, J.E.; Burton, A.H.; Boschi-Pinto, C.; Parashar, U.D.; World Health Organization–Coordinated Global Rotavirus Surveillance Network. Global, Regional, and National Estimates of Rotavirus Mortality in Children <5 Years of Age, 2000–2013. *Clin. Infect. Dis* **2016**, *62*, S96–S105. [CrossRef]
6. Burnett, E.; Parashar, U.D.; Tate, J.E. Global impact of rotavirus vaccination on diarrhea hospitalizations and deaths among children <5 years old: 2006–2019. *J. Infect. Dis.* **2020**. [CrossRef]
7. Aliabadi, N.; Antoni, S.; Mwenda, J.M.; Weldegebriel, G.; Biey, J.N.M.; Cheikh, D.; Fahmy, K.; Teleb, N.; Ashmony, H.A.; Ahmed, H.; et al. Global impact of rotavirus vaccine introduction on rotavirus hospitalisations among children under 5 years of age, 2008–2016: Findings from the Global Rotavirus Surveillance Network. *Lancet Glob. Health* **2019**, *7*, e893–e903. [CrossRef]
8. Burke, R.M.; Tate, J.E.; Kirkwood, C.D.; Steele, A.D.; Parashar, U.D. Current and new rotavirus vaccines. *Curr. Opin. Infect. Dis.* **2019**, *32*, 435–444. [CrossRef] [PubMed]
9. Matthijnssens, J.; Van Ranst, M. Genotype constellation and evolution of group A rotaviruses infecting humans. *Curr. Opin. Virol.* **2012**, *2*, 426–433. [CrossRef]
10. Dóró, R.; Farkas, S.L.; Martella, V.; Bányai, K. Zoonotic transmission of rotavirus: Surveillance and control. *Expert Rev. Anti. Infect. Ther.* **2015**, *13*, 1337–1350. [CrossRef] [PubMed]
11. Matthijnssens, J.; Ciarlet, M.; Heiman, E.; Arijs, I.; Delbeke, T.; McDonald, S.M.; Palombo, E.A.; Iturriza-Gómara, M.; Maes, P.; Patton, J.T.; et al. Full genome-based classification of rotaviruses reveals a common origin between human Wa-Like and porcine rotavirus strains and human DS-1-like and bovine rotavirus strains. *J. Virol.* **2008**, *82*, 3204–3219. [CrossRef]
12. Rotavirus Classification Working Group: RCWG. Available online: https://rega.kuleuven.be/cev/viralmetagenomics/virus-classification/rcwg (accessed on 10 May 2020).
13. Dóró, R.; László, B.; Martella, V.; Leshem, E.; Gentsch, J.; Parashar, U.; Bányai, K. Review of global rotavirus strain prevalence data from six years post vaccine licensure surveillance: Is there evidence of strain selection from vaccine pressure? *Infect. Genet. Evol.* **2014**, *28*, 446–461. [CrossRef]
14. Bányai, K.; László, B.; Duque, J.; Steele, A.D.; Nelson, E.A.S.; Gentsch, J.R.; Parashar, U.D. Systematic review of regional and temporal trends in global rotavirus strain diversity in the pre rotavirus vaccine era: Insights for understanding the impact of rotavirus vaccination programs. *Vaccine* **2012**, *30*, A122–A130. [CrossRef] [PubMed]

15. Iturriza-Gómara, M.; Dallman, T.; Bányai, K.; Böttiger, B.; Buesa, J.; Diedrich, S.; Fiore, L.; Johansen, K.; Koopmans, M.; Korsun, N.; et al. Rotavirus genotypes co-circulating in Europe between 2006 and 2009 as determined by EuroRotaNet, a pan-European collaborative strain surveillance network. *Epidemiol. Infect.* **2011**, *139*, 895–909. [CrossRef] [PubMed]

16. de A. Mendes, P.S.; da C. Ribeiro, H.; Mendes, C.M.C. Temporal trends of overall mortality and hospital morbidity due to diarrheal disease in Brazilian children younger than 5 years from 2000 to 2010. *J. Pediatr. (Rio J.)* **2013**, *89*, 315–325. [CrossRef] [PubMed]

17. Gurgel, R.Q.; Alvarez, A.D.J.; Rodrigues, A.; Ribeiro, R.R.; Dolabella, S.S.; Da Mota, N.L.; Santos, V.S.; Iturriza-Gomara, M.; Cunliffe, N.A.; Cuevas, L.E. Incidence of Rotavirus and Circulating Genotypes in Northeast Brazil during 7 Years of National Rotavirus Vaccination. *PLoS ONE* **2014**, *9*. [CrossRef]

18. Gurgel, R.G.; Bohland, A.K.; Vieira, S.C.F.; Oliveira, D.M.P.; Fontes, P.B.; Barros, V.F.; Ramos, M.F.; Dove, W.; Nakagomi, T.; Nakagomi, O.; et al. Incidence of rotavirus and all-cause diarrhea in northeast Brazil following the introduction of a national vaccination program. *Gastroenterology* **2009**, *137*, 1970–1975. [CrossRef] [PubMed]

19. Linhares, A.C.; Velázquez, F.R.; Pérez-Schael, I.; Sáez-Llorens, X.; Abate, H.; Espinoza, F.; López, P.; Macías-Parra, M.; Ortega-Barría, E.; Rivera-Medina, D.M.; et al. Efficacy and safety of an oral live attenuated human rotavirus vaccine against rotavirus gastroenteritis during the first 2 years of life in Latin American infants: A randomised, double-blind, placebo-controlled phase III study. *Lancet* **2008**, *371*, 1181–1189. [CrossRef]

20. Carvalho-Costa, F.A.; de Assis, R.M.S.; Fialho, A.M.; Araújo, I.T.; Silva, M.F.; Gómez, M.M.; Andrade, J.S.; Rose, T.L.; Fumian, T.M.; Volotão, E.M.; et al. The evolving epidemiology of rotavirus A infection in Brazil a decade after the introduction of universal vaccination with Rotarix®. *BMC Pediatr.* **2019**, *19*, 42. [CrossRef]

21. Carvalho-Costa, F.A.; de M. Volotão, E.; de Assis, R.M.S.; Fialho, A.M.; da S.R. de Andrade, J.; Rocha, L.N.; Tort, L.F.L.; da Silva, M.F.M.; Gómez, M.M.; de Souza, P.M.; et al. Laboratory-based rotavirus surveillance during the introduction of a vaccination program, Brazil, 2005–2009. *Pediatr. Infect. Dis. J.* **2011**, *30*, S35–S41. [CrossRef]

22. Luchs, A.; do C.S.T. Timenetsky, M. Group A rotavirus gastroenteritis: Post-vaccine era, genotypes and zoonotic transmission. *Einstein (Sao Paulo)* **2016**, *14*, 278–287. [CrossRef] [PubMed]

23. da Silva Soares, L.; de Fátima Dos Santos Guerra, S.; do Socorro Lima de Oliveira, A.; da Silva Dos Santos, F.; de Fátima Costa de Menezes, E.M.; Mascarenhas, J.; d'Arc, P.; Linhares, A.C. Diversity of rotavirus strains circulating in Northern Brazil after introduction of a rotavirus vaccine: High prevalence of G3P[6] genotype. *J. Med. Virol.* **2014**, *86*, 1065–1072. [CrossRef]

24. Luchs, A.; da Costa, A.C.; Cilli, A.; Komninakis, S.C.V.; de C.C. Carmona, R.; Boen, L.; Morillo, S.G.; Sabino, E.C.; do C.S.T. Timenetsky, M. Spread of the emerging equine-like G3P[8] DS-1-like genetic backbone rotavirus strain in Brazil and identification of potential genetic variants. *J. Gen. Virol.* **2019**, *100*, 7–25. [CrossRef] [PubMed]

25. Jing, Z.; Zhang, X.; Shi, H.; Chen, J.; Shi, D.; Dong, H.; Feng, L. A G3P[13] porcine group A rotavirus emerging in China is a reassortant and a natural recombinant in the VP4 gene. *Transbound. Emerg. Dis.* **2018**, *65*, e317–e328. [CrossRef] [PubMed]

26. Komoto, S.; Tacharoenmuang, R.; Guntapong, R.; Ide, T.; Sinchai, P.; Upachai, S.; Fukuda, S.; Yoshikawa, T.; Tharmaphornpilas, P.; Sangkitporn, S.; et al. Identification and characterization of a human G9P[23] rotavirus strain from a child with diarrhoea in Thailand: Evidence for porcine-to-human interspecies transmission. *J. Gen. Virol.* **2017**, *98*, 532–538. [CrossRef] [PubMed]

27. Quaye, O.; Roy, S.; Rungsrisuriyachai, K.; Esona, M.D.; Xu, Z.; Tam, K.I.; Banegas, D.J.C.; Rey-Benito, G.; Bowen, M.D. Characterisation of a rare, reassortant human G10P[14] rotavirus strain detected in Honduras. *Mem. Inst. Oswaldo Cruz* **2018**, *113*, 9–16. [CrossRef]

28. Tacharoenmuang, R.; Komoto, S.; Guntapong, R.; Ide, T.; Singchai, P.; Upachai, S.; Fukuda, S.; Yoshida, Y.; Murata, T.; Yoshikawa, T.; et al. Characterization of a G10P[14] rotavirus strain from a diarrheic child in Thailand: Evidence for bovine-to-human zoonotic transmission. *Infect. Genet. Evol.* **2018**, *63*, 43–57. [CrossRef]

29. Gentsch, J.R.; Parashar, U.D.; Glass, R.I. Impact of rotavirus vaccination: The importance of monitoring strains. *Future Microbiol.* **2009**, *4*, 1231–1234. [CrossRef]

30. Matthijnssens, J.; Bilcke, J.; Ciarlet, M.; Martella, V.; Bányai, K.; Rahman, M.; Zeller, M.; Beutels, P.; Van Damme, P.; Van Ranst, M. Rotavirus disease and vaccination: Impact on genotype diversity. *Future Microbiol.* **2009**, *4*, 1303–1316. [CrossRef]

31. Roczo-Farkas, S.; Kirkwood, C.D.; Cowley, D.; Barnes, G.L.; Bishop, R.F.; Bogdanovic-Sakran, N.; Boniface, K.; Donato, C.M.; Bines, J.E. The Impact of Rotavirus Vaccines on Genotype Diversity: A Comprehensive Analysis of 2 Decades of Australian Surveillance Data. *J. Infect. Dis.* **2018**, *218*, 546–554. [CrossRef]

32. Esona, M.D.; Gautam, R.; Tam, K.I.; Williams, A.; Mijatovic-Rustempasic, S.; Bowen, M.D. Multiplexed one-step RT-PCR VP7 and VP4 genotyping assays for rotaviruses using updated primers. *J. Virol. Methods* **2015**, *223*, 96–104. [CrossRef]

33. Gómara, M.I.; Cubitt, D.; Desselberger, U.; Gray, J. Amino acid substitution within the VP7 protein of G2 rotavirus strains associated with failure to serotype. *J. Clin. Microbiol.* **2001**, *39*, 3796–3798. [CrossRef] [PubMed]

34. Gentsch, J.R.; Glass, R.I.; Woods, P.; Gouvea, V.; Gorziglia, M.; Flores, J.; Das, B.K.; Bhan, M.K. Identification of group A rotavirus gene 4 types by polymerase chain reaction. *J. Clin. Microbiol.* **1992**, *30*, 1365–1373. [CrossRef] [PubMed]

35. Kumar, S.; Stecher, G.; Li, M.; Knyaz, C.; Tamura, K. MEGA X: Molecular Evolutionary Genetics Analysis across Computing Platforms. *Mol. Biol. Evol.* **2018**, *35*, 1547–1549. [CrossRef] [PubMed]

36. Justino, M.C.A.; Campos, E.A.; Mascarenhas, J.D.P.; Soares, L.S.; de F.S. Guerra, S.; Furlaneto, I.P.; Pavão, M.J.C.; Maciel, T.S.; Farias, F.P.; Bezerra, O.M.; et al. Rotavirus antigenemia as a common event among children hospitalised for severe, acute gastroenteritis in Belém, northern Brazil. *BMC Pediatr.* **2019**, *19*, 193. [CrossRef] [PubMed]

37. Degiuseppe, J.I.; Stupka, J.A. First assessment of all-cause acute diarrhoea and rotavirus-confirmed cases following massive vaccination in Argentina. *Epidemiol. Infect.* **2018**, *146*, 1948–1954. [CrossRef]

38. Junaid, S.A.; Umeh, C.; Olabode, A.O.; Banda, J.M. Incidence of rotavirus infection in children with gastroenteritis attending Jos university teaching hospital, Nigeria. *Virol. J.* **2011**, *8*, 233. [CrossRef]

39. Nordgren, J.; Bonkoungou, I.J.O.; Nitiema, L.W.; Sharma, S.; Ouermi, D.; Simpore, J.; Barro, N.; Svensson, L. Rotavirus in diarrheal children in rural Burkina Faso: High prevalence of genotype G6P[6]. *Infect. Genet. Evol.* **2012**, *12*, 1892–1898. [CrossRef]

40. Umair, M.; Abbasi, B.H.; Sharif, S.; Alam, M.M.; Rana, M.S.; Mujtaba, G.; Arshad, Y.; Fatmi, M.Q.; Zaidi, S.Z. High prevalence of G3 rotavirus in hospitalized children in Rawalpindi, Pakistan during 2014. *PLoS ONE* **2018**, *13*, e0195947. [CrossRef]

41. Halasa, N.; Piya, B.; Stewart, L.S.; Rahman, H.; Payne, D.C.; Woron, A.; Thomas, L.; Constantine-Renna, L.; Garman, K.; McHenry, R.; et al. The Changing Landscape of Pediatric Viral Enteropathogens in the Post-Rotavirus Vaccine Era. *Clin. Infect. Dis.* **2020**. [CrossRef]

42. Rovida, F.; Nepita, E.V.; Giardina, F.; Piralla, A.; Campanini, G.; Baldanti, F. Rotavirus molecular epidemiology in hospitalized patients, Northern Italy, 2015–2018. *New Microbiol.* **2020**, *43*, 1–5.

43. Levy, K.; Hubbard, A.E.; Eisenberg, J.N.S. Seasonality of rotavirus disease in the tropics: A systematic review and meta-analysis. *Int. J. Epidemiol.* **2009**, *38*, 1487–1496. [CrossRef] [PubMed]

44. Samdan, A.; Ganbold, S.; Guntev, O.; Orosoo, S.; Javzandorj, N.; Gongor, A.; Enkhtuvshin, A.; Demberelsuren, S.; Abdul, W.; Jee, Y.; et al. Hospital-based surveillance for rotavirus diarrhea in Ulaanbaatar, Mongolia, April 2009 through March 2016. *Vaccine* **2018**, *36*, 7883–7887. [CrossRef] [PubMed]

45. Sadiq, A.; Bostan, N.; Bokhari, H.; Matthijnssens, J.; Yinda, K.C.; Raza, S.; Nawaz, T. Molecular characterization of human group A rotavirus genotypes circulating in Rawalpindi, Islamabad, Pakistan during 2015-2016. *PLoS ONE* **2019**, *14*. [CrossRef]

46. Luchs, A.; Cilli, A.; Morillo, S.G.; de C.C. Carmona, R.; do C.S.T. Timenetsky, M. ROTAVIRUS GENOTYPES CIRCULATING IN BRAZIL, 2007-2012: IMPLICATIONS FOR THE VACCINE PROGRAM. *Rev. Inst. Med. Trop. Sao Paulo* **2015**, *57*, 305–313. [CrossRef]

47. Huyen, D.T.T.; Hong, D.T.; Trung, N.T.; Hoa, T.T.N.; Oanh, N.K.; Thang, H.V.; Thao, N.T.T.; Hung, D.M.; Iijima, M.; Fox, K.; et al. Epidemiology of acute diarrhea caused by rotavirus in sentinel surveillance sites of Vietnam, 2012–2015. *Vaccine* **2018**, *36*, 7894–7900. [CrossRef]

48. Hull, J.J.; Teel, E.N.; Kerin, T.K.; Freeman, M.M.; Esona, M.D.; Gentsch, J.R.; Cortese, M.M.; Parashar, U.D.; Glass, R.I.; Bowen, M.D.; et al. United States rotavirus strain surveillance from 2005 to 2008: Genotype prevalence before and after vaccine introduction. *Pediatr. Infect. Dis. J.* **2011**, *30*, S42–S47. [CrossRef]

49. Desai, R.; Parashar, U.D.; Lopman, B.; de Oliveira, L.H.; Clark, A.D.; Sanderson, C.F.B.; Tate, J.E.; Matus, C.R.; Andrus, J.K.; Patel, M.M. Potential intussusception risk versus health benefits from rotavirus vaccination in Latin America. *Clin. Infect. Dis.* **2012**, *54*, 1397–1405. [CrossRef]

50. Clarke, E.; Desselberger, U. Correlates of protection against human rotavirus disease and the factors influencing protection in low-income settings. *Mucosal. Immunol.* **2015**, *8*, 1–17. [CrossRef]

51. Kang, G.; Iturriza-Gomara, M.; Wheeler, J.G.; Crystal, P.; Monica, B.; Ramani, S.; Primrose, B.; Moses, P.D.; Gallimore, C.I.; Brown, D.W.; et al. Quantitation of Group A Rotavirus by Real-Time Reverse-Transcription-Polymerase Chain Reaction. *J. Med. Virol.* **2004**, *73*, 118–122. [CrossRef]

52. da Silva, M.F.M.; Fumian, T.M.; de Assis, R.M.S.; Fialho, A.M.; Carvalho-Costa, F.A.; da Silva Ribeiro de Andrade, J.; Leite, J.P.G. VP7 and VP8* genetic characterization of group A rotavirus genotype G12P[8]: Emergence and spreading in the Eastern Brazilian coast in 2014. *J. Med. Virol.* **2017**, *89*, 64–70. [CrossRef]

53. Kirkwood, C.D.; Roczo-Farkas, S.; Australian Rotavirus Surveillance Group. Australian Rotavirus Surveillance Program annual report, 2013. *Commun. Dis. Intell. Q Rep.* **2014**, *38*, E334–E342.

54. Arana, A.; Montes, M.; Jere, K.C.; Alkorta, M.; Iturriza-Gómara, M.; Cilla, G. Emergence and spread of G3P[8] rotaviruses possessing an equine-like VP7 and a DS-1-like genetic backbone in the Basque Country (North of Spain), 2015. *Infect. Genet. Evol.* **2016**, *44*, 137–144. [CrossRef] [PubMed]

55. Dóró, R.; Marton, S.; Bartókné, A.H.; Lengyel, G.; Agócs, Z.; Jakab, F.; Bányai, K. Equine-like G3 rotavirus in Hungary, 2015–Is it a novel intergenogroup reassortant pandemic strain? *Acta. Microbiol. Immunol. Hung.* **2016**, *63*, 243–255. [CrossRef]

56. Perkins, C.; Mijatovic-Rustempasic, S.; Ward, M.L.; Cortese, M.M.; Bowen, M.D. Genomic Characterization of the First Equine-Like G3P[8] Rotavirus Strain Detected in the United States. *Genome. Announc.* **2017**, *5*. [CrossRef]

57. Kikuchi, W.; Nakagomi, T.; Gauchan, P.; Agbemabiese, C.A.; Noguchi, A.; Nakagomi, O.; Takahashi, T. Detection in Japan of an equine-like G3P[8] reassortant rotavirus A strain that is highly homologous to European strains across all genome segments. *Arch. Virol.* **2018**, *163*, 791–794. [CrossRef]

58. Komoto, S.; Ide, T.; Negoro, M.; Tanaka, T.; Asada, K.; Umemoto, M.; Kuroki, H.; Ito, H.; Tanaka, S.; Ito, M.; et al. Characterization of unusual DS-1-like G3P[8] rotavirus strains in children with diarrhea in Japan. *J. Med. Virol.* **2018**, *90*, 890–898. [CrossRef]

59. Pietsch, C.; Liebert, U.G. Molecular characterization of different equine-like G3 rotavirus strains from Germany. *Infect. Genet. Evol.* **2018**, *57*, 46–50. [CrossRef] [PubMed]

60. Guerra, S.F.S.; Soares, L.S.; Lobo, P.S.; Penha Júnior, E.T.; Sousa Júnior, E.C.; Bezerra, D.A.M.; Vaz, L.R.; Linhares, A.C.; Mascarenhas, J.D.P. Detection of a novel equine-like G3 rotavirus associated with acute gastroenteritis in Brazil. *J. Gen. Virol.* **2016**, *97*, 3131–3138. [CrossRef]

61. Maguire, J.E.; Glasgow, K.; Glass, K.; Roczo-Farkas, S.; Bines, J.E.; Sheppeard, V.; Macartney, K.; Quinn, H.E. Rotavirus Epidemiology and Monovalent Rotavirus Vaccine Effectiveness in Australia: 2010–2017. *Pediatrics* **2019**, *144*. [CrossRef]

62. Ianiro, G.; Delogu, R.; Camilloni, B.; Lorini, C.; Ruggeri, F.M.; Fiore, L. Detection of unusual G6 rotavirus strains in Italian children with diarrhoea during the 2011 surveillance season. *J. Med. Virol.* **2013**, *85*, 1860–1869. [CrossRef]

63. Mladenova, Z.; Nawaz, S.; Ganesh, B.; Iturriza-Gomara, M. Increased detection of G3P[9] and G6P[9] rotavirus strains in hospitalized children with acute diarrhea in Bulgaria. *Infect. Genet. Evol.* **2015**, *29*, 118–126. [CrossRef]

64. Ansari, S.; Sherchand, J.B.; Rijal, B.P.; Parajuli, K.; Mishra, S.K.; Dahal, R.K.; Shrestha, S.; Tandukar, S.; Chaudhary, R.; Kattel, H.P.; et al. Characterization of rotavirus causing acute diarrhoea in children in Kathmandu, Nepal, showing the dominance of serotype G12. *J. Med. Microbiol.* **2013**, *62*, 114–120. [CrossRef] [PubMed]

65. Dhital, S.; Sherchand, J.B.; Pokhrel, B.M.; Parajuli, K.; Shah, N.; Mishra, S.K.; Sharma, S.; Kattel, H.P.; Khadka, S.; Khatiwada, S.; et al. Molecular epidemiology of Rotavirus causing diarrhea among children less than five years of age visiting national level children hospitals, Nepal. *BMC Pediatr.* **2017**, *17*, 101. [CrossRef] [PubMed]

66. Santos, V.S.; Gurgel, R.Q.; Cavalcante, S.M.M.; Kirby, A.; Café, L.P.; Souto, M.J.; Dolabella, S.S.; de Assis, M.R.; Fumian, T.M.; Miagostovich, M.P.; et al. Acute norovirus gastroenteritis in children in a highly rotavirus-vaccinated population in Northeast Brazil. *J. Clin. Virol.* **2017**, *88*, 33–38. [CrossRef]

Article

Multiple Introductions and Predominance of Rotavirus Group A Genotype G3P[8] in Kilifi, Coastal Kenya, 4 Years after Nationwide Vaccine Introduction

Mike J. Mwanga [1], Jennifer R. Verani [2,3], Richard Omore [4], Jacqueline E. Tate [3], Umesh D. Parashar [3], Nickson Murunga [1], Elijah Gicheru [1], Robert F. Breiman [5], D. James Nokes [1,6] and Charles N. Agoti [1,7,*]

1   Kenya Medical Research Institute (KEMRI)-Wellcome Trust Research Programme, off Hospital Road, Kilifi 80108, Kenya; mikemwanga6@gmail.com (M.J.M.); nmurunga@kemri-wellcome.org (N.M.); egicheru@kemri-wellcome.org (E.G.); jnokes@kemri-wellcome.org (D.J.N.)
2   Centers for Disease Control and Prevention (CDC), KEMRI Complex, off Mbagathi Way, Village Market, Nairobi 00621, Kenya; qzr7@cdc.gov
3   Centers for Disease Control and Prevention (CDC), Atlanta, GA 30333, USA; jqt8@cdc.gov (J.E.T.); uap2@cdc.gov (U.D.P.)
4   KEMRI, Center for Global Health Research (KEMRI-CGHR), Kisumu 00202, Kenya; omorerichard@gmail.com
5   Hubert Department of Global Health, Rollins School of Public Health, Emory University, Atlanta, GA 30322, USA; rfbreiman@emory.edu
6   School of Life Sciences and Zeeman Institute (SBIDER), The University of Warwick, Coventry CV4 7AL, UK
7   School of Health and Human Sciences, Pwani University, Kilifi 80108, Kenya
*   Correspondence: cnyaigoti@kemri-wellcome.org

Received: 20 October 2020; Accepted: 20 November 2020; Published: 24 November 2020

Abstract: Globally, rotavirus group A (RVA) remains a major cause of severe childhood diarrhea, despite the use of vaccines in more than 100 countries. RVA sequencing for local outbreaks facilitates investigation into strain composition, origins, spread, and vaccine failure. In 2018, we collected 248 stool samples from children aged less than 13 years admitted with diarrheal illness to Kilifi County Hospital, coastal Kenya. Antigen screening detected RVA in 55 samples (22.2%). Of these, VP7 (G) and VP4 (P) segments were successfully sequenced in 48 (87.3%) and phylogenetic analysis based on the VP7 sequences identified seven genetic clusters with six different GP combinations: G3P[8], G1P[8], G2P[4], G2P[8], G9P[8] and G12P[8]. The G3P[8] strains predominated the season ($n = 37$, 67.2%) and comprised three distinct G3 genetic clusters that fell within Lineage I and IX (the latter also known as equine-like G3 Lineage). Both the two G3 lineages have been recently detected in several countries. Our study is the first to document African children infected with G3 Lineage IX. These data highlight the global nature of RVA transmission and the importance of increasing global rotavirus vaccine coverage.

Keywords: gastroenteritis; rotavirus; G3[P8]; phylogenetics; equine-like

---

1. Introduction

Following progressive introduction of rotavirus vaccines into national immunization programs (NIP) of more than 100 countries since 2006, a significant decline of rotavirus group A (RVA) disease burden has occurred [1,2]. However, despite these successes, RVA remains a leading cause of diarrhea morbidity and mortality [3,4], resulting in an estimated 128,500 deaths annually among under-5-year-olds, a majority occurring in low-income settings [5]. Consistently, licensed oral RVA vaccines have underperformed in low-income settings compared with high-income settings [6,7]. After monovalent Rotarix® vaccine was introduced into Kenya's NIP in July 2014, with doses given at 6 and 10 weeks of life, a multi-site case-control study found an overall 2-dose vaccine effectiveness of only 64% (95% confidence interval (CI): 35–80%) in under-5-year-olds [8]. In England, the same vaccine showed effectiveness of 77% (95% CI: 66–85%) [9].

In humans, RVA immunity is partly conferred by neutralizing antibodies directed against the VP4 (protease-sensitive) and VP7 (glycoprotein) viral capsid surface proteins that define P and G types, respectively [10]. These two viral proteins are highly diverse, with up to 36 different G and 51 different P types recorded to-date [11], some of which predominantly infect non-human animal species [12]. Among other factors, the higher number of co-circulating GP genotypes in low-income settings has been proposed to be a potential contributor to rotavirus vaccine underperformance [6].

Currently, there are four licensed and WHO pre-qualified RVA vaccines; all live attenuated and administered orally, but with different strain compositions. These are monovalent Rotarix® (G1P[8]), pentavalent RotaTeq® (5 reassortant viruses; G1, G2, G3, G4 and G6 genotypes in combination with P[8]), monovalent ROTAVAC® (G9P[11]) and pentavalent ROTASIIL® (5 reassortant viruses; G1, G2, G3, G4 and G9). All four vaccines were shown to be largely cross-protective against heterotypic strains in both clinical trials and following vaccine implementation in several settings [6,13]. Paradoxically, post-vaccine rollout, outbreaks caused by strains heterotypic to the vaccine in use have been sometimes reported in countries, occurring in patterns seeming to be influenced by the vaccine regimen in use [14–16].

Recent genotyping studies of RVA have found increased proportions of G2P[4], G3P[8] and G12P[8] genotypes in rotavirus vaccinating countries [14,16–18]. These genotypes appeared to play only a minor role in the pre-vaccine era; thus, their increasing prevalence is consistent with increased capacity in escaping vaccine immunity [12,19]. Furthermore, there have been several reports of human infection with equine-like G3 viruses suggestive of greater human vulnerability to antigenically novel RVA strains [20–29]. At the Kenya Medical Research Institute (KEMRI)—Wellcome Trust Research Programme (KWTRP), we have maintained a RVA surveillance at Kilifi County Hospital (KCH), located in rural coastal Kenya since 2009 [30]. The aim of the current analysis was to determine the genetic relatedness of the strains that were in circulation in the 2018 RVA season in Kilifi, their origins, global phylogenetic context, and role in the local sub-optimal vaccine performance.

2. Results

2.1. Study Population Characteristics

Between January and December 2018, 384 children aged less than 13 years were admitted to KCH with diarrhea as one of their illness symptoms. Of these, 208 (54.2%) were Kilifi Health and Demographic surveillance system (KHDSS) area residents (Figure S1). A stool sample was obtained from 248 (64.6%). The main reasons for non-sampling were death ($n = 13$), discharge or transfer before sample collection ($n = 22$), consent refusal ($n = 52$), or other ($n = 16$). Among study eligible children ($n = 384$), the distribution of the sampled and not sampled children differed significantly across age strata ($p = 0.002$) and discharge outcome ($p < 0.001$), Table 1. The distribution of the sampled and not sampled children were similar across sexes and by rotavirus vaccine eligibility status. The majority of the eligible participants were aged less than 2 years (68.2%) and were age eligible to have received one or two doses of rotavirus vaccine (83.6%). By EIA testing, RVA was detected in 55 children (22.2%), Figure 1a, 32 (58.1%) of which were KHDSS area residents. Fifty-one (92.7%) of the RVA positive children were age eligible to have received two doses of the RVA vaccine. Of these, the vaccination status was known for 36 (70.6%), of which 29 (80.6%) were confirmed to have received two doses of Rotarix® vaccine while the remainder (19.4%) received one dose, Table 1.

Table 1. A comparison of demographic characteristics of children with diarrhea admitted to Kilifi County Hospital (KCH) that were sampled versus those who were not sampled in 2018 and those that were RVA positive versus those that were RVA negative.

Characteristic	All (%)	Sampled (%)	Unsampled (%)	p Value [$]	RVA + ve (%)	RVA − ve (%)	p Value [*]
Number of patients	384	248 (64.6)	136 (35.4)		55 (22.2)	193 (77.8)	
Sex				0.728			0.008
Male	210 (54.7)	134 (54.0)	76 (55.9)		21 (38.2)	113 (58.6)	
Female	174 (45.3)	114 (46.0)	60 (44.1)		34 (61.8)	80 (41.5)	
Age							
Mean (SD [¶])	27.4 (29.9)	26.4 (31.8)	29.3 (26.1)	0.352	19.6 (15.0)	28.3 (35.0)	0.073
Median (IQR [δ])	16.8 (9.8–29.3)	15.1(9.4–24.1)	19.9 (12.0–39.0)	0.025	15.4 (9.9–20.8)	15.1(8.9–24.9)	1.000
Age group				0.002			0.254
0–11 months	126 (32.8)	92 (37.1)	34 (25.0)		19 (34.6)	73 (37.8)	
12–23 months	136 (35.4)	92 (37.1)	44 (32.4)		25 (45.5)	67 (34.7)	
24–59 months	73 (19.0)	34 (13.7)	39 (28.7)		8 (14.6)	26 (14.0)	
>60 months	49 (12.8)	30 (12.1)	19 (14.0)		3 (5.5)	27 (14.0)	
RVA vaccine eligibility				0.327			0.063
Age eligible 2 dose	317 (82.6)	204 (82.3)	113 (83.1)		51 (92.7)	153 (79.3)	
Age eligible 1 dose	4 (1.0)	4 (1.6)	0 (0.0)		0 (0.0)	4 (2.1)	
Age ineligible	63 (16.4)	40 (16.1)	23 (16.9)		4 (7.3)	36 (18.7)	
Vaccination status (n = 321)				0.273			0.209
Two dose eligible & received 2 doses	165 (51.4)	111 (53.4)	54 (47.8)		29 (56.9)	82 (52.2)	
Two dose eligible & received 1 dose	24 (7.5)	17 (8.2)	7 (6.2)		7 (13.7)	10 (6.2)	
One or 2 dose eligible but received none	6 (1.8)	2 (1.0)	4 (3.5)		0 (0.0)	2 (1.3)	
One or 2 dose eligible but status unknown	126 (39.3)	78 (37.5)	48 (42.5)		15 (29.4)	63 (40.1)	
Outcome (n = 379)				<0.001			0.194
Died	38 (10.0)	13 (5.3)	25 (18.9)			12 (6.3)	
Alive	341 (90.0)	234 (94.7)	133 (81.1)			180 (93.8)	

[¶] SD stands for standard deviation; [δ] IQR stands for interquartile range; [$] p value for comparison of sampled and not sampled groups; [*] p value for comparison of RVA positive and negative groups.

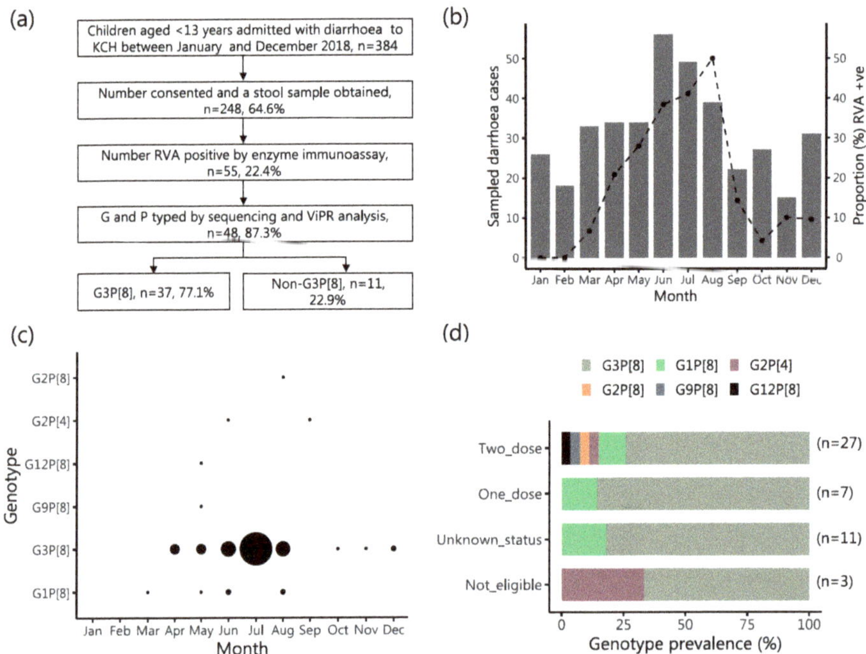

Figure 1. Summary of rotavirus group A (RVA) surveillance in Kilifi County Hospital (KCH) in 2018 and identified genotypes. Panel (**a**) sample flowgram from patient recruitment to VP4 and VP7 genotyping results for the RVA positives. Panel (**b**) monthly cases of diarrhea in children aged less than 13 years recorded at KCH in 2018 (grey bars) compared with monthly proportions of RVA positive samples (black dashed line on the secondary axis). Panel (**c**) the number of RVA positive samples by month in 2018 and by the GP genotype. The black circle size is proportional to the number of samples (the smallest indicates one sample and the largest is 13 samples). Panel (**d**) genotypes identified in children according to rotavirus vaccination status.

2.2. Characteristics of the RVA Infections and the Infected Children

RVA prevalence was higher in female compared to male children admitted with diarrhea (29.8% vs. 15.7%, $p = 0.008$), Table 1. RVA was detected in all months of 2018 except January and February Figure 1b. Diarrhea cases peaked in June while RVA prevalence peaked in August (50% of all collected samples were RVA positive). Sequencing and GP typing was successful for 48 (87.3%) of the 55 RVA-positive samples. Five G types (G1, G2, G3, G9 and G12) and two P types (P[4] and P[8]) were identified in the successfully sequenced samples. From these, six GP combinations were identified, namely: G3P[8] ($n = 37, 77.1\%$), G1P[8] ($n = 6, 12.5\%$), G2P[4] ($n = 2, 4.2\%$), G2P[8] ($n = 1, 2.1\%$), G9P[8] ($n = 1, 2.1\%$) and G12P[8] ($n = 1, 2.1\%$). The G3P[8] and G1P[8] strains were the only genotypes detected for > 2 months while the other four genotypes were detected sporadically (1–2 months), Figure 1c. The distribution of the infecting genotype (summarized as G3P[8] versus non-G3P[8]) did not differ significantly by sex, patient age, vaccination status or discharge outcome, Table 2 and Figure 1d.

Table 2. Characteristics of children whom were infected with rotavirus G3P[8] versus those whom were infected with non-G3P[8].

Characteristic	Genotyped RVA (%)	G3P[8] (%)	Non-G3P[8] (%)	*p* Value
Number of patients	48	37 (77.1)	11 (22.9)	
Sex				0.248
Male	19 (39.6)	13 (35.1)	6 (55.6)	
Female	29 (60.4)	24 (64.9)	5 (45.5)	
Age				
Mean (SD [#])	19.3 (14.8)	19.2 (13.3)	19.5 (18.6)	0.946
Median (IQR [δ])	15.7 (9.9–20.4)	15.9 (9.8–20.4)	15.4 (7.8–23.1)	1.000
Age group				0.770
0–11 months	17 (35.4)	13 (35.1)	4 (36.4)	
12–23 months	22 (45.8)	17 (46.0)	5 (45.6)	
24–59 months	7 (14.6)	6 (16.2)	1 (9.1)	
>60 months	2 (4.2)	1 (2.7)	1 (9.1)	
RVA vaccine eligibility				0.658
Age eligible 2 dose	45 (93.8)	35 (94.6)	10 (90.9)	
Age eligible 1 dose	0 (0.0)	0 (0.0)	0 (0.0)	
Age ineligible	3 (6.3)	2 (5.4)	1 (9.1)	
RVA vaccination status among eligible (*n* = 45)				0.751
Two dose eligible & received two doses	27 (60.0)	20 (57.1)	7 (70.0)	
Two dose eligible & received one dose	7 (15.6)	6 (17.1)	1 (10.0)	
One or 2 dose eligible but received none	0 (0.0)	0 (0.0)	0 (0.0)	
One or 2 dose eligible but status unknown	11 (24.4)	9 (25.7)	2 (20.0)	
Outcome				0.064
Died	1 (2.1)	0 (0.0)	1 (9.1)	
Alive	47 (97.2)	37 (100.0)	10 (90.9)	

[#] SD stands for standard deviation, [δ] IQR stands for interquartile range.

2.3. Genetic Diversity in the Sequenced Viruses

For the VP4 segment, a 579 nt long region (~25%) was recovered for 47 viruses (88.5%) while for the VP7 segment, a 644 nt long region (~65%) was recovered for 48 viruses (87.3%). One virus (KEN/KLF0879/2018), genotyped G9P[8], yielded a significantly shorter VP4 fragment relative to the other viruses (<500 nt) due to low quality sequencing data and was excluded from subsequent analyses. Consistent with the greater number of assigned G types (n = 5) compared to P types (n = 2) types, the range of pairwise nt differences was much greater in the VP7 (up to 203 nt differences) compared to VP4 segment (up to 87 nt differences), Figure 2a,b, respectively. A multi-modal distribution of nt differences was observed for both VP4 and VP7 segments. A total of 328 (~51%) and 141 (~24%) SNP positions were identified in the sequenced VP7 and VP4 fragments, respectively. Of the 48 sequenced samples, 22 (45.8%) yielded unique VP7 sequences while 17 (36.2%) gave unique VP4 sequences.

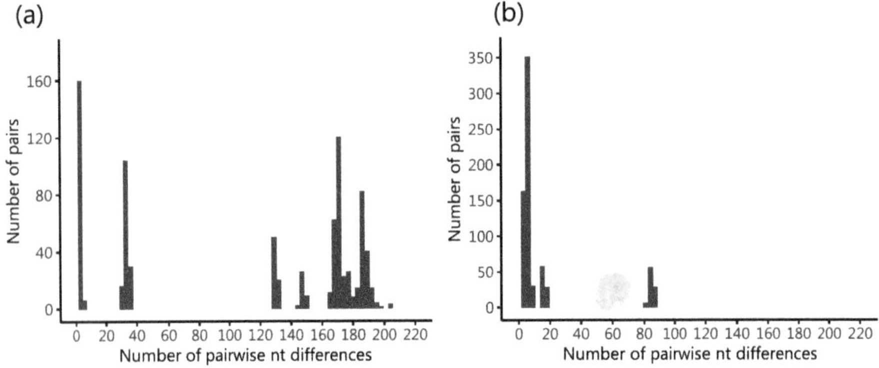

Figure 2. Genetic diversity in the sequenced RVA positives from Kilifi County Hospital (KCH). Panel (**a**) shows the distribution of pairwise nt differences in the sequenced portion of VP7 (644 nt long) of 48 RVA positives. Panel (**b**) shows the distribution of pairwise nt differences in the sequenced portion of VP4 (579 nt long) of 47 RVA positives.

2.4. Molecular Genetic Clusters

Using the range of pairwise nt differences observed in first modal distribution for the VP7 (0 to 20 nt differences, i.e., >97% nt similarity) to define a molecular genetic cluster, seven G clusters were assigned (named Clu_1-7). Members of a cluster were universally of same G type. All G type sequences identified to be of the same type formed a single cluster except G3P[8] that occurred in three clusters, named Clu_3/G3P[8], Clu_4/G3P[8] and Clu_5/G3P[8]. The temporal pattern of the assigned clusters is shown in Figure 3a. Most of the high incidence months (April to August) had multiple genetic clusters co-circulating, except for July, which had a single G3P[8] cluster. The reconstructed phylogenetic relationship between strains of the different G and P types sequenced is shown in Figure 3b,c. The VP7 phylogeny showed segregation of the seven clusters we identified from the pairwise nt difference analysis. The VP4 phylogeny showed less clear-cut phylogenetic clustering with respect to the assigned genetic clusters. The two phylogenies were not entirely congruent, a feature suggestive of reassortment in the local strains. The minimum spanning networks reconstructed for both the VP7 and VP4 sequences are shown in Figure 3d,e. Viruses in the same genetic cluster consistently had four or less nt differences to the closest next virus within the same genetic cluster.

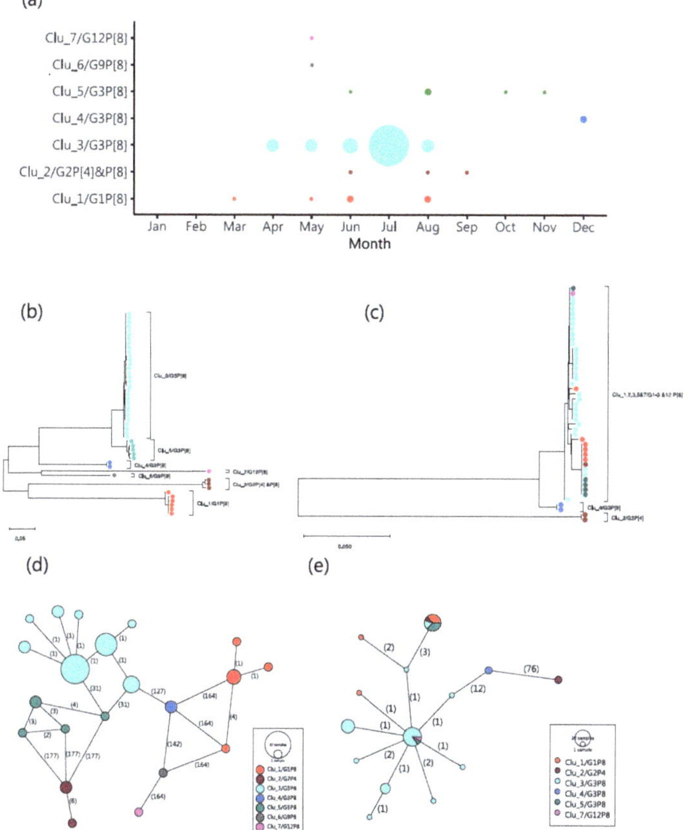

Figure 3. Temporal and genetic relatedness of the sequenced Kilifi rotaviruses. Panel (**a**) number of RVA positive samples by molecular genetic cluster and month. The circle sizes are proportional to the number of samples (the smallest indicates one sample and the largest is 13 samples). Panel (**b**) shows a Maximum Likelihood (ML) tree of the Kilifi 48 VP7 sequences. Panel (**c**) shows an ML tree of the Kilifi 47 VP4 sequences. Panel (**d**) shows the reconstructed POPART minimum spanning network from the 48 VP7 sequences. The vertexes represent the sequenced VP7 haplotypes. The size of the vertex is proportional to the number of haplotypes (identical sequences) and is colored by the assigned molecular genetic cluster. The numbers shown on the edges represent the number of nucleotide changes from one vertex (haplotype) to the next. Panel (**e**) same as panel (**d**) above but for the Kilifi 47 VP4 sequences.

2.5. Spatial Distribution of the Kilifi G3 Genetic Clusters

A few viruses in different VP7-based genetic clusters had identical VP4 sequences and we explored if these were spatially clustered. Twenty-eight of the 48 genotyped samples were from KHDSS area residents. The geographical distribution of all diarrhea admissions and the RVA positives by genetic cluster is shown in Figure S1. Cases of the predominant Clu_3/G3P[8] strains came from only a few locations although it appeared that road access (especially the Malindi-Mombasa highway) may have played a role in influencing which patients were turning up at KCH due to easier access.

2.6. Global Genetic Context of the Kilifi 2018 G3 Strains

A total of 338 G3 sequences from 26 countries fully met the criteria for inclusion as comparison data, including 39 previously collected in Kenya. The phylogeny derived from the combined Kilifi and global G3 viruses is shown in Figure 4a while Figure 4b shows the phylogenetic relatedness of all previous G3 sequences of RVA sampled in Kenya (5 locations including Kilifi).

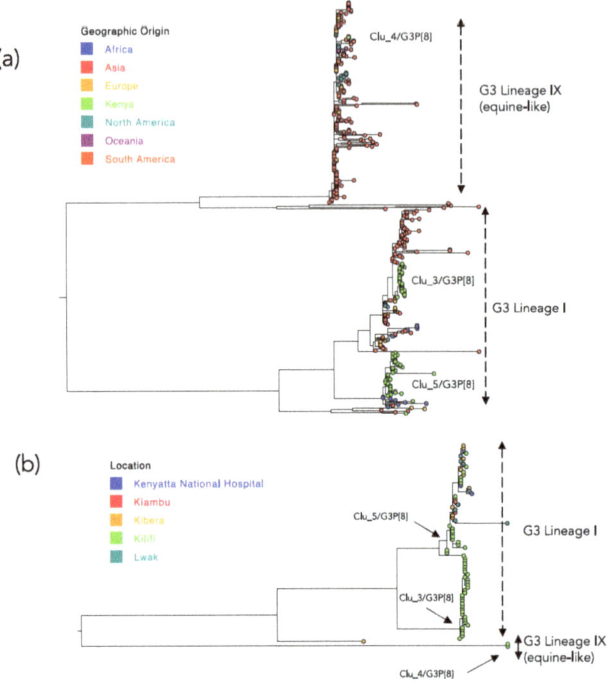

Figure 4. Global phylogeny derived from nucleotide sequences of G3 strains sampled between 2012–2018. (**a**) The phylogenetic tree reconstructed from 375 VP7 sequences of G3 type (338 collated from GenBank sampled across 26 countries including 39 from Kenya, and 37 G3 viruses sequenced in the current study) to determine the lineage and global context of the Kilifi sequences. The countries included were Australia, Belarus, Brazil, China, Dominican Republic, Ethiopia, Hungary, India, Indonesia, Italy, Japan, Kenya, South Korea, Kuwait, Nigeria, Pakistan, Peru, Russia, Spain, Taiwan, Thailand, USA, Uganda and Vietnam. The taxa for Kenya G3 sequences are provided by filled circles colored green and with the assigned Kilifi clusters names indicated next to the branches containing these sequences. Panel (**b**) a phylogeny of all Kenya G3 sequences (*n* = 76). The different colors of the filled circle symbols indicate the Kenya taxa distinguished by their location of sampling. The names assigned to the Kilifi clusters are indicated next to the nodes leading to their branches as similarly shown in panel (**a**).

A majority of the global viruses fell within two of nine previously identified G3 lineages [25]; Lineage I and equine-like G3 lineage (named Lineage IX). The Kilifi G3 sequences had representation in both these two lineages: Lineage I (*n* = 35, 94.6%) and equine-like G3 Lineage (*n* = 2, 5.6%). Viruses of the genetic cluster Clu_4/G3P[8] clustered with the equine-like G3 Lineage while the Kilifi G3 Lineage I viruses separated into two groups that corresponded to the Clu_3/G3P[8] cluster (*n* = 30) and the Clu_5/G3P[8] cluster (*n* = 5).The distribution of the pairwise nt differences in the compiled global G3 sequences dataset, like for the Kilifi G3 viruses, showed a multi-modal distribution (figure not shown). The first major trough was observed at 27 nt differences.

On applying the threshold used to identify the local molecular genetic clusters (>97% genetic similarity) on the global G3 dataset, 18 clusters were identified (Table S1). Of these, eight were singletons, six comprised of between 2 and 3 members and the remaining four clusters had 10, 47, 116 and 181 members. All the Kilifi G3 viruses fell in the three clusters that had the highest membership overall, Table S1. For each of the three Kilifi G3 genetic clusters we explored their closest genetic relative in the global dataset by network reconstructions (Figure 5). For the Kilifi Clu_3/G3P[8] the closest similar sequences were from India (G3P[8] collected in 2016) and Singapore (G3P[8] collected in 2016) that had 2 nucleotide differences Figure 5a. For the Kilifi Clu_4/G3P[8] (the equine-like G3 Lineage) the closest relative was from Taiwan (G3P[8] collected in 2016) with zero nucleotide difference in the sequenced region Figure 5b. For the Kilifi Clu_5/G3P[8] the closest relatives were from Kenya (G3P[6] collected in 2014) and Uganda (G3P[6] collected in 2013) that had zero and 2 nucleotide difference, respectively, Figure 5c. Overall, within these three major global G3 genetic clusters, clustering by country was common.

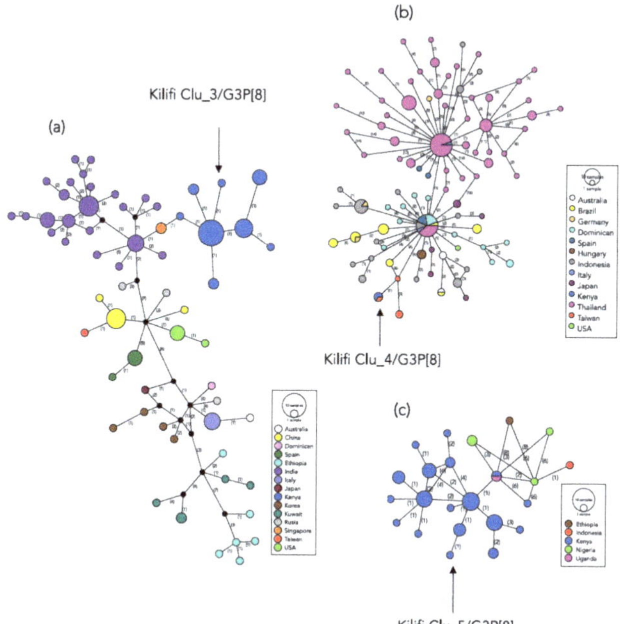

Figure 5. Haplotype network showing relationships of the identified global G3 lineages that included Kilifi viruses. Panel (**a**) shows the network for Lineage I cluster viruses that included the Kilifi Clu_3/G3P[8] strains. The vertices represent the VP7 haplotypes. The size of the vertex is proportional to the number of haplotypes (identical sequences) and is colored by the country of sampling. The numbers shown on the edges represent the number of nucleotide changes from one vertex (haplotype) to the next. Panel (**b**) and (**c**) have the same description as panel (**a**) above but represent Lineage IX (equine-like G3) cluster that included Kilifi Clu_4 G3P[8] and the Lineage I cluster that included Kilifi Clu_5 G3P[8] sequences, respectively.

3. Discussion

Four years after Kenya introduced Rotarix® vaccine into its NIP, multiple RVA GP genotypes circulated during the 2018 season in Kilifi, Kenya, with the G3P[8] genotype predominating at 67.2%. At this study site, the preceding two years (2016 and 2017) were dominated by the G2P[4] and G1P[8] genotypes, respectively, with only six cases of G3P[8] detected from September 2009 to December

2017 [30] and an additional three partially genotyped G3P[x] detected in 2013 [31]. The G3P[8] strains are partially heterotypic to the monovalent Rotarix® vaccine, which is comprised of an attenuated G1P[8] strain. During 2018, this local G3P[8] predominance is consistent with the previously documented season-to-season spatial-temporal fluctuations in the prevalence of RVA genotypes [12], hypothesized to be driven by the prevailing population-level immunity derived from natural infections and the use of vaccines [14].

Vaccination records were available for 70.6% of the children with an RVA positive test. Of these, 92.7% were age eligible to have received the two doses of Rotarix® vaccine and, in that subgroup, the vast majority (80.6%) had indeed received the full 2-dose series. However, overall, the vaccination status of these children did not appear to predict either their RVA diagnosis result or the infecting GP genotype. These findings, albeit from a single season and site, suggest that for these children who acquired an RVA infection despite one or two-dose vaccination, host factors rather than viral characteristics or vaccine composition may explain the vaccine failures. A follow-up study is planned.

At least seven distinct genetic clusters constituted the 2018 coastal Kenya RVA season. The VP7 sequences showed greater genetic diversity and provided a better phylogenetic resolution compared to the VP4 sequences. Each of the identified G types corresponded to a single genetic cluster except G3 viruses that segregated into three genetically distinct clusters. Strikingly, some samples with different G types yielded identical VP4 sequences, indicating that some of the children may have been infected by reassortant viruses or harbored mixed infections [25]. Our analyses improve understanding on the recent composition and transmission patterns of local RVA seasons, providing insight into the design of final stretch RVA control strategies following vaccine introduction.

Several recent studies have reported the increased proportion of G3P[8] strains, e.g., in Australia [14], Japan [32], Thailand [28], Indonesia [29], Pakistan [33], Dominican Republic [25], Brazil [34], Spain [20], Mozambique [24], Malawi [35] and Botswana [36]. The global G3 sequences available from GenBank showed extensive genetic diversity. The significance of this diversity in relation to human immune recognition should be investigated. Notably, recent years have also observed the emergence and global spread of a new G3 lineage named equine-like G3, of putative equine origin, assigned G3 Lineage IX [25]. Strains of G3 Lineage IX were first detected in 2013 in Japan and have since been widely detected in several other countries (Australia [21], Taiwan (unpublished data in GenBank), Indonesia [29], Thailand [28], USA [26], Dominican Republic [25], Brazil [34], Italy [23], Germany [27], Hungary [22] and Spain [20]). Our study is the first to document African children infection with the G3 Lineage IX. Continued surveillance to monitor whether this particular strain becomes endemic in Kenya and the wider Africa continent in the face of increased RVA vaccine coverage is important to optimize RVA vaccine-mediated control. Notably, recent studies in Botswana [36], Mozambique [24], Malawi [35] and Ethiopia [37] reported increased prevalence of G3 type viruses but sequencing data from these studies are not yet available.

Based on sequence data deposited in GenBank, the predominant Kilifi G3 cluster (Clu_3/G3P[8]) was the second most common genetic cluster globally. The closest sequences were from Singapore and India, both countries that did not yet have RVA vaccine in their NIP in 2018. The second most prevalent Kilifi G3 genetic cluster was Clu_5/G3P[8]. Notably, this cluster has not been detected frequently around the globe and the closest genetic links were Kenyan strains collected in Kiambu County (Central province) in July and August 2014 [38], Kilifi in 2017, and strains from Ethiopia (collection date: April 2016 [39]) and Uganda (collection date: January 2013 [40]), neighboring countries which included RVA vaccines in their NIP in 2013 and 2018, respectively. Although the Kilifi Clu_4/G3P[8] (equine-like G3 Lineage) was the least prevalent locally, it was the most prevalent globally. The closest relatives to the Kenyan strains were from Taiwan, a country yet to introduce RVA vaccination.

This study had some limitations. First, the sequence data from the cohort represents a single site and one season. Second, we only sequenced portions of the VP4 and VP7 segments. Whereas these data were adequate to assign genotypes, lineages and estimate the number of genetic clusters, whole genome sequences provide a better resolution in examining reassortment events, evolution in internal genes and studying genetic clusters [18,25,41]. Third, to determine the origin and pathways of spread of the imported genetic clusters, background sequence data from more countries and including populations neighboring coastal Kenya would have been ideal. Unfortunately, sequence data in public sequence databases to facilitate such phylogeographic analysis are currently limited. Fourth, the absence of significant epidemiological data for some variables e.g., vaccine status for ~30% of the RVA positive children and geographic origin for children from outside the KHDSS area limited our analyses.

In conclusion, the finding that >20% of diarrheal stools from children admitted to KCH with diarrhea in 2018 were RVA positive highlights that RVA is still a significant contributor to severe childhood diarrhea in coastal Kenya, despite the introduction of Rotarix® into Kenya's NIP in 2014. The cross-continent detection of the emerging equine-like G3 viruses and other typical human G3 strains demonstrates the global nature of RVA transmission. Strikingly, strains found circulating in the Kilifi population were most closely related to strains circulating in countries that were yet to introduce RVA vaccines into their NIP. This observation reminds of the global connectedness regarding pathogen movement and emphasizes the importance of vaccinating all eligible populations across the world, as failure to do so builds a reservoir for strains that continue to seed transmission in vaccinated populations. Identifying factors responsible for RVA vaccine underperformance in low-income settings is a priority research area that may support efforts to further reduce RVA burden. Our study did not ascertain that viral genetic diversity is a contributor to the vaccine underperformance in this setting. Studies investigating the relationship between RVA vaccine immunogenicity and infant characteristics, such as malnutrition, age at first RVA dose, concomitant receipt of oral polio vaccine (OPV), enteric co-infections and enteric dysbiosis may provide better insight into RVA vaccine performance characteristics.

4. Materials and Methods

4.1. Study Population and Location

KCH is the main referral hospital in Kilifi County (population size ~1.5 million people). The major economic activities in the county are subsistence farming, fishing and tourism [42]. An area around KCH (~900 km^2 with a population of ~300,000 people) is monitored by the KWTRP and is known as the KHDSS area [42], Figure S1. A high proportion of the patients seeking care at the KCH are KHDSS area residents [42]. Vaccination data of admitted children were collected using an electronic registry [8,43,44].

In the current analysis, stool samples were collected from eligible and consented pediatric patients admitted to KCH between January and December 2018 (the surveillance period), as part of the ongoing rotavirus surveillance program [8,31,43]. All children aged <13 years old admitted with diarrhea (defined as passing three or more watery stools in the last 24-h) were eligible for inclusion [8,31,43]. Following a review of demographic and clinical data collected by a clinical staff, parents or caregivers of eligible children were approached for consent, and a single stool sample was collected. The samples were immediately transferred into a cool box with ice blocks before transportation to the KWTRP for RVA testing and long-term storage at −80 °C.

4.2. Specimen Laboratory Processing

RVA in the stool samples was detected using ProSpecT™ enzyme immunoassay (EIA) kit (Oxoid, Basingstoke, UK) following the manufacturer's instructions. RVA positive samples were amplified in the VP4 and VP7 segments using One-step Reverse Transcriptase PCR Kit (Qiagen, Valencia, CA, USA) using previously published primers [45,46]. Successful amplification of the target regions was confirmed by the presence of expected bands (VP4: 660 bp and VP7: 881 bp) following gel electrophoresis of the PCR products. Products from successful PCRs were purified using GFX DNA purification kit (GFX-Amersham, Amersham, UK) and sequenced bi-directionally (both in forward and reverse directions) using Big Dye Terminator 3.1 (Applied Biosystems, Foster City, CA, USA) chemistry. The primers used during PCR amplification were used for sequencing on an ABI Prism 3130xl Genetic Analyzer (Applied Biosystems, Foster City, CA, USA).

4.3. Genotyping and Phylogenetic Analysis

The sequence reads were assembled using Sequencher v5.4.6 (Gene Codes Corp Inc., Ann Arbor, MI, USA). Nucleotide (nt) sequence alignments were prepared using MAFFT v7.222 and visualized using Aliview v1.8. G and P genotypes were determined using Virus Pathogen Resource (ViPR) online classification tool [47]. The best nt substitution model for the alignments were determined IQ-Tree v1.6.6 [48]. Phylogenetic trees were reconstructed using the maximum likelihood (ML) method in RaxML v8.2.12 [49] and MEGA v7 [50]. Support for the tree branching patterns was evaluated by 1000 bootstrap iterations.

4.4. Genetic Clusters

Molecular genetic clusters were defined from the distribution of pairwise nt differences of VP7 segment sequences. Pairwise nt differences were determined using pairsnp (https://github.com/gtonkinhill/pairsnp/). Viruses within the same molecular genetic clusters were those which pairwise nt differences occurred within the first modal distribution. Using this threshold, clusters were identified using the USEARCH algorithm [51]. Single nucleotide polymorphic (SNP) positions in alignments were assessed using parseSNP [52]. The minimum spanning networks between the RVA positive patients were reconstructed using POPART v1.70 program [53].

4.5. Comparison Dataset

The phylogenetic context of the locally predominant genotype in global RVA populations was investigated by co-analysis with similar G type strains sequence data deposited in GenBank. The search in GenBank was conducted in October 2020. The criteria for comparison data inclusion were (i) detection in a human stool/rectal swab specimen, (ii) sequence fully overlapping with the VP7 region sequenced for the Kilifi viruses, (iii) information on country and date of sampling available and (iv) sample collected in 2012–2018. G3 sequences collected previously from around Kenya including Kilifi were included in the analysis.

4.6. Statistical Analysis

Numerical data were analyzed in STATA v15.1. Continuous variables were summarized using various measures of dispersion. Differences between groups were assessed using a t-test or Wilcoxon rank-sum test. Binary data were summarized using proportions and comparison between groups made using either χ^2 or Fisher's exact test (depending on group sample size). The 95% CI were presented for proportions and standard deviation for means. A *p*-value of <0.05 was considered significant.

4.7. Data Availability

Partial sequences for the VP7 and VP4 segments reported in this work have been deposited to GenBank database under the sequence accession numbers MN194408-MN194485 for VP7 and MN194325-MN194364 for VP4.

4.8. Ethical Statement

Before sample collection informed written consent was obtained from the child's parent or guardian. The Scientific Ethics Review Unit (SERU) board that sits at KEMRI, Nairobi, approved the study protocols (SERU#3049).

Supplementary Materials: The following are available online at http://www.mdpi.com/2076-0817/9/12/981/s1, Figure S1: Geographic origin distribution of sampled children who presented with diarrhea symptoms at KCH and were Kilifi Health Demographic Surveillance System (KHDSS) area residents; Table S1: The global distribution of the identified G3 global genetic clusters.

Author Contributions: Conceptualization, C.N.A., D.J.N., M.J.M. and R.F.B.; methodology, D.J.N., C.N.A. and M.J.M.; software, M.J.M. and C.N.A.; validation, C.N.A., E.G. and M.J.M.; formal analysis, C.N.A. and M.J.M.; investigation, C.N.A., M.J.M. and D.J.N. and E.G., resources, R.F.B., J.E.T., U.D.P. and D.J.N.; data curation, N.M., M.J.M. and C.N.A.; writing—original draft preparation, M.J.M. and C.N.A.; writing—review and editing, R.O., J.R.V., R.F.B., J.E.T., U.D.P. and D.J.N.; visualization, C.N.A. and M.J.M.; supervision, D.J.N. and C.N.A.; project administration, E.G., R.O., M.J.M., N.M. and D.J.N.; funding acquisition, D.J.N., R.O., J.R.V., J.E.T., U.D.P., R.F.B. All authors have read and agreed to the published version of the manuscript.

Funding: This work was funded by Gavi, The Vaccine Alliance through Emory University, to the Rotavirus Immunization Program and Evaluation in Kenya (RIPEK) and the Wellcome Trust (grant numbers 203077 and 102975). CNA is supported through the DELTAS Africa Initiative [DEL-15-003]. The DELTAS Africa Initiative is an independent funding scheme of the African Academy of Sciences (AAS)'s Alliance for Accelerating Excellence in Science in Africa (AESA) and supported by the New Partnership for Africa's Development Planning and Coordinating Agency (NEPAD Agency) with funding from the Wellcome Trust [107769/Z/10/Z] and the UK government. Views expressed in this publication are those of the authors and not necessarily those of Gavi, AAS, NEPAD Agency, Wellcome Trust or the UK government.

Acknowledgments: We thank the participants who provided samples for analysis, and the Clinical and Laboratory staff at Virus Epidemiology and Control group, KEMRI Wellcome Trust Research Programme for collection and processing the samples. This work is published with permission from Director KEMRI.

Conflicts of Interest: The authors declare no conflict of interest. The funders had no role in the design of the study; in the collection, analyses, or interpretation of data; in the writing of the manuscript, or in the decision to publish the results.

Disclaimer: The findings and conclusions in this report are those of the authors and do not necessarily represent the official position of the U.S. Centers for Disease Control and Prevention (CDC) or the authors' affiliated institutions.

References

1. Burnett, E.; Jonesteller, C.L.; Tate, J.E.; Yen, C.; Parashar, U.D. Global Impact of Rotavirus Vaccination on Childhood Hospitalizations and Mortality From Diarrhea. *J. Infect. Dis.* **2017**, *215*, 1666–1672. [CrossRef] [PubMed]
2. Steele, A.D.; Groome, M.J. Measuring Rotavirus Vaccine Impact in Sub-Saharan Africa. *Clin. Infect. Dis.* **2020**, *70*, 2314–2316. [CrossRef] [PubMed]
3. Operario, D.J.; Platts-Mills, J.A.; Nadan, S.; Page, N.; Seheri, M.; Mphahlele, J.; Praharaj, I.; Kang, G.; Araujo, I.T.; Leite, J.P.G.; et al. Etiology of Severe Acute Watery Diarrhea in Children in the Global Rotavirus Surveillance Network Using Quantitative Polymerase Chain Reaction. *J. Infect. Dis.* **2017**, *216*, 220–227. [CrossRef] [PubMed]
4. Iturriza-Gómara, M.; Jere, K.C.; Hungerford, D.; Bar-Zeev, N.; Shioda, K.; Kanjerwa, O.; Houpt, E.R.; Operario, D.J.; Wachepa, R.; Pollock, L.; et al. Etiology of Diarrhea Among Hospitalized Children in Blantyre, Malawi, Following Rotavirus Vaccine Introduction: A Case-Control Study. *J. Infect. Dis.* **2019**, *220*, 213–218. [CrossRef] [PubMed]
5. Troeger, C.; Khalil, I.A.; Rao, P.C.; Cao, S.; Blacker, B.F.; Ahmed, T.; Armah, G.; Bines, J.E.; Brewer, T.G.; Colombara, D.V.; et al. Rotavirus Vaccination and the Global Burden of Rotavirus Diarrhea Among Children Younger Than 5 Years. *JAMA Pediatr.* **2018**, *172*, 958–965. [CrossRef]
6. Steele, D.; Victor, J.; Carey, M.; Tate, J.; Atherly, D.; Pecenka, C.; Diaz, Z.; Parashar, U.; Kirkwood, C. Experiences with rotavirus vaccines: Can we improve rotavirus vaccine impact in developing countries? *Hum. Vaccines Immunother.* **2019**, *15*, 1215–1227. [CrossRef]
7. Willame, C.; Noordegraaf-Schouten, M.V.; Gvozdenović, E.; Kochems, K.; Oordt-Speets, A.; Praet, N.; Van Hoorn, R.; Rosillon, D. Effectiveness of the Oral Human Attenuated Rotavirus Vaccine: A Systematic Review and Meta-analysis—2006–2016. *Open Forum Infect. Dis.* **2018**, *5*, ofy292. [CrossRef]
8. Khagayi, S.; Omore, R.; Otieno, G.P.; Ogwel, B.; Ochieng, J.B.; Juma, J.; Apondi, E.; Bigogo, G.; Onyango, C.; Ngama, M.; et al. Effectiveness of Monovalent Rotavirus Vaccine Against Hospitalization With Acute Rotavirus Gastroenteritis in Kenyan Children. *Clin. Infect. Dis.* **2019**, *70*, 2298–2305. [CrossRef]
9. Walker, J.L.; Andrews, N.J.; Atchison, C.J.; Collins, S.; Allen, D.J.; Ramsay, M.E.; Ladhani, S.N.; Thomas, S.L. Effectiveness of oral rotavirus vaccination in England against rotavirus-confirmed and all-cause acute gastroenteritis. *Vaccine X* **2019**, *1*, 100005. [CrossRef]

10. Nair, N.; Feng, N.; Blum, L.K.; Sanyal, M.; Ding, S.; Jiang, B.; Sen, A.; Morton, J.M.; He, X.-S.; Robinson, W.H.; et al. VP4- and VP7-specific antibodies mediate heterotypic immunity to rotavirus in humans. *Sci. Transl. Med.* **2017**, *9*, eaam5434. [CrossRef]

11. RCWG. Rotavirus Classification Working Group: Newly Assigned Genotypes. Available online: https: //rega.kuleuven.be/cev/viralmetagenomics/virus-classification/rcwg (accessed on 7 January 2020).

12. Sadiq, A.; Bostan, N.; Yinda, K.C.; Naseem, S.; Sattar, S. Rotavirus: Genetics, pathogenesis and vaccine advances. *Rev. Med. Virol.* **2018**, *28*, e2003. [CrossRef] [PubMed]

13. Leshem, E.; Lopman, B.; Glass, R.; Gentsch, J.; Bányai, K.; Parashar, U.; Patel, M. Distribution of rotavirus strains and strain-specific effectiveness of the rotavirus vaccine after its introduction: A systematic review and meta-analysis. *Lancet Infect. Dis.* **2014**, *14*, 847–856. [CrossRef]

14. Roczo-Farkas, S.; Kirkwood, C.D.; Cowley, D.; Barnes, G.L.; Bishop, R.F.; Bogdanovic-Sakran, N.; Boniface, K.; Donato, C.M.; Bines, J.E. The Impact of Rotavirus Vaccines on Genotype Diversity: A Comprehensive Analysis of 2 Decades of Australian Surveillance Data. *J. Infect. Dis.* **2018**, *218*, 546–554. [CrossRef] [PubMed]

15. Burke, R.M.; Tate, J.E.; Barin, N.; Bock, C.; Bowen, M.D.; Chang, D.; Gautam, R.; Han, G.; Holguin, J.; Huynh, T.; et al. Three Rotavirus Outbreaks in the Postvaccine Era—California, 2017. *MMWR Morb. Mortal. Wkly. Rep.* **2018**, *67*, 470–472. [CrossRef] [PubMed]

16. Pitzer, V.E.; Bilcke, J.; Heylen, E.; Crawford, F.W.; Callens, M.; De Smet, F.; Van Ranst, M.; Zeller, M.; Matthijnssens, J. Did Large-Scale Vaccination Drive Changes in the Circulating Rotavirus Population in Belgium? *Sci. Rep.* **2015**, *5*, 18585. [CrossRef] [PubMed]

17. Ianiro, G.; Micolano, R.; Di Bartolo, I.; Scavia, G.; Monini, M.; RotaNet-Italy Study Group. Group A rotavirus surveillance before vaccine introduction in Italy, September 2014 to August 2017. *Eurosurveillance* **2019**, *24*, 1800418. [CrossRef]

18. Ogden, K.M.; Tan, Y.; Akopov, A.; Stewart, L.S.; McHenry, R.; Fonnesbeck, C.J.; Piya, B.; Carter, M.H.; Fedorova, N.B.; Halpin, R.A.; et al. Multiple Introductions and Antigenic Mismatch with Vaccines May Contribute to Increased Predominance of G12P[8] Rotaviruses in the United States. *J. Virol.* **2018**, *93*, e01476-18. [CrossRef]

19. Santos, N.; Hoshino, Y. Global distribution of rotavirus serotypes/genotypes and its implication for the development and implementation of an effective rotavirus vaccine. *Rev. Med. Virol.* **2005**, *15*, 29–56. [CrossRef]

20. Arana, A.; Montes, M.; Jere, K.C.; Alkorta, M.; Iturriza-Gómara, M.; Cilla, G. Emergence and spread of G3P[8] rotaviruses possessing an equine-like VP7 and a DS-1-like genetic backbone in the Basque Country (North of Spain), 2015. *Infect. Genet. Evol.* **2016**, *44*, 137–144. [CrossRef]

21. Cowley, D.; Donato, C.M.; Roczo-Farkas, S.; Kirkwood, C.D. Emergence of a novel equine-like G3P[8] inter-genogroup reassortant rotavirus strain associated with gastroenteritis in Australian children. *J. Gen. Virol.* **2016**, *97*, 403–410. [CrossRef]

22. Dóró, R.; Marton, S.; Bartókné, A.H.; Lengyel, G.; Agócs, Z.; Jakab, F.; Bányai, K. Equine-like G3 rotavirus in Hungary, 2015—Is it a novel intergenogroup reassortant pandemic strain? *Acta Microbiol. Immunol. Hung.* **2016**, *63*, 243–255. [CrossRef] [PubMed]

23. Esposito, S.; Camilloni, B.; Bianchini, S.; Ianiro, G.; Polinori, I.; Farinelli, E.; Monini, M.; Principi, N. First detection of a reassortant G3P[8] rotavirus A strain in Italy: A case report in an 8-year-old child. *Virol. J.* **2019**, *16*, 64. [CrossRef] [PubMed]

24. João, E.D.; Munlela, B.; Chissaque, A.; Chilaúle, J.; Langa, J.; Augusto, O.; Boene, S.S.; Anapakala, E.; Sambo, J.; Guimarães, E.; et al. Molecular Epidemiology of Rotavirus A Strains Pre- and Post-Vaccine (Rotarix®) Introduction in Mozambique, 2012–2019: Emergence of Genotypes G3P[4] and G3P[8]. *Pathogens* **2020**, *9*, 671. [CrossRef] [PubMed]

25. Katz, E.M.; Esona, M.D.; Betrapally, N.; Leon, L.A.D.L.C.D.; Neira, Y.R.; Rey, G.J.; Bowen, M.D. Whole-gene analysis of inter-genogroup reassortant rotaviruses from the Dominican Republic: Emergence of equine-like G3 strains and evidence of their reassortment with locally-circulating strains. *Virology* **2019**, *534*, 114–131. [CrossRef]

26. Perkins, C.; Mijatovic-Rustempasic, S.; Ward, M.L.; Cortese, M.M.; Bowen, M.D. Genomic Characterization of the First Equine-Like G3P[8] Rotavirus Strain Detected in the United States. *Genome Announc.* **2017**, *5*, e01341-17. [CrossRef]

27. Pietsch, C.; Liebert, U. Molecular characterization of different equine-like G3 rotavirus strains from Germany. *Infect. Genet. Evol.* **2018**, *57*, 46–50. [CrossRef]

28. Tacharoenmuang, R.; Komoto, S.; Guntapong, R.; Upachai, S.; Singchai, P.; Ide, T.; Fukuda, S.; Ruchusatsawast, K.; Sriwantana, B.; Tatsumi, M.; et al. High prevalence of equine-like G3P[8] rotavirus in children and adults with acute gastroenteritis in Thailand. *J. Med. Virol.* **2020**, *92*, 174–186. [CrossRef]

29. Utsumi, T.; Wahyuni, R.M.; Doan, Y.H.; Dinana, Z.; Soegijanto, S.; Fujii, Y.; Juniastuti; Yamani, L.N.; Matsui, C.; Deng, L.; et al. Equine-like G3 rotavirus strains as predominant strains among children in Indonesia in 2015-2016. *Infect. Genet. Evol.* **2018**, *61*, 224–228. [CrossRef]

30. Mwanga, M.J.; Owor, B.E.; Ochieng, J.B.; Ngama, M.H.; Ogwel, B.; Onyango, C.; Juma, J.; Njeru, R.; Gicheru, E.; Otieno, G.P.; et al. Rotavirus group A genotype circulation patterns across Kenya before and after nationwide vaccine introduction, 2010–2018. *BMC Infect. Dis.* **2020**, *20*, 504. [CrossRef]

31. Owor, B.E.; Mwanga, M.J.; Njeru, R.; Mugo, R.; Ngama, M.; Otieno, G.P.; Nokes, D.J.; Agoti, C.N. Molecular characterization of rotavirus group A strains circulating prior to vaccine introduction in rural coastal Kenya, 2002–2013. *Wellcome Open Res.* **2018**, *3*, 150. [CrossRef]

32. Thongprachum, A.; Chan-It, W.; Khamrin, P.; Okitsu, S.; Nishimura, S.; Kikuta, H.; Yamamoto, A.; Sugita, K.; Baba, T.; Mizuguchi, M.; et al. Reemergence of new variant G3 rotavirus in Japanese pediatric patients, 2009–2011. *Infect. Genet. Evol.* **2013**, *13*, 168–174. [CrossRef] [PubMed]

33. Umair, M.; Abbasi, B.H.; Sharif, S.; Alam, M.M.; Rana, M.S.; Mujtaba, G.; Arshad, Y.; Fatmi, M.Q.; Zaidi, S.Z. High prevalence of G3 rotavirus in hospitalized children in Rawalpindi, Pakistan during 2014. *PLoS ONE* **2018**, *13*, e0195947. [CrossRef] [PubMed]

34. Guerra, S.F.S.; Soares, L.S.; Lobo, P.S.; Júnior, E.T.P.; Júnior, E.C.S.; Bezerra, D.A.M.; Vaz, L.R.; Linhares, A.C.; Mascarenhas, J.D.P. Detection of a novel equine-like G3 rotavirus associated with acute gastroenteritis in Brazil. *J. Gen. Virol.* **2016**, *97*, 3131–3138. [CrossRef] [PubMed]

35. Mhango, C.; Mandolo, J.J.; Chinyama, E.; Wachepa, R.; Kanjerwa, O.; Malamba-Banda, C.; Matambo, P.B.; Barnes, K.G.; Chaguza, C.; Shawa, I.T.; et al. Rotavirus Genotypes in Hospitalized Children with Acute Gastroenteritis Before and After Rotavirus Vaccine Introduction in Blantyre, Malawi, 1997–2019. *J. Infect. Dis.* **2020**. [CrossRef]

36. Mokomane, M.; Esona, M.; Bowen, M.D.; Tate, J.; Steenhoff, A.; Lechiile, K.; Gaseitsiwe, S.; Seheri, L.; Magagula, N.; Weldegebriel, G.; et al. Diversity of Rotavirus Strains Circulating in Botswana before and after introduction of the Monovalent Rotavirus Vaccine. *Vaccine* **2019**, *37*, 6324–6328. [CrossRef]

37. Abebe, A.; Getahun, M.; Mapaseka, S.L.; Beyene, B.; Assefa, E.; Teshome, B.; Tefera, M.; Kebede, F.; Habtamu, A.; Haile-Mariam, T.; et al. Impact of rotavirus vaccine introduction and genotypic characteristics of rotavirus strains in children less than 5 years of age with gastroenteritis in Ethiopia: 2011–2016. *Vaccine* **2018**, *36*, 7043–7047. [CrossRef]

38. Wandera, E.A.; Komoto, S.; Mohammad, S.; Ide, T.; Bundi, M.; Nyangao, J.; Kathiiko, C.; Odoyo, E.; Galata, A.; Miring'U, G.; et al. Genomic characterization of uncommon human G3P[6] rotavirus strains that have emerged in Kenya after rotavirus vaccine introduction, and pre-vaccine human G8P[4] rotavirus strains. *Infect. Genet. Evol.* **2019**, *68*, 231–248. [CrossRef]

39. Gelaw, A.; Pietsch, C.; Liebert, U.G. Molecular epidemiology of rotaviruses in Northwest Ethiopia after national vaccine introduction. *Infect. Genet. Evol.* **2018**, *65*, 300–307. [CrossRef]

40. Bwogi, J.; Jere, K.C.; Karamagi, C.; Byarugaba, D.K.; Namuwulya, P.; Baliraine, F.N.; Desselberger, U.; Iturriza-Gomara, M. Whole genome analysis of selected human and animal rotaviruses identified in Uganda from 2012 to 2014 reveals complex genome reassortment events between human, bovine, caprine and porcine strains. *PLoS ONE* **2017**, *12*, e0178855. [CrossRef]

41. Jere, K.C.; Chaguza, C.; Bar-Zeev, N.; Lowe, J.; Peno, C.; Kumwenda, B.; Nakagomi, O.; Tate, J.E.; Parashar, U.D.; Heyderman, R.S.; et al. Emergence of Double- and Triple-Gene Reassortant G1P[8] Rotaviruses Possessing a DS-1-Like Backbone after Rotavirus Vaccine Introduction in Malawi. *J. Virol.* **2017**, *92*, 92. [CrossRef]

42. Scott, J.A.G.; Bauni, E.; Moisi, J.C.; Ojal, J.; Gatakaa, H.; Nyundo, C.; Molyneux, C.S.; Kombe, F.; Tsofa, B.; Marsh, K.; et al. Profile: The Kilifi Health and Demographic Surveillance System (KHDSS). *Int. J. Epidemiol.* **2012**, *41*, 650–657. [CrossRef] [PubMed]

43. Otieno, G.P.; Bottomley, C.; Khagayi, S.; Adetifa, I.; Ngama, M.; Omore, R.; Ogwel, B.; Owor, B.E.; Bigogo, G.; Ochieng, J.B.; et al. Impact of the Introduction of Rotavirus Vaccine on Hospital Admissions for Diarrhea Among Children in Kenya: A Controlled Interrupted Time-Series Analysis. *Clin. Infect. Dis.* **2019**, *70*, 2306–2313. [CrossRef] [PubMed]

44. Adetifa, I.M.; Bwanaali, T.; Wafula, J.; Mutuku, A.; Karia, B.; Makumi, A.; Mwatsuma, P.; Bauni, E.; Hammitt, L.L.; Nokes, D.J.; et al. Cohort Profile: The Kilifi Vaccine Monitoring Study. *Int. J. Epidemiol.* **2016**, *46*, 792–792h. [CrossRef]

45. Gómara, M.I.; Cubitt, D.; Desselberger, U.; Gray, J. Amino Acid Substitution within the VP7 Protein of G2 Rotavirus Strains Associated with Failure To Serotype. *J. Clin. Microbiol.* **2001**, *39*, 3796–3798. [CrossRef] [PubMed]

46. Simmonds, M.K.; Armah, G.; Asmah, R.; Banerjee, I.; Damanka, S.; Esona, M.; Gentsch, J.R.; Gray, J.J.; Kirkwood, C.; Page, N.; et al. New oligonucleotide primers for P-typing of rotavirus strains: Strategies for typing previously untypeable strains. *J. Clin. Virol.* **2008**, *42*, 368–373. [CrossRef]

47. Pickett, B.E.; Greer, D.; Zhang, Y.; Stewart, L.; Zhou, L.; Sun, G.; Gu, Z.; Kumar, S.; Zaremba, S.; Larsen, C.N.; et al. Virus Pathogen Database and Analysis Resource (ViPR): A Comprehensive Bioinformatics Database and Analysis Resource for the Coronavirus Research Community. *Viruses* **2012**, *4*, 3209–3226. [CrossRef] [PubMed]

48. Nguyen, L.-T.; Schmidt, H.A.; Von Haeseler, A.; Minh, B.Q. IQ-TREE: A Fast and Effective Stochastic Algorithm for Estimating Maximum-Likelihood Phylogenies. *Mol. Biol. Evol.* **2015**, *32*, 268–274. [CrossRef]

49. Stamatakis, A. Using RAxML to Infer Phylogenies. *Curr. Protoc. Bioinform.* **2015**, *51*, 6–14. [CrossRef]

50. Kumar, S.; Stecher, G.; Tamura, K. MEGA7: Molecular Evolutionary Genetics Analysis Version 7.0 for Bigger Datasets. *Mol. Biol. Evol.* **2016**, *33*, 1870–1874. [CrossRef]

51. Edgar, R.C. Search and clustering orders of magnitude faster than BLAST. *Bioinformatics* **2010**, *26*, 2460–2461. [CrossRef]

52. Taylor, N.E.; Greene, E.A. PARSESNP: A tool for the analysis of nucleotide polymorphisms. *Nucleic Acids Res.* **2003**, *31*, 3808–3811. [CrossRef] [PubMed]

53. Leigh, J.W.; Bryant, D. POPART: Full-feature software for haplotype network construction. *Methods Ecol. Evol.* **2015**, *6*, 1110–1116. [CrossRef]

Publisher's Note: MDPI stays neutral with regard to jurisdictional claims in published maps and institutional affiliations.

Article

Epidemiological Trends of Five Common Diarrhea-Associated Enteric Viruses Pre- and Post-Rotavirus Vaccine Introduction in Coastal Kenya

Arnold W. Lambisia [1,2,*,†] , Sylvia Onchaga [1,†], Nickson Murunga [1], Clement S. Lewa [1], Steven Ger Nyanjom [2] and Charles N. Agoti [1,3]

[1] Kenya Medical Research Institute (KEMRI)-Wellcome Trust Research Programme, Centre for Geographic Medicine Research-Coast, Kilifi 230-80108, Kenya; onchagasylvia@gmail.com (S.O.); nmurunga@kemri-wellcome.org (N.M.); clewa@kemri-wellcome.org (C.S.L.); cnyaigoti@kemri-wellcome.org (C.N.A.)
[2] Department of Biochemistry, Jomo Kenyatta University of Agriculture and Technology, Juja 62000-00200, Kenya; snyanjom@jkuat.ac.ke
[3] School of Health and Human Sciences, Pwani University, Kilifi 195-80108, Kenya
*   Correspondence: ALambisia@kemri-wellcome.org; Tel.: +254-708-164-077
†   Joint First Authors.

Received: 8 July 2020; Accepted: 10 August 2020; Published: 15 August 2020

Abstract: Using real-time RT-PCR, we screened stool samples from children aged <5 years presenting with diarrhea and admitted to Kilifi County Hospital, coastal Kenya, pre- (2003 and 2013) and post-rotavirus vaccine introduction (2016 and 2019) for five viruses, namely rotavirus group A (RVA), norovirus GII, adenovirus, astrovirus and sapovirus. Of the 984 samples analyzed, at least one virus was detected in 401 (40.8%) patients. Post rotavirus vaccine introduction, the prevalence of RVA decreased (23.3% vs. 13.8%, $p < 0.001$) while that of norovirus GII increased (6.6% vs. 10.9%, $p = 0.023$). The prevalence of adenovirus, astrovirus and sapovirus remained statistically unchanged between the two periods: 9.9% vs. 14.2%, 2.4% vs. 3.2 %, 4.6% vs. 2.6%, ($p = 0.053$, 0.585 and 0.133), respectively. The median age of diarrhea cases was higher post vaccine introduction (12.5 months, interquartile range (IQR): 7.9–21 vs. 11.2 months pre-introduction, IQR: 6.8–16.5, $p < 0.001$). In this setting, RVA and adenovirus cases peaked in the dry months while norovirus GII and sapovirus peaked in the rainy season. Astrovirus did not display clear seasonality. In conclusion, following rotavirus vaccine introduction, we found a significant reduction in the prevalence of RVA in coastal Kenya but an increase in norovirus GII prevalence in hospitalized children.

Keywords: viral diarrhea; real-time PCR; rotavirus vaccination; Kenya

---

1. Introduction

In the year 2016 alone, approximately 300,000 children aged <5 years succumbed to diarrhea in sub-Saharan Africa [1]. Viral pathogens including rotavirus group A (RVA), adenovirus (type 40/41), astrovirus, norovirus (genogroup GI and GII) and sapovirus are among the top causative agents of severe diarrhea globally [2,3]. Understanding their epidemiological patterns such as prevalence, incidence, seasonality, clinical severity and infection age distribution in local settings is essential for designing and prioritizing interventions. Historically, RVA has been the single most important cause of severe childhood diarrhea, responsible for ~38% (95% CI: 4.8–73.4%) of hospital cases (<5 years) pre-vaccine introduction [4]. However, RVA prevalence has been rapidly declining since 2009 and was approximately 23% (95% CI: 0.7–57.7%) in 2016, in settings where the rotavirus vaccine was in use [4]. Due to the shared ecological niche and the apparent decline of all-cause gastroenteritis-associated hospital admissions, it has been hypothesized that rotavirus vaccination has likely impacted the epidemiology of the other enteric viruses [5]. However, there are contradicting reports on the specific impact of rotavirus vaccination on the prevalence of the individual enteric viruses—for example, norovirus [6,7]. This has not been adequately examined in African populations where diarrhea burden is highest. Kenya began rotavirus vaccination in July 2014 using the monovalent Rotarix® (RV1), derived from G1P[8] strain, administered at 6 and 10 weeks of life. RV1 vaccine coverage in Kenya has increased over time since 2014 but is varied by age group, number of doses and geographic region in Kenya [8]. Within Kilifi County, coastal Kenya, coverage in 2017 in <1-year-olds was 73% (at least one dose) vs. 65% (complete two doses), while in <12–24 month-olds, it was 86% (at least one dose) vs. 84% (complete two doses) [9].

The KEMRI/Wellcome Trust Research Programme (KWTRP) has been running surveillance of RVA since 2002 in children admitted to the Kilifi County Hospital (KCH). The current study screened archived diarrheal samples from KCH, spanning both the pre- and post-rotavirus vaccine introduction periods in Kenya for RVA, astrovirus, adenovirus (all serotypes), sapovirus and norovirus (only GII) using real-time reverse-transcription polymerase chain reaction (RT-PCR) approach. We update on the prevalence of these viral diarrheal agents and their seasonal patterns pre and post introduction of the rotavirus vaccination program in Kenya.

2. Results

2.1. Study Population Characteristics

Out of 2156 children aged <5 years who presented with diarrhea at KCH during the four selected years (2003, 2013, 2016 and 2019), 1397 (64.8%) provided a stool sample; see Table 1. Overall, the demographic characteristics of the eligible children sampled, and eligible children not sampled, differed in age strata distribution ($p = 0.001$) and discharge outcome ($p < 0.001$); see Table 1. The main reasons for failure to sample eligible children were as follows: death ($n = 21$, 2.8%), discharge or transfer before sample collection ($n = 296$, 40.0%), consent refusal ($n = 315$, 41.5%) or other ($n = 127$, 16.7%). Among the sampled cases, 984 (70.4%) had a specimen available and tested by real-time RT-PCR for the five enteric viruses, and these were included in subsequent analysis. The median age of the sampled participants was significantly higher for the post-vaccine introduction period compared to pre-vaccine introduction period ($p < 0.001$); see Table 2.

Table 1. Characteristics of children under 5 years of age admitted to Kilifi County Hospital (KCH), coastal Kenya, with diarrhea symptoms that were sampled versus those who were not sampled in the study.

Characteristics	All Subjects	Sampled (%)	Not Sampled (%)	*p*-Value
Total Admissions	2156	1397 (64.8)	759 (35.2)	
Admissions Per Year				
2003	1007 (46.7)	587 (42.0)	420 (55.3)	
2013	332 (15.4)	254 (18.2)	78 (10.3)	
2016	334 (15.5)	257 (18.4)	77 (10.1)	
2019	483 (22.4)	299 (21.4)	184 (24.2)	
Gender				0.838
Male	1262 (58.5)	815 (58.3)	447 (58.9)	
Female	894 (41.5)	582 (41.7)	312 (41.1)	
Age				
Median (IQR)	12.4 (7.7–20.5)	11.7 (7.4–19.7)	13.8 (8.5–22.1)	<0.001
Mean (SD)	15.7 (11.4)	15.0 (11.1)	16.9 (12.0)	<0.001
Age Group				0.001
0–11 Months	1045 (48.4)	718 (51.4)	326 (43.0)	
12–23 Months	716 (33.2)	444 (31.8)	272 (35.8)	
24–59 Months	396 (18.4)	235 (16.8)	161 (21.2)	

Table 1. *Cont.*

Characteristics	All Subjects	Sampled (%)	Not Sampled (%)	*p*-Value
Discharge Outcome (*n* = 2153) [#]				**<0.001**
Alive	1918 (88.9)	1306 (93.5)	612 (80.5)	
Dead	235 (10.9)	89 (6.4)	146 (19.3)	

SD means standard deviation; IQR means interquartile range. Not sampled: sample was not collected due to lack of consent, time-up, death and others. [#] Discharge outcome data for three subjects were missing.

Table 2. Characteristics of children under 5 years of age admitted to KCH, coastal Kenya, with diarrhea symptoms and tested pre-vaccine introduction versus those tested post-vaccine introduction.

Characteristics	Total	Pre-Vaccine Introduction (%)	Post-Vaccine Introduction (%)	*p*-Value
Number of Samples Tested	984	454 (46.1)	530 (53.9)	
Samples Tested (Year)				
2003	223	223	-	
2013	231	231	-	
2016	239	-	239	
2019	291	-	291	
Gender				0.847
Male	570 (57.9)	261 (57.5)	309 (58.3)	
Female	414 (42.1)	193 (42.5)	221 (41.7)	
Age				
Mean (SD)	15 (11.2)	13.4 (9.9)	16.3 (12)	<0.001
Median (IQR)	11.7 (7.3–19.3)	11.2 (6.8–16.5)	12.5 (7.9–21)	<0.001
Age group				0.003
0–11 Months	505 (51.3)	252 (55.5)	253 (47.7)	
12–23 Months	323 (32.8)	148 (32.6)	175 (33.0)	
24–59 Months	156 (15.9)	54 (11.9)	102 (19.3)	
Disease Severity in RVA Cases = *n* (139)				
Mild	12 (8.6)	7 (10.6)	5 (6.8)	0.441
Moderate	50 (36.0)	26 (39.4)	24 (32.9)	
Severe	77 (55.4)	33 (50)	44 (60.3)	
Discharge Outcome = *n* (982) [#]				0.556
Alive	925 (94.2)	425 (93.6)	500 (94.7)	
Dead	57 (5.8)	29 (6.4)	28 (5.3)	

SD means standard deviation; IQR means interquartile range; RVA means rotavirus group A. Values given are the counts and percentages are provided in brackets. [#] Discharge outcome for two subjects was missing. Disease Severity Was Calculated Using the Vesikari Clinical Severity Scoring System Manual [10].

2.2. Overall Virus Detection

Of the 984 samples analyzed, at least one of the viruses was detected in 401 samples (40.8%) at the real-time RT-PCR cycle threshold (Ct) value of <35.0. The lower the Ct value, the higher the virus titer in the sample. The detection frequency differed significantly for adenovirus ($p = 0.001$) and sapovirus ($p < 0.001$) pre- and post-rotavirus vaccine introduction when the Ct cut-off value was gradually lowered (<30, <35, <40), unlike for RVA, astrovirus and norovirus GII; see Figure 1. All our subsequent analyses were undertaken at Ct value <35.0 Single infections were detected in 354 specimens (36.0%) and included RVA (*n* = 149, 42.1%), adenovirus (*n* = 91, 25.7%), norovirus GII (*n* = 75, 21.2%), sapovirus (*n* = 20, 5.7%) and astrovirus (*n* = 18, 5.1%).

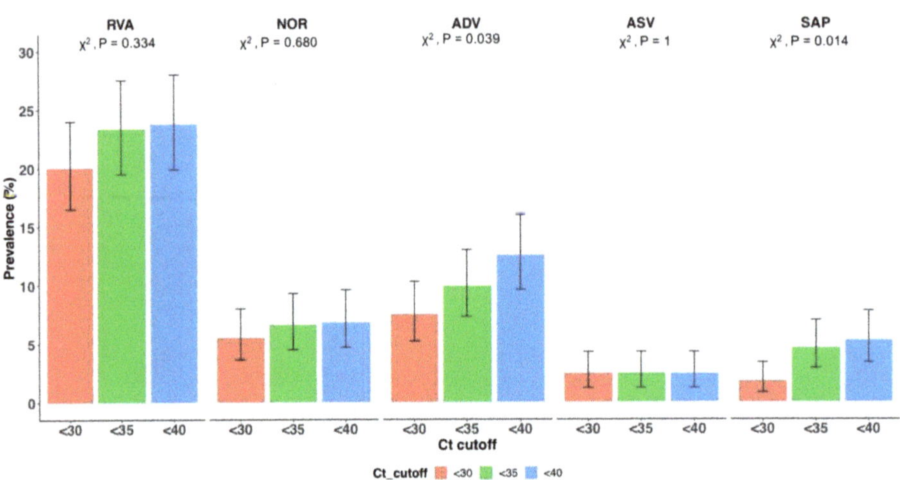

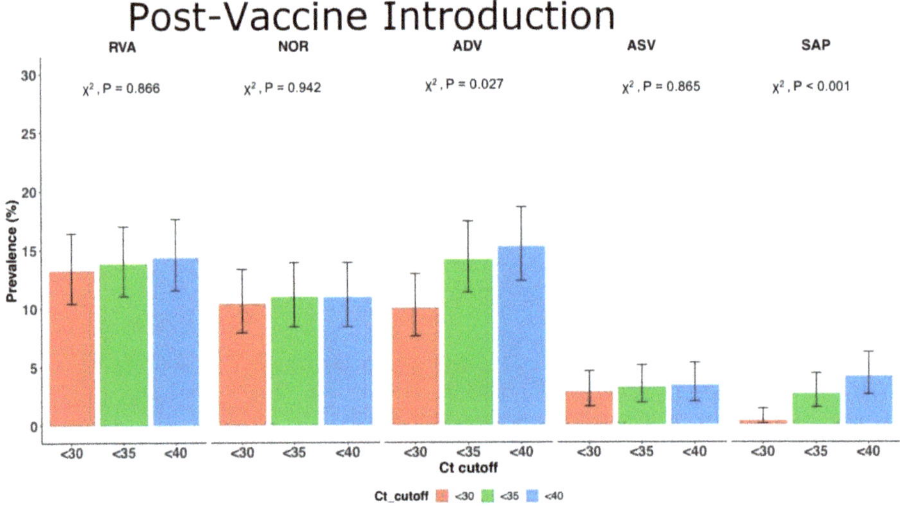

Figure 1. Detection frequency of RVA, adenovirus, norovirus GII, astrovirus and sapovirus at different cycle threshold (Ct) cutoffs for children under 5 years of age admitted to KCH Kenya with diarrhea symptoms. The error bars represent 95% confidence interval for the proportions. Proportions were compared using chi-square test. RVA stands for rotavirus group A, ADV stands for adenovirus, NOR stands for norovirus GII, ASV stands for astrovirus and SAP stands for sapovirus.

2.3. Patterns Pre-Post Vaccine Introduction

RVA showed a significant decrease (23.3% vs. 13.8%, $p < 0.001$) in prevalence while norovirus GII showed a significant increase (6.6% vs. 10.9%, $p = 0.02$) post-vaccine introduction compared to pre-vaccine introduction; see Table 3. There were no significant changes in the prevalence of astrovirus ($p = 0.585$), adenovirus ($p = 0.053$) and sapovirus ($p = 0.133$) pre- and post-RVA vaccine introduction (chi-squared (χ^2) test); see Table 3. Notably, norovirus GII had a gradual increase in prevalence across the four years, from 6.7% (95% CI: 3.8–10.9%) to 12.4% (95% CI: 8.8–16.7%); see Figure 2. RVA was the most commonly detected virus across all years, except in year 2019, in which adenovirus had the highest prevalence; see Figure 2.

Table 3. Comparison of the prevalence of viral detection in children under 5 years of age admitted to KCH Kenya with diarrhea symptoms pre- and post-rotavirus vaccine introduction.

Viruses Detected	Total	Pre-Vaccine Introduction (%)	Post-Vaccine Introduction (%)	*p*-Value
Samples Tested	984	454 (46.1)	530 (53.9)	
Rotavirus Group A	179 (18.2)	106 (23.3)	73 (13.8)	<0.001
Adenovirus	120 (12.2)	45 (9.9)	75 (14.2)	0.053
Norovirus GII	88 (8.9)	30 (6.6)	58 (10.9)	0.023
Astrovirus	28 (2.8)	11 (2.4)	17 (3.2)	0.585
Sapovirus	35 (3.6)	21 (4.6)	14 (2.6)	0.133

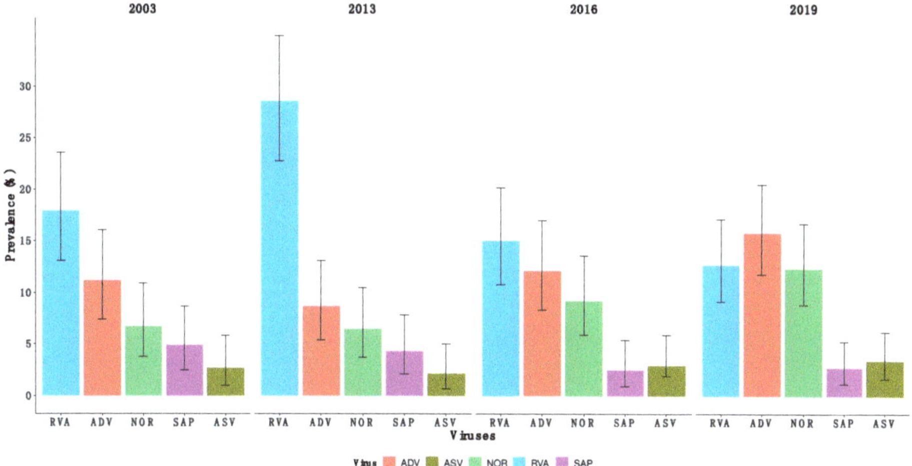

Figure 2. Prevalence of RVA, adenovirus, norovirus GII, astrovirus and sapovirus in 2003, 2013, 2016 and 2019 in children under 5 years of age admitted to KCH Kenya with diarrhea symptoms. The error bars represent 95% confidence interval for the proportions. Proportions were compared using chi-square test. Abbreviations used for viruses as in Figure 1.

Notably, RVA and sapovirus cases in the post-vaccine introduction period had statistically significant lower and higher median Ct values, respectively, compared to the pre-vaccine period (Wilcoxon, *p* value < 0.001); see Figure 3. This was not observed for the other three screened viruses pre- and post-rotavirus vaccine introduction. The median age of the RVA positive cases was significantly higher for the post-vaccine introduction period (14.0 months) compared to the pre-vaccine introduction period (10.4 months) (Wilcoxon, *p* < 0.001). A similar shift was not observed for the other viruses; see Figure 4.

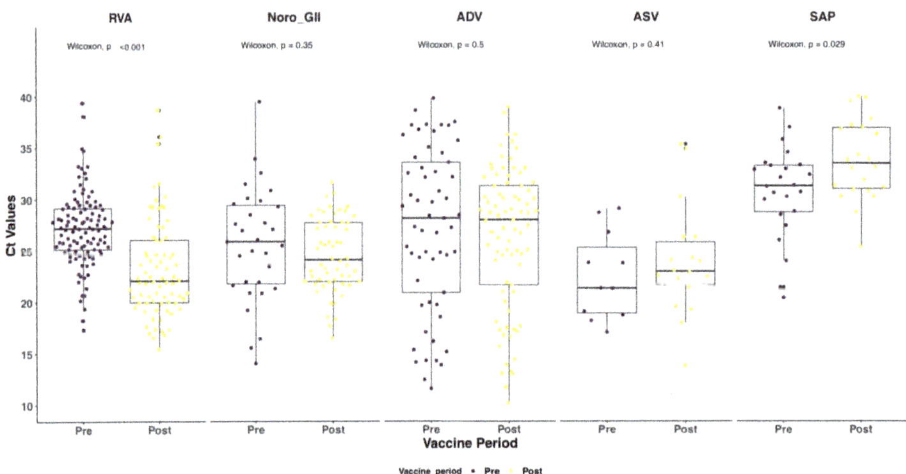

Figure 3. Distribution of Ct values among cases under 5 years of age admitted to KCH Kenya with diarrhea symptoms pre- and post-vaccine introduction. RVA stands for rotavirus group A, ADV stands for adenovirus, NOR GII stands for norovirus GII, ASV stands for astrovirus and SAP stands for sapovirus.

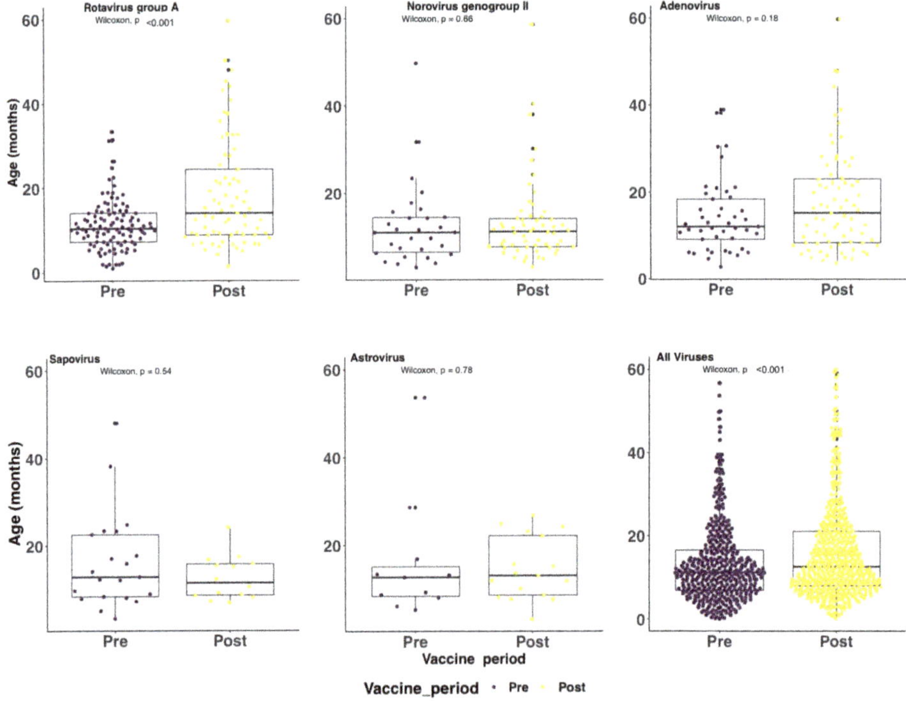

Figure 4. Distribution of age in months among cases under 5 years of age admitted to KCH Kenya with diarrhea symptoms pre- and post-vaccine introduction.

2.4. Virus Coinfections (i.e., Two or More Viruses in a Single Specimen)

These were detected in 47 specimens (4.8%). In 583 specimens (59.2%), none of the targeted viruses was detected. The prevalence of coinfections pre-vaccine was 4.4% (95% CI: 2.7–6.7%), while in the post-vaccine introduction period, this value was 5.7% (95% CI: 3.9–8.0%), p = 0.454. RVA and astrovirus were the most common coinfections in the pre-vaccine introduction period (n = 6), while in the post-vaccine introduction period, it was RVA and adenovirus (n = 15); see Table 4.

Table 4. Coinfections pre- and post-rotavirus vaccine introduction. RVA stands for rotavirus group A, ADV stands for adenovirus, NOR GII stands for norovirus GII, ASV stands for astrovirus and SAP stands for sapovirus.

PATHOGEN COINFECTION	PRE-VACCINE INTRODUCTION	POST-VACCINE INTRODUCTION
RVA & NOR GII	1	2
RVA & ADV	2	15
RVA & ASV	3	0
RVA & SAP	6	1
NOR GII& ADV	3	4
NOR GII & ASV	0	1
NOVGII & SAP	2	1
ADV & ASV	1	3
ADV & SAP	1	1
ASV & SAP	1	2

Abbreviations used for viruses as in Figure 3.

2.5. Circulating RVA Genotypes Pre- and Post-Vaccine Introduction

G1P[8] was the predominant RVA genotype pre vaccine introduction. However, in the post-vaccine introduction period, the predominant genotypes were G2P[4] (2016) and G3P[8] (2019); see Table 5.

Table 5. Frequency of RVA genotypes detected in coastal Kenya pre- (2003 and 2013) and post- (2016 and 2019) vaccine introduction.

Year	2003		2013		2016		2019	
	No. of Cases	%	No. of Cases	%	No. of Cases	%	No. of Cases	%
RVA Positive	40		66		36		37	
Genotyped	2	5.0	48	72.7	34	94.4	36	97.3
Genotypes								
G1P[8]	1	50.0	43	89.6	5	14.7	1	2.8
G2P[4]	-	-	2	4.2	29	85.3	-	-
G3P[8]	-	-	1	2.1	-	-	34	94.4
G9P[8]	1	50.0	1	2.1	-	-	-	-
G10P[8]	-	-	1	2.1	-	-	-	-
G8P[8]	-	-	-	-	-	-	1	2.8

2.6. Seasonality of the Detected Viruses

We constrained this analysis to the years 2013, 2016 and 2019, where >70% of the eligible patients had been analyzed. Pre-vaccine introduction (in 2013), for RVA, there were two peak months, in June and September. However, post-vaccine introduction (in 2016 and 2019), there was only a single peak month for RVA in September and August, respectively. For norovirus GII, cases were observed throughout the year, with peak months varying from year-to-year, in July, April and June in 2013, 2016 and 2019, respectively. Similarly, adenovirus cases appeared to occur throughout the year, with two peak months in 2013 (June and September) and one peak month in 2016 and 2019 (August for both). For sapovirus and astrovirus, we observed less than five cases monthly between January and August and no cases in the last quarter of each the three years; see Figure 5.

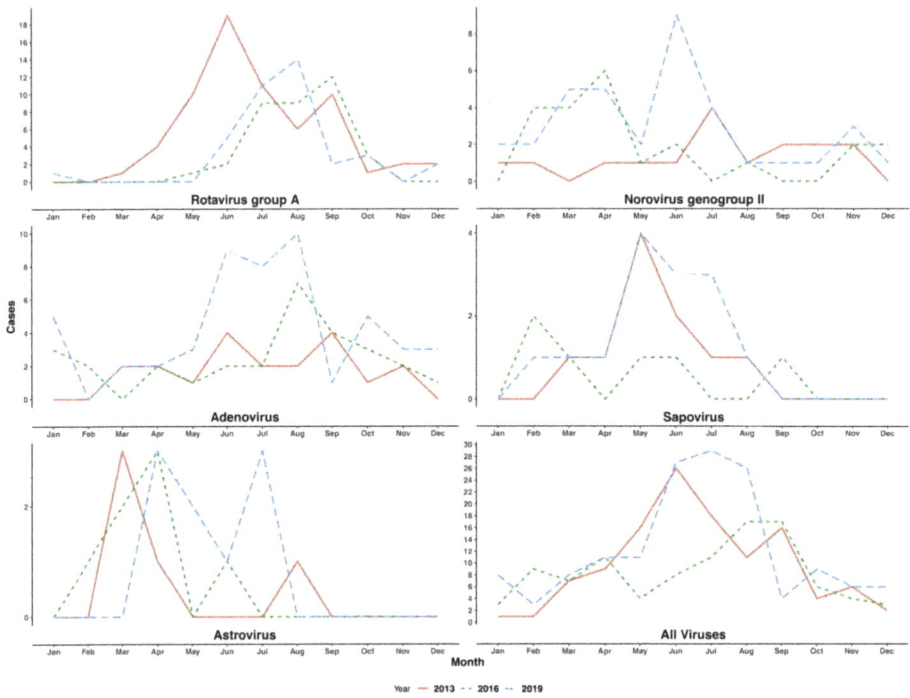

Figure 5. The frequency of detection of RVA, adenovirus, norovirus GII, astrovirus and sapovirus by month in children under 5 years of age admitted to KCH Kenya with diarrhea in 2013, 2016 and 2019.

2.7. Primer/Probe Mismatches with Contemporary Sequences

Nucleotide mismatches were observed in either or both the primers and probes and the viral target sequences for all the viruses except for norovirus GII; see Figure 6. The RVA forward primer had a G-A and A-G mismatches at positions 12 and 15, respectively. Adenovirus had two mismatches in the forward primer (C-G and G-A), three mismatches in the probe (C-T, C-T and T-C) and two mismatches in the reverse primer (T-C and C-T), and none of them were within five bases of the 3′ end. Mismatches within the sapovirus primer/probe binding sites were pronounced in sapovirus genogroup V and included six mismatches in the forward primer, three mismatches in the probe and two mismatches in the reverse primer. Some of the mismatches were within five bases of the 3′ end (forward primer: C-G, probe: T-C, reverse primer: A-C and T-C). Astrovirus primers and probe did not have pronounced mismatches present in all the sequences—rather, they had mismatches in individual sequences; see Figure 6.

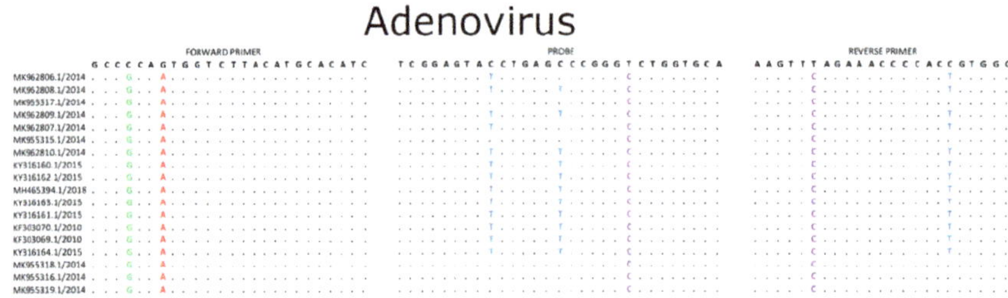

Figure 6. *Cont.*

Astrovirus

Norovirus GII

Rotavirus group A

Sapovirus

Figure 6. The primers and probes target sites for RVA, adenovirus and norovirus GII, sapovirus and astrovirus were aligned using MAFFT v.7.31313 and the alignments were trimmed to the region of the primer and probe target sites. Nucleotide differences between the expected primer and probe target sites and the viral sequences were identified and highlighted. Dots indicate identity with primer or probe sequences.

3. Discussion

We observed a significant decrease in the prevalence of RVA in the post-vaccine introduction period in KCH, concurring with findings of a recent multi-site study in Kenya that reported RVA vaccine effectiveness of ~64% (95% CI: 35–80%) and a reduction in rotavirus-associated hospital admissions two years post-vaccine introduction of ~80% (95% CI: 46–93%) [9,11]. Note that Kenya rotavirus vaccine coverage was considered medium in 2018 (70–79%) [12]. Our pre- and post-vaccine introduction analysis observed a significant increase in the prevalence of norovirus GII in KCH post-rotavirus vaccine introduction, as similarly observed in the United States, Nicaragua and Bolivia following RVA vaccine introduction [13–15]. It is unclear if this has been driven by an established biological interaction between these two viruses or that this reflects natural norovirus GII fluctuation in prevalence across multiple years.

The shift in the predominant genotypes pre- and post-vaccine introduction from G1P[8] to G2P[4] in 2016 and G3P[8] in 2019 in our setting has also been described elsewhere, e.g., in Belgium, Madagascar and Ethiopia [16–18]. G3P[8] was the predominant genotype in this setting in 2018 [19] and it continued being the dominant genotype in 2019. Although these dominant post-vaccine genotypes are either partially or fully heterotypic to the Rotarix G1P[8] strain, in their surface exposed immunodominant proteins, there is not enough evidence yet to directly attribute their increased incidence to vaccine introduction [20]. Additional analysis will help to bring better understanding on the reason behind their dominance.

Despite RV vaccine introduction in Kilifi, Kenya, no significant difference was observed in the discharge outcome for all causes of diarrhea pre- and post-rotavirus vaccine introduction. We suggest two explanations for this. Firstly, the majority of the children who were eligible to be in this study and died did not have a sample collected to determine their RVA and other enteric pathogens' status. Secondly, inpatient mortality of children treated for diarrhea in Kilifi County Hospital has been previously found to be predicted by a positive HIV test, bacteremia and poor nutritional status [21]. This may have not changed pre- or post-introduction of rotavirus vaccination.

RVA Ct values were decreased in post-vaccine samples compared to pre-vaccination years. This was despite RVA disease severity remaining unchanged between the two periods. Different extraction methods were used to process the samples between 2003, 2013 and 2016, 2019. However, according to Liu et al., the difference in the extraction methods for enteric pathogen studies is not significant, except for norovirus GII, which showed a higher Ct value with kits targeting RNA purification alone compared to those targeting total nucleic acid (TNA) (difference within 1 Ct value). Different extraction kits were used in this study because raw stool samples from 2003 to 2016 were already destroyed following a directive by the WHO in 2016 that was part of the larger global polio eradication effort.

It has been previously noted the introduction to rotavirus vaccines may result in the shift of diarrhea disease burden to slightly older age groups [20]. Our study found a significant increase in the median age of diarrhea cases post-vaccine introduction (12.5 months) compared 11.2 months pre-introduction. This in part may be explained by the higher immunity at both individual and population levels against rotavirus that wanes as children grow older.

On local seasonality patterns, in each year, a peak month(s) of occurrence was observed for RVA, norovirus GII, sapovirus and adenovirus but not astrovirus. The Kilifi area has a tropical climate with two rainy seasons; the main rains usually peak in May (up to July) while the short rains usually peak in November (can run from October to December). RVA and adenovirus appeared to peak in the dry months while norovirus GII and sapovirus peaked in the rainy season. Similar patterns in the seasonality of RVA, adenovirus, norovirus GII and sapovirus have been observed elsewhere [22–25]. The seasonality of astrovirus is not well described.

The performance of qPCR assays can be impacted by mismatches within the last five bases at the 3′ end of primers and probe or/and the number of mismatches being more than five in the primers and probe [26,27]. The mismatches observed in the primer and probe binding sites of adenovirus, astrovirus and sapovirus may have impaired the real-time PCR function by blocking the amplification or increasing the quantification cycles. Consequently, this may have impacted the estimated frequency of detection of these viruses. Unlike for RVA, the magnitude of the mismatches in qPCR function could have been shown better using recent local sequences of the other viruses.

This study had limitations: firstly, we did not analyze healthy children in the community to inform on the background prevalence of the five viruses in our study population. Secondly, the adenovirus assay was not specific to type 40/41 alone; thus, some of the adenoviruses detected may not be associated with diarrhea. Thirdly, a significant number of eligible cases were not sampled, including those who died before sampling. This potentially biased prevalence of the screened pathogens in the study population. Fourthly, extracting TNA from samples after many years of storage could lead to lower Ct values due to deterioration. Finally, the seasonality of examined pathogens will be best described if we examine more years.

In conclusion, we found a significant decline in the prevalence of rotavirus in hospitalized children in coastal Kenya after rotavirus vaccine introduction. This finding reinforces evidence of the continued benefit of rotavirus vaccination in this setting. Concomitantly, there has been a surge in norovirus GII prevalence, but the factors driving this increase are unclear and will require future investigation. The observation that the screened viruses peak at different times of the year also would benefit further investigation in order to understand drivers of their transmission and inform the design of effective intervention measures.

4. Materials and Methods

4.1. Study Site and Population

This study was undertaken at KCH, a referral hospital serving the Kilifi County population, which is majorly a rural population. We utilized stool specimens collected during routine surveillance of rotavirus in children with diarrhea as one of their illness symptoms, aged below five years and admitted to KCH [9,11]. Diarrhea was defined as observation of three or more loose stools in the preceding 24-h period. In this study, we selected two pre-vaccine years (2003 and 2013) and two post-vaccine years (2016 and 2019) for analysis. A stool specimen was collected from children who met the diarrhea case-definition following parental or guardian consent. The study protocol was approved by the Scientific and Ethics Review Unit (SSC#2861 and SERU#CGMRC/113/3624) based at KEMRI, Nairobi, Kenya.

4.2. Laboratory Methods

Irrespective of their previously determined rotavirus status, TNA were extracted from 0.2 g of 2003 and 2013 specimens (or 200 µL if liquid) using the cador Pathogen 96 QIAcube HT Kit (Qiagen, Manchester, UK). For 2016 and 2019 specimens, TNA were extracted using QIAamp Fast DNA Stool Mini kit (Qiagen, Manchester, UK) as per the manufacturer's instructions. Fecal specimens from the post-vaccine period (0.2 mg or 200 µL) were subjected to bead beating prior to TNA extraction and collected in a 200 µL of elution buffer [28].

The TNA extracts were screened for the five viruses by a two-step real-time RT-PCR assay [29]. First, cDNA was synthesized in a total volume of 20 µL using random hexamers and 5µL of TNA using the Omniscript Reverse Transcriptase kit (Qiagen, Manchester, UK), as per the manufacturer's instructions. Two µL of the cDNA was henceforth used for real-time RT-PCR in a total volume of 20 µL using the QuantiFast RT-PCR Kit (Qiagen, Manchester, UK) and run on the ABI 7500 Real-Time PCR System (Applied Biosystems, Foster City, CA, USA). Primers and probes were adopted from previously published work [30]. The presence of nucleotide mismatches in the primer and probe binding sites was investigated by aligning the primers/probes to genomic sequences deposited in GenBank from 2010 to 2019, using MAFFT v.7.313 [31]. The adenovirus probe/primer pair used in this study detected adenovirus serotypes beyond type 40/41. We used three Ct cut-off values (<40.0, <35.0

and <30.0) to define positive samples. Samples that were positive for RVA in 2003, 2013, 2016 and 2019 were processed for RVA genotyping using VP4 and VP7 RT-PCR, followed by either dideoxy sanger sequencing, as described elsewhere [19], or next-generation sequencing on the Illumina Miseq platform [32].

4.3. Statistical Analysis

All statistical analyses were performed using R version 3.6.1 [33]. Prevalence was defined as the proportion of these viruses in a hospital-admitted diarrhea patient population during the study period in Kilifi, Kenya. Means and medians of continuous variables were compared using a Kruskal Wallis and Wilcoxon rank-sum test, respectively. Binary data were summarized using proportions and comparisons between groups made using χ^2 statistics. A p value of <0.05 was considered statistically significant. Diarrhea severity in RVA positive cases pre- (year 2013) and post- (years 2016 and 2019) was assessed using the Vesikari Clinical Severity Scoring System Manual [10], with a modification in the treatment parameter. If the participant was given oral rehydration therapy or intravenous fluid therapy, they received a score of one or two, respectively.

Author Contributions: Conceptualization, A.W.L. and C.N.A.; methodology, A.W.L. and C.N.A.; formal analysis, A.W.L., N.M. and C.N.A.; investigation, A.W.L., S.O., C.S.L. and C.N.A.; resources, D.J.N. and C.N.A.; data curation, A.W.L. and N.M.; writing—original draft preparation, A.W.L.; writing—review and editing, A.W.L., S.O., N.M., C.S.L., S.G.N. and C.N.A.; visualization, A.W.L. supervision, S.G.N. and C.N.A., project administration, C.N.A.; funding acquisition, C.N.A. All authors have read and agreed to the published version of the manuscript.

Funding: This study was funded by the Wellcome Trust (102975,203077) The authors Arnold Lambisa, Sylvia Onchaga and Charles Agoti were supported by the Initiative to Develop African Research Leaders (IDeAL) through the DELTAS Africa Initiative (DEL-15-003). The DELTAS Africa Initiative is an independent funding scheme of the African Academy of Sciences (AAS)'s Alliance for Accelerating Excellence in Science in Africa (AESA) and supported by the New Partnership for Africa's Development Planning and Coordinating Agency (NEPAD Agency) with funding from the Wellcome Trust (107769/Z/10/Z) and the UK government. The views expressed in this publication are those of the authors and not necessarily those of AAS, NEPAD Agency, Wellcome Trust or the UK government. This paper is published with the permission of the Director of KEMRI.

Acknowledgments: We thank all the study participants for their contribution of study samples, their parents/guardians, members of the viral epidemiology and control research group (http://virec-group.org/) and colleagues at the KEMRI Wellcome Trust Research Programme for their useful discussions during the preparation of the manuscript. We are grateful to James Nokes of KEMRI-Wellcome Trust for his comments and suggestions on the presentation of this work This paper is published with the permission of the Director of KEMRI.

Conflicts of Interest: The authors declare no conflict of interest.

References

1. Troeger, C.; Blacker, B.F.; Khalil, I.A.; Rao, P.C.; Cao, S.; Zimsen, S.R.; Albertson, S.B.; Stanaway, J.D.; Deshpande, A.; Abebe, Z.; et al. Estimates of the global, regional, and national morbidity, mortality, and aetiologies of diarrhoea in 195 countries: A systematic analysis for the Global Burden of Disease Study 2016. *Lancet Infect. Dis.* **2018**, *18*, 1211–1228. [CrossRef]
2. Platts-Mills, J.A.; Liu, J.; Rogawski, E.T.; Kabir, F.; Lertsethtakarn, P.; Siguas, M.; Khan, S.S.; Praharaj, I.; Murei, A.; Nshama, R.; et al. Use of quantitative molecular diagnostic methods to assess the aetiology, burden, and clinical characteristics of diarrhoea in children in low-resource settings: A reanalysis of the MAL-ED cohort study. *Lancet Glob. Health* **2018**, *6*, e1309–e1318. [CrossRef]
3. Liu, J.; Platts-Mills, J.A.; Juma, J.; Kabir, F.; Nkeze, J.; Okoi, C.; Operario, D.J.; Uddin, J.; Ahmed, S.; Alonso, P.L.; et al. Use of quantitative molecular diagnostic methods to identify causes of diarrhoea in children: A reanalysis of the GEMS case-control study. *Lancet* **2016**. [CrossRef]
4. Aliabadi, N.; Antoni, S.; Mwenda, J.M.; Weldegebriel, G.; Biey, J.N.M.; Cheikh, D.; Fahmy, K.; Teleb, N.; Ashmony, H.A.; Ahmed, H.; et al. Global impact of rotavirus vaccine introduction on rotavirus hospitalisations among children under 5 years of age, 2008–2016: Findings from the Global Rotavirus Surveillance Network. *Lancet Glob. Health* **2019**, *7*, e893–e903. [CrossRef]

5. Yu, W.J.; Chen, S.Y.; Tsai, C.N.; Chao, H.C.; Kong, M.S.; Chang, Y.J.; Chiu, C.H. Long-term impact of suboptimal rotavirus vaccines on acute gastroenteritis in hospitalized children in Northern Taiwan. *J. Formos. Med. Assoc.* **2018**, *117*, 720–726. [CrossRef] [PubMed]

6. Muhsen, K.; Kassem, E.; Rubenstein, U.; Goren, S.; Ephros, M.; Shulman, L.M.; Cohen, D. No evidence of an increase in the incidence of norovirus gastroenteritis hospitalizations in young children after the introduction of universal rotavirus immunization in Israel. *Hum. Vaccines Immunother.* **2019**, *15*, 1284–1293. [CrossRef]

7. Halasa, N.; Piya, B.; Stewart, L.S.; Rahman, H.; Payne, D.C.; Woron, A.; Thomas, L.; Constantine-Renna, L.; Garman, K.; McHenry, R.; et al. The Changing Landscape of Pediatric Viral Enteropathogens in the Post-Rotavirus Vaccine Era. *Clin. Infect. Dis.* **2020**, *53*, 1689–1699. [CrossRef]

8. Wandera, E.A.; Mohammad, S.; Ouko, J.O.; Yatitch, J.; Taniguchi, K.; Ichinose, Y. Variation in rotavirus vaccine coverage by sub-counties in Kenya. *Trop. Med. Health* **2017**. [CrossRef]

9. Otieno, G.P.; Bottomley, C.; Khagayi, S.; Adetifa, I.; Ngama, M.; Omore, R.; Ogwel, B.; Owor, B.E.; Bigogo, G.; Ochieng, J.B.; et al. Impact of the Introduction of Rotavirus Vaccine on Hospital Admissions for Diarrhea Among Children in Kenya: A Controlled Interrupted Time-Series Analysis. *Clin. Infect. Dis.* **2019**, 1–8. [CrossRef]

10. Lewis, K. Vesikari Clinical Severity Scoring System Manual. Path. 2011, pp. 1–50. Available online: https://www.path.org/publications/files/VAD_vesikari_scoring_manual.pdf (accessed on 22 July 2020).

11. Khagayi, S.; Omore, R.; Otieno, G.P.; Ogwel, B.; Ochieng, J.B.; Juma, J.; Apondi, E.; Bigogo, G.; Onyango, C.; Ngama, M.; et al. Effectiveness of monovalent rotavirus vaccine against hospitalization with acute rotavirus gastroenteritis in Kenyan children. *Clin. Infect. Dis.* **2020**, *70*, 2298–2305. [CrossRef]

12. VIEW-hub, International Vaccine Access Center (IVAC), Johns Hopkins Bloomberg School of Public Health. Available online: https://view-hub.org/map/?set=wuenic-coverage&group=vaccine-coverage&category=rv (accessed on 31 July 2020).

13. Bucardo, F.; Reyes, Y.; Svensson, L.; Nordgren, J. Predominance of norovirus and sapovirus in nicaragua after implementation of universal rotavirus vaccination. *PLoS ONE* **2014**, *9*, e98201. [CrossRef] [PubMed]

14. McAtee, C.L.; Webman, R.; Gilman, R.H.; Mejia, C.; Bern, C.; Apaza, S.; Espetia, S.; Pajuelo, M.; Saito, M.; Challappa, R.; et al. Burden of norovirus and rotavirus in children after rotavirus vaccine introduction, Cochabamba, Bolivia. *Am. Trop. Med. Hyg.* **2016**. [CrossRef] [PubMed]

15. Payne, D.C.; Vinjé, J.; Szilagyi, P.G.; Edwards, K.M.; Staat, M.A.; Weinberg, G.A.; Hall, C.B.; Chappell, J.; Bernstein, D.I.; Curns, A.T.; et al. Norovirus and medically attended gastroenteritis in US children. *N. Engl. J. Med.* **2013**. [CrossRef] [PubMed]

16. Gelaw, A.; Pietsch, C.; Liebert, U.G. Molecular epidemiology of rotaviruses in Northwest Ethiopia after national vaccine introduction. *Infect. Genet. Evol.* **2018**. [CrossRef] [PubMed]

17. Rahajamanana, V.L.; Raboba, J.L.; Rakotozanany, A.; Razafindraibe, N.J.; Andriatahirintsoa, E.J.P.R.; Razafindrakoto, A.C.; Mioramalala, S.A.; Razaiarimanga, C.; Weldegebriel, G.G.; Burnett, E.; et al. Impact of rotavirus vaccine on all-cause diarrhea and rotavirus hospitalizations in Madagascar. *Vaccine* **2018**. [CrossRef] [PubMed]

18. Zeller, M.; Rahman, M.; Heylen, E.; De Coster, S.; De Vos, S.; Arijs, I.; Novo, L.; Verstappen, N.; Van Ranst, M.; Matthijnssens, J. Rotavirus incidence and genotype distribution before and after national rotavirus vaccine introduction in Belgium. *Vaccine* **2010**. [CrossRef]

19. Mwanga, M.J.; Owor, B.E.; Ochieng, J.B.; Ngama, M.H.; Ogwel, B.; Onyango, C.; Juma, J.; Njeru, R.; Gicheru, E.; Otieno, G.P.; et al. Rotavirus group A genotype circulation patterns across Kenya before and after nationwide vaccine introduction, 2010–2018. *BMC Infect. Dis.* **2020**, *20*, 504. [CrossRef]

20. Pitzer, V.E.; Bilcke, J.; Heylen, E.; Crawford, F.W.; Callens, M.; De Smet, F.; Van Ranst, M.; Zeller, M.; Matthijnssens, J. Did Large-Scale Vaccination Drive Changes in the Circulating Rotavirus Population in Belgium? *Sci. Rep.* **2015**, *5*, 1–14. [CrossRef]

21. Talbert, A.; Ngari, M.; Bauni, E.; Mwangome, M.; Mturi, N.; Otiende, M.; Maitland, K.; Walson, J.; Berkley, J.A. Mortality after inpatient treatment for diarrhea in children: A cohort study. *BMC Med.* **2019**. [CrossRef]

22. Ahmed, S.M.; Lopman, B.A.; Levy, K. A Systematic Review and Meta-Analysis of the Global Seasonality of Norovirus. *PLoS ONE* **2013**, *8*, e75922. [CrossRef]

23. Dey, S.K.; Phathammavong, O.; Nguyen, T.D.; Thongprachum, A.; Chan-It, W.; Okitsu, S.; Mizuguchi, M.; Ushijima, H. Seasonal pattern and genotype distribution of sapovirus infection in Japan, 2003–2009. *Epidemiol. Infect.* **2012**, *140*, 74–77. [CrossRef] [PubMed]

24. Omore, R.; Tate, J.E.; O'Reilly, C.E.; Ayers, T.; Williamson, J.; Moke, F.; Schilling, K.A.; Awuor, A.O.; Jaron, P.; Ochieng, J.B.; et al. Epidemiology, seasonality and factors associated with rotavirus infection among children with moderate-to-severe diarrhea in rural western Kenya, 2008–2012: The Global Enteric Multicenter Study (GEMS). *PLoS ONE* **2016**, *11*, e0160060. [CrossRef] [PubMed]

25. Vetter, M.R.; Staggemeier, R.; Vecchia, A.D.; Henzel, A.; Rigotto, C.; Spilki, F.R. Seasonal variation on the presence of adenoviruses in stools from non-diarrheic patients. *Braz. J. Microbiol.* **2015**, *46*, 749–752. [CrossRef] [PubMed]

26. Stadhouders, R.; Pas, S.D.; Anber, J.; Voermans, J.; Mes, T.H.; Schutten, M. The effect of primer-template mismatches on the detection and quantification of nucleic acids using the 5′ nuclease assay. *Mol. Diagn.* **2010**, *12*, 109–117. [CrossRef]

27. Lefever, S.; Pattyn, F.; Hellemans, J.; Vandesompele, J. Single-nucleotide polymorphisms and other mismatches reduce performance of quantitative PCR assays. *Clin. Chem.* **2013**, *59*, 1470–1480. [CrossRef]

28. Liu, J.; Gratz, J.; Amour, C.; Nshama, R.; Walongo, T.; Maro, A.; Mduma, E.; Platts-Mills, J.; Boisen, N.; Nataro, J.; et al. Optimization of quantitative PCR methods for enteropathogen detection. *PLoS ONE* **2016**, *11*, e0158199. [CrossRef]

29. Bennett, S.; Gunson, R.N. The development of a multiplex real-time RT-PCR for the detection of adenovirus, astrovirus, rotavirus and sapovirus from stool samples. *Virol. Methods* **2017**, *242*, 30–34. [CrossRef]

30. Van Maarseveen, N.M.; Wessels, E.; de Brouwer, C.S.; Vossen, A.C.; Claas, E.C. Diagnosis of viral gastroenteritis by simultaneous detection of Adenovirus group F, Astrovirus, Rotavirus group A, Norovirus genogroups I and II, and Sapovirus in two internally controlled multiplex real-time PCR assays. *Clin. Virol.* **2010**. [CrossRef]

31. Katoh, K.; Standley, D.M. MAFFT multiple sequence alignment software version 7: Improvements in performance and usability. *Mol. Biol. Evol.* **2013**. [CrossRef]

32. Magagula, N.B.; Esona, M.D.; Nyaga, M.M.; Stucker, K.M.; Halpin, R.A.; Stockwell, T.B.; Seheri, M.L.; Steele, A.D.; Wentworth, D.E.; Mphahlele, M.J. Whole genome analyses of G1P[8] rotavirus strains from vaccinated and non-vaccinated South African children presenting with diarrhea. *Med. Virol.* **2015**, *87*, 79–101. [CrossRef]

33. R Core Team. *R: A Language and Environment for Statistical Computing*; R Foundation for Statistical Computing: Vienna, Austria, 2019. Available online: https://www.R-project.org/ (accessed on 22 October 2019).

pathogens

Article

Genotype Diversity before and after the Introduction of a Rotavirus Vaccine into the National Immunisation Program in Fiji

Sarah Thomas [1,*], Celeste M. Donato [1,2], Sokoveti Covea [3], Felisita T. Ratu [3], Adam W. J. Jenney [4,5,6], Rita Reyburn [4,6], Aalisha Sahu Khan [3], Eric Rafai [3], Varja Grabovac [7], Fatima Serhan [8], Julie E. Bines [1,2,9,†] and Fiona M. Russell [4,6,†]

1   Enteric Diseases Group, Murdoch Children's Research Institute, Parkville, VIC 3052, Australia; celeste.donato@mcri.edu.au (C.M.D.); jebines@unimelb.edu.au (J.E.B.)
2   Department of Paediatrics, The University of Melbourne, Parkville, VIC 3052, Australia
3   Ministry of Health and Medical Services, Suva, Fiji; soccovea@gmail.com (S.C.); tupou.ratu@gmail.com (F.T.R.); aalisha@gmail.com (A.S.K.); eric.rafai@govnet.gov.fj (E.R.)
4   Asia-Pacific Health Group, Murdoch Children's Research Institute, Parkville, VIC 3052, Australia; jenneya@unimelb.edu.au (A.W.J.J.); buaha@gmail.com (R.R.); fmruss@unimelb.edu.au (F.M.R.)
5   College of Medicine, Nursing and Health Sciences, Fiji National University, Suva, Fiji
6   Centre for International Child Health, Department of Paediatrics, The University of Melbourne, Parkville, VIC 3052, Australia
7   Western Pacific Regional Office, World Health Organization, Manila 1000, Philippines; grabovacv@who.int
8   World Health Organization, 1202 Geneva, Switzerland; serhanfa@who.int
9   Department of Gastroenterology and Clinical Nutrition, Royal Children's Hospital, Parkville, VIC 3052, Australia
*   Correspondence: sarah.thomas@mcri.edu.au; Tel.: +61-3-8341-6451
†   These authors contributed equally.

Citation: Thomas, S.; Donato, C.M.; Covea, S.; Ratu, F.T.; Jenney, A.W.J.; Reyburn, R.; Sahu Khan, A.; Rafai, E.; Grabovac, V.; Serhan, F.; et al. Genotype Diversity before and after the Introduction of a Rotavirus Vaccine into the National Immunisation Program in Fiji. *Pathogens* **2021**, *10*, 358. https://doi.org/10.3390/pathogens10030358

Academic Editor: Thirumalaisamy P. Velavan

Received: 8 February 2021
Accepted: 12 March 2021
Published: 17 March 2021

Publisher's Note: MDPI stays neutral with regard to jurisdictional claims in published maps and institutional affiliations.

Abstract: The introduction of the rotavirus vaccine, Rotarix, into the Fiji National Immunisation Program in 2012 has reduced the burden of rotavirus disease and hospitalisations in children less than 5 years of age. The aim of this study was to describe the pattern of rotavirus genotype diversity from 2005 to 2018; to investigate changes following the introduction of the rotavirus vaccine in Fiji. Faecal samples from children less than 5 years with acute diarrhoea between 2005 to 2018 were analysed at the WHO Rotavirus Regional Reference Laboratory at the Murdoch Children's Research Institute, Melbourne, Australia, and positive samples were serotyped by EIA (2005–2006) or genotyped by heminested RT-PCR (2007 onwards). We observed a transient increase in the zoonotic strain equine-like G3P[8] in the initial period following vaccine introduction. G1P[8] and G2P[4], dominant genotypes prior to vaccine introduction, have not been detected since 2015 and 2014, respectively. A decrease in rotavirus genotypes G2P[8], G3P[6], G8P[8] and G9P[8] was also observed following vaccine introduction. Monitoring the rotavirus genotypes that cause diarrhoeal disease in children in Fiji is important to ensure that the rotavirus vaccine will continue to be protective and to enable early detection of new vaccine escape strains if this occurs.

Keywords: rotavirus; Fiji; Rotarix; genotype; equine-like G3P[8]

1. Introduction

Rotavirus is the most common cause of severe diarrhoea in children under 5 years of age worldwide. In 2016, rotavirus was responsible for 258 million episodes of diarrhoea and was attributed to ~128,500 deaths in children under 5 years, with the majority occurring in countries in Asia and Africa [1]. Genotyping of rotavirus strains underpins global rotavirus surveillance. The binomial classification of rotavirus genotypes is based on the outer capsid proteins VP7 and VP4 that define G and P genotypes, respectively [2]. There are 36 G types and 51 P types described in humans and various animal species to date; however, the most common rotavirus genotypes observed in humans are the VP7 genotypes: G1, G2, G3, G4 and G9 and the VP4 genotypes: P[4] and P[8], representing three quarters of all genotypes causing human disease [3,4]. Previously uncommon genotypes including G12 and equine-like G3P[8] genotypes are increasingly being identified as a cause of rotavirus disease globally [5,6].

Fiji is a Pacific Island Nation with a population of approximately 837,271 [7]. Although designated as an upper middle-income country, it was estimated that prior to the COVID-19 pandemic, 24% of the population were living in poverty [7]. The child under-5-year mortality rate in Fiji was reported as 25.7 deaths per 1000 live births in 2019 [8]. Rotavirus was a major cause of diarrhoea-related hospitalisations in Fiji prior to rotavirus vaccine introduction, detected in 52% (2006) and 60% (2007) of children less than 5 years hospitalised with acute diarrhoea, with an annual incidence estimated at 486 per 100,000 children less than 5 years [9]. Due to this burden of rotavirus gastroenteritis, Fiji introduced a rotavirus vaccine (Rotarix, GlaxoSmithKline, Belgium) into the National Immunisation Program in October 2012. Rotarix is a monovalent vaccine containing a single, human, G1P[8] strain that is administered in a two-dose schedule at 6 and 14 weeks of age. The uptake of Rotarix in Fiji was prompt, reaching 85% coverage by 2013 and 99% coverage in eligible infants from 2014 onward [10]. The introduction of rotavirus vaccines in Fiji has been highly successfully resulting in an 82% reduction in rotavirus diarrhoea related hospitalisations in children less than 5 years of age [11].

The aim of this study was to describe the pattern of rotavirus genotype diversity from 2005 to 2018, specifically to describe any changes in genotype patterns that may have occurred following the introduction of the rotavirus vaccine in Fiji in 2012.

2. Results

2.1. Study Samples

During the study period 2005–2018, a total of 1504 stool samples was collected and sent to the WHO Rotavirus Regional Reference Laboratory (RRL) at the Murdoch Children's Research Institute (MCRI). Of these, 1208 samples had sufficient data available on the date of collection and stool volume to enable analysis. Of the 1208 samples, a total of 576 were confirmed as rotavirus positive and proceeded to genotype characterisation (Figure 1). Thirty-four samples were not genotyped due to laboratory error, comprising 1 sample from 2010 and 33 samples from 2011, and were subsequently excluded from further analysis. The remaining 542 samples were proceeded with for further analysis (Figure 1).

2.2. Genotype Distribution and the Impact of Vaccine Introduction

In the pre-vaccine period (2005–2012), 58% (479/827) of samples received were confirmed as rotavirus positive, compared to only 18% (63/347) of samples in the post-vaccine era (2013–2018) (Table 1). These values may be affected by sampling changes over the study period. Between 2005 and 2009, only positive samples were received; between 2010 and 2016, all positive and negative samples were received; and from 2017 onward, all positive and 10% of all negatives were sent to MCRI. Overall, between 2005–2018, G1P[8] was the most commonly detected genotype (n = 157, 29%), with both G2P[4] (n = 155, 29%) and G3P[8] (n = 144, 27%) detected at similar frequencies, followed by G12P[8] (n = 33, 6%) (Table 1). Other genotypes including G2P[8], G3P[6], G8P[8], G9P[8] and G12P[4] as well as mixed or partially typed samples were infrequently detected (n = 1–5, 0.2–3%). However, marked differences were observed following vaccine introduction. Prior to vaccine introduction, genotype dominance varied across years, with G3P[8] dominant in 2006 (n = 74, 94%) and 2009 (n = 26, 59%), G2P[4] dominant in 2008 (n = 30, 40%) and 2010 (n = 88, 74%), and G1P[8] dominant in 2011 (n = 127, 85%) and 2012 (n = 4, 67%). However, the number of samples available for genotyping was low in 2005 and 2007 and no clear dominant genotype could be determined.

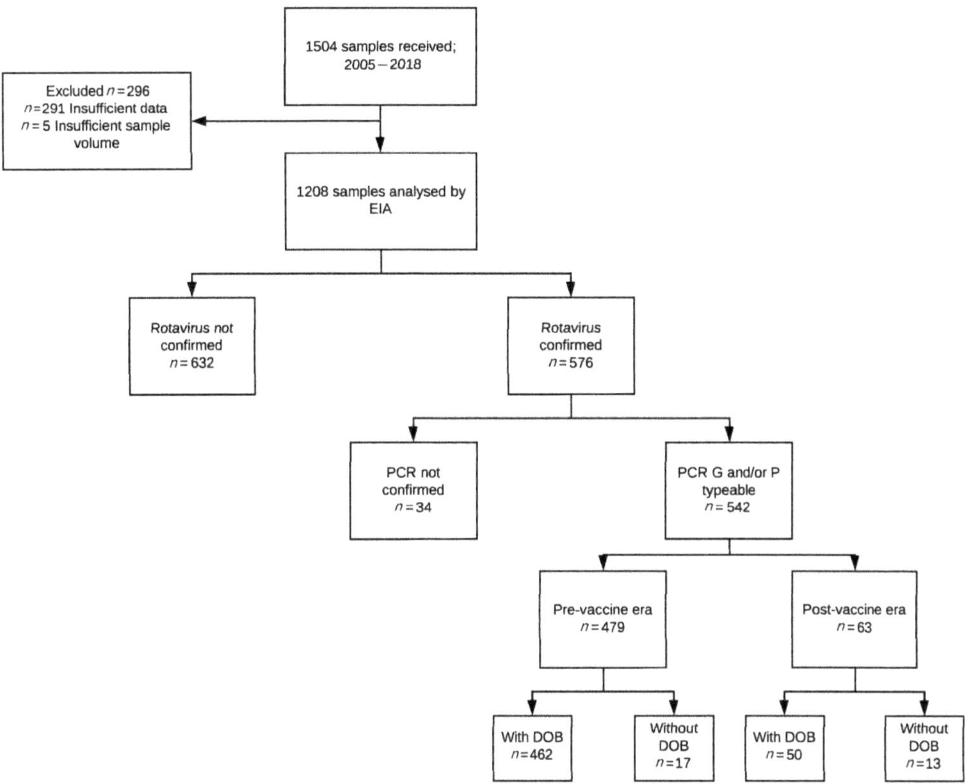

Figure 1. Consort diagram of samples included in this study.

Following vaccine introduction, there was a marked decrease in the number of rotavirus positive samples available for genotyping, reflecting the reduction in rotavirus disease observed (Table 1). The diversity of genotypes decreased following vaccine introduction (Figure 2) with some genotypes (G2P[8], G3P[6], G8P[8], G9P[8], G12P[4]) no longer detected. There was only one mixed genotype sample identified in the post-vaccine era, compared with 13 mixed genotype samples detected in the pre-vaccine era. The dominant genotype continued to vary annually following vaccine introduction, with G3P[8] dominant in 2013 (n = 6, 50%), G1P[8] in 2014 (n = 17, 71%), G12P[8] in 2017 (n = 11, 100%) and G3P[8] in 2018 (n = 6, 100%). The previously dominant G1P[8] disappeared 3 years after vaccine introduction, and G2P[4] strains were not detected after 2014 (Table 1). Emergence of the novel, equine-like G3P[8] reassortant strain, previously not detected in Fiji, was reported in the years following vaccine introduction. This equine-like G3P[8] was dominant for two consecutive years (2015–2016), accounting for 83% (n = 5/6) and 100% (n = 4/4) of samples genotyped. However, it was not detected in 2017 or 2018. G3P[8] re-emerged in 2018 after not being detected for 4 years.

Table 1. Genotype distribution in samples received by the WHO Regional Reference Laboratory.

Year	G1P[8]		G2P[4]		G2P[8]		G3P[6]		G3P[8]		G3P[8] EQUINE		G8P[8]		G9P[8]		G12P[4]		G12P[8]		Mixed		Partially Typed		Total Genotyped		Negative		Total Samples
	n	%	n	%	n	%	n	%	n	%	n	%	n	%	n	%	n	%	n	%	n	%	n	%	n	%	n	%	n
2005	1	20							1	20					1	20							2	40	5	71	2	29	7
2006							1	1	74	94													4	5	79	99	1	1	80
2007									1	50													1	50	2	100	0	0.0	2
2008	5	7	30	40	4	5			1	1					3	4	2	3	22	29	8	11			75	100	0	0.0	75
2009			9	21					26	59			1	2	1	2					2	5	5	11	44	96	2	4	46
2010	1	1	88	74					23	19											3	3	4	3	119	62	74	38	193
2011	127	85	15	10					6	4													1	1	149	37	255	63	404
2012	4	67	2	33																					6	30	14	70	20
Subtotal	138		144		4		1		132		0		1		5		2		22		13		17		479		348		827
Rotarix Vaccine Introduced																													
2013	1	8	5	42					6	50															12	67	6	33	18
2014	17	71	6	25																			1	4	24	51	23	49	47
2015	1	17									5	83													6	4	158	96	164
2016											4	100													4	15	22	85	26
2017																			11	100					11	20	43	80	54
2018									6	100															6	16	32	84	38
Subtotal	19		11		0		0		12		9		0		0		0		11		1		0		63		284		347

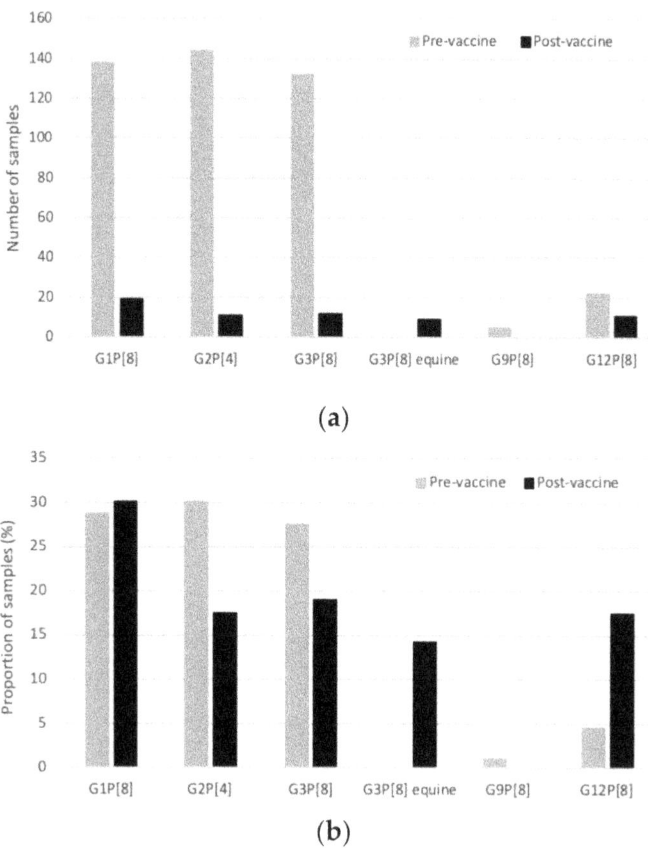

Figure 2. Distribution of main genotypes in samples collected in the pre-vaccine (2005–2012) and post-vaccine (2013–2018) period. (**a**) Number of samples in each of the main genotype groups. (**b**) Proportion of samples identified in each of the main genotype groups, of the total number of samples genotyped.

3. Discussion

This is the first study in a low- or middle-income country in the Western Pacific Region to describe rotavirus genotypes following national rotavirus vaccine introduction. Prior to rotavirus vaccine introduction, G1P[8], G2P[4] and G3P[8] were the predominant genotypes causing rotavirus diarrhoea in children less than 5 years of age in Fiji. Genotype diversity decreased following rotavirus vaccine introduction in Fiji; with G2P[8], G3P[6], G8P[8], G9P[8] and G12P[4], which all represented minor genotypes in the pre-vaccine period, subsequently undetected in the vaccine era. Following rotavirus vaccine introduction, G2P[4] has not been detected since 2014 and G1P[8] has not been detected since 2015. This is in contrast to changes in genotype distribution observed in Australia following introduction of the Rotarix (GlaxoSmithKline, Rixensart, Belgium) and RotaTeq (Merck, Kenalworth, NJ, USA) vaccines. In Australia, although there was an overall decrease in the common genotypes (G1, G2, G3, G4 and G9) from 83% to 63% observed following rotavirus vaccine introduction, an increase in G2P[4] (pre-vaccine era 5%; post-vaccine era 21%) was observed in states and territories implementing the Rotarix vaccine and G1P[8] continued to be detected [5].

We found that equine-like G3P[8] was the dominant genotype in 2015 to 2016 but was not detected in the following years (2017 or 2018). An increase in novel zoonotic strains such as equine-like G3P[8] following the introduction of Rotarix has also been observed in other countries (Australia, Japan, Hungary and Brazil) [12–16]. The segmented rotavirus genome allows reassortment to occur both within and between human and animal strains if the human host is infected with two different rotavirus strains, thus giving rise to novel and unusual genotype combinations [17]. In Australia, an increase in G12P[8], equine-like G3P[8], G8, G10 and other zoonotic reassortant strains has also been observed following rotavirus vaccine introduction [5]. In Fiji, human G3P[8] was not detected during 2015 and 2016 when the equine-like G3P[8] was circulating, but this strain re-emerged two years later when equine-like G3P[8] was no longer detected. This is consistent with reports from Asia, Australia, Europe and the U.S. [5,17].

The G12 genotype was first identified in Fiji in 2008, with both G12P[4] and G12P[8] detected. These strains accounted for 32% ($n = 24/75$) of all rotavirus positive samples in 2008 but were not detected again until 2017 when all available samples ($n = 11$) were identified as G12P[8] (Table 1). The emergence of G12 following vaccine introduction has been observed in other countries but does not appear to be dependent on vaccine coverage. In Finland, a 9% increase in G12P[8] was observed five years after vaccine introduction, with a higher frequency of G12P[8] detected in vaccinated children (14%) than observed in unvaccinated children (7%) [18]. In Australia, a small G12P[8] outbreak was reported in 2005 prior to vaccine introduction; however, since vaccine introduction G12P[8] has become common, detected in 18% of samples from children less than 5 years with acute diarrhoea [5]. Similarly, G12, originally detected in Brazil in 2008 following vaccine introduction (2006), has emerged to be the most prevalent genotype (G12P[8]) in 87% of samples in 2014 [19].

A key strength of this study is the ability to observe genotypic changes over time, following the introduction of Rotarix into a national program in a Pacific nation associated with very high vaccine coverage. Monitoring rotavirus genotypes that continue to cause diarrhoea in children provides critical information regarding the ongoing effectiveness of the vaccine program and can assist in outbreak investigation. It also enables early identification of the emergence or importation of new strains that may have a public health impact. This is particularly relevant for Fiji as an island nation with an economy highly dependent on tourism where there is potential for importation of novel strains resulting in disease outbreaks.

This study aligns with data on the impact of rotavirus vaccines on rotavirus disease hospitalisations in children less than 5 years of age in Fiji. Fiji has been notable within the Pacific as a country that has introduced new vaccines based on local data and is committed to monitoring vaccine impact. No other Pacific nation participates in WHO rotavirus surveillance. Data from Fiji may assist in informing vaccine decisions of neighbouring countries in the region. A limitation of this study is that it can only report on samples received for analysis by the WHO Rotavirus Regional Reference Laboratory. Despite attempts, not all children admitted to hospital with diarrhoea have a stool sample collected and sent for analysis. Following introduction of a rotavirus vaccine, the number of children hospitalised with rotavirus disease has dramatically decreased; as a result, the number of stool samples available to provide comparisons of genotypic distribution between the pre-vaccine and post-vaccine era has been impacted. As stool collection is still requested for hospitalised patients with acute diarrhoea in Fiji, it is unlikely that there is a bias impacting on stool collection between the period before and after introduction of the rotavirus vaccine.

The variation in the proportion of rotavirus negative samples reported reflects differences in the rotavirus detection status of stool samples submitted to MCRI for genotypic analysis over the 14-year surveillance period (Table 1). The lower proportion of rotavirus negative samples early in the surveillance period (2005–2009) has limited impact on the outcome of this paper given the focus is the period following the introduction of the rotavirus vaccine.

In 2015, there was a marked increase in the number of negative samples tested. From 2010 to 2013, there was an increase in typhoid detection as the result of six typhoid outbreaks in Fiji, along with outbreaks of both Zika virus and Chikungunya virus, which were both initially detected in 2015, all which may have led to an increased number of negative samples being sent to MCRI for analysis during this time period [20–22]. Being negative samples only, this also would have had minimal impact on the rotavirus distribution observed in this study.

The effect of age on rotavirus detection in the stool following introduction of rotavirus vaccines in Fiji has recently been reported [11]. Due to the success of the rotavirus vaccination program, the ability to compare age related differences in genotype distribution in samples from the pre- and post-vaccine eras has been impacted by the limited number of samples available for analysis in the post-vaccine era (pre-vaccine era n = 462; post-vaccine era n = 50). This decline in number of available rotavirus positive samples was not likely to be due to a lack of sampling due to the ongoing surveillance program operating in Fiji.

In this study we report changes in the pattern of rotavirus genotypes causing diarrhoea in children in Fiji since rotavirus vaccine introduction. We observed a transient increase in the zoonotic strain equine-like G3P[8] and a reduction in the previously dominant G1P[8] and G2P[4]. A decrease in detection of rotavirus strains G2P[8], G3P[6], G8P[8] and G9P[8] was also detected in the years following rotavirus vaccine introduction. Monitoring rotavirus genotypes provides key information regarding the ongoing effectiveness of the vaccine program and can assist in outbreak investigation. It also enables early identification of the emergence or importation of new strains that may have a public health impact.

4. Materials and Methods

4.1. Population and Study Sites

Fiji has participated in the WHO Global Rotavirus Surveillance Program since 2006, monitoring rotavirus disease burden and rotavirus genotype diversity associated with hospitalisations in children less than 5 years of age. The samples from children hospitalised with acute diarrhoea are sent to the WHO Rotavirus Regional Reference Laboratory at Murdoch Children's Research Institute (MCRI) according to the case definitions and methods defined for the WHO Global Rotavirus Surveillance Program [11]. Two major hospitals admitting children with gastroenteritis in Fiji participated in this study. The Colonial War Memorial Hospital (CWMH) is Fiji's largest general hospital and is the main referral centre for the greater Suva area with approximately 34,920 children under 5 years of age. The Savusavu District Hospital is a secondary health inpatient and outpatient facility serving mainly a semiurban and rural population with an estimated 6563 children under 5 years of age. Samples were received from inpatients at Savusavu district hospital only in 2013 and 2014. Details on rotavirus surveillance in Fiji has previously been described [9,11].

4.2. Participants

A prospective rotavirus surveillance program was established in 2005 to effectively capture rotavirus detected in faecal samples from children less than 5 years with acute nonbloody diarrhoea in Fiji. Acute diarrhoea was defined as 3 or more loose, nonbloody stools within a 24-h period for <14 days. Eligible participants were identified by checking admission data and children's wards daily, parental/guardian consent was obtained, and stool was collected within 48 h of admission. Once rotavirus positivity was determined, demographics and clinical information were obtained via medical records.

Ethics approval for these studies was obtained from the Fiji National Research Ethics Review Committee (number 2013-40) and from the University of Melbourne Human Research Ethics Committee for the initial study surveillance in Colonial War Memorial Hospital from 2005–2012 (Ethics ID:050546X) and Savusavu from 2010–2012 (Ethics ID:0931282); during this period written informed consent was obtained from participants' parents. From

June 2012 onward, the Ministry of Health and Medical Services considered this public health surveillance and no longer required written consent.

4.3. Genotyping

Faecal specimens were collected and stored at 4–8 °C prior to being transported to the Fiji Centre for Communicable Disease Control in Suva for rotavirus antigen testing via the ProSpecT Rotavirus test, a commercial rotavirus enzyme immunoassay (EIA) (Thermofisher Scientific, Waltham, MA, USA) as per manufacturer's instructions. Stool samples were then stored at −70 °C. De-identified rotavirus specimens were transported on dry ice to the WHO Rotavirus Regional Reference Laboratory at the Murdoch Children's Research Institute, Parkville, Australia. Sample selection for shipment to MCRI varied during the surveillance program. Between 2005 and 2009 only stool samples that tested positive to rotavirus in the Fiji laboratory were sent to MCRI, with the negative samples reflected in Table 1 having been identified by EIA at MCRI. Between 2010 and 2016, stool samples were sent to MCRI for EIA and RT-PCR genotyping irrespective of whether they were rotavirus positive or negative via EIA conducted in Fiji. From 2017 onward, all rotavirus positive samples and 10% of rotavirus negative samples by EIA in Fiji were sent to MCRI for further analysis. All samples were retested at MCRI to confirm rotavirus positivity prior to proceeding with genotypic analysis. Rotavirus positivity (or negativity) was confirmed using the ProSpecT Rotavirus test, (EIA) (Thermofisher Scientific, Waltham, MA, USA) as per the manufacturer's instructions. Stool samples that tested positive or equivocal for rotavirus antigen were further characterised to determine the G and P genotype. Samples from 2005 and 2006 were routinely serotyped using an in-house monoclonal antibody based serotyping EIA. This EIA consisted of a panel of monoclonal antibodies specific to the VP7 outer capsid protein of group A rotavirus serotypes G1, G2, G3, G4 and G9 [23]. Prior to 2007, P-typing and RT-PCR were not routinely performed. From 2007 onward, rotavirus G and P genotypes were determined by heminested multiplex RT-PCR assay. All samples collected prior to 2007 have retrospectively been characterised by heminested RT-PCR G and P genotyping. In brief, viral RNA was extracted from 20% (w/v) faecal extracts in a virus dilution buffer (0.01 M Tris-HCL [pH7.5], 10.5 mM CaCl, 145 mM NaCl) using the QIAamp Viral RNA mini extraction kit (QIAGEN, Hilden, Germany) according to the manufacturer's instructions.

The One-step RT-PCR kit (QIAGEN) was used to perform first round PCR, using VP7 primers VP7F and VP7R and VP4 primers VP4F and VP4R [24,25]. Second round genotyping PCR was performed using AmpliTaq DNA Polymerase with Buffer II (Applied Biosystems, Foster City, CA, USA), with specific G and P oligonucleotide primers for G typing (G1, G2, G3, G4, G8 and G9) or P typing (P[4], P[6], P[8], P[9], P[10] and P[11]) as described previously [26]. Amplified products were run on a 1.5% or 2% agarose gel for G and P types respectively, and genotypes were determined based on amplicon band size. PCR non-typeable samples were determined by Sanger sequencing. Strains including equine-like G3, G12 and unusual or uncommon strains were unable to be genotyped using standard primers. VP7 or VP4 amplicons from first round PCR products were purified for sequencing using the Wizard SV Gel and PCR Clean up System (Promega, Madison, WI, USA) as per manufacturer's protocol. Purified DNA with oligonucleotide primers (VP7F/R or VP4F/R) were sent to the Australian Genome Research Facility (AGRF) Melbourne and sequenced using an ABI PRISM BigDye Terminator Cycle Sequencing Reaction Kit (Applied Biosystems, Foster City, CA, USA) in an Applied Biosystems 3730xl DNA analyser. Sequencher version 4.10.1 (Gene Codes Corporation, Ann Arbor, MI, USA) was used to edit the sequences. BLAST (http://blast.ncbi.nlm.nih.gov/Blast.cgi (accessed on 10 October 2020)) and RotaC version 2.0 (http://rotac.regatools.be (accessed on 10 October 2020)) [27] were used determine the genotype of each sample.

4.4. Data Analysis

Samples were excluded if there was no date of stool collection available, if there was insufficient sample to process, if the sample was not confirmed as rotavirus positive by EIA at MCRI, or if samples were rotavirus positive by EIA at MCRI but genotype could not be determined. To describe the impact of rotavirus vaccine introduction on genotype distribution, samples were grouped into pre-vaccine (2005–2012) and post-vaccine (2013–2018) eras according to the date of collection. Analysis is by descriptive observations and comparisons between the pre-vaccine and post-vaccine introduction eras.

Author Contributions: Conceptualization, S.T., J.E.B. and F.M.R.; data curation, S.T. and C.M.D.; formal analysis, S.T., C.M.D. and J.E.B.; funding acquisition, J.E.B. and F.M.R.; investigation, S.T., C.M.D., S.C., F.T.R., A.W.J.J., R.R., A.S.K., E.R., V.G., F.S., J.E.B. and F.M.R.; methodology, S.T. and C.M.D.; project administration, J.E.B. and F.M.R.; resources, J.E.B. and F.M.R.; software, S.T. and C.M.D.; supervision, J.E.B. and F.M.R.; visualization, S.T. and C.M.D.; writing—original draft, S.T.; writing—review and editing, C.M.D., S.C., F.T.R., A.W.J.J., R.R., A.S.K., E.R., V.G., F.S., J.E.B. and F.M.R. All authors have read and agreed to the published version of the manuscript.

Funding: The identification, collection, transportation and laboratory analysis of surveillance samples was funded as part of the World Health Organization Rotavirus Regional Surveillance activity. The World Health Organization provided funds to set up the initial rotavirus surveillance (2005–2007) and an additional World Health Organization grant [Registry File No. V27-181-188] for data collected between 2006 and 2013. A Merck investigator grant (IISP ID#:35248) funded the early work in Savusavu (2009–2010). Surveillance data collected between 2014 and 2018 by the Department of Foreign Affairs and Trade of the Australian Government and Fiji Health Sector Support Program (FHSSP). FHSSP is implemented by Abt JTA on behalf of the Australian Government. The Murdoch Children's Research Institute is supported by the Victorian Government's Operational Infrastructure Support program. Funders had no role in study design, data collection, data analysis, interpretation, writing of the report. C.M.D. is supported through the Australian National Health and Medical Research Council with an Early Career Fellowship (1113269). F.M.R. is supported through Australian National Health and Medical Research Council with an Early Career Fellowship and Translating into Practice Fellowship.

Institutional Review Board Statement: The study was conducted according to the guidelines of the Declaration of Helsinki, and approved by the Fiji National Research Ethics Review Committee (number 2013-40) and from the University of Melbourne Human Research Ethics Committee for the initial study surveillance in Colonial War Memorial Hospital 2005–2012 (Ethics ID:050546X) and Savusavu from 2010–2012 (Ethics ID:0931282).

Informed Consent Statement: Informed consent was obtained from participant's parents between 2005 and 2012; from June 2012, the Fiji Ministry of Health and Medical Services considered this public health surveillance and no longer required written consent.

Data Availability Statement: Data is contained within the article.

Acknowledgments: We gratefully acknowledge Rachel Devi; Kathryn Bright; Beth Temple; Lisi Tikoduadua; Joe Kado; E. Kim Mulholland; Kimberley K. Fox; and Mike Kama for assistance in collection of stool samples in Fiji. We acknowledge Josephine Logronio, WHO Western Pacific Regional Office. We gratefully acknowledge Carl D. Kirkwood, Nada Bogdanovic-Sakran, Huy Tran and the Enteric Disease Group MCRI for their assistance within the laboratory.

Conflicts of Interest: C.M.D. has served on a rotavirus advisory board for GSK (2019); all payments were paid directly to an administrative fund held by Murdoch Children's Research Institute. J.E.B. is lead for the Rotavirus Vaccine Program at Murdoch Children's Research Institute that aims to develop an affordable rotavirus vaccine, RV3-BB. J.E.B. is Director of the Australia Rotavirus Surveillance Program that receives funding from the Australian Commonwealth Department of Health and Aging and GlaxoSmithKline. The funders had no role in the design of the study; in the collection, analyses, or interpretation of data; in the writing of the manuscript, or in the decision to publish the results. All other authors declare no conflict of interest.

References

1. Troeger, C.; Khalil, I.A.; Rao, P.C.; Cao, S.; Blacker, B.F.; Ahmed, T.; Armah, G.; Bines, J.E.; Brewer, T.G.; Colombara, D.V.; et al. Rotavirus Vaccination and the Global Burden of Rotavirus Diarrhea Among Children Younger Than 5 Years. *JAMA Pediatr.* **2018**, *172*, 958–965. [CrossRef] [PubMed]
2. Desselberger, U. Rotaviruses. *Virus Res.* **2014**, *190*, 75–96. [CrossRef]
3. Rotavirus Classification Working Group. List of Accepted Genotypes. Available online: https://rega.kuleuven.be/cev/viralmetagenomics/virus-classification/rcwg (accessed on 1 October 2020).
4. Clarke, E.; Desselberger, U. Correlates of protection against human rotavirus disease and the factors influencing protection in low-income settings. *Mucosal Immunol.* **2015**, *8*, 1–17. [CrossRef] [PubMed]
5. Roczo-Farkas, S.; Kirkwood, C.D.; Cowley, D.; Barnes, G.L.; Bishop, R.F.; Bogdanovic-Sakran, N.; Boniface, K.; Donato, C.M.; Bines, J.E. The impact of rotavirus vaccines on genotype diversity: A comprehensive analysis of two decades of Australian surveillance data. *J. Infect. Dis.* **2018**, *218*, 546–554. [CrossRef] [PubMed]
6. Aliabadi, N.; Antoni, S.; Mwenda, J.M.; Weldegebriel, G.; Biey, J.N.M.; Cheikh, D.; Fahmy, K.; Teleb, N.; Ashmony, H.A.; Ahmed, H.; et al. Global impact of rotavirus vaccine introduction on rotavirus hospitalisations among children under 5 years of age, 2008–2016: Findings from the Global Rotavirus Surveillance Network. *Lancet Glob. Health* **2019**, *7*, e893–e903. [CrossRef]
7. United Nations Pacific. Socio-Economic Impact Assessment of COVID-19 in Fiji July 2020. Available online: https://www.pacific.undp.org/content/pacific/en/home/library/socio-economic-impact-assessment-of-covid-19-in-fiji.html (accessed on 8 December 2020).
8. World Health Organization. Fiji Key Indicators. Available online: https://apps.who.int/gho/data/node.cco.ki-FJI?lang=en (accessed on 15 October 2020).
9. Jenney, A.; Tikoduadua, L.; Buadromo, E.; Barnes, G.; Kirkwood, C.D.; Boniface, K.; Bines, J.; Mulholland, K.; Russell, F. The burden of hospitalised rotavirus infections in Fiji. *Vaccine* **2009**, *27* (Suppl. 5), F108–F111. [CrossRef]
10. World Health Organization. WHO and UNICEF Estimates of National Immunization Coverage. 2020. Available online: https://www.who.int/immunization/monitoring_surveillance/data/fji.pdf (accessed on 14 January 2020).
11. Jenney, A.W.; Reyburn, R.; Ratu, F.T.; Tuivaga, E.; Nguyen, C.; Covea, S.; Thomas, S.; Rafai, E.; Devi, R.; Bright, K.; et al. The impact of the rotavirus vaccine on diarrhoea five years following national introduction in Fiji. *Lancet Reg. Health-West. Pac.* **2020**. [CrossRef]
12. Dóró, R.; Marton, S.; Bartókné, A.H.; Lengyel, G.; Agócs, Z.; Jakab, F.; Bányai, K. Equine-like G3 rotavirus in Hungary, 2015—Is it a novel intergenogroup reassortant pandemic strain? *Acta Microbiol. Immunol. Hung.* **2016**, *63*, 243–255. [CrossRef]
13. Malasao, R.; Saito, M.; Suzuki, A.; Imagawa, T.; Nukiwa-Soma, N.; Tohma, K.; Liu, X.; Okamoto, M.; Chaimongkol, N.; Dapat, C.; et al. Human G3P[4] rotavirus obtained in Japan, 2013, possibly emerged through a human-equine rotavirus reassortment event. *Virus Genes* **2015**, *50*, 129–133. [CrossRef] [PubMed]
14. Luchs, A.; Da Costa, A.C.; Cilli, A.; Komninakis, S.C.V.; Carmona, R.D.C.C.; Boen, L.; Morillo, S.G.; Sabino, E.C.; Timenetsky, M.D.C.S.T. Spread of the emerging equine-like G3P[8] DS-1-like genetic backbone rotavirus strain in Brazil and identification of potential genetic variants. *J. Gen. Virol.* **2019**, *100*, 7–25. [CrossRef]
15. Jain, S.; Vashistt, J.; Changotra, H. Rotaviruses: Is their surveillance needed? *Vaccine* **2014**, *32*, 3367–3378. [CrossRef] [PubMed]
16. Matthijnssens, J.; Bilcke, J.; Ciarlet, M.; Martella, V.; Bányai, K.; Rahman, M.; Zeller, M.; Beutels, P.; Van Damme, P.; Van Ranst, M. Rotavirus disease and vaccination: Impact on genotype diversity. *Future Microbiol.* **2009**, *4*, 1303–1316. [CrossRef] [PubMed]
17. Perkins, C.; Mijatovic-Rustempasic, S.; Ward, M.L.; Cortese, M.M.; Bowen, M.D. Genomic Characterization of the First Equine-Like G3P[8] Rotavirus Strain Detected in the United States. *Genome Announc.* **2017**, *5*. [CrossRef] [PubMed]
18. Markkula, J.; Hemming-Harlo, M.; Salminen, M.T.; Savolainen-Kopra, C.; Pirhonen, J.; Al-Hello, H.; Vesikari, T. Rotavirus epidemiology 5–6 years after universal rotavirus vaccination: Persistent rotavirus activity in older children and elderly. *Infect. Dis.* **2017**, *49*, 388–395. [CrossRef] [PubMed]
19. Luchs, A.; Cilli, A.; Morillo, S.G.; Gregório, D.D.S.; De Souza, K.A.F.; Vieira, H.R.; Fernandes, A.D.M.; Carmona, R.D.C.C.; Timenetsky, M.D.C.S.T. Detection of the emerging rotavirus G12P[8] genotype at high frequency in brazil in 2014: Successive replacement of predominant strains after vaccine introduction. *Acta Trop.* **2016**, *156*, 87–94. [CrossRef]
20. Parry, C.M.; Crump, J.A.; Rosa, V.; Jenney, A.; Naidu, R.; Mulholland, K.; Strugnell, R.A. A retrospective study of patients with blood culture-confirmed typhoid fever in Fiji during 2014–2015: Epidemiology, clinical features, treatment and outcome. *Trans. R. Soc. Trop. Med. Hyg.* **2019**, *113*, 764–770.
21. Kama, M.; Aubry, M.; Al, M.K.E.; Vanhomwegen, J.; Mariteragi-Helle, T.; Teissier, A.; Paoaafaite, T.; Hué, S.; Hibberd, M.L.; Manuguerra, J.-C.; et al. Sustained Low-Level Transmission of Zika and Chikungunya Viruses after Emergence in the Fiji Islands. *Emerg. Infect. Dis.* **2019**, *25*, 1535–1538. [CrossRef]
22. Aubry, M.; Kama, M.; Henderson, A.D.; Teissier, A.; Vanhomwegen, J.; Mariteragi-Helle, T.; Paoaafaite, T.; Manuguerra, J.-C.; Christi, K.; Watson, C.H.; et al. Low chikungunya virus seroprevalence two years after emergence in Fiji. *Int. J. Infect. Dis.* **2020**, *90*, 223–225. [CrossRef] [PubMed]
23. Coulson, B.S.; Unicomb, L.E.; Pitson, G.A.; Bishop, R.F. Simple and specific enzyme immunoassay using monoclonal antibodies for serotyping human rotaviruses. *J. Clin. Microbiol.* **1987**, *25*, 509–515. [CrossRef] [PubMed]

24. Gomara, M.I.; Cubitt, D.; Desselberger, U.; Gray, J. Amino acid substitution within the VP7 protein of G2 rotavirus strains associated with failure to serotype. *J. Clin. Microbiol.* **2001**, *39*, 3796–3798. [CrossRef]
25. Simmonds, M.K.; Armah, G.; Asmah, R.; Banerjee, I.; Damanka, S.; Esona, M.; Gentsch, J.R.; Gray, J.J.; Kirkwood, C.; Page, N.; et al. New oligonucleotide primers for P-typing of rotavirus strains: Strategies for typing previously untypeable strains. *J. Clin. Virol.* **2008**, *42*, 368–373. [CrossRef] [PubMed]
26. Kirkwood, C.D.; Roczo-Farkas, S.; Australian Rotavirus Surveillance Group. Australian Rotavirus Surveillance Program annual report, 2013. *Commun. Dis. Intell. Q. Rep.* **2014**, *38*, E334–E342. [PubMed]
27. Maes, P.; Matthijnssens, J.; Rahman, M.; Van Ranst, M. RotaC: A web-based tool for the complete genome classification of group a rotaviruses. *BMC Microbiol.* **2009**, *9*, 238. [CrossRef] [PubMed]

 *pathogens*

Article

Rotavirus Strain Distribution Before and After Introducing Rotavirus Vaccine in India

Tintu Varghese [1], Shainey Alokit Khakha [1], Sidhartha Giri [1], Nayana P. Nair [1], Manohar Badur [2], Geeta Gathwala [3], Sanjeev Chaudhury [4], Shayam Kaushik [5], Mrutunjay Dash [6], Nirmal K. Mohakud [7], Rajib K. Ray [8], Prasantajyoti Mohanty [8], Chethrapilly Purushothaman Girish Kumar [9], Seshadri Venkatasubramanian [9], Rashmi Arora [10], Venkata Raghava Mohan [11], Jacqueline E. Tate [12], Umesh D. Parashar [12] and Gagandeep Kang [1,*]

[1] The Wellcome Trust Research Laboratory, Division of Gastrointestinal Sciences, Christian Medical College, Vellore 632004, India; tintu.varghese@cmcvellore.ac.in (T.V.); shainey.rnc0411@gmail.com (S.A.K.); sidharthgiri@gmail.com (S.G.); nayana.arun@cmcvellore.ac.in (N.P.N.)

[2] Department of Pediatrics, Sri Venkateshwara Medical College, Tirupati 517507, India; punya_manohar2002@yahoo.com

[3] Department of Pediatrics, Post Graduate Institute of Medical Sciences, Medical Road, Rohtak, Haryana 124001, India; geetagathwala@gmail.com

[4] Department of Pediatrics, Dr Rajendra Prasad Government Medical College, Tanda, Himachal Pradesh 176001, India; s_chaudhary@ymail.com

[5] Department of Pediatrics, Indira Gandhi Medical College, Shimla, Himachal Pradesh 171001, India; shayam.kaushik@live.in

[6] Department of Pediatrics, Institute of Medical Sciences and SUM Hospital, Bhubaneswar, Odisha 751003, India; m.dash74@gmail.com

[7] Department of Pediatrics, Kalinga Institute of Medical Sciences, 5 KIIT Road, Bhubaneswar, Odisha 751024, India; nkmohakud@yahoo.co.in

[8] Department of Pediatrics, Hi-Tech Hospital, Bhubaneswar, Odisha 751025, India; drrajib2007@gmail.com (R.K.R.); prasantij53@gmail.com (P.M.)

[9] ICMR National Institute of Epidemiology, Chennai, Tamil Nadu 600077, India; girishmicro@gmail.com (C.P.G.K.); subramanianv89@yahoo.co.in (S.V.)

[10] Translational Health Science and Technology Institute, Faridabad, Haryana 121001, India; arorarashmi2015@gmail.com

[11] Department of Community Health, Christian Medical College, Vellore 632002, India; venkat@cmcvellore.ac.in

[12] Centers for Disease Control and Prevention, Atlanta, GA 30333, USA; jqt8@cdc.gov (J.E.T.); uap2@cdc.gov (U.D.P.)

* Correspondence: gkang@cmcvellore.ac.in

Citation: Varghese, T.; Alokit Khakha, S.; Giri, S.; Nair, N.P.; Badur, M.; Gathwala, G.; Chaudhury, S.; Kaushik, S.; Dash, M.; Mohakud, N.K.; et al. Rotavirus Strain Distribution Before and After Introducing Rotavirus Vaccine in India. *Pathogens* **2021**, *10*, 416. https://doi.org/10.3390/pathogens 10040416

Academic Editors: Julie Bines and Celeste Donato

Received: 22 February 2021
Accepted: 18 March 2021
Published: 1 April 2021

Publisher's Note: MDPI stays neutral with regard to jurisdictional claims in published maps and institutional affiliations.

Abstract: In April 2016, an indigenous monovalent rotavirus vaccine (Rotavac) was introduced to the National Immunization Program in India. Hospital-based surveillance for acute gastroenteritis was conducted in five sentinel sites from 2012 to 2020 to monitor the vaccine impact on various genotypes and the reduction in rotavirus positivity at each site. Stool samples collected from children under 5 years of age hospitalized with diarrhea were tested for group A rotavirus using a commercial enzyme immunoassay, and rotavirus strains were characterized by RT-PCR. The proportion of diarrhea hospitalizations attributable to rotavirus at the five sites declined from a range of 56–29.4% in pre-vaccine years to 34–12% in post-vaccine years. G1P[8] was the predominant strain in the pre-vaccination period, and G3P[8] was the most common in the post-vaccination period. Circulating patterns varied throughout the study period, and increased proportions of mixed genotypes were detected in the post-vaccination phase. Continuous long-term surveillance is essential to understand the diversity and immuno-epidemiological effects of rotavirus vaccination.

Keywords: rotavirus diarrhea; rotavirus genotyping; Rotavac vaccine

1. Introduction

Rotavirus is the leading etiology of acute gastroenteritis in children under 5 years old worldwide, causing high mortality, especially in middle- and low-income countries. India accounts for 22% of the total global rotavirus mortality [1]. In India, 40% of all diarrhea-related hospitalizations among children under 5 years of age is caused by group A rotavirus [2].

The genome of group A rotavirus is composed of 11 double-stranded RNA segments, of which the VP7 and VP4 genes coding for the outer capsid proteins are used for the classification of the virus into G and P types, respectively. Studies have been conducted across the globe to understand the natural evolution of rotavirus and its relevance in the context of vaccine introduction. Globally, G1P[8], G2P[4], G3P[8], and G9P[8] are the most common genotypes associated with rotavirus diarrhea [3]. However, it is hypothesized that large-scale vaccination may exert pressure on circulating strains, leading to possible changes in strain circulation.

In 2009, the World Health Organization (WHO) recommended the inclusion of rotavirus vaccines in the national immunization program of all countries. Currently, four live-attenuated oral vaccines are prequalified by WHO, which includes Rotarix (GlaxoSmithKline Biologicals, Rixensart, Belgium), RotaTeq (Merck & Co., Inc., West Point, PA, USA), Rotavac (Bharath Biotech, India), and Rotasiil (Serum Institute of India PVT. LTD., Pune, India). These rotavirus vaccines differ in their genotypic composition, with Rotarix and Rotavac being the monovalent vaccines and RotaTeq and Rotasiil being the pentavalent vaccines [4]. Rotarix and RotaTeq vaccines have been available on the market since 2006 and are currently used by nearly 90 countries in their immunization programs [4]. Early studies reported a decline in G1P[8] and the emergence of G2P[4] after Rotarix vaccination [5,6], while others showed no change [7]. The emergence of G9P[8] and G12P[8] was reported with the use of the RotaTeq vaccine [8]. However, such changes were also observed in other countries without rotavirus vaccination [9,10]. Hence, the vaccine impact on the circulating pattern of rotavirus strains is not clearly understood.

In India, the indigenously developed Rotavac vaccine, based on the human-bovine reassortant neonatal attenuated 116E strain, is a monovalent vaccine with the genotypic composition G9P [11]. It was introduced to the Universal Immunization Program (UIP) in April 2016 in a phased manner [11]. Other rotavirus vaccines like Rotateq and Rotarix were available in the private sectors for immunization before nationwide rotavirus vaccine implementation. India is the first Asian country to introduce rotavirus vaccines to the national immunization schedule, and currently, the Rotavac vaccine is used only in India and a few smaller countries [4]. The National Rotavirus Surveillance Network was established in India in 2005 to generate data on disease burden and monitor the trends of circulating genotypes [12,13]. This study describes the reduction in rotavirus prevalence and temporal trends in rotavirus strain distribution before and after Rotavac vaccine introduction in five sites in India.

2. Results

2.1. Prevalence of Rotavirus Diarrhea

Between September 2012 and June 2020, 8499 children under 5 years of age were enrolled in the surveillance study at the five sites. The details of enrollment and rotavirus testing are summarized in Table 1.

Table 1. Enrollment and rotavirus testing details from 5 surveillance sites (September 2012–June 2020).

Site Name	Pre-Vaccination Period and Enrollment	Pre-Vaccination Rotavirus Positivity	Post-Vaccination Period and Enrollment	Post-Vaccination Rotavirus Positivity	Percentage Reduction in Rotavirus Positivity
Rohtak	489	153 (31.2%)	1103	169 (15.3%)	50.96%
Tanda	423	237 (56.0%)	573	104 (18.1%)	67.67%
Tirupati	930	401 (43.1%)	1089	131 (12.0%)	72.15%
Bhubaneswar	723	395 (54.6%)	1113	379 (34.0%)	37.72%
Vellore	1598	470 (29.4%)	458	91 (19.8%)	32.65%
Total	4163	1656 (39.7%)	4336	874 (20.1%)	49.37%

The proportion of diarrhea hospitalizations attributable to rotavirus at the five sites declined from a range of 56–29.4% in pre-vaccine years to 34–12% in post-vaccine years. The maximum annual positivity rate was in 2014 (46.2%), and the minimum was in 2019 (13.3%). The positivity rates declined steadily after vaccine implementation and were more marked towards the later years with higher vaccine coverage (Figure 1). The maximum reduction in rotavirus diarrhea was seen in Tirupati (72.1%), the site with maximum vaccine coverage, compared to a 32.5% reduction in Vellore, which was the last to introduce the vaccine and hence had the lowest overall vaccine coverage among the five sites.

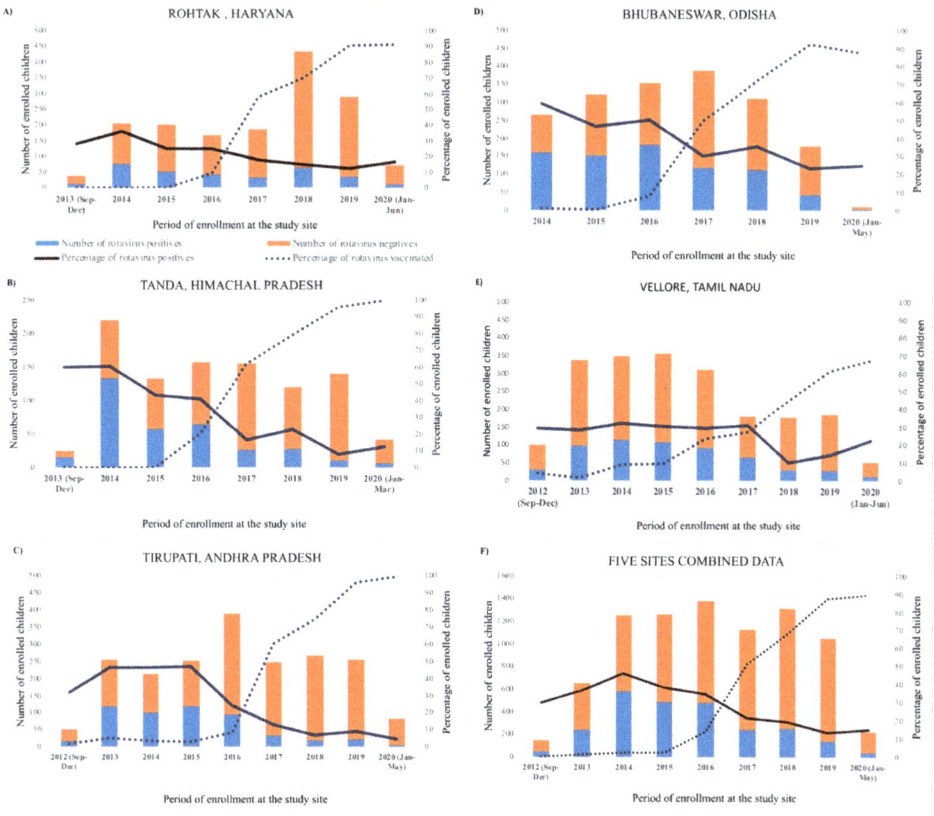

Figure 1. Impact of rotavirus vaccine after its introduction into the universal immunization programme in India, pre-vaccination and post-vaccination introduction surveillance comparison data from study sites at Rohtak (**A**), Tandak (**B**), Tirupati (**C**) Bhubaneswar (**D**), Vellore (**E**), and all the sites combined (**F**).

2.2. Rotavirus Genotype Distribution in India

During the study period, genotyping was performed for 76.04% of the samples. The proportion of positive samples tested by genotyping PCR was greater in the post-vaccination period (97.02%) compared to the pre-vaccination period (64.97%), when the protocol changed for genotyping of a subset of samples.

G1P[8] was the most common strain (49.5%) in the pre-vaccine period. The other common genotypes were G2P[4] (8%), G9P[4] (7.5%), G9P[8] (4.5%), and G12P[6] (3.8%). Conversely, G3P[8] (44.3%) was the most common genotype in the post-vaccine period, with G1P[8] (15.4%), G2P[4] (7.4%), G9P[4] (4.9%), and G1P[6] (3.7%) being the next most common genotypes (Figure 2). Marked yearly changes were seen among the circulating strains. Circulation of G9P[8] peaked during the year 2013, while G12P[6] increased in 2014/2015. Some reassortant strains like G1P[4], G2P[6], G2P[8], G3P[4], G3P[6], and G4P[6] were occasionally reported during the study period (Figure 2).

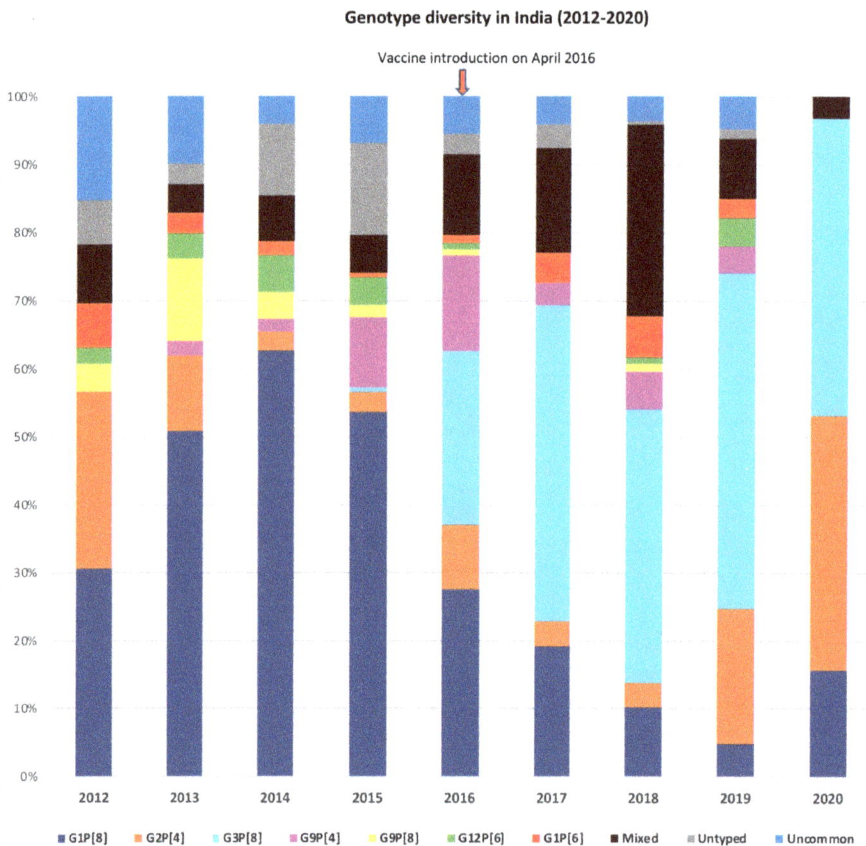

Figure 2. Data represented as the proportion of a specific genotype compared to the total genotype results. Uncommon genotype: <1% of total results; Mixed genotypes: those with >1 G or P-type; Untypables: those with either G or P untyped.

The genotype distribution also varied across the sentinel sites in North India (Tanda and Rohtak) and South India (Vellore, Tirupati, and Bhubaneswar). G1P[6] was seen predominantly in northern sites, while G9P[8] and G12P[6] were seen in southern sites during the pre-vaccination period. In the post-vaccination period, the major circulating strains remained the same in northern sites, with G3P[8] topping the list. G3P[8] emerged in the southern sites as well, with a decline in G9P[8] and G12P[6] (Figure 3).

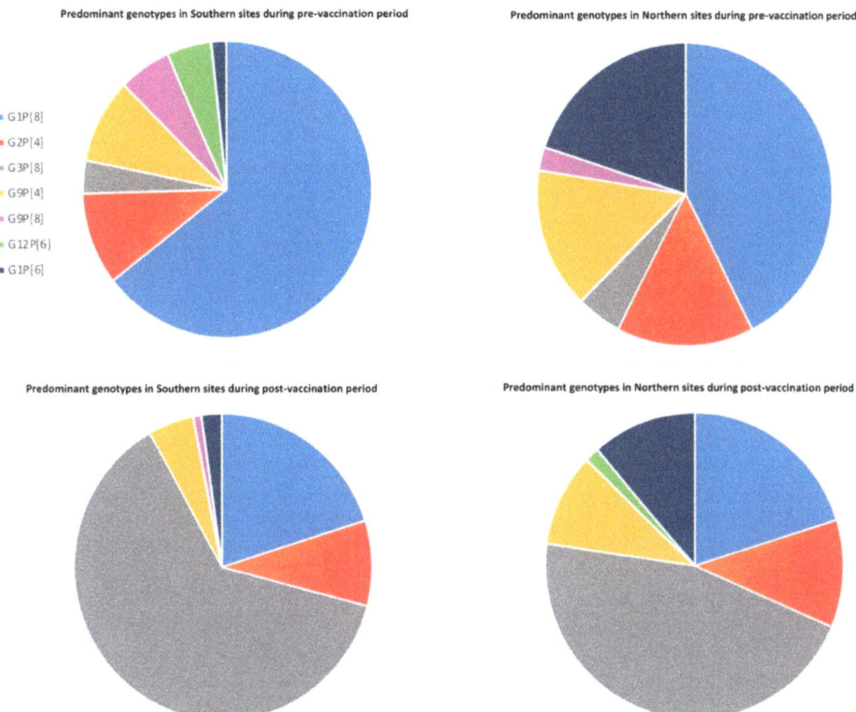

Figure 3. Comparison of genotype distribution between Northern sites (Tanda and Rohtak) and Southern sites (Vellore, Tirupati and Bhubaneswar). The major genotypes are compared during pre-vaccination (September 2012–April 2016) and post-vaccination period (May 2016–June 2020). The mixed genotype infections were excluded from the analysis.

An increased prevalence of G3P[8] and decreased prevalence of G1P[8] were noted in the post-vaccination period compared to the pre-vaccination period. G1P[8] peaked during the year 2014 (62.6%) and has declined steadily since then. G3P[8] started appearing in 2015 and was the predominant genotype in the following years. No novel strains were detected during the post-vaccination period. Mixed genotype infections occurred in a higher proportion in the post-vaccine period (17.4%) compared to the pre-vaccine period (6.4%). G1 (33%) was the most common G-type found in mixed infections, mainly in combination with G12 (10.8%) and G3 (9%). Similarly, P[8] (93.4%) was the most common P-type in mixed infections, along with P[4] (55.6%) and P[6] (37.8%).

3. Discussion

Pre- and post-introduction surveillance at five sites in India indicate that vaccination is impacting severe rotavirus gastroenteritis. The overall prevalence of rotavirus in children with hospitalized gastroenteritis decreased after vaccine introduction, reaching 13.3% by the third year post-vaccine introduction, indicating the effectiveness predicted by clinical trials and modeling [14,15]. The maximum reduction rate was seen in Tirupati (72.1%), and the minimum was observed in Vellore (32.45%), which are the sites with maximum and minimum vaccine coverage, respectively.

During the study period, from 2012 to 2020, the major genotypes were G1P[8], G3P[8], G2P[4], G9P[4], G9P[8], G12P[6], and G1P[6], which include some reassortants that are not common in other parts of the world. There was marked temporal fluctuation, with G9P[8] detected at a high frequency in 2013/2014, only to disappear by 2019/2020, while G12P[6] was high in 2014/2015. Our findings are consistent with surveillance data from India and neighboring countries that also saw the emergence of G12 strains [16]. We also noted a geographic variation, with G12P[6] and G9P[8] seen more in the southern sites in 2012-2016 and G1P[6] observed more in the northern sites. These findings are in agreement with other studies conducted in the northern and southern parts of India [17–20]. The genotypic pattern in the northern sites had a rise in G3P[8] in the post-vaccine period compared to the pre-vaccine period, along with the disappearance of G9P[8] and the emergence of G12P[6]. However, the southern sites had a greater proportion of G3P[8] in the post-vaccination period, with a decline in both G12P[6] and G9P[8]. Variation in the geographic and temporal trends of rotavirus strains emphasizes the importance of multicentric studies.

Changes in genotype distribution and increased diversity are seen with other rotavirus vaccines. In Brazil, G2P[4] emerged as the major strain, while no change in genotype distribution was seen in Kenya after Rotarix introduction [7,21]. An increase in G3P[8] strain prevalence was seen in the United States after RotaTeq introduction [21,22]. In our study, G1P[8] was the predominant strain in the pre-vaccine period, coinciding with other studies conducted during this period [17,23,24], which declined thereafter with the emergence of G3P[8]. However, the rise in G3P[8] in 2017/2018 is likely to be a natural fluctuation rather than the effect of the vaccine, as there was a similar trend seen in other countries without rotavirus immunization [25,26]. There are currently ongoing efforts to examine rotavirus vaccine effectiveness against diseases caused by specific strains, which will help further address this issue.

Globally, the rate of mixed rotavirus infections is similar to our findings [23,27]. Mixed rotavirus infections can facilitate the evolution of novel strains by genetic reassortment between the segmented genes of rotavirus, eventually increasing its diversity. Other studies have reported an increased frequency of unusual and novel strains in the post-vaccine surveillance period [24,28]. In our study, reassortant strains including G1P[4], G2P[6], G3P[6], G3P[4], and G4P[6] were occasionally seen, with no specific increase in the post-vaccination phase. Whole-genome sequencing and phylogenetic analysis will help to identify possible reassortment of rotavirus genes and detect mutational events. This will help us in tracking the virus evolution over time, which might give us more insight into the drivers of viral strain circulation and the impact of vaccines.

To conclude, our study showed a reduction in rotavirus diarrhea across five sites in India after Rotavac vaccine introduction. Changes in circulating strains with an increased rate of mixed infections were also seen in the post-vaccine period. In our study from 2016, additional methods were used for the genotyping of samples that remained untyped with standard laboratory protocols. Some of the differences in genotypes before and after vaccination introduction may have been caused by the change in genotyping methods. Due to the short period of surveillance, it is difficult to determine whether the changes were due to natural strain variations or vaccine pressure. Continued surveillance is warranted to determine the long-term effects of rotavirus vaccination.

4. Materials and Methods

4.1. Study Sites

Active hospital-based surveillance for diarrhea was established in five sentinel sites consisting of major referral hospitals from September 2012 to June 2020. The hospitals included were Christian Medical College (Vellore, Tamil Nadu), Sri Venkateshwara Medical College (Tirupati, Andhra Pradesh), Hi-Tech hospital (Bhubaneswar, Odisha), Pt. Bhagwat Dayal Sharma Postgraduate Institute of Medical Sciences (Rohtak, Haryana), and Rajendra Prasad Government Medical College (Tanda, Himachal Pradesh).

4.2. Sample Collection and Laboratory Testing

Sample collection and laboratory methods are detailed in the study protocol [2]. In brief, children under 5 years of age hospitalized with diarrhea were enrolled in the study. A stool sample, vaccination card copy, and case report form with clinical and demographic details were collected from each child. Samples were stored at the appropriate temperature until transported to CMC, Vellore, which served as the main testing laboratory. All testing was done as per the modified WHO generic protocol for rotavirus surveillance [29]. Stool samples were screened for rotavirus VP6 antigen using a commercial enzyme immunoassay (EIA). All EIA positive samples were further characterized by reverse transcription-polymerase chain reaction (RT-PCR) for VP7 (G Type) and VP4 (P Type) genes. In brief, RNA was extracted from 20% fecal suspension using the QIAamp Viral RNA Mini Kit (Qiagen). Complementary DNA (cDNA) synthesized by reverse transcription using Moloney murine reverse transcriptase enzyme (Superscript II MMLV-RT, Invitrogen) and random primers (Invitrogen) were used as templates for VP7 and VP4 typing by a hemi-nested multiplex PCR using published primers [30,31]. For the samples collected in the post-vaccination period, additional typing methods were used if they remained untyped with standard laboratory testing protocols [32]. The negative samples by genotyping PCR were confirmed for rotavirus positivity by VP6 PCR [32]. The untyped samples and unusual rotavirus strains were sequenced by the Sanger sequencing method.

Author Contributions: Conceptualization, G.K., U.D.P., and J.E.T.; methodology, G.K., S.G., S.A.K., T.V.; software, S.V.; validation, G.K., S.G., C.P.G.K.; formal analysis, T.V.; investigation, all authors; resources, U.D.P., J.E.T., G.K.; data curation, S.V., V.R.M.; writing—original draft preparation, T.V.; writing—review and editing, G.K.; visualization, T.V., N.P.N., S.G.; supervision, S.G., R.A., G.K.; project administration, G.K.; funding acquisition, G.K., U.D.P., J.E.T. All authors have read and agreed to the published version of the manuscript.

Funding: This work was supported by the Indian Council of Medical Research [5/8-1(189)/TF/2011-12-ECD] and the Bill and Melinda Gates Foundation [OPP1053989]. SG was supported on TW0007392.

Institutional Review Board Statement: The study was conducted according to the guidelines of the Declaration of Helsinki and approved by the Institutional Review Board of Christian Medical College, Vellore, and all participating institutions.

Informed Consent Statement: Written informed consent was obtained from parents/guardian of all children enrolled in this study.

Data Availability Statement: Since the study is continuing in some settings, the data are still being generated and have not yet been placed in a public repository. The data analyzed during the period reported will be made available on request after de-identification.

Acknowledgments: We would like to thank the families of infants and children who participated in the surveillance study, the sentinel site study teams, and Christian Medical College laboratory team.

Conflicts of Interest: The authors declare no conflict of interest.

Disclaimer: The findings and conclusions in this report are those of the authors and do not necessarily represent the official position of the Centers for Disease Control and Prevention.

References

1. Parashar, U.D.; Gibson, C.J.; Bresee, J.S.; Glass, R.I. Rotavirus and Severe Childhood Diarrhea. *Emerg. Infect. Dis.* **2006**, *12*, 304–306. [CrossRef]
2. Nair, N.P.; Giri, S.; Mohan, V.R.; Parashar, U.; Tate, J.; Shah, M.P.; Arora, R.; Gupte, M.; Mehendale, S.M. Rotavirus vaccine impact assessment surveillance in India: Protocol and methods. *BMJ Open* **2019**, *9*, e024840. [CrossRef]
3. Santos, N.; Hoshino, Y. Global distribution of rotavirus serotypes/genotypes and its implication for the development and implementation of an effective rotavirus vaccine. *Rev. Med Virol.* **2004**, *15*, 29–56. [CrossRef] [PubMed]
4. Burke, R.M.; Tate, J.E.; Kirkwood, C.D.; Steele, A.D.; Parashar, U.D. Current and new rotavirus vaccines. *Curr. Opin. Infect. Dis.* **2019**, *32*, 435–444. [CrossRef] [PubMed]

5. Zeller, M.; Rahman, M.; Heylen, E.; De Coster, S.; De Vos, S.; Arijs, I.; Novo, L.; Verstappen, N.; Van Ranst, M.; Matthijnssens, J. Rotavirus incidence and genotype distribution before and after national rotavirus vaccine introduction in Belgium. *Vaccine* **2010**, *28*, 7507–7513. [CrossRef]

6. Hungerford, D.; Allen, D.J.; Nawaz, S.; Collins, S.; Ladhani, S.; Vivancos, R.; Iturriza-Gómara, M. Impact of rotavirus vaccination on rotavirus genotype distribution and diversity in England, September 2006 to August 2016. *Eurosurveillance* **2019**, *24*, 1700774. [CrossRef]

7. Mwanga, M.J.; Owor, B.E.; Ochieng, J.B.; Ngama, M.H.; Ogwel, B.; Onyango, C.; Juma, J.; Njeru, R.; Gicheru, E.; Otieno, G.P.; et al. Rotavirus group A genotype circulation patterns across Kenya before and after nationwide vaccine introduction, 2010–2018. *BMC Infect. Dis.* **2020**, *20*, 1–12. [CrossRef]

8. Markkula, J.; Hemming-Harlo, M.; Salminen, M.T.; Savolainen-Kopra, C.; Pirhonen, J.; Al-Hello, H.; Vesikari, T. Rotavirus epidemiology 5–6 years after universal rotavirus vaccination: Persistent rotavirus activity in older children and elderly. *Infect. Dis.* **2017**, *49*, 388–395. [CrossRef]

9. Verberk, J.; Bruijning-Verhagen, P.; de Melker, H.E. *Rotavirus in the Netherlands: Background information for the Health Council*; National Institute for Public Health and the Environment; RIVM: Bilthoven, The Netherlands, 2017. [CrossRef]

10. Kaplon, J.; Grangier, N.; Pillet, S.; Minoui-Tran, A.; Vabret, A.; Wilhelm, N.; Prieur, N.; Lazrek, M.; Alain, S.; Mekki, Y.; et al. Predominance of G9P[8] rotavirus strains throughout France, 2014–2017. *Clin. Microbiol. Infect.* **2018**, *24*, 660.e1–660.e4. [CrossRef]

11. Malik, A.; Haldar, P.; Ray, A.; Shet, A.; Kapuria, B.; Bhadana, S.; Santosham, M.; Ghosh, R.S.; Steinglass, R.; Kumar, R. Introducing rotavirus vaccine in the Universal Immunization Programme in India: From evidence to policy to implementation. *Vaccine* **2019**, *37*, 5817–5824. [CrossRef] [PubMed]

12. Kang, G.; Arora, R.; Chitambar, S.D.; Deshpande, J.; Gupte, M.D.; Kulkarni, M.; Naik, T.N.; Mukherji, D.; Venkatasubramaniam, S.; Gentsch, J.R.; et al. Multicenter, Hospital-Based Surveillance of Rotavirus Disease and Strains among Indian Children Aged. *J. Infect. Dis.* **2009**, *200* (Suppl. 1), S147–S153. [CrossRef]

13. Mehendale, S.; Venkatasubramanian, S.; Kumar, C.P.G.; Kang, G.; Gupte, M.D.; Arora, R. Expanded Indian national rotavirus surveillance network in the context of rotavirus vaccine introduction. *Indian Pediatr.* **2016**, *53*, 575–581. [CrossRef] [PubMed]

14. Bhandari, N.; Rongsen-Chandola, T.; Bavdekar, A.; John, J.; Antony, K.; Taneja, S.; Goyal, N.; Kawade, A.; Kang, G.; Rathore, S.S.; et al. Efficacy of a monovalent human-bovine (116E) rotavirus vaccine in Indian infants: A randomised, double-blind, placebo-controlled trial. *Lancet* **2014**, *383*, 2136–2143. [CrossRef]

15. Debellut, F.; Jaber, S.; Bouzya, Y.; Sabbah, J.; Barham, M.; Abu-Awwad, F.; Hjaija, D.; Ramlawi, A.; Pecenka, C.; Clark, A.; et al. Introduction of rotavirus vaccination in Palestine: An evaluation of the costs, impact, and cost-effectiveness of ROTARIX and ROTAVAC. *PLoS ONE* **2020**, *15*, e0228506. [CrossRef]

16. Giri, S.; Kumar, C.P.G.; Khakha, S.A.; Chawla-Sarkar, M.; Gopalkrishna, V.; Chitambar, S.D.; Ray, P.; Venkatasubramanian, S.; Borkakoty, B.J.; National Rotavirus Surveillance Network investigators; et al. Diversity of rotavirus genotypes circulating in children <5 years of age hospitalized for acute gastroenteritis in India from 2005 to 2016: Analysis of temporal and regional genotype variation. *BMC Infect. Dis.* **2020**, *20*, 740. [CrossRef] [PubMed]

17. Jain, S.; Thakur, N.; Vashistt, J.; Grover, N.; Krishnan, T.; Changotra, H. Predominance of unusual rotavirus G1P[6] strain in North India: An evidence from hospitalized children and adult diarrheal patients. *Infect. Genet. Evol.* **2016**, *46*, 65–70. [CrossRef] [PubMed]

18. Babji, S.; Arumugam, R.; Priyahemavathy, R.; Sriraman, A.; Sarvanabhavan, A.; Manickavasagam, P.; Simon, A.; Aggarwal, I.; Moses, P.D.; Arora, R.; et al. Genotype distribution of Group A rotavirus from southern India, 2005–2016. *Vaccine* **2018**, *36*, 7816–7819. [CrossRef]

19. Giri, S.; Nair, N.P.; Mathew, A.; Manohar, B.; Simon, A.; Singh, T.; Kumar, S.S.; Mathew, M.A.; Babji, S.; Arora, R.; et al. Rotavirus gastroenteritis in Indian children < 5 years hospitalized for diarrhoea, 2012 to 2016. *BMC Public Health* **2019**, *19*, 69. [CrossRef]

20. Tiku, V.R.; Sharma, S.; Verma, A.; Kumar, P.; Raghavendhar, S.; Aneja, S.; Paul, V.K.; Bhan, M.K.; Ray, P. Rotavirus diversity among diarrheal children in Delhi, India during 2007–2012. *Vaccine* **2014**, *32*, A62–A67. [CrossRef]

21. Carvalho-Costa, F.A.; Volotão, E.D.M.; de Assis, R.M.S.; Fialho, A.M.; Andrade, J.D.S.R.D.; Rocha, L.N.; Tort, L.F.L.; da Silva, M.F.M.; Gómez, M.M.; de Souza, P.M.; et al. Laboratory-based Rotavirus Surveillance During the Introduction of a Vaccination Program, Brazil, 2005–2009. *Pediatr. Infect. Dis. J.* **2011**, *30*, S35–S41. [CrossRef]

22. Hull, J.J.; Teel, E.N.; Kerin, T.K.; Freeman, M.M.; Esona, M.D.; Gentsch, J.R.; Cortese, M.M.; Parashar, U.D.; Glass, R.I.; Bowen, M.D. United States Rotavirus Strain Surveillance from 2005 to 2008. *Pediatr. Infect. Dis. J.* **2011**, *30*, S42–S47. [CrossRef] [PubMed]

23. Bányai, K.; László, B.; Duque, J.; Steele, A.D.; Nelson, E.A.S.; Gentsch, J.R.; Parashar, U.D. Systematic review of regional and temporal trends in global rotavirus strain diversity in the pre rotavirus vaccine era: Insights for understanding the impact of rotavirus vaccination programs. *Vaccine* **2012**, *30*, A122–A130. [CrossRef] [PubMed]

24. Roczo-Farkas, S.; Kirkwood, C.D.; Cowley, D.; Barnes, G.L.; Bishop, R.F.; Bogdanovic-Sakran, N.; Boniface, K.; Donato, C.M.; Bines, J.E. The Impact of Rotavirus Vaccines on Genotype Diversity: A Comprehensive Analysis of 2 Decades of Australian Surveillance Data. *J. Infect. Dis.* **2018**, *218*, 546–554. [CrossRef] [PubMed]

25. Sadiq, A.; Bostan, N.; Bokhari, H.; Matthijnssens, J.; Yinda, K.C.; Raza, S.; Nawaz, T. Molecular characterization of human group A rotavirus genotypes circulating in Rawalpindi, Islamabad, Pakistan during 2015–2016. *PLoS ONE* **2019**, *14*, e0220387. [CrossRef]

26. Umair, M.; Salman, M.; Alam, M.M.; Rana, M.S.; Zaidi, S.S.Z.; Bowen, M.D.; Aamir, U.B.; Abbasi, B.H. Rotavirus surveillance in Pakistan during 2015-2016 reveals high prevalence of G12P[6]. *J. Med Virol.* **2018**, *90*, 1272–1276. [CrossRef] [PubMed]

27. Nyaga, M.M.; Jere, K.C.; Esona, M.D.; Seheri, M.L.; Stucker, K.M.; Halpin, R.A.; Akopov, A.; Stockwell, T.B.; Peenze, I.; Diop, A.; et al. Whole genome detection of rotavirus mixed infections in human, porcine and bovine samples co-infected with various rotavirus strains collected from sub-Saharan Africa. *Infect. Genet. Evol.* **2015**, *31*, 321–334. [CrossRef]
28. Tanaka, T.; Kamiya, H.; Asada, K.; Suga, S.; Ido, M.; Umemoto, M.; Ouchi, K.; Ito, H.; Kuroki, H.; Nakano, T.; et al. Changes in Rotavirus Genotypes before and after Vaccine Introduction: A Multicenter, Prospective Observational Study in Three Areas of Japan. *Jpn. J. Infect. Dis.* **2017**, *70*, 448–452. [CrossRef] [PubMed]
29. World Health Organization. Manual of Rotavirus Detection and Characterization Methods. (2009)WHO_IVB_08.17_eng.Pdf. Available online: https://apps.who.int/iris/bitstream/handle/10665/70122/WHO_IVB_08.17_eng.pdf?sequence=1 (accessed on 19 March 2021).
30. Kang, G.; Desai, R.; Arora, R.; Chitamabar, S.; Naik, T.N.; Krishnan, T.; Deshpande, J.; Gupte, M.D.; Venkatasubramaniam, S.; Gentsch, J.R.; et al. Diversity of circulating rotavirus strains in children hospitalized with diarrhea in India, 2005–2009. *Vaccine* **2013**, *31*, 2879–2883. [CrossRef]
31. Iturriza-Gomara, M.; Green, J.; Brown, D.; Desselberger, U.; Gray, J. Comparison of specific and random priming in the reverse transcriptase polymerase chain reaction for genotyping group A rotaviruses. *J. Virol. Methods* **1999**, *78*, 93–103. [CrossRef]
32. Babji, S.; Arumugam, R.; Sarvanabhavan, A.; Gentsch, J.R.; Kang, G. Approach to molecular characterization of partially and completely untyped samples in an Indian rotavirus surveillance program. *Vaccine* **2014**, *32*, A84–A88. [CrossRef]

pathogens

Article

Molecular Epidemiology of Rotavirus A Strains Pre- and Post-Vaccine (Rotarix®) Introduction in Mozambique, 2012–2019: Emergence of Genotypes G3P[4] and G3P[8]

Eva D. João [1,2,*], Benilde Munlela [1,3], Assucênio Chissaque [1,2], Jorfélia Chilaúle [1], Jerónimo Langa [1], Orvalho Augusto [4,5], Simone S. Boene [1,3], Elda Anapakala [1], Júlia Sambo [1,2], Esperança Guimarães [1,2], Diocreciano Bero [1], Marta Cassocera [1,2], Idalécia Cossa-Moiane [1], Jason M. Mwenda [6], Isabel Maurício [2,7], Hester G. O'Neill [8] and Nilsa de Deus [1,9]

[1] Instituto Nacional de Saúde (INS), Maputo 1008, Mozambique; benildeantnio@gmail.com (B.M.); assucenyoo@gmail.com (A.C.); Jorfeliachilaule@gmail.com (J.C.); langajeronimo@gmail.com (J.L.); simonboene@gmail.com (S.S.B.); elda.muianga07@gmail.com (E.A.); juliassiat@yahoo.com.br (J.S.); espeguima@hotmail.com (E.G.); dmbero@gmail.com (D.B.); marti.life@hotmail.com (M.C.); idaleciacossa@yahoo.com.br (I.C.-M.); ndeus1@yahoo.com (N.d.D.)

[2] Instituto de Higiene e Medicina Tropical, Universidade Nova de Lisboa, 1349-008 Lisbon, Portugal; isabel.mauricio@ihmt.unl.pt

[3] Centro de Biotecnologia, Universidade Eduardo Mondlane, Maputo 3453, Mozambique

[4] Faculdade de Medicina, Universidade Eduardo Mondlane, Maputo, P.O. Box 257, Mozambique; orvaquim@gmail.com

[5] Harris Hydraulics Laboratory, Department of Global Health, University of Washington, Seattle, WA 98195-7965, USA

[6] African Rotavirus Surveillance Network, Immunization, Vaccines and Development Program, WHO Regional Office for Africa, Brazzaville, P.O. Box 2465, Congo; mwendaj@who.int

[7] Global Health and Tropical Medicine, Instituto de Higiene e Medicina Tropical, Universidade Nova de Lisboa, 1349-008 Lisbon, Portugal

[8] Department of Microbial, Biochemical and Food Biotechnology, University of the Free State, Bloemfontein 9301, South Africa; oneillhg@ufs.ac.za

[9] Departamento de Ciências Biológicas, Universidade Eduardo Mondlane, Maputo 3453, Mozambique

* Correspondence: evadora1@hotmail.com; Tel.: +258-827479229

Received: 1 July 2020; Accepted: 14 August 2020; Published: 19 August 2020

Abstract: Group A rotavirus (RVA) remains the most important etiological agent associated with severe acute diarrhea in children. *Rotarix®* monovalent vaccine was introduced into Mozambique's Expanded Program on Immunization in September 2015. In the present study, we report the diversity and prevalence of rotavirus genotypes, pre- (2012–2015) and post-vaccine (2016–2019) introduction in Mozambique, among diarrheic children less than five years of age. Genotyping data were analyzed for five sentinel sites for the periods indicated. The primary sentinel site, Mavalane General Hospital (HGM), was analyzed for the period 2012–2019, and for all five sites (country-wide analyses), 2015–2019. During the pre-vaccine period, G9P[8] was the most predominant genotype for both HGM (28.5%) and the country-wide analysis (46.0%). However, in the post-vaccine period, G9P[8] was significantly reduced. Instead, G3P[8] was the most common genotype at HGM, while G1P[8] predominated country-wide. Genotypes G9P[4] and G9P[6] were detected for the first time, and the emergence of G3P[8] and G3P[4] genotypes were observed during the post-vaccine period. The distribution and prevalence of rotavirus genotypes were distinct in pre- and post-vaccination periods, while uncommon genotypes were also detected in the post-vaccine period. These observations support the need for continued country-wide surveillance to monitor changes in strain diversity, due to possible vaccine pressure, and consequently, the effect on vaccine effectiveness.

Keywords: rotavirus type A; Mozambique vaccine surveillance; G3 genotype; Rotarix

1. Introduction

Group A rotavirus (RVA) remains the most important etiological agent associated with severe acute diarrhea in children worldwide [1–3]. In 2016, RVA was estimated to cause more than 128,000 deaths among children younger than five years throughout the world, with more than 104,000 deaths occurring in sub-Saharan Africa [3].

RVA is a non-enveloped, double-stranded RNA virus. The segmented genome has 11 gene segments which encode six structural viral proteins (VP1, VP2, VP3, VP4, VP6, and VP7) and six non-structural viral proteins (NSP1, NSP2, NSP3, NSP4, and NSP5/6) [4–6]. The viral capsid is composed of three concentric layers which encapsulate the 11-segmented genome. The outer layer is composed of the viral spike protein, protease-sensitive VP4, and glycoprotein VP7. A dual typing system for RVA is based on the gene segments encoding VP4 (P genotypes) and VP7 (G types). The rotavirus classification-working group has identified 36 G and 51 P genotypes globally in humans and in the young of many mammalian and avian species [7–10]. Six G types (G1, G2, G3, G4, G9, G12) and 3 P types (P[8], P[4], P[6]) predominate globally [11–14], although in Africa and Asia genotypes, such as G5, G6, and G8, are also described as important [15]. The six most frequently reported G/P combinations associated with infections in humans worldwide are G1P[8], G2P[4], G3P[8], G4P[8], G9P[8], and G12P[8] [10–14,16].

In 2009, the World Health Organization (WHO) recommended the introduction of rotavirus vaccines in national immunization programs worldwide and particularly in countries with a high under-five mortality rate associated with diarrhea [17]. The WHO has coordinated the Global Network of Rotavirus surveillance (GNRS) since 2006 to support countries with evidence-based decision-making [10]. Mozambique has actively participated in WHO rotavirus surveillance since 2016. Continuous surveillance of circulating genotypes, as well as the monitoring of disease burden, is important to evaluate the effectiveness of rotavirus vaccines.

Before the introduction of rotavirus vaccines, a high rotavirus disease burden was reported in particular the southern Mozambican region. However, due to a lack of surveillance, no information was available from the center and northern regions of the country [18–20]. In the Global Enteric Multicenter Study (GEMS), which determined the burden and etiology of diarrhea in children under five years of age in four sub-Saharan African and three Asian countries, Mozambique had the highest attributable fraction (27.0%) of rotavirus-associated diarrhea among infants [20]. In Mozambique, the prevalence of rotavirus in under-five year old children from urban (Maputo City) and rural (Manhiça District) areas in 2012 and 2013 was higher than 40.0% [19]. A lower infection rate (24.0%) was, however, reported in 2011 in Gaza province, a rural area [18]. Data from the National Surveillance of Diarrhea also showed a high rotavirus infection rate of 40.2% and 38.3% in 2014 and 2015, respectively, before vaccine introduction in Mozambique [21]. The monovalent vaccine, *Rotarix*® (GlaxoSmithKline, Rixensart, Belgium), was introduced into the Expanded Program on Immunization of Mozambique in September 2015. Since then, the prevalence of rotavirus infections of 12.2% and 13.5% in 2016 and 2017, respectively, has been reported [21].

The evolution of RVA through the accumulation of point mutations, gene reassortment, recombination and interspecies transmission [5,22,23], call for rotavirus strain surveillance to elucidate the effect, if any, of rotavirus vaccine usage on the circulation of rotavirus genotypes in Mozambique. The main objective of the present study was to evaluate the distribution of rotavirus genotypes prior to (2012–2015) and following (2016–2019) rotavirus vaccine introduction in Mozambique, among diarrheic children less than five years of age.

2. Results

2.1. Comparison of Rotavirus G- and P-Types in Mozambique Pre- and Post-Vaccine Introduction

From May 2014 to December 2019, a total of 1736 diarrheal stool samples were collected in five sentinel sites as part of the National Surveillance of Diarrhea program in Mozambique. Of these stool samples, 468 tested positive for RVA by ELISA (27.0%) (Supplementary Table S1). A total of 94.0% (440/468) of these samples were genotyped, n = 245 from Maputo (HGM and HJM), n = 149 from Nampula (HCN), n = 34 from Quelimane (HGQ) and n = 12 from Beira (HCB) (Supplementary Table S2). During the pre-vaccine period (2014–2015) a total of 246 samples were genotyped and in the post-vaccine period (2016–2019) 194 samples (Supplementary Table S1). In total, 6.0% (28/468) were excluded from genotyping as an insufficient amount of sample was available.

For HGM, a total of 200 genotyped samples corresponded to the pre-vaccine period (2012–2015) and 43 to the post-vaccine period (2016–2019) (Supplementary Table S3). The samples from the pre-vaccine period also included 91 genotyped samples collected at HGM between 2012 and 2013 from a cross-sectional study [24] to extend the analyses for this particular site (Supplementary Table S3).

The analyses for HGM showed that G9 was the most prevalent G type (30.5%) in the pre-vaccine period (n = 200), but was significantly reduced to 9.3% during the post-vaccination period (n = 43). Similarly, G12 was also significantly reduced (from 18.5% to 2.3%) (Table 1). In contrast, during the pre-vaccination period, no G3 strains were detected; but during the post-vaccine period, the genotype was the most prevalent genotype (48.8%). Interestingly, a small increase in prevalence was observed for the G1 genotype, although this increase was not statistically significant (Table 1).

Table 1. Prevalence of G and P types at Mavalane General Hospital pre- and post-vaccine introduction in Mozambique (2012–2019).

[1] G Type	Pre-Vaccine		Post-Vaccine		OR (95% CI)	*p*-Value
	[5] 2012–2015		2016–2019			
	n	%	n	%		
G1	34	**17.0**	10	**23.3**	1.47 (0.59–3.44)	0.330
G12	37	**18.5**	1	2.3	0.10 (0.003–0.66)	0.008
G2	25	**12.5**	1	2.3	0.16 (0.004–1.08)	0.054
G3	0	0.0	21	**48.8**	-	-
G8	6	3.0	1	2.3	0.76 (0.02–6.61)	0.810
G9	61	**30.5**	4	9.3	0.23 (0.01–0.69)	0.004
[2] Mix G	10	5.0	1	2.3	0.45 (0.01–3.30)	0.440
[3] Gx	27	13.5	4	9.3	0.65 (0.16–2.04)	0.450
Total	200	100.0	43	100.0	-	-
[1] P type	-	-	-	-	-	-
P[4]	31	15.5	16	**37.2**	3.23 (1.44–7.04)	<0.001
P[6]	32	16.0	3	7.0	0.39 (0.07–1.36)	0.120
P[8]	108	**54.0**	22	**51.2**	0.89 (0.43–1.83)	0.740
Mix P	8	4.0	0	0.0	-	-
[4] P[x]	21	10.5	2	4.7	0.42 (0.05–0.82)	0.230
Total	200	100.0	43	100.0	-	-

[1] It is not possible to calculate the Odds-ratio (OR) for cells with a value of 0; [2] Mix G: 2012–2015: G12G8 (2.0%), G12G9 (1.5%), G9G2 (1.5%); 2016–2019: G12G3 (2.3%); [3] x—refers to strains that were non-typeable for G; [4] x—refers to strains that were non-typeable for P; [5] Reference category: Pre-vaccine; Bold: The most prevalent genotypes per period.

P[8] was the most predominant P type in the pre-vaccine period (54.0%) (Table 1), as well as the post-vaccine period (51.2%). Only P[4] (37.2%) (Table 1) had a statistically significant increase during the post-vaccine period (p < 0.001). No mixed P types were detected during the post-vaccine period.

When all five sentinel sites (including HGM) were analyzed for the period of 2015–2019, a similar trend was observed for the G9 genotype. During the pre-vaccine period (n = 213), G9 was the most prevalent G type at 49.3%, but a significant reduction for G9 (25.3%) was reported during the post-vaccine period (n = 194). The emergence of G3 was also observed, becoming the most prevalent genotype, although only at 26.3% (Table 2). In contrast, a reduction in the prevalence of the G1 genotype was observed (31.5% reduced to 21.6%) for all five sentinel sites.

Table 2. Prevalence of G and P types at five sentinel sites in Mozambique during surveillance pre- and post-vaccine introduction (2015–2019).

[1] G Type	[5] Pre-Vaccine		Post-Vaccine		OR (95% CI)	*p*-Value
	2015		2016–2019			
	n	%	n	%		
G1	67	31.5	42	21.6	0.60 (0.37–0.96)	0.030
G12	2	0.9	2	1.0	1.18 (0.08–15.29)	0.930
G2	10	4.7	11	5.7	1.22 (0.46–3.28)	0.660
G3	0	0	51	26.3	-	-
G8	0	0	3	1.5	-	-
G9	105	49.3	49	25.3	0.35 (0.22–0.54)	<0.001
[2] Mix G	0	0	12	6.2	-	-
[3] Gx	29	13.6	24	12.4	0.90 (0.48–1.66)	0.710
Total	213	100.0	194	100.0	-	-
[1] P type	-	-	-	-	-	-
P[4]	1	0.5	71	36.6	-	-
P[6]	10	4.7	37	19.1	4.78 (2.23–11.10)	<0.001
P[8]	182	85.4	76	39.2	0.10 (0.06–0.16)	<0.001
[4] P[x]	20	9.4	10	5.2	0.57 (0.23–1.32)	0.100
Total	213	100.0	194	100.0	-	-

[1] It is not possible to calculate the Odds-ratio (OR) for cells with a value of 0; [2] Mix G—2016–2019: G12G3 (0.5%), G2G1 (0.5%), G3G1 (2.1%), G9G3 (3.1%); [3] x—refers to strains that were non-typeable for G; [4] x—Refers to strains that were non-typeable for P; [5] Reference category: Pre-vaccine; Bold: The most prevalent genotypes per period.

During the pre-vaccine period, P[8] was the most frequently detected P genotype accounting for 85.4% of all genotypes detected (Table 2). However, this high frequency was significantly reduced in the post-vaccination period to less than half (39.2%). An increase in the detection of P[6] (19.1%) and P[4] (36.6%), from almost undetectable, were recorded during this period (Table 2).

Analyses of the data recorded for samples collected at the HGM, showed a slight increase in the odds ratio for G1 type from pre-vaccine to the post-vaccine period of 1.47 times (OR = 1.47 95CI = 0.59–3.44, $p > 0.330$), but a decrease in the odds ratio for genotypes G12 of 90.0% (OR = 0.10, 95CI = 0.003–0.66, $p < 0.008$) and G9 of 77.0% (OR = 0.23, 95CI = 0.01–0.69, $p < 0.004$), respectively (Table 1). Considering all the sentinel sites, a significant decrease was observed in the odds ratio for G1 genotype from pre-vaccine to the post-vaccine period of 40.0% (OR = 0.60, 95CI = 0.37–0.96, $p < 0.030$), as well as a reduction for G9 of 65.0% (OR = 0.35, 95CI = 0.22–0.54, $p < 0.001$) (Table 2).

A reduction for genotype P[8] from pre-vaccine to the post-vaccine period was also observed at HGM (11.0%, OR= 0.89, 95CI= 0.43–1.83, $p > 0.740$, Table 1), as well as for the country-wide sentinel sites (90.0% (OR = 0.10, 95CI = 0.06 to 0.16, $p < 0.001$, Table 2). In contrast, a significant increase in the odds ratio of genotype P[4] of 3.23 times (OR = 3.23, 95CI = 1.44–7.04, $p < 0.001$) was observed at the HGM (Table 1). Analyses for all the sentinel sites showed a high prevalence for P[4] during the post-vaccine period (36.6%) compared to the pre-vaccine period (0.5%).

2.2. Comparison of G/P Genotype Combinations in Mozambique Pre- and Post-Vaccine Introduction

At HGM, the most predominant combinations during the pre-vaccine period were G9P[8] (28.5%), G1P[8] (17.0%), G12P[6] (13.0%) and G2P[4] (10.0%), comprising a total of 68.5% of all genotypes analyzed (Table 3). During the post-vaccine period, G1P[8] (20.9%) was still one of the predominant combinations, although G3P[8] and G3P[4] strains were detected at 25.6% and 18.6%, respectively

(Table 3). A significant reduction in G9P[8] detection was observed following vaccine introduction ($p < 0.001$). Instead, the G9 genotype was now detected in combination with P[4] and P[6] both at a frequency of 4.7% (Table 3).

Table 3. G/P type combinations prevalent at Mavalane General Hospital pre- and post-vaccine introduction in Mozambique (2012–2019).

[1] G/P Genotype Combination	[5] Pre-Vaccine 2012–2015		Post-Vaccine 2016–2019		OR (95% CI)	*p*-Value
	n	%	n	%		
G1P[8]	34	**17.0**	9	**20.9**	1.29 (0.50–3.07)	0.540
G9P[8]	57	**28.5**	1	2.3	0.06 (0.002–0.40)	< 0.001
G12P[6]	26	**13.0**	0	0.0	-	-
G2P[4]	20	10.0	1	2.3	0.21 (0.01–1.42)	0.100
G12P[8]	6	3.0	0	0.0	-	-
G3P[4]	0	0.0	8	**18.6**	-	-
G3P[8]	0	0.0	11	**25.6**	-	-
G8P[4]	5	2.5	1	2.3	0.93 (0.02–8.61)	0.950
G9P[4]	0	0.0	2	4.7	-	-
G9P[6]	0	0.0	2	4.7	-	-
[2] Other genotypes	5	2.5	3	7.0	2.93 (0.43–15.65)	0.140
[3] Mixed types	13	6.5	1	2.3	0.34 (0.01–2.41)	0.290
[4] Partial G/P types	20	10.0	2	4.7	0.44 (0.05–1.93)	0.270
Untypeables	14	7.0	2	4.7	0.64 (0.07–3.00)	0.570
Total	200	100.0	43	100.0	-	-

[1] It is not possible to calculate the Odds-ratio (OR) for cells with a value of 0; [2] Other genotypes: 2012–2015: G12P[4] (0.5%), G2P[6] (1.0%), G2P[8] (0.5%), G8P[8] (0.5%); 2016–2019: G1P[4] (2.3%), G3P[6] (2.3%), G12P[4] (2.3%); [3] Mixed types: 2012–2015: G12G8P[4] (1.0%), G12G8P[6] (0.5%), G12G8P[6]P[4] (0.5%), G12G9P[6] (0.5%), G12G9P[8]P[6] (1.0%), G12P[8]P[6] (1.0%), G9G2P[4] (0.5%), G9G2P[6] (0.5%), G9G2P[8] (0.5%), G9P[8]P[4] (0.5%); 2016–2019: G12G3P[4] (2.3%); [4] Partial G/P types: 2012–2015: G12P[x] (1.0%), G2P[x] (1.0%),G9P[x] (1.5%), GxP[4] (1.0%), GxP[6] (0.5%), GxP[6]P[4] (0.5%), GxP[8] (4.0%), GxP[8]P[6] (0.5%); 2016–2019: GxP[4] (2.3%),GxP[8] (2.3%); [5] Reference category: Pre-vaccine; Bold: The most prevalent genotypes per period.

The most frequent G/P combinations observed for all the sites participating in the National Surveillance of Diarrhea program during the pre-vaccine period were G9P[8] and G1P[8] at 46.0% and 31.0%, respectively. These combinations comprised a total of 77.0% of all genotypes analyzed (Table 4).

In the post-vaccine period, G1P[8] remained the most frequent G/P combination, but at a reduced frequency of 20.6%. G2P[4] (at a slightly higher frequency) and G2P[6] (similar frequency as in 2015) were, again, detected in the post-vaccine period. Similar to the analysis for HGM, G3 in combination with P[4] (14.4%) and P[8] (9.8%) were detected during the post-vaccine period, together with G9P[4] (12.4%) and G9P[6] (8.8%). Mixed infections, as determined with RT-PCR, was detected for 6.2% of the samples (Table 4).

Analyses for HGM showed an increase in the odds for G1P[8] at 1.29 times (95CI = 0.50–3.07, $p > 0.54$), but a significant decrease in the odds ratio for G9P[8] at 94.0% (OR = 0.06, 95CI = 0.002–0.40, $p < 0.001$) (Table 3).

In contrast, a significant decrease in the odds ratio for all the sentinel sites was observed for G1P[8] at 42.0% (OR = 0.58, 95CI= 0.36–0.93, $p < 0.020$) and G9P[8] at 96.0% (OR = 0.04, 95CI= 0.02–0.10, $p < 0.001$) (Table 4).

Table 4. G/P type combinations prevalent at five sentinel sites in Mozambique during surveillance pre- and post-vaccine introduction (2015–2019).

[1] G/P Genotype Combination	[5] Pre-Vaccine 2015		Post-Vaccine 2016–2019		OR (95% CI)	*p*-Value
	n	%	n	%		
G1P[8]	66	**31.0**	40	**20.6**	0.58 (0.36–0.93)	0.020
G3P[4]	0	0.0	28	**14.4**	-	-
G3P[6]	0	0.0	3	1.5	-	-
G3P[8]	0	0.0	19	9.8	-	-
G8P[4]	0	0.0	3	1.5	-	-
G9P[4]	0	0.0	24	**12.4**	-	-
G9P[6]	0	0.0	17	8.8	-	-
G2P[4]	1	0.5	3	1.5	-	-
G2P[6]	9	4.2	8	4.1	0.97 (0.32–2.91)	0.959
G9P[8]	98	**46.0**	7	3.6	0.04 (0.02–0.10)	<0.001
[2] Other genotypes	3	1.4	4	2.1	1.47 (0.25–10.18)	0.612
[3] Mixed types	0	0	12	6.2	-	
[4] Partial G/P types	23	10.8	18	9.3	0.84 (0.41–1.70)	0.611
Untypeables	13	6.1	8	4.1	0.66 (0.23–1.77)	0.370
Total	213	100.0	194	100.0	-	-

[1] It is not possible to calculate the Odds-ratio (OR) for cells with a value of 0; [2] Other genotypes: 2015: G12P[8] (0.9%), G1P[6] (0.5%); 2016–2019: G12P[4] (0.5%), G12P[8] (0.5%), G1P[4] (1.0%); [3] Mixed types: 2016–2019: G12G3P[4] (0.5%),G2G1P[8] (0.5%), G3G1P[8] (2.6%),G9G3P[6] (2.6%); [4] Partial G/P types: 2015: G9P[x] (3.3%),GxP[6] (0.5%), GxP[8] (7.0%); 2016–2019: G9P[x] (1.0%),GxP[4] (4.6%), GxP[6] (1.6%), GxP[8] (2.1%); [5] Reference category: Pre-vaccine; Bold: The most prevalent genotypes per period.

2.3. Yearly Distribution of Rotavirus Genotypes at the Mavalane General Hospital (HGM) and National Surveillance Sites

As reported before, G12P[6] (28.6%) and G2P[4] (23.1%) were the most predominant genotype combinations at HGM during 2012–2013 [24]. In 2014 and 2015, G1P[8] and G9P[8] with 84.8% and 73.7%, respectively, were detected at the highest frequencies. In 2016, during the post-vaccine period, the most frequent genotype was G1P[8] with 66.7%. The emergence of new genotypes was observed in 2016 (G3P[4]), which increased in 2017, to the most prevalent genotype (25.0%) followed by G1P[8] (18.8%) (Table 5). In 2018, G3P[8] and G3P[4] became the most prevalent genotype combinations with 36.4% and 27.3%, respectively. Finally, in 2019, only G3P[8] were detected at the HGM. No G1P[8] strains were, therefore, detected in 2018 and 2019 (Table 5).

Since data is available for only one year for all five participating sentinel sites during the pre-vaccine period, yearly analysis for the national surveillance sites are presented from 2015–2019. The results showed that in 2015 the most frequent G/P combination was G9P[8] (46.0%), followed by G1P[8] (31.0%). In 2016, G1P[8] was detected at the highest frequency (43.6%) (Table 6). Other genotype combinations, such as G2P[6] (17.9%), G9P[6] (12.8%), G9P[4] (7.7%), and G3P[4] (2.6%), were also observed in 2016 (Table 6). These results were comparable to those from HGM.

In 2017, G1P[8], as well as G9P[4], were detected at similar frequencies (19.2%), while G3P[4] was detected at 13.5% (Table 6). In 2018 and 2019, G3P[4] and G3P[8] became the most frequently detected genotype combination with 38.7% and 60.0%, respectively (Table 6). G3 was also observed in combination with P[4] (13.5%) and P[6] (1.9%) in 2017, whereas G1P[8] genotype was not detected in 2018, although this genotype was detected at 15.0% in 2019 (Table 6). The results reported for all the sentinel sites participating in the National Surveillance of Diarrhea program is comparable to that observed for HGM for the reporting period (2015–2019), except that G1P[8] was not detected in 2019 for HGM.

Table 5. Prevalence of G/P type combinations at Mavalane General Hospital in Mozambique by year.

G/P Genotype Combination	2012		2013		2014		2015		2016		2017		2018		2019	
	n	%	n	%	n	%	n	%	n	%	n	%	n	%	n	%
G1P[8]	2	3.0	0	0.0	28	84.8	4	5.3	6	66.7	3	18.8	0	0.0	0	0.0
G9P[8]	1	1.5	0	0.0	0	0.0	56	73.7	0	0.0	1	6.3	0	0.0	0	0.0
G12P[6]	26	38.8	0	0.0	0	0.0	0	0.0	0	0.0	0	0	0	0.0	0	0.0
G2P[4]	5	7.5	16	66.7	0	0.0	0	0.0	0	0.0	0	0	1	9.1	0	0.0
G12P[8]	5	7.5	0	0.0	0	0.0	1	1.3	0	0.0	0	0	0	0.0	0	0.0
G3P[4]	0	0	0	0.0	0	0.0	0	0.0	1	11.1	4	25.0	3	27.3	0	0.0
G3P[8]	0	0	0	0.0	0	0.0	0	0.0	0	0.0	0	0	4	36.4	7	100.0
G8P[4]	5	7.5	0	0.0	0	0.0	0	0.0	0	0.0	0	0	1	9.1	0	0.0
G9P[4]	0	0	0	0.0	0	0.0	0	0.0	0	0.0	2	12.5	0	0.0	0	0.0
G9P[6]	0	0	0	0.0	0	0.0	0	0.0	0	0	0	0	2	18.2	0	0.0
[1] Other genotypes	3	4.5	0	0.0	0	0.0	2	2.6	1	11.1	2	12.5	0	0.0	0	0.0
[2] Mixed types	13	19.4	0	0.0	0	0.0	0	0.0	1	11.1	0	0	0	0.0	0	0.0
[3] Partial G/P types	5	7.5	4	16.7	4	12.1	7	9.2	0	0.0	2	12.5	0	0.0	0	0.0
Untypeables	2	3.0	4	16.7	1	3.0	6	7.9	0	0.0	2	12.5	0	0.0	0	0.0
Total	67	100.0	24	100.0	33	100.0	76	100.0	9	100.0	16	100.0	11	100.0	7	100.0

[1] Other genotypes: 2012: G12P[4] (1.5%), G2P[8] (1.5%), G8P[8] (1.5%); 2015: G2P[6] (2.6%); 2016: G12P[4] (11.1%); 2017: G1P[4] (6.3%), G3P[6] (6.3%); [2] Mixed types: 2012: G12G8P[4] (3.0%), G12G8P[6] (1.5%), G12G8P[6]P[4] (1.5%), G12G9P[6] (1.5%), G12G9P[8]P[6] (3.0%), G12P[8]P[6] (3.0%), G9G2P[4] (1.5%), G9G2P[6] (1.5%),G9G2P[8] (1.5%),G9P[8]P[4] (1.5%); 2016: G12G3P[4] (11.1%); [3] Partial G/P types: 2012: G12P[x] (3.0%), GxP[6]P[4] (1.5%), GxP[6]P[4] (1.5%), GxP[8]P[6] (1.5%); 2013: G2P[x] (8.3%), GxP[4] (8.3%); 2014: GxP[6] (3.0%), GxP[8] (9.1%); 2015: G9P[x] (4.0%), GxP[8] (5.3%); 2017: GxP[4] (6.3%), GxP[8] (6.3%); Grey: The most prevalent genotypes per year.

Table 6. Prevalence of G/P type combinations at five sentinel sites in Mozambique during surveillance by year.

G/P Genotype Combination	2015		2016		2017		2018		2019	
	n	%	n	%	n	%	n	%	n	%
G1P[8]	66	31.0	17	43.6	20	19.2	0	0.0	3	15.0
G3P[4]	0	0.0	1	2.6	14	13.5	12	38.7	1	5.0
G3P[6]	0	0.0	0	0.0	2	1.9	1	3.2	0	0.0
G3P[8]	0	0.0	0	0.0	0	0	7	22.6	12	60.0
G8P[4]	0	0.0	0	0.0	1	1.0	2	6.5	0	0.0
G9P[4]	0	0.0	3	7.7	20	19.2	1	3.2	0	0.0
G9P[6]	0	0.0	5	12.8	9	8.7	3	9.7	0	0.0
G2P[6]	9	4.2	7	17.9	0	0	1	3.2	0	0.0
G9P[8]	98	46.0	0	0.0	6	5.8	1	3.2	0	0.0
[1] Other genotypes	4	1.9	3	7.7	3	2.9	1	3.2	0	0.0
[2] Mixed types	0	0.0	2	5.1	10	9.6	0	0.0	0	0.0
[3] Partial G/P types	23	10.8	0	0.0	14	13.5	2	6.5	2	10.0
Untypeables	13	6.1	1	2.6	5	4.8	0	0.0	2	10.0
Total	213	100.0	39	100.0	104	100.0	31	100.0	20	100.0

[1] Other genotypes: 2015: G12P[8] (0.9%), G1P[6] (0.5%), G2P[4] (0.5%); 2016: G12P[4] (2.6%), G2P[4] (5.1%); 2017: G12P[8] (1.0%), G1P[4] (1.9%); 2018: G2P[4] (3.2%); [2] Mixed types: 2016: G12G3P[4 (2.6%), G2G1P[8] (2.6%); 2017: G3G1P[8] (3.9%), G9G3P[6] (5.8%); [3] Partial G/P types: 2015: G9P[x] (3.3%), GxP[6] (0.5%), GxP[8] (7.0%); 2017: G9P[x] (1.9%), GxP[4] (6.7%), GxP[6] (1.9%), GxP[8] (2.9%); 2018: GxP[4](3.2%), GxP[6] (3.2%); 2019: GxP[4] (5.0%), GxP[8] (5.0%); Grey: The most prevalent genotypes per year.

2.4. Geographical Distribution of Rotavirus Genotypes

A variation in rotavirus genotypes between the five sentinel sites in Mozambique was observed (Supplementary Table S4).

In the pre-vaccine period (2015), it was observed that G1P[8] occurred in all regions included in this study, with the highest frequency (78.0%) detected in the northern region, at Nampula (HCN) (Supplementary Table S4). In contrast, the G9P[8] genotype combination was mostly detected in the southern region, Maputo (HGM and HJM) at 68.8%. Other uncommon genotypes, such as G2P[6], were mostly detected at Nampula at 10.2% but were not detected in Quelimane (HGQ) or Beira (HCB) (Supplementary Table S4). Similarly, in the post-vaccine period (2016–2019), the combination G1P[8] was observed across the country. In 2016 at Maputo and Nampula, G1P[8] was the most prevalent genotype with 66.7% and 43.5%, respectively. The G1P[8] genotype was, however, also detected in Quelimane and Beira, which had small sample sizes.

In 2017 the genotype combination G3P[4] was the most prevalent (29.7%) in Maputo, while in Nampula and Quelimane G9P[4] and G9P[6] were the most prevalent at 32.7% and 35.7%, respectively. In 2018 and 2019, the G3 genotypes were predominantly detected in Maputo and Quelimane in combination with P[4] and P[8]. In Nampula and Beira, G3 was detected in combination with P[4] (Supplementary Table S4).

3. Discussion

Before rotavirus vaccine introduction in Mozambique, RVA surveillance studies focused in the southern region of the country [18–20]. Instituto Nacional de Saúde (INS) initiated national RVA surveillance in the southern region of Mozambique in 2014, which was expanded to other regions (center and north) in 2015. Following the country-wide introduction of *Rotarix*® in September 2015, its impact has been monitored and a substantial reduction in the prevalence of RVA infection rate to 12.2% and 13.5% in 2016 and 2017, respectively, was reported [21]. Since the country is vast, it is important to expand strain surveillance to include the entire country.

In the present analysis, rotavirus surveillance that form part of the National Surveillance of Diarrhea during 2014–2019, as well as data from a cross-section study at the HGM from 2012 and 2013, are reported [24].

During the surveillance at HGM (2012–2019), as well as country-wide sentinel sites (2015–2019), variations in the prevalence of genotypes in the pre- and post-vaccine periods were observed. Genotypes G9 and P[8] were consistently the most prevalent in the pre-vaccine period and in the post-vaccine period, genotypes G3 and P[8] were the most prevalent. However, the proportion of P[8] was reduced, and the prevalence of genotype P[4] increased. These results suggest that genotype prevalence can vary from year to year pre- or post-vaccination in Mozambique.

When comparing the most predominant G/P combinations before and after vaccine introduction at the HGM, G9P[8] was the most predominant genotype combination in the pre-vaccine period, while G1P[8] was the most prevalent genotype combination in the post-vaccine period. The country-wide surveillance also revealed a decreased odds ratio for G9P[8] after the introduction of the vaccine. However, this reduction was accompanied by the emergence of G9P[4] and G9P[6], especially in the northern part of Mozambique, after vaccine introduction. Finally, the emergence of G3P[4] and G3P[8] was also observed. These results showed that in this early phase of rotavirus strain surveillance, it is not clear whether these variations in genotype combinations between both periods were due to the rotavirus vaccine or simply natural variation in genotype frequency. Our results are consistent with previously published studies, as a number of countries from Africa, Europe and America reported a variation in the strain diversity between the two periods [16,25–30].

Countries that introduced the monovalent *Rotarix*® vaccine similar to Mozambique, reported a decline of genotype G1P[8] with a concurrent rise in other combinations in the post-vaccine period. For example, South Africa reported an increase in non-G1P[8] strains [25]. In contrast, in Malawi, the reduction of G1P[8] was not significant [27]. In Ghana, G1P[8] returned as one of the dominant strains in the fourth year post-vaccine introduction [26]. Other studies reported from England, Brazil, Belgium, Scotland, a decline in the proportion of G1P[8] with a rise in the proportion of heterotypic strains, such as G2P[4], was observed [28–31].

Additionally, Belgium reported a slightly lower vaccine effectiveness against G2P[4], and in Malawi, a lower vaccine effectiveness against G2 strains than G1 strains was reported [27].

In our analyses, HGM, with at least four years pre-vaccine data showed a slight increase of G1P[8] after vaccine introduction, although in the country-wide analyses the G1P[8] prevalence was reduced. This needs careful interpretation, due to the difference in the number of years in the pre-vaccine period, one of the limitations of this analysis.

Regarding the variation in the prevalence of some uncommon genotypes (e.g., G9P[4] G9P[6], G3P[4], G3P[6]) detected after vaccine introduction in Mozambique, it is important to mention that a number of studies in Africa [16,25,32] and Asia (India and Japan) also reported these uncommon genotypes before vaccine introduction in low frequency [33,34]. These uncommon genotypes, apart from G9P[6], were also observed in Ireland before vaccine introduction [35–37]. However, a study conducted in Ghana reported the emergence of G9P[4] at a low frequency only during the fourth rotavirus season after vaccine introduction [26].

The emergence of the genotype combinations G3P[4], detected in 2016, 2017, 2018, and G3P[8] in 2018 and 2019 was observed in Mozambique. These strains were also reported in the same period in Botswana after vaccine introduction in 2012 [38]. Botswana also reported an outbreak of G3P[8] in 2018 [39]. In addition, several countries reported G3 in combination with P[4] and P[8] during the 12th African Rotavirus Symposium 2019 [40–42]: Malawi (introduced vaccine in 2012, reported G3P[8] in 2018), South Africa (introduced vaccine in 2009, reported G3P[4] in 2015–2016), Kingdom of Eswatini (introduced vaccine in 2015, reported G3P[8] in 2018). These observations suggest that G3 strains were circulating in Southern Africa during 2015–2018, with a sharp increase in 2018. Around the world, the emergence of genotype G3P[8] and equine-like G3P[8] in 2013 in Australia and re-emergence of G3P[8] were observed in Brazil in the post-vaccine introduction [43–45]. The European Rotavirus Network (EuroRotaNet) reported 2017–2018 for the first time since inception, G3P[8] as the most prevalent strain [28].

Temporal variation of rotavirus strains was observed in Mozambique, in particular in the model site, Mavalane General Hospital (HGM), as data from a cross-sectional study that characterized rotavirus strains at the HGM from 2012 and 2013 [24], was combined with data generated at the same site as part of the National Surveillance program with its inception in 2014. As already mentioned, G12P[6] was the most predominant genotype in 2012, and in 2013, G2P[4] was the most prevalent [24]. In a similar time period, G12P[6]was also reported in the Manhiça District, while in 2011 in the Chókwè district, G12P[8] was the most prevalent genotype [18,24]. These results suggest circulation of G12 during 2011–2012 in southern Mozambique. The G12 genotype was detected at a prevalence of almost 20% in Sub-Saharan Africa during 2012–2013 [10,16]. In 2013 the G2P[4] was the predominant genotype in the Manhiça district [24] and also in South Africa in 2013 [46]. A shift in genotypes was observed in 2014 and 2015 when mostly G1P[8] and G9P[8] strains were detected.

In the post-vaccine period (2016–2019), G9P[8] was replaced by G1P[8] in 2016, while in 2017, G3P[4] was the most predominant followed by G1P[8]. In 2018 and 2019, no G1P[8] strains were detected; instead, the G3P[8] genotype was the most prevalent. The G3P[8] genotype combination is one of the most prevalent strains associated with human rotavirus infection globally [11–14]. However, G3P[4], which is considered an uncommon combination, was also detected. Studies published previously in Mozambique during the pre-vaccine period did not detect these strains. These temporal analyses clearly showed a yearly variation of rotavirus strains, complicating the assessment of vaccine introduction impact on changes in strain diversity [11–14]. These observations are further supported by data generated by the National Surveillance of Diarrhea that also showed a temporal variation of rotavirus strains and may rather represent the natural variation in rotavirus strains.

Evaluation of strains detected at the various sentinel sites between 2015–2019, showed that G1P[8] was detected at all sentinel sites, albeit at a variation in frequency. It is interesting to note that G9P[8] occurred mostly in Maputo (HGM and HJM) in the southern region of the country, while G9 in combination with P[4] and P[6] were observed mostly in the north, Nampula (HCN), and central region, Quelimane (HGQ). The occurrence of G2P[6] was mostly observed in Nampula. The emergence of G3 strains was, however, detected at all sites under surveillance suggesting that the occurrence of these strains was not location bound. Differences in the geographical distribution of genotypes within a country was previously reported [11].

Various challenges and limitations were experienced during the study. These include logistical issues, which led to a delay in the start of surveillance at some sentinel sites. The study was limited by its small sample size; therefore, it was not possible to perform in-depth temporal analyses by the site to access the genetic variability of strains. Furthermore, bias in strain diversity is possible since a low number of strains were characterized at some sentinel sites. Extended pre-vaccine genotyping data (four years) was available for only one sentinel site, whereas only one year genotyping data were available for the remainder of the sentinel sites.

Despite the circulation of diverse rotavirus strains and the emergence of some genotypes, the National Surveillance of Diarrhea reported a reduction in rotavirus prevalence during the early impact study of the rotavirus vaccine after vaccine introduction.

The whole genome characterization of rotavirus strains circulating pre- and post-vaccine introduction will be useful to evaluate any potential vaccine-induced selection of specific antigenic profiles. Moreover, with recent reports related to the emergence of double-reassortant G1P[8] on a DS-1–like genetic backbone [47–49], whole-genome characterization will be important for strains surveillance.

4. Materials and Methods

4.1. Study Population and Stool Samples Collection

RVA positive samples, as tested by Enzyme-Linked Immunosorbent Assay (ELISA), were included. Samples were obtained from children under five years of age suffering from moderate-to-severe acute and non-acute diarrhea. These samples were collected as part of an ongoing hospital-based diarrhea surveillance program, called the National Surveillance of Diarrhea (ViNaDia) that commenced in May 2014. Samples were included for this study up to December 2019. In addition, data from a cross-sectional study conducted at the Mavalane General Hospital (HGM) from January 2012 to September 2013 were also included in the analyses [24].

The National Surveillance of Diarrhea in children was led by the "Instituto Nacional de Saúde" (INS), started in May 2014 at the Mavalane General Hospital (HGM, first sentinel site) in the Maputo province (Figure 1). In March 2015, José Macamo General Hospital (HJM), also Maputo Province, and Nampula Central Hospital (HCN), in Nampula province in the northern region of the country were added. Surveillance was extended to two additional sentinel sites in June 2015: Beira Central Hospital (HCB) in Sofala Province and Quelimane General Hospital (HGQ) in the Zambézia province (Figure 1). Since 2016, Mozambique participates and actively report data to the WHO African Rotavirus Surveillance Network (ARSN). ARSN monitors rotavirus infection in children with severe acute watery diarrhea as part of a hospital-based sentinel-site surveillance program.

In the surveillance at HGM and HJM samples were collected and immediately transferred to the INS laboratory, while at HCB, HCN and HGQ, samples were collected and stored at −20 °C. Samples were transported on a weekly basis on dry ice to the INS laboratories located in Maputo City for testing and stored in −70 °C as previously described [21]. The cross-sectional study was conducted at the Centro de Investigação em Saúde de Manhiça (CISM). The sampling, testing procedures, clinical, socio-demographic information and characterization of rotavirus strains, as previously described [19,24].

4.2. Ethical Approval

The National Surveillance of Diarrhea in children protocol was reviewed and approved by the Mozambican National Committee on Bioethics for Health (CNBS) (reference N°: 348/CNBS/13; IRB00002657), as well as the rotavirus cross-sectional study (reference N°286/CNBS/10; IRB00002657).

4.3. Laboratory Testing

4.3.1. Rotavirus Detection and RNA Extraction

All samples analyzed, were tested for rotavirus using the commercial Enzyme-immuno-sorbent assay (ELISA) kit (Prospect, Oxoid Ltd., Hampshire, UK) following the manufacturer's instructions. Total RNA was extracted from ELISA-positive samples using the QIAamp Viral RNA protocol (QIAGEN, Hilden, Germany), and stored at −70 °C.

Figure 1. Map of Mozambique indicating the geographical location of study sites. Abbreviations for hospitals are indicated in red. HGM (Mavalane General Hospital), HJM (Jose Macamo General Hospital), HCB (Beira Central Hospital), HGQ (Quelimane General Hospital) and HCN (Nampula Central Hospital).

4.3.2. Reverse Transcriptase (RT) and G/P Typing PCR

Extracted RNA (8 µL) was reverse transcribed using Con2/Con3 for the partial VP4-encoding gene (VP8*, 876 bp) and sBeg9/End9 for the VP7-encoding gene. G genotypes were subsequently determined using a multiplex semi-nested PCR as described before [24]. Specific primers that identified the VP7-encoding gene with the following G genotypes: G1, aBT1; G2, aCT2; G3, aET3 or mG3; G4, aDT4; G8, aAT8; G9, aFT9, or mG9; G12, G12b; G10, mG10 in combination with the common primer RVG9 were used as described previously [50–52].

Similarly, Con3 was used in combination with specific primers that identify P genotypes: P[8], 1T-1D or 1T-1v; P[4], 2T-1; P[6], 3T-1; P[9], 4T-1, and P[10], 5T-1, P[11], mp11, P[14], P4943, as described previously [53–55]. The PCR product was analyzed using 2% agarose gel electrophoresis, stained with ethidium bromide and visualized under ultraviolet illumination.

4.4. Data Management and Statistical Analyses

The rotavirus vaccine, *Rotarix®*, was introduced in September 2015 in Mozambique. Therefore, the pre-vaccine period was considered to be before December 2015, due to logistical problems associated with vaccine introduction across the country.

The genotyping data from the primary sentinel site, Mavalane General Hospital (HGM), was analyzed separately from other sites because data at this site was available from 2012 and other sites from 2015.

Frequencies of identified genotypes are reported. To assess the magnitude of change in genotypes from the pre- to post-vaccine periods, unadjusted odds ratios (OR) and their 95% confidence intervals (95CI) were computed. In this analysis, the genotype was the dependent variable and time the predictor. All statistical analysis was conducted using Stata software version 15.0 (Stata Corp., College Station, TX, USA). A p-value of <0.05 was considered statistically significant.

5. Conclusions

This is the first report describing the circulation of rotavirus genotypes in three regions of Mozambique. A comparison between the pre- and post-vaccine introduction periods showed a shift in circulating genotypes following vaccine introduction. However, due to the short surveillance period, it is not clear if the observed changes were due to the introduction of the vaccine or a consequence of natural strain variation. In addition, the emergence of unusual strains, such as G3P[4] and G3P[8], was also observed, which support the need for continued country-wide surveillance to monitor changes, due to possible vaccine pressure, and consequently, the effect on vaccine effectiveness.

Supplementary Materials: The following are available online at http://www.mdpi.com/2076-0817/9/9/671/s1: Table S1: Total number of stool samples collected at sentinel sites in Mozambique during surveillance between May 2014 and December 2019; Table S2: Total number of stool samples collected per sentinel sites in Mozambique during surveillance between May 2014 and December 2019; Table S3: Total number of stool samples collected at Mavalane General Hospital during a cross-sectional study (2012–2013) and the National Surveillance of Diarrhea program (2014–2019); Table S4: Distribution of rotavirus genotypes between geographical regions.

Author Contributions: N.d.D. and E.D.J conceptualized the main project. E.D.J., B.M., J.C., J.L., A.C., E.A., J.S., E.G., D.B., M.C., I.C.-M. and S.S.B. performed investigations. Formal analysis and methodology was done by E.D.J. and O.A. Data curation was performed by A.C., M.C. and O.A. Writing of the original draft preparation was performed by E.D.J. Review and editing was done by E.D.J., N.d.D., I.M., J.M.M. and H.G.O. Visualizations was performed by A.C. Project administration was done by J.C. Validation was done by N.d.D., H.G.O. and I.M. Supervision and funding acquisition was done by N.d.D. All authors have read and agreed to the published version of the manuscript.

Funding: The National Surveillance of Diarrhea was supported by European Foundation Initiative into African Research in Neglected Tropical Diseases (EFINTD) through a senior fellowship awarded to N.D. (grant number 89539), World Health Organization (WHO), Gavi, the Vaccine Alliance and Fundo Nacional de Investigação (FNI). E.D.J. Ph.D. was supported by Calouste Gulbenkian Foundation. B.M., A.C. and S.B. received a scholarship from the Deutsche Forschungsgemeinschaft (DFG; JO369/5-1).

Acknowledgments: We would like to thank the surveillance teams in Maputo, Nampula, Beira and Quelimane, as well as the parents that provided consent for the collection of stool samples and data from children. We are grateful for Centro de Investigação da Polana Caniço, INS, for providing the map illustration and to Adilson Bauhofer for assistance with data analyses.

Conflicts of Interest: The authors declare no conflict of interest.

References

1. Troeger, C.; Khalil, I.A.; Rao, P.C.; Cao, S.; Blacker, B.F.; Ahmed, T.; Armah, G.; Bines, J.E.; Brewer, T.G.; Colombara, D.V.; et al. Rotavirus Vaccination and the Global Burden of Rotavirus Diarrhea Among Children Younger Than 5 Years. *JAMA Pediatr.* **2018**, *172*, 958–965. [CrossRef]

2. Tate, J.E.; Burton, A.H.; Boschi-Pinto, C.; Parashar, U.D. Global, Regional, and National Estimates of Rotavirus Mortality in Children <5 Years of Age, 2000–2013. *Clin. Infect. Dis.* **2016**, *62*, S96–S105. [PubMed]

3.   GBD. Estimates of the global, regional, and national morbidity, mortality, and aetiologies of diarrhoea in 195 countries: A systematic analysis for the Global Burden of Disease Study 2016. *Lancet Infect. Dis.* **2018**, *18*, 1211–1228.

4.   Estes, M.K.; Cohen, J. Rotavirus gene structure and function. *Microbiol. Rev.* **1989**, *53*, 410–449. [CrossRef] [PubMed]

5.   Crawford, S.E.; Ramani, S.; Tate, J.E.; Parashar, U.D.; Svensson, L.; Hagbom, M.; Francco, M.A.; Greenberg, H.B.; O'Ryan, M.; Kang, G.; et al. Rotavirus infection. *Nat. Rev. Dis. Primers.* **2017**, *3*, 17083. [CrossRef]

6.   Desselberger, U. Rotaviruses. *Virus Res.* **2014**, *190*, 75–96. [CrossRef]

7.   Matthijnssens, J.; Ciarlet, M.; McDonald, S.M.; Attoui, H.; Banyai, K.; Brister, J.R.; Buesa, J.; Esona, M.D.; Estes, M.K.; Gentsch, J.R.; et al. Uniformity of rotavirus strain nomenclature proposed by the Rotavirus Classification Working Group (RCWG). *Arch. Virol.* **2011**, *156*, 1397–1413. [CrossRef]

8.   Matthijnssens, J.; Ciarlet, M.; Heiman, E.; Arijs, I.; Delbeke, T.; McDonald, S.M.; Palombo, E.A.; Iturriza-Gómara, M.; Maes, P.; Patton, J.T.; et al. Full genome-based classification of rotaviruses reveals a common origin between human Wa-Like and porcine rotavirus strains and human DS-1-like and bovine rotavirus strains. *J. Virol.* **2008**, *82*, 3204–3219. [CrossRef]

9.   Virus Classification- Laboratory of Viral Metagenomics. Available online: https://rega.kuleuven.be/cev/viralmetagenomics/virus-classification/rcwg (accessed on 20 May 2020).

10.   Mwenda, J.M.; Tate, J.E.; Parashar, U.D.; Mihigo, R.; Agocs, M.; Serhan, F.; Nshimirimana, D. African rotavirus surveillance network: A brief overview. *Pediatr. Infect. Dis. J.* **2014**, *33*, S6–S8. [CrossRef]

11.   Banyai, K.; Laszlo, B.; Duque, J.; Steele, A.D.; Nelson, E.A.; Gentsch, J.R.; Parashar, U.D. Systematic review of regional and temporal trends in global rotavirus strain diversity in the pre rotavirus vaccine era: Insights for understanding the impact of rotavirus vaccination programs. *Vaccine* **2012**, *30*, A122–A130. [CrossRef]

12.   Gentsch, J.R.; Laird, A.R.; Bielfelt, B.; Griffin, D.D.; Banyai, K.; Ramachandran, M.; Jain, V.; Cunliffe, N.A.; Nakagomi, O.; Kirkwood, C.D.; et al. Serotype diversity and reassortment between human and animal rotavirus strains: Implications for rotavirus vaccine programs. *J. Infect. Dis.* **2005**, *192*, S146–S159. [CrossRef]

13.   Leshem, E.; Lopman, B.; Glass, R.; Gentsch, J.; Banyai, K.; Parashar, U.; Patel, M. Distribution of rotavirus strains and strain-specific effectiveness of the rotavirus vaccine after its introduction: A systematic review and meta-analysis. *Lancet Infect. Dis.* **2014**, *14*, 847–856. [CrossRef]

14.   Matthijnssens, J.; Bilcke, J.; Ciarlet, M.; Martella, V.; Banyai, K.; Rahman, M.; Zeller, M.; Beutels, P.; van Damme, P.; van Ranst, M. Rotavirus disease and vaccination: Impact on genotype diversity. *Fut. Microbiol.* **2009**, *4*, 1303–1316. [CrossRef]

15.   Todd, S.; Page, N.A.; Duncan Steele, A.; Peenze, I.; Cunliffe, N.A. Rotavirus strain types circulating in Africa: Review of studies published during 1997–2006. *J. Infect. Dis.* **2010**, *202*, S34–S42. [CrossRef]

16.   Seheri, L.M.; Magagula, N.B.; Peenze, I.; Rakau, K.; Ndadza, A.; Mwenda, J.M.; Weldegebriel, G.; Steele, A.D.; Mphahlele, M.J. Rotavirus strain diversity in Eastern and Southern African countries before and after vaccine introduction. *Vaccine* **2017**, *36*, 7222–7230. [CrossRef] [PubMed]

17.   Rotavirus vaccines. WHO position paper—January 2013. *Wkly. Epidemiol. Rec.* **2013**, *88*, 49–64.

18.   Langa, J.S.; Thompson, R.; Arnaldo, P.; Resque, H.R.; Rose, T.; Enosse, S.M.; Fialho, A.; Assis, R.M.S.; Silva, M.F.M.; Paulo, J.; et al. Epidemiology of Rotavirus A diarrhea in Chókwè, Southern Mozambique, from February to September, 2011. *J. Med. Virol.* **2016**, *88*, 1751–1758. [CrossRef]

19.   De Deus, N.; João, E.; Cuamba, A.; Cassocera, M.; Luís, L.; Acácio, S.; Mandomando, I.; Augusto, O.; Page, N. Epidemiology of Rotavirus Infection in Children from a Rural and Urban Area, in Maputo, Southern Mozambique, before Vaccine Introduction. *J. Trop. Pediatr.* **2018**, *64*, 141–145. [CrossRef]

20.   Kotloff, K.L.; Nataro, J.P.; Blackwelder, W.C.; Nasrin, D.; Farag, T.H.; Panchalingam, S.; Wu, Y.; O Sow, S.; Sur, D.; Breiman, R.F.; et al. Burden and aetiology of diarrhoeal disease in infants and young children in developing countries (the Global Enteric Multicenter Study, GEMS): A prospective, case-control study. *Lancet* **2013**, *382*, 209–222. [CrossRef]

21.   De Deus, N.; Chilaule, J.J.; Cassocera, M.; Bambo, M.; Langa, J.S.; Sitoe, E.; Chissaque, A.; Anapakala, E.; Sambo, J.; Lourenço Guimarães, E.; et al. Early impact of rotavirus vaccination in children less than five years of age in Mozambique. *Vaccine* **2018**, *36*, 7205–7209. [CrossRef]

22. Matthijnssens, J.; de Grazia, S.; Piessens, J.; Heylen, E.; Zeller, M.; Giammanco, G.M.; Bányai, K.; Buonavoglia, C.; Ciarlet, M.; Martella, V.; et al. Multiple reassortment and interspecies transmission events contribute to the diversity of feline, canine and feline/canine-like human group A rotavirus strains. *Infect. Genet. Evol.* **2011**, *11*, 1396–1406. [CrossRef]

23. Matthijnssens, J.; Taraporewala, Z.F.; Yang, H.; Rao, S.; Yuan, L.; Cao, D.; Hoshino, Y.; Mertens, P.P.C.; Carner, G.R.; McNeal, M.; et al. Simian rotaviruses possess divergent gene constellations that originated from interspecies transmission and reassortment. *J. Virol.* **2009**, *84*, 2013–2026. [CrossRef] [PubMed]

24. Joao, E.D.; Strydom, A.; O'Neill, H.G.; Cuamba, A.; Cassocera, M.; Acacio, S.; Mandomando, I.; Motanyane, L.; Page, N.; de Deus, N. Rotavirus A strains obtained from children with acute gastroenteritis in Mozambique, 2012–2013: G and P genotypes and phylogenetic analysis of VP7 and partial VP4 genes. *Arch. Virol.* **2018**, *163*, 153–165. [CrossRef] [PubMed]

25. Page, N.A.; Seheri, L.M.; Groome, M.J.; Moyes, J.; Walaza, S.; Mphahlele, J.; Kahn, K.; Kapongo, C.N.; Zar, H.J.; Tempia, S.; et al. Temporal association of rotavirus vaccination and genotype circulation in South Africa: Observations from 2002 to 2014. *Vaccine* **2017**, *36*, 7231–7237. [CrossRef]

26. Lartey, B.L.; Damanka, S.; Dennis, F.E.; Enweronu-Laryea, C.C.; Addo-Yobo, E.; Ansong, D.; Kwarteng-Owusu, S.; Sagoe, K.W.; Mwenda, J.M.; Diamenu, S.K.; et al. Rotavirus strain distribution in Ghana pre- and post- rotavirus vaccine introduction. *Vaccine* **2018**, *36*, 7238–7242. [CrossRef]

27. Bar-Zeev, N.; Jere, K.C.; Bennett, A.; Pollock, L.; Tate, J.E.; Nakagomi, O.; Iturriza-Gomara, M.; Costello, A.; Mwansambo, C.; Parashar, U.D.; et al. Population Impact and Effectiveness of Monovalent Rotavirus Vaccination in Urban Malawian Children 3 Years After Vaccine Introduction: Ecological and Case-Control Analyses. *Clin. Infect. Dis.* **2016**, *62*, S213–S219. [CrossRef]

28. Hungerford, D.; Allen, D.J.; Nawaz, S.; Collins, S.; Ladhani, S.; Vivancos, R.; Iturriza-Gómara, M. Impact of rotavirus vaccination on rotavirus genotype distribution and diversity in England, September 2006 to August 2016. *Eurosurveillance* **2019**, *24*, 1700774.

29. Matthijnssens, J.; Zeller, M.; Heylen, E.; de Coster, S.; Vercauteren, J.; Braeckman, T.; van Herck, K.; Meyer, N.; Pircon, J.-Y.; Soriano-Gabarro, M.; et al. Higher proportion of G2P[4] rotaviruses in vaccinated hospitalized cases compared with unvaccinated hospitalized cases, despite high vaccine effectiveness against heterotypic G2P[4] rotaviruses. *Clin. Microbiol. Infect.* **2014**, *20*, O702–O710. [CrossRef]

30. Luchs, A.; Cilli, A.; Morillo, S.G.; de Cássia Compagnoli, C.R.; Timenetsky, M.C.S.T. Rotavirus Genotypes Circulating in Brazil, 2007-2012: Implications for the Vaccine Program. *Rev. Inst. Med. Trop.* **2015**, *57*, 305–313. [CrossRef] [PubMed]

31. Mukhopadhya, I.; Murdoch, H.; Berry, S.; Hunt, A.; Iturriza-Gomara, M.; Smith-Palmer, A.; Cameron, J.C.; Hold, G.L. Changing molecular epidemiology of rotavirus infection after introduction of monovalent rotavirus vaccination in Scotland. *Vaccine* **2016**, *35*, 156–163. [CrossRef] [PubMed]

32. Cunliffe, N.A.; Ngwira, B.M.; Dove, W.; Thindwa, B.D.; Turner, A.M.; Broadhead, R.L.; Molyneux, M.E.; Hart, A.C. Epidemiology of rotavirus infection in children in Blantyre, Malawi, 1997–2007. *J. Infect. Dis.* **2010**, *202*, S168–S174. [CrossRef] [PubMed]

33. Yamamoto, S.P.; Kaida, A.; Ono, A.; Kubo, H.; Iritani, N. Detection and characterization of a human G9P[4] rotavirus strain in Japan. *J. Med. Virol.* **2015**, *87*, 1311–1318. [CrossRef]

34. Giri, S.; Nair, N.P.; Mathew, A.; Manohar, B.; Simon, A.; Singh, T.; Suresh Kumar, S.; Mathew, M.A.; Babji, S.; Arora, R.; et al. Rotavirus gastroenteritis in Indian children < 5 years hospitalized for diarrhoea, 2012 to 2016. *BMC Public Health* **2019**, *19*, 69.

35. Cashman, O.; Collins, P.J.; Lennon, G.; Cryan, B.; Martella, V.; Fanning, S.; Staines, A.; O'Shea, H. Molecular characterization of group A rotaviruses detected in children with gastroenteritis in Ireland in 2006–2009. *Epidemiol. Infect.* **2011**, *140*, 247–259. [CrossRef]

36. Collins, P.J.; Mulherin, E.; O'Shea, H.; Cashman, O.; Lennon, G.; Pidgeon, E.; Coughlan, S.; Hall, W.; Fanning, S. Changing patterns of rotavirus strains circulating in Ireland: Re-emergence of G2P[4] and identification of novel genotypes in Ireland. *J. Med. Virol.* **2015**, *87*, 764–773. [CrossRef]

37. Lennon, G.; Reidy, N.; Cryan, B.; Fanning, S.; O'Shea, H. Changing profile of rotavirus in Ireland: Predominance of P[8] and emergence of P[6] and P[9] in mixed infections. *J. Med. Virol.* **2008**, *80*, 524–530. [CrossRef]

38. Mokomane, M.; Esona, M.D.; Bowen, M.D.; Tate, J.E.; Steenhoff, A.P.; Lechiile, K.; Gaseitsiwe, S.; Seheri, L.M.; Magagula, N.B.; Weldegebriel, G.; et al. Diversity of Rotavirus Strains Circulating in Botswana before and after introduction of the Monovalent Rotavirus Vaccine. *Vaccine* **2019**, *37*, 6324–6328. [CrossRef]

39. WHO-Botswana. Available online: https://www.afro.who.int/news/who-supports-botswana-respond-outbreak-diarrhoea-children-below-five-years-age. (accessed on 29 May 2020).

40. Rakau, K.; Gededzha, M.; Peenze, I.; Seheri, M. Rotavirus strains detected in Dr George Mukhari academic hospital and Oukasie primary healthcare, Pretoria from 2015-2016. In Proceedings of the 12th African Rotavirus Symposium, Johannesburg, South Africa, 30 July–1 August 2019.

41. Gugu, M.; Nomcebo, P.; Sindisiwe, D.; Susan, K.; Gilbert, M.; Goitom, W.; Lonkululeko, K.; Xolsile, D.; Getahun, T.; Michael, L.; et al. G3P[8] rotavirus strain causing diarrheal outbreak in the Kingdom of Eswatini, 2018. In Proceedings of the 12th African Rotavirus Symposium, Johannesburg, South Africa, 30 July–1 August 2019.

42. Mhango, C.; Chinyama, E.; Mandolo, J.; Malamba, C.; Wachepa, R.; Kanjerwa, O.; Kamng'ona, A.W.; Shawa, I.T.; Jere, K.C. Changes in rotavirus strains circulating in Malawi before vaccine introduction and six years post vaccine era. In Proceedings of the 12th African Rotavirus Symposium, Johannesburg, South Africa, 30 July–1 August 2019.

43. Carvalho-Costa, F.A.; de Assis, R.M.S.; Fialho, A.M.; Araujo, I.T.; Silva, M.F.; Gomez, M.M.; Andrade, J.S.; Rose, T.L.; Fumian, T.M.; Voloâto, E.M. The evolving epidemiology of rotavirus A infection in Brazil a decade after the introduction of universal vaccination with Rotarix(R). *BMC Pediatr.* **2019**, *19*, 42. [CrossRef]

44. Roczo-Farkas, S.; Kirkwood, C.D.; Cowley, D.; Barnes, G.L.; Bishop, R.F.; Bogdanovic-Sakran, N.; Boniface, K.; Donato, C.M.; Bines, J.E. The Impact of Rotavirus Vaccines on Genotype Diversity: A Comprehensive Analysis of 2 Decades of Australian Surveillance Data. *J. Infect. Dis.* **2018**, *218*, 546–554. [CrossRef]

45. Cowley, D.; Donato, C.M.; Roczo-Farkas, S.; Kirkwood, C.D. Emergence of a novel equine-like G3P[8] inter-genogroup reassortant rotavirus strain associated with gastroenteritis in Australian children. *J. Gen. Virol.* **2015**, *97*, 403–410. [CrossRef]

46. Page, N.; Mapuroma, F.; Seheri, M.; Kruger, T.; Peenze, I.; Walaza, S.; Cohen, C.; Groome, M.; Madhi, S. Rotavirus surveillance report, South Africa, 2013. *Commun Dis Surveill Bull.* **2014**, *12*, 130–135.

47. Jere, K.C.; Chaguza, C.; Bar-Zeev, N.; Lowe, J.; Peno, C.; Kumwenda, B.; Nakagomi, O.; Tate, J.E.; Parashar, U.D.; Heyderman, R.S.; et al. Emergence of Double- and Triple-Gene Reassortant G1P[8] Rotaviruses Possessing a DS-1-Like Backbone after Rotavirus Vaccine Introduction in Malawi. *J. Virol.* **2018**, *92*, e01246-17. [CrossRef] [PubMed]

48. Komoto, S.; Tacharoenmuang, R.; Guntapong, R.; Ide, T.; Haga, K.; Katayama, K.; Kato, T.; Ouchi, Y.; Kurahashi, H.; Tsjui, T.; et al. Emergence and Characterization of Unusual DS-1-Like G1P[8] Rotavirus Strains in Children with Diarrhea in Thailand. *PLoS ONE* **2015**, *10*, e0141739. [CrossRef] [PubMed]

49. Mwangi, P.N.; Mogotsi, M.T.; Rasebotsa, S.P.; Seheri, M.L.; Mphahlele, M.J.; Ndze, V.N.; Dennis, F.E.; Jere, K.C.; Nyaga, M.M. Uncovering the First Atypical DS-1-like G1P[8] Rotavirus Strains That Circulated during Pre-Rotavirus Vaccine Introduction Era in South Africa. *Pathogens* **2020**, *9*, 391. [CrossRef]

50. Gouvea, V.; Glass, R.I.; Woods, P.; Taniguchi, K.; Clark, H.F.; Forrester, B.; Fang, Z.Y. Polymerase chain reaction amplification and typing of rotavirus nucleic acid from stool specimens. *J. Clin. Microbiol.* **1990**, *28*, 276–282. [CrossRef]

51. Iturriza Gomara, M.; Kang, G.; Mammen, A.; Jana, A.K.; Abraham, M.; Desselberger, U.; Brown, D.; Gray, J. Characterization of G10P[11] rotaviruses causing acute gastroenteritis in neonates and infants in Vellore, India. *J. Clin. Microbiol.* **2004**, *42*, 2541–2547. [CrossRef]

52. Aladin, F.; Nawaz, S.; Iturriza-Gomara, M.; Gray, J. Identification of G8 rotavirus strains determined as G12 by rotavirus genotyping PCR: Updating the current genotyping methods. *J. Clin. Virol.* **2010**, *47*, 340–344. [CrossRef]

53. Gentsch, J.R.; Glass, R.I.; Woods, P.; Gouvea, V.; Gorziglia, M.; Flores, J.; Das, B.K.; Bhan, M.K. Identification of group A rotavirus gene 4 types by polymerase chain reaction. *J. Clin. Microbiol.* **1992**, *30*, 1365–1373. [CrossRef]

54. Iturriza-Gomara, M.; Green, J.; Brown, D.W.; Desselberger, U.; Gray, J.J. Diversity within the VP4 gene of rotavirus P [8] strains: Implications for reverse transcription-PCR genotyping. *J. Clin. Microbiol.* **2000**, *38*, 898–901. [CrossRef]

55. Mphahlele, M.J.; Peenze, I.; Steele, A.D. Rotavirus strains bearing the VP4P[14] genotype recovered from South African children with diarrhoea. *Arch. Virol.* **1999**, *144*, 1027–1034. [CrossRef]

Article

Whole Genome Characterization and Evolutionary Analysis of G1P[8] Rotavirus A Strains during the Pre- and Post-Vaccine Periods in Mozambique (2012–2017)

Benilde Munlela [1,2,*,†] , Eva D. João [1,3,*,†] , Celeste M. Donato [4,5,6], Amy Strydom [7], Simone S. Boene [1,2], Assucênio Chissaque [1,3] , Adilson F. L. Bauhofer [1,3] , Jerónimo Langa [1], Marta Cassocera [1,3], Idalécia Cossa-Moiane [1,8] , Jorfélia J. Chilaúle [1], Hester G. O'Neill [7] and Nilsa de Deus [1,9]

1   Instituto Nacional de Saúde (INS), Distrito de Marracuene, Maputo 3943, Mozambique;
    simone.boene@ins.gov.mz (S.S.B.); assucenio.chissaque@ins.gov.mz (A.C.);
    adilson.bauhofer@ins.gov.mz (A.F.L.B.); Jeronimo.Langa@ins.gov.mz (J.L.);
    marta.Cassocera@ins.gov.mz (M.C.); idalecia.moiane@ins.gov.mz (I.C.-M.);
    jorfelia.chilaule@ins.gov.mz (J.J.C.); nilsa.dedeus@ins.gov.mz (N.d.D.)
2   Centro de Biotecnologia, Universidade Eduardo Mondlane, Maputo 3453, Mozambique
3   Instituto de Higiene e Medicina Tropical (IHMT), Universidade Nova de Lisboa, UNL, Rua da Junqueira 100,
    1349-008 Lisbon, Portugal
4   Enteric Diseases Group, Murdoch Children's Research Institute, 50 Flemington Road, Parkville,
    Melbourne 3052, Australia; celeste.donato@mcri.edu.au
5   Department of Paediatrics, the University of Melbourne, Parkville 3010, Australia
6   Biomedicine Discovery Institute and Department of Microbiology, Monash University,
    Clayton 3800, Australia
7   Department of Microbial, Biochemical and Food Biotechnology, University of the Free State,
    205 Nelson Mandela Avenue, Bloemfontein 9301, South Africa; strydoma@ufs.ac.za (A.S.);
    oneillhg@ufs.ac.za (H.G.O.)
8   Institute of Tropical Medicine (ITM), Kronenburgstraat 43, 2000 Antwerp, Belgium
9   Departamento de Ciências Biológicas, Universidade Eduardo Mondlane, Maputo 3453, Mozambique
*   Correspondence: benilde.munlela@ins.gov.mz or benildeantnio@gmail.com (B.M.);
    evadora1@hotmail.com (E.D.J.); Tel.: +258-848814087 (B.M.); +258-827479229 (E.D.J.)
†   These authors contributed equally in this work.

Received: 26 October 2020; Accepted: 3 December 2020; Published: 6 December 2020

Abstract: Mozambique introduced the Rotarix® vaccine (GSK Biologicals, Rixensart, Belgium) into the National Immunization Program in September 2015. Although G1P[8] was one of the most prevalent genotypes between 2012 and 2017 in Mozambique, no complete genomes had been sequenced to date. Here we report whole genome sequence analysis for 36 G1P[8] strains using an Illumina MiSeq platform. All strains exhibited a Wa-like genetic backbone (G1-P[8]-I1-R1-C1-M1-A1-N1-T1-E1-H1). Phylogenetic analysis showed that most of the Mozambican strains clustered closely together in a conserved clade for the entire genome. No distinct clustering for pre- and post-vaccine strains were observed. These findings may suggest no selective pressure by the introduction of the Rotarix® vaccine in 2015. Two strains (HJM1646 and HGM0544) showed varied clustering for the entire genome, suggesting reassortment, whereas a further strain obtained from a rural area (MAN0033) clustered separately for all gene segments. Bayesian analysis for the VP7 and VP4 encoding gene segments supported the phylogenetic analysis and indicated a possible introduction from India around 2011.7 and 2013.0 for the main Mozambican clade. Continued monitoring of rotavirus strains in the post-vaccine period is required to fully understand the impact of vaccine introduction on the diversity and evolution of rotavirus strains.

Keywords: rotavirus group A; G1P[8]; whole genome sequencing; Rotarix®; Bayesian analysis; Mozambique

1. Introduction

Rotavirus is one of the leading causes of diarrheal disease in children under five years of age [1,2]. Worldwide, the number of deaths due to rotavirus infection in children under five years of age in 2016 was estimated to be 128,500, of which 104,733 occurred in sub-Saharan Africa [2]. Rotavirus is a member of the *Reoviridae* family. The genome is comprised of 11 double-stranded ribonucleic acid (dsRNA) segments. The mature virus has an icosahedral capsid formed by three concentric protein layers. The 11 segments of the rotavirus genome encode 12 viral proteins: 6 structural proteins VP1-VP4, VP6 and VP7and 6 non-structural proteins (NSP1-NSP6) [3–6].

The gene segments encoding the external capsid proteins, VP7 and VP4, are used in a binary classification system defining G and P genotypes, respectively [5,7]. Currently, 36 G and 51 P genotypes have been described in humans and various animal species [7–10]. At least 73 combinations of human rotavirus group A (RVA) G/P genotypes have been described, of which the most common combinations are G1P[8], G2P[4], G3P[8], G4P[8], G9P[8] and G12P[8] [10,11]. However, the implementation of whole genome sequencing has led to comprehensive sequence-based classification of all RVA genes into genotypes, which are identified and differentiated according to particular cut-off values of nucleotide sequence identities [9,11]. Currently, 26 I (VP6), 22 R (VP1), 20 C (VP2), 20 M (VP3), 31 A (NSP1), 22 N (NSP2), 22 T (NSP3), 27 E (NSP4) and 22 H (NSP5) genotypes have been described [8]. The whole genome constellation of a strain can be described following the nomenclature Gx-P[x]-Ix-Rx-Cx-Mx-Ax-Nx-Tx-Ex-Hx. Two major genotype constellations have been designated for strains that commonly infect humans: Wa-like (I1-R1-C1-M1-A1-N1-T1-E1-H1) and DS-1-like (I2-R2-C2-M2-A2-N2-T2-E2-H2). A third constellation also observed in human strains, called AU-1-like (I3-R3-C3-M3-A3-N3-T3-E3-H3), has been shown to have a feline/canine origin [9,11].

Four live oral vaccines, namely Rotarix® (GlaxoSmithKline Biologics, Rixensart, Belgium), RotaTeq® (Merck & Co., Kenilworth, NJ, USA), Rotavac® (Bharat Biotech, Hyderabad, India) and Rotasiil® (Serum Institute of India Pvt. Ltd., Pune, India) have been prequalified by the World Health Organization [12,13]. Rotarix® and RotaTeq® have been introduced into the immunization programs of more than 100 countries [13]. Rotarix® is a monovalent vaccine containing a single human G1P[8] strain and is administered from the age of six weeks [13]. Prior to vaccine introduction in Mozambique, a high burden of rotavirus disease was reported in children under five years old. The rate of rotavirus infection in urban (Maputo City) and rural (Manhiça District) areas between 2012 and 2013 was 42.4% [6]. In 2011, a 24.0% infection rate was reported in the Gaza province, another rural area in southern Mozambique [14]. In both studies G1P[8] was detected at a low frequency [14,15]. Data from the National Surveillance of Diarrhea (ViNaDia) revealed a high rotavirus infection rate of 40.2% and 38.3% in 2014 and 2015, respectively [16]. The Rotarix® vaccine was introduced in Mozambique in 2015 with increasing vaccine coverage of 70% and 80% in 2016 and 2017, respectively [16,17]. Post vaccine introduction, the rotavirus infection rate was reduced to 12.2% and 13.5% in 2016 and 2017, respectively [16]. During ViNaDia surveillance, G1P[8] strains were consistently observed in the pre- (2012–2015) and post-vaccination period (2016–2019). However, in the post-vaccine period a decrease in G1P[8] strains was observed which coincided with the emergence of other non-G1P[8] genotypes such as G3P[4] and G3P[8] [18].

The whole genomes of Mozambican G2P[4], G8P[4], G12P[6] and G12P[8] RVA strains from the pre-vaccination period have been described [19,20]. However, there are no reports of the whole genome analyses of G1P[8] strains from Mozambique. To address this, the consensus sequences of 36 G1P[8] strains collected between 2012–2017 from vaccinated and non-vaccinated children were analyzed to investigate the diversity and evolution of G1P[8] strains.

2. Results

2.1. Genome Constellation

A total of 36 G1P[8] (12 from the pre-vaccine period and 24 from the post-vaccine period) strains were successfully sequenced with an average coverage ranging from 450.0 to 46060.5 per sequence (Supplementary Table S1). Complete open reading frames (ORFs) were obtained for 393 of the 396 genome segments analyzed. A partial ORF (99.0%) for segment four of RVA/Human-wt/MOZ/HCN0690/2015/G1P[8] was obtained, while two genome segments (encoding VP2 and VP3, respectively) of RVA/Human-wt/MOZ/HGM0059/2014/G1P[8] could not be determined as insufficient data were generated for these two segments (Supplementary Table S1). The genotype constellations were determined and all strains exhibited a Wa-like genetic backbone (G1-P[8]-I1-R1-C1-M1-A1-N1-T1-E1-H1). The nucleotide (nt) identities among Mozambican strains varied from 92.5–100.0% and the comparison between Rotarix® and the 11 genes of the Mozambican strains revealed 84.0–97.9% nt identity (Supplementary Table S2).

2.2. Phylogenetic Analyses

2.2.1. Sequence Analyses of VP7 and VP4

The VP7 encoding sequences of the 36 Mozambican G1P[8] strains, collected between 2012 to 2017 from non-vaccinated and vaccinated children (Supplementary Table S3), were compared with human rotavirus sequences representing VP7 G1 lineages (I-VII) [21–28]. The Mozambican strains clustered into two distinct lineages, I and II (Figure 1a). The majority of Mozambican strains formed a highly conserved clade, and were closely related to various Indian strains circulating between 2012 and 2013. HGM0544 was moderately divergent to the rest of the strains in the clade sharing 99.2–99.7% nucleotide (nt) identity and 98.8–99.4% amino acid (aa) identity. Strains from the pre- and post-vaccine era were intermingled in lineage II. Only two Mozambican strains from this study clustered in the VP7 lineage I and were more diverse than the 34 strains clustering in lineage II. MAN0033, collected in a rural area in southern Mozambique before vaccine introduction, was closely related to Malawian strains from 2012 and to previously characterized Mozambican strains detected in 2011 [14]. HJM1646, collected in southern Mozambique after vaccine introduction, clustered distinctly and only shared 92.5–92.9% nt and 92.7–93.3% aa identity to the other Mozambican strains. HJM1646 clustered with contemporary Indian strains in a sub-lineage of African and global strains (Figure 1a).

The P[8] encoding sequences of the 36 Mozambican strains were compared with human rotavirus sequences representing the four lineages (I–IV) [21–27] (Figure 1b). The Mozambican strains clustered in the major P[8] lineage III. Similar to the VP7 tree, the majority of Mozambican P[8] sequences formed a highly conserved clade, and were closely related to various Indian strains circulating between 2012 and 2013. The P[8] encoding sequence of HJM1646 clustered with HGM0544, despite clustering in different VP7 lineages. These two strains were moderately divergent to the rest of the study strains in the Mozambican clade and clustered close to another Mozambican strain, RVA/Human-wt/MOZ/0060a/2012/G12P[8]P[14], which was previously detected in the Manhiça district in southern Mozambique [19]. MAN0033 clustered distinctly to the rest of the Mozambican strains sharing 95.7–96.2% nt and 98.3–98.7% aa identity and was closely related to contemporary Malawian strains isolated in 2012 (Figure 1b, Supplementary Table S1).

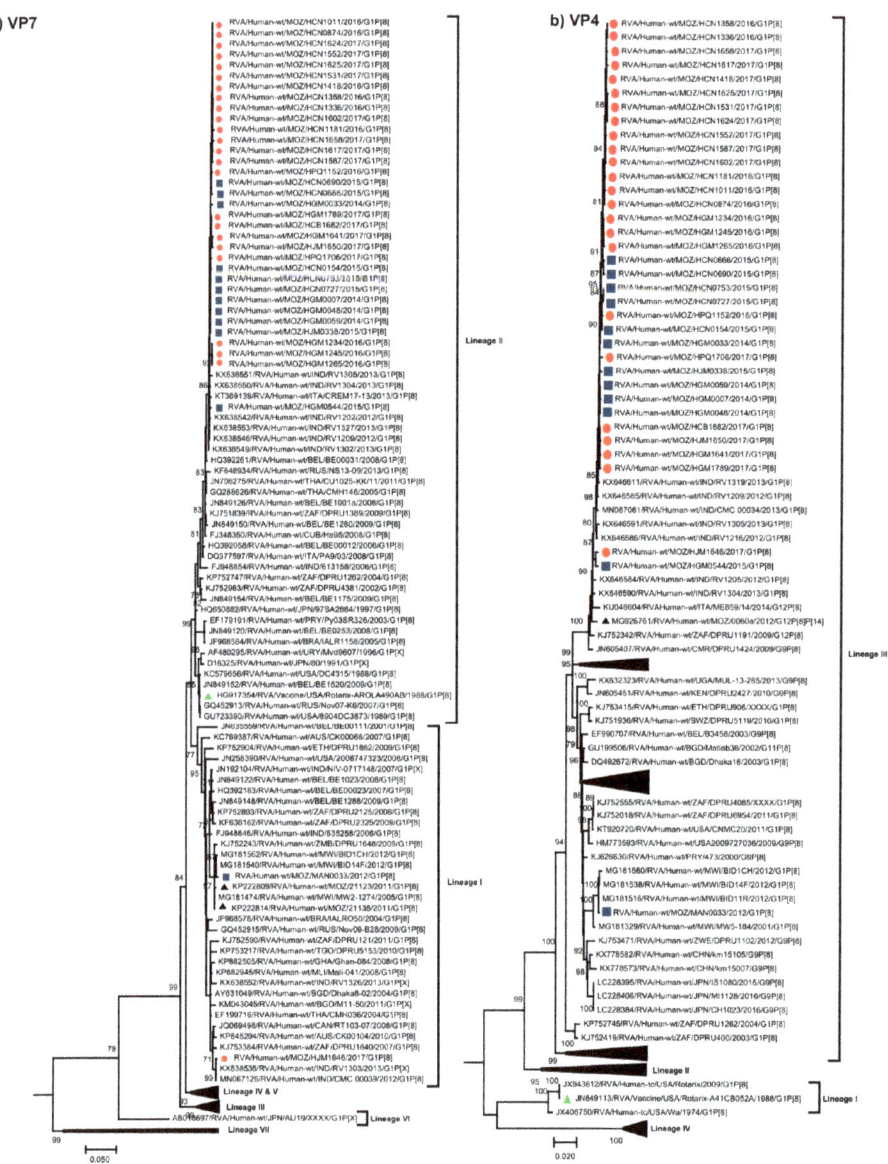

Figure 1. Phylogenetic trees based on the ORF (open reading frame) nucleotide sequence of the (**a**) VP7 and (**b**) VP4 genes of G1P[8] strains circulating in Mozambique and global strains obtained from GenBank. The trees were constructed based on the maximum likelihood method implemented in MEGA X [29], applying the best-fit nucleotide substitution model Tamura-3-parameter (T92+G+I) for VP7 and General Time Reversible (GTR-G) for VP4, determined by JModelTest [30]. Bootstrap values (1000 replicates) ≥70% are shown with DS-1 serving as an out-group (not shown in the final tree). Scale bar indicates genetic distance expressed as the number of nucleotide substitutions per site. Pre-vaccine Mozambican strains are indicated by blue squares, post-vaccine by red circles, the Rotarix® vaccine strain by a green triangle and Mozambican strains from previous studies [14,19] are indicated by black triangles. Lineages are defined from I-VIII for VP7 and I-IV for VP4 [21–23,25–28].

2.2.2. Sequence Analyses of VP1-VP3 and VP6

Thirty-three Mozambican strains formed conserved, monophyletic clades that were observed in the VP1, VP2 and VP3 trees, closely related to RVA/Human-wt/IND/CMC00034/2013/G1P[8], and within lineages comprising of contemporary African and global strains (Figure 2a–c). In the VP6 tree, the 35 Mozambican strains clustered together but did not form a discrete monophyletic clade, and were closely related to contemporary Indian G1P[8] strains (Figure 2d). HJM1646 and HGM0544 clustered together in the VP1 tree were moderately divergent from the main Mozambican clade (Figure 2a). In the VP2 tree, HJM1646 clustered close to the monophyletic clade while HGM0544 fell within the Mozambican clade (Figure 2b). In the VP3 tree, these strains clustered together, distinct from the Mozambican clade, adjacent to previously characterized G12P[6] Mozambican strains (Figure 2c) [19]. MAN0033 fell within the same lineage as the main Mozambican clade, showing minor divergence in the VP1 and VP2 tree and more pronounced divergence in the VP3 tree, closely related to contemporary Malawian G1P[8] strains (Figure 2a–c). This strain clustered within a different lineage in the VP6 tree, closely related to the same group of Malawian G1P[8] strains and adjacent to the Mozambican G12P[6] strains (Figure 2d).

2.2.3. Sequence Analyses of NSP1-NSP5/6

The conserved monophyletic clade, comprised of 33 Mozambican strains, was observed in the NSP1–NSP4 trees, with RVA/Human-wt/IND/CMC00034/2013/G1P[8] interspersed within the clade in the NSP2 tree (Figure 2e–h). HJM1646 and HGM0544 continued to show varied clustering patterns across the trees. In the NSP3 tree these strains clustered together and were divergent from the main Mozambican clade, clustering with Indian strains including RVA/Human-wt/IND/CMC00034/2013/G1P[8], and close to Mozambican G12P[6] strains (Figure 2g). HJM1646 was divergent to the Mozambican clade in the NSP1 and NSP4 trees, but clustered close to the monophyletic clade in the NSP2 tree. HGM0544 clustered with the main Mozambican clade in the NSP1, NSP2 and NSP4 trees. In the NSP5 tree, HJM1646 and HGM0544, along with 33 other Mozambican strains, formed a monophyletic clade that was interspersed with global strains (Figure 2i). MAN0033 clustered distinctly to the rest of the Mozambican strains and was closely related to contemporary Malawian strains isolated in 2012 across these trees (Figure 2e–i). The five G12P[6] [19] Mozambican strains fell within neighboring clusters to MAN0033 in the VP6 and NSP2 trees (Figure 2d,f).

2.3. Evolutionary Analysis of VP7 and VP4 Genes

A randomly subsampled dataset of 378 G1 genes that were representative of global strains temporally and genetically were analyzed (Supplementary Figure S1). The Mozambican strains detected between 2012 and 2017 shared a common ancestral strain circulating in 2009.9 (95% HPD 2008.1–2010.9). Of the Mozambican strains characterized in this study, 34 clustered within the same lineage and shared a most recent common ancestor in 2011.7 (95% HPD 2011.1–2012.0) and diverged from the closest related Indian strains around the same time. MAN0033 and HJM1646 clustered in the other major lineage present in the tree. MAN0033 and closely related Malawian strains shared a common ancestor in 2010.1 (95% HPD 2008.5–2010.9). These variants, circulating in Malawi, Zambia and Mozambique, diverged from a group of Indian G1P[8] strains in 2001.3 (95% HPD 1998.4–2003.5). HJM1646 was divergent to the other G1 strains from Mozambique in this lineage and shared its most recent common ancestor with Indian strains in 2012.9 (95% HPD 2012.4–2013.0) (Supplementary Figure S1).

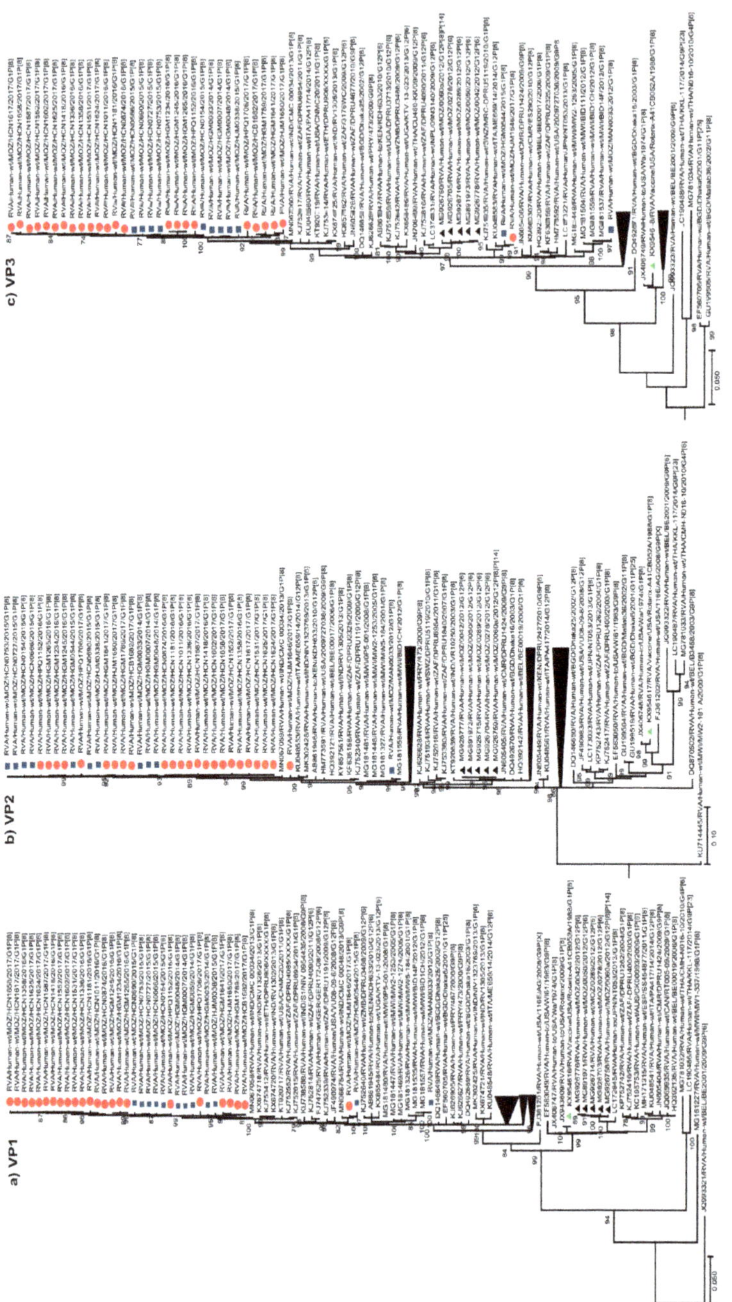

Figure 2. *Cont.*

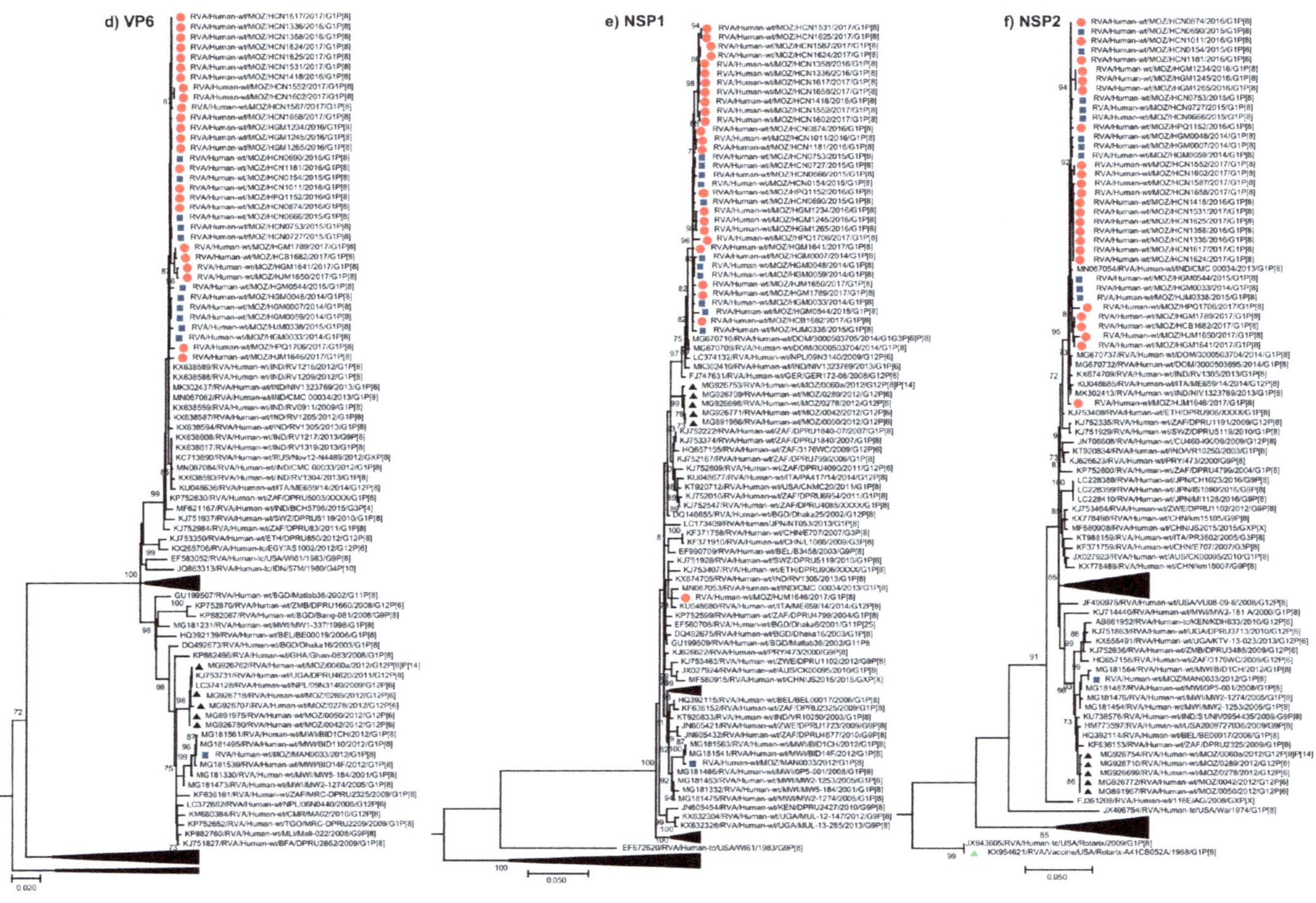

Figure 2. *Cont.*

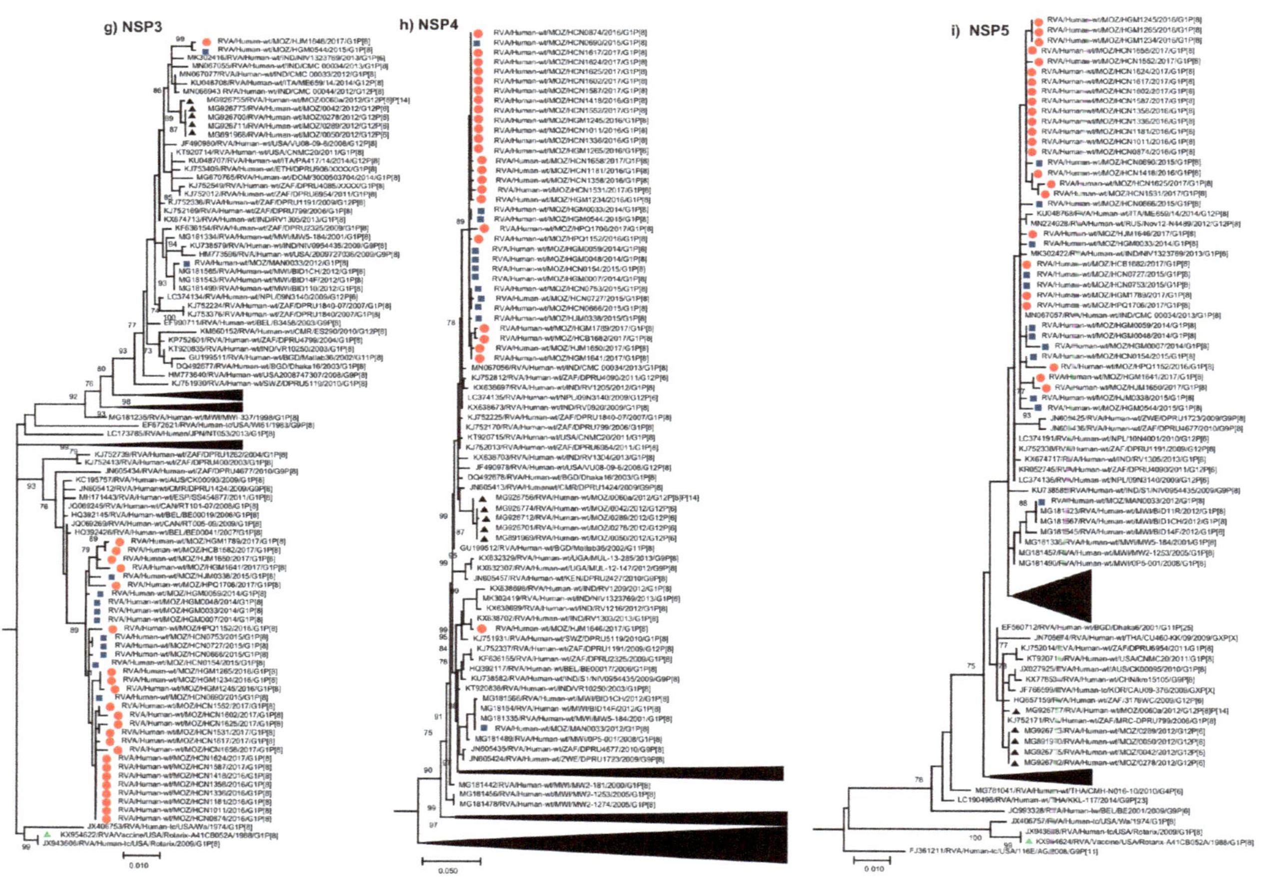

Figure 2. Phylogenetic trees based on the ORF nucleotide sequences of the (**a**) VP1, (**b**) VP2, (**c**) VP3, (**d**) VP6, (**e**) NSP1, (**f**) NSP2, (**g**) NSP3, (**h**) NSP4 and (**i**) NSP5

genes of G1P[8] strains circulating in Mozambique and global strains obtained from GenBank. The trees were constructed based on the maximum likelihood method implemented in MEGA X [29], using the best-fit nucleotide substitution model General Time Reversible (GTR+G+I) for VP3, GTR+G for VP2, NSP2 and NSP3, Hasegawa Kishino Yano (HKY+G+I) for VP6 and NSP1, HKY+G for VP1, NSP4 and NSP5/6, determined by JModelTest [30]. Bootstrap values (1000 replicates) $\geq$70% are shown with DS-1 serving as an out-group (not shown in the final tree). Scale bar indicates genetic distance expressed as the number of nucleotide substitutions per site. Pre-vaccine Mozambican strains are indicated by blue squares, post-vaccine by red circles, the Rotarix® vaccine strain by a green triangle and Mozambican strains from a previous study [19] are indicated by black triangles.

A subsampled dataset of 235 P[8] genes, representative of global strains temporally and genetically, was also analyzed. Thirty-three Mozambican strains characterized in this study clustered within the same lineage and shared a common ancestor in 2013.0 (95% HPD 2012.1–2013.6) and diverged from the closest related Indian strains around 2011.6 (95% HPD 2011.2–2011.9) (Supplementary Figure S2). The most recent common ancestor of HGM0544 and HJM1646 (that was moderately divergent to the rest of the Mozambican strains in the major clade), was estimated to be 2014.1 (95% HPD 2013.0–2014.9). Clustering in a separate lineage to the other Mozambican G1P[8] strains, MAN0033 diverged from the closest Malawian strain in 2010.9 (95% HPD 2009.5–2011.7) (Supplementary Figure S2).

2.4. Comparative Analysis of Neutralizing Antigenic Epitopes of the VP7 and VP4 Genes of Mozambican Strains and the Rotarix® Vaccine Strain

The rotavirus VP7 protein consists of two antigenic epitopes, 7-1 and 7-2, with 7-1 subdivided into 7-1a and 7-1b [31]. The comparative analysis of the VP7 antigenic epitopes between Mozambican strains and the Rotarix® vaccine strain revealed amino acid substitutions in all three antigenic sites. However, most of the amino acid substitutions were observed in antigenic region 7-2. A total of 30 strains shared conserved amino acid differences at positions N147D and 25 strains at M217I. Sporadic mutations were observed in MAN0033 (unvaccinated) and HJM1646 (fully vaccinated) (S123N, K291R and M217T). The HJM1646 strain contained an additional amino acid substitution at N96S (Figure 3).

Antigenic regions	7-1a														7-1b						7-2								
	87	91	94	96	97	98	99	100	104	123	125	129	130	291	201	211	212	213	238	242	143	145	146	147	148	190	217	221	264
Rotarix®	T	T	N	G	E	W	K	D	Q	S	V	V	D	K	Q	N	V	D	N	T	K	D	Q	N	L	S	M	N	G
HCB1682	.	.	.	.	.	.	.	.	.	.	.	.	.	.	.	.	.	.	.	.	.	.	.	D	.	.	.	.	.
HCN0154	.	.	.	.	.	.	.	.	.	.	.	.	N	.	.	.	.	.	.	.	.	.	.	D	.	.	I	.	.
HCN0666	.	.	.	.	.	.	.	.	.	.	.	.	.	.	.	.	.	.	.	.	.	.	.	D	.	.	I	.	.
HCN0690	.	.	.	.	.	.	.	.	.	.	.	.	.	.	.	.	.	.	.	.	.	.	.	D	.	.	I	.	.
HCN0727	.	.	.	.	.	.	.	.	.	.	.	.	.	.	.	.	.	.	.	.	.	.	.	D	.	.	I	.	.
HCN0753	.	.	.	.	.	.	.	.	.	.	.	.	.	.	.	.	.	.	.	.	.	.	.	D	.	.	I	.	.
HCN0874	.	.	.	.	.	.	.	.	.	.	.	.	.	.	.	.	.	.	.	.	.	.	.	D	.	.	I	.	.
HCN1011	.	.	.	.	.	.	.	.	.	.	.	.	.	.	.	.	.	.	.	.	.	.	.	D	.	.	I	.	.
HCN1181	.	.	.	.	.	.	.	E	.	.	.	.	.	.	.	.	.	.	.	.	.	.	.	D	.	.	I	.	.
HCN1336	.	.	.	.	.	.	.	.	.	.	.	.	.	.	.	.	.	.	.	.	.	.	.	D	.	.	I	.	.
HCN1358	.	.	.	.	.	.	.	.	.	.	.	.	.	.	.	.	.	.	.	.	.	.	.	D	.	.	I	.	.
HCN1418	.	.	.	.	.	.	.	.	.	.	.	.	.	.	.	.	.	.	.	.	.	.	.	D	.	.	I	.	.
HCN1531	.	.	.	.	.	.	.	.	.	.	.	.	.	.	.	.	.	.	.	.	.	.	.	D	.	.	I	.	.
HCN1552	.	.	.	.	.	.	.	.	.	.	.	.	.	.	.	.	.	.	.	.	.	.	.	D	.	.	I	.	.
HCN1587	.	.	.	.	.	.	.	.	.	.	.	.	.	.	.	.	.	.	.	.	.	.	.	D	.	.	I	.	S
HCN1602	.	.	.	.	.	.	.	.	.	.	.	.	.	.	.	.	.	.	.	.	.	.	.	D	.	.	I	.	.
HCN1617	.	.	.	.	.	.	.	.	.	.	.	.	.	.	.	.	.	.	.	.	.	.	.	D	.	.	I	.	.
HCN1624	.	.	.	.	.	.	.	.	.	.	.	.	.	.	.	.	.	.	.	.	.	.	.	D	.	.	I	.	.
HCN1625	.	.	.	.	.	.	.	.	.	.	.	.	.	.	.	.	.	.	.	.	.	.	.	D	.	.	I	.	.
HCN1658	.	.	.	.	.	.	.	.	.	.	.	.	.	.	.	.	.	.	.	.	.	.	.	D	.	.	I	.	.
HGM0007	.	.	.	.	.	.	.	.	.	.	.	.	.	.	.	.	.	.	.	.	.	.	.	D	.	.	.	.	.
HGM0033	.	.	.	.	.	.	.	.	.	.	.	.	.	.	.	.	.	.	.	.	.	.	.	D	.	.	.	.	.
HGM0048	.	.	.	.	.	.	.	.	.	.	.	.	.	.	.	.	.	.	.	.	.	.	.	D	.	.	.	.	.
HGM0059	.	.	.	.	.	.	.	.	.	.	.	.	.	.	.	.	.	.	.	.	.	.	.	D	.	.	.	.	.
HGM0544	.	.	.	.	.	.	.	.	.	.	.	.	.	.	.	.	I	.	.	.	.	.	.	.	.	.	.	.	.
HGM1234	.	.	.	.	.	.	.	.	.	.	.	.	.	.	.	.	.	.	.	.	.	.	.	.	.	.	I	.	.
HGM1245	.	.	.	.	.	.	.	.	.	.	.	.	.	.	.	.	.	.	.	.	.	.	.	.	.	.	I	.	.
HGM1265	.	.	.	.	.	.	.	.	.	.	.	.	.	.	.	.	.	.	.	.	.	.	.	.	.	.	I	.	.
HGM1641	.	.	.	.	.	.	.	.	.	.	.	.	.	.	.	.	.	.	.	.	.	.	.	D	.	.	.	.	.
HGM1789	.	.	.	.	.	.	.	.	.	.	.	.	.	.	.	.	.	.	.	.	.	.	.	D	.	.	.	.	.
HJM0338	.	.	.	.	.	.	.	.	.	.	.	.	.	.	.	.	.	.	.	.	.	.	.	D	.	.	.	.	.
HJM1646	.	.	.	S	.	.	.	.	.	N	.	.	.	R	.	.	.	.	.	.	.	.	.	.	.	.	T	.	.
HJM1650	.	.	.	.	.	.	.	.	.	.	.	.	.	.	.	.	.	.	.	.	.	.	.	D	.	.	.	.	.
HPQ1152	.	.	.	.	.	.	.	.	.	.	.	.	.	.	.	.	.	.	.	.	.	.	.	D	.	.	I	.	.
HPQ1706	.	.	.	.	.	.	.	.	.	.	.	.	.	.	.	.	.	.	.	.	.	.	.	D	.	.	.	.	.
MAN0033	.	.	.	.	.	.	.	.	.	N	.	.	.	R	.	.	.	.	.	.	.	.	.	.	.	.	T	.	.

Figure 3. The alignment of amino acids corresponding to three VP7 antigenic epitopes (7-1a, 7-1b and 7-2). The amino acid sequence of Rotarix® is the reference strain and the conserved residues between the Rotarix® to Mozambican strains are indicated by dots (.) and residues that differ are in bold.

Activation of the protein VP4 requires proteolytic cleavage to produce the VP8* and VP5* subunits. These regions contain four (8-1 to 8-4) and five (5-1 to 5-5) antigenic epitopes, respectively [32,33]. The amino acid substitutions between the Rotarix® vaccine strain and Mozambican P[8] strains were concentrated in the 8-1 and 8-3 epitopes. There were five conserved amino acid substitutions, at positions E150D, N195D/G, S125N, S131R and N135D. Sporadic mutations were observed in MAN0033 (N195S and N113D), HJM0338 (S146N) and HGM1789 (P114T) (Figure 4).

Antigenic region	8-1											8-2		8-3									8-4			5-1								5-2	5-3	5-4	5-5
	100	146	148	150	188	190	192	193	194	195	196	180	183	113	114	115	116	125	131	132	133	135	87	88	89	384	386	388	393	394	398	440	441	434	459	429	306
Rotarix®	D	S	Q	E	S	T	N	L	N	N	I	T	A	N	P	V	D	S	S	N	D	N	N	T	N	Y	F	I	W	P	G	R	T	P	E	L	R
HCN1181	.	.	.	D	.	.	.	.	.	D	.	.	.	.	.	.	.	N	R	.	.	D	.	.	.	.	.	.	.	.	.	.	.	.	.	.	.
HCN1011	.	.	.	D	.	.	.	.	.	D	.	.	.	.	.	.	.	N	R	.	.	D	.	.	.	.	.	.	.	.	.	.	.	.	.	.	.
HCN0874	.	.	.	D	.	.	.	.	.	D	.	.	.	.	.	.	.	N	R	.	.	D	.	.	.	.	.	.	.	.	.	.	.	.	.	.	.
HCN1418	.	.	.	D	.	.	.	.	.	D	.	.	.	.	.	.	.	N	R	.	.	D	.	.	.	.	.	.	.	.	.	.	.	.	.	.	.
HCN1531	.	.	.	D	.	.	.	.	.	D	.	.	.	.	.	.	.	N	R	.	.	D	.	.	.	.	.	.	.	.	.	.	.	.	.	.	.
HCN1624	.	.	.	D	.	.	.	.	.	D	.	.	.	.	.	.	.	N	R	.	.	D	.	.	.	.	.	.	.	.	.	.	.	.	.	.	.
HCN1625	.	.	.	D	.	.	.	.	.	D	.	.	.	.	.	.	.	N	R	.	.	D	.	.	.	.	.	.	.	.	.	.	.	.	.	.	.
HCN0753	.	.	.	D	.	.	.	.	.	D	.	.	.	.	.	.	.	N	R	.	.	D	.	.	.	.	.	.	.	.	.	.	.	.	.	.	.
HCN1358	.	.	.	D	.	.	.	.	.	D	.	.	.	.	.	.	.	N	R	.	.	D	.	.	.	.	.	.	.	.	.	.	.	.	.	.	.
HCN1336	.	.	.	D	.	.	.	.	.	D	.	.	.	.	.	.	.	N	R	.	.	D	.	.	.	.	.	.	.	.	.	.	.	.	.	.	.
HCN1552	.	.	.	D	.	.	.	.	.	D	.	.	.	.	.	.	.	N	R	.	.	D	.	.	.	.	.	.	.	.	.	.	.	.	.	.	.
HCN1587	.	.	.	D	.	.	.	.	.	D	.	.	.	.	.	.	.	N	R	.	.	D	.	.	.	.	.	.	.	.	.	.	.	.	.	.	.
HCN1602	.	.	.	D	.	.	.	.	.	D	.	.	.	.	.	.	.	N	R	.	.	D	.	.	.	.	.	.	.	.	.	.	.	.	.	.	.
HCN1617	.	.	.	D	.	.	.	.	.	D	.	.	.	.	.	.	.	N	R	.	.	D	.	.	.	.	.	.	.	.	.	.	.	.	.	.	.
HCN1658	.	.	.	D	.	.	.	.	.	D	.	.	.	.	.	.	.	N	R	.	.	D	.	.	.	.	.	.	.	.	.	.	.	.	.	.	.
HGM1234	.	.	.	D	.	.	.	.	.	D	.	.	.	.	.	.	.	N	R	.	.	D	.	.	.	.	.	.	.	.	.	.	.	.	.	.	.
HGM1245	.	.	.	D	.	.	.	.	.	D	.	.	.	.	.	.	.	N	R	.	.	D	.	.	.	.	.	.	.	.	.	.	.	.	.	.	.
HGM1265	.	.	.	D	.	.	.	.	.	D	.	.	.	.	.	.	.	N	R	.	.	D	.	.	.	.	.	.	.	.	.	.	.	.	.	.	.
HCN0666	.	.	.	D	.	.	.	.	.	D	.	.	.	.	.	.	.	N	R	.	.	D	.	.	.	.	.	.	.	.	.	.	.	.	.	.	.
HCN0690	.	.	.	D	.	.	.	.	.	D	.	.	.	.	.	.	.	N	R	.	.	D	.	.	.	.	.	.	.	.	.	.	.	.	.	.	.
HCN0727	.	.	.	D	.	.	.	.	.	G	.	.	.	.	.	.	.	N	R	.	.	D	.	.	.	.	.	.	.	.	.	.	.	.	.	.	.
HCN0154	.	.	.	D	.	.	.	.	.	G	.	.	.	.	.	.	.	N	R	.	.	D	.	.	.	.	.	.	.	.	.	.	.	.	.	.	.
HPQ1152	.	.	.	D	.	.	.	.	.	G	.	.	.	.	.	.	.	N	R	.	.	D	.	.	.	.	.	.	.	.	.	.	.	.	.	.	.
HGM1641	.	.	.	D	.	.	.	.	.	G	.	.	.	.	.	.	.	N	R	.	.	D	.	.	.	.	.	.	.	.	.	.	.	.	.	.	.
HGM0007	.	.	.	D	.	.	.	.	.	G	.	.	.	.	.	.	.	N	R	.	.	D	.	.	.	.	.	.	.	.	.	.	.	.	.	.	.
HGM0048	.	.	.	D	.	.	.	.	.	G	.	.	.	.	.	.	.	N	R	.	.	D	.	.	.	.	.	.	.	.	.	.	.	.	.	.	.
HGM0059	.	.	.	D	.	.	.	.	.	G	.	.	.	.	.	.	.	N	R	.	.	D	.	.	.	.	.	.	.	.	.	.	.	.	.	.	.
HJM1650	.	.	.	D	.	.	.	.	.	G	.	.	.	.	.	.	.	N	R	.	.	D	.	.	.	.	.	.	.	.	.	.	.	.	.	.	.
HCB1682	.	.	.	D	.	.	.	.	.	G	.	.	.	.	.	.	.	N	R	.	.	D	.	.	.	.	.	.	.	.	.	.	.	.	.	.	.
HGM0033	.	.	.	D	.	.	.	.	.	G	.	.	.	.	.	.	.	N	R	.	.	D	.	.	.	.	.	.	.	.	.	.	.	.	.	.	.
HGM1789	.	.	.	D	.	.	.	.	.	G	.	.	.	.	T	.	.	N	R	.	.	D	.	.	.	.	.	.	.	.	.	.	.	.	.	.	.
HJM0338	.	N	.	D	.	.	.	.	.	G	.	.	.	.	.	.	.	N	R	.	.	D	.	.	.	.	.	.	.	.	.	.	.	.	.	.	.
HPQ1706	.	.	.	D	.	.	.	.	.	G	.	.	.	.	.	.	.	N	R	.	.	D	.	.	.	.	.	.	.	.	.	.	.	.	.	.	.
HJM1646	.	.	.	D	.	.	.	.	.	G	.	.	.	.	.	.	.	N	R	.	.	D	.	.	.	.	.	.	.	.	.	.	.	.	.	.	.
HGM0544	.	.	.	D	.	.	.	.	.	G	.	.	.	.	.	.	.	N	R	.	.	D	.	.	.	.	.	.	.	.	.	.	.	.	.	.	.
MAN0033	.	.	.	D	.	.	.	.	.	S	.	.	.	D	.	.	.	N	R	.	.	D	.	.	.	.	.	.	.	.	.	.	.	.	.	.	.

Figure 4. The alignment of the amino acids corresponding to the VP4 antigenic epitopes (8-1, 8-2, 8-3, 8-4 for VP8* and 5-1, 5-2, 5-3, 5-4, 5-5 for VP5). The amino acid sequence of Rotarix® is the reference strain and the conserved residues between the Rotarix® to Mozambican strains are indicated by dots (.) and residues that differ are in bold.

3. Discussion

In the present study, whole genome sequencing was performed for 36 G1P[8] RVA strains obtained from Mozambican children with gastroenteritis between 2012–2017 (12 from the pre-vaccine period and 24 from the post-vaccine period). This is the first study to perform whole genome analysis of G1P[8] strains in Mozambique, facilitating the description of genetic diversity and the origins of Mozambican strains.

Of the 36 strains characterized, 33 clustered within the same conserved Mozambican clade across all trees. Two strains, HGM0544 and HJM1646, showed varied patterns by clustering within and were distinct from the Mozambican clade across trees, suggesting these strains had undergone reassortment events. The strain, MAN0033, clustered distinctly from the rest of the Mozambican strains in all trees. This strain was closely related to a conserved group of Malawian G1P[8] strains suggesting that this strain may have been recently introduced from a neighboring country. No distinct clustering patterns were observed based on the year of isolation or vaccination status, which suggests that strains with limited sequence diversity may have circulated among children in the country over the five year period investigated (2012–2017). The homogeneous population of G1P[8] strains suggests that the introduction of Rotarix®has not resulted in a dramatic shift in the diversity of G1P[8] strains circulating in Mozambique. A similar finding was reported in South Africa where no distinct clustering was observed for strains from the pre- and post-vaccine introduction period [26]. Analysis of G1P[8] strains in Brazil over a 27 year period also did not detect any evidence of a selective pressure exerted by the mass introduction of Rotarix® [34]. In contrast, Australia and Belgium reported some unique clusters of G1P[8] strains following vaccine introduction, which may have been due to natural fluctuation or the first signs of vaccine-driven evolution [35]. In Rwanda, unique clusters of G1P[8] strains were identified following RotaTeq introduction [36]. Although neighboring countries reported the widespread (Malawi) and sporadic (South Africa) detection of G1P[8] strains that had undergone reassortment with DS-1 like strains [28,37], all Mozambican strains characterized in this study exhibited a typical Wa-like genetic backbone. Despite some reports of vaccine-derived G1P[8] strains detected in Australia and England, none of the strains identified in this study were derived from the Rotarix® vaccine [38,39].

Although there are seven recognized lineages described for global G1 sequences [40], the majority of Mozambican strains from this study clustered in lineage II, with only two strains clustering in lineage I. However, one strain that clustered in lineage I represented the oldest Mozambican strain sequenced in this study from 2012, which clustered with previously characterized G1P[8] Mozambican strains from 2011 [14]. This may suggest that lineage I strains were replaced in later years by G1 strains associated with lineage II [26,41]. The VP7 lineage I strains were detected in the south of Mozambique which may suggest geographical restriction in the circulation of strains. However, these results can be in part due to the short sampling period of this study. Of the four established lineages of the P[8] genotype [21], all Mozambican strains clustered in lineage III and shared a high level of genetic similarity, except strain MAN0033 which clustered in a distinct sub-lineage.

Maximum likelihood phylogenetic analysis showed that the majority of the Mozambican strains, with the exception of MAN0033, were most closely related to a conserved group of Indian strains across most genes. Even the two reassortant strains (HJM1646 and HGM0544) were most closely related to Indian strains. This suggests that there may have been multiple, contemporary introductions of diverse strains from a similar origin, perhaps India, into Mozambique. This was further supported by the results of the Bayesian analysis, where the time to the most recent common ancestor for the VP7 and VP4 genes of the main Mozambican clade were 2011.7 and 2013.0, respectively, and which had diverged from the closest Indian strain in 2011.7 and 2011.6, respectively. This suggests that the strains became endemic shortly after being introduced and became the dominant variant circulating in the population. These Indian strains were submitted directly to the GenBank database and no associated manuscripts were found, so it is unclear if these strains were associated with any particular outbreak or were detected as part of routine surveillance.

Overall, the VP7 and VP4 antigenic epitopes exhibited conserved substitutions among the Mozambican strains when compared to Rotarix®. The substitutions in the 7-2 VP7 epitope at position M217I, N147D and 8-1, 8-3 VP4 at positions E150D, N195D and S125N, S131R, N135D were observed in pre- and post-vaccine introduction strains, suggesting that these substitutions are not due to the vaccine introduction.

The main limitation of the study was the limited number of strains successfully sequenced, and that fewer strains were sequenced from the pre-vaccine period.

There is a need to expand the whole genome analysis to other strains detected in Mozambique such as G3, G9 in combination with P[4], P[6] and P[8] genotypes reported previously [18] in order to evaluate the possible influence of vaccine introduction on other rotavirus genotypes.

Mozambique has introduced the Rotarix® vaccine, however cases of rotavirus infection associated with G1P[8] strains resulting in hospitalization of children are still being reported. The present analysis showed that G1P[8] strains detected in the post-vaccine period did not undergo significant mutations in the epitope regions that could result in vaccine escape. However, the short post vaccine period analyzed (three years) may have influenced these results, as it may be too early to see major genetic changes associated with vaccine pressure. These results highlight the need for future studies to understand host factors such as the role of histo-blood group antigen status, nutritional status and enteric co-infections that can influence the vaccine effectiveness in Mozambique.

4. Materials and Methods

4.1. Ethics Approval

The ViNaDia Protocol was approved by the National Health Bioethics Committee of Mozambique (CNBS) under number (IRB00002657, reference Nr: 348/CNBS/13). Participants' anonymity and confidentiality were guaranteed.

4.2. Sample Collection

Forty-three fecal samples, collected between 2012 and 2017 that were positive for RVA by ELISA (Prospect EIA rotavirus, Basingstoke, UK) and identified as genotype G1P[8] by multiplex RT-PCR according to described protocols [42,43], were selected for sequencing according to year of isolation, location of collection (region of Mozambique) and the child's vaccination status. The samples were obtained from children <5 years of age, hospitalized with acute gastroenteritis, and collected at five sentinel sites of the National Diarrheal Surveillance (ViNaDia), which are Hospital Geral de Mavalane (HGM), Hospital Geral Jose Macamo (HJM), Hospital Central da Beira (HCB), Hospital Geral de Quelimane (HGQ) and Hospital Central de Nampula (HCN), and from a previous study of Centro de Investigação em Saúde da Manhiça (CISM) in Mozambique between 2012 and 2013 (Supplementary Figure S3) [15]. Clinical information was collected through a structured questionnaire from ViNaDia which included metadata such as age, gender, site and vaccination status.

4.3. RNA Extraction and cDNA Synthesis

Total RNA was extracted from stool samples with TRI-reagent (Sigma, Darmstadt, Germany) and single-stranded RNA was precipitated with lithium chloride. The self-priming PC3-T7 loop primer (Integrated DNA Technologies, Coralville, IA, USA) was ligated to dsRNA in order to obtain full-length sequences and cDNA was synthesized using the Maxima H Minus double-stranded cDNA kit (Thermo Fisher Scientific, Massachusetts, MA, USA) as previously described [20,44].

4.4. Next Generation Sequencing

The whole genome sequencing was performed using an Illumina MiSeq sequencing platform (Illumina, Inc. San Diego, CA, USA) at the Next Generation Sequencing Unit at the University of the

Free State (NGS-UFS). Sequencing was completed using the Nextera XT DNA Library Preparation Kit (Illumina, Inc., San Diego, CA, USA) using protocols previously describe [19].

4.5. Data Analyses

A de novo assembly was performed for all samples using CLC Bio Genomics Workbench (12.0.3; Qiagen, Aarhus, Denmark); all contigs with an average coverage above 100 were identified on the Nucleotide Basic Local Alignment Search Tool (BLASTn at the National Center for Biotechnology information (NCBI). References were chosen based on the Blastn results for reference mapping and extraction of consensus sequences for each segment. The genotyping tools, Virus Pathogenic database and analysis resource (ViPR) [45] and RotaC v2.0 [46], were used to determine the genotype of each gene. The sequences were submitted to GenBank and accession numbers MT737379-MT737772 were assigned.

4.6. Phylogenetic Analysis

Multiple nucleotide sequence alignments with strains obtained from GenBank [24] were made with multiple sequence alignment program (MAFFT v7.450) [47] on Geneious prime v2020.0.3 and Multiple Sequence Comparison by Log Expectation (MUSCLE) [48] alignment available in Molecular Evolutionary Genetic Analysis X (MEGA X) [29]. The optimal nucleotide substitution model for phylogenetic analysis was selected based upon the Akaike information criterion (corrected) (AICc) ranking implemented in the model selection algorithm available on JModelTest [30] and the models selected for each segment were: Tamura-3 parameter (T92+G+I) [49] for VP7; General Time Reversible (GTR+G+I) [50] for VP3; GTR+G for VP2, VP4, NSP2 and NSP3; Hasegawa Kishino Yano (HKY+G+I) for VP6 and NSP1; and HKY+G for VP1, NSP4 and NSP5/6 [51]. The maximum-likelihood trees were generated using MEGA X [29] using 1000 bootstrap replicates to estimate branch support. Pairwise distance matrix nucleotides were obtained in MEGA X using the p-distance algorithm [29]. Amino acid sequences of the VP7 and VP4 Mozambican strains were aligned and epitopes were identified and compared to those of the vaccine strain Rotarix® (A41CB052A, with accession numbers JN849114 and JN849113 for VP7 and VP4) using MEGA X [23,31].

4.7. Evolutionary Analysis

Maximum likelihood trees were generated using the Randomized Accelerated Maximum Likelihood (RAxML) program (v2.0.0) [52], applying the nucleotide substitution model GTR+G. The trees were used as the input for TempEst 1.5.3 to plot root-to-tip genetic distances, and sequences not conforming to a linear evolutionary pattern were discarded [53]. Time-measured evolutionary histories were reconstructed using the Bayesian Evolutionary Analysis Sampling Trees (BEAST) Program package (v 1.7.5) [54]. The nucleotide substitution model Hasegawa-Kishino-Yano model (HKY+G) for VP7 and GTR+G for VP4 were selected based on AICc raking in jModelTest [30].

The parameters applied included a relaxed uncorrelated lognormal molecular clock to account for varied evolutionary rates among lineages and a coalescent Gaussian Markov random field (GMRF) Bayesian Skyride tree prior. Three independent Markov chain Monte Carlo (MCMC) chains were run for 200 million generations with sampling every 20,000 generations, with the first 10% discarded as burn-in. Convergence and mixing of the chains was assessed using Tracer (v1.7.1) and all parameters yielded effective sample sizes $\geq$ 200 [55]. The Maximum Clade Credibility (MCC) trees were summarized using TreeAnnotator (v1.10.4) [54]. The time-ordered MCC trees were visualized in FigTree (v1.4.4) (http://tree.bio.ed.ac.uk/software/figtree/).

5. Conclusions

This study provides important insights into the whole genome sequences of G1P[8] strains in Mozambique. Whilst similar strains were detected prior to and following vaccine introduction, multiple introductions of diverse strains from India highlight the importance of continuously monitoring the strains detected in Mozambique to determine if the strains are evolving by vaccine-induced selection or by natural evolutionary pressures.

Supplementary Materials: The following are available online at http://www.mdpi.com/2076-0817/9/12/1026/s1: Table S1: Genome assembly of Mozambican Wa-like G1P[8] strains from 2012 to 2017. The percentage identity was determined with BLASTn; Table S2: Nucleotide identities of the Mozambican and Rotarix® vaccine strains; Table S3: Mozambican G1P[8] strains. Figure S1: A simplified maximum clade credibility trees (MCC) for the G1 VP7 strains characterized between 1978 and 2017; Figure S2: A simplified maximum clade credibility trees (MCC) for the P[8] VP4 strains characterized between 2000 and 2017; Figure S3: Mozambique Map with the geographical location of study sentinel sites.

Author Contributions: Conceptualization: N.d.D., B.M. and E.D.J.; methodology: B.M., C.M.D., A.S. and E.D.J.; validation: N.d.D., C.M.D. and H.G.O.; formal analysis: B.M., E.D.J., C.M.D. and A.S.; investigation: B.M., E.D.J., J.J.C., J.L., A.C., A.F.L.B., M.C., I.C.-M. and S.S.B.; resources: N.d.D.; data curation: C.M.D. and A.S., writing—original draft preparation: B.M. and E.D.J.; writing—review and editing: B.M., E.D.J., C.M.D., N.d.D., A.S., H.G.O., A.F.L.B. and A.C.; visualization: B.M., E.D.J., C.M.D., N.d.D., A.S. and H.G.O.; supervision: C.M.D. and N.d.D.; project administration: J.J.C. and funding acquisition: N.d.D. and H.G.O. All authors have read and agreed to the published version of the manuscript.

Funding: The study was supported by European Foundation Initiative into African Research in Neglected Tropical Diseases that awarded a senior fellowship to ND (EFINTD; 89539); World Health Organization (WHO); Deutsche Forschungsgemeinschaft (DFG; JO369/5-1) to ND and HGO which supported scholarship of BM, AC, AFLB, AS and SSB; Fundo Nacional de Investigação (FNI) fellowships to BM, AC, and JC. EDJ Ph.D. was supported by Calouste Gulbenkian Foundation. CMD is supported through the Australian National Health and Medical Research Council with an Early Career Fellowship (1113269).

Acknowledgments: We want to thank the caretakers who consented for their children to be enrolled in the surveillance. For their efforts with recruitment, data collection and shipment of specimens to Maputo, we would like to thank Elda Anapakala, Esperança Guimarães, Júlia Sambo, Diocreciano Bero, Lena Manhique, Judite Salência, Félix Gundane, Aunésia Marurele, Délcio Muteto, Angelina Pereira, Mulaja Kabeya Étienne, Celso Gabriel, Titos Maulate, Julieta Ernesto, Francisca Ricardo, Siasa Mendes, Hércio Simbine, Susete de Carvalho, Marcos Joaquim, Elvira Sarguene, Fernando Vilanculos, Felicidade Martins, Dulce Graça, Edma Samuel, Vivaldo Pedro, Lúcia Matabel, Maria Safrina, Natércia Abreu, Vanessa da Silva, Nazareth Mabutana, Carlos Guilamba and Celina Nhamuave and Rui Cossa for providing the map illustration. For technical ICT support we thank Stephanus Riekert.

Conflicts of Interest: CMD has served on an advisory board for GSK (2019), all payments were paid directly to an administrative fund held by Murdoch Children's Research Institute. All other authors declare no conflicts of interest.

References

1. Tate, J.E.; Burton, A.H.; Boschi-Pinto, C.; Parashar, U.D. Global, Regional, and National Estimates of Rotavirus Mortality in Children <5 Years of Age, 2000–2013. *Clin. Infect. Dis.* **2016**, *62* (Suppl. 2), S96–S105. [CrossRef] [PubMed]

2. Troeger, C.; Khalil, I.A.; Rao, P.C.; Cao, S.; Blacker, B.F.; Ahmed, T.; Armah, G.; Bines, J.E.; Brewer, T.G.; Colombara, D.V.; et al. Rotavirus Vaccination and the Global Burden of Rotavirus Diarrhea Among Children Younger Than 5 Years. *JAMA Pediatr.* **2018**, *172*, 958–965. [CrossRef] [PubMed]

3. Estes, M.K.; Cohen, J. Rotavirus gene structure and function. *Microbiol. Rev.* **1989**, *53*, 410–449. [CrossRef] [PubMed]

4. Jayaram, H.; Estes, M.; Prasad, B.V. Emerging themes in rotavirus cell entry, genome organization, transcription and replication. *Virus Res.* **2004**, *101*, 67–81. [CrossRef]

5. Desselberger, U. Rotaviruses. *Virus Res.* **2014**, *190*, 75–96. [CrossRef]

6. De Deus, N.; João, E.; Cuamba, A.; Cassocera, M.; Luís, L.; Acácio, S.; Mandomando, I.; Augusto, O.; Page, N. Epidemiology of Rotavirus Infection in Children from a Rural and Urban Area, in Maputo, Southern Mozambique, before Vaccine Introduction. *J. Trop. Pediatr.* **2017**, *64*, 141–145. [CrossRef]

7. Matthijnssens, J.; Ciarlet, M.; McDonald, S.M.; Attoui, H.; Banyai, K.; Brister, J.R.; Buesa, J.; Esona, M.D.; Estes, M.K.; Gentsch, J.R.; et al. Uniformity of rotavirus strain nomenclature proposed by the Rotavirus Classification Working Group (RCWG). *Arch. Virol.* **2011**, *156*, 1397–1413. [CrossRef]

8. Rotavirus Classification Working Group. Virus Classification. Available online: https://rega.kuleuven.be/cev/viralmetagenomics/virus-classification (accessed on 5 June 2020).

9. Matthijnssens, J.; Ciarlet, M.; Heiman, E.; Arijs, I.; Delbeke, T.; McDonald, S.M.; Palombo, E.A.; Iturriza-Gómara, M.; Maes, P.; Patton, J.T.; et al. Full Genome-Based Classification of Rotaviruses Reveals a Common Origin between Human Wa-Like and Porcine Rotavirus Strains and Human DS-1-Like and Bovine Rotavirus Strains. *J. Virol.* **2008**, *82*, 3204–3219. [CrossRef]

10. Mwenda, J.M.; Tate, J.E.; Parashar, U.D.; Mihigo, R.; Agócs, M.; Serhan, F.; Nshimirimana, D. African Rotavirus Surveillance Network. *Pediatr. Infect. Dis. J.* **2014**, *33*, S6–S8. [CrossRef]

11. Matthijnssens, J.; Van Ranst, M. Genotype constellation and evolution of group A rotaviruses infecting humans. *Curr. Opin. Virol.* **2012**, *2*, 426–433. [CrossRef]

12. World Health Organization. WHO Prequalifies New Rotavirus Vaccine. Available online: http://www.who.int/medicines/news/2018/prequalified_new-rotavirus_vaccine/en/ (accessed on 5 June 2020).

13. Burke, R.M.; Tate, J.E.; Kirkwood, C.D.; Steele, A.D.; Parashar, U.D. Current and new rotavirus vaccines. *Curr. Opin. Infect. Dis.* **2019**, *32*, 435–444. [CrossRef] [PubMed]

14. Langa, J.S.; Thompson, R.; Arnaldo, P.; Resque, H.R.; Rose, T.; Enosse, S.M.; Fialho, A.; De Assis, R.M.S.; Da Silva, M.F.M.; Leite, J.P.G. Epidemiology of rotavirus A diarrhea in Chókwè, Southern Mozambique, from February to September, 2011. *J. Med. Virol.* **2016**, *88*, 1751–1758. [CrossRef] [PubMed]

15. João, E.D.; Strydom, A.; O'Neill, H.G.; Cuamba, A.; Cassocera, M.; Acácio, S.; Mandomando, I.; Motanyane, L.; Page, N.; De Deus, N. Rotavirus A strains obtained from children with acute gastroenteritis in Mozambique, 2012–2013: G and P genotypes and phylogenetic analysis of VP7 and partial VP4 genes. *Arch. Virol.* **2017**, *163*, 153–165. [CrossRef] [PubMed]

16. De Deus, N.; Chilaúle, J.J.; Cassocera, M.; Bambo, M.; Langa, J.S.; Sitoe, E.; Chissaque, A.; Anapakala, E.; Sambo, J.; Guimarães, E.L.; et al. Early impact of rotavirus vaccination in children less than five years of age in Mozambique. *Vaccine* **2018**, *36*, 7205–7209. [CrossRef]

17. World Health Organization. WHO and UNICEF Estimates of National Immunization Coverage. Available online: http://www.who.int/immunization/monitoring_surveillance/routine/coverage/en/index4.html (accessed on 1 April 2020).

18. João, E.; Munlela, B.; Chissaque, A.; Chilaúle, J.; Langa, J.S.; Augusto, O.; Boene, S.; Anapakala, E.; Sambo, J.; Guimarães, E.; et al. Molecular Epidemiology of Rotavirus A Strains Pre- and Post-Vaccine (Rotarix®) Introduction in Mozambique, 2012–2019: Emergence of Genotypes G3P[4] and G3P[8]. *Pathogens* **2020**, *9*, 671. [CrossRef]

19. Strydom, A.; Motanyane, L.; Nyaga, M.M.; João, E.D.; Cuamba, A.; Mandomando, I.; Cassocera, M.; De Deus, N.; O'Neill, H.G. Whole-genome characterization of G12 rotavirus strains detected in Mozambique reveals a co-infection with a GXP[14] strain of possible animal origin. *J. Gen. Virol.* **2019**, *100*, 932–937. [CrossRef]

20. Strydom, A.; João, E.D.; Motanyane, L.; Nyaga, M.M.; Potgieter, A.C.; Cuamba, A.; Mandomando, I.; Cassocera, M.; De Deus, N.; O'Neill, H.G. Whole genome analyses of DS-1-like Rotavirus A strains detected in children with acute diarrhoea in southern Mozambique suggest several reassortment events. *Infect. Genet. Evol.* **2019**, *69*, 68–75. [CrossRef]

21. Le, V.P.; Chung, Y.-C.; Kim, K.; Chung, S.-I.; Lim, I.; Kim, W. Genetic variation of prevalent G1P[8] human rotaviruses in South Korea. *J. Med. Virol.* **2010**, *82*, 886–896. [CrossRef]

22. Arista, S.; Giammanco, G.M.; De Grazia, S.; Ramirez, S.; Biundo, C.L.; Colomba, C.; Cascio, A.; Martella, V. Heterogeneity and Temporal Dynamics of Evolution of G1 Human Rotaviruses in a Settled Population. *J. Virol.* **2006**, *80*, 10724–10733. [CrossRef]

23. Zeller, M.; Patton, J.T.; Heylen, E.; De Coster, S.; Ciarlet, M.; Van Ranst, M.; Matthijnssens, J. Genetic Analyses Reveal Differences in the VP7 and VP4 Antigenic Epitopes between Human Rotaviruses Circulating in Belgium and Rotaviruses in Rotarix and RotaTeq. *J. Clin. Microbiol.* **2012**, *50*, 966–976. [CrossRef]

24. Ianiro, G.; Delogu, R.; Fiore, L.; Ruggeri, F.M. Genetic variability of VP7, VP4, VP6 and NSP4 genes of common human G1P[8] rotavirus strains circulating in Italy between 2010 and 2014. *Virus Res.* **2016**, *220*, 117–128. [CrossRef] [PubMed]

25. Almeida, T.N.V.; De Sousa, T.T.; Da Silva, R.A.; Fiaccadori, F.S.; Souza, M.; Badr, K.R.; de Paula Cardoso, D.d.D. Phylogenetic analysis of G1P[8] and G12P[8] rotavirus A samples obtained in the pre- and post-vaccine periods, and molecular modeling of VP4 and VP7 proteins. *Acta Trop.* **2017**, *173*, 153–159. [CrossRef] [PubMed]

26. Magagula, N.B.; Esona, M.D.; Nyaga, M.M.; Stucker, K.M.; Halpin, R.A.; Stockwell, T.B.; Seheri, M.L.; Steele, A.D.; Wentworth, D.E.; Mphahlele, M.J. Whole genome analyses of G1P[8] rotavirus strains from vaccinated and non-vaccinated South African children presenting with diarrhea. *J. Med. Virol.* **2015**, *87*, 79–101. [CrossRef] [PubMed]

27. Damanka, S.; Kwofie, S.; Dennis, F.E.; Lartey, B.L.; Agbemabiese, C.A.; Doan, Y.H.; Adiku, T.K.; Katayama, K.; Enweronu-Laryea, C.C.; Armah, G.E. Whole genome characterization and evolutionary analysis of OP354-like P[8] Rotavirus A strains isolated from Ghanaian children with diarrhoea. *PLoS ONE* **2019**, *14*, e0218348. [CrossRef] [PubMed]

28. Jere, K.C.; Chaguza, C.; Bar-Zeev, N.; Lowe, J.; Peno, C.; Kumwenda, B.; Nakagomi, O.; Tate, J.E.; Parashar, U.D.; Heyderman, R.S.; et al. Emergence of Double- and Triple-Gene Reassortant G1P[8] Rotaviruses Possessing a DS-1-Like Backbone after Rotavirus Vaccine Introduction in Malawi. *J. Virol.* **2017**, *92*, e01246-17. [CrossRef] [PubMed]

29. Kumar, S.; Stecher, G.; Li, M.; Knyaz, C.; Tamura, K. MEGA X: Molecular Evolutionary Genetics Analysis across Computing Platforms. *Mol. Biol. Evol.* **2018**, *35*, 1547–1549. [CrossRef]

30. Darriba, D.; Taboada, G.L.; Doallo, R.; Posada, D. jModelTest 2: More models, new heuristics and parallel computing. *Nat. Methods* **2012**, *9*, 772. [CrossRef]

31. Aoki, S.T.; Settembre, E.C.; Trask, S.D.; Greenberg, H.B.; Harrison, S.C.; Dormitzer, P.R. Structure of Rotavirus Outer-Layer Protein VP7 Bound with a Neutralizing Fab. *Science* **2009**, *324*, 1444–1447. [CrossRef]

32. Dormitzer, P.R.; Sun, Z.J.; Wagner, G.; Harrison, S.C. The rhesus rotavirus VP4 sialic acid binding domain has a galectin fold with a novel carbohydrate binding site. *EMBO J.* **2002**, *21*, 885–897. [CrossRef]

33. Dormitzer, P.R.; Nason, E.B.; Prasad, B.V.V.; Harrison, S.C. Structural rearrangements in the membrane penetration protein of a non-enveloped virus. *Nat. Cell Biol.* **2004**, *430*, 1053–1058. [CrossRef]

34. Da Silva, M.F.M.; Rose, T.L.; Gómez, M.M.; Carvalho-Costa, F.A.; Fialho, A.M.; De Assis, R.M.; Sde Andrade, J.d.S.R.; Volotão, E.D.M.; Leite, J.P.G. G1P[8] species A rotavirus over 27 years–Pre- and post-vaccination eras–in Brazil: Full genomic constellation analysis and no evidence for selection pressure by Rotarix® vaccine. *Infect. Genet. Evol.* **2015**, *30*, 206–218. [CrossRef] [PubMed]

35. Zeller, M.; Donato, C.; Trovão, N.S.; Cowley, D.; Heylen, E.; Donker, N.C.; McAllen, J.K.; Akopov, A.; Kirkness, E.F.; Lemey, P.; et al. Genome-Wide Evolutionary Analyses of G1P[8] Strains Isolated Before and After Rotavirus Vaccine Introduction. *Genome Biol. Evol.* **2015**, *7*, 2473–2483. [CrossRef] [PubMed]

36. Rasebotsa, S.; Mwangi, P.N.; Mogotsi, M.T.; Sabiu, S.; Magagula, N.B.; Rakau, K.; Uwimana, J.; Mutesa, L.; Muganga, N.; Murenzi, D.; et al. Whole genome and in-silico analyses of G1P[8] rotavirus strains from pre- and post-vaccination periods in Rwanda. *Sci. Rep.* **2020**, *10*, 1–22. [CrossRef] [PubMed]

37. Mwangi, P.N.; Mogotsi, M.; Rasebotsa, S.P.; Seheri, M.L.; Mphahlele, M.J.; Ndze, V.N.; Dennis, F.E.; Jere, K.C.; Nyaga, M.M. Uncovering the First Atypical DS-1-like G1P[8] Rotavirus Strains That Circulated during Pre-Rotavirus Vaccine Introduction Era in South Africa. *Pathogens* **2020**, *9*, 391. [CrossRef]

38. Donato, C.M.; Ch'Ng, L.S.; Boniface, K.F.; Crawford, N.W.; Buttery, J.P.; Lyon, M.; Bishop, R.F.; Kirkwood, C.D. Identification of Strains of RotaTeq Rotavirus Vaccine in Infants With Gastroenteritis Following Routine Vaccination. *J. Infect. Dis.* **2012**, *206*, 377–383. [CrossRef]

39. Gower, C.M.; Dunning, J.; Nawaz, S.; Allen, D.; Ramsay, M.E.; Ladhani, S.N. Vaccine-derived rotavirus strains in infants in England. *Arch. Dis. Child.* **2019**, *105*, 553–557. [CrossRef]

40. Arora, R.; Chitambar, S. Full genomic analysis of Indian G1P[8] rotavirus strains. *Infect. Genet. Evol.* **2011**, *11*, 504–511. [CrossRef]

41. Kulkarni, R.; Arora, R.; Arora, R.; Chitambar, S.D. Sequence analysis of VP7 and VP4 genes of G1P[8] rotaviruses circulating among diarrhoeic children in Pune, India: A comparison with Rotarix and RotaTeq vaccine strains. *Vaccine* **2014**, *32*, A75–A83. [CrossRef]

42. Gouvea, V.; Glass, R.I.; Woods, P.; Taniguchi, K.; Clark, H.F.; Forrester, B.; Fang, Z.Y. Polymerase chain reaction amplification and typing of rotavirus nucleic acid from stool specimens. *J. Clin. Microbiol.* **1990**, *28*, 276–282. [CrossRef]

43. Gentsch, J.R.; Glass, R.I.; Woods, P.; Gouvea, V.; Gorziglia, M.; Flores, J.; Das, B.K.; Bhan, M.K. Identification of group A rotavirus gene 4 types by polymerase chain reaction. *J. Clin. Microbiol.* **1992**, *30*, 1365–1373. [CrossRef]

44. Potgieter, A.C.; Page, N.A.; Liebenberg, J.; Wright, I.M.; Landt, O.; Van Dijk, A. Improved strategies for sequence-independent amplification and sequencing of viral double-stranded RNA genomes. *J. Gen. Virol.* **2009**, *90*, 1423–1432. [CrossRef] [PubMed]
45. Pickett, B.E.; Sadat, E.L.; Zhang, Y.; Noronha, J.M.; Squires, R.B.; Hunt, V.; Liu, M.; Kumar, S.; Zaremba, S.; Gu, Z.; et al. ViPR: An open bioinformatics database and analysis resource for virology research. *Nucleic Acids Res.* **2012**, *40*, D593–D598. [CrossRef] [PubMed]
46. Maes, P.; Matthijnssens, J.; Rahman, M.; Van Ranst, M. RotaC: A web-based tool for the complete genome classification of group A rotaviruses. *BMC Microbiol.* **2009**, *9*, 238. [CrossRef]
47. Katoh, K.; Standley, D.M. MAFFT multiple sequence alignment software version 7: Improvements in performance and usability. *Mol. Biol. Evol.* **2013**, *30*, 772–780. [CrossRef] [PubMed]
48. Edgar, R.C. MUSCLE: Multiple sequence alignment with high accuracy and high throughput. *Nucleic Acids Res.* **2004**, *32*, 1792–1797. [CrossRef]
49. Hazkani-Covo, E.; Graur, D. A Comparative Analysis of numt Evolution in Human and Chimpanzee. *Mol. Biol. Evol.* **2006**, *24*, 13–18. [CrossRef]
50. Nei, M.; Kumar, S. *Molecular Evolution and Phylogenetics*; Oxford University Press: Oxford, UK, 2000.
51. Hasegawa, M.; Kishino, H.; Yano, T.-A. Dating of the human-ape splitting by a molecular clock of mitochondrial DNA. *J. Mol. Evol.* **1985**, *22*, 160–174. [CrossRef]
52. Stamatakis, A. RAxML version 8: A tool for phylogenetic analysis and post-analysis of large phylogenies. *Bioinformatics* **2014**, *30*, 1312–1313. [CrossRef]
53. Rambaut, A.; Lam, T.T.; Carvalho, L.M.; Pybus, O.G. Exploring the temporal structure of heterochronous sequences using TempEst (formerly Path-O-Gen). *Virus Evol.* **2016**, *2*, vew007. [CrossRef]
54. Suchard, M.A.; Lemey, P.; Baele, G.; Ayres, D.L.; Drummond, A.J.; Rambaut, A. Bayesian phylogenetic and phylodynamic data integration using BEAST 1.10. *Virus Evol.* **2018**, *4*, vey016. [CrossRef]
55. Rambaut, A.; Drummond, A.J.; Xie, D.; Baele, G.; Suchard, M.A. Posterior Summarization in Bayesian Phylogenetics Using Tracer 1.7. *Syst. Biol.* **2018**, *67*, 901–904. [CrossRef] [PubMed]

Publisher's Note: MDPI stays neutral with regard to jurisdictional claims in published maps and institutional affiliations.